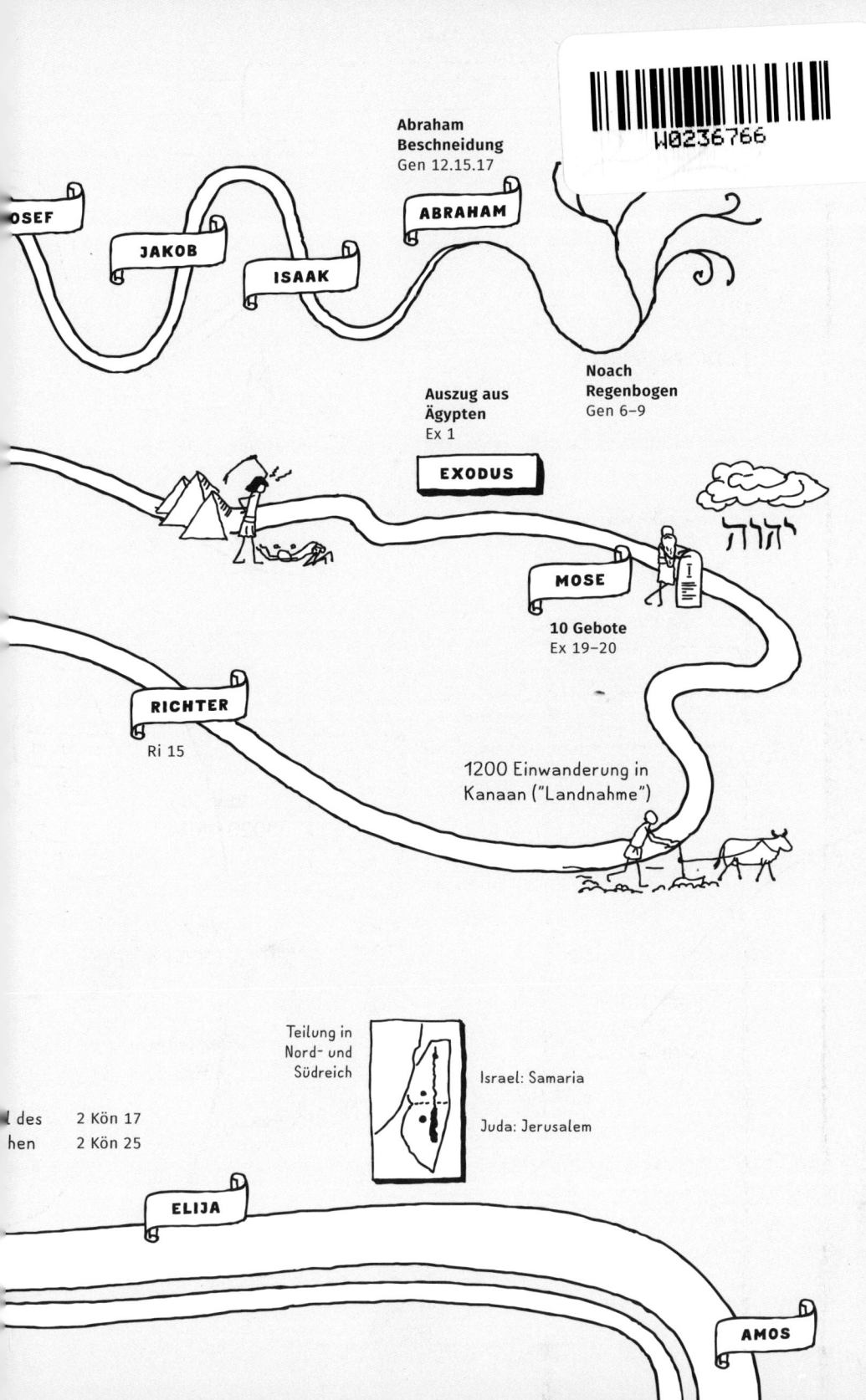

OSEF

JAKOB

ISAAK

ABRAHAM

**Abraham
Beschneidung**
Gen 12.15.17

**Noach
Regenbogen**
Gen 6–9

**Auszug aus
Ägypten**
Ex 1

EXODUS

יהוה

MOSE

10 Gebote
Ex 19–20

RICHTER

Ri 15

1200 Einwanderung in
Kanaan ("Landnahme")

Teilung in
Nord- und
Südreich

Israel: Samaria

Juda: Jerusalem

l des   2 Kön 17
hen   2 Kön 25

ELIJA

AMOS

BIBEL

Jugendbibel der
Katholischen Kirche

BIBEL

Jugendbibel
der Katholischen Kirche

Neue Einheitsübersetzung

mit einem Vorwort von
Papst Franziskus

red**dot** **award 2016**
winner

Prämiert in der Kategorie
Kommunikationsdesign

Die Auswahlbibel wird herausgegeben von der
Österreichischen Bischofskonferenz

Das Werk inkl. Auswahl der Bibeltexte wurde zusammen mit
Jugendlichen erarbeitet von
Prof. Dr. Michael Langer, Universität Regensburg / Kirchl. Päd. Hochschule Wien (Koordination)
Prof. Dr. Georg Fischer SJ, Theologische Fakultät der Universität Innsbruck (Altes Testament)
Prof. Dr. Dominik Markl SJ, Pontifical Biblical Institute, Rom (Altes Testament)
Prof. Dr. Thomas Söding, Ruhr-Universität Bochum, Deutschland (Neues Testament)
Gesamtleitung und Redaktion: Bernhard Meuser
Redaktionelle Koordination: Clara Steber

Erschienen im Vertrieb der YOUCAT Foundation gGmbH
und im Verlag Katholisches Bibelwerk GmbH, Stuttgart

Umschlaggestaltung, Layout, Illustrationen und Satz:
Alexander von Lengerke, Köln

Korrektor: Günther Renner, München

Druck und Bindung: Parzeller print & media GmbH & Co. KG, Fulda
Printed in Germany

4., durchges. u. erw. Auflage 2017

ISBN 978-3-945148-20-4   ISBN 978-3-460-44025-8
www.youcat.org   www.bibelwerk.de

Inhalt

Vorwort

Liebe junge Freunde,

wenn ihr meine Bibel sehen würdet, könnte es sein, dass sie euch nicht besonders imponiert: Was – das ist die Bibel des Papstes? So ein altes, abgegriffenes Buch! Ihr könntet mir eine neue schenken, eine für 1000 Dollar, aber ich würde sie nicht wollen. Ich liebe meine alte Bibel, die mich mein halbes Leben lang begleitet hat. Sie hat meinen Jubel gesehen, und sie wurde von meinen Tränen benetzt. Sie ist mein kostbarster Schatz. Ich lebe aus ihr. Für nichts in der Welt würde ich sie hergeben.

Die Jugendbibel, die ihr aufgeschlagen habt, gefällt mir sehr. Sie ist so bunt, so reich an Zeugnissen – Zeugnisse von Heiligen, Zeugnisse von Jugendlichen –, und sie verlockt dazu, dass man vorne anfängt zu lesen und erst auf der letzten Seite aufhört. Und dann ...? Und dann versteckt ihr sie. Sie verschwindet im Regal, hinten in der dritten Reihe. Sie verstaubt. Eure Kinder verscherbeln sie eines Tages auf dem Flohmarkt. Nein, so darf es nicht kommen!

Ich will euch etwas sagen: Heute gibt es mehr verfolgte Christen als in den Anfangszeiten der Kirche. Und warum werden sie verfolgt? Sie werden verfolgt, weil sie ein Kreuz tragen und Zeugnis für Jesus ablegen. Sie werden verurteilt, weil sie eine Bibel besitzen. Die Bibel ist also ein äußerst gefährliches Buch. So gefährlich, dass man in manchen Ländern so behandelt wird, als würde man Handgranaten im Kleiderschrank horten. Es war ein Nichtchrist, Mahatma Gandhi, der einmal gesagt hat: „Ihr Christen habt in eurer Obhut ein Dokument mit genug Dynamit in sich, die gesamte Zivilisation in Stücke zu blasen, die Welt auf den Kopf zu stellen, dieser kriegszerrissenen Welt Frieden zu bringen. Aber ihr geht damit so um, als ob es bloß ein Stück guter Literatur wäre – sonst weiter nichts."

Was haltet ihr also in Händen? Ein Stück Literatur? Ein paar schöne alte Geschichten? Dann müsste man den vielen Christen, die sich für die Bibel einsperren und foltern ließen, sagen: Wie dumm wart ihr, es ist doch bloß ein Stück Literatur! Nein, durch das Wort Gottes ist das Licht in die Welt gekommen. Und es wird nie wieder verlöschen. In Evangelii Gaudium (175) habe ich gesagt: „Wir tappen nicht in der Finsternis und müssen nicht darauf warten, dass Gott sein Wort an uns richtet, denn ‚Gott hat gesprochen, er ist nicht mehr der große Unbekannte, sondern er hat sich gezeigt'. Nehmen wir den erhabenen Schatz des geoffenbarten Wortes in uns auf."

Ihr haltet also etwas Göttliches in Händen: ein Buch wie Feuer! Ein Buch, durch das Gott spricht. Also merkt euch: Die Bibel ist nicht dazu da, um in ein Regal gestellt zu werden, sondern um sie zur Hand zu haben, um oft in ihr zu lesen, jeden Tag, sowohl allein als auch gemeinsam. Ihr macht doch auch gemeinsam Sport oder geht gemeinsam shoppen. Warum lest ihr nicht zu zweit, zu dritt, zu viert gemeinsam in der Bibel? Draußen in der Natur, im Wald, am Strand, abends im Schein von ein paar Kerzen … ihr werdet eine gewaltige Erfahrung machen! Oder habt ihr etwa Angst, euch mit einem solchen Vorschlag voreinander zu blamieren?

Lest mit Aufmerksamkeit! Bleibt nicht an der Oberfläche wie bei einem Comic! Das Wort Gottes niemals bloß überfliegen! Fragt euch: „Was sagt das meinem Herzen? Spricht Gott durch diese Worte zu mir? Berührt er mich in der Tiefe meiner Sehnsucht? Was muss ich tun?" Nur auf diese Weise kann das Wort Gottes Kraft entfalten. Nur so kann sich unser Leben ändern, kann groß und schön werden.

Ich will euch sagen, wie ich in meiner alten Bibel lese. Oft nehme ich sie her, lese ein bisschen darin, dann lege ich sie weg und lasse mich vom Herrn betrachten. Nicht ich betrachte den Herrn, sondern ER betrachtet mich. ER ist ja da. Ich lasse mich von ihm anblicken. Und ich spüre – das ist keine Sentimentalität –, ich spüre zutiefst die Dinge, die der Herr mir sagt. Manchmal spricht er auch nicht. Ich fühle dann nichts, nur Leere, Leere, Leere … Aber ich bleibe geduldig da, und so warte ich. Lese und bete. Bete im Sitzen, denn es tut mir weh niederzuknien. Manchmal schlafe ich beim Gebet sogar ein. Aber das macht nichts. Ich bin wie ein Sohn beim Vater, und das ist wichtig.

Wollt ihr mir eine Freude machen? Lest die Bibel!

Euer

Franciscus

Papst Franziskus

Wie du die Bibel lesen kannst

Die Bibel ist für dich geschrieben. Du kannst sie lesen und dabei Gottes Wort zum Wort deines Lebens werden lassen. Folgende zehn Leseregeln können dabei eine Hilfestellung sein.

Lies die Bibel …

… und bete.

Die Bibel ist die Heilige Schrift. Deshalb ist es gut, wenn du vor dem Lesen Gott um seinen Heiligen Geist bittest und ihm nach dem Lesen Danke sagst. Wie du beten kannst? Fang doch einfach an mit diesem kurzen Gebet: „Dein Wort ist meinem Fuß eine Leuchte, ein Licht für meine Pfade" (Ps 119,105).

… und lass dich überraschen.

Die Bibel ist ein Buch voller Überraschungen. Auch wenn du manche Erzählungen schon einmal gehört hast: gib ihnen eine zweite Chance. Und auch dir selbst! Die Bibel zeigt dir die alles übersteigende Weite und Größe Gottes.

… und freue dich.

Die Bibel ist eine große Liebesgeschichte mit Happy End: Der Tod hat keine Chance. Das Leben siegt. Diese Frohe Botschaft findest du in allen Bibeltexten wieder. Such danach – und freu dich, wenn du sie gefunden hast.

… und tu es regelmäßig.

Die Bibel ist das Buch für dein Leben. Wenn du täglich in ihr liest, auch wenn es nur ein Vers oder ein kleiner Absatz ist, kann dir aufgehen, wie gut dir das Buch tut. Es ist wie mit Sport und Musik: Nur beständiges Üben bringt einen weiter – und wenn man ein wenig trainiert ist, macht es richtig Spaß.

… und lies nicht zu viel.

Die Bibel ist ein riesiger Schatz. Du bekommst ihn umsonst geschenkt. Du brauchst nicht alles sofort auszupacken. Lies nur so viel, wie du gut aufnehmen kannst. Wenn dich etwas besonders anspricht, schreib es dir auf und lerne es auswendig.

> **"** Lebe das, was du vom Evangelium verstanden hast. Und wenn es noch so wenig ist. Aber lebe es!
>
> FRÈRE ROGER SCHUTZ

... und lass dir Zeit.

Die Bibel ist ein uraltes Buch, das ewig jung und neu ist. Es will nicht in einem Zug durchgelesen werden. Es ist gut, dabei innezuhalten. So kannst du dich besinnen und verspüren, was Gott dir sagen will. Und wenn du einmal durch bist mit der Bibel: fang einfach wieder neu von vorne an. Du wirst wieder ganz andere Seiten an ihr entdecken.

... und hab Geduld.

Die Bibel ist ein Buch voll tiefer Weisheit, gelegentlich erscheint sie aber auch rätselhaft und fremd. Du wirst nicht alles immer auf Anhieb verstehen. Und manches ist auch nur aus der Zeit oder der historischen Situation heraus zu verstehen. Hab Geduld mit dir und mit der Bibel. Wenn Dir etwas nicht einleuchten will, so schau auf die Zusammenhänge oder auf andere Stellen, die das gleiche Thema behandeln. Deine Bibel gibt dir viele Hilfestellungen.

... und lies sie mit anderen.

Was die Bibel dir sagt, kannst du mit anderen teilen. Und das, was andere in der Bibel entdeckt haben, kann dir helfen, sie besser zu verstehen. Wenn du mit anderen über die Bibel redest, achte darauf, dass Gottes Wort im Zentrum bleibt und es nicht zerredet wird. Die Bibel ist niemals eine Waffe gegen andere; sie ist eine Brücke für Friedenstifter.

... und öffne dein Herz.

Die Bibel ist eine Herzenssache. Wer die Bibel liest, kann nicht beim bloßen Lesen bleiben. Gott öffnet dein Herz. Sein Wort schreibt sich in deinem Leben weiter und du kannst es im Gottesdienst feiern. Mit offenem Herzen die Bibel lesen – das ist es, wozu du eingeladen bist.

... und mach dich auf den Weg.

Die Bibel ist der Kompass für dein Leben. Sie zeigt dir, wo es lang geht. Den Weg deines Lebens gehst du selbst. Aber du gehst ihn nicht allein. Denk an die Emmaus-Jünger (Lk 24,13–35). Erst haben sie Jesus nicht erkannt, der sie in ihrer Trauer begleitet hat. Aber dann haben sie sich gefragt: „Brannte uns nicht das Herz in der Brust, als er unterwegs mit uns redete und uns den Sinn der Schrift erschloss?" (Lk 24,32)

Die Bibel ist einmalig.

Die Bibel ist einmalig. Sie ist das am meisten verbreitete Buch der Welt. Kein anderes wurde häufiger in verschiedene Sprachen übersetzt. Kein anderes in der Geschichte der Menschheit hat eine größere Wirkung ausgeübt. Für alle Christinnen und Christen ist die Bibel die Heilige Schrift.

Die Bibel ist Weltliteratur. Sie enthält wunderbare Erzählungen. Viele Schriften der Bibel sind von großer poetischer Schönheit, z. B. das Buch Ijob und eine ganze Reihe von Psalmen aus dem Alten Testament oder das Hohelied der Liebe (1 Kor 13) und die Johannesoffenbarung aus dem Neuen Testament. Oft ist die Bibel verstörend. Sie ist kritisch. Manchmal wirkt sie fremd. Es kann sein, dass man Jahre braucht, um eine bestimmte Stelle aus der Heiligen Schrift

zu verstehen. Aber es lohnt sich, immer wieder neu einen Anlauf zu unternehmen. Für alle Christinnen und Christen ist sie die Urkunde des Glaubens.

Und mehr noch: Die Bibel ist das „Wort Gottes". Sie ist es mit menschlichen Worten und in menschlicher Sprache. Aber sie ist eine Offenbarung. Sie wurde geschrieben, weil Menschen auf Gottes Wort gehört und es mit ihren Worten niedergeschrieben haben. Sie wurde überliefert, weil andere diesen Menschen geglaubt haben, dass sie sich nichts eingebildet haben, sondern dass sie wirklich eine Botschaft von Gott auszurichten hatten.

Die Bibel will bewegen. Sie möchte zu einem Leben motivieren, das nach dem Guten strebt.

Dieses Leben soll die Liebe zu Gott und die Liebe zu den Mitmenschen vereinen. Deshalb kann
es nicht nur beim Lesen bleiben. Das Beten gehört dazu, die Hilfe für andere, das Nachdenken
über den Glauben – und in allem die Freude,
dass es Gott gibt, der uns das Leben schenkt.

B Höre, Israel! Der HERR, unser Gott, der
HERR ist einzig. Darum sollst du den
HERRN, deinen Gott, lieben mit ganzem Herzen, mit ganzer Seele und mit ganzer Kraft.
Und diese Worte, auf die ich dich heute
verpflichte, sollen auf deinem Herzen
geschrieben stehen. Du sollst sie deinen
Kindern wiederholen. Du sollst sie sprechen,
wenn du zu Hause sitzt und wenn du auf der
Straße gehst, wenn du dich schlafen legst
und wenn du aufstehst.

Dtn 6,4–7

Das Alte Testament

TORA

GENESIS · EXODUS · LEVITIKUS · NUMERI · DEUTERONOMIUM

GESCHICHTSBÜCHER

JOSUA · RICHTER · RUT · SAMUEL · KÖNIGE · CHRONIK · ESRA/NEHEMIA · TOBIT · JUDIT · ESTER · MAKKABÄER

Christinnen und Christen nennen den ersten Teil der Bibel Altes Testament. Es ist eine Sammlung von Schriften, die von der Schöpfung und von Gottes Zuwendung zu den Menschen Zeugnis ablegen, bevor Jesus auf die Welt gekommen ist. „Alt" heißt nicht „veraltet", sondern „ursprünglich".

Dieses „Alte Testament" war die Bibel Jesu. Er hat sie gekannt, geliebt und oft zitiert. Sie ist die Grundlage für seine Verkündigung. Jesus sieht seine Aufgabe darin, die Botschaft des Alten Testaments in neuem Geist umzusetzen.

Am Alten Testament haben viele Hände mitgeschrieben. Nur von wenigen Büchern weiß man genau, wer sie wann und wo geschrieben hat. Die meisten Bücher des Alten Testaments wurden auf Hebräisch verfasst – einige auf Aramäisch und Griechisch. Die meisten Bücher sind in Israel entstanden, einige vielleicht auch außerhalb des Heiligen Landes. Es hat Jahrhunderte gedauert, bis das Alte Testament entstanden ist und seine heutige Form gefunden hat.

Das Alte Testament ist für das Judentum die ganze Heilige Schrift. Das Neue Testament wird im Judentum nicht anerkannt. Die hebräische Bibel hat nach der jüdischen Tradition drei Teile: die Tora, die Propheten und die Schriften. Zur Tora gehören die ersten fünf Bücher der Bibel (Genesis bis Deuteronomium). Die Propheten umfassen sowohl manche Geschichtsbücher (ab Josua) als auch die sogenannten „Schriftpropheten", wozu Jesaja, Jeremia, Ezechiel sowie die zwölf kleinen Propheten zählen (von Hosea bis Maleachi). Zu den „Schriften" gehören alle übrigen hebräisch geschriebenen Werke, z.B. die Psalmen.

Das christliche Alte Testament ist etwas anders gegliedert. Nach dem „Pentateuch" (Genesis bis Deuteronomium) kommen die Bücher der

Dein Wort ist meinem Fuß eine Leuchte, ein Licht für meine Pfade.

Ps 119,105

99 Das Neue Testament liegt im Alten verborgen, und das Alte ist im Neuen offenbar.

AUGUSTINUS

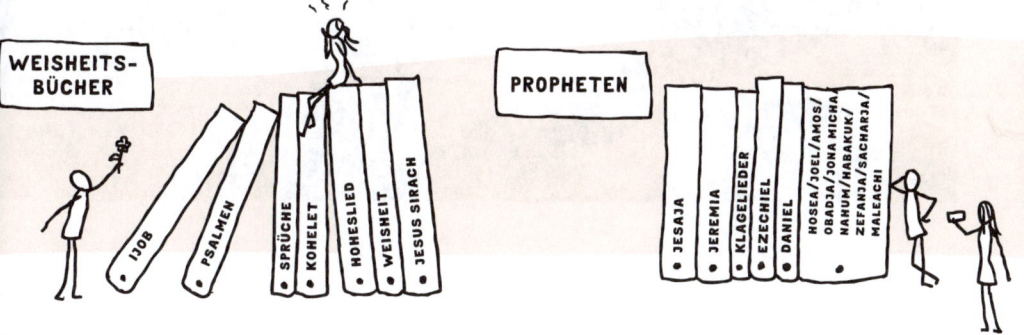

Geschichte, dann die Bücher der Weisheit und zuletzt die Propheten, bei ihnen auch das Buch Daniel. Überdies stehen im Alten Testament der ostkirchlichen und römisch-katholischen Tradition mehr Bücher als in der jüdischen Bibel: Jesus Sirach, Baruch, Tobit, Judit, 1 und 2 Makkabäer, Weisheit Salomos. Auch das Neue Testament hat solche Stellen.

Die Schriften des Alten Testaments spiegeln eine Revolution in der Geschichte der Religionen der Menschheit wider. Während fast alle Völker in der Umgebung Israels Hunderte und Tausende Götter fürchteten, entstand in Israel der Glaube, es existiere nur ein Gott des gesamten Universums. Das Judentum, das Christentum und der Islam sind von dieser grundlegenden Überzeugung geprägt.

Das Alte Testament enthält Stellen, die sehr offen von Gewalt sprechen. Manchmal erscheint Gott selbst als gewalttätig. Das zeigt einerseits, dass die Bibel auch die schwierigen und schmerzhaften Seiten der Wirklichkeit realistisch anschaut. Gott hat mit allen Seiten des Lebens zu tun. Andererseits müssen wir diese Stellen sehr vorsichtig lesen und zu verstehen versuchen. Nie dürfen wir biblische Stellen als Rechtfertigung für zerstörerische Gewalt missverstehen. Gott ist vor allem der Gott des Lebens (Gen 1–2) und der Barmherzigkeit (Ex 34,6–7).

Die Tora

Das hebräische Wort „Tora" bedeutet „Lehre, Unterweisung". Es bezeichnet die ersten fünf Bücher der Bibel (Genesis, Exodus, Levitikus, Numeri, Deuteronomium). Wie die Evangelien im Neuen Testament durch ihre Stellung zu Beginn und ihre Wichtigkeit herausragen, so auch die Tora im Alten Testament. Sie ist das Fundament, auf dem alles Weitere ruht. Im christlichen Alten Testament heißt die Tora „Gesetz", weil sie die Offenbarung des Gesetzes an Mose auf dem Sinai enthält, mit den Zehn Worten (den Zehn Geboten) an der Spitze.

Die Tora erzählt in einem großen Bogen von der Schöpfung (Genesis 1–2) bis zum Todestag des Mose (Deuteronomium 34). Auf die sogenannte Urgeschichte (Gen 1–11) folgen die Erzählungen von den Erzeltern (angefangen von Abraham und Sara, Gen 12–50), von der Befreiung des Volkes Israel aus Ägypten (Exodus 1–15), von der langen Begegnung mit Gott am Berg Sinai (von Exodus 19 bis Numeri 10), dem weiteren Zug durch die Wüste in Richtung des Verheißenen Landes (ab Numeri 10) und die ausführlichen Reden des Mose am letzten Tag seines Lebens, wie wir sie im Buch Deuteronomium finden.

Die Tora stellt somit eine Art „Vor-Geschichte" dar, bevor das Leben des Volkes Israel im Heiligen Land beginnt. Mit der Schöpfung, der Berufung Abrahams, der Offenbarung des göttlichen Namens, der Befreiung aus Ägypten und der Gabe des Gesetzes legt sie die Grundlage für den Glauben an Gott, sowohl im Judentum als auch im Christentum.

Genesis

Das erste Buch der Bibel setzt mit Gottes Erschaffen der Welt und des Menschen ein (Gen 1–2); es endet mit dem Aufenthalt der großen Familie Jakobs (der den Namen Israel trägt) in Ägypten. Von dort werden die Israeliten später wieder ausziehen, was im folgenden Buch Exodus beschrieben wird.

Das Buch Genesis hat in den ersten elf Kapiteln einen Schwerpunkt auf der Schöpfung und allen Menschen. Es zeigt so, dass der biblische Gott allumfassend, im ganzen Universum gegenwärtig ist. Er schließt mit Noach einen Bund mit allen Lebewesen (Gen 9) und gibt ihnen seinen Segen. Das Zeichen dieses Bundes ist der Regenbogen (Gen 9,12–17).

In den folgenden Kapiteln zeigt die Genesis, wie Gott Beziehungen mit Menschen eingeht: Er begleitet sie und sichert ihnen seinen festen Beistand zu. In besonderer Weise erfahren dies Abraham, Isaak und Jakob mit ihren Frauen und Kindern, gerade auch in schwierigen Situationen. Hungersnot, eigenes Versagen, Konflikte, Leben in der Fremde – in allen Nöten bewährt sich Gott als Helfer.

ZWEI SCHÖPFUNGSERZÄHLUNGEN (GEN 1–2)

Die ersten zwei Kapitel der Bibel sind ein Glaubenszeugnis: Gott ist der Schöpfer der Welt und der Menschen. Die Bibel will nicht naturwissenschaftlich erklären, wie das Universum entstanden ist. Sie will vielmehr den Sinn, die tiefere Bedeutung und wichtige Zusammenhänge des Kosmos aufzeigen. Das macht sie auf der Basis des damaligen Weltbildes, aber in einer ganz eigenen Weise: Alles, was es gibt, hat seinen Ursprung in Gott und verdankt ihm sein Leben. Die erste Erzählung schildert eine geordnete, gute Schöpfung. Sie hat zwei Zielpunkte: die Erschaffung des Menschen (Gen 1,26f.) und Gottes Ruhe am siebten Tag (Gen 2,1–3), dem Sabbat.

> „ Groß bist du, Herr, und über alles Lob erhaben. Und da will der Mensch dich preisen, dieser winzige Teil deiner Schöpfung. Du selbst regst ihn dazu an; denn du hast uns zu dir hin geschaffen, und unruhig ist unser Herz, bis es ruht in dir.
>
> **AUGUSTINUS VON HIPPO**
> (354–430 n. Chr.), Kirchenlehrer und Philosoph

Die erste Erzählung (Gen 1,1–2,4a)

1 ¹ Im Anfang erschuf Gott Himmel und Erde. ² Die Erde war wüst und wirr und Finsternis lag über der Urflut und Gottes Geist schwebte über dem Wasser.

³ Gott sprach: Es werde Licht. Und es wurde Licht. ⁴ Gott sah, dass das Licht gut war. Und Gott schied das Licht von der Finsternis. ⁵ Und Gott nannte das Licht Tag und die Finsternis nannte er Nacht. Es wurde Abend und es wurde Morgen: erster Tag.

⁶ Dann sprach Gott: Es werde ein Gewölbe mitten im Wasser und scheide Wasser von Wasser. ⁷ Gott machte das Gewölbe und schied

γ → 42
Kann man von der Evolution überzeugt sein und doch an den Schöpfer glauben?

das Wasser unterhalb des Gewölbes vom Wasser oberhalb des Gewölbes. Und so geschah es. ⁸ Und Gott nannte das Gewölbe Himmel. Es wurde Abend und es wurde Morgen: zweiter Tag.

⁹ Dann sprach Gott: Es sammle sich das Wasser unterhalb des Himmels an einem Ort und das Trockene werde sichtbar. Und so geschah es. ¹⁰ Und Gott nannte das Trockene Land und die Ansammlung des Wassers nannte er Meer. Gott sah, dass es gut war. ¹¹ Dann sprach Gott: Die Erde lasse junges Grün sprießen, Gewächs, das Samen bildet, Fruchtbäume, die nach ihrer Art Früchte tragen mit Samen darin auf der Erde. Und so geschah es. ¹² Die Erde brachte junges Grün hervor, Gewächs, das Samen nach seiner Art bildet, und Bäume, die Früchte tragen mit Samen darin nach ihrer Art. Gott sah, dass es gut war. ¹³ Es wurde Abend und es wurde Morgen: dritter Tag.

¹⁴ Dann sprach Gott: Lichter sollen am Himmelsgewölbe sein, um Tag und Nacht zu scheiden. Sie sollen als Zeichen für Festzeiten, für Tage und Jahre dienen. ¹⁵ Sie sollen Lichter am Himmelsgewölbe sein, um über die Erde hin zu leuchten. Und so geschah es. ¹⁶ Gott machte die beiden großen Lichter, das große zur Herrschaft über den Tag, das kleine zur Herrschaft über die Nacht, und die Sterne.

¹⁷ Gott setzte sie an das Himmelsgewölbe, damit sie über die Erde leuchten, ¹⁸ über Tag und Nacht herrschen und das Licht von der Finsternis scheiden. Gott sah, dass es gut war. ¹⁹ Es wurde Abend und es wurde Morgen: vierter Tag.

²⁰ Dann sprach Gott: Das Wasser wimmle von Schwärmen lebendiger Wesen und Vögel sollen über der Erde am Himmelsgewölbe fliegen. ²¹ Und Gott erschuf die großen Wassertiere und alle Lebewesen, die sich fortbewegen nach ihrer Art, von denen das Wasser wimmelt, und alle gefiederten Vögel nach ihrer Art. Gott sah, dass es gut war. ²² Gott segnete sie und sprach: Seid fruchtbar und mehrt euch! Füllt das Wasser im Meer und die Vögel sollen sich auf Erden vermehren. ²³ Es wurde Abend und es wurde Morgen: fünfter Tag.

²⁴ Dann sprach Gott: Die Erde bringe Lebewesen aller Art hervor, von Vieh, von Kriechtieren und von Wildtieren der Erde nach ihrer Art. Und so geschah es. ²⁵ Gott machte die Wildtiere der Erde nach ihrer Art, das Vieh nach seiner Art und alle Kriechtiere auf dem Erdboden nach ihrer Art. Gott sah, dass es gut war. ²⁶ Dann sprach Gott: Lasst uns Menschen machen als unser Bild, uns ähnlich! Sie sollen walten über die Fische des Meeres, über die Vögel des Himmels, über das Vieh, über die ganze Erde und über alle Kriechtiere, die auf der Erde kriechen. ²⁷ Gott erschuf den Menschen als sein Bild, als Bild Gottes erschuf er ihn. Männlich und weiblich erschuf er sie. ²⁸ Gott segnete sie und Gott sprach zu ihnen: Seid fruchtbar und mehrt euch, füllt

▶ „Bild" und „ähnlich" (v26) zeigen die große Nähe des Menschen zu Gott. In jedem Menschen wird Gott sichtbar. Dies macht unsere Würde und unseren Wert aus.

▶ Als Menschen gleich, doch als Frau und Mann verschieden zu sein prägt unser Leben. Es fordert dazu heraus, Hochachtung vor jedem Menschen zu haben und unsere Verschiedenheit anzunehmen (↗ zu Jes 49,15).

▶ „Unterwerfen" und „herrschen" (v28) meinen nicht rücksichtslos zu regieren, sondern in Verantwortung zu leiten, gleichsam als Stellvertreter für Gott.

die Erde und unterwerft sie euch und herrscht über die Fische des Meeres, über die Vögel des Himmels und über alle Tiere, die auf der Erde kriechen! ²⁹ Dann sprach Gott: Siehe, ich gebe euch alles Gewächs, das Samen bildet auf der ganzen Erde, und alle Bäume, die Früchte tragen mit Samen darin. Euch sollen sie zur Nahrung dienen. ³⁰ Allen Tieren der Erde, allen Vögeln des Himmels und allem, was auf der Erde kriecht, das Lebensatem in sich hat, gebe ich alles grüne Gewächs zur Nahrung. Und so geschah es. ³¹ Gott sah alles an, was er gemacht hatte: Und siehe, es war sehr gut. Es wurde Abend und es wurde Morgen: der sechste Tag.

▶ Gottes Bewertung (v31) zeigt, wie positiv die Bibel die Schöpfung sieht: Sie ist geordnet und gelungen.

Die zweite Schöpfungserzählung ergänzt die erste. Das Interesse gilt dem Menschen: Er ist von Gottes Handwerkskunst geschaffen und trägt göttlichen Atem in sich (Gen 2,7). Er hat eine Beziehung zum Erdboden, von dem er genommen ist (Gen 2,7). Aber es wird dieser Mensch sein, der aus dem Paradies vertrieben wird.

2 ¹ So wurden Himmel und Erde und ihr ganzes Heer vollendet. ² Am siebten Tag vollendete Gott das Werk, das er gemacht hatte, und er ruhte am siebten Tag, nachdem er sein ganzes Werk gemacht hatte. ³ Und Gott segnete den siebten Tag und heiligte ihn; denn an ihm ruhte Gott, nachdem er das ganze Werk erschaffen hatte.

⁴ᵃ Das ist die Geschichte der Entstehung von Himmel und Erde, als sie erschaffen wurden.

Υ → 43
Ist die Welt ein Produkt des Zufalls?

Die zweite Erzählung (Gen 2,4b–25)

[4b] Zur Zeit, als Gott, der HERR, Erde und Himmel machte, [5] gab es auf der Erde noch keine Feldsträucher und wuchsen noch keine Feldpflanzen, denn Gott, der HERR, hatte es auf die Erde noch nicht regnen lassen und es gab noch keinen Menschen, der den Erdboden bearbeitete, [6] aber Feuchtigkeit stieg aus der Erde auf und tränkte die ganze Fläche des Erdbodens. [7] Da formte Gott, der HERR, den Menschen, Staub vom Erdboden, und blies in seine Nase den Lebensatem. So wurde der Mensch zu einem lebendigen Wesen.

[8] Dann pflanzte Gott, der HERR, in Eden, im Osten, einen Garten und setzte dorthin den Menschen, den er geformt hatte. ... [15] Gott, der HERR, nahm den Menschen und gab ihm seinen Wohnsitz im Garten von Eden, damit er ihn bearbeite und hüte. [16] Dann gebot Gott, der HERR, dem Menschen: Von allen Bäumen des Gartens darfst du essen, [17] doch vom Baum der Erkenntnis von Gut und Böse darfst du nicht essen; denn am Tag, da du davon isst, wirst du sterben.

[18] Dann sprach Gott, der HERR: Es ist nicht gut, dass der Mensch allein ist. Ich will ihm eine Hilfe machen, die ihm ebenbürtig ist.

[19] Gott, der HERR, formte aus dem Erdboden alle Tiere des Feldes und alle Vögel des Himmels und führte sie dem Menschen zu, um zu sehen, wie er sie benennen würde. Und wie der Mensch jedes lebendige Wesen benannte, so sollte sein Name sein. [20] Der Mensch gab Namen allem Vieh, den Vögeln des Himmels und allen Tieren des Feldes. Aber eine Hilfe, die dem Menschen ebenbürtig war, fand er nicht.

[21] Da ließ Gott, der HERR, einen tiefen Schlaf auf den Menschen fallen, sodass er einschlief, nahm eine seiner Rippen und verschloss ihre Stelle mit Fleisch. [22] Gott, der HERR, baute aus der Rippe, die er vom Menschen genommen hatte, eine Frau und führte sie dem Menschen zu. [23] Und der Mensch sprach:

Das endlich ist Bein von meinem Bein und Fleisch von meinem Fleisch. Frau soll sie genannt werden; denn vom Mann ist sie genommen.

[24] Darum verlässt der Mann Vater und Mutter und hängt seiner Frau an und sie werden e i n Fleisch. [25] Beide, der Mensch und seine Frau, waren nackt, aber sie schämten sich nicht voreinander.

Das Ende des Paradieses (Gen 3,1–24)

3 [1] Die Schlange war schlauer als alle Tiere des Feldes, die Gott, der HERR, gemacht hatte. Sie sagte zu der Frau: Hat Gott wirklich gesagt: Ihr dürft von keinem Baum des Gartens essen? [2] Die Frau entgegnete der Schlange: Von den Früchten der Bäume im Garten dürfen wir essen; [3] nur von den Früchten des Baumes, der in der Mitte des Gartens steht, hat Gott gesagt: Davon dürft ihr nicht essen und daran dürft ihr nicht rühren, sonst werdet ihr sterben.

▶ „Eden", hebräisch „Wonne", steht für das Paradies. Es ist vor allem als symbolischer Ort des ursprünglichen Glücks zu verstehen. Die weiteren Verse 9–14 beschreiben u.a. seine Flüsse.

💡 „Frau" und „Mann" (v23) bilden im Hebräischen ein Wortspiel (*ischah* und *isch*). Es zeigt, dass sie zueinander gehören – sie sind füreinander geschaffen.

▶ Diese Verse wurden oft missverstanden und als Unterordnung der Frau ausgelegt. Doch besagt „Hilfe" (v18, 20) im Hebräischen auch Rettung und Schutz, und „ihm entsprechend" drückt die Gleichrangigkeit beider Geschlechter aus. Der Mann bestätigt dies in seiner ersten Aussage in v23. Das Bild vom „bauen" aus der „Rippe" zeigt, dass beide ursprünglich zusammengehören.

❞ Jesus Christus geht den Weg Adams umgekehrt zurück. Im Gegensatz zu Adam ist er wirklich „wie Gott". ... Weil er nicht den Weg der Macht, sondern den Weg der Liebe geht, kann er nun bis in Adams Lüge, bis in den Tod hinuntersteigen und so dort die Wahrheit aufrichten, das Leben geben. →

⁴ Darauf sagte die Schlange zur Frau: Nein, ihr werdet nicht sterben. ⁵ Gott weiß vielmehr: Sobald ihr davon esst, gehen euch die Augen auf; ihr werdet wie Gott und erkennt Gut und Böse. ⁶ Da sah die
Frau, dass es köstlich wäre, von dem Baum zu essen, dass der Baum
eine Augenweide war und begehrenswert war, um klug zu werden. Sie
nahm von seinen Früchten und aß; sie gab auch ihrem Mann, der bei
ihr war, und auch er aß.

⁷ Da gingen beiden die Augen auf und sie erkannten, dass sie nackt
waren. Sie hefteten Feigenblätter zusammen und machten sich einen
Schurz. ⁸ Als sie an den Schritten hörten, dass sich Gott, der HERR,
beim Tagwind im Garten erging, versteckten sich der Mensch und seine Frau vor Gott, dem HERRN, inmitten der Bäume des Gartens. ⁹ Aber
Gott, der HERR, rief nach dem Menschen und sprach zu ihm: Wo bist
du? ¹⁰ Er antwortete: Ich habe deine Schritte gehört im Garten; da
geriet ich in Furcht, weil ich nackt bin, und versteckte mich. ¹¹ Darauf
fragte er: Wer hat dir gesagt, dass du nackt bist? Hast du von dem
Baum gegessen, von dem ich dir geboten habe, davon nicht zu essen?

→ So wird Christus der neue
Adam, mit dem das Menschsein
neu beginnt. Er, der vom Grund
her Beziehung und Bezogensein
ist: der Sohn – er stellt die
Beziehungen wieder richtig.
Seine ausgebreiteten Arme sind
die geöffnete Beziehung, die
immerfort für uns offensteht.
PAPST BENEDIKT XVI., Im
Anfang schuf Gott, 1986

Esoteriker umarmen gern
Bäume. Auch Christen ha-
ben einen „Lebensbaum", den
sie umarmen sollten, das Kreuz.
Am Baum des Kreuzes begann
das Leben noch einmal.

¹² Der Mensch antwortete: Die Frau, die du mir beigesellt hast, sie
hat mir von dem Baum gegeben. So habe ich gegessen. ¹³ Gott, der
HERR, sprach zu der Frau: Was hast du getan? Die Frau antwortete: Die
Schlange hat mich verführt. So habe ich gegessen.

¹⁴ Da sprach Gott, der HERR, zur Schlange:
Weil du das getan hast, bist du verflucht unter allem Vieh und allen
Tieren des Feldes. Auf dem Bauch wirst du kriechen und Staub fressen alle Tage deines Lebens. ¹⁵ Und Feindschaft setze ich zwischen dir
und der Frau, zwischen deinem Nachkommen und ihrem Nachkommen. Er trifft dich am Kopf und du triffst ihn an der Ferse.

¹⁶ Zur Frau sprach er: Viel Mühsal bereite ich dir und häufig wirst du
schwanger werden. Unter Schmerzen gebierst du Kinder. Nach deinem Mann hast du Verlangen und er wird über dich herrschen.

¹⁷ Zum Menschen sprach er: Weil du auf die Stimme deiner Frau
gehört und von dem Baum gegessen hast, von dem ich dir geboten
hatte, davon nicht zu essen, ist der Erdboden deinetwegen verflucht.
Unter Mühsal wirst du von ihm essen alle Tage deines Lebens.

¹⁸ Dornen und Disteln lässt er dir wachsen und die Pflanzen des Feldes wirst du essen.

¹⁹ Im Schweiße deines Angesichts wirst du dein Brot essen, bis du
zum Erdboden zurückkehrst; denn von ihm bist du genommen, Staub
bist du und zum Staub kehrst du zurück.

▶ Der Baum der Erkenntnis
von Gut und Böse steht in
übertragenem Sinn für eine
Haltung, bei der Menschen
selbst entscheiden wollen, was
recht und was falsch ist. Gott
will nicht verhindern, dass wir
Gutes erkennen und danach
handeln.

Wo jedoch die Sünde
mächtig wurde, da ist
die Gnade übergroß geworden,
damit, wie die Sünde durch den
Tod herrschte, so auch die Gnade
herrsche durch Gerechtigkeit
zum ewigen Leben, durch Jesus
Christus, unseren Herrn.
Röm 5,20b–21

Gott, von dir sich
abwenden heißt fallen.
Zu dir sich hinwenden heißt
aufstehen. In dir bleiben heißt
sicheren Beistand haben.
AUGUSTINUS

▶ Gott kümmert sich auch dann um die Menschen, wenn sie gegen ihn gehandelt haben. Er bekleidet Adam und Eva, damit sie sich nicht mehr schämen müssen.

²⁰ Der Mensch gab seiner Frau den Namen Eva, Leben, denn sie wurde die Mutter aller Lebendigen. ²¹ Gott, der HERR, machte dem Menschen und seiner Frau Gewänder von Fell und bekleidete sie damit. ²² Dann sprach Gott, der HERR: Siehe, der Mensch ist wie einer von uns geworden, dass er Gut und Böse erkennt. Aber jetzt soll er nicht seine Hand ausstrecken, um auch noch vom Baum des Lebens zu nehmen, davon zu essen und ewig zu leben. ²³ Da schickte Gott, der HERR, ihn aus dem Garten Eden weg, damit er den Erdboden bearbeite, von dem er genommen war. ²⁴ Er vertrieb den Menschen und ließ östlich vom Garten Eden die Kerubim wohnen und das lodernde Flammenschwert, damit sie den Weg zum Baum des Lebens bewachten.

Im nächsten Kapitel 4 weitet sich das Böse aus: Kain erschlägt seinen Bruder Abel. In Gen 6 ist die Gewalt auf der Erde so sehr angewachsen, dass Gott dem ausufernden Bösen ein Ende setzen will und eine Sintflut über sie bringt. Aus ihr wird nur der gerechte Noach (Gen 6,9) mit seiner Familie und Vertretern aller Lebewesen gerettet. Nach dem Ende der Flut segnet Gott die Menschen, gibt ihnen neue Vorschriften und schenkt eine bleibende Beziehung.

„ trauen kann, erübrigt sich ein Vertrag. Wenn man ihm nicht trauen kann, ist ein Vertrag überflüssig.

JEAN PAUL GETTY (1892–1976), amerikanischer Unternehmer

Gottes Bund mit allem Lebendigen (Gen 9,8–16)

9 ⁸ Dann sprach Gott zu Noach und seinen Söhnen, die bei ihm waren: ⁹ Ich bin es. Siehe, ich richte meinen Bund auf mit euch und mit euren Nachkommen nach euch ¹⁰ und mit al-

▶ „Bund" ist ein Schlüsselmotiv der Bibel (s. auch Gen 15; Ex 19; Jer 31 und für Jesus). „Das ist mein Blut des Bundes, das für viele vergossen wird." (Mk 14,24) Es besagt, dass Gott sich dauerhaft an Menschen bindet, und zeigt so seinen Wunsch nach Beziehung mit uns.

▶ Mit dem „Bogen" ist der Regenbogen gemeint. Die nach schwerem Regen durchbrechende Sonne zaubert die Spektralfarben in die Atmosphäre und deutet mit der Verbindung von Himmel und Erde symbolisch deren Versöhnung an.

len Lebewesen bei euch, mit den Vögeln, dem Vieh und allen Wildtieren der Erde bei euch, mit allen, die aus der Arche gekommen sind, mit allen Wildtieren der Erde überhaupt. ¹¹ Ich richte meinen Bund mit euch auf: Nie wieder sollen alle Wesen aus Fleisch vom Wasser der Flut ausgerottet werden; nie wieder soll eine Flut kommen und die Erde verderben. ¹² Und Gott sprach: Das ist das Zeichen des Bundes, den ich stifte zwischen mir und euch und den lebendigen Wesen bei euch für alle kommenden Generationen: ¹³ Meinen Bogen setze ich in die Wolken; er soll das Zeichen des Bundes werden zwischen mir und der Erde. ¹⁴ Balle ich Wolken über der Erde zusammen und erscheint der Bogen in den Wolken, ¹⁵ dann gedenke ich des Bundes, der besteht zwischen mir und euch und allen Lebewesen, allen Wesen aus Fleisch, und das Wasser wird nie wieder zur Flut werden, die alle Wesen aus Fleisch verdirbt. ¹⁶ Steht der Bogen in den Wolken, so werde ich auf ihn sehen und des ewigen Bundes gedenken zwischen Gott und allen lebenden Wesen, allen Wesen aus Fleisch auf der Erde.

Gen 10 stellt die gesamte Menschheit als eine große Familie von 70 Völkern dar, die alle von den drei Söhnen Noachs abstammen. Damit will dieses Kapitel ihren inneren Zusammenhang, ihre Fülle und Gleichwertigkeit, zugleich aber auch ihre Vielfalt und Verschiedenheit ausdrücken. Gleich die nächste Erzählung zerstört diese Harmonie.

Der Turmbau zu Babel (Gen 11,1–9)

11 ¹ Die ganze Erde hatte eine Sprache und ein und dieselben Worte. ² Als sie ostwärts aufbrachen, fanden sie eine Ebene im Land Schinar und siedelten sich dort an. ³ Sie sagten zueinander: Auf, formen wir Lehmziegel und brennen wir sie zu Backsteinen. So dienten ihnen gebrannte Ziegel als Steine und Erdpech als Mörtel. ⁴ Dann sagten sie: Auf, bauen wir uns eine Stadt und einen Turm mit einer Spitze bis in den Himmel! So wollen wir uns einen Namen machen, damit wir uns nicht über die ganze Erde zerstreuen. ⁵ Da stieg der HERR herab, um sich Stadt und Turm anzusehen, die die Menschenkinder bauten. ⁶ Und der HERR sprach: Siehe, e i n Volk sind sie und e i n e Sprache haben sie alle. Und das ist erst der Anfang ihres Tuns. Jetzt wird ihnen nichts mehr unerreichbar sein, wenn sie es sich zu tun vornehmen. ⁷ Auf, steigen wir hinab und verwirren wir dort ihre Sprache, sodass keiner mehr die Sprache des anderen versteht. ⁸ Der HERR zerstreute sie von dort aus über die ganze Erde und sie hörten auf, an der Stadt zu bauen. ⁹ Darum gab man der Stadt den Namen Babel, Wirrsal, denn dort hat der HERR die Sprache der ganzen Erde verwirrt und von dort aus hat er die Menschen über die ganze Erde zerstreut.

💡 Esperanto kämpft gegen die Folgen des Turmbaus von Babel: Die leicht erlernbare Kunstsprache wurde im 19. Jh. geschaffen, um die internationale Verständigung der Menschen zu erleichtern. Was Esperanto nicht geschafft hat, hat Pfingsten geschafft.

▶ Menschlicher Größenwahn und Ehrgeiz („sich einen Namen machen") führen selten eine Gemeinschaft zusammen. Viel öfter sind sie Quelle von Konflikten und Trennung. Die folgenden Verse schildern diesen Zusammenhang als göttliches Eingreifen.

▶ Die Erzählung bringt „Babel" ironisch in Verbindung mit „verwirren" (hebräisch *balal*); in der Sprache der Babylonier bedeutet „Babel" dagegen „Tor Gottes".

💡 In Babylon hat es wirklich einen hohen Turm gegeben: Er war ein gestufter Tempelturm mit einer Grundfläche von ca. 91 x 91 m. Von dem Turm ist allerdings außer den Fundamenten nichts mehr erhalten.

ERZÄHLUNGEN ÜBER ABRAHAM UND SARA (GEN 11–25)

Mit Abram, der später Abraham genannt wird, beginnt Gott eine Geschichte besonderer Erwählungen. Abraham heißt „Vater einer Menge" (Gen 17,4–5). Dieser Name ist Programm. Die Erwählung ist nicht nur ein Privileg, sondern auch eine Verheißung, die mit Anforderungen verbunden ist. Die Heimat verlassen bedeutet, viel Sicherheit aufzugeben, birgt aber auch die Chance, zu reifen und immer mehr von der Weite zu spüren, die Gott selber auszeichnet.

Gottes Anruf an Abram (Gen 12,1–5)

12 ¹ Der HERR sprach zu Abram: Geh fort aus deinem Land, aus deiner Verwandtschaft und aus deinem Vaterhaus in das Land, das ich dir zeigen werde! ² Ich werde dich zu einem großen Volk machen, dich segnen und deinen Namen groß machen. Ein Segen sollst du sein. ³ Ich werde segnen, die dich segnen; wer dich verwünscht, den werde ich verfluchen. Durch dich sollen alle Sippen der Erde Segen erlangen.

▶ „Seg(n)en" ist das große Geschenk und der Auftrag an Abraham. Seine intensive Beziehung mit Gott soll und wird fruchtbar werden für andere. So bereitet Gott ihm einen „Namen", Ruhm, im Gegensatz zur menschlichen Ehrsucht (vgl. Gen 11,4).

> Gott gibt oft in einem einzigen Augenblick, was er lange versagt hat. Denn der Herr spendet dort Segen, wo er leere Gefäße findet.
>
> **THOMAS VON KEMPEN** (um 1380–1471), Mystiker

⁴ Da ging Abram, wie der HERR ihm gesagt hatte, und mit ihm ging auch Lot. Abram war fünfundsiebzig Jahre alt, als er von Haran auszog. ⁵ Abram nahm seine Frau Sarai mit, seinen Neffen Lot und alle ihre Habe, die sie erworben hatten, und alle, die sie in Haran hinzugewonnen hatten. Sie zogen aus, um in das Land Kanaan zu gehen, und sie kamen in das Land Kanaan.

In Gen 13 überlässt Abram großzügig seinem Neffen die Wahl, welchen Teil des Landes er bewohnen will. Ein Kapitel später befreit er diesen und viele andere Verschleppte mutig aus der Hand ihrer Entführer. So verwirklicht sich bereits Gottes Segenszusage an ihn in Gen 12.

Gott glauben (Gen 15,1–6)

▶ Kein Kind zu haben und das Versprechen unzählbarer Nachkommenschaft – dieses Verhältnis ist null zu unendlich. So erläutert die Bibel, was es bedeutet, an Gott zu „glauben", sich an ihm festzuhalten.

15 ¹ Nach diesen Ereignissen erging das Wort des HERRN in einer Vision an Abram: Fürchte dich nicht, Abram, ich selbst bin dir ein Schild; dein Lohn wird sehr groß sein. ² Abram antwortete: HERR und Gott, was kannst du mir geben? Ich gehe kinderlos dahin und Erbe meines Hauses ist Eliëser aus Damaskus. ³ Und Abram sagte: Siehe, du hast mir keine Nachkommen gegeben; so wird mich mein

B Glaube aber ist: Grundlage dessen, was man erhofft, ein Zutagetreten von Tatsachen, die man nicht sieht.

Hebr 11,1

Hausklave beerben. ⁴ Aber siehe, das Wort des HERRN erging an ihn: Nicht er wird dich beerben, sondern dein leiblicher Sohn wird dein Erbe sein. ⁵ Er führte ihn hinaus und sprach: Sieh doch zum Himmel hinauf und zähl die Sterne, wenn du sie zählen kannst! Und er sprach zu ihm: So zahlreich werden deine Nachkommen sein. ⁶ Und er glaubte dem HERRN und das rechnete er ihm als Gerechtigkeit an.

---

10 und 25 Jahre vergehen, bis Gottes Versprechen sich zu erfüllen beginnt und Abrahams Söhne Ismael sowie Isaak geboren werden. Knapp davor erweist sich Abraham als perfekter Gastgeber.

💡 Im Alter von 99 Jahren (Gen 17,24), zur Siestazeit, als es am heißesten ist, rennt Abraham auf Wanderer zu, um sie zu sich einzuladen. Er verkörpert so das Ideal von Gastfreundschaft. In der semitischen Werteordnung ist Gastfreundschaft auch heute noch hoch angesiedelt; einen Gast königlich zu behandeln, auch wenn man selbst wenig besitzt, ist selbstverständlich.

Außergewöhnliche Gastfreundschaft (Gen 18,1–15)

18 ¹ Der HERR erschien Abraham bei den Eichen von Mamre, während er bei der Hitze des Tages am Eingang des Zeltes saß. ² Er erhob seine Augen und schaute auf, siehe, da standen drei Männer vor ihm. Als er sie sah, lief er ihnen vom Eingang des Zeltes aus entgegen, warf sich zur Erde nieder ³ und sagte: Mein HERR, wenn ich Gnade in deinen Augen gefunden habe, geh doch nicht an deinem Knecht vorüber! ⁴ Man wird etwas Wasser holen; dann könnt ihr euch die Füße waschen und euch unter dem Baum ausruhen. ⁵ Ich will einen Bissen Brot holen, dann könnt ihr euer Herz stärken, danach mögt ihr weiterziehen; denn deshalb seid ihr doch bei eurem Knecht vorbeigekommen. Sie erwiderten: Tu, wie du gesagt hast! ⁶ Da lief Abraham eiligst ins Zelt zu Sara und rief: Schnell drei Sea feines Mehl! Knete es und backe Brotfladen! ⁷ Er lief weiter zum Vieh, nahm ein zartes, prächtiges Kalb und übergab es dem Knecht, der es schnell zubereitete. ⁸ Dann nahm Abraham Butter, Milch und das Kalb, das er hatte zubereiten lassen, und setzte es ihnen vor. Er selbst wartete ihnen unter dem Baum auf, während sie aßen. ⁹ Sie fragten ihn: Wo ist deine Frau Sara? Dort im Zelt, sagte er. ¹⁰ Da sprach er: In einem Jahr komme ich wieder zu dir. Siehe, dann wird deine Frau Sara einen Sohn haben. Sara hörte am Eingang des Zeltes hinter seinem Rücken zu. ¹¹ Abraham und Sara waren schon alt; sie waren hochbetagt. Sara erging es nicht mehr, wie es Frauen zu ergehen pflegt. ¹² Sara lachte daher still in sich hinein und dachte: Ich bin doch alt und verbraucht und soll noch Liebeslust erfahren? Auch ist mein Herr doch schon ein alter Mann! ¹³ Da sprach der HERR zu Abraham: Warum lacht Sara und sagt: Sollte ich wirklich noch gebären, obwohl ich so alt bin? ¹⁴ Ist denn beim HERRN etwas unmöglich? Nächstes Jahr um diese Zeit werde ich wieder zu dir kommen; dann wird Sara einen Sohn haben. ¹⁵ Sara leugnete: Ich habe nicht gelacht. Denn sie hatte Angst. Er aber sagte: Doch, du hast gelacht.

▶ In Gen 17,15 hatte Gott den Namen „Sarai" in „Sara" (= Fürstin) geändert. „Sea" (v6) ist ein Hohlmaß. Es entspricht mindestens 7, eher aber gut 12 Litern. Die angegebene Menge kommt auf 20 oder gar 35 kg Teig – ein überreichliches Mahl.

▶ Das hebräische Wort für „Lachen" (zahaq) bereitet den Namen des Kindes Isaak (hebr. Jizhaq, Gen 21,2–3) vor.

▶ Die rhetorische Frage deutet an, dass Gott alles vermag (↗ auch Jer 32,17.27). Nichts ist ihm „unmöglich" oder zu wunderbar.

Abrahams Fürsprache für Sodom und Gomorra im Anschluss an die Bewirtung (Gen 18,22–33) erreicht Gottes Zusage, bei zehn Gerechten die beiden Städte zu verschonen; doch selbst so wenige finden sich nicht, und nur Lots Familie kann sich in Gen 19 retten. Zwei Kapitel später wird Isaak geboren, und Sara besteht darauf, seinen älteren Halbbruder Ismael (Kind einer anderen Mutter) wegzuschicken, woraufhin er in der Wüste in Todesgefahr gerät. In Entsprechung dazu wird auch das Leben ihres Sohnes in Gen 22 bedroht.

Eine extreme Prüfung (Gen 22,1–14)

22 ¹ Nach diesen Ereignissen stellte Gott Abraham auf die Probe. Er sprach zu ihm: Abraham! Er sagte: Hier bin ich. ² Er sprach: Nimm deinen Sohn, deinen einzigen, den du liebst, Isaak, geh in das Land Morija und bring ihn dort auf einem der Berge, den ich dir nenne, als Brandopfer dar! ³ Frühmorgens stand Abraham auf, sattelte seinen Esel, nahm zwei seiner Jungknechte mit sich und seinen Sohn Isaak, spaltete Holz zum Brandopfer und machte sich auf den Weg zu dem Ort, den ihm Gott genannt hatte. ⁴ Als Abraham am dritten Tag seine Augen erhob, sah er den Ort von Weitem. ⁵ Da sagte Abraham zu seinen Jungknechten: Bleibt mit dem Esel hier! Ich aber und der Knabe, wir wollen dorthin gehen und uns niederwerfen; dann wollen wir zu euch zurückkehren. ⁶ Abraham nahm das Holz für das Brandopfer und lud es seinem Sohn Isaak auf. Er selbst nahm das Feuer und das Messer in die Hand. So gingen beide miteinander. ⁷ Da sprach Isaak zu seinem Vater Abraham. Er sagte: Mein Vater! Er antwortete: Hier bin ich, mein Sohn! Dann sagte Isaak: Hier ist Feuer und Holz. Wo aber ist

▶ Dieser einleitende Satz gibt mit „auf die Probe stellen" den entscheidenden Schlüssel zum Verstehen: Gott will nicht den Tod Isaaks, sondern die Haltung seines Vaters „testen".

❞ Gott prüft alle: den einen durch Reichtum, den andern durch Armut, den Reichen – ob er für den Notdürftigen die Hand auftut, den Armen aber – ob er ohne Murren, in Demut, von der Vorsehung sein Leid erträgt.

TALMUD

▶ „Gott fürchten" (v12) kommt hier zum ersten Mal vor. Es zeigt, dass Abraham die Prüfung erfolgreich bestanden hat. Gemeint ist eine „Ehrfurcht, Hochachtung", die Gott den ersten Platz in allem einräumt, sogar noch vor engen persönlichen Beziehungen. Ähnlich sagt Jesus in Mt 10,37: „Wer Vater oder Mutter mehr liebt als mich, ist meiner nicht wert ..."

▶ „Der HERR sieht" (v14) lässt anklingen, dass Gott auf Menschen in Not schaut (↗ Ex 2,25; 3,7) und ist mit dem Gedanken verbunden, dass Gott auf Bergen besonders erfahrbar ist (↗ Ex 19).

das Lamm für das Brandopfer? ⁸ Abraham sagte: Gott wird sich das Lamm für das Brandopfer ausersehen, mein Sohn. Und beide gingen miteinander weiter.

⁹ Als sie an den Ort kamen, den ihm Gott genannt hatte, baute Abraham dort den Altar, schichtete das Holz auf, band seinen Sohn Isaak und legte ihn auf den Altar, oben auf das Holz. ¹⁰ Abraham streckte seine Hand aus und nahm das Messer, um seinen Sohn zu schlachten. ¹¹ Da rief ihm der Engel des HERRN vom Himmel her zu und sagte: Abraham, Abraham! Er antwortete: Hier bin ich. ¹² Er sprach: Streck deine Hand nicht gegen den Knaben aus und tu ihm nichts zuleide! Denn jetzt weiß ich, dass du Gott fürchtest; du hast mir deinen Sohn, deinen einzigen, nicht vorenthalten. ¹³ Abraham erhob seine Augen, sah hin und siehe, ein Widder hatte sich hinter ihm mit seinen Hörnern im Gestrüpp verfangen. Abraham ging hin, nahm den Widder und brachte ihn statt seines Sohnes als Brandopfer dar. ¹⁴ Abraham gab jenem Ort den Namen Der HERR sieht, wie man noch heute sagt: Auf dem Berg lässt sich der HERR sehen.

Nach der Erprobung gibt Gottes Bote Abraham weitere Segenszusagen (Gen 22,15–19). Wenig später sterben Sara (Gen 23) und Abraham (Gen 25). Ihr Sohn Isaak heiratet Rebekka; nach 20 Jahren gebiert sie Zwillinge: Esau, den Stammvater der Edomiter, eines Nachvolkes, und Jakob, der den Namen Israel erhält. Beide kämpfen schon im Mutterleib um den Vorrang. Als Jakob schließlich in Gen 27 den blinden Vater betrügt und den für Esau vorgesehenen Erstgeburtssegen erschleicht, zerbricht die Familie, und Jakob muss fliehen. Auf dem Weg erscheint Gott ihm in der Nacht.

ERZÄHLUNGEN ÜBER JAKOB UND SEINE FAMILIE (GEN 25–50)

Der Traum in Bet-El (Gen 28,10–22)

▶ Was die Menschen in Babel im Größenwahn zu erreichen versuchten („bis zum Himmel ... bauen", Gen 11,4) und nicht schafften, besteht von Gottes Seite schon längst: Die Treppe verbindet Himmel und Erde, und seine Boten („Engel") halten den Kontakt in beide Richtungen.

▶ Diese Zusagen sind außerordentlich, vor allem deshalb, weil Gott sie jemandem gibt, der sich schwer verfehlt hat. Er lässt selbst den Schuldigen nicht im Stich und verheißt ihm Großes.

28 ¹⁰ Jakob zog aus Beerscheba weg und ging nach Haran. ¹¹ Er kam an einen bestimmten Ort und übernachtete dort, denn die Sonne war untergegangen. Er nahm einen von den Steinen dieses Ortes, legte ihn unter seinen Kopf und schlief dort ein. ¹² Da hatte er einen Traum: Siehe, eine Treppe stand auf der Erde, ihre Spitze reichte bis zum Himmel. Und siehe: Auf ihr stiegen Engel Gottes auf und nieder. ¹³ Und siehe, der HERR stand vor ihm und sprach: Ich bin der HERR, der Gott deines Vaters Abraham und der Gott Isaaks. Das Land, auf dem du liegst, will ich dir und deinen Nachkommen geben. ¹⁴ Deine Nachkommen werden zahlreich sein wie der Staub auf der Erde. Du wirst dich nach Westen und Osten, nach Norden und Süden ausbreiten und durch dich und deine Nachkommen werden alle Sippen der Erde Segen erlangen. ¹⁵ Siehe, ich bin mit dir, ich behüte dich, wohin du auch gehst, und bringe dich zurück in dieses Land. Denn ich verlasse dich nicht, bis ich vollbringe, was ich dir versprochen habe. ¹⁶ Jakob erwachte aus seinem Schlaf und sagte: Wirklich, der HERR ist an diesem Ort und ich wusste es nicht. ¹⁷ Er fürchtete sich und sagte: Wie ehrfurchtgebietend ist doch dieser Ort! Er ist nichts anderes als das Haus Gottes und das Tor des Himmels. ¹⁸ Jakob stand früh am Morgen auf, nahm den Stein, den er unter seinen Kopf gelegt hatte, stellte ihn als Steinmal auf und goss Öl darauf. ¹⁹ Dann gab er dem Ort den Namen Bet-El – Haus Gottes –. Früher hieß die Stadt Lus. ²⁰ Jakob machte das Gelübde: Wenn Gott mit mir ist und mich auf diesem Weg, den ich gehe, behütet, wenn er mir Brot zum Essen und Kleider zum Anziehen gibt, ²¹ wenn ich wohlbehalten heimkehre in das Haus meines Vaters, dann wird der HERR für mich Gott sein ²² und dieser Stein, den ich als Steinmal aufgestellt habe, soll ein Gotteshaus werden. Von allem, was du mir gibst, will ich dir gewiss den zehnten Teil geben.

▶ Bet-El war ein berühmtes Wallfahrtsheiligtum nördlich von Jerusalem. Zu „Haus Gottes" ↗ v17.

99 Die Ehrfurcht ist die Grundlage aller Tugenden.

MARCUS TULLIUS CICERO
(106–43 v. Chr), römischer Redner

Gott steht zu seiner Zusage. So kann Jakob in der Fremde, bei seinem betrügerischen Onkel und Schwiegervater Laban, eine eigene Familie gründen und eine große Herde erwerben. Nach über 20 Jahren macht er sich auf in die Heimat, und wieder begegnet ihm Gott in der Nacht auf dem Weg.

Nächtliches Ringen (Gen 32,23–33)

32 ²³ In derselben Nacht stand er auf, nahm seine beiden Frauen, seine beiden Mägde sowie seine elf Kinder und durchschritt die Furt des Jabbok. ²⁴ Er nahm sie und ließ sie den Fluss überqueren.

▶ Die Identität des „Mannes" (v25) bleibt offen; doch lässt sich annehmen, dass Gott selbst Jakobs Gegenüber war.

Dann schaffte er alles hinüber, was ihm sonst noch gehörte. ²⁵ Als er allein zurückgeblieben war, rang mit ihm ein Mann, bis die Morgenröte aufstieg. ²⁶ Als der Mann sah, dass er ihn nicht besiegen konnte, berührte er sein Hüftgelenk. Jakobs Hüftgelenk renkte sich aus, als er mit ihm rang. ²⁷ Er sagte: Lass mich los; denn die Morgenröte ist aufgestiegen. Er entgegnete: Ich lasse dich nicht los, wenn du mich nicht segnest. ²⁸ Er fragte ihn: Wie ist dein Name? Jakob, antwortete er. ²⁹ Er sagte: Nicht mehr Jakob wird man dich nennen, sondern Israel – Gottesstreiter –; denn mit Gott und Menschen hast du gestritten und gesiegt. ³⁰ Nun fragte Jakob: Nenne mir doch deinen Namen! Er entgegnete: Was fragst du mich nach meinem Namen? Dann segnete er ihn dort. ³¹ Jakob gab dem Ort den Namen Penuël – Gottes Angesicht – und sagte: Ich habe Gott von Angesicht zu Angesicht gesehen und bin doch mit dem Leben davongekommen.

³² Die Sonne schien bereits auf ihn, als er durch Penuël zog; er hinkte an seiner Hüfte. ³³ Darum essen die Israeliten den Muskelstrang über dem Hüftgelenk nicht bis auf den heutigen Tag; denn er hat Jakobs Hüftgelenk, den Hüftmuskel berührt.

▶ Israel (v29), Gottesstreiter, ist Jakobs neuer Segensname. Nicht er selber muss sich mit allen Mitteln durchsetzen, sondern Gott steht an seiner Seite und setzt sich für ihn ein.

▶ Penuël (v31), bedeutet „Gottes Angesicht" und erinnert an Jakobs nächtliche Begegnung.

▶ Die Erzählung erklärt einen Brauch in Israel: Auch bei diesem Verbot, einen bestimmten Muskel von Tieren zu essen, soll sich das Volk an seinen Vater Jakob erinnern, noch dazu an seine Gottesbegegnung.

Das nächtliche Ringen verändert Jakob, nicht nur im Namen. Gleich anschließend vermag er mit unterwürfigen Gesten auf Esau zuzulaufen, und dieser nimmt ihn ganz emotional wieder als Bruder an (Gen 33,1–10). Dieser lange Prozess bis zur Versöhnung wiederholt sich in der nächsten Generation, bei Jakobs Söhnen.

Die sogenannte Josefsgeschichte (Gen 37–50) ist eine der spannendsten Erzählungen in der Bibel. Es geht darum, wie eine Familie zerbricht und wieder zusammenfindet. Gen 37 zeigt, wie kompliziert die Beziehungen in der Familie sind. Jeder macht Fehler. Josef ist jung und begabt, aber auch naiv und arrogant. Seine Brüder reagieren aggressiv und brutal. Es braucht viele Jahre, bis sie sich durch schwierige Erfahrungen weiterentwickeln und ihre Fehler einsehen. Die Erzählung zeigt, wie wichtig es ist, in der eigenen Familie reifer zu werden und alte Konflikte zu lösen, wenn es möglich wird. Es lohnt sich, die Geschichte in einer vollständigen Bibel ganz zu lesen!

Einen schwierigen Bruder beseitigen (Gen 37)

▶ „Hinterbrachte ihre üble Nachrede" (v2), im Original eigentlich „verleumdete": Josef erzählt seinem Vater Lügen über seine Halbgeschwister.

Eine verstörende Geschichte! Anfangs war ich unsicher, mit welcher dieser Figuren ich mich am ehesten identifizieren kann, was mich emotional verwirrte. Träume der Dominanz oder der Machtausübung kommen bei mir nicht gut an. →

37 ² Als Josef siebzehn Jahre zählte, weidete er mit seinen Brüdern die Schafe und Ziegen. Er war Hirtenjunge bei den Söhnen Bilhas und Silpas, den Frauen seines Vaters. Josef hinterbrachte ihrem Vater ihre üble Nachrede. ³ Israel liebte Josef mehr als alle seine Söhne, weil er ihm in hohem Alter geboren worden war. Er ließ ihm einen bunten Rock machen. ⁴ Als seine Brüder sahen, dass ihr Vater ihn mehr liebte als alle seine Brüder, hassten sie ihn und konnten mit ihm kein friedliches Wort mehr reden.

⁵ Einst hatte Josef einen Traum. Als er ihn seinen Brüdern erzählte, hassten sie ihn noch mehr. ⁶ Er sagte zu ihnen: Hört euch doch diesen Traum an, den ich geträumt habe. ⁷ Siehe, wir banden Garben mitten auf dem Feld. Und siehe, meine Garbe richtete sich auf und blieb auch stehen. Siehe, eure Garben umringten sie und warfen sich vor meiner Garbe nieder. ⁸ Da sagten seine Brüder zu ihm: Willst du etwa

→ Ich bin neidisch, wenn jemand zu etwas Höherem als ich berufen zu sein scheint. Neid frisst sich in mich hinein und ich verliere meine eigenen Fähigkeiten, die Gott mir geschenkt hat, aus den Augen.

NICOLA

❞ Dinge, leicht wie Luft, sind für die Eifersucht Beweis, so stark wie Bibelsprüche.

WILLIAM SHAKESPEARE (1564–1616), englischer Dramatiker

▶ Wörtlich sagt Josef in v13 „Siehe mich!". Eigentlich ist er nicht „hier", deshalb muss Jakob ihn noch einmal auffordern (v14).

König über uns werden oder über uns herrschen? Und sie hassten ihn noch mehr wegen seiner Träume und seiner Worte.

⁹ Er hatte noch einen anderen Traum. Er erzählte ihn seinen Brüdern und sagte: Siehe, ich träumte noch einmal: Und siehe, die Sonne, der Mond und elf Sterne warfen sich vor mir nieder. ¹⁰ Als er davon seinem Vater und seinen Brüdern erzählte, schalt ihn sein Vater und sagte zu ihm: Was soll der Traum, den du da geträumt hast? Sollen wir etwa, ich, deine Mutter und deine Brüder, kommen und uns vor dir zur Erde niederwerfen? ¹¹ Seine Brüder waren eifersüchtig auf ihn, sein Vater aber bewahrte die Sache.

¹² Als seine Brüder fortgezogen waren, um die Schafe und Ziegen ihres Vaters bei Sichem zu weiden, ¹³ sagte Israel zu Josef: Weiden nicht deine Brüder bei Sichem? Geh, ich will dich zu ihnen schicken. Er antwortete: Hier bin ich. ¹⁴ Da sagte der Vater zu ihm: Geh doch hin und sieh, wie es deinen Brüdern und den Schafen und Ziegen geht, und berichte mir! So schickte er ihn aus dem Tal von Hebron fort und Josef kam nach Sichem.

¹⁵ Ein Mann traf ihn und siehe, Josef irrte auf dem Feld umher; der Mann fragte ihn: Was suchst du? ¹⁶ Josef antwortete: Meine Brüder suche ich. Sag mir doch, wo sie das Vieh weiden! ¹⁷ Der Mann antwortete: Sie sind von hier weitergezogen. Ich habe nämlich gehört, wie sie sagten: Gehen wir nach Dotan. Da ging Josef seinen Brüdern nach und fand sie in Dotan.

¹⁸ Sie sahen ihn von Weitem. Bevor er jedoch nahe an sie herangekommen war, fassten sie den Plan, ihn umzubringen. ¹⁹ Sie sagten zueinander: Siehe, da kommt ja dieser Träumer. ²⁰ Jetzt aber auf, erschlagen wir ihn und werfen wir ihn in eine der Zisternen. Sagen wir, ein wildes Tier habe ihn gefressen. Dann werden wir ja sehen, was aus seinen Träumen wird. …

²³ Als Josef bei seinen Brüdern angekommen war, zogen sie ihm seinen bunten Rock aus, den Ärmelrock, den er anhatte, ²⁴ packten ihn und warfen ihn in die Zisterne. Die Zisterne war leer; es war kein Wasser darin.

²⁵ Sie saßen beim Essen und erhoben ihre Augen und sahen, siehe, eine Karawane von Ismaelitern aus Gilead kam. … Sie waren unterwegs nach Ägypten. ²⁶ Da sagte Juda seinen Brüdern: Was haben wir davon, wenn wir unseren Bruder erschlagen und sein Blut zudecken? ²⁷ Kommt, verkaufen wir ihn den Ismaelitern. Wir wollen aber nicht Hand an ihn legen, denn er ist doch unser Bruder und unser Fleisch. Seine Brüder hörten auf ihn.

²⁸ … Da zogen sie Josef aus der Zisterne herauf und verkauften ihn für zwanzig Silberstücke an die Ismaeliter. Sie brachten Josef nach Ägypten. …

³¹ Da nahmen sie Josefs Gewand, schlachteten einen Ziegenbock und tauchten das Gewand in das Blut. ³² Dann schickten sie den bun-

> **99** Ich las die Geschichten Abrahams, des unruhevollen, des zu neuen Ufern der Gotteserkenntnis getriebenen Wanderers, las die Geschichte Josephs und seiner Brüder, diese Perle des Alten Testaments.
>
> **THOMAS MANN** (1875–1955), über die Entstehung seines Romans „Joseph und seine Brüder"

▶ Was Juda sagt, scheint „vernünftig" zu sein (v27). Aber sein Plan ist auch unmenschlich: Weil Josef „unser Bruder" ist, wird er „nur" verkauft, und zugleich können die Brüder davon profitieren.

ten Rock zu ihrem Vater und ließen ihm sagen: Das haben wir gefunden. Sieh doch genau nach, ob das der Rock deines Sohnes ist oder nicht! ³³ Als er ihn genau angesehen hatte, sagte er: Der Rock meines Sohnes! Ein wildes Tier hat ihn gefressen. Zerfetzt ist Josef, zerfetzt. ³⁴ Jakob zerriss seine Kleider, legte ein Trauergewand an und trauerte um seinen Sohn viele Tage. ³⁵ Alle seine Söhne und Töchter machten sich auf, um ihn zu trösten. Er aber ließ sich nicht trösten und sagte: Ich will voller Trauer zu meinem Sohn in die Unterwelt hinabsteigen. So beweinte ihn sein Vater. …

> 💡 Im Deutschen gibt es die Redewendung „verraten und verkauft". 20 Silberstücke bekommen die Brüder für Josef (v28), 30 „Silberlinge" erhält Judas dafür, dass er seinen Herrn mit einem Kuss verrät.

> Entgegen den Erwartungen der Brüder wird Josef in Ägypten zu einem mächtigen Politiker. Als sie wegen einer Hungersnot in Ägypten Getreide holen müssen, stehen sie mehrfach vor ihm, ohne ihn zu erkennen. Zuletzt scheint es, als hätte ihr jüngster Bruder Benjamin einen wertvollen Becher gestohlen. Doch nun verhalten sich Josefs Brüder und vor allem Juda gänzlich anders als in Gen 37.

Judas Plädoyer (Gen 44,18–34)

44 ¹⁸ Da trat Juda an ihn heran und sagte: Bitte, mein Herr, darf dein Knecht etwas zu meinem Herrn sagen? Dein Zorn entbrenne deswegen nicht gegen deinen Knecht; denn du bist wie der Pharao. ¹⁹ Mein Herr hat seine Knechte gefragt: Habt ihr einen Vater oder Bruder? ²⁰ Wir erwiderten meinem Herrn: Wir haben einen alten Vater und den Jüngsten, der ihm im hohen Alter geboren wur-

▶ Die Brüder hatten angenommen, Josef würde das Sklavenschicksal in Ägypten nicht überlebt haben. Zudem kann Juda hier davon sprechen, dass sein Vater Jakob den jüngsten Bruder Benjamin besonders gern hat.

▶ Josefs Forderung hatte seinen Vater Jakob gezwungen, seine ungesunde, einseitig privilegierende „Liebe" zum Jüngsten aufzugeben.

🅱 Ehre deinen Vater und deine Mutter, damit du lange lebst in dem Land, das der HERR, dein Gott, dir gibt.

Ex 20,12

▶ Juda spricht die Ungleich-heit in der Familie offen an. „Meine Frau" meint Rahel, während Jakobs andere Frau Lea, Judas Mutter, nicht so viel zählt. Dass Juda die Worte sei-nes Vaters exakt wiedergeben kann, zeigt, wie er sich in das Denken seines Vaters einfühlt, obwohl dieser ihn vielfach zurückgesetzt hat.

de. Dessen Bruder ist gestorben; er ist allein von seiner Mutter noch da und sein Vater liebt ihn. ²¹ Du aber hast deinen Knechten gesagt: Bringt ihn her zu mir, ich will mein Auge auf ihn richten. ²² Da sagten wir zu unserem Herrn: Der Knabe kann seinen Vater nicht verlassen. Verließe er seinen Vater, so würde dieser sterben. ²³ Du aber sagtest zu deinen Knechten: Wenn euer jüngster Bruder nicht mit euch her-abkommt, dürft ihr mir nicht mehr unter die Augen treten. ²⁴ Als wir zu deinem Knecht, meinem Vater, hinaufgekommen waren, erzählten wir ihm, was mein Herr gesagt hatte. ²⁵ Als dann unser Vater sagte: Kauft uns noch einmal etwas Brotgetreide!, ²⁶ entgegneten wir: Wir können nicht hinunterziehen; nur wenn unser jüngster Bruder dabei ist, ziehen wir hinunter. Wir können nämlich dem Mann nicht mehr unter die Augen treten, wenn nicht unser jüngster Bruder dabei ist. ²⁷ Darauf antwortete uns dein Knecht, mein Vater: Ihr wisst, dass mir meine Frau zwei Söhne geboren hat. ²⁸ Einer ist von mir gegangen und ich sagte: Er ist gewiss zerfetzt worden. Ich habe ihn bis heute nicht mehr gesehen. ²⁹ Nun nehmt ihr mir auch den noch weg. Stößt ihm ein Unglück zu, dann bringt ihr mein graues Haar vor Leid in die Un-terwelt. ³⁰ Wenn ich jetzt zu deinem Knecht, meinem Vater, käme und der Knabe wäre nicht bei uns, da doch sein Leben so an ihm hängt, ³¹ wenn er also sähe, dass der Knabe nicht dabei ist, würde er ster-

ben. Dann brächten deine Sklaven deinen Knecht, unseren greisen Vater mit seinem grauen Haar, vor Gram in die Unterwelt. ³² Denn dein Knecht hat sich für den Knaben beim Vater mit den Worten verbürgt: Wenn ich ihn nicht zu dir zurückbringe, will ich alle Tage bei meinem Vater in Schuld stehen. ³³ Darum soll jetzt dein Knecht an Stelle des Knaben dableiben als Sklave für meinen Herrn; der Knabe aber soll mit seinen Brüdern hinaufziehen dürfen. ³⁴ Denn wie könnte ich zu meinem Vater hinaufziehen, ohne dass der Knabe bei mir wäre? Ich könnte das Unglück nicht mit ansehen, das dann meinen Vater träfe.

▶ Damit ist Juda bereit, dasselbe Schicksal auf sich zu nehmen, das er in Gen 37 Josef zugefügt hatte.

🅱 Kann denn eine Frau ihr Kindlein vergessen, ohne Erbarmen sein gegenüber ihrem leiblichen Sohn? Und selbst wenn sie ihn vergisst: Ich vergesse dich nicht.

Jes 49,15

▶ Das Erschrecken der Brüder ist verständlich. Ihr Bruder, den sie für tot gehalten und dem gegenüber sie schwere Schuld auf sich geladen haben, steht plötzlich vor ihnen.

▶ In dieser Deutung seines harten Geschicks zeigt sich Josefs Reife. Vergangenes →

Josefs Antwort (Gen 45,1–15)

45 ¹ Josef vermochte nicht mehr an sich zu halten vor allen, die um ihn standen, und rief: Schafft mir alle Leute hinaus! So stand niemand bei ihm, als er sich seinen Brüdern zu erkennen gab. ² Er begann so laut zu weinen, dass es die Ägypter hörten; auch am Hof des Pharao hörte man davon. ³ Josef sagte zu seinen Brüdern: Ich bin Josef. Ist mein Vater noch am Leben? Seine Brüder waren nicht fähig, ihm zu antworten, weil sie fassungslos vor ihm standen. ⁴ Josef sagte zu seinen Brüdern: Kommt doch näher zu mir her! Als sie nä-her herangetreten waren, sagte er: Ich bin Josef, euer Bruder, den ihr nach Ägypten verkauft habt. ⁵ Jetzt aber schmerze es euch nicht und es brenne nicht in euren Augen, weil ihr mich hierher verkauft habt. Denn um Leben zu erhalten, hat mich Gott vor euch hergeschickt. ⁶ Ja, zwei Jahre sind es jetzt schon, dass der Hunger im Land herrscht. Und noch fünf Jahre stehen bevor, in denen man weder pflügen noch ernten wird. ⁷ Gott aber hat mich vor euch hergeschickt, um euch im Land einen Rest zu erhalten und euch für eine große Rettungstat am Leben zu lassen. ⁸ Also nicht ihr habt mich hierher geschickt, sondern Gott. Er hat mich zum Vater für den Pharao gemacht, zum Herrn für sein ganzes Haus und zum Herrscher über das ganze Land Ägypten. ⁹ Zieht eiligst zu meinem Vater hinauf und meldet ihm: So hat dein Sohn Josef gesagt: Gott hat mich zum Herrn über ganz Ägypten gemacht. Komm herunter zu mir, zögere nicht! ¹⁰ Du kannst dich im Gebiet von Goschen niederlassen und wirst in meiner Nähe sein, du mit deinen Söhnen und deinen Kindeskindern, mit deinen Schafen und Ziegen und deinen Rindern und mit allem, was dir gehört. ¹¹ Dort werde ich für dich sorgen, damit du nicht verarmst, du und dein Haus mit allem, was dir gehört, denn noch fünf Jahre dauert die Hungersnot. ¹² Siehe, eure Augen und die Augen meines Bruders sehen, dass mein Mund mit euch redet. ¹³ Erzählt meinem Vater von meinem hohen Rang in Ägypten und von allem, was ihr gesehen habt! Beeilt euch und bringt meinen Vater hierher herab! ¹⁴ Er fiel seinem Bruder Benjamin um den Hals und weinte; auch Benjamin weinte an seinem Hals. ¹⁵ Josef küsste dann weinend alle seine Brüder. Darauf sprachen seine Brüder mit ihm.

→ Unrecht und große Not von Gott her anzusehen als Weg zum Heil (s. auch v7–8) ist der Schlüssel zu neuer Verständigung und versöhnlicher Begegnung.

▶ In der Sorge um das Wohlergehen des Vaters und das Überleben seiner Großfamilie konkretisieren sich Josefs Liebe und versöhnliche Haltung.

▶ Benjamin war auch Kind Rahels und damit Josefs einziger Vollbruder.

Jakob übersiedelt in der Folge tatsächlich mit seiner Großfamilie nach Ägypten und begegnet seinem Sohn Josef wieder (Gen 46). Jakob segnet seine Nachkommen vor seinem Tod umfassend und ehrlich (Gen 48–49).

Josefs Trost und Ermutigung für seine Brüder (Gen 50,15–21)

50 ¹⁵ Als Josefs Brüder sahen, dass ihr Vater tot war, sagten sie: Wenn sich Josef nun feindselig gegen uns stellt und uns tatsächlich alles Böse vergilt, das wir ihm getan haben. ¹⁶ Deshalb ließen sie Josef wissen: Dein Vater hat uns, bevor er starb, aufgetragen: ¹⁷ So sagt zu Josef: Ach, vergib doch deinen Brüdern ihre Untat und Sünde, denn Schlimmes haben sie dir angetan. Nun also vergib doch die Untat der Knechte des Gottes deines Vaters! Als man ihm diese Worte überbrachte, weinte Josef. ¹⁸ Seine Brüder gingen dann auch selbst hin, fielen vor ihm nieder und sagten: Hier sind wir als deine Knechte. ¹⁹ Josef aber antwortete ihnen: Fürchtet euch nicht! Stehe ich denn an Gottes Stelle? ²⁰ Ihr habt Böses gegen mich im Sinne gehabt, Gott aber hatte dabei Gutes im Sinn, um zu erreichen, was heute geschieht: viel Volk am Leben zu erhalten. ²¹ Nun also fürchtet euch nicht! Ich selbst will für euch und eure Kinder sorgen. So tröstete er sie und redete ihnen zu Herzen.

▶ Wie Juda in Gen 44 sind nun auch die anderen Brüder bereit, dasselbe Schicksal anzunehmen, das sie Josef in Gen 37 zugefügt haben.

▶ Diese Antwort Josefs ist ein Schlüssel zur Genesis und überhaupt zu Gottes Handeln. Wenn Menschen Schlechtes planen und tun, kann Gott es umkehren und insgesamt, längerfristig, zum Guten führen.

Josef stirbt in Ägypten und wird dort begraben. Aber er verheißt seiner Familie die Rückkehr nach Israel. Dort ist ihre Heimat.

Exodus

Das Buch Exodus, auf Deutsch: Auszug, erzählt die Gründungsge-
schichte des Gottesvolkes Israel. Jakobs (= Israels) Familie wird
in Ägypten zu einem großen Volk. Ein neuer Pharao unterdrückt
die Israeliten, weil sie Ausländer sind (Ex 1). Mose wird als Baby
gerettet (Ex 2). Gott beauftragt ihn, Israel aus Ägypten zu befrei-
en (Ex 3–4). Das gelingt nur nach einem langen Machtkampf mit
dem Pharao (Ex 5–11). Das Volk Israel feiert das erste Pesachfest
(Ex 12). Gott führt Israel durch das Schilfmeer, in dem die ägyptische Armee untergeht (Ex 14). Israel feiert den Sieg (Ex 15), muss
aber bald erste Prüfungen in der Wüste bestehen (Ex 16–18). Als
das Volk am Berg Sinai ankommt, schließt Gott mit ihm einen
Bund (Ex 19–24). Dabei erscheint er in Gewitter und Erdbeben
(Ex 19) und verkündet die Zehn Gebote (Ex 20) und weitere Gesetze (Ex 21–31). Während Mose am Berg ist, macht sich das Volk
ein Goldenes Kalb und verehrt es (Ex 32). Nach einer schweren
Krise lässt sich Gott von Mose versöhnen, und er vergibt dem Volk
(Ex 34). So kann das Heiligtum gebaut werden, in dem Gott Israel
begleiten will (Ex 35–40).

Im Buch Exodus offenbart Gott seinen Namen (Ex 3); er erlässt
die Zehn Gebote (Ex 20); er verkündet seine unendlich große
Bereitschaft, Schuld zu vergeben (Ex 34). Das Buch Exodus zeigt,
wie Gott sich um uns Menschen bemüht: Er möchte uns spirituell
begegnen, aber er setzt sich auch konkret für politische Freiheit
und soziale Gerechtigkeit ein. Wir Menschen sind ihm ans Herz
gewachsen.

💡 10 Millionen Afrikaner wurden seit dem Jahr 1619 als Sklaven nach Amerika deportiert. Auf Tabak- und Baumwollplantagen wurden sie häufig mit der Peitsche zur Arbeit gezwungen. Sie brachten ihr Leid und ihre Hoffnung auf Befreiung in Liedern zum Ausdruck, die auf biblischen Geschichten und Bildern basieren. Eines der bekanntesten dieser Spirituals ist „When Israel was in Egypt's Land", das die Befreiung des Exodusbuches besingt.

▶ Der Pharao bekommt keinen Namen – zwei normale Frauen schon (v15). In der Bibel werden Menschen wie du und ich zu Helden, wenn sie Gott respektieren.

Der Diktator und die starken Frauen (Ex 1,8–22)

1 ⁸ In Ägypten kam ein neuer König an die Macht, der Josef nicht gekannt hatte. ⁹ Er sagte zu seinem Volk: Seht nur, das Volk der Israeliten ist größer und stärker als wir. ¹⁰ Gebt Acht! Wir müssen überlegen, was wir gegen es tun können, damit es sich nicht weiter vermehrt. Wenn ein Krieg ausbricht, könnte es sich unseren Feinden anschließen, gegen uns kämpfen und aus dem Lande hinaufziehen. ¹¹ Da setzte man Fronvögte über es ein, um es durch schwere Arbeit unter Druck zu setzen. Es musste für den Pharao die Städte Pitom und Ramses als Vorratslager bauen. ¹² Je mehr man es aber unter Druck hielt, umso stärker vermehrte es sich und breitete sich aus. Da packte sie das Grauen vor den Israeliten. ¹³ Die Ägypter gingen hart gegen die Israeliten vor und machten sie zu Sklaven. ¹⁴ Sie machten ihnen das Leben schwer durch harte Arbeit mit Lehm und Ziegeln und durch alle möglichen Arbeiten auf den Feldern. So wurden die Israeliten zu harter Sklavenarbeit gezwungen.

¹⁵ Zu den hebräischen Hebammen – die eine hieß Schifra, die andere Pua – sagte der König von Ägypten: ¹⁶ Wenn ihr den Hebräerinnen Geburtshilfe leistet, dann achtet auf das Geschlecht! Ist es ein Knabe, so lasst ihn sterben! Ist es ein Mädchen, dann kann es am Leben

▶ Die Heilige Schrift ist voller Parallelen. Hier wird Mose als kleines Kind gerettet, um später zum Befreier zu werden. Ähnlich erzählt Matthäus, dass Jesus als Baby vor dem Kindermord gerettet wird (Mt 2,13). Wie Mose wird auch Jesus selbst zum Retter.

bleiben. ¹⁷ Die Hebammen aber fürchteten Gott und taten nicht, was ihnen der König von Ägypten gesagt hatte, sondern ließen die Kinder am Leben. ¹⁸ Da rief der König von Ägypten die Hebammen zu sich und sagte zu ihnen: Warum tut ihr das und lasst die Kinder am Leben? ¹⁹ Die Hebammen antworteten dem Pharao: Die hebräischen Frauen sind nicht wie die ägyptischen, denn sie sind voller Leben. Bevor die Hebamme zu ihnen kommt, haben sie schon geboren. ²⁰ Gott verhalf den Hebammen zu Glück; das Volk aber vermehrte sich und wurde sehr stark. ²¹ Weil die Hebammen Gott fürchteten, gab er ihnen Nachkommen. ²² Daher gab der Pharao seinem ganzen Volk den Befehl: Alle Knaben, die den Hebräern geboren werden, werft in den Nil! Die Mädchen dürft ihr alle am Leben lassen.

▶ Die Leviten (Nachkommen von Levi) werden später Priester, so wie Moses Bruder Aaron.

▶ Mose hat keine leichte Jugend. Er wächst bei Stiefeltern auf. Seine leiblichen Eltern leben in einer anderen Welt. Wahrscheinlich fühlt er sich zerrissen. Aber dabei lernt er viel, was er später für seine Aufgaben brauchen wird.

Moses Rettung aus dem Nil und seine Flucht in die Wüste (Ex 2,1–25)

2 ¹ Ein Mann aus dem Hause Levi ging hin und nahm eine Frau aus dem gleichen Stamm. ² Die Frau wurde schwanger und gebar einen Sohn. Weil sie sah, dass er schön war, verbarg sie ihn drei Monate lang. ³ Als sie ihn nicht mehr verborgen halten konnte, nahm sie ein Binsenkästchen, dichtete es mit Pech und Teer ab, legte das Kind hinein und setzte es am Nilufer im Schilf aus. ⁴ Seine Schwester blieb in der Nähe stehen, um zu sehen, was mit ihm geschehen würde.

⁵ Die Tochter des Pharao kam herab, um im Nil zu baden. Ihre Die-

nerinnen gingen unterdessen am Nilufer auf und ab. Auf einmal sah sie im Schilf das Kästchen und ließ es durch ihre Magd holen. ⁶ Als sie es öffnete und hineinsah, lag ein weinendes Kind darin. Sie hatte Mitleid mit ihm und sie sagte: Das ist ein Hebräerkind. ⁷ Da sagte seine Schwester zur Tochter des Pharao: Soll ich zu den Hebräerinnen gehen und dir eine Amme rufen, damit sie dir das Kind stillt? ⁸ Die Tochter des Pharao antwortete ihr: Ja, geh! Das Mädchen ging und rief die Mutter des Knaben herbei. ⁹ Die Tochter des Pharao sagte zu ihr: Nimm das Kind mit und still es mir! Ich werde dich dafür entlohnen. Die Frau nahm das Kind zu sich und stillte es. ¹⁰ Als der Knabe größer geworden war, brachte sie ihn der Tochter des Pharao. Diese nahm ihn als Sohn an, nannte ihn Mose und sagte: Ich habe ihn aus dem Wasser gezogen.

¹¹ Die Jahre vergingen und Mose wuchs heran. Eines Tages ging er zu seinen Brüdern hinaus und schaute ihnen bei der Fronarbeit zu. Da sah er, wie ein Ägypter einen Hebräer schlug, einen seiner Stammesbrüder. ¹² Mose sah sich nach allen Seiten um, und als er sah, dass sonst niemand da war, erschlug er den Ägypter und verscharrte ihn im Sand. ¹³ Als er am nächsten Tag wieder hinausging, sah er zwei Hebräer miteinander streiten. Er sagte zu dem, der im Unrecht war:

Echt clever, wie die Frauen hier im Geheimen zusammenarbeiten und so Pharao und seine mörderischen Pläne austricksen. Eine List Gottes: Moses Schwester rettet ihren Bruder.

▶ Wie Mose aus dem Nil gerettet wird, so wird Israel aus dem Schilfmeer gerettet (Ex 14). Ähnlich wird auch Jesus als Kind gerettet (Mt 2,13–15) und selbst zum Retter.

Warum schlägst du deinen Stammesgenossen? ¹⁴ Der Mann erwiderte: Wer hat dich zum Aufseher und Schiedsrichter über uns bestellt? Meinst du, du könntest mich umbringen, wie du den Ägypter umgebracht hast? Da bekam Mose Angst und sagte: Die Sache ist also bekannt geworden.

¹⁵ Der Pharao hörte von diesem Vorfall und wollte Mose töten; Mose aber entkam ihm. Er wollte in Midian bleiben und setzte sich an einen Brunnen. ¹⁶ Der Priester von Midian hatte sieben Töchter. Sie kamen zum Wasserschöpfen und wollten die Tröge füllen, um die Schafe und Ziegen ihres Vaters zu tränken. ¹⁷ Doch die Hirten kamen und wollten sie verdrängen. Da stand Mose auf, kam ihnen zu Hilfe und tränkte ihre Schafe und Ziegen. ¹⁸ Als sie zu ihrem Vater Reguël zurückkehrten, fragte er: Warum seid ihr heute so schnell wieder da? ¹⁹ Sie erzählten: Ein Ägypter hat uns aus der Hand der Hirten gerettet; er hat uns sogar Wasser geschöpft und das Vieh getränkt. ²⁰ Da sagte er zu seinen Töchtern: Wo ist er? Warum habt ihr ihn dort gelassen? Holt ihn und ladet ihn zum Essen ein! ²¹ Mose entschloss sich, bei dem Mann zu bleiben, und dieser gab Mose seine Tochter Zippora zur Frau. ²² Als sie einen Sohn gebar, nannte er ihn Gerschom und sagte: Gast bin ich in fremdem Land.

²³ Nach vielen Jahren starb der König von Ägypten. Die Israeliten stöhnten noch unter der Sklavenarbeit; sie klagten und ihr Hilferuf

Das schlechte Gewissen ist wie New York: Es schläft nie.

▶ Obwohl Mose selbst ein Fremder ist, legt er sich mit den einheimischen Machos an und setzt sich für die jungen Frauen ein. Das kommt gut bei ihnen an …

Mann trifft Frau am Brunnen: Im Alten Testament hat es immer die tiefere Bedeutung „Bräutigam trifft Braut". So bei Isaak und Rebecca (Gen 24), Jakob und Rahel (Gen 29), Mose und Zippora (Ex 2). Und schließlich bei der Samaritanerin und Jesus (Joh 4) am Brunnen.

▶ Gott hört und sieht: Gott ist besonders aufmerksam für Menschen, denen es schlecht geht.

stieg aus ihrem Sklavendasein zu Gott empor. ²⁴ Gott hörte ihr Stöhnen und Gott gedachte seines Bundes mit Abraham, Isaak und Jakob. ²⁵ Gott blickte auf die Israeliten. Gott hatte es wahrgenommen.

Als junge Menschen erleben wir Momente, in denen wir spüren, dass wir Verantwortung übernehmen müssen, eine schwierige Aufgabe. Oft kommen dabei Ängste hoch und viele Fragen: Kann ich das schaffen? Was werden die anderen von mir denken? Muss ich das alles alleine machen? Eine entscheidende Frage ist: Welche Aufgabe gibt Gott mir mit der neuen Herausforderung? Moses Berufung ist die ausführlichste Berufungserzählung der Bibel. Sie buchstabiert wichtige Fragen und Gottes Antworten durch.

❞❞ Schauen Sie auf Menschen, in denen dieses Feuer, das Mose gefunden hat, glüht, und Sie werden Gott finden und Sie werden ihm glauben können – mit den gleichen Schwierigkeiten, die ein Paulus hatte, … und mit dem gleichen Unverständnis, das dem Mose begegnete.

Aus einer Predigt von **DR. JÖRG SIEGER**

Moses Berufung – eine große Verantwortung (Ex 3–4)

3 ¹ Mose weidete die Schafe und Ziegen seines Schwiegervaters Jitro, des Priesters von Midian. Eines Tages trieb er das Vieh über die Steppe hinaus und kam zum Gottesberg Horeb. ² Dort erschien ihm der Engel des HERRN in einer Feuerflamme mitten aus dem Dornbusch. Er schaute hin: Der Dornbusch brannte im Feuer, aber der Dornbusch wurde nicht verzehrt. ³ Mose sagte: Ich will dorthin gehen und mir die außergewöhnliche Erscheinung ansehen. Warum verbrennt denn der Dornbusch nicht? ⁴ Als der HERR sah, dass Mose näher kam, um sich

▶ Die Schuhe ausziehen bedeutet: den Boden unter den Füßen spüren, demütig sein, ein Diener sein. Es drückt Ehrfurcht vor dem Heiligen aus.

▶ In vielen Texten des AT scheint es gefährlich zu sein, Gott zu nahe zu kommen. Nicht, weil Gott Menschen etwas antun möchte, sondern weil die Gegenwart des Heiligen so anders und intensiv ist, dass eine zu nahe Begegnung Menschen überfordert.

👤 Ich bin berufen, etwas zu tun oder zu sein, wofür kein anderer berufen ist. Ich habe einen Platz in Gottes Plan auf Gottes Erde, den kein anderer hat. Ob ich reich bin oder arm, … Gott kennt mich und ruft mich bei meinem Namen.

JOHN HENRY NEWMAN (1801–1890), englischer Kardinal

das anzusehen, rief Gott ihm mitten aus dem Dornbusch zu: Mose, Mose! Er antwortete: Hier bin ich. ⁵ Er sagte: Komm nicht näher heran! Leg deine Schuhe ab; denn der Ort, wo du stehst, ist heiliger Boden. ⁶ Dann fuhr er fort: Ich bin der Gott deines Vaters, der Gott Abrahams, der Gott Isaaks und der Gott Jakobs. Da verhüllte Mose sein Gesicht; denn er fürchtete sich, Gott anzuschauen.

⁷ Der HERR sprach: Ich habe das Elend meines Volkes in Ägypten gesehen und ihre laute Klage über ihre Antreiber habe ich gehört. Ich kenne sein Leid. ⁸ Ich bin herabgestiegen, um es der Hand der Ägypter zu entreißen und aus jenem Land hinaufzuführen in ein schönes, weites Land, in ein Land, in dem Milch und Honig fließen, in das Gebiet der Kanaaniter, Hetiter, Amoriter, Perisiter, Hiwiter und Jebusiter. ⁹ Jetzt ist die laute Klage der Israeliten zu mir gedrungen und ich habe auch gesehen, wie die Ägypter sie unterdrücken. ¹⁰ Und jetzt geh! Ich sende dich zum Pharao. Führe mein Volk, die Israeliten, aus Ägypten heraus! ¹¹ Mose antwortete Gott: Wer bin ich, dass ich zum Pharao gehen und die Israeliten aus Ägypten herausführen könnte? ¹² Er aber sagte: Ich bin mit dir; ich habe dich gesandt und als Zeichen dafür soll dir dienen: Wenn du das Volk aus Ägypten herausgeführt hast, werdet ihr Gott an diesem Berg dienen. ¹³ Da sagte Mose zu Gott: Gut, ich werde also zu den Israeliten kommen und ihnen sagen: Der Gott

eurer Väter hat mich zu euch gesandt. Da werden sie mich fragen: Wie heißt er? Was soll ich ihnen sagen? ¹⁴ Da antwortete Gott dem Mose: Ich bin, der ich bin. Und er fuhr fort: So sollst du zu den Israeliten sagen: Der Ich-bin hat mich zu euch gesandt. ¹⁵ Weiter sprach Gott zu Mose: So sag zu den Israeliten: Der HERR, der Gott eurer Väter, der Gott Abrahams, der Gott Isaaks und der Gott Jakobs, hat mich zu euch gesandt. Das ist mein Name für immer und so wird man mich anrufen von Geschlecht zu Geschlecht. …

4 ¹ Mose antwortete: Was aber, wenn sie mir nicht glauben und nicht auf mich hören, sondern sagen: Der HERR ist dir nicht erschienen? ² Der HERR entgegnete ihm: Was hast du da in der Hand? Er antwortete: einen Stab. ³ Da sagte er: Wirf ihn auf die Erde! Er warf ihn auf die Erde. Da wurde er zu einer Schlange, und Mose wich vor ihr zurück. ⁴ Der HERR aber sprach zu Mose: Streck deine Hand aus und fasse sie am Schwanz! Er streckte seine Hand aus und packte sie. Da wurde sie in seiner Hand wieder zu einem Stab. ⁵ So sollen sie glauben, dass dir der HERR erschienen ist, der Gott ihrer Väter, der Gott Abrahams, der Gott Isaaks und der Gott Jakobs. …
¹⁰ Doch Mose sagte zum HERRN:

▶ Der Name Gottes ist geheimnisvoll. Eine andere Übersetzungsmöglichkeit: „Ich werde sein, wer (auch immer) ich sein werde." Gott lässt sich nicht mit einfachen Worten festlegen.

▶ „HERR" steht für den Namen Gottes, der im Hebräischen mit den vier Buchstaben יהוה (Jhwh) geschrieben und „Jahwe" ausgesprochen wird. Juden sprechen diesen heiligen Namen aus Respekt nicht aus. Stattdessen sagen sie „Adonai" (Herr) oder „Haschem" (der Name). Die vier hebräischen Buchstaben werden auch mit dem griechischen Wort „Tetragramm" bezeichnet.

Aber bitte, HERR, ich bin keiner, der gut reden kann, weder gestern noch vorgestern, noch seitdem du mit deinem Knecht sprichst. Mein Mund und meine Zunge sind nämlich schwerfällig. ¹¹ Der HERR entgegnete ihm: Wer hat dem Menschen den Mund gegeben und wer macht taub oder stumm, sehend oder blind? Doch wohl ich, der HERR! ¹² Geh also! Ich bin mit deinem Mund und weise dich an, was du reden sollst. ¹³ Doch Mose antwortete: Aber bitte, HERR, sende doch, wen du senden willst!

¹⁴ Da entbrannte der Zorn des HERRN über Mose und er sprach: Hast du nicht noch einen Bruder, den Leviten Aaron? Ich weiß, er kann reden; außerdem bricht er gerade auf und wird dir begegnen. Wenn er dich sieht, wird er sich von Herzen freuen. ¹⁵ Sprich mit ihm und leg ihm die Worte in den Mund! Ich aber werde mit deinem und seinem Mund sein, ich werde euch anweisen, was ihr tun sollt, ¹⁶ und er wird für dich zum Volk reden. Er wird für dich der Mund sein und du wirst für ihn Gott sein. ¹⁷ Diesen Stab nimm in deine Hand! Mit ihm wirst du die Zeichen vollbringen.

¹⁸ Darauf kehrte Mose zu seinem Schwiegervater Jitro zurück. Er sagte zu ihm: Ich will zu meinen Brüdern nach Ägypten zurückkehren. Ich will sehen, ob sie noch am Leben sind. Jitro antwortete Mose: Geh in Frieden!

▶ Mose glaubt, er könne nicht gut reden, oder zumindest verwendet er das als Ausrede. Trotzdem wird er zum größten Redner der Bibel (vor allem im Buch Deuteronomium).

▶ Der „Zorn" Gottes ist hier nicht zerstörerisch. Gott zeigt starke Gefühle, weil es um eine wichtige Sache geht, und er tut alles, um Mose dafür zu gewinnen.

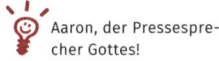 Aaron, der Pressesprecher Gottes!

Als Mose und Aaron zu ihrem Volk kommen, reagiert es auf den göttlichen Plan mit Zustimmung (Ende Ex 4). Doch der Pharao blockt ab und unterdrückt die Israeliten noch härter (Ex 5). Gott bestärkt Mose nochmals (Ex 6). Dann kommt der große Kampf um die Befreiung mit den sogenannten zehn ägyptischen Plagen, die in der Bibel Zeichen und Wunder genannt werden (Ex 7–12). Gott versucht, durch Schwärme von Fröschen, Mücken, Heuschrecken und anderes Unglück den Pharao zu zwingen, Israel wegziehen zu lassen. Doch der Pharao stellt immer wieder auf stur. Zum Schluss greift Gott zum härtesten Mittel – alle ältesten Söhne der Ägypter müssen sterben (Ex 12). All das ist nicht wirklich passiert, sondern zeigt, welches Unglück Diktatoren anrichten, nicht nur gegen ethnische Minderheiten, sondern auch gegen ihr eigenes Volk.

Das Fest des Lammes und die Befreiung (Ex 12–15)

▶ Das Pessachfest ist für Juden bis heute das große Fest ihrer Rettung. Für Christen wurde es zum Osterfest: Jesus wurde wie ein Pessachlamm geschlachtet. (1Kor 5,7). Gott hat die Menschheit mit seiner Auferweckung von der Macht des Todes befreit.

12 ²¹ Da rief Mose alle Ältesten Israels zusammen und sagte zu ihnen: Holt Schafe oder Ziegen für eure Sippenverbände herbei und schlachtet das Pessach! ²² Dann nehmt einen Ysopzweig, taucht ihn in die Schüssel mit Blut und streicht etwas von dem Blut in der Schüssel auf den Türsturz und auf die beiden Türpfosten! Bis zum Morgen darf niemand von euch das Haus verlassen. ²³ Der HERR geht umher, um die Ägypter mit Unheil zu schlagen. Wenn er das Blut am Türsturz und an den beiden Türpfosten sieht, wird er an der Tür vorübergehen und dem Vernichter nicht erlauben, in eure Häuser einzudringen und euch zu schlagen. ²⁴ Bewahrt dies! Es gelte dir und deinen Nachkommen als Gesetz für die Ewigkeit. ²⁵ Wenn ihr in das

❞ Dies ist die Nacht, die unsere Väter, die Söhne Israels, aus Ägypten befreit und auf trockenem Pfad durch die Fluten des Roten Meeres geführt hat. Dies ist die Nacht, in der die leuchtende Säule das Dunkel der Sünde vertrieben hat. Dies ist die Nacht, die auf der ganzen Erde alle, die an Christus glauben, scheidet von den Lastern der Welt, dem Elend der Sünde entreißt, ins Reich der Gnade heimführt und einfügt in die heilige Kirche. Dies ist die selige Nacht, in der Christus die Ketten des Todes zerbrach und aus der Tiefe als Sieger emporstieg.

Aus dem „Exultet" der Osternacht, in dem Gottes Geschichte mit dem Volk Israel hymnisch gepriesen wird.

Land kommt, das euch der HERR gibt, wie er gesagt hat, so bewahrt diesen Dienst! ²⁶ Und wenn euch eure Söhne fragen: Was bedeutet dieser Dienst für euch?, ²⁷ dann sagt: Es ist das Pessach-Opfer für den HERRN, der in Ägypten an den Häusern der Israeliten vorüberging, als er die Ägypter mit Unheil schlug, unsere Häuser aber verschonte.

Das Volk verneigte sich und warf sich nieder. ²⁸ Dann gingen die Israeliten und taten, was der HERR Mose und Aaron befohlen hatte. So machten sie es.

²⁹ Es war Mitternacht, als der HERR alle Erstgeburt im Land Ägypten erschlug, vom Erstgeborenen des Pharao, der auf dem Thron saß, bis zum Erstgeborenen des Gefangenen im Kerker und alle Erstgeburt beim Vieh. ³⁰ Da standen der Pharao, alle seine Diener und alle Ägypter noch in der Nacht auf und großes Wehgeschrei erhob sich bei den Ägyptern; denn es gab kein Haus, in dem nicht ein Toter war. ³¹ Der Pharao ließ Mose und Aaron noch in der Nacht rufen und sagte: Auf, zieht fort aus der Mitte meines Volkes, ihr und auch die Israeliten! Geht und dient dem HERRN, wie ihr gesagt habt! ³² Auch eure Schafe, Ziegen und Rinder nehmt mit, wie ihr gesagt habt. Geht und segnet auch mich! ³³ Die Ägypter drängten das Volk, eiligst das Land zu verlassen, denn sie sagten: Sonst kommen wir noch alle um. ³⁴ Das Volk nahm den Brotteig ungesäuert mit; sie wickelten ihre Backschüsseln in Kleider ein und luden sie sich auf die Schultern. ³⁵ Die Israeliten

taten, was Mose gesagt hatte. Sie erbaten von den Ägyptern Geräte aus Silber und Gold und auch Gewänder. ³⁶ Der HERR ließ das Volk bei den Ägyptern Gunst finden, sodass sie auf ihre Bitte eingingen. Auf diese Weise plünderten sie die Ägypter aus. ...

▶ „Ausplündern" sollte besser mit „retten" übersetzt werden: Die Israeliten bekommen Abschiedsgeschenke von den Ägyptern. Die Beziehung →

Die folgende Rettungsgeschichte hören wir als eine der Lesungen in der Osternacht. Die militärischen Bilder sind symbolisch zu verstehen. Die ägyptische Militärmacht war eine der größten Streitkräfte der alten Welt. Die Erzählung will allen Flüchtlingen Mut machen: Gott ist größer als das stärkste Heer der Menschheit.

14 ⁵ Als man dem König von Ägypten meldete, das Volk sei geflohen, änderten der Pharao und seine Diener ihre Meinung über das Volk und sagten: Wie konnten wir nur Israel aus unserem Dienst entlassen! ⁶ Er ließ seinen Streitwagen anspannen und nahm sein Kriegsvolk mit. ⁷ Sechshundert auserlesene Streitwagen nahm er mit und alle anderen Streitwagen der Ägypter mit Vorkämpfern auf jedem von ihnen. ...
¹⁹ Der Engel Gottes, der den Zug der Israeliten anführte, brach auf und ging nach hinten und die Wolkensäule brach auf und stellte sich hinter sie. ²⁰ Sie kam zwischen das Lager der Ägypter und das

→ zwischen den Völkern ist freundschaftlich, nur der Diktator und sein Militär sind gewalttätig und feindlich.

💡 Streitwagen waren quasi die Panzer und Kampfjets der alten Welt.

Lager der Israeliten. Die Wolke war da und Finsternis und Blitze erhellten die Nacht. So kamen sie die ganze Nacht einander nicht näher. ²¹ Mose streckte seine Hand über das Meer aus und der HERR trieb die ganze Nacht das Meer durch einen starken Ostwind fort. Er ließ das Meer austrocknen und das Wasser spaltete sich. ²² Die Israeliten zogen auf trockenem Boden ins Meer hinein, während rechts und links von ihnen das Wasser wie eine Mauer stand. ²³ Die Ägypter setzten ihnen nach; alle Pferde des Pharao, seine Streitwagen und Reiter zogen hinter ihnen ins Meer hinein. ²⁴ Um die Zeit der Morgenwache blickte der HERR aus der Feuer- und Wolkensäule auf das Lager der Ägypter und brachte es in Verwirrung. ²⁵ Er hemmte die Räder an ihren Wagen und ließ sie nur schwer vorankommen. Da sagte der Ägypter: Ich muss vor Israel fliehen; denn der HERR kämpft auf ihrer Seite gegen Ägypten.
²⁶ Darauf sprach der HERR zu Mose: Streck deine Hand über das Meer, damit das Wasser zurückflutet und den Ägypter, seine Wagen und Reiter zudeckt! ²⁷ Mose streckte seine Hand über das Meer und gegen Morgen flutete das Meer an seinen alten Platz zurück, während die Ägypter auf der Flucht ihm entgegenliefen. So trieb der HERR die Ägypter mitten ins Meer. ²⁸ Das Wasser kehrte zurück und bedeckte

1947 kamen mit dem Schiff „Exodus from Europe" über 4000 jüdische Flüchtlinge nach Palästina. Viele von den Flüchtlingen waren Überlebende des Holocaust. Der Schriftsteller Leon Uris hat die dramatischen Ereignisse, in denen viele eine Spiegelung der biblischen Errettung des Volkes Gottes sahen, in seinem Roman „Exodus" verarbeitet.

▶ „Ägypter" – im Hebräischen wörtlich „Ägypten": Es geht nicht um Menschen, sondern um die Zerstörung einer Militärmacht.

▶ Das Schilfmeerlied ist das erste „Kirchenlied" der Bibel. Dieses Gedicht lobt Gott für die Befreiung im Exodus. Es betont, dass Gott einzigartig ist (v11) und nennt ihn zum ersten Mal „König" (v18). Auf diesem Hintergrund predigt Jesus vom „Reich Gottes".

Wagen und Reiter, die ganze Streitmacht des Pharao, die den Israeliten ins Meer nachgezogen war. Nicht ein Einziger von ihnen blieb übrig. ²⁹ Die Israeliten aber waren auf trockenem Boden mitten durch das Meer gezogen, während rechts und links von ihnen das Wasser wie eine Mauer stand. ³⁰ So rettete der HERR an jenem Tag Israel aus der Hand der Ägypter. Israel sah die Ägypter tot am Strand liegen. ³¹ Als Israel sah, dass der HERR mit mächtiger Hand an den Ägyptern gehandelt hatte, fürchtete das Volk den HERRN. Sie glaubten an den HERRN und an Mose, seinen Knecht.

15 ¹ Damals sang Mose mit den Israeliten dem HERRN dieses Lied; sie sagten:
Ich singe dem HERRN ein Lied, denn er ist hoch und erhaben.
Ross und Reiter warf er ins Meer.
² Meine Stärke und mein Lied ist der HERR,
er ist mir zur Rettung geworden.
Er ist mein Gott, ihn will ich preisen;
den Gott meines Vaters will ich rühmen.
³ Der HERR ist ein Krieger, HERR ist sein Name.

⁴ Pharaos Wagen und seine Streitmacht warf er ins Meer.
Seine besten Vorkämpfer versanken im Roten Meer.
⁵ Fluten deckten sie zu, sie sanken in die Tiefe wie Steine.
⁶ Deine Rechte, HERR, ist herrlich an Stärke;
deine Rechte, HERR, zerschmettert den Feind.
⁷ In deiner erhabenen Größe wirfst du die Gegner zu Boden.
Du sendest deinen Zorn; er frisst sie wie Stoppeln.
⁸ Du schnaubtest vor Zorn, da türmte sich Wasser,
da standen Wogen als Wall, Fluten erstarrten im Herzen des Meeres.
⁹ Da sagte der Feind: Ich jage nach, hole ein. Ich teile die Beute,
ich stille die Gier. Ich zücke mein Schwert, meine Hand jagt sie davon.
¹⁰ Da schnaubtest du Sturm. Das Meer deckte sie zu.
Sie sanken wie Blei ins tosende Wasser.
¹¹ Wer ist wie du unter den Göttern, o HERR?
Wer ist wie du gewaltig und heilig, gepriesen als furchtbar,
Wunder vollbringend? ...
¹⁸ Der HERR ist König für immer und ewig. ...
²⁰ Die Prophetin Mirjam, die Schwester Aarons, nahm die Pauke in die Hand und alle Frauen zogen mit Paukenschlag und Tanz hinter ihr her. ²¹ Mirjam sang ihnen vor:
Singt dem HERRN ein Lied, denn er ist hoch und erhaben!
Ross und Reiter warf er ins Meer.

Die Prophetin Mirjam: eine Frau ohne Angst. Mit Mose und Aaron schritt sie, singend und tanzend, dem Zug des Gottesvolks voran, die Pauke in der Hand, das Lob auf Gott, den Befreier aus der Gewalt, in ihrem Mund.

Der Weg durch die Wüste ist ein Bild für große Herausforderungen. Die Israeliten kämpfen mit Hunger (Ex 16), Durst und einem feindlichen Volk (Ex 17). Öfters wollen sie wieder zurück nach Ägypten – die Unfreiheit war doch gemütlicher und sicherer als die Wüste. Letztlich aber geht es um eine große Vertrauensprobe.

Wasser aus dem Felsen (Ex 17)

17 [1] Die ganze Gemeinde der Israeliten zog von der Wüste Sin weiter, einen Tagesmarsch nach dem anderen, wie es der HERR jeweils bestimmte. In Refidim schlugen sie ihr Lager auf, aber das Volk hatte kein Wasser zu trinken. [2] Da geriet es mit Mose in Streit und sagte: Gebt uns Wasser zu trinken! Mose antwortete ihnen: Was streitet ihr mit mir? Warum stellt ihr den HERRN auf die Probe? [3] Das Volk dürstete dort nach Wasser und murrte gegen Mose. Sie sagten: Wozu hast du uns überhaupt aus Ägypten heraufgeführt, um mich und meine Söhne und mein Vieh vor Durst sterben zu lassen? [4] Mose schrie zum HERRN: Was soll ich mit diesem Volk anfangen? Es fehlt nur wenig und sie steinigen mich. [5] Der HERR antwortete Mose: Geh am Volk vorbei und nimm einige von den Ältesten Israels mit; nimm auch den Stab in die Hand, mit dem du auf den Nil geschlagen hast,

Nach dem Abitur hatte ich den Berufswunsch Grundschullehrerin. Ich bekam einen Studienplatz in meiner Lieblingsstadt und durch Praktika wurde mir klar, dass das Richtige für mich ist. Doch im Laufe des Studiums traten viele Probleme auf und ich grübelte, warum es mir so schwer gemacht wurde. Hatte Gott etwas anderes mit mir vor? Nach einem Hebammenpraktikum wurde mir jedoch im Gebet klar, dass Gott noch immer den Lehrerberuf für mich im Sinn hat. Von da an kam ich nie mehr ins Grübeln. Jetzt bin ich schon seit drei Jahren in meinem absoluten Traumberuf.

MICHAELA

und geh! [6] Siehe, dort drüben auf dem Felsen am Horeb werde ich vor dir stehen. Dann schlag an den Felsen! Es wird Wasser herauskommen und das Volk kann trinken. Das tat Mose vor den Augen der Ältesten Israels. [7] Den Ort nannte er Massa und Meriba, Probe und Streit, weil die Israeliten gehadert und den HERRN auf die Probe gestellt hatten, indem sie sagten: Ist der HERR in unserer Mitte oder nicht?

B Jesus antwortete ihr (der Samariterin): Wer von diesem Wasser trinkt, wird wieder Durst bekommen; wer aber von dem Wasser trinkt, das ich ihm geben werde, wird niemals mehr Durst haben.

Joh 4,13–14

Das Sinaigebirge, wo Israel jetzt ankommt, ist eine faszinierende Wüstenlandschaft mit hohen Felsgipfeln aus rotbraunem Granit. Die Bibel versetzt uns in diese spezielle Landschaft, um die entscheidende Phase zu erleben, in der Israel zum besonderen Volk Gottes wird und seine Gebote erhält.

Die zehn Worte und der Bund am brennenden Berg (Ex 19–24)

19 [1] Im dritten Monat nach dem Auszug der Israeliten aus Ägypten, an diesem Tag, kamen sie in der Wüste Sinai an. [2] Sie waren von Refidim aufgebrochen und kamen in die Wüste Sinai. Sie schlugen in der Wüste das Lager auf. Dort lagerte Israel gegenüber dem Berg.
[3] Mose stieg zu Gott hinauf. Da rief ihm der HERR vom Berg her zu: Das sollst du dem Haus Jakob sagen und den Israeliten verkünden: [4] Ihr habt gesehen, was ich den Ägyptern angetan habe, wie ich euch auf Adlerflügeln getragen und zu mir gebracht habe. [5] Jetzt aber, wenn ihr auf meine Stimme hört und meinen Bund haltet, werdet ihr unter

Y → 348–468
Alle Fragen zu den „Zehn Worten" (Zehn Gebote)

▶ Auf Adlerflügeln: ein starkes Bild dafür, wie Gott sein Volk beschützt und es wie ein Junges ins sichere Felsennest bringt.

B Er fand ihn in der Steppe, in der Wüste, wo wildes Getier heult. Er hüllte ihn ein, gab auf ihn Acht und hütete ihn wie seinen Augenstern, wie ein Adler sein Nest ausführt und über seinen Jungen schwebt, seine Schwingen ausbreitet, eines von ihnen aufnimmt und es auf seinem Gefieder trägt. Der HERR allein hat Jakob geleitet, kein fremder Gott stand ihm zur Seite.

Dtn 32,10–12

▶ Das ganze Volk stimmt in v8 zu und nimmt Gottes Gebote an (↗ Ex 24,3.7). Das ist ein früher Gedanke von Demokratie. Die rechtliche Verfassung einer Nation gilt, weil das ganze Volk damit einverstanden ist.

allen Völkern mein besonderes Eigentum sein. Mir gehört die ganze Erde, ⁶ ihr aber sollt mir als ein Königreich von Priestern und als ein heiliges Volk gehören. Das sind die Worte, die du den Israeliten mitteilen sollst.

⁷ Mose ging und rief die Ältesten des Volkes zusammen. Er legte ihnen alles vor, was der HERR ihm aufgetragen hatte. ⁸ Das ganze Volk antwortete einstimmig und erklärte: Alles, was der HERR gesagt hat, wollen wir tun. Mose überbrachte dem HERRN die Antwort des Volkes. ⁹ Der HERR sprach zu Mose: Ich werde zu dir in einer dichten Wolke kommen; das Volk soll es hören, wenn ich mit dir rede, damit sie auch dir für immer vertrauen. Da berichtete Mose dem HERRN, was das Volk gesagt hatte.

¹⁰ Der HERR sprach zu Mose: Geh zum Volk! Heilige sie heute und morgen! Sie sollen ihre Kleider waschen ¹¹ und sich für den dritten Tag bereithalten. Am dritten Tag nämlich wird der HERR vor den Augen des ganzen Volkes auf den Berg Sinai herabsteigen. ¹² Zieh um das Volk eine Grenze und sag: Hütet euch, auf den Berg zu steigen oder auch nur seinen Fuß zu berühren! Jeder, der den Berg berührt, hat den Tod verdient. ¹³ Keine Hand soll den Berg berühren. Wer es aber tut, soll gesteinigt oder mit Pfeilen erschossen werden; sei es Tier

▶ Männer und Frauen sollen vor der großen Gotteserscheinung nicht miteinander schlafen. Nicht, weil Sex schlecht wäre, sondern weil die Beziehung mit Gott manchmal – wie eine menschliche Liebesbeziehung – volle Aufmerksamkeit braucht.

Wenn wir im Geist die Tafeln der Zehn Gebote entgegennehmen, werden wir ganz aus dem Gesetz leben, das Gott in unsere Herzen gelegt hat, und wir werden an dem Heil Anteil haben, das der auf dem Berg Sinai zwischen Gott und seinem Volk geschlossene Bund sichtbar gemacht hat und das der Gottessohn uns durch die Erlösung anbietet.

PAPST JOHANNES PAUL II., 2000

oder Mensch, es darf nicht am Leben bleiben. Erst wenn das Horn ertönt, dürfen sie auf den Berg steigen.

¹⁴ Mose stieg vom Berg zum Volk hinunter und heiligte das Volk. Dann wuschen sie ihre Kleider. ¹⁵ Er sagte zum Volk: Haltet euch für den dritten Tag bereit! Berührt keine Frau! ¹⁶ Am dritten Tag, im Morgengrauen, begann es zu donnern und zu blitzen. Schwere Wolken lagen über dem Berg und gewaltiger Hörnerschall erklang. Das ganze Volk im Lager begann zu zittern. ¹⁷ Mose führte das Volk aus dem Lager hinaus Gott entgegen. Unten am Berg blieben sie stehen. ¹⁸ Der ganze Sinai war in Rauch gehüllt, denn der HERR war im Feuer auf ihn herabgestiegen. Der Rauch stieg vom Berg auf wie Rauch aus einem Schmelzofen. Der ganze Berg bebte gewaltig ¹⁹ und der Hörnerschall wurde immer lauter. Mose redete und Gott antwortete ihm mit verstehbarer Stimme. …

20 ¹ Dann sprach Gott alle diese Worte: ² Ich bin der HERR, dein Gott, der dich aus dem Land Ägypten geführt hat, aus dem Sklavenhaus. ³ Du sollst neben mir keine anderen Götter haben. ⁴ Du sollst dir kein Kultbild machen und keine Gestalt von irgendetwas am Himmel droben, auf der Erde unten oder im Wasser unter der Erde. ⁵ Du sollst dich nicht vor ihnen niederwerfen und ihnen nicht dienen. Denn ich bin der HERR, dein Gott, ein eifersüchtiger Gott: Ich suche die Schuld der Väter an den Kindern heim, an der dritten und vierten Generation, bei denen, die mich hassen; ⁶ doch ich erweise Tausenden meine Huld bei denen, die mich lieben und meine Gebote bewahren. ⁷ Du sollst den Namen des HERRN, deines Gottes, nicht missbrauchen; denn der HERR lässt den nicht ungestraft, der seinen Namen missbraucht.

⁸ Gedenke des Sabbats: Halte ihn heilig! ⁹ Sechs Tage darfst du schaffen und all deine Arbeit tun. ¹⁰ Der siebte Tag ist ein Ruhetag, dem HERRN, deinem Gott, geweiht. An ihm darfst du keine Arbeit tun: du und dein Sohn und deine Tochter, dein Sklave und deine Sklavin und dein Vieh und dein Fremder in deinen Toren. ¹¹ Denn in sechs Tagen hat der HERR Himmel, Erde und Meer gemacht und alles, was dazugehört; am siebten Tag ruhte er. Darum hat der HERR den Sabbat gesegnet und ihn geheiligt.

▶ „Eifersüchtig" – gemeint ist „leidenschaftlich": Gott setzt sich mit aller Kraft für die Beziehung ein. Er kümmert sich, wenn Unrecht passiert, und engagiert sich mit ewiger Treue für alle, die sich um Gerechtigkeit bemühen.

▶ Gott verfolgt nicht die Schuld der Väter an unschuldigen Kindern, sondern nur wenn diese „mich hassen" (v5). Unter dieser Voraussetzung ist auch Ex 34,7 zu verstehen.

¹² Ehre deinen Vater und deine Mutter, damit du lange lebst in dem Land, das der HERR, dein Gott, dir gibt!
¹³ Du sollst nicht töten.
¹⁴ Du sollst nicht die Ehe brechen.
¹⁵ Du sollst nicht stehlen.
¹⁶ Du sollst nicht falsch gegen deinen Nächsten aussagen.
¹⁷ Du sollst nicht das Haus deines Nächsten begehren. Du sollst nicht die Frau deines Nächsten begehren, nicht seinen Sklaven oder seine Sklavin, sein Rind oder seinen Esel oder irgendetwas, das deinem Nächsten gehört.

Das Volk hat Angst und kann die Erscheinung Gottes nicht länger ertragen. Die folgenden Gesetze, das sogenannte Bundesbuch (Ex 21–23), teilt Gott Mose am Berg mit. Hier sind vermutlich sehr alte Gesetze Israels in die Erzählung eingebaut. Sie sind ohne einen guten Kommentar schwer verständlich, weil sie für Menschen in einer ganz anderen Welt geschrieben wurden.

24 ³ Mose kam und übermittelte dem Volk alle Worte und Rechtssatzungen des HERRN. Das ganze Volk antwortete einstimmig und sagte: Alles, was der HERR gesagt hat, wollen wir tun. ⁴ Mose schrieb alle Worte des HERRN auf. Am frühen Morgen stand er auf und errichtete am Fuß des Berges einen Altar und zwölf Steinmale für die zwölf Stämme Israels. ⁵ Er schickte die jungen Männer der Israeliten

▶ **B** Wer sagt: Ich habe ihn erkannt!, aber seine Gebote nicht hält, ist ein Lügner und in dem ist die Wahrheit nicht.

1 Joh 2,4

▶ „Blut des Bundes" (v8): Das Blut ist ein Zeichen dafür, dass Israel mit dem ganzen Leben, bis ins Innerste mit Gott verbunden ist. Jesus bezieht sich darauf beim letzten Abendmahl: „Das ist mein Blut des Bundes" (Mt 26,28).

▶ Diese Bundesfeier ist einmalig im AT. Gott zu „sehen" ist sonst unmöglich.

aus und sie brachten Brandopfer dar und schlachteten junge Stiere als Heilsopfer für den HERRN. ⁶ Mose nahm die Hälfte des Blutes und goss es in eine Schüssel, mit der anderen Hälfte besprengte er den Altar. ⁷ Darauf nahm er das Buch des Bundes und verlas es vor dem Volk. Sie antworteten: Alles, was der HERR gesagt hat, wollen wir tun; und wir wollen es hören. ⁸ Da nahm Mose das Blut, besprengte damit das Volk und sagte: Das ist das Blut des Bundes, den der HERR aufgrund all dieser Worte mit euch schließt. ⁹ Danach stiegen Mose, Aaron, Nadab, Abihu und die siebzig von den Ältesten Israels hinauf ¹⁰ und sie schauten den Gott Israels. Die Fläche unter seinen Füßen war wie mit blauem Edelstein ausgelegt und glänzte hell wie der Himmel selbst. ¹¹ Gott streckte seine Hand nicht gegen die Vornehmen der Israeliten aus; sie durften Gott schauen und sie aßen und tranken.

> Gott ruft Mose wieder auf den Berg, wo er vierzig Tage und Nächte bleibt. Gott beschreibt ihm das Heiligtum, das das Volk bauen soll (Ex 25–31; ↗ unten zu Ex 40). Gott möchte darin Israel nahe bleiben. Doch inzwischen …

99 Die Anbetung des antiken goldenen Kalbs hat eine neue und erbarmungslose Form gefunden im Fetischismus des Geldes und in der Diktatur einer Wirtschaft ohne Gesicht und ohne ein wirklich menschliches Ziel.
PAPST FRANZISKUS, Evangelii Gaudium, 55

▶ Dieser Satz verkehrt den Beginn der Zehn Gebote (Ex 20,2).

99 Nur der Glaubende ist gehorsam, und nur der Gehorsame glaubt.
DIETRICH BONHOEFFER (1906–1945), evangelischer Theologe und Märtyrer

Das Goldene Kalb – die erste große Krise (Ex 32–34)

32 ¹ Als das Volk sah, dass Mose noch immer nicht vom Berg herabkam, versammelte es sich um Aaron und sagte zu ihm: Komm, mach uns Götter, die vor uns herziehen. Denn dieser Mose, der Mann, der uns aus dem Land Ägypten heraufgeführt hat – wir wissen nicht, was mit ihm geschehen ist. ² Aaron antwortete: Nehmt euren Frauen, Söhnen und Töchtern die goldenen Ringe ab, die sie an den Ohren tragen, und bringt sie her! ³ Da nahm das ganze Volk die goldenen Ohrringe ab und brachte sie zu Aaron. ⁴ Er nahm sie aus ihrer Hand. Und er bearbeitete sie mit einem Werkzeug und machte daraus ein gegossenes Kalb. Da sagten sie: Das sind deine Götter, Israel, die dich aus dem Land Ägypten heraufgeführt haben. ⁵ Als Aaron das sah, baute er vor ihm einen Altar und rief aus: Morgen ist ein Fest für den HERRN. ⁶ Früh am Morgen standen sie auf, brachten Brandopfer dar und führten Tiere für das Heilsopfer herbei. Das Volk setzte sich zum Essen und Trinken und stand auf, um sich zu vergnügen.

⁷ Da sprach der HERR zu Mose: Geh, steig hinunter, denn dein Volk, das du aus dem Land Ägypten heraufgeführt hast, läuft ins Verder-

ben. [8] Schnell sind sie von dem Weg abgewichen, den ich ihnen vorgeschrieben habe. Sie haben sich ein gegossenes Kalb gemacht, sich vor ihm niedergeworfen und ihm Opfer geschlachtet, wobei sie sagten: Das sind deine Götter, Israel, die dich aus dem Land Ägypten heraufgeführt haben. [9] Weiter sprach der HERR zu Mose: Ich habe dieses Volk gesehen und siehe, es ist ein hartnäckiges Volk. [10] Jetzt lass mich, damit mein Zorn gegen sie entbrennt und sie verzehrt! Dich aber will ich zu einem großen Volk machen. [11] Mose aber besänftigte den HERRN, seinen Gott, indem er sagte: Wozu, HERR, soll dein Zorn gegen dein Volk entbrennen, das du mit großer Macht und starker Hand aus dem Land Ägypten herausgeführt hast? [12] Wozu sollen die Ägypter sagen können: In böser Absicht hat er sie herausgeführt, um sie im Gebirge umzubringen und sie vom Erdboden verschwinden zu lassen? Lass ab von deinem glühenden Zorn und lass dich das Unheil

„ Wenn wir einmal das Angesicht Gottes sehen, werden wir erkennen, dass wir es schon immer gekannt haben.

CLIVE STAPLES LEWIS
(1898–1963), ir. Schriftsteller und Literaturwissenschaftler

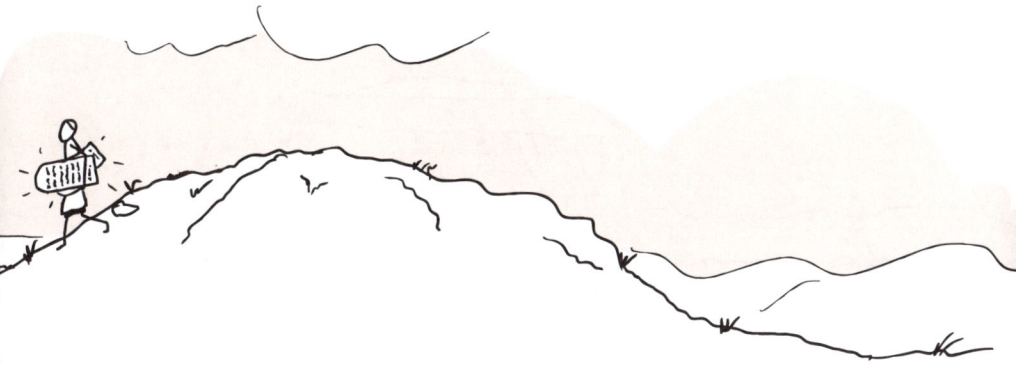

reuen, das du deinem Volk antun wolltest! [13] Denk an deine Knechte, an Abraham, Isaak und Israel, denen du selbst geschworen und gesagt hast: Ich will eure Nachkommen zahlreich machen wie die Sterne am Himmel, und: Dieses ganze Land, von dem ich gesprochen habe, will ich euren Nachkommen geben und sie sollen es für immer besitzen. [14] Da ließ sich der HERR das Unheil reuen, das er seinem Volk angedroht hatte. ...

Gott bereut etwas! Das ist stark. Gott hat kein Herz aus Stein. Gott ist ganz nahe an uns dran; er sieht und hört und fühlt mit uns. Gott nimmt seine Freunde ernst und lässt sich emotional durch ihre Sorgen und Ängste bewegen.

Mose sieht das Kalb und zerbricht im Zorn die von Gott beschriebenen Steintafeln. Nach einer großen Krise mit dem Volk steigt Mose wieder auf den Berg, um mit Gott zu verhandeln.

33 [18] Dann sagte er (Mose): Lass mich doch deine Herrlichkeit schauen! [19] Da sagte er (der HERR): Ich will meine ganze Güte vor dir vorüberziehen lassen und den Namen des HERRN vor dir ausrufen. Ich bin gnädig, wem ich gnädig bin, und ich bin barmherzig, wem ich barmherzig bin. [20] Weiter sprach er: Du kannst mein Ange-

Schwer täuschen sich jene, die meinen, die Vereinigung mit Gott bestehe in Ekstasen, Verzückungen und geistlichen Tröstungen. Sie besteht allein in der →

→ Übergabe unseres Willens an
Gott, vorausgesetzt, dass diese
Übergabe vollkommen ist.
TERESA VON ÁVILA (1515–1582),
spanische Karmelitin, Mystikerin
und Kirchenlehrerin

sicht nicht schauen; denn kein Mensch kann mich schauen und am Leben bleiben. [21] Dann sprach der HERR: Siehe, da ist ein Ort bei mir, stell dich da auf den Felsen! [22] Wenn meine Herrlichkeit vorüberzieht, stelle ich dich in den Felsspalt und halte meine Hand über dich, bis ich vorüber bin. [23] Dann ziehe ich meine Hand zurück und du wirst meinen Rücken sehen. Mein Angesicht kann niemand schauen.

34 [4] Früh am Morgen stand er (Mose) auf und ging auf den Sinai hinauf, wie es ihm der HERR aufgetragen hatte. Die beiden steinernen Tafeln nahm er mit. [5] Der HERR aber stieg in der Wolke herab und stellte sich dort neben ihn hin. Er rief den Namen des HERRN aus. [6] Der HERR ging vor seinem Angesicht vorüber und rief:

▶ Gott offenbart in v6 sein innerstes Wesen. Gott spricht von sich selbst und erklärt seine Bereitschaft, sich zu versöhnen, seine ewige Barmherzigkeit und Treue: Ein Höhepunkt der Geschichte, der in vielen anderen biblischen Büchern zitiert wird.

Der HERR ist der HERR, ein barmherziger und gnädiger Gott, langmütig und reich an Huld und Treue: [7] Er bewahrt tausend Generationen Huld, nimmt Schuld, Frevel und Sünde weg, aber er spricht nicht einfach frei, er sucht die Schuld der Väter bei den Söhnen und Enkeln heim, bis zur dritten und vierten Generation. [8] Sofort verneigte sich Mose bis zur Erde und warf sich zu Boden. …

▶▶ Das ist die Zeit der Barmherzigkeit. Es ist wichtig, dass die Gläubigen sie leben und in alle Gesellschaftsbereiche hineintragen. Vorwärts!
PAPST FRANZISKUS bei der Ausrufung des Heiligen Jahres 2016

▶ Menschen, die mit Gott in Kontakt sind, haben oft eine besondere Ausstrahlung.

[28] Mose blieb dort beim HERRN vierzig Tage und vierzig Nächte. Er aß kein Brot und trank kein Wasser. Er schrieb auf die Tafeln die Worte des Bundes, die zehn Worte. [29] Als Mose vom Sinai herunterstieg, hatte er die beiden Tafeln des Bundeszeugnisses in der Hand.

Während Mose vom Berg herunterstieg, wusste er nicht, dass die Haut seines Gesichtes strahlte, weil er mit ihm geredet hatte.

Gott hat Israel verziehen. So kann das Volk das Heiligtum bauen. Es ist ein Vorbild für den späteren Tempel in Jerusalem. In seiner Mitte, im Allerheiligsten, steht die Bundeslade, ein vergoldeter Holzbehälter, in dem die beiden Steintafeln mit den Zehn Worten liegen. Davor stehen Altäre, ein Tisch und ein siebenarmiger Leuchter.

▶▶ Gott verbirgt sich. Er blendet uns nicht mit dem Glanz seiner Herrlichkeit, er zwingt uns nicht in die Knie mit seiner Macht. Er will, dass zwischen ihm und uns das Geheimnis der Liebe entstehe, das Freiheit voraussetzt.
PAPST BENEDIKT XVI.

Gottes Herrlichkeit erfüllt das Heiligtum (Ex 40)

40 [16] Mose machte alles so, wie es der HERR ihm geboten hatte. So machte er es. [17] Im zweiten Jahr, am ersten Tag des ersten Monats, stellte man die Wohnung auf. [18] Mose stellte die Wohnung auf, legte ihre Sockel hin, setzte ihre Bretter darauf, brachte ihre Querlatten an und stellte ihre Säulen auf.

¹⁹ Dann spannte er das Zelt über die Wohnung und legte die Decke des Zeltes darüber, wie es der HERR dem Mose befohlen hatte. ²⁰ Dann nahm er das Bundeszeugnis, legte es in die Lade, brachte die Stangen an der Lade an und setzte die Sühneplatte oben auf die Lade. ²¹ Er brachte die Lade in die Wohnung, spannte den verhüllenden Vorhang auf und verdeckte so die Lade des Bundeszeugnisses, wie es der HERR dem Mose geboten hatte. ...

³⁴ Dann bedeckte die Wolke das Offenbarungszelt und die Herrlichkeit des HERRN erfüllte die Wohnung. ³⁵ Mose konnte das Offenbarungszelt nicht betreten, denn die Wolke wohnte darauf und die Herrlichkeit des HERRN erfüllte die Wohnung. ³⁶ Immer, wenn die Wolke sich von der Wohnung erhob, brachen die Israeliten auf zu all ihren Wanderungen. ³⁷ Wenn sich aber die Wolke nicht erhob, brachen sie nicht auf, bis zu dem Tag, an dem sie sich erhob. ³⁸ Bei Tag schwebte die Wolke des HERRN über der Wohnung, bei Nacht aber war Feuer in ihr vor den Augen des ganzen Hauses Israel auf all ihren Wanderungen.

Ich fände es super, wenn ich Gott sehen könnte. Aber Gott ist nun einmal unsichtbar. Obwohl er sich meinen Augen nicht zeigt, kann ich doch spüren, dass er irgendwie da ist. Manchmal fühle ich sogar ganz deutlich die Hand Gottes über mir, die einfach da ist, die mich schützt und in meinem Leben leitet.

MARTIN

Als Israel aus Ägypten auszog,
das Haus Jakobs aus dem Volk
mit fremder Sprache,
da wurde Juda sein Heiligtum,
Israel das Gebiet seiner Herrschaft.
Das Meer sah es und flüchtete,
der Jordan wandte sich rückwärts.
Die Berge hüpften wie Widder,
die Hügel wie junge Lämmer.
Was ist mit dir, du Meer, dass du flüchtest,
du Jordan, dass du rückwärts dich wendest,
ihr Berge, dass ihr hüpft wie Widder,
ihr Hügel, wie junge Lämmer?
Vor dem Angesicht des HERRN tanze, du Erde,
vor dem Angesicht des Gottes Jakobs,
der den Fels zum Wasserteich wandelt,
Kieselgestein zu quellendem Wasser.
Psalm 114

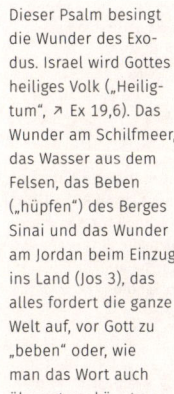

Dieser Psalm besingt die Wunder des Exodus. Israel wird Gottes heiliges Volk („Heiligtum", ↗ Ex 19,6). Das Wunder am Schilfmeer, das Wasser aus dem Felsen, das Beben („hüpfen") des Berges Sinai und das Wunder am Jordan beim Einzug ins Land (Jos 3), das alles fordert die ganze Welt auf, vor Gott zu „beben" oder, wie man das Wort auch übersetzen könnte, zu „tanzen".

DAS BUCH

Levitikus

Das dritte Buch der Bibel steht im Zentrum der Tora. Der Name des Buches kommt von den Leviten, den Helfern beim Gottesdienst. Alles dreht sich um die Begegnung mit Gott: Opfer, Kulte, Priester, Feiertage. Gottes Heiligkeit soll aber auch im Essen, in der Kleidung, im Verhalten, nicht zuletzt in der Liebe zum Nächsten und zum Fremden (Lev 19) geehrt werden. Damit dies möglich wird, vergibt Gott einmal im Jahr, am sogenannten Versöhnungstag (hebräisch *Jom Kippur*, für Juden der höchste Feiertag), der ganzen Gemeinschaft ihre Schuld. So wird Gottes Erbarmen, das er Israel nach der Sünde mit dem Goldenen Kalb zugesagt hat (Ex 34,6–7), konkret. Aaron hat als oberster Priester eine besonders wichtige Rolle. In der Feier wird symbolisch gezeigt, wie Gott Vergebung schenkt.

Der Versöhnungstag (Lev 16)

▶ Damit der Priester für die Sünden der Gemeinschaft um Vergebung bitten kann, muss er zuerst selbst von seiner Schuld befreit werden.

16 [11] Aaron soll den Jungstier für sein eigenes Sündopfer herbeibringen lassen, um für sich und sein Haus Versöhnung zu erwirken, und diesen Jungstier des Sündopfers für sich schlachten. …

[15] Nachher soll er den Bock schlachten, der als Sündopfer für das Volk bestimmt ist, und sein Blut hinter den Vorhang tragen. Er soll es mit diesem Blut ebenso machen wie mit dem Blut des Jungstiers und es auf die Sühneplatte und vor die Sühneplatte spritzen. [16] So soll er für das Heiligtum von den Unreinheiten der Israeliten und von all ihren Freveltaten einschließlich all ihrer Sünden Sühne erwirken und so soll er mit dem Offenbarungszelt verfahren, das bei ihnen inmitten ihrer Unreinheiten seinen Sitz hat. …

▶ Der Priester hat damit die wesentlichen Riten (in v18–19 auch noch für den Altar) vollzogen. Eine weitere Geste veranschaulicht die Entfernung von Schuld (v21–22).

[21] Aaron soll seine beiden Hände auf den Kopf des lebenden Bockes legen und über ihm alle Schuld der Israeliten und alle ihre Frevel mitsamt all ihren Sünden bekennen. Nachdem er sie so auf den Kopf des Bockes geladen hat, soll er ihn durch einen bereitstehenden Mann in die Wüste schicken [22] und der Bock soll alle ihre Sünden mit sich in die Einöde tragen. …

💡 Wen wir nicht mehr in die Wüste schicken können: die Nachbarn, Kinder, Eltern, Lehrer, Politiker, Kollegen, die Wissenschaft, die Kirche …

[29] Folgendes soll euch als ewige Satzung gelten: Im siebten Monat, am zehnten Tag des Monats, sollt ihr euch Enthaltung auferlegen und keinerlei Arbeit tun, der Einheimische und ebenso der Fremde, der in eurer Mitte lebt. [30] Denn an diesem Tag erwirkt man für euch Versöhnung, um euch zu reinigen. Vor dem HERRN werdet ihr von allen

euren Sünden wieder rein. ³¹ Dieser Tag ist für euch ein vollständiger Ruhetag und ihr sollt euch Enthaltung auferlegen. ...

Drei Kapitel später teilt Gott dem Volk mit, wie es sich im täglichen Leben an ihm orientieren kann, um heilig zu werden:

Regeln für die Gemeinde (Lev 19)

19 ¹ Der HERR sprach zu Mose: ² Rede zur ganzen Gemeinde der Israeliten und sag zu ihnen: Seid heilig, denn ich, der HERR, euer Gott, bin heilig.

³ Jeder von euch soll Mutter und Vater fürchten und auf meine Sabbate achten; ich bin der HERR, euer Gott. ⁴ Ihr sollt euch nicht anderen Göttern zuwenden und euch nicht Götterbilder aus Metall gießen; ich bin der HERR, euer Gott. ...

⁹ Wenn ihr die Ernte eures Landes einbringt, sollst du das Feld nicht bis zum äußersten Rand abernten. Du sollst keine Nachlese von deiner Ernte halten. ¹⁰ In deinem Weinberg sollst du keine Nachlese halten und die abgefallenen Beeren nicht einsammeln. Du sollst sie dem Armen und dem Fremden überlassen. Ich bin der HERR, euer Gott.

¹¹ Ihr sollt nicht stehlen, nicht täuschen und einander nicht betrü-

Alles auf Start! Was für eine Befreiung, wenn eine ganze Gesellschaft neu anfangen darf, was auch immer in der Vergangenheit gewesen sein mag.

Wir müssen unsere Unvollkommenheit annehmen und lieben und nicht länger daran arbeiten, Heilige zu werden, sondern nur uns mühen, Gott Freude zu machen.
THÉRÈSE VON LISIEUX (1873–1897), Karmelitin und Kirchenlehrerin

▶ In den „Zehn Worten" werden der Sabbat vor den Eltern und der Vater vor der Mutter genannt (Ex 20,8–12). Hier ist beides umgedreht.

gen. ¹² Ihr sollt nicht falsch bei meinem Namen schwören; du würdest sonst den Namen deines Gottes entweihen. Ich bin der HERR.

¹³ Du sollst deinen Nächsten nicht ausbeuten und ihn nicht um das Seine bringen. Der Lohn des Tagelöhners soll nicht über Nacht bis zum Morgen bei dir bleiben. ¹⁴ Du sollst einen Tauben nicht verfluchen und einem Blinden kein Hindernis in den Weg stellen; vielmehr sollst du deinen Gott fürchten. Ich bin der HERR.

¹⁵ Ihr sollt beim Rechtsentscheid kein Unrecht begehen. Du sollst weder für einen Geringen noch für einen Großen Partei nehmen; gerecht sollst du deinen Mitbürger richten. ¹⁶ Du sollst deinen Mitbürger nicht verleumden und dich nicht hinstellen und das Blut deines Nächsten fordern. Ich bin der HERR.

¹⁷ Du sollst in deinem Herzen keinen Hass gegen deinen Bruder tragen. Weise deinen Mitbürger zurecht, so wirst du seinetwegen keine Sünde auf dich laden. ¹⁸ An den Kindern deines Volkes sollst du dich nicht rächen und ihnen nichts nachtragen. Du sollst deinen Nächsten lieben wie dich selbst. Ich bin der HERR. ...

²⁹ Entweih nicht deine Tochter, indem du sie als Hure preisgibst, damit das Land nicht der Hurerei verfällt und voller Blutschande wird! ... ³¹ Wendet euch nicht an die Totenbeschwörer und sucht nicht die Wahrsager auf; sie verunreinigen euch. Ich bin der HERR, euer Gott. ³² Du sollst vor grauem Haar aufstehen, das Ansehen eines Greises ehren und deinen Gott fürchten. Ich bin der HERR.

" Ebenso wie das Gebot „Du sollst nicht töten" eine deutliche Grenze setzt, um den Wert des menschlichen Lebens zu sichern, müssen wir heute ein „Nein zu einer Wirtschaft der Ausschließung und der Disparität der Einkommen" sagen. Diese Wirtschaft tötet.
PAPST FRANZISKUS, Evangelii Gaudium, 53

▶ Auch für Jesus ist es besonders wichtig, dass wir versöhnungsbereit sind und den Nächsten lieben (z.B. Mt 18,21–35; 22,34–40).

▶ Es zerstört jede Gemeinschaft, wenn Menschen missbraucht werden, Sexualität nichts mit Beziehung zu tun hat und wenn Menschen weniger respektiert werden, weil sie eine Frau oder ein Mann sind.

DIE FESTE DES HERRN / BIBLISCHE FESTE

FRÜHLINGSFESTE

PESSACH   UNGESÄUERTE   ERSTLINGS-   SCHAWUOT
          BROTE   FRÜCHTE

> **Ihr sollt wissen, dass kein Mensch illegal ist.** Das ist ein Widerspruch in sich. Menschen können schön sein oder noch schöner. Sie können gerecht sein oder ungerecht. Aber illegal? Wie kann ein Mensch illegal sein?
>
> **ELIE WIESEL** (1928–2016), Überlebender des Holocaust

▶ *Efa*: ca. 22l, *Hin*: ca. 3,5l

³³ Wenn bei dir ein Fremder in eurem Land lebt, sollt ihr ihn nicht unterdrücken. ³⁴ Der Fremde, der sich bei euch aufhält, soll euch wie ein Einheimischer gelten und du sollst ihn lieben wie dich selbst; denn ihr seid selbst Fremde in Ägypten gewesen. Ich bin der HERR, euer Gott.

³⁵ Ihr sollt kein Unrecht begehen beim Rechtsentscheid, mit Längenmaß, Gewicht und Hohlmaß. ³⁶ Eure Waagen müssen stimmen, eure Gewichtsteine, euer Efa und euer Hin müssen stimmen. Ich bin der HERR, euer Gott, der euch aus Ägypten geführt hat. ...

Weltweit und in vielen Gesellschaften nehmen Ungleichheiten zu. Oft gelingt es Reichen und Mächtigen, das System zu steuern, um den eigenen Profit zu maximieren, während sie auf Nachhaltigkeit, Fairness, notwendige Erholung und die Würde von Schwächeren wenig Rücksicht nehmen. Gegen solche Kräfte, die sowohl die Natur als auch die Gemeinschaft zerstören, führt Gott für das Volk Israel zwei spezielle Jahre ein:

Sabbat- und Jubeljahr (Lev 25)

▶ Im Hintergrund von „Jubeljahr" (v10) steht das hebräische Wort „Jobel". Es bezeichnet das Widderhorn, das seit uralter Zeit als Blasinstrument verwendet wird (v9).

25 ¹ Der HERR sprach zu Mose auf dem Berg Sinai: ² Rede zu den Israeliten und sag zu ihnen: Wenn ihr in das Land kommt, das ich euch gebe, soll das Land Sabbatruhe für den HERRN halten. ³ Sechs Jahre sollst du dein Feld besäen, sechs Jahre sollst du deinen Weinberg beschneiden und seinen Ertrag ernten. ⁴ Aber im siebten Jahr soll das Land eine vollständige Sabbatruhe für den HERRN hal-

SAUNEN-FEST   **VERSÖHNUNGS-TAG**   **LAUBHÜTTEN-FEST**   **TORA-FREUDE**

▶ Ähnlich wie die Menschen jeden siebten Tag ruhen, so soll auch der Boden alle sieben Jahre „ruhen" dürfen (v4). Eine solche „Brache" ist für die Felder wichtig, um Nährstoffe wieder aufzubauen. Zugleich ist es ein Zeichen, dass Fruchtbarkeit letztlich von Gott kommt und es nicht um „maximale Leistung" geht.

ten: Dein Feld sollst du nicht besäen und deinen Weinberg nicht beschneiden. …

⁸ Du sollst sieben Sabbatjahre, siebenmal sieben Jahre, zählen; die Zeit von sieben Sabbatjahren ergibt für dich neunundvierzig Jahre. ⁹ Im siebten Monat, am zehnten Tag des Monats, sollst du das schallende Horn ertönen lassen; am Versöhnungstag sollt ihr das Horn im ganzen Land ertönen lassen. ¹⁰ Erklärt dieses fünfzigste Jahr für heilig und ruft Freiheit für alle Bewohner des Landes aus! Es gelte euch als Jubeljahr. Jeder von euch soll zu seinem Grundbesitz zurückkehren, jeder soll zu seiner Sippe heimkehren. …

²³ Das Land darf nicht endgültig verkauft werden; denn das Land gehört mir und ihr seid nur Fremde und Beisassen bei mir. ²⁴ Für jeden Grundbesitz sollt ihr ein Rückkaufrecht auf das Land gewähren. ²⁵ Wenn dein Bruder verarmt und etwas von seinem Grundbesitz verkauft, soll sein Verwandter als Löser für ihn eintreten und den verkauften Boden seines Bruders auslösen. …

³⁵ Wenn dein Bruder verarmt und sich neben dir nicht halten kann, sollst du ihn, auch einen Fremden oder Beisassen, unterstützen, damit er neben dir leben kann. ³⁶ Nimm von ihm keinen Zins und Wucher! Fürchte deinen Gott und dein Bruder soll neben dir leben können. …

⁵⁵ Denn mir gehören die Israeliten als Knechte, meine Knechte sind sie; ich habe sie aus Ägypten herausgeführt, ich bin der HERR, euer Gott.

▶ Die in 49 Jahren (damals drei Generationen) entstandenen gesellschaftlichen Unterschiede, insbesondere Verarmung und Abhängigkeit, sollen durch einen generellen Schuldenschnitt ein Ende finden.

▶ „Löser" (v25) bezeichnet den nächsten Angehörigen, der verpflichtet ist, für einen Verwandten einzustehen, der in Unglück geraten ist. Er soll verlorenen Landbesitz zurückkaufen und Schulden begleichen, falls ein Angehöriger sich als Sklave verkaufen musste. Einige biblische Texte übertragen diese Rolle auf Gott (erstmals in Ex 6,6).

Numeri

Der lateinische Name Numeri bedeutet Zahlen; er bezieht sich auf die Zählungen der wehrfähigen Männer im Volk Israel in Num 1. Im Hebräischen heißt dieses Buch „In der Wüste", was die Ortsangabe des ersten Verses aufnimmt.

Das vierte Buch der Bibel schildert den Abschied vom Sinai (Num 1–10) und den Weg der Gemeinschaft in Richtung Verheißenes Land. Dabei zieht Israel – nach Ex 15–19 – wieder durch die Wüste (Num 10–21), und es kommt erneut zu Konflikten. Sie zeigen, dass das Volk weit vom Ideal der in Levitikus geforderten „Heiligkeit" entfernt ist. Im Unterschied zum „Murren" im Buch Exodus lehnen sich Menschen hier auf, *nachdem* sie am Sinai Gott begegnet sind; dementsprechend härter sind in Numeri die Konsequenzen.

Vor dem Aufbruch gibt Gott dem Volk in Num 6 Anweisungen für eine spezielle Form, das Leben Gott zu widmen, und eine Segensformel, die Priester sprechen sollen, den sogenannten „aaronitischen Segen", der auch die christliche Liturgie stark beeinflusst hat (Num 6,22–27).

Ab Num 22 kommt zusehends das Land in den Blick. Der fremde Seher Bileam segnet Israel (Num 23–24), Josua wird als Nachfolger Moses eingesetzt (Num 27,12–23) und das Gebiet östlich des Jordan wird zugeteilt (Num 32). Alles ist so vorbereitet für den Einzug ins Land, vor den sich nur noch die große Abschiedsrede des Mose, das Buch Deuteronomium, schiebt.

Auch heute noch gibt es „Nasiräer". Manche Rastafaris mit ihren Dreadlocks legen das Gelübde ab, das schon das Buch Numeri kennt. Ein Gelübde ist ein Verzicht, den man Gott zuliebe (für eine bestimmte Zeit oder auf immer) leistet.

▶ Die frei wachsenden Haare verdeutlichen die von Gott her kommende Lebenskraft; ein Beispiel ist Simson in Ri 16,17.

Nasiräat und Priestersegen (Num 6)

6 ¹ Der HERR sprach zu Mose: ² Rede zu den Israeliten und sag zu ihnen: Wenn ein Mann oder eine Frau etwas Besonderes tun will und das Nasiräergelübde ablegt, sodass sie dem HERRN geweiht sind, ³ dann sollen sie auf Wein und Bier verzichten; sie sollen keinen gegorenen Wein und kein gegorenes Bier trinken, auch keinen Traubensaft, sie sollen weder frische noch getrocknete Trauben essen. ⁴ Solange sie Nasiräer sind, sollen sie nichts essen, was von Weinreben stammt, von den unreifen Trauben angefangen bis zu den Trebern. ⁵ Solange das Nasiräergelübde in Kraft ist, soll auch kein Schermesser ihr Haupt berühren, bis die Zeit abgelaufen ist, für die sie sich dem HERRN als Nasiräer geweiht haben. Sie sind heilig, sie müssen ihr Haar ganz frei wachsen lassen. ⁶ Solange sie sich dem HERRN als Nasiräer geweiht haben, sollen sie auch nicht in die Nähe eines Toten kommen. …

Wenn die Zeit des Gelübdes abgelaufen ist, soll der Nasiräer zum Heiligtum kommen, Opfergaben mitbringen und seine Haare abschneiden, die als Zeichen seiner Hingabe in dieser Lebensphase im Feuer verbrannt werden. Dann darf er wieder Wein trinken (v13–20).

Gott schenkt nicht nur Segen, er setzt auch Menschen ein, die seinen Segen vermitteln sollen (s. schon Gen 12,2). Die Wiederholung von „Angesicht" betont seine persönliche Zuwendung. Das letzte Wort *schalom* (übersetzt mit „Frieden") zeigt, dass Gott Frieden und umfassendes Glück schenken möchte. Segnen darf übrigens jeder: eine Mutter ihr Kind, ein Freund seine Freundin …

²² Der HERR sprach zu Mose: ²³ Sag zu Aaron und seinen Söhnen: So sollt ihr die Israeliten segnen; sprecht zu ihnen:
²⁴ Der HERR segne dich und behüte dich.
²⁵ Der HERR lasse sein Angesicht über dich leuchten
und sei dir gnädig.
²⁶ Der HERR wende sein Angesicht dir zu und schenke dir Frieden.
²⁷ So sollen sie meinen Namen auf die Israeliten legen und ich werde sie segnen.

VOM SINAI AUF DEM WEG DURCH DIE WÜSTE ZUM LAND (AB NUM 10)

Entgegen dem Idealbild, das in Levitikus von Israel als heiligem Volk entworfen wurde (↗ Lev 19), kommt es ab dem Aufbruch vom Sinai zu vielen Konflikten und Schwierigkeiten im Volk auf dem weiteren Weg ins Land. Das zeigt sich schon in Num 11:

Vielfache Probleme (Num 11)

11 ¹ Als das Volk die Ohren des HERRN mit Klagen über sein böses Los erfüllte, entbrannte sein Zorn; das Feuer des HERRN brach bei ihnen aus und griff am Rand des Lagers um sich. ² Da schrie das Volk zu Mose und Mose legte Fürbitte beim HERRN für sie ein. Darauf ging das Feuer wieder aus. ³ Daher nannte man den Namen jenes Ortes Tabera, Brand, denn das Feuer des HERRN war gegen sie entbrannt.

⁴ Die Leute, die sich ihnen angeschlossen hatten, wurden von der Gier gepackt und auch die Israeliten begannen wieder zu weinen und sagten: Wenn uns doch jemand Fleisch zu essen gäbe! ⁵ Wir denken an die Fische, die wir in Ägypten umsonst zu essen bekamen, an die Gurken und Melonen, an den Lauch, an die Zwiebeln und an den Knoblauch. ⁶ Doch jetzt vertrocknet uns die Kehle, nichts bekommen wir zu sehen als immer nur Manna. ...

¹⁰ Mose hörte das Volk weinen, nach Sippen getrennt, jeder am Eingang seines Zeltes. Da entbrannte der Zorn des HERRN; in den Augen des Mose war es böse. ¹¹ Da sagte Mose zum HERRN: Warum warst du so böse zu deinem Knecht und warum habe ich keine Gnade in deinen Augen gefunden, dass du mir die Last dieses ganzen Volkes aufládst? ¹² War ich denn mit diesem ganzen Volk schwanger oder habe ich es geboren, dass du zu mir sagst: Trag es an deiner Brust, wie die Amme den Säugling trägt, in das Land, das du seinen Vätern mit einem Eid verheißen hast? ¹³ Woher soll ich für dieses ganze Volk Fleisch nehmen? Sie weinen vor mir und sagen zu mir: Gib uns Fleisch

▶ „Tabera" heißt „Brand" und erinnert an die Folgen dieser ersten Auflehnung.

💡 Ägypten war so toll! Das Essen und alles ... Plötzlich denken die Israeliten mit einer rosaroten Brille an die Zeit unter der Herrschaft Pharaos zurück, obwohl sie in Ägypten doch unterdrückt und versklavt worden waren.

▶ Die andauernde Unzufriedenheit des Volkes setzt auch Mose zu, der die größte Verantwortung trägt. Er wiederum setzt Gott unter Druck.

zu essen! ¹⁴ Ich kann dieses ganze Volk nicht allein tragen, es ist mir zu schwer. ¹⁵ Wenn du mich so behandelst, dann bring mich lieber um. Wenn ich Gnade in deinen Augen gefunden habe, werde ich mein Unheil nicht mehr schauen.

¹⁶ Da sprach der HERRN zu Mose: Versammle mir siebzig von den Ältesten Israels, die du kennst, weil sie die Ältesten des Volkes und seine Listenführer sind; bring sie zum Offenbarungszelt! Dort sollen sie mit dir zusammen hintreten. ¹⁷ Dann komme ich herab und rede dort mit dir. Ich nehme etwas von dem Geist, der auf dir ruht, und lege ihn auf sie. So können sie mit dir zusammen an der Last des Volkes tragen und du musst sie nicht mehr allein tragen. ¹⁸ Zum Volk aber sollst du sagen: Heiligt euch für morgen, dann werdet ihr Fleisch zu essen haben. Denn ihr habt dem HERRN die Ohren vollgeweint und gesagt: Wenn uns doch jemand Fleisch zu essen gäbe! In Ägypten ging es uns gut. Der HERRN wird euch Fleisch geben und ihr werdet essen. ¹⁹ Nicht nur einen Tag werdet ihr es essen, nicht zwei Tage, nicht fünf Tage, nicht zehn Tage und nicht zwanzig Tage, ²⁰ sondern einen Monat lang, bis es euch zur Nase herauskommt und ihr euch davor ekelt. Denn ihr habt den HERRN, der mitten unter euch ist, verworfen und habt vor ihm geweint und gesagt: Warum sind wir aus Ägypten weggezogen? ²¹ Da entgegnete Mose: Sechshunderttausend Mann zu Fuß zählt das Volk, in dessen Mitte ich bin, und du sagst: Ich gebe ihnen Fleisch, sodass sie einen Monat lang zu essen haben? ²² Soll man etwa alle

🗨 Vor einigen Tagen sagte ein großer italienischer Künstler, dass es für den Herrn leichter ist, die Israeliten aus Ägypten herauszuführen, als Ägypten aus dem Herzen der Israeliten zu nehmen.
PAPST FRANZISKUS, 31.12.2014

❓ Nehme ich die von Gott gegebenen Durststrecken in meinem Leben an? Was ist mein „Ägypten", nach dem ich mich zurücksehne? Weiß ich besser als Gott, was gut für mich ist?

▶ Gott entlastet Mose, indem er Verantwortung aufteilt; und Gott konfrontiert die Israeliten, indem er ihnen genau das gibt, was sie wollten – Fleisch, all you can eat!

Gottes Möglichkeiten übersteigen bei weitem unser menschliches Denken. (↗ auch die Verheißung für Sara in Gen 18).

 Der Geist weht, wo er will.

Joh 3,8

 Der irdisch gesinnte Mensch aber erfasst nicht, was vom Geist Gottes kommt. Torheit ist es für ihn und er kann es nicht verstehen, weil es nur mit Hilfe des Geistes beurteilt werden kann.

1 Kor 2,14

 Gottes Geist lässt sich nicht kontrollieren. Das ärgert manche Menschen.

Schafe, Ziegen und Rinder für sie schlachten, dass es für sie ausreicht? Oder kann man alle Fische des Meeres für sie fangen, dass es für sie ausreicht? ²³ Der HERR antwortete Mose: Ist etwa die Hand des HERRN zu kurz? Jetzt wirst du sehen, ob mein Wort für dich eintrifft oder nicht.

²⁴ Mose ging hinaus und teilte dem Volk die Worte des HERRN mit. Dann versammelte er siebzig von den Ältesten des Volkes und stellte sie rings um das Zelt auf. ²⁵ Der HERR kam in der Wolke herab und redete mit Mose. Er nahm etwas von dem Geist, der auf ihm ruhte, und legte ihn auf die siebzig Ältesten. Sobald der Geist auf ihnen ruhte, redeten sie prophetisch. Danach aber nicht mehr.

²⁶ Zwei Männer aber waren im Lager geblieben; der eine hieß Eldad, der andere Medad. Auch über sie kam der Geist. Sie gehörten zu den Aufgezeichneten, waren aber nicht zum Offenbarungszelt hinausgegangen. Auch sie redeten prophetisch im Lager. ²⁷ Ein junger Mann lief zu Mose und berichtete ihm: Eldad und Medad sind im Lager zu Propheten geworden. ²⁸ Da ergriff Josua, der Sohn Nuns, der von Jugend an der Diener des Mose gewesen war, das Wort und sagte: Mose, mein Herr, hindere sie daran! ²⁹ Doch Mose sagte zu ihm: Willst du dich für mich ereifern? Wenn nur das ganze Volk des HERRN zu Propheten würde, wenn nur der HERR seinen Geist auf sie alle legte!

Im nächsten Kapitel wird Mose von seinen Geschwistern angegriffen:

 Es ist möglich, dass mit dieser Frau Zippora (ab Ex 2,21) gemeint ist. Gewöhnlich bezieht sich „Kusch" aber auf Gebiete im heutigen Sudan oder Äthiopien.

 Wie der Hirsch lechzt nach frischem Wasser, so lechzt meine Seele, nach dir, Gott. Meine Seele dürstet nach Gott, nach dem lebendigen Gott. Wann darf ich kommen und erscheinen vor Gottes Angesicht? Meine Tränen sind mir Brot geworden bei Tag und bei Nacht; man sagt zu mir den ganzen Tag: Wo ist dein Gott?

Ps 42,2–4

Moses einmalige Gottesnähe (Num 12)

12 ¹ Als sie in Hazerot waren, redeten Mirjam und Aaron gegen Mose wegen der kuschitischen Frau, die er sich genommen hatte. Er hatte sich nämlich eine Kuschiterin zur Frau genommen. ² Sie sagten: Hat der HERR etwa nur durch Mose gesprochen? Hat er nicht auch durch uns gesprochen? Das hörte der HERR. ³ Mose aber war ein sehr demütiger Mann, demütiger als alle Menschen auf der Erde. ⁴ Da sprach der HERR plötzlich zu Mose, Aaron und Mirjam: Geht ihr drei hinaus zum Offenbarungszelt! Da gingen die drei hinaus. ⁵ Der HERR kam in der Wolkensäule herab, blieb am Zelteingang stehen und rief Aaron und Mirjam. Beide traten vor ⁶ und der HERR sprach: Hört meine Worte! Wenn es bei euch einen Propheten gibt, so gebe ich mich ihm in einer Vision als der HERR zu erkennen, im Traum rede ich mit ihm. ⁷ Anders bei meinem Knecht Mose. Mein ganzes Haus ist ihm anvertraut. ⁸ Von Mund zu Mund rede ich mit ihm, in einer Vision, nicht in Rätseln. Die Gestalt des HERRN darf er sehen. Warum habt ihr euch nicht gefürchtet, gegen meinen Knecht, gegen Mose, zu reden? ⁹ Da entbrannte der Zorn des HERRN gegen sie und er ging weg.

¹⁰ Als die Wolke vom Zelt gewichen war, siehe, da war Mirjam weiß wie Schnee vor Aussatz. Aaron wandte sich Mirjam zu und siehe, sie war aussätzig. ...

Zur Vorbereitung auf den Einzug ins Land schicken die Israeliten Leute voraus, um Informationen einzuholen. Die Kundschafter berichten, dass das Land fruchtbar ist, übertreiben aber maßlos die Gefahren im Land (Num 13,32–33). So entmutigen sie das Volk und lösen Widerstand aus:

Klärungen (Num 14)

14 ¹ Da empörte sich die ganze Gemeinde und erhob ihre Stimme und das Volk weinte in jener Nacht. ² Alle Israeliten murrten über Mose und Aaron und die ganze Gemeinde sagte zu ihnen: Wären wir doch in Ägypten oder in dieser Wüste gestorben! ³ Warum nur will uns der HERR in jenes Land bringen? Etwa damit wir durch das Schwert umkommen und unsere Frauen und Kinder eine Beute der Feinde werden? Wäre es für uns nicht besser, nach Ägypten zurückzukehren? ⁴ Und sie sagten zueinander: Wir wollen einen neuen Anführer wählen und nach Ägypten zurückkehren.
⁵ Da warfen sich Mose und Aaron vor der ganzen Versammlung der Gemeinde der Israeliten auf ihr Gesicht nieder. ⁶ Josua, der Sohn Nuns, und Kaleb, der Sohn Jefunnes, zwei von denen, die das Land erkundet hatten, zerrissen ihre Kleider ⁷ und sagten zu der ganzen Gemeinde der Israeliten: Das Land, das wir durchwandert und erkundet haben, dieses Land ist sehr, sehr gut. ⁸ Wenn der HERR uns wohlgesinnt ist und uns in dieses Land bringt, dann schenkt er uns ein Land, in dem Milch und Honig fließen.

▶ Die Vorwürfe des Volkes (v3) werden jetzt noch viel schlimmer: Es will Gottes Befreiung rückgängig machen und lehnt sich gegen Mose auf, der von Gott beauftragt ist.

💡 Das Murren, Lästern und Maulen ist eine Volkskrankheit, die schon die Bibel kennt. Auch Heilige haben dagegen gekämpft: Benedikt von Nursia suchte den „guten Eifer" seiner Mönche. Es sei „für Gott angenehm und für die Menschen beglückend", wenn ein Auftrag mit „frohem Herzen" und „nicht zaghaft, … lustlos oder gar mit Murren und Widerrede" ausgeführt wird.

⁹ Lehnt euch nur nicht gegen den HERRN auf! Habt keine Angst vor dem Volk des Landes, denn sie werden wie Brot sein, das wir verschlingen! Ihr schützender Schatten ist von ihnen gewichen, denn der HERR ist mit uns. Habt keine Angst vor ihnen! ¹⁰ Doch die ganze Gemeinde drohte Mose und Aaron zu steinigen.
Da erschien die Herrlichkeit des HERRN am Offenbarungszelt allen Israeliten ¹¹ und der HERR sprach zu Mose: Wie lange verachtet mich dieses Volk noch, wie lange noch wollen sie nicht an mich glauben trotz all der Zeichen, die ich mitten unter ihnen vollbracht habe? ¹² Ich will sie mit der Pest schlagen und ausrotten; dich aber will ich zu einer Nation machen, die größer und mächtiger ist als diese.
¹³ Da antwortete Mose dem HERRN: Die Ägypter werden hören, dass du dieses Volk mit deiner Kraft aus ihrer Mitte heraufgeführt hast, ¹⁴ und sie werden zu den Einwohnern dieses Landes sagen, sie hätten gehört, dass du, HERR, mitten in diesem Volk bist, dass du, HERR, dich ihnen Auge in Auge zu sehen gabst, dass deine Wolke über ihnen stand, dass du ihnen bei Tag in einer Wolkensäule und bei Nacht in einer Feuersäule vorangegangen bist, ¹⁵ dann aber dieses Volk wie einen einzigen Mann getötet hast. Da werden die Nationen, die die Gerüchte über dich gehört haben, sagen: ¹⁶ Weil der HERR nicht imstande war, dieses Volk in das Land zu bringen, das er ihnen mit einem Eid verheißen hatte, hat er sie in der Wüste abgeschlachtet. ¹⁷ Gerade jetzt sollte sich die Kraft meines HERRN in ihrer ganzen Größe zeigen,

▶ Josua und Kaleb heißen die beiden Kundschafter, die von dem Land Kanaan wahre Wunderdinge berichten: „Milch und Honig" sollen dort fließen. Sie zeigen (im Vergleich zu Num 13,32–33), wie unterschiedlich „Fachleute" die gleiche Frage beurteilen können.

▶ Mose erinnert Gott an die feierliche Zusage seiner Versöhnung, in der sich Gott selbst als überaus erbarmend vorgestellt hatte (Ex 34,6–7).

▶ Gott reagiert dreifach auf Moses Fürsprache: Er vergibt grundsätzlich (v20). Es gibt aber auch Folgen für die Schuldigen (v21–23), weil sie sich wiederholt aufgelehnt haben. Sie werden sterben, doch ihre Kinder, die keine Verantwortung dafür trugen, werden nach 40 Jahren ins Land kommen. Der unschuldige Kaleb ist ausgenommen und erhält Lob (↗ ebenso Josua, v6–9, mit v24 und v38).

wie du gesagt hast: [18] Der HERR ist langmütig und reich an Huld, er nimmt Schuld und Frevel hinweg, aber er spricht nicht einfach frei, sondern sucht die Schuld der Väter bei den Kindern heim, bis zur dritten und vierten Generation: [19] Vergib diesem Volk nach deiner großen Gnade die Schuld, wie du sie diesem Volk schon früher weggenommen hast von Ägypten bis hierher!

[20] Da sprach der HERR: Ich verzeihe ihm, da du mich bittest. [21] Doch so wahr ich lebe und die Herrlichkeit des HERRN das ganze Land erfüllt: [22] Alle Männer, die meine Herrlichkeit und meine Zeichen gesehen haben, die ich in Ägypten und in der Wüste vollbracht habe, und die mich jetzt schon zum zehnten Mal auf die Probe gestellt und doch nicht auf mich gehört haben, [23] sie alle werden das Land niemals zu sehen bekommen, das ich ihren Vätern mit einem Eid verheißen habe. Keiner von denen, die mich verachtet haben, wird es zu sehen bekommen. [24] Meinen Knecht Kaleb aber, der anders denkt und treu zu mir hält, ihn werde ich in das Land bringen. Er darf es betreten und seine Nachkommen sollen es erben.

Die Konflikte innerhalb des Volkes und mit Mose und Aaron nehmen kein Ende. Das entspricht einem realistischen Bild von Gemeinschaften. Bevor ab Num 21 immer stärker das Land in den Blick kommt, ereignen sich noch zwei Zwischenfälle.

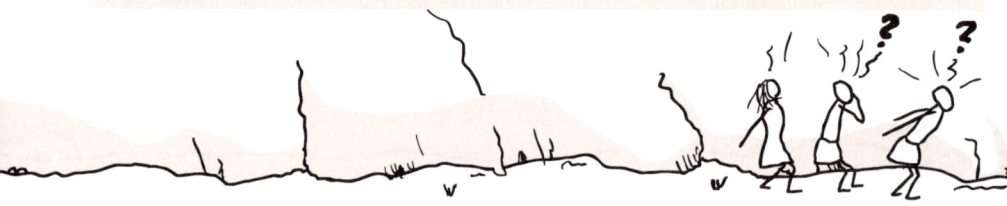

Die Verantwortlichen versagen (Num 20)

▶ Das Volk hatte auch schon in Ex 17 Durst und sich darüber beschwert. Seither aber hat es Gott kennengelernt und erfahren, dass er für es sorgt. Deshalb wiegen die Auflehnung und das mangelnde Vertrauen jetzt schwerer.

„ Haben wir die Gabe der Tränen verloren? Ich erinnere mich, dass es … in einer anderen Zeit ein wunderschönes Gebet gab um die Gabe der Tränen. „Herr, du hast Mose geboten, auf den Fels zu schlagen, damit Wasser hervorquelle, schlag auf den Fels meines Herzens, damit die Tränen …": Es war wunderschön. Aber wie viele von uns weinen angesichts des Leidens eines Kindes, angesichts der Zerstörung einer Familie, angesichts so vieler Menschen, die den Weg nicht finden? … Weinst du?

PAPST FRANZISKUS, 6.3.2014

20 [2] Da die Gemeinde kein Wasser hatte, rotteten sie sich gegen Mose und Aaron zusammen. [3] Das Volk haderte mit Mose; sie sagten: Wären wir doch umgekommen, als unsere Brüder vor dem HERRN umkamen. [4] Warum habt ihr das Volk des HERRN in diese Wüste geführt? Nur damit wir hier zusammen mit unserem Vieh sterben? [5] Wozu habt ihr uns aus Ägypten hierher geführt? Nur um uns an diesen elenden Ort zu bringen, eine Gegend ohne Korn und Feigen, ohne Wein und Granatäpfel? Nicht einmal Trinkwasser gibt es. [6] Mose und Aaron verließen die Versammlung, gingen zum Eingang des Offenbarungszeltes und warfen sich auf ihr Gesicht nieder. Da erschien ihnen die Herrlichkeit des HERRN.

[7] Der HERR sprach zu Mose: [8] Nimm den Stab und versammle die Gemeinde, du und dein Bruder Aaron! Sagt vor ihren Augen zu dem Felsen, er solle sein Wasser spenden! Auf diese Weise wirst du für sie Wasser aus dem Felsen fließen lassen und der Gemeinde und ihrem Vieh zu trinken geben. [9] Mose holte den Stab von seinem Platz vor dem HERRN, wie der HERR ihm geboten hatte. [10] Mose und Aaron riefen die Versammlung vor dem Felsen zusammen und Mose sagte zu ihnen: Hört, ihr Meuterer, können wir euch wohl aus diesem Felsen Wasser fließen lassen? [11] Dann hob er seine Hand hoch und schlug mit seinem Stab zweimal auf den Felsen. Da kam Wasser heraus, viel Wasser, und die Gemeinde und ihr Vieh konnten trinken.

¹² Der HERR aber sprach zu Mose und Aaron: Weil ihr mir nicht geglaubt habt, um mich vor den Augen der Israeliten zu heiligen, darum werdet ihr diese Versammlung nicht in das Land hineinführen, das ich ihnen gegeben habe. ¹³ Das ist das Wasser von Meriba, Streit, weil die Israeliten mit dem HERRN gestritten haben und er sich als der Heilige erwiesen hat.

Die kupferne Schlange (Num 21,4–9)

21 ⁴ Die Israeliten brachen vom Berg Hor auf und schlugen die Richtung zum Roten Meer ein, um Edom zu umgehen. Das Volk aber verlor auf dem Weg die Geduld, ⁵ es lehnte sich gegen Gott und gegen Mose auf und sagte: Warum habt ihr uns aus Ägypten heraufgeführt? Etwa damit wir in der Wüste sterben? Es gibt weder Brot noch Wasser und es ekelt uns vor dieser elenden Nahrung. ⁶ Da schickte der HERR Feuerschlangen unter das Volk. Sie bissen das Volk und viel Volk aus Israel starb. ⁷ Da kam das Volk zu Mose und sagte: Wir haben gesündigt, denn wir haben uns gegen den HERRN und gegen dich aufgelehnt. Bete zum HERRN, dass er uns von den Schlangen befreit! Da betete Mose für das Volk.

▶ Mose spricht das Volk aggressiv an; er betont seine eigene und Aarons Rolle beim Wunder („wir"), als wäre er der Star; und er gestaltet seine Handlung theatralisch aus (v10–11). Wie man an v8 sieht, pflegt Gott einen anderen Stil.

▶ Die oben erwähnten Unterschiede sind der Grund für Gottes Urteil (v12). Auch gegenüber seinen besonders Vertrauten, denen er Verantwortung gegeben hat, verhält er sich klar und korrekt und lässt sich nicht „umbiegen".

▶ Am 14. September feiert die Kirche das Fest „Kreuzerhöhung", das eine Verbindung zwischen dieser alttestamentlichen Stelle und der Überwindung des Todes am Kreuz herstellt.

⁸ Der HERR sprach zu Mose: Mach dir eine Feuerschlange und häng sie an einer Stange auf! Jeder, der gebissen wird, wird am Leben bleiben, wenn er sie ansieht. ⁹ Mose machte also eine Schlange aus Kupfer und hängte sie an einer Stange auf. Wenn nun jemand von einer Schlange gebissen wurde und zu der Kupferschlange aufblickte, blieb er am Leben.

B Kommt, wir wollen uns niederwerfen, uns vor ihm verneigen,
lasst uns niederknien vor dem HERRN, unserem Schöpfer!
Denn er ist unser Gott,
wir sind das Volk seiner Weide,
die Herde, von seiner Hand geführt.
Würdet ihr doch heute auf seine Stimme hören!
Verhärtet euer Herz nicht wie in Meriba,
wie in der Wüste am Tag von Massa!
Dort haben eure Väter mich versucht,
sie stellten mich auf die Probe
und hatten doch mein Tun gesehen.
Vierzig Jahre war mir dieses Geschlecht zuwider
und ich sagte: Sie sind ein Volk, dessen Herz in die Irre geht,
sie kennen meine Wege nicht.
Darum habe ich in meinem Zorn geschworen:
Sie sollen nicht eingehen in meine Ruhe.

Ps 95,6–11

B Und wie Mose die Schlange in der Wüste erhöht hat, so muss der Menschensohn erhöht werden, damit jeder, der glaubt, in ihm ewiges Leben hat.

Joh 3,14–15

Deuteronomium

Im Buch Deuteronomium hält Mose seine Abschiedsreden an das Volk Israel im Land Moab (im heutigen Jordanien), kurz vor dem Einzug in das Land, das Gott Israel versprochen hat (Dtn 1–30). Er setzt Josua als Nachfolger ein (Dtn 31,7–8), schreibt die Tora nieder und übergibt sie an Verantwortliche im Volk (Dtn 31,9). Nach Moses Lied (32) und Segen (Dtn 33) lässt ihn Gott am Berg Nebo das Land sehen, wohin er aber nicht selbst einziehen darf, sondern stirbt (Dtn 34).

In seinen umfangreichen Reden fasst Mose zusammen, was das Volk Israel aus der Vergangenheit für die Zukunft lernen soll. Er ermahnt das Volk, wegen aller Erfahrungen auf dem Weg durch die Wüste auf Gott zu hören (z.B. Dtn 1–3). Mose wiederholt, erklärt und legt die Gesetze aus, die er am Horeb (in Exodus Sinai genannt) von Gott empfangen hat (Dtn 5–26). Das ist notwendig, weil fast alle Israeliten, die am Sinai waren, in der Wüste sterben mussten (↗ Num 14). Mose macht Gottes Gesetz für die neue Generation verständlich und zeigt auf diese Weise, wie auch in der Zukunft das Verständnis der Religion immer neu ausgelegt werden soll. Die veränderten Umstände einer neuen Zeit verlangen von uns, nachzudenken und die Weisheit alter Zeiten auf die Gegenwart anzuwenden. Diese Botschaft des Buches Deuteronomium ist besonders wichtig für unsere heutige Zeit.

Vor die Wiederholung der Gebote stellt Mose das „Hauptgebot": Israel soll „hören"; und es soll den einen, den einzig wahren Gott „lieben" (Dtn 6,4f.). Auch für Jesus und das Christentum ist dieses Gebot grundlegend.

Obwohl Mose Gott um diese Gnade bittet, darf er selbst das Gelobte Land nicht betreten. Er darf vor seinem Tod nur einen Blick darauf werfen. Um sich an diese Zeit zu erinnern, feiern die Juden heute Sukkot, das Laubhüttenfest. Sie bauen sich eine Laubhütte auf dem Balkon oder im Garten und essen darin.

Er ist schon da! Der dich getragen, geprägt, geführt und befreit hat. Er ist schon dort. Geh mit ihm. Erfahr ihn, wie du es nie geglaubt. Er ist schon dort. Der dich in Ungeahntes, Neues führt. Er ist schon dort. Geh – du bist nicht verlassen. Der Herr zieht mit.

BERNHARD VON CLAIRVAUX (1090–1153), bedeutender Reformator des mittelalterlichen Mönchtums

Das Land schauen dürfen (Dtn 3,23–29)

3 ²³ Damals rief ich den HERRN um Gnade für mich an: ²⁴ HERR und Gott! Du hast angefangen, deinen Knecht deine Macht und deine starke Hand schauen zu lassen. Welcher Gott im Himmel oder auf der Erde hat etwas vollbracht, was deinen Taten und deinen Siegen vergleichbar wäre? ²⁵ Lass mich doch hinüberziehen! Lass mich das prächtige Land jenseits des Jordan sehen, dieses prächtige Bergland und den Libanon! ²⁶ Doch euretwegen zürnte mir der HERR und erhörte mich nicht. Der HERR sagte zu mir: Genug! Trag mir diese Sache niemals wieder vor! ²⁷ Steig auf den Gipfel des Pisga, richte die Augen nach Westen, nach Norden, nach Süden und nach Osten und schau mit eigenen Augen hinüber! Hinüberziehen über den Jordan hier wirst du nicht. ²⁸ Beauftrage Josua, übertrag ihm Vollmacht und Kraft: Er soll an der Spitze dieses Volkes hinüberziehen. Er soll an sie das Land als Erbbesitz verteilen, das du nur schauen darfst. ²⁹ So blieben wir in der Talschlucht gegenüber Bet-Pegor.

In dieser ersten großen Predigt zeigt Mose, was die Erfahrung Israels am Berg Horeb (Sinai) für das Volk bedeutet. Dort hat Gott Mose als Lehrer eingesetzt. In der Gotteserscheinung (griechisch Theophanie) hat das Volk keine Gestalt gesehen – also soll Gott nicht in Bildern dargestellt werden. Israel ist etwas Besonderes wegen seiner einzigartigen Begegnung mit Gott und seiner Tora.

Die einzigartige Erfahrung am Horeb (Dtn 4,1–40)

▶ Vers 2 zeigt einen der ersten Schritte auf dem langen Weg, in dem die biblischen Bücher gesammelt und als Kanon (griechisch „Maßstab") anerkannt wurden.

▶ „Lehren": Mose lehrt, was er von Gott selbst am Horeb gelernt hat (Dtn 4,14). Dem entsprechend soll das Volk von ihm lernen (↗ Dtn 6,7; 31,12).

4 ¹ Und nun, Israel, hör auf die Gesetze und Rechtsentscheide, die ich euch zu halten lehre! Hört und ihr werdet leben, ihr werdet in das Land, das der HERR, der Gott eurer Väter, euch gibt, hineinziehen und es in Besitz nehmen. ² Ihr sollt dem Wortlaut dessen, worauf ich euch verpflichte, nichts hinzufügen und nichts davon wegnehmen; ihr sollt die Gebote des HERRN, eures Gottes, bewahren, auf die ich euch verpflichte. ...

⁵ Siehe, hiermit lehre ich euch, wie es mir der HERR, mein Gott, aufgetragen hat, Gesetze und Rechtsentscheide. Ihr sollt sie innerhalb des Landes halten, in das ihr hineinzieht, um es in Besitz zu nehmen. ⁶ Ihr sollt sie bewahren und sollt sie halten. Denn darin besteht eure Weisheit und eure Bildung in den Augen der Völker. Wenn sie dieses Gesetzeswerk kennenlernen, müssen sie sagen: In der Tat, diese große Nation ist ein weises und gebildetes Volk. ⁷ Denn welche große Nation hätte Götter, die ihr so nah sind, wie der HERR, unser Gott, uns nah ist, wo immer wir ihn anrufen? ⁸ Oder welche große Nation

besäße Gesetze und Rechtsentscheide, die so gerecht sind wie alles in dieser Weisung, die ich euch heute vorlege? ⁹ Jedoch, nimm dich in Acht, achte gut auf dich! Vergiss nicht die Ereignisse, die du mit eigenen Augen gesehen, und die Worte, die du gehört hast! Lass sie dein ganzes Leben lang nicht aus dem Sinn! Präge sie deinen Kindern und Kindeskindern ein! ¹⁰ Vergiss nicht den Tag, als du am Horeb vor dem HERRN, deinem Gott, standest! Der HERR hatte zu mir gesagt: Ruf mir das Volk zusammen! Ich will sie meine Worte hören lassen. Sie sollen lernen, mich zu fürchten, so lange, wie sie im Land leben, und sie sollen es auch ihre Kinder lehren. ¹¹ Ihr wart herangekommen und standet unten am Berg und der Berg brannte: Feuer, hoch bis in den Himmel hinauf, Finsternis, Wolken und Dunkel. ¹² Der HERR sprach zu euch mitten aus dem Feuer. Eine Stimme, Worte habt ihr gehört, eine Gestalt habt ihr nicht gesehen, nur Donnerstimme war da. ¹³ Der HERR verkündete euch seinen Bund: Er verpflichtete euch, die Zehn Worte zu halten, und schrieb sie auf zwei Steintafeln. ¹⁴ Mir befahl damals der HERR, euch Gesetze und Rechtsentscheide zu lehren, die ihr in dem Land halten sollt, in das ihr hinüberzieht, um es in Besitz zu nehmen.

Die Wurzeln nicht vergessen! Meine Wurzeln sind das, was ich an meine Kinder weitergebe. Eines Tages werden sie hoffentlich daraus Kraft schöpfen. Wenn ich die Vergebung lebe und gerecht bin, verliere ich Gott nicht aus den Augen. Das ist der Lebensstil, den ich meinen Kindern mit auf den Weg geben möchte. Es ist so wichtig, dass Gott mich an meine Wurzeln erinnert! Gott achtet auf mich. So gehe auch ich achtsam mit dem Leben um.

ROSWITHA

Y → 351
Sind die Zehn Gebote nicht überholt?

¹⁵ Nehmt euch um eures Lebens willen gut in Acht! Denn ihr habt keinerlei Gestalt gesehen an dem Tag, als der HERR am Horeb mitten aus dem Feuer zu euch sprach. ¹⁶ Lauft nicht in euer Verderben und macht euch kein Kultbild, das irgendetwas darstellt, keine Statue, kein Abbild eines männlichen oder weiblichen Wesens, ¹⁷ kein Abbild irgendeines Tiers, das auf der Erde lebt, kein Abbild irgendeines gefiederten Vogels, der am Himmel fliegt, ¹⁸ kein Abbild irgendeines Tiers, das am Boden kriecht, und kein Abbild irgendeines Meerestieres im Wasser unter der Erde! ¹⁹ Wenn du die Augen zum Himmel erhebst und das ganze Himmelsheer siehst, die Sonne, den Mond und die Sterne, dann lass dich nicht verführen! Du sollst dich nicht vor ihnen niederwerfen und ihnen nicht dienen. Der HERR, dein Gott, hat sie allen Völkern unter dem ganzen Himmel zugewiesen. ²⁰ Euch aber hat der HERR genommen und aus dem Schmelzofen, aus Ägypten, herausgeführt, damit ihr sein Volk, sein Erbbesitz werdet – wie ihr es heute seid. ²¹ Zwar hat der HERR mir wegen eures Murrens gegrollt und mir geschworen, ich dürfe nicht über den Jordan ziehen und das prächtige Land betreten, das der HERR, dein Gott, dir als Erbbesitz gibt. ²² Ich muss in diesem Land hier sterben und werde nicht über den Jordan ziehen. Aber ihr werdet hinüberziehen und dieses prächtige Land in Besitz nehmen.

▶ Kein Gottesbild: Mose unterstreicht dieses Verbot so stark, weil es in allen anderen Völkern der alten Welt ganz normal war, viele Statuen von Göttern und große Angst vor ihrer Macht zu haben. Auch die Sonne, den Mond und die Sterne hielt man für Götter, die das Leben der Menschen regieren. Die heutige Astrologie hat sich aus dieser Vorstellung entwickelt.

▶ „Verzehrendes Feuer" (v24) ist ein zentrales Bild für Gott im Alten Testament. Gott ist nie kalt oder lauwarm, sondern immer lebendig und intensiv. Dieses Feuer ist aber außergewöhnlich, weil es nicht notwendigerweise zerstört – das zeigt der brennende Dornbusch (Ex 3,2). Zu „eifersüchtig" (↗ Ex 20,5).

▶ Mose kündet das Exil an. Die Babylonier eroberten Jerusalem im 6. Jh. v. Chr. (↗ 2 Kön 25) und führten viele Einwohner ins Exil. Wahrscheinlich ist dieser Text erst damals – im Rückblick – geschrieben worden. In der Antike war es üblich, „Prophetien" im Nachhinein zu schreiben.

²³ Nehmt euch in Acht! Vergesst nicht den Bund, den der HERR, euer Gott, mit euch geschlossen hat! Ihr sollt euch kein Kultbild machen, das irgendetwas darstellt, was der HERR, dein Gott, dir verboten hat. ²⁴ Denn der HERR, dein Gott, ist verzehrendes Feuer. Er ist ein eifersüchtiger Gott. ²⁵ Wenn du Kinder und Kindeskinder zeugst und ihr im Land heimisch seid, wenn ihr dann ins Verderben lauft und ein Kultbild macht, das irgendetwas darstellt, wenn ihr also tut, was in den Augen des HERRN, deines Gottes, böse ist, und wenn ihr ihn erzürnt – ²⁶ den Himmel und die Erde rufe ich heute als Zeugen gegen euch an –, dann werdet ihr unverzüglich aus dem Land ausgetilgt sein, in das ihr jetzt über den Jordan zieht, um es in Besitz zu nehmen. Nicht lange werdet ihr darin leben. Ihr werdet vernichtet werden. ²⁷ Der HERR wird euch unter die Völker verstreuen. Nur einige von euch werden übrig bleiben in den Nationen, zu denen der HERR euch führt. ²⁸ Dort müsst ihr Göttern dienen, Machwerken von Menschenhand, aus Holz und Stein. Sie können nicht sehen und nicht hören, nicht essen und nicht riechen. ²⁹ Dort werdet ihr den HERRN, deinen Gott, wieder suchen. Du wirst ihn auch finden, wenn du dich mit ganzem Herzen und mit ganzer Seele um ihn bemühst. ³⁰ Wenn du in Not bist, werden alle diese Worte dich finden. In späteren Tagen wirst du zum HERRN, deinem Gott, zurückkehren und auf seine Stimme hören. ³¹ Denn der

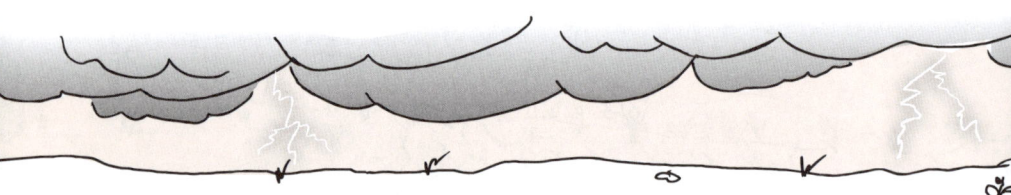

HERR, dein Gott, ist ein barmherziger Gott. Er lässt dich nicht fallen und gibt dich nicht dem Verderben preis und vergisst nicht den Bund mit deinen Vätern, den er ihnen beschworen hat.

³² Denn forsche doch einmal in früheren Zeiten nach, die vor dir gewesen sind, seit dem Tag, als Gott den Menschen auf der Erde erschuf; forsche nach vom einen Ende des Himmels bis zum andern Ende: Hat sich je etwas so Großes ereignet wie dieses und hat man je solches gehört? ³³ Hat je ein Volk mitten aus dem Feuer die donnernde Stimme eines Gottes reden gehört, wie du sie gehört hast, und ist am Leben geblieben? ³⁴ Oder hat je ein Gott es ebenso versucht, zu einer Nation zu kommen und sie sich mitten aus einer anderen herauszuholen unter Prüfungen, unter Zeichen, Wundern und Krieg, mit starker Hand und hoch erhobenem Arm und unter großen Schrecken, wie alles, was der HERR, euer Gott, in Ägypten mit euch getan hat, vor deinen Augen? ³⁵ Du bist es, der das hat sehen dürfen, damit du erkennst: Der HERR ist der Gott, kein anderer ist außer ihm. ³⁶ Vom Himmel herab ließ er dich seine donnernde Stimme hören, um dich zu erziehen. Auf der Erde ließ er dich sein großes Feuer sehen, und mitten aus dem Feuer hast du seine Worte gehört. ³⁷ Weil er deine Väter lieb gewonnen hatte, hat er alle Nachkommen eines jeden von ihnen erwählt und dich dann in eigener Person durch seine große Kraft aus Ägypten geführt, ³⁸ um bei deinem Angriff Völker auszurotten, die größer und mächtiger sind als du, um dich in ihr Land zu führen und

▶ „Kein anderer" (v35 und v38): Das ist eine der stärksten Stellen zum Glauben an Gott als den einzigen Gott des Universums (das griechische Fremdwort dafür ist „Monotheismus"; ↗ auch Jes 45,5–6).

▶ Lieb gewonnen, wörtlich „geliebt": Mose sagt hier erstmals in der Bibel ausdrücklich, dass Gott die Israeliten liebt. Deshalb können auch sie Gott lieben (↗ Dtn 6,5).

es dir als Erbbesitz zu geben, wie es jetzt geschieht. [39] Heute sollst du erkennen und zuinnerst begreifen: Der HERR ist der Gott im Himmel droben und auf der Erde unten, keiner sonst. [40] Daher sollst du seine Gesetze und seine Gebote, auf die ich dich heute verpflichte, bewahren, damit es dir und später deinen Nachkommen gut geht und du lange lebst in dem Land, das der HERR, dein Gott, dir gibt für alle Zeit.

Denkt nicht, ich sei gekommen, um das Gesetz und die Propheten aufzuheben! Ich bin nicht gekommen, um aufzuheben, sondern um zu erfüllen.

Mt 5,17

MOSE LEGT DIE GESETZE VOM HOREB AUS (DTN 5–26)

Moses zweite große Rede ist die längste Rede der Bibel (Dtn 5–26). Zuerst wiederholt Mose die Zehn Gebote (↗ Ex 20,2–17 mit Dtn 5,6–21). Sogar in diesem grundlegenden Text bringt er seine eigenen neuen Akzente ein. Er begründet das Sabbatgebot nicht mit dem siebten Schöpfungstag (Ex 20,11), sondern mit der Befreiung im Exodus (Dtn 6,15). So unterstreicht er, dass der Sabbat dazu dient, die Gleichheit aller Menschen vor Gott zu verwirklichen. In Dtn 6–11 predigt Mose vor allem über das erste Gebot: Israel hat nur einen Gott und darf sich nicht dazu verführen lassen, anderen Göttern zu dienen. Dann legt Mose die Gesetze dar, die das Volk im Land einhalten soll (Dtn 12–26). Dabei verändert er einige Gesetze gegenüber dem Bundesbuch, das er Israel am Sinai vorgelegt hatte (Ex 20,22– 23,33). Die Bibel zeigt so, dass es notwendig ist, Gesetze neuen Bedingungen anzupassen.

Der Bund ist heute aktuell (Dtn 5,2–3)

5 [2] Der HERR, unser Gott, hat am Horeb einen Bund mit uns geschlossen. [3] Nicht mit unseren Vätern hat der HERR diesen Bund geschlossen, sondern mit uns, die wir heute hier stehen, mit uns allen, mit den Lebenden.

Heute tue ich das, was mir für heute aufgetragen ist. Was ich morgen tun werde, weiß ich nicht, weil mir nicht bekannt ist, welchen Auftrag ich morgen erhalte.

FRANZ VON SALES (1567–1622), frz. Fürstbischof, Mystiker, Ordensgründer und Kirchenlehrer

Das Schma Jisrael und die Frage eines Jugendlichen (Dtn 6)

6 [4] Höre, Israel! Der HERR, unser Gott, der HERR ist einzig. [5] Darum sollst du den HERRN, deinen Gott, lieben mit ganzem Herzen, mit ganzer Seele und mit ganzer Kraft.

[6] Und diese Worte, auf die ich dich heute verpflichte, sollen auf deinem Herzen geschrieben stehen. [7] Du sollst sie deinen Kindern wiederholen. Du sollst sie sprechen, wenn du zu Hause sitzt und wenn du auf der Straße gehst, wenn du dich schlafen legst und wenn du aufstehst. [8] Du sollst sie als Zeichen um das Handgelenk binden. Sie sollen zum Schmuck auf deiner Stirn werden. [9] Du sollst sie auf die Türpfosten deines Hauses und in deine Stadttore schreiben. …

[20] Wenn dich morgen dein Kind fragt: Warum achtet ihr auf die Eidesbestimmungen und die Gesetze und die Rechtsentscheide, auf die der HERR, unser Gott, euch verpflichtet hat?, [21] dann sollst du deinem Kind antworten: Wir waren Sklaven des Pharao in Ägypten und der HERR hat uns mit starker Hand aus Ägypten geführt. [22] Der HERR hat vor unseren Augen gewaltige, unheilvolle Zeichen und Wunder an Ägypten, am Pharao und an seinem ganzen Haus getan, [23] uns aber hat er dort herausgeführt, um uns in das Land, das er unseren Vätern mit einem Schwur versprochen hatte, hineinzuführen und es uns zu geben. [24] Der HERR hat uns verpflichtet, alle diese Gesetze zu halten und den HERRN, unseren Gott, zu fürchten, damit es uns alle Tage gut geht und er für unser Leben aufkommt wie am heutigen Tag. …

▶ „Höre, Israel", hebräisch *Schma Jisrael*, nennen wir die Stelle Dtn 6,4–9. Es ist das Grundbekenntnis für Juden. Sie wiederholen diese Verse in ihren Gebeten jeden Tag.

▶ "Herz" (v6) meint nicht nur das Gefühl, sondern auch das Denken und den Verstand. Im Sinn der Bibel denkt man nur mit dem Herzen gut.

▶ „Türpfosten", hebräisch *Mesusot*: Wenn man in eine jüdische Wohnung kommt, sieht man am Türstock eine Kapsel, in der eine kleine Rolle mit dem *Schma Jisrael* (↗ Dtn 6,4) und anderen Stellen aus der Tora aufbewahrt wird. Diese Kapsel dient dazu, das Gebot von Dtn 6,9 zu erfüllen und wird dementsprechend Mesusa genannt.

> Die Geschichte meines Lebens wird der Welt sagen, was sie mir sagt: Es gibt einen liebevollen Gott, der alles zum Besten führt.

HANS CHRISTIAN ANDERSEN (1805–1875), dänischer Märchendichter

Y → 523
Warum lebt der Mensch nicht vom Brot allein?

Wenn wir aus Stolz sündigen, dann sagen wir zu Gott, dass wir von allem unabhängig sind.

JEAN-MARIE VIANNEY (1786–1859), französischer Priester (Pfarrer von Ars)

Der Mensch lebt nicht vom Brot allein (Dtn 8,2–3)

8 ^{2} Du sollst an den ganzen Weg denken, den der HERR, dein Gott, dich während dieser vierzig Jahre in der Wüste geführt hat, um dich gefügig zu machen und dich zu prüfen. Er wollte erkennen, wie du dich entscheiden würdest: ob du seine Gebote bewahrst oder nicht. ^{3} Durch Hunger hat er dich gefügig gemacht und hat dich dann mit dem Manna gespeist, das du nicht kanntest und das auch deine Väter nicht kannten. Er wollte dich erkennen lassen, dass der Mensch nicht nur von Brot lebt, sondern dass der Mensch von allem lebt, was der Mund des HERRN spricht.

Der einzigartige Gott (Dtn 10,14–22)

10 ^{14} Sieh, dem HERRN, deinem Gott, gehören der Himmel, der Himmel über den Himmeln, die Erde und alles, was auf ihr lebt. ^{15} Doch nur deine Väter hat der HERR ins Herz geschlossen, nur sie hat er geliebt. Und euch, ihre Nachkommen, hat er später unter allen Völkern ausgewählt, wie es sich heute zeigt.

^{16} Ihr sollt die Vorhaut eures Herzens beschneiden und nicht länger halsstarrig sein. ^{17} Denn der HERR, euer Gott, ist der Gott über den Göttern und der HERR über den Herren. Er ist der große Gott, der Held

Gott ist parteiisch. Er hat ein Faible für die Fremden! Mose macht diesen Punkt aus guten Gründen stark, wie wir heute in multireligiösen Gesellschaften und durch die Migranten sehen.

▶ „Wie die Sterne am Himmel": Gott hat sein Versprechen an Abraham erfüllt (↗ Gen 15,5).

▶ „Bruder": Mose möchte, dass unter Israeliten ein Geist der Geschwisterlichkeit herrscht.

B Nur einer ist euer Meister, ihr alle aber seid Brüder.
Mt 23,8

und der Furchterregende. Er lässt kein Ansehen gelten und nimmt keine Bestechung an. ^{18} Er verschafft Waisen und Witwen ihr Recht. Er liebt die Fremden und gibt ihnen Nahrung und Kleidung – ^{19} auch ihr sollt die Fremden lieben, denn ihr seid Fremde in Ägypten gewesen.

^{20} Du sollst den HERRN, deinen Gott, fürchten. Ihm sollst du dienen, an ihm sollst du dich festhalten, bei seinem Namen sollst du schwören. ^{21} Er ist dein Lobgesang, er ist dein Gott. Für dich hat er all das Große und Furchterregende getan, das du mit eigenen Augen gesehen hast. ^{22} Als deine Vorfahren nach Ägypten zogen, waren sie nur siebzig an der Zahl; jetzt aber hat der HERR, dein Gott, dich so zahlreich gemacht wie die Sterne am Himmel.

Gedanken im Herzen (Dtn 15,7–11)

15 ^{7} Wenn bei dir ein Armer lebt, irgendeiner deiner Brüder in irgendeinem deiner Stadtbereiche in dem Land, das der HERR, dein Gott, dir gibt, dann sollst du nicht hartherzig sein und sollst deinem armen Bruder deine Hand nicht verschließen. ^{8} Du sollst ihm deine Hand öffnen und ihm gegen Pfand leihen, was der Not, die ihn bedrückt, abhilft. ^{9} Nimm dich in Acht, dass du nicht in niederträchtigem Herzen den Gedanken hegst: Bald kommt das siebte Jahr, das Brachjahr!, und deinen armen Bruder böse ansiehst und ihm nichts gibst, sodass er den HERRN gegen dich anruft und Strafe für diese

Sünde über dich kommt. ¹⁰ Du sollst ihm etwas geben, und wenn du ihm gibst, soll auch dein Herz nicht böse darüber sein; denn wegen dieser Tat wird dich der HERR, dein Gott, segnen in allem, was du arbeitest, und in allem, was deine Hände schaffen. ¹¹ Die Armen werden niemals ganz aus deinem Land verschwinden. Darum mache ich dir zur Pflicht: Du sollst deinem notleidenden und armen Bruder, der in deinem Land lebt, deine Hand öffnen.

> Die Armen sind für uns eine konkrete Gelegenheit, Christus selbst zu begegnen, seinen leidenden Leib zu berühren.
>
> **PAPST FRANZISKUS,** in seiner Botschaft zum Weltjugendtag 2014

Mose erklärt, dass das Pessachfest mit dem Fest der Ungesäuerten Brote (↗ Ex 12,1–25) von allen Israeliten gemeinsam in Jerusalem gefeiert werden soll (Dtn 16,1–9), ohne den Namen der Stadt zu nennen (↗ unten zu Dtn 16,11). Das Gleiche gilt für das Wochenfest und das Laubhüttenfest. Aufgrund dieser Regel gingen Jesus und die Jünger zum Pessachfest nach Jerusalem, wo Jesus gekreuzigt wurde.

Gottesdienst – Fröhlichkeit und Gleichheit vor Gott (Dtn 16,10–17)

16 ¹⁰ Danach sollst du dem HERRN, deinem Gott, das Wochenfest feiern und dabei eine freiwillige Gabe darbringen, die du danach bemisst, wie der HERR, dein Gott, dich segnen wird. ¹¹ Du sollst vor dem HERRN, deinem Gott, fröhlich sein, du, dein Sohn und deine Tochter, dein Sklave und deine Sklavin, auch die Leviten, die in

deinen Stadtbereichen Wohnrecht haben, und die Fremden, Waisen und Witwen, die in deiner Mitte leben. Du sollst fröhlich sein an der Stätte, die der HERR, dein Gott, erwählen wird, indem er dort seinen Namen wohnen lässt. ¹² Denk daran: Du bist in Ägypten Sklave gewesen! Daher sollst du diese Gesetze bewahren und sie halten.

¹³ Das Laubhüttenfest sollst du sieben Tage lang feiern, nachdem du das Korn von der Tenne und den Wein aus der Kelter eingelagert hast. ¹⁴ Du sollst an deinem Fest fröhlich sein, du, dein Sohn und deine Tochter, dein Sklave und deine Sklavin, die Leviten und die Fremden, Waisen und Witwen, die in deinen Stadtbereichen wohnen. ¹⁵ Sieben Tage lang sollst du dem HERRN, deinem Gott, das Fest feiern an der Stätte, die der HERR erwählen wird. Wenn dich der HERR, dein Gott, in allem gesegnet hat, in deiner Ernte und in der Arbeit deiner Hände, dann sollst du wirklich fröhlich sein.

¹⁶ Dreimal im Jahr sollen alle deine Männer hingehen, um vor dem Angesicht des HERRN, deines Gottes, an der Stätte, die er erwählen wird, zu erscheinen: am Fest der Ungesäuerten Brote, am Wochenfest und am Laubhüttenfest. Man soll nicht mit leeren Händen hingehen, um vor dem Angesicht des HERRN zu erscheinen, ¹⁷ sondern jeder mit seiner Gabe, die dem Segen entspricht, den du vom HERRN, deinem Gott, erhalten hast.

▶ Die „Stätte" meint den Tempel in Jerusalem. Dass Gottes „Name" dort „wohnen" wird, bedeutet, dass Gott dort in besonderer Weise gegenwärtig sein möchte. Mose lässt geheimnisvoll offen, wo das sein wird. Obwohl Jerusalem von zentraler Bedeutung für Israel ist, kommt dieser Name im ganzen Pentateuch nicht vor.

Da werden wir feiern und schauen, schauen und lieben, lieben und preisen. So wird es sein ohne Ende am Ende.

AUGUSTINUS

▶ „Das Angesicht des HERRN": Wie der „Name" Gottes, so steht auch sein „Gesicht" für seine persönliche Gegenwart.

▶ Der Prophet wie Mose: Jeremia wird so gezeichnet – Gott legt ihm seine Worte in den Mund (↗ Jer 1,9). Auch Jesus wurde als dieser angekündigte Prophet angesehen (↗ Joh 6,14; Apg 3,22–23).

Man muss der Stimme Gottes sein Ohr leihen, um die Zeichen seines Willens zu erspähen. Und ist einmal sein Wille erkannt, so muss man ihn tun, wie immer er sei, koste es, was es wolle.

CHARLES DE FOUCAULD (1858–1916), franz. Forscher, Offizier, Priester und Eremit

Vorfahrt für Zärtlichkeit! Die Bibel weiß, was junge Liebende brauchen: Ganz viel Zeit, sich zu entdecken und einen ungestörten, geschützten Raum, damit sich ihre Freude aneinander entfalten kann.

Der Prophet wie Mose (Dtn 18,15–18)

18 ¹⁵ Einen Propheten wie mich wird dir der HERR, dein Gott, aus deiner Mitte, unter deinen Brüdern, erstehen lassen. Auf ihn sollt ihr hören. ¹⁶ Der HERR wird ihn als Erfüllung von allem erstehen lassen, worum du am Horeb, am Tag der Versammlung, den HERRN, deinen Gott, gebeten hast, als du sagtest: Ich kann die donnernde Stimme des HERRN, meines Gottes, nicht noch einmal hören und dieses große Feuer nicht noch einmal sehen, ohne dass ich sterbe. ¹⁷ Damals sagte der HERR zu mir: Was sie von dir verlangen, ist recht. ¹⁸ Einen Propheten wie dich will ich ihnen mitten unter ihren Brüdern erstehen lassen. Ich will ihm meine Worte in den Mund legen und er wird ihnen alles sagen, was ich ihm gebiete.

Respekt: mehr als strikte Gerechtigkeit (Dtn 24,5–22)

24 ⁵ Wenn ein Mann neuvermählt ist, muss er nicht mit dem Heer ausrücken. Man soll auch keine andere Leistung von ihm verlangen. Ein Jahr lang darf er frei von Verpflichtungen zu Hause bleiben und die Frau, die er geheiratet hat, erfreuen.
⁶ Man darf nicht die Handmühle oder den oberen Mühlstein als Pfand nehmen; denn dann nimmt man das Leben selbst als Pfand. ...
¹⁰ Wenn du einem andern irgendein Darlehen gibst, sollst du, um das

▶ Diese Regel hat nichts mit bloß wirtschaftlicher Gerechtigkeit zu tun. Es geht um Respekt vor dem Armen.

„ Dem Arbeiter den ihm gebührenden Verdienst vorenthalten ist eine Sünde, die zum Himmel schreit. „Siehe", sagt der Heilige Geist, „der Lohn der Arbeiter, ... den ihr unterschlagen, schreit zu Gott, und ihre Stimmen dringen zum Herrn Sabaoth." – Die Reichen dürfen ... unter keinen Umständen die Besitzlosen in ihrem Erworbenen schädigen, sei es durch Gewalt oder durch Trug oder durch Wucherkünste.

PAPST LEO XIII., Enzyklika Rerum Novarum (1891), 17

Stark! Was übrig bleibt, gehört denen, die nichts haben. Ein Prinzip, mit dem man die Welt auf den Kopf stellt.

Pfand zu holen, nicht sein Haus betreten. ¹¹ Du sollst draußen stehen bleiben und der Mann, dem du das Darlehen gibst, soll dir ein Pfand nach draußen bringen.
¹² Wenn er in Not ist, sollst du sein Pfand nicht über Nacht behalten. ¹³ Bei Sonnenuntergang sollst du ihm sein Pfand zurückgeben. Dann kann er in seinem Mantel schlafen, er wird dich segnen und du wirst vor dem HERRN, deinem Gott, im Recht sein.
¹⁴ Du sollst einen notleidenden und armen Tagelöhner unter deinen Brüdern oder unter den Fremden, die in deinem Land innerhalb deiner Stadtbereiche wohnen, nicht ausbeuten. ¹⁵ An dem Tag, an dem er arbeitet, sollst du ihm auch seinen Lohn geben. Die Sonne soll darüber nicht untergehen; denn er ist in Not und lechzt danach. Dann wird er nicht den HERRN gegen dich anrufen und es wird keine Strafe für eine Sünde über dich kommen. ...
¹⁹ Wenn du dein Feld aberntest und eine Garbe auf dem Feld vergisst, sollst du nicht umkehren, um sie zu holen. Sie soll den Fremden, Waisen und Witwen gehören, damit der HERR, dein Gott, dich bei jeder Arbeit deiner Hände segnet.
²⁰ Wenn du einen Ölbaum abgeklopft hast, sollst du nicht auch noch die Zweige absuchen. Was noch hängt, soll den Fremden, Waisen und Witwen gehören. ²¹ Wenn du in deinem Weinberg die Trauben geerntet hast, sollst du keine Nachlese halten. Sie soll den Fremden, Waisen und Witwen gehören. ²² Denk daran: Du bist in Ägypten Sklave gewe-

sen. Darum mache ich es dir zur Pflicht, diese Bestimmung einzu-
halten.

MOABBUND, AMTSÜBERGABE UND MOSES TOD (DTN 29–34)

Bevor Mose sein Amt übergibt (Dtn 31) und stirbt (Dtn 34), schließt Mose im Land Moab einen weiteren Bund mit
Israel, wie Gott ihm aufgetragen hat (Dtn 28,69). Mose beschließt seine Bundesrede (Dtn 29–30) mit dem feierlichen
Aufruf, Israel solle sich für Gott und seine Tora entscheiden (Dtn 30,15–20). Wir erfahren nicht, was Israel antwortet.
Aber wir lesen, wie wir antworten sollten, schon zuvor in dem geheimnisvollen Vers Dtn 29,28:

29 [28] Was noch verborgen ist, steht bei dem HERRN, unserem
Gott. Was schon offenbar ist, gilt für uns und unsere Kinder
auf ewig: dass wir alle Bestimmungen dieser Weisung halten sollen.

▶ „Weisung" – im Hebräischen
„Tora". „Diese Tora" bezieht sich
hier vor allem auf Moses Lehre
im Buch Dtn. Der Ausdruck wird
aber auch oft auf alle fünf Bücher von Gen bis Dtn bezogen.

Eine lebenswichtige Entscheidung (Dtn 30)

30 [1] Und wenn alle diese Worte über dich gekommen sind, der
Segen und der Fluch, die ich dir vorgelegt habe, dann wirst
du sie dir zu Herzen nehmen mitten unter den Völkern, unter die der
HERR, dein Gott, dich versprengt hat, [2] und zum HERRN, deinem Gott,

zurückkehren und auf seine Stimme hören in allem, wozu ich dich
heute verpflichte, du und deine Kinder, mit ganzem Herzen und mit
ganzer Seele, [3] und der HERR, dein Gott, wird dein Schicksal wenden. Er wird sich deiner erbarmen, sich dir zukehren und dich aus
allen Völkern zusammenführen, unter die der HERR, dein Gott, dich
verstreut hat. [4] Und wenn einige von dir bis ans Ende des Himmels
versprengt sind, wird dich der HERR, dein Gott, von dort zusammenführen, von dort wird er dich holen. [5] Und der HERR, dein Gott, wird
dich in das Land, das deine Väter in Besitz genommen haben, zurückbringen. Du wirst es wieder in Besitz nehmen und er wird dich
glücklicher und zahlreicher machen als deine Väter. [6] Der HERR, dein
Gott, wird dein Herz und das Herz deiner Nachkommen beschneiden.
Dann wirst du den HERRN, deinen Gott, mit ganzem Herzen und mit
ganzer Seele lieben können, damit du Leben hast. [7] Alle diese Ver-
wünschungen aber wird der HERR, dein Gott, über deine Feinde und
Gegner verhängen, die dich verfolgt haben. [8] Du jedoch wirst umkehren, auf die Stimme des HERRN hören und alle seine Gebote, auf die
ich dich heute verpflichte, halten [9] und der HERR, dein Gott, wird dir
Gutes im Überfluss schenken, bei jeder Arbeit deiner Hände, bei der
Frucht deines Leibes, bei der Frucht deines Viehs und bei der Frucht
deines Ackers. Denn der HERR wird sich, wie er sich an deinen Vätern
gefreut hat, auch an dir wieder freuen. Er wird dir Gutes tun. [10] Denn
du hörst auf die Stimme des HERRN, deines Gottes, und bewahrst sei-

▶ Segen und Fluch (v1) sind in
Dtn 28 dargelegt. In altorienta-
lischen Verträgen war es üblich,
Segen für jene niederzuschrei-
ben, die sich an den Vertrag
halten, und Fluch, falls jemand
den Vertrag bricht. Die Flüche
des Buches Deuteronomium
deuten das Exil als Fluch, der
Israel trifft, weil es sich nicht
an die Tora gehalten hat (↗ Dtn
4,25–27; 28,64; 29,24–27).

▶ Die Beschneidung der männlichen Vorhaut ist das Zeichen
des Bundes mit Abraham (Gen
17,11). Die Beschneidung des
Herzens (↗ Dtn 10,16) bedeutet
„sensibel werden".

▶ So wie Israel innerlich
umkehrt, so wird auch Gott das
Volk ins Land zurückkehren lassen. Im Hebräischen durchzieht
dieses Wortspiel Dtn 30,1–10.

Manchmal ist es echt schwer, Christ zu sein. Freunde finden die Kirche total uncool. Dann fällt es uns nicht leicht, zu sagen, was wir eigentlich denken: Christ zu sein ist wunderbar. Wir müssen uns nur an die unvergesslichen Dinge erinnern, die wir in der Gemeinschaft mit anderen Christen erlebt haben. Plötzlich ist es ganz leicht, Christ zu sein und das auch weiterzusagen.

GEORG UND CHRISTINA

▶ „In deinem Mund und in deinem Herzen" (v14): Juden lernen Texte der Tora auswendig.

ne Gebote und Satzungen, die in dieser Urkunde der Weisung einzeln aufgezeichnet sind, und kehrst zum HERRN, deinem Gott, mit ganzem Herzen und mit ganzer Seele zurück.

¹¹ Denn dieses Gebot, auf das ich dich heute verpflichte, geht nicht über deine Kraft und ist nicht fern von dir. ¹² Es ist nicht im Himmel, sodass du sagen müsstest: Wer steigt für uns in den Himmel hinauf, holt es herunter und verkündet es uns, damit wir es halten können? ¹³ Es ist auch nicht jenseits des Meeres, sodass du sagen müsstest: Wer fährt für uns über das Meer, holt es herüber und verkündet es uns, damit wir es halten können? ¹⁴ Nein, das Wort ist ganz nah bei dir, es ist in deinem Mund und in deinem Herzen, du kannst es halten.

¹⁵ Siehe, hiermit lege ich dir heute das Leben und das Glück, den Tod und das Unglück vor, nämlich so: ¹⁶ Ich selbst verpflichte dich heute, den HERRN, deinen Gott, zu lieben, auf seinen Wegen zu gehen und seine Gebote, Satzungen und Rechtsentscheide zu bewahren, du aber lebst und wirst zahlreich und der HERR, dein Gott, segnet dich in dem Land, in das du hineinziehst, um es in Besitz zu nehmen.

¹⁷ Wenn sich aber dein Herz abwendet und nicht hört, wenn du dich verführen lässt, dich vor anderen Göttern niederwirfst und ihnen

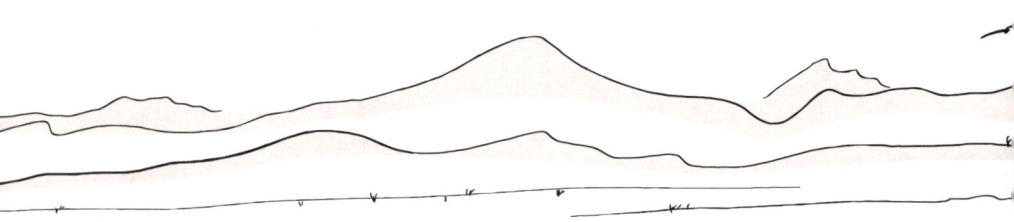

❝❞ Gott will, dass wir glücklich werden. Ganz am Schluss des Buches Deuteronomium stellt Gott seinem Volk Leben und Tod, Glück und Unglück vor Augen. Wähle das Leben! Wähle das Glück! Ich kann nicht das Leben der Mutter Teresa leben, obwohl sie ein großes Vorbild ist. Ich muss mein Leben leben, meine Talente erkennen, meine Aufgaben erfüllen.

CHRISTOPH KARDINAL SCHÖNBORN, 23.9.2001

▶ „Schreiben" und „übergeben" (v9): In der Antike war es unglaublich teuer und aufwändig, Bücher zu schreiben. Wir können heute die Bibel lesen, weil unzählige Menschen über viele Jahrhunderte ihre Arbeit und ihre Kraft dafür eingesetzt haben, sie an uns weiterzugeben.

dienst – ¹⁸ heute erkläre ich euch: Dann werdet ihr ausgetilgt werden; ihr werdet nicht lange in dem Land leben, in das du jetzt über den Jordan hinüberziehst, um hineinzuziehen und es in Besitz zu nehmen. ¹⁹ Den Himmel und die Erde rufe ich heute als Zeugen gegen euch an. Leben und Tod lege ich dir vor, Segen und Fluch. Wähle also das Leben, damit du lebst, du und deine Nachkommen. ²⁰ Liebe den HERRN, deinen Gott, hör auf seine Stimme und halte dich an ihm fest; denn er ist dein Leben. Er ist die Länge deines Lebens, das du in dem Land verbringen darfst, von dem du weißt: Der HERR hat deinen Vätern Abraham, Isaak und Jakob geschworen, es ihnen zu geben.

Mose übergibt sein Amt und die Tora (Dtn 31,7–13)

31 ⁷ Mose rief Josua herbei und sagte vor den Augen ganz Israels zu ihm: Empfange Vollmacht und Kraft: Du sollst mit diesem Volk in das Land hineinziehen, von dem du weißt: Der HERR hat ihren Vätern geschworen, es ihnen zu geben. Du sollst es an sie als Erbbesitz verteilen. ⁸ Der HERR selbst zieht vor dir her. Er ist mit dir. Er lässt dich nicht fallen und verlässt dich nicht. Du sollst dich nicht fürchten und keine Angst haben.

⁹ Mose schrieb diese Weisung auf und übergab sie den Priestern, den Nachkommen Levis, die die Lade des Bundes des HERRN trugen, und allen Ältesten Israels. ¹⁰ Mose gebot ihnen: In jedem siebten Jahr, in einer der Festzeiten des Brachjahres, beim Laubhüttenfest, ¹¹ wenn

ganz Israel zusammenkommt, um an der Stätte, die der HERR erwählen wird, vor dem Angesicht des HERRN, deines Gottes, zu erscheinen, sollst du diese Weisung vor ganz Israel laut vortragen. ¹² Versammle das Volk – die Männer und Frauen, Kinder und Greise, dazu die Fremden, die in deinen Stadtbereichen Wohnrecht haben –, damit sie zuhören und auswendig lernen und den HERRN, euren Gott, fürchten und darauf achten, dass sie alle Bestimmungen dieser Weisung halten! ¹³ Vor allem ihre Kinder, die das alles noch nicht kennen, sollen zuhören und lernen, den HERRN, euren Gott, zu fürchten. …

Mose steigt auf den Berg Nebo und stirbt (Dtn 34)

34 ¹ Mose stieg aus den Steppen von Moab hinauf auf den Nebo, den Gipfel des Pisga gegenüber Jericho, und der HERR zeigte ihm das ganze Land. Er zeigte ihm Gilead bis nach Dan hin, ² ganz Naftali, das Gebiet von Efraim und Manasse, ganz Juda bis zum Mittelmeer, ³ den Negeb und die Jordangegend, den Talgraben von Jericho,

Viele der größten Wissenschaftler, Künstler und Denker waren und sind Juden: der Schriftsteller Franz Kafka, der Komponist Felix Mendelssohn-Bartholdy, der Psychologe Sigmund Freud, der Philosoph Ludwig Wittgenstein, die Heilige Edith Stein, der Maler Marc Chagall, der Physiker Albert Einstein, der Geiger Yehudi Menuhin. Geistig wach zu sein gehört zu ihrer Religion und Tradition. Freude am Lesen und Lernen wurde und wird von früher Kindheit an erlebt und eingeübt.

der Palmenstadt, bis Zoar. ⁴ Der HERR sagte zu ihm: Das ist das Land, das ich Abraham, Isaak und Jakob versprochen habe mit dem Schwur: Deinen Nachkommen werde ich es geben. Ich habe es dich mit deinen Augen schauen lassen. Hinüberziehen wirst du nicht. ⁵ Danach starb Mose, der Knecht des HERRN, dort in Moab, wie es der HERR bestimmt hatte. ⁶ Man begrub ihn im Tal, in Moab, gegenüber Bet-Pegor. Bis heute kennt niemand sein Grab.

⁷ Mose war hundertzwanzig Jahre alt, als er starb. Sein Auge war noch nicht getrübt, seine Frische war noch nicht geschwunden. ⁸ Die Israeliten beweinten Mose dreißig Tage lang in den Steppen von Moab. Danach war die Zeit des Weinens und der Klage um Mose beendet. ⁹ Josua, der Sohn Nuns, war vom Geist der Weisheit erfüllt, denn Mose hatte ihm die Hände aufgelegt. Die Israeliten hörten auf ihn und taten, was der HERR dem Mose aufgetragen hatte.

¹⁰ Niemals wieder ist in Israel ein Prophet wie Mose aufgetreten. Ihn hat der HERR von Angesicht zu Angesicht erkannt, ¹¹ für all die Zeichen und Wunder, die er in Ägypten im Auftrag des HERRN am Pharao, an seinem ganzen Hof und an seinem ganzen Land getan hat, ¹² zu all den Beweisen seiner starken Hand und zu all den furchterregenden und großen Taten, die Mose vor den Augen von ganz Israel vollbracht hat.

▶ „Wie es der Herr bestimmt hatte", (v5) wörtlich „auf dem Mund des Herrn": eine rabbinische Tradition sagt daher, Mose starb „auf dem Kuss" Gottes.

Die Geschichtsbücher

Die Tora hat die Vorgeschichte Israels behandelt und die Grundlagen für das Zusammenleben des Volkes gelegt. Die Bücher der Geschichte zeigen nun, wie dieses Programm in den verschiedenen Zeitepochen nur teilweise verwirklicht wird und welche Probleme sich daraus ergeben.

Eine erste Phase setzt ein mit *Josua*, dem Nachfolger des Mose, und führt über die Zeit der „Richter" und den Propheten Samuel hin zu den Königen im Südreich Juda und im Nordreich Israel. Sie schildert das langsame Erstarken des Volkes im Land, zeigt aber auch, wie es letzten Endes wegen vielfachen Versagens vor allem der Verantwortlichen zum Untergang kommt. Die Einnahme Samarias 720 v. Chr. durch die Assyrer und die Zerstörung Jerusalems 587 v. Chr. durch die Babylonier bedeuten auf lange Zeit hin das Ende politischer Selbständigkeit.

Die *Chronik* schildert diese vergangene Zeit aus einer hoffnungsvollen Perspektive, mit einem Schwerpunkt auf Tempel, Priestern, Leviten und Gottesdienst. Dies führt zu einem Neuanfang in der Perserzeit, der in *Esra* und *Nehemia* besonders greifbar wird.

Die zunehmende Bedeutung des Individuums, und gerade auch von Frauen, spiegelt sich in einigen kleineren Büchern, die Einzelpersonen in den Vordergrund rücken. *Rut*, zwischen *Richter* und *Samuel* eingereiht, hebt die außergewöhnliche Solidarität einer Moabiterin hervor. Der Engel Rafael in *Tobit* ist ein Beispiel für Gottes schützende Begleitung. *Ester* und *Judit* geben mutigen Frauen eine Schlüsselrolle in der Rettung ihres Volkes.

Die beiden *Makkabäerbücher* behandeln die Auseinandersetzungen im 2. Jh. v. Chr., als fromme Juden in der Ausübung ihrer Religion unterdrückt wurden und dagegen aufstanden. Insgesamt spannen die „Geschichtsbücher" des Alten Testaments so einen Bogen über ein Jahrtausend und zeigen, wie Gott immer und auf ganz unterschiedliche Weisen Menschen begleitet, die auf ihn vertrauen.

Josua

Die Bücher Josua bis Könige nennt man im Judentum die „vorderen Propheten", weil darin Propheten die wichtigste Rolle spielen. Das Buch Josua erzählt, wie Moses Nachfolger Josua mit dem Volk Israel das versprochene Land erobert (Jos 1–12) und unter den zwölf Stämmen verteilt (Jos 13–22). Bevor Josua stirbt, erneuert er den Bund zwischen Israel und Gott (Jos 23–24). Gott erfüllt so sein Versprechen, Abrahams Nachkommen das Land Kanaan zu geben (↗ besonders Gen 12,1–7; Ex 3,8).

In Deuteronomium hatte Mose den Israeliten befohlen, die bisherigen Bewohner des Landes bei der Eroberung schonungslos umzubringen. Josua ist deshalb ein sehr kriegerisches und problematisches Buch. Dabei müssen wir bedenken: Eine blutige Eroberung des Landes hat es nie gegeben. Die Stadt Jericho (Jos 6) war zu dieser Zeit gar nicht bewohnt. Die kriegerischen Geschichten sollen zeigen, wie Gott sein Volk vor allen Gefahren beschützt. Zudem sollen diese Erzählungen Israel davor abschrecken, die Religionen und Bräuche der Völker Kanaans zu übernehmen: Kinderopfer sollen niemals mehr in Israel vorkommen (↗ Dtn 12,31). Die Geschichtsbücher dürfen nicht zur Rechtfertigung von Gewalt im Namen Gottes missbraucht werden.

Gottes Treue (Jos 1,1–8)

1 ¹ Nachdem Mose, der Knecht des HERRN, gestorben war, sagte der HERR zu Josua, dem Sohn Nuns, dem Diener des Mose: ² Mein Knecht Mose ist gestorben. Mach dich also auf den Weg und zieh über den Jordan hier mit diesem ganzen Volk in das Land, das ich ihnen, den Israeliten, geben werde! ³ Jeden Ort, den euer Fuß betreten wird, gebe ich euch, wie ich es Mose versprochen habe. ⁴ Euer Gebiet soll von der Steppe und vom Libanon an bis zum großen Strom, zum Eufrat, reichen – das ist das ganze Land der Hetiter – und bis hin zum großen Meer, wo die Sonne untergeht. ⁵ Niemand wird dir Widerstand leisten können, solange du lebst. Wie ich mit Mose war, will ich auch mit dir sein. Ich lasse dich nicht fallen und verlasse dich nicht. ⁶ Sei mutig und stark! Denn du sollst diesem Volk das Land zum Besitz geben, von dem du weißt: Ich habe ihren Vätern geschworen, es ihnen zu geben. ⁷ Sei ganz mutig und stark und achte genau darauf, dass du ganz nach der Weisung handelst, die mein Knecht Mose dir gegeben hat! Weich nicht nach rechts und nicht nach links davon ab, damit du Erfolg hast überall, wo du unterwegs bist! ⁸ Über dieses Buch der Weisung sollst du immer reden und Tag und Nacht darüber nachsinnen, damit du darauf achtest, genauso zu handeln, wie darin geschrieben steht. Dann wirst du auf deinem Weg Glück und Erfolg haben.

▶ Der Name „Josua" bedeutet „Gott rettet". „Jesus" ist die griechische und lateinische Form dieses Namens. Jesus hieß in seiner Muttersprache eigentlich „Joschua".

▶ Nach Josuas Worten soll das Land vom Eufrat (im heutigen Irak) bis zum Mittelmeer reichen – eine starke Übertreibung! Sie soll zeigen, wie großzügig Gott ist.

▶ „Nachsinnen" (v8) meint eigentlich eine Art der Meditation, bei der es darum geht, auswendig gelernte Worte immer wieder zu wiederholen und sie so zu verinnerlichen.

Rahab rettet die Spione (Jos 2,1–15)

2 ¹ Josua, der Sohn Nuns, schickte von Schittim heimlich zwei Kundschafter aus und befahl ihnen: Geht, erkundet das Land, besonders die Stadt Jericho! Sie brachen auf und kamen zu dem Haus einer Dirne namens Rahab; dort legten sie sich schlafen. ² Man meldete dem König von Jericho: Siehe, heute Nacht sind ein paar Männer hierhergekommen, Israeliten, um das Land auszukundschaften. ³ Da schickte der König von Jericho Boten zu Rahab und ließ ihr sagen: Gib die Männer heraus, die bei dir in deinem Haus eingekehrt sind; denn sie sind gekommen, um das ganze Land auszukundschaften. ⁴ Da nahm die Frau die beiden Männer und versteckte sie. Zu den Boten aber sagte sie: Ja, die Männer sind zu mir gekommen; doch ich habe nicht erfahren, woher sie waren. ⁵ Als das Stadttor bei Einbruch der Dunkelheit geschlossen werden sollte, sind die Männer weggegangen; ich habe nicht erfahren, wohin sie gegangen sind. Lauft ihnen schnell nach, dann könnt ihr sie noch einholen! ⁶ Sie hatte aber die Männer auf das flache Dach gebracht und unter den Flachsstängeln versteckt, die für sie auf dem Dach aufgeschichtet waren. ⁷ Inzwischen hatte man die Verfolgung der Männer aufgenommen, und zwar in Richtung Jordan, zu den Furten hin. Und man hatte das Stadttor geschlossen, nachdem die Verfolger hinausgegangen waren.

⁸ Bevor die Männer sich niederlegten, stieg Rahab zu ihnen auf das Dach hinauf ⁹ und sagte zu ihnen: Ich habe erfahren, dass der HERR

▶ Diese Geschichte macht eine Dirne zur Heldin. Die Bibel zeigt, dass selbst Menschen in gesellschaftlichen Randbezirken eine Rolle in Gottes Plänen spielen und ihm sogar besonders nahe sein können.

▶ Würde Rahab die Spione ausliefern, wären sie in Lebensgefahr. Stattdessen geht sie selbst ein großes Risiko ein.

💡 Während des Zweiten Weltkriegs wurden zwischen 3000 und 5000 Juden vor dem Tod in den Gaskammern bewahrt, weil mutige Zeitgenossen sie unter eigener Lebensgefahr versteckten. Nach dem Krieg wurden viele dieser Retter – oft ganz einfache Menschen – in Israels Gedenkstätte Yad Vaschem als „Gerechte unter den Völkern" ausgezeichnet.

euch das Land gegeben hat und dass uns Furcht vor euch befallen hat und alle Bewohner des Landes aus Angst vor euch vergehen. ¹⁰ Denn wir haben gehört, wie der HERR das Wasser des Roten Meeres euretwegen austrocknen ließ, als ihr aus Ägypten ausgezogen seid. Wir haben auch gehört, was ihr mit Sihon und Og, den beiden Königen der Amoriter jenseits des Jordan, gemacht habt: Ihr habt den Bann an ihnen vollzogen. ¹¹ Als wir das hörten, zerschmolz unser Herz und jedem stockte euretwegen der Atem; denn der HERR, euer Gott, ist Gott droben im Himmel und hier unten auf der Erde. ¹² Nun schwört mir beim HERRN, dass ihr der Familie meines Vaters Gnade erweist, wie ich sie euch erwiesen habe, und gebt mir ein sicheres Zeichen dafür, ¹³ dass ihr meinen Vater und meine Mutter, meine Brüder und meine Schwestern und alles, was ihnen gehört, am Leben lasst und dass ihr uns vor dem Tod bewahrt! ¹⁴ Die Männer antworteten ihr: Wir bürgen mit unserem Leben für euch, wenn ihr nur unsere Sache nicht verratet. Wenn uns der HERR das Land gibt, werden wir dir Gnade und Treue erweisen. ¹⁵ Darauf ließ die Frau sie mit einem Seil durch das Fenster hinab; das Haus, in dem sie wohnte, war nämlich in die Stadtmauer eingebaut.

▶ Obwohl Rahab eine Fremde ist, bekennt sie die allumfassende Macht des Gottes der Israeliten. Schon hier überschreitet der Glaube die Grenze von Völkern (↗ auch Naaman in 2 Kön 5,17).

▶ Eine Frau rettet zwei Männer. Obwohl das alte Israel eine Männergesellschaft war, bekommen Frauen in der Bibel starke Rollen.

▶ Der Jordan fließt vom See Genesaret nach Süden ins Tote Meer (hier „Salzmeer"). Jericho liegt im Jordantal, etwa zehn Kilometer vom Toten Meer entfernt, heute im Palästinensergebiet der Westbank. Jericho ist eine der ältesten Städte der Welt.

▶ Das Jordanwunder spiegelt das Wunder am Schilfmeer (↗ Ex 14,21; Ps 114,3.5) und setzt es fort. Sowohl bei der Befreiung aus Ägypten als auch beim Einzug im Land zeigt Gott, dass er die Naturgewalten beherrscht, um sein Volk zu beschützen.

Israel überschreitet den Jordan (Jos 3,14–17)

3 ¹⁴ Als dann das Volk seine Zelte verließ und aufbrach, um den Jordan zu überschreiten, gingen die Priester, die die Bundeslade trugen, an der Spitze des Volkes. ¹⁵ Und als die Träger der Lade an den Jordan kamen und die Füße der Priester, die die Lade trugen, das Wasser berührten – der Jordan war aber während der ganzen Erntezeit über alle Ufer getreten –, ¹⁶ da blieben die Fluten des Jordan stehen. Das von oben herabkommende Wasser stand wie ein Wall in weiter Entfernung, bei der Stadt Adam, die in der Nähe von Zaretan liegt. Die zum Meer der Araba, zum Salzmeer, hinabfließenden Fluten dagegen liefen vollständig ab und das Volk zog Jericho gegenüber durch den Jordan. ¹⁷ Die Priester, die die Bundeslade des HERRN trugen, standen, während ganz Israel trockenen Fußes hindurchzog, fest und sicher mitten im Jordan auf trockenem Boden, bis das ganze Volk den Jordan durchschritten hatte.

Eine neue Entscheidung in Sichem (Jos 24)

▶ Sichem liegt bei der heutigen Palästinenserstadt Nablus und nicht weit vom alten Samaria entfernt. Gen 12,6 erzählt, Abraham besuchte Sichem als ersten Ort im Land Kanaan.

24 ¹ Josua versammelte alle Stämme Israels in Sichem; er rief die Ältesten Israels, seine Oberhäupter, Richter und Aufsichtsleute zusammen und sie traten vor Gott hin. ² Josua sagte zum ganzen Volk: So spricht der HERR, der Gott Israels: Jenseits des Stroms wohnten eure Väter von Urzeiten an, Terach, der Vater Abrahams und der Vater Nahors, und dienten anderen Göttern. ³ Da holte ich euren Vater Abraham von jenseits des Stroms und ließ ihn durch das ganze Land Kanaan ziehen. Ich schenkte ihm zahlreiche Nachkommenschaft und gab ihm Isaak. ⁴ Dem Isaak gab ich Jakob und Esau und ich verlieh Esau das Bergland Seïr, damit er es in Besitz nahm. Jakob aber und seine Söhne zogen nach Ägypten hinab. ⁵ Dann sandte ich Mose und Aaron und schlug Ägypten, so wie ich es in seiner Mitte getan habe, und dann habe ich euch herausgeführt. ...

¹³ Ich gab euch ein Land, um das ihr euch nicht bemüht hattet, und Städte, die ihr nicht erbaut hattet. Ihr habt in ihnen gewohnt und ihr habt von Weinbergen und Ölbäumen gegessen, die ihr nicht gepflanzt hattet. ¹⁴ Fürchtet also jetzt den HERRN und dient ihm in vollkommener Treue! Schafft die Götter fort, denen eure Väter jenseits des Stroms und in Ägypten gedient haben, und dient dem HERRN! ¹⁵ Wenn es euch aber nicht gefällt, dem HERRN zu dienen, dann entscheidet euch heute, wem ihr dienen wollt: den Göttern, denen eure Väter jenseits des Stroms dienten, oder den Göttern der Amoriter, in deren Land ihr wohnt. Ich aber und mein Haus, wir wollen dem HERRN dienen.

¹⁶ Das Volk antwortete: Das sei uns fern, dass wir den HERRN verlassen und anderen Göttern dienen. ¹⁷ Denn der HERR, unser Gott, war

 Abrahams Familie stammte aus Babylonien im heutigen Irak (↗ Gen 11,31) – der „Strom" meint hier den Eufrat.

Ich glaube an meinen Gott. Er ist da. Ich akzeptiere das und fühle mich wohl dabei. Punkt. Was die anderen Menschen davon halten, ist mir egal. Ich habe meine eigene Überzeugung gewonnen: Mein Gott begleitet mich.

ZORAN

„ Ich will Gott dienen und ich will die Fehler, die ich begangen habe, und den Schmerz, den ich verursacht habe, wiedergutmachen. Das kann ich jedem nur empfehlen.

MARK WAHLBERG (*1971), Hollywood-Star

es, der uns und unsere Väter aus dem Sklavenhaus Ägypten herausgeführt hat und der vor unseren Augen alle die großen Wunder getan hat. Er hat uns beschützt auf dem ganzen Weg, den wir gegangen sind, und unter allen Völkern, durch deren Gebiet wir gezogen sind. ¹⁸ Der HERR hat alle Völker vertrieben, auch die Amoriter, die vor uns im Land wohnten. Auch wir wollen dem HERRN dienen; denn er ist unser Gott. ¹⁹ Da sagte Josua zum Volk: Ihr seid nicht imstande, dem HERRN zu dienen, denn er ist ein heiliger Gott, ein eifersüchtiger Gott; er wird euch eure Frevel und eure Sünden nicht verzeihen. ²⁰ Wenn ihr den HERRN verlasst und fremden Göttern dient, dann wird er sich von euch abwenden, wird Unglück über euch bringen und euch ein Ende bereiten, obwohl er euch zuvor Gutes getan hat. ²¹ Das Volk aber sagte zu Josua: Nein, wir wollen dem HERRN dienen. ²² Josua antwortete dem Volk: Ihr seid Zeugen gegen euch selbst, dass ihr selbst euch den HERRN erwählt habt, um ihm zu dienen. Sie antworteten: Wir sind Zeugen. ²³ Schafft also jetzt die fremden Götter ab, die noch bei euch sind, und neigt eure Herzen dem HERRN zu, dem Gott Israels! ...

²⁹ Nach diesen Ereignissen starb Josua, der Sohn Nuns, der Diener des HERRN, im Alter von hundertzehn Jahren. ³⁰ Man begrub ihn in Timnat-Serach, im Gebiet seines Erbbesitzes auf dem Gebirge Efraim, nördlich vom Berg Gaasch. ³¹ Israel aber diente dem HERRN, solange Josua lebte und solange die Ältesten am Leben waren, die Josua überlebten und alles wussten, was der HERR für Israel getan hatte. ...

▶ Josua fasst Israels Geschichte zusammen und fordert das Volk zur Entscheidung heraus.

Im Buch Josua wird von der Entscheidung für den Herrn erzählt, die in Sichem getroffen wurde. ... Im religiösen Bewusstsein des Alten Testaments verdeutlicht sich diese Wahl immer mehr im Sinn eines strengen, die ganze Menschheit umfassenden Monotheismus. ... Der universale Heilswille macht die Menschheitsgeschichte zu einem großen Pilgerweg der Völker auf ein einziges Ziel, Jerusalem, hin, ohne jedoch die ethnisch-kulturellen Unterschiede aufzuheben (↗ Offb 7,9).

PAPST JOHANNES PAUL II., 21.4.1999

Richter

Die Richter in diesem Buch sind nicht nur Beamte der Rechtsprechung, sondern auch Leiter des Volkes. Zumeist retten sie es aus Gefahren. Berühmte Richter sind z. B. Debora, Gideon, Jiftach und zuletzt Simson (Ri 13–16).

Das Buch behandelt mehrfach kritisch die Fragen der Führung einer Gemeinschaft sowie des Verhältnisses von Frauen und Männern. Es zeigt ein gutes Gespür für Probleme wie bei der Einführung des Königtums in Israel in Ri 9:

Mit Gewalt zur Macht (Ri 9,1–6)

▶ Jerubbaal (= er streitet mit Baal), mit anderem Namen Gideon, rettete Israel aus der Bedrohung durch die Midianiter (Ri 6–8), lehnte aber ab, über das Volk zu herrschen. Zu Sichem ↗ Jos 24,1.

▶ Intrige, Bestechung, ein Gott der Macht („Baal" in v4 bedeutet „Herr"), eine kriminelle Bande, vielfacher Mord – das kann keine gute Basis für eine Gemeinschaft sein. Tatsächlich kommt es im Verlauf der Geschichte (ab v22) zu weiteren Gewalttaten. Sichem wird zerstört und auch Abimelech muss sterben.

9 ¹ Abimelech, der Sohn Jerubbaals, ging nach Sichem zu den Brüdern seiner Mutter und sagte zu ihnen und zur ganzen Sippe des Vaterhauses seiner Mutter: ² Redet doch vor den Ohren aller Bürger von Sichem und sagt: Was ist besser für euch: wenn siebzig Männer über euch herrschen, alle Söhne Jerubbaals, oder wenn nur ein Mann über euch herrscht? Denkt auch daran, dass ich euer Fleisch und Bein bin. ³ Da redeten die Brüder seiner Mutter seinetwegen vor den Ohren aller Bürger von Sichem all diese Worte, sodass sich ihr Herz Abimelech zuwandte. Denn sie sagten sich: Er ist unser Bruder. ⁴ Sie gaben ihm siebzig Silberstücke aus dem Tempel des Baal des Bundes und Abimelech warb damit Männer an, die nichts zu verlieren hatten und zu allem fähig waren; sie wurden sein Gefolge. ⁵ Dann drang er in das Haus seines Vaters in Ofra ein und brachte seine Brüder, die Söhne Jerubbaals, siebzig Mann, auf ein und demselben Stein um. Nur Jotam, der jüngste Sohn Jerubbaals, blieb übrig, weil er sich versteckt hatte. ⁶ Da versammelten sich alle Bürger von Sichem und Bet-Millo, zogen zu der Terebinthe, die bei Sichem steht, und machten Abimelech zum König.

Jotams Rede (Ri 9,7–15)

⁷ Als man das Jotam meldete, stellte er sich auf den Gipfel des Berges Garizim und rief ihnen mit erhobener Stimme zu:

Hört auf mich, ihr Bürger von Sichem, damit Gott auf euch hört!

⁸ Einst gingen die Bäume hin, um sich einen König zu salben, und sie sagten zum Ölbaum: Sei du unser König!

⁹ Der Ölbaum sagte zu ihnen: Habe ich etwa schon mein Fett aufgegeben, das Götter und Menschen an mir ehren, und werde hingehen, um über den Bäumen zu schwanken?

¹⁰ Da sagten die Bäume zum Feigenbaum: Geh du hin, sei unser König!

¹¹ Der Feigenbaum sagte zu ihnen: Habe ich etwa schon meine Süßigkeit und meine guten Früchte aufgegeben und werde hingehen, um über den Bäumen zu schwanken?

¹² Da sagten die Bäume zum Weinstock: Geh du hin, sei unser König!

¹³ Der Weinstock sagte zu ihnen: Habe ich etwa schon meinen Most aufgegeben, der Götter und Menschen erfreut, und werde hingehen, um über den Bäumen zu schwanken?

¹⁴ Da sagten alle Bäume zum Dornenstrauch: Geh du hin, sei unser König!

▶ Jotam erzählt eine Fabel (eine Geschichte, in der Pflanzen oder Tiere für Menschen stehen). Sie steckt voller Ironie: Die von sich aus nützlichen Bäume lehnen die Herrschaft über andere ab, der unfruchtbare Dornstrauch dagegen, der keinen Schatten und keine Früchte gibt, ist dazu bereit und droht auch gleich Vernichtung an. Jotam kritisiert damit Abimelech und Königsherrschaft im Allgemeinen sehr scharf, was er im Folgenden noch verdeutlicht (v16–21).

„ Ich danke Gott mit Saitenspiel, dass ich kein König worden; ich wär' geschmeichelt worden viel und wär' vielleicht verdorben.

MATTHIAS CLAUDIUS (1740–1815), dt. Journalist und Lyriker

¹⁵ Der Dornenstrauch sagte zu den Bäumen: Wenn ihr mich wirklich zu eurem König salben wollt, kommt, bergt euch in meinem Schatten! Wenn aber nicht, dann soll vom Dornenstrauch Feuer ausgehen und die Zedern des Libanon fressen.

Ri thematisiert die Rollen von Frauen wie kaum ein anderes Buch der Bibel. Sie bekommen ganz unterschiedliche Rollen: Debora und Jael sind Heldinnen (Ri 4–5), Jiftachs Tochter ein Opfer der Dummheit ihres Vaters (Ri 11,34–40), Delila hat es faustdick hinter den Ohren (Ri 16). Ri 13 zeigt uns ein sehr ungleiches Elternpaar:

Ankündigung der Geburt Simsons (Ri 13,1–8)

13 ¹ Die Israeliten taten wieder, was in den Augen des HERRN böse ist. Deshalb gab sie der HERRN vierzig Jahre lang in die Hand der Philister. ² Es war ein Mann aus Zora, aus der Sippe der Daniter, namens Manoach; seine Frau war unfruchtbar und hatte nicht geboren. ³ Der Engel des HERRN erschien der Frau und sagte zu ihr: Siehe, du bist unfruchtbar und hast nicht geboren; aber du wirst schwanger werden und einen Sohn gebären. ⁴ Und jetzt nimm dich in Acht und trink weder Wein noch Bier und iss nichts Unreines! ⁵ Denn siehe, du wirst schwanger werden und einen Sohn gebären. Es darf kein Schermesser an seinen Kopf kommen; denn der Knabe wird vom Mutterleib

▶ Der Name des Mannes (v2) bedeutet „Ruhe" und passt zu seiner Behäbigkeit (↗ die unterschiedlichen Arten der Bewegung in v10–11).

▶ Die Bestimmungen des Nasiräats (s. Num 6) sind hier auf die Mutter und ihren Sohn verteilt: Sie soll keinen Alkohol trinken, und seine Haare sollen nicht geschnitten werden.

99 Engel sind Boten Gottes. Sie bringen Gott zu den Menschen, sie öffnen den Himmel und öffnen so die Erde. Gerade weil sie bei Gott sind, können sie auch dem Menschen sehr nahe sein. Gott ist in der Tat jedem von uns näher, als wir es uns selbst sind. Die Engel sprechen zum Menschen von dem, was sein wahres Sein ausmacht, von dem, was in seinem Leben so oft zugedeckt und begraben ist.

PAPST BENEDIKT XVI.,
29.9.2007

an ein Gott geweihter Nasiräer sein. Er wird damit beginnen, Israel aus der Hand der Philister zu retten. ⁶ Die Frau ging und sagte zu ihrem Mann: Der Gottesmann ist zu mir gekommen; er sah aus, wie der Engel Gottes aussieht, überaus Furcht erregend. Ich habe ihn nicht gefragt, woher er kam, und er hat mir auch seinen Namen nicht genannt. ⁷ Er sagte zu mir: Siehe, du wirst schwanger werden und einen Sohn gebären. Und von jetzt an trink keinen Wein und kein Bier und iss nichts Unreines; denn der Knabe wird vom Mutterleib an ein Gott geweihter Nasiräer sein, bis zum Tag seines Todes. ⁸ Da betete Manoach zum HERRN und sagte: Bitte, mein HERR, der Gottesmann, den du gesandt hast, komme doch noch einmal zu uns und belehre uns, was wir mit dem Knaben machen sollen, der geboren werden soll.

Der Engel kommt noch einmal (Ri 13,9–15)

⁹ Und Gott hörte auf die Stimme Manoachs. Der Engel Gottes kam noch einmal zu der Frau, als sie gerade auf dem Feld war; ihr Mann Manoach war nicht bei ihr. ¹⁰ Die Frau lief schnell und teilte es ihrem Mann mit; sie sagte zu ihm: Siehe, der Mann ist mir erschienen, der damals zu mir gekommen ist. ¹¹ Manoach stand auf und folgte seiner

▶ Wieder kommt Gott zur Frau und bevorzugt sie so als Gesprächspartner gegenüber ihrem Mann. Das widerspricht dem üblichen Bild in dieser patriarchalen Gesellschaft. Die Erzählung unterstreicht damit umso mehr die religiöse Stellung der Frau.

Frau. Als er zu dem Mann kam, fragte er ihn: Bist du der Mann, der mit meiner Frau geredet hat? Er antwortete: Ja, ich bin es. ¹² Da sagte Manoach: Wenn sich nun dein Wort erfüllt, wie sollen wir es mit dem Knaben halten, was sollen wir mit ihm tun? ¹³ Der Engel des HERRN antwortete Manoach: Die Frau soll sich vor all dem hüten, was ich ihr gesagt habe. ¹⁴ Nichts, was vom Weinstock kommt, darf sie genießen; weder Wein noch Bier darf sie trinken und nichts Unreines essen. Alles, was ich ihr befohlen habe, muss sie bewahren. ¹⁵ Manoach sagte zum Engel des HERRN: Wir möchten dich gern aufhalten und vor dir ein Ziegenböckchen zubereiten.

Das Geheimnis des Engels (Ri 13,16–18)

¹⁶ Aber der Engel des HERRN sagte zu Manoach: Auch wenn du mich aufhieltest, würde ich von deinem Mahl nichts essen. Wenn du aber ein Brandopfer herrichten willst, bring es dem HERRN dar! Manoach wusste nämlich nicht, dass es der Engel des HERRN war. ¹⁷ Manoach fragte den Engel des HERRN: Wie ist dein Name? Wenn eintrifft, was du gesagt hast, möchten wir dir gern Ehre erweisen. ¹⁸ Der Engel des HERRN erwiderte: Warum fragst du nach meinem Namen? Er ist wunderbar.

▶ Der göttliche Bote reagiert auf Manoachs Fragen einsilbig (v11), er wiederholt sich (v13f. zu v3–5) und distanziert sich zweimal (v16.18). Er zeigt damit, dass diese Fragen nicht recht passen; alles Wichtige hat Gott schon seiner Frau mitgeteilt.

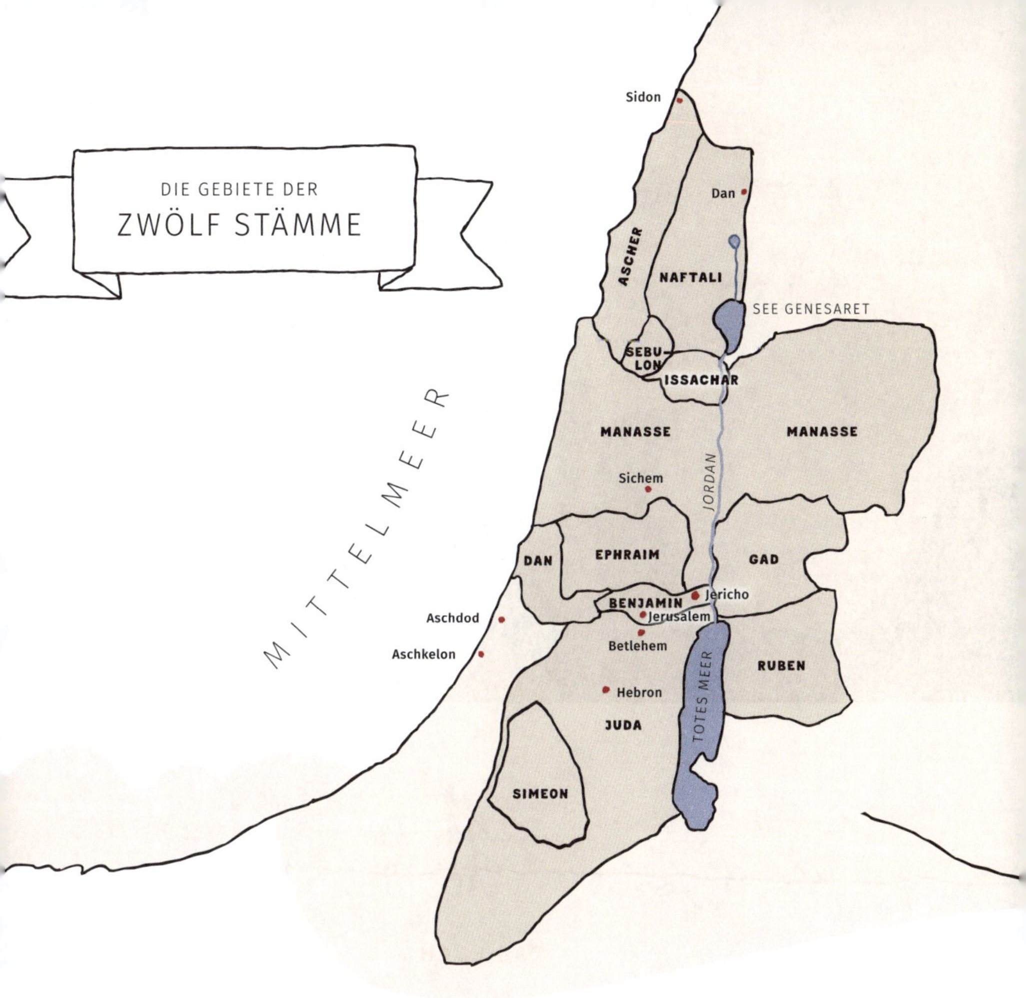

DIE GEBIETE DER
ZWÖLF STÄMME

Sidon

Dan

ASCHER

NAFTALI

SEE GENESARET

SEBU-LON

ISSACHAR

MANASSE

MANASSE

Sichem

JORDAN

DAN

EPHRAIM

GAD

BENJAMIN
Jericho
Jerusalem

Aschdod

Betlehem

Aschkelon

RUBEN

TOTES MEER

Hebron

JUDA

MITTELMEER

SIMEON

Manoachs Opfer (Ri 13,19–23)

[19] Da nahm Manoach das Ziegenböckchen und das Speiseopfer und brachte es auf dem Felsblock dem HERRN dar und er vollbrachte etwas Wunderbares. Manoach und seine Frau sahen zu [20] und es geschah, als die Flamme vom Altar zum Himmel aufstieg, stieg der Engel des HERRN in der Flamme des Altars mit empor. Als Manoach und seine Frau das sahen, warfen sie sich zu Boden auf ihr Gesicht.

[21] Von da an aber erschien der Engel des HERRN dem Manoach und seiner Frau nicht mehr. Da erkannte Manoach, dass es der Engel des HERRN gewesen war, [22] und sagte zu seiner Frau: Sicher müssen wir sterben, weil wir Gott gesehen haben. [23] Doch seine Frau entgegnete ihm: Wenn der HERR uns hätte töten wollen, hätte er nicht aus unserer Hand Brand- und Speiseopfer angenommen und er hätte uns nicht all das sehen und uns auch jetzt nichts Derartiges hören lassen.

Simson wird geboren (Ri 13,24–25)

[24] Die Frau gebar einen Sohn und nannte ihn Simson; der Knabe wuchs heran und der HERR segnete ihn. [25] Dann aber begann der Geist des HERRN, ihn umherzutreiben im Lager Dans zwischen Zora und Eschtaol.

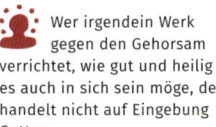 Wer irgendein Werk gegen den Gehorsam verrichtet, wie gut und heilig es auch in sich sein möge, der handelt nicht auf Eingebung Gottes.

TERESA VON ÁVILA

▶ Der Name „Simson" (hebräisch *Schimschon*) (v24) hängt ursprünglich wohl mit „Sonne" (hebräisch schämäsch) zusammen. Die weiteren Kapitel zeigen, wie Simson hin- und hergerissen ist: einerseits hat er den großen Auftrag, Israel zu retten; andererseits fühlt er sich stark zu Frauen hingezogen und vergisst dabei manchmal seine Verantwortung.

Rut

Rut ist die Schwiegertochter von Noomi. In der nach ihr benannten Erzählung geht es vor allem um die Freundschaft zwischen diesen beiden Frauen, die gemeinsam harte Herausforderungen bestehen. In ihrer treuen Freundschaft zeigt auch Gott seine Treue. Während in den meisten biblischen Geschichten Männer die Hauptrollen spielen, ist dieses Buch aus der Sichtweise von Frauen erzählt. Es spielt in der Zeit der Richter und steht deshalb nach dem Richterbuch. Am Ende zeigt sich, dass Rut zu den Vorfahren von König David gehört – und damit auch von Jesus.

Die Vorgeschichte (Rut 1,1–5)

1 ¹ Zu der Zeit, als die Richter regierten, kam eine Hungersnot über das Land. Da zog ein Mann mit seiner Frau und seinen beiden Söhnen aus Betlehem in Juda fort, um sich als Fremder im Grünland Moabs niederzulassen. ² Der Mann hieß Elimelech, seine Frau Noomi und seine Söhne hießen Machlon und Kiljon; sie waren Efratiter aus Betlehem in Juda. Als sie im Grünland Moabs ankamen, blieben sie dort. ³ Elimelech, der Mann Noomis, starb und sie blieb mit ihren beiden Söhnen zurück. ⁴ Diese nahmen sich moabitische Frauen, Orpa und Rut, und so wohnten sie dort etwa zehn Jahre lang. ⁵ Dann starben auch Machlon und Kiljon und Noomi blieb allein, ohne ihren Mann und ohne ihre beiden Söhne.

Noomis Heimkehr (Rut 1,6–22)

⁶ Da brach sie mit ihren Schwiegertöchtern auf, um aus dem Grünland Moabs heimzukehren; denn sie hatte dort gehört, der HERR habe sich seines Volkes angenommen und ihm Brot gegeben. ⁷ Sie verließ zusammen mit ihren beiden Schwiegertöchtern den Ort, wo sie sich aufgehalten hatte. Als sie nun auf dem Heimweg in das Land Juda waren, ⁸ sagte Noomi zu ihren beiden Schwiegertöchtern: Kehrt doch beide heim zu euren Müttern! Der HERR erweise euch Güte, wie ihr

▶ Moab (v2) liegt östlich des Jordan, im heutigen Jordanien (↗ das Buch Deuteronomium). Hungersnöte zwingen Menschen oft, in ein anderes Land zu übersiedeln (↗ Gen 45,9–11) – in Afrika bis heute.

▶ Elimelech bedeutet „mein Gott ist König". Machlon und Kiljon heißen „Schwächlich" und „Gebrechlich". Alle Namen im Büchlein Rut haben eine symbolische Bedeutung.

▶ Betlehem heißt „Haus des Brotes" – was in starker Spannung zu der dortigen Hungersnot steht (v1). Auch die Familie von David stammte aus Betlehem (↗ 1 Sam 16), und auch Jesus wird (nach der Erzählung von Mt 2,6) dort geboren (↗ im Hintergrund Mi 5,1).

sie den Toten und mir erwiesen habt. ⁹ Der HERR lasse jede von euch Geborgenheit finden bei einem Gatten. Damit küsste sie beide zum Abschied; doch Orpa und Rut begannen laut zu weinen ¹⁰ und sagten zu ihr: Nein, wir wollen mit dir zu deinem Volk gehen. ¹¹ Noomi sagte: Kehrt doch um, meine Töchter! Warum wollt ihr mit mir ziehen? Habe ich etwa in meinem Leib noch Söhne, die eure Männer werden könnten? ¹² Kehrt um, meine Töchter, und geht; denn ich bin zu alt, noch einem Mann zu gehören. Selbst wenn ich dächte, ich habe noch Hoffnung, ja, wenn ich noch diese Nacht einem Mann gehörte und gar Söhne bekäme: ¹³ Wolltet ihr warten, bis sie erwachsen sind? Wolltet ihr euch so lange abschließen und ohne einen Mann leben? Nein, meine Töchter! Mir täte es bitter leid um euch; denn mich hat die Hand des HERRN getroffen. ¹⁴ Da weinten sie noch lauter. Doch dann gab Orpa ihrer Schwiegermutter den Abschiedskuss, während Rut nicht von ihr ließ. ¹⁵ Noomi sagte: Du siehst, deine Schwägerin kehrt heim zu ihrem Volk und zu ihrem Gott. Folge ihr doch! ¹⁶ Rut antwortete: Dränge mich nicht, dich zu verlassen und umzukehren! Wohin du gehst, dahin gehe auch ich, und wo du bleibst, da bleibe auch ich. Dein Volk ist mein Volk und dein Gott ist mein Gott. ¹⁷ Wo du stirbst, da sterbe auch ich, da will ich begraben sein. Der HERR soll mir dies und das antun – nur der Tod wird mich von dir scheiden. ¹⁸ Als sie sah, dass Rut darauf bestand, mit ihr zu gehen, redete sie nicht länger auf sie ein. ¹⁹ So zogen sie miteinander bis Betlehem.

❞ Nicht da ist man daheim, wo man seinen Wohnsitz hat, sondern wo man verstanden wird.

CHRISTIAN MORGENSTERN
(1871–1914), deutscher Dichter

▶ Nach allgemeinem Brauch sollte ein Bruder des verstorbenen Ehemannes die verwitwete Frau heiraten (↗ Dtn 25,5–10).

❞ Was kann es Schöneres geben, als mit unserem Volk gemeinsam voranzugehen? … Wenn ich an die Pfarrer von früher denke, die noch die Namen ihrer Pfarrkinder kannten, sie noch besucht haben; oder – wie einer von ihnen einmal zu mir sagte: „Ich weiß von jeder Familie, wie ihr Hund heißt." Das muss man sich einmal vorstellen!

PAPST FRANZISKUS, 04.10.2013

Am Abend dieses Lebens werde ich mit leeren Händen vor Dir erscheinen, denn ich bitte Dich nicht, Herr, meine Werke zu zählen. Alle unsere Gerechtigkeiten sind befleckt in Deinen Augen. Ich will mich also mit Deiner eigenen Gerechtigkeit bekleiden und von Deiner Liebe den ewigen Besitz Deiner selbst empfangen.

THÉRÈSE VON LISIEUX

▶ Das Buch Deuteronomium schreibt ausdrücklich vor, dass Witwen und andere Bedürftige einsammeln dürfen, was bei der Ernte übrig bleibt (Dtn 24,21).

Als sie in Betlehem ankamen, geriet die ganze Stadt ihretwegen in Bewegung. Die Frauen sagten: Ist das nicht Noomi? [20] Doch sie erwiderte: Nennt mich nicht mehr Noomi, Liebliche, sondern Mara, Bittere; denn viel Bitteres hat der Allmächtige mir getan. [21] Reich bin ich ausgezogen, aber mit leeren Händen hat der HERR mich heimkehren lassen. Warum nennt ihr mich noch Noomi, da doch der HERR gegen mich gesprochen und der Allmächtige mir Schlimmes angetan hat? [22] So kehrte Noomi mit Rut, ihrer moabitischen Schwiegertochter, aus dem Grünland Moabs heim. Zu Beginn der Gerstenernte kamen sie in Betlehem an.

Rut auf dem Feld des Boas (Rut 2,1–23)

2 [1] Noomi hatte einen Verwandten von ihrem Mann her, einen einflussreichen Mann; er war aus dem Geschlecht Elimelechs und hieß Boas. [2] Da sagte Rut, die Moabiterin, zu Noomi: Ich möchte aufs Feld gehen und Ähren lesen, wo es mir jemand erlaubt. Sie antwortete ihr: Geh, meine Tochter! [3] Rut ging hin und las auf dem Feld hinter den Schnittern her. Dabei war sie auf ein Grundstück des Boas aus dem Geschlecht Elimelechs geraten. [4] Und nun kam Boas von Betlehem dazu. Er sagte zu den Schnittern: Der HERR sei mit euch! Sie antworteten ihm: Der HERR segne dich. [5] Boas fragte seinen Knecht, der

die Schnitter beaufsichtigte: Wem gehört dieses Mädchen da? [6] Der Knecht, der die Schnitter beaufsichtigte, antwortete: Es ist eine junge Moabiterin, die mit Noomi aus dem Grünland Moabs gekommen ist. [7] Sie hat gesagt: Ich möchte gern Ähren lesen und bei den Garben hinter den Schnittern her sammeln. So kam sie und hielt aus vom Morgen bis jetzt und gönnte sich kaum Ruhe.

[8] Boas sagte zu Rut: Höre wohl, meine Tochter, geh auf kein anderes Feld, um zu lesen; entfern dich nicht von hier, sondern halte dich an meine Mägde; [9] behalte das Feld im Auge, wo sie ernten, und geh hinter ihnen her! Ich habe den Knechten befohlen, dich nicht anzurühren. Hast du Durst, so darfst du zu den Gefäßen gehen und von dem trinken, was die Knechte schöpfen. [10] Sie sank nieder, beugte sich zur Erde und sagte zu ihm: Wie habe ich es verdient, dass du mich so achtest, da ich doch eine Fremde bin? [11] Boas antwortete ihr: Mir wurde alles berichtet, was du nach dem Tod deines Mannes für deine Schwiegermutter getan hast, wie du deinen Vater und deine Mutter, dein Land und deine Verwandtschaft verlassen hast und zu einem Volk gegangen bist, das dir zuvor unbekannt war. [12] Der HERR, der Gott Israels, zu dem du gekommen bist, um dich unter seinen Flügeln zu bergen, möge dir dein Tun vergelten und dich reich belohnen. [13] Sie sagte: Ich habe Gnade gefunden in deinen Augen, Herr. Du hast mir Mut gemacht und zum Herzen deiner Magd gesprochen und ich bin nicht einmal eine deiner Mägde. [14] Zur Essenszeit sagte Boas zu

▶ Ein Mann verlässt gewöhnlich Vater und Mutter, um zu heiraten (Gen 2,24).

▶ „Unter seinen Flügeln" steht für Schutz und Geborgenheit (↗ dazu Ps 63,8, S. 158). Im alten Ägypten wurden Schutzgötter oft mit diesem Bild dargestellt.

ihr: Komm hierher und iss von dem Brot, tauch deinen Bissen in die Würztunke! Sie setzte sich neben die Schnitter. Er reichte ihr geröstete Körner und sie aß sich satt und behielt noch übrig. [15] Als sie wieder aufstand zum Ährenlesen, befahl Boas seinen Knechten: Auch wenn sie zwischen den Garben liest, dürft ihr sie nicht schelten. [16] Ihr sollt sogar für sie eigens etwas aus den Bündeln herausziehen und liegen lassen; sie mag es auflesen und ihr dürft sie nicht schelten.

[17] So sammelte sie auf dem Feld bis zum Abend. Als sie ausklopfte, was sie aufgelesen hatte, war es etwa ein Efa Gerste. [18] Sie hob es auf, ging in die Stadt und ihre Schwiegermutter sah, was sie aufgelesen hatte. Dann packte sie aus, was sie von ihrer Mahlzeit übrig behalten hatte, und gab es ihr. [19] Ihre Schwiegermutter fragte: Wo hast du heute aufgelesen und gearbeitet? Gesegnet sei, der auf dich Acht hatte. Sie berichtete ihrer Schwiegermutter, bei wem sie gearbeitet hatte, und sagte: Der Mann, bei dem ich heute gearbeitet habe, heißt Boas. [20] Da sagte Noomi zu ihrer Schwiegertochter: Gesegnet sei er vom HERRN, der seine Güte den Lebenden und Toten nicht entzogen hat. Und sie erzählte ihr: Der Mann ist mit uns verwandt, er ist einer unserer Löser. [21] Die Moabiterin Rut sagte: Er hat noch zu mir gesagt: Halte dich an

> 99 Alles, was ich weiß, ist, dass man das Leben nicht verstehen kann ohne viel Güte, dass man es nicht leben kann ohne viel Güte.
>
> **OSCAR WILDE** (1854–1900), irischer Dichter

▶ „Ausklopfen" meint, Bündel von Getreidehalmen so auf den Boden schlagen, dass die Körner herausfallen. Ein Efa sind mindestens 22 Liter – also eine große Menge.

▶ „Gunst" ist im Hebräischen dasselbe Wort wie die „Liebe", die Rut Noomi gezeigt hat (1,8). Und wie Rut Noomi nicht verlassen hat, so hat auch Gott „die Lebenden und Toten" nicht verlassen: Die Moabiterin Rut veranschaulicht den treuen Charakter des Gottes Israels.

meine Knechte, bis sie meine Ernte eingebracht haben! [22] Gut, meine Tochter, sagte Noomi zu Rut, ihrer Schwiegertochter, wenn du mit seinen Mägden hinausgehst, dann kann man dich auf einem anderen Feld nicht belästigen. [23] Rut hielt sich beim Ährenlesen an die Mägde des Boas, bis die Gersten- und Weizenernte beendet war. Danach blieb sie bei ihrer Schwiegermutter.

Nächtliche Begegnung mit Boas (Rut 3,1–18)

3 [1] Ihre Schwiegermutter Noomi sagte zu ihr: Meine Tochter, ich möchte dafür sorgen, dass du Ruhe findest. [2] Nun ist ja Boas, bei dessen Mägden du warst, ein Verwandter von uns. Heute Abend worfelt er die Gerste auf der Tenne.

[3] Wasch dich, salbe dich und zieh dein Obergewand an, dann geh zur Tenne! Zeig dich aber dem Mann nicht, bis er fertig gegessen und getrunken hat. [4] Wenn er sich niederlegt, so merk dir den Ort, wo er sich hinlegt. Geh dann hin, deck den Platz zu seinen Füßen auf und leg dich dorthin! Er wird dir dann sagen, was du tun sollst. [5] Rut antwortete ihr: Alles, was du sagst, will ich tun. [6] Sie ging zur Tenne und tat genauso, wie ihre Schwiegermutter ihr aufgetragen hatte.

[7] Als Boas gegessen und getrunken hatte und es ihm wohl zumute wurde, ging er hin, um sich neben dem Getreidehaufen schlafen zu legen. Nun trat sie leise heran, deckte den Platz zu seinen Füßen auf und legte sich nieder. [8] Um Mitternacht schrak der Mann auf, beugte

▶ Ein „Löser" (v20) hat die Pflicht, einem Verwandten, der in Not geraten ist, zu helfen. Das kann bedeuten, Grundstücke zurückzukaufen. Nach der Vorschrift von Dtn 25,5–10 soll der Bruder eines verstorbenen Ehemannes die zurückgebliebene Witwe heiraten.

▶ Beim „Worfeln" warf man das Getreide in die Luft, so dass der Wind die Hülsen wegtrug und das saubere Korn wieder auf den Boden fiel.

▶ „Salben" meint auch „parfümieren".

> 99 Seine Freude in der Freude des anderen finden können, das ist das Geheimnis des Glücks.
>
> **GEORGES BERNANOS** (1888–1948), französischer Schriftsteller

Die fünf Mütter im Stammbaum Jesu (Mt 1,1–17) – Tamar, Rahab, Rut, Batseba und Maria – haben allesamt keinen normalen bürgerlichen Lebenslauf: Sie sind entweder listig, haben sich der Prostitution verschrieben, begehen Ehebruch, kommen aus dem Heidentum oder ihnen kündigt der Engel eine Geburt ohne Mann an. Aber sie spielen in Gottes Masterplan eine entscheidende Rolle.

▶ Obwohl sich Rut für Boas attraktiv gemacht hat, ist er sehr zurückhaltend: Er will ganz korrekt vorgehen und einem näheren Verwandten traditionsgemäß die Möglichkeit geben, Rut zu heiraten (Dtn 25,5). Und er schützt ihren Ruf, indem er sie früh genug heimgehen lässt.

sich vor und fand eine Frau zu seinen Füßen liegen. ⁹ Er fragte: Wer bist du? Sie antwortete: Ich bin Rut, deine Magd. Breite doch den Saum deines Gewandes über deine Magd; denn du bist Löser. ¹⁰ Da sagte er: Gesegnet bist du vom HERRN, meine Tochter. So zeigst du deine Güte noch schöner als zuvor; denn du bist nicht den jungen Männern, ob arm oder reich, nachgelaufen. ¹¹ Jetzt aber, fürchte dich nicht, meine Tochter! Alles, was du sagst, will ich dir tun; denn jeder im Tor weiß, dass du eine tüchtige Frau bist. ¹² Gewiss, ich bin Löser, aber es gibt noch einen Löser, der näher verwandt ist als ich. ¹³ Bleib über Nacht, und wenn er dich dann am Morgen lösen will, gut, so mag er lösen. Wenn er dich aber nicht lösen will, so werde ich dich lösen, so wahr der HERR lebt. Bleib liegen bis zum Morgen! ¹⁴ Sie blieb zu seinen Füßen liegen bis zum Morgen. Doch noch ehe man einander erkennen konnte, stand sie auf. Denn Boas wollte nicht bekannt werden lassen, dass die Frau auf die Tenne gekommen war.

¹⁵ Er sagte zu ihr: Reich mir das Tuch, das du umgelegt hast! Sie hielt es hin und er füllte sechs Maß Gerste hinein und lud es ihr auf. Dann ging er zur Stadt.

¹⁶ Rut kam nun zu ihrer Schwiegermutter und diese fragte: Wie steht es, meine Tochter? Sie erzählte ihr, wie viel Gutes ihr der Mann erwie-

Wenn das Glück keine Göttin ist, sondern in Wirklichkeit ein Geschenk Gottes, so muss man nach Gott fragen, der es geben kann.

AUGUSTINUS

▶ Das Tor einer Stadt ist der Ort, wo Männer zusammenkommen, um wichtige Fragen zu besprechen und auch rechtliche Entscheidungen zu treffen (↗ Ps 127,5).

▶ Zehn Männer (v2) bilden eine entscheidungsfähige Ratsversammlung (↗ auch Gen 18,32). Bis heute braucht es zehn jüdische Männer, um einen offiziellen Gottesdienst in einer Synagoge zu feiern.

sen hatte, ¹⁷ und sagte: Diese sechs Maß Gerste hat er mir gegeben; denn er meinte: Du sollst nicht mit leeren Händen zu deiner Schwiegermutter kommen. ¹⁸ Noomi antwortete ihr: Warte ab, meine Tochter, bis du erfährst, wie die Sache ausgeht; denn der Mann wird nicht ruhen, ehe er noch heute die Sache erledigt hat.

Boas heiratet Rut (Rut 4,1–12)

4 ¹ Indes war Boas zum Tor gegangen und hatte sich dort niedergelassen. Da ging gerade der Löser vorüber, von dem Boas gesprochen hatte. Er sagte zu ihm: Komm herüber und setz dich hierher! Der kam herüber und setzte sich. ² Dann holte Boas zehn Männer von den Ältesten der Stadt und sagte: Setzt euch hierher! Sie taten es.

³ Darauf sagte er zu dem Löser: Das Grundstück, das unserem Verwandten Elimelech gehört, will Noomi, die aus dem Grünland Moabs zurückgekehrt ist, verkaufen. ⁴ Ich dachte, ich will dich davon unterrichten und dir sagen: Erwirb es in Gegenwart der hier Sitzenden und in Gegenwart der Ältesten meines Volkes! Wenn du lösen willst, so löse! Willst du aber nicht lösen, so sag es mir, damit ich es weiß; denn außer dir ist niemand zum Lösen da und ich bin nach dir an der Reihe. Jener antwortete: Ich werde lösen. ⁵ Boas fuhr fort: Wenn du den Acker aus der Hand der Noomi erwirbst, dann erwirbst du zugleich

auch die Moabiterin Rut, die Frau des Verstorbenen, um den Namen des Toten auf seinem Erbe erstehen zu lassen. ⁶ Der Löser sagte: Dann kann ich für mich nicht lösen, sonst schädige ich mein eigenes Erbe. Übernimm du mein Löserecht; denn ich kann nicht lösen. ⁷ Früher bestand in Israel folgender Brauch: Um ein Löse- oder Tauschgeschäft rechtskräftig zu machen, zog man den Schuh aus und gab ihn seinem Partner. Das galt in Israel als Bestätigung. ⁸ Der Löser sagte nun zu Boas: Erwirb es für dich! und zog seinen Schuh aus. ⁹ Boas sagte zu den Ältesten und zum ganzen Volk: Ihr seid heute Zeugen, dass ich alles Eigentum Elimelechs sowie das Kiljons und Machlons aus der Hand der Noomi erworben habe. ¹⁰ Auch Rut, die Moabiterin, die Frau Machlons, habe ich mir zur Frau erworben, um den Namen des Verstorbenen auf seinem Erbe erstehen zu lassen, damit sein Name unter seinen Verwandten und im Tor seines Ortes nicht erlischt. Ihr seid heute Zeugen. ¹¹ Da antwortete das ganze Volk im Tor samt den Ältesten: Wir sind Zeugen. Der HERR mache die Frau, die in dein Haus kommt, wie Rahel und Lea, die zwei, die das Haus Israel aufgebaut haben. Handle tüchtig in Efrata und komm zu Ansehen in Betlehem! ¹² Dein Haus gleiche dem Haus des Perez, den Tamar dem Juda geboren hat, durch die Nachkommenschaft, die der HERR dir aus dieser jungen Frau geben möge.

20-mal kommen im Buch Rut „lösen", „Löser", „Lösung" vor. Wenn wir Jesus den „Erlöser" nennen, geht es um das gleiche biblische Wort. Der Menschensohn, so sagt es etwa Matthäus, „ist nicht gekommen, um sich dienen zu lassen, sondern um zu dienen und sein Leben hinzugeben als Lösegeld für viele" (Mt 20,28).

▶ Rahel und Lea, Jakobs Frauen, sind die Mütter des Volkes Israel. Perez ist ein Sohn von Juda und Tamar (↗ Gen 38,29) und ein Vorfahre von Boas (↗ Rut 4,18–21). Tamar hatte sich als Prostituierte verkleidet, damit Juda mit ihr schlief und so Perez zeugte (↗ Gen 38). Trotz dieser moralisch zweifelhaften Geschichte wird Perez zum sprichwörtlichen Segen.

Und sie gebar ein Kind (Rut 4,13–22)

¹³ So nahm Boas Rut zur Frau und ging zu ihr. Der HERR ließ sie schwanger werden und sie gebar einen Sohn. ¹⁴ Da sagten die Frauen zu Noomi: Gepriesen sei der HERR, der es dir heute nicht an einem Löser hat fehlen lassen. Sein Name soll in Israel gerühmt werden.

¹⁵ Du wirst jemand haben, der dein Herz erfreut und dich im Alter versorgt; denn deine Schwiegertochter, die dich liebt, hat ihn geboren, sie, die für dich mehr wert ist als sieben Söhne.

¹⁶ Noomi nahm das Kind, drückte es an ihre Brust und wurde seine Pflegemutter. ¹⁷ Die Nachbarinnen rühmten ihn und sagten: Der Noomi ist ein Sohn geboren.

Und sie gaben ihm den Namen Obed. Er ist der Vater Isais, des Vaters Davids.

¹⁸ Das ist die Geschlechterfolge nach Perez: Perez zeugte Hezron, ¹⁹ Hezron zeugte Ram, Ram zeugte Amminadab, ²⁰ Amminadab zeugte Nachschon, Nachschon zeugte Salmon, ²¹ Salmon zeugte Boas, Boas zeugte Obed, ²² Obed zeugte Isai und Isai zeugte David.

Die Bibel hat ein Faible für starke, ungewöhnliche Frauen. In manchen Religionen, Familien und Gesellschaften zählt bis heute ein Sohn mehr als eine Tochter. Das Buch Rut wendet sich mit aller Schärfe gegen eine solche Einstellung.

▶ Diese Geschlechterfolge zeigt, dass die Moabiterin Rut zur Urgroßmutter des Königs David wurde, und damit auch zu einer Urgroßmutter von Jesus (Mt 1,5).

Samuel

Der Prophet Samuel, der Sohn von Hanna und Elkana, spielt eine Hauptrolle in den nach ihm benannten Büchern. Er salbt die ersten beiden Könige Israels, Saul und David, deren Geschichten ebenfalls hier erzählt werden (David stirbt in 1 Kön 2,10). Samuel steht damit in einer kritischen Phase der Geschichte Israels, am Übergang von der eher informellen Führung durch Richter (die sogenannte vorstaatliche Zeit) zum Königtum Israels (ca. 1000 v. Chr.).

Obwohl Samuel das Volk in Gottes Auftrag vor den Gefahren der Monarchie warnt, besteht es auf dem Wunsch nach einem König, den Samuel gegen seine Überzeugung erfüllt (1 Sam 8). Langfristig führt dieser Weg in den Untergang, was sich in den folgenden Büchern der Könige deutlich zeigt (2 Kön 24–25). Der Blick auf diese Geschichte vermittelt Einsichten, worauf es im Leben und in einer Gemeinschaft ankommt.

Die Erzählungen der Samuelbücher gehören wie die Josefs-geschichte zu den lebendigsten und spannendsten der Bibel. Sie zeigen, wie Menschen im Glauben mit ihren Fehlern und Schwächen kämpfen und wie Gott trotzdem immer mit ihnen geht.

ERSTES BUCH SAMUEL

Samuels Berufung (1 Sam 3)

3 ¹ Der junge Samuel versah den Dienst des HERRN unter der Aufsicht Elis. In jenen Tagen waren Worte des HERRN selten; Visionen waren nicht häufig.

² Eines Tages geschah es: Eli schlief auf seinem Platz; seine Augen waren schwach geworden und er konnte nicht mehr sehen.

³ Die Lampe Gottes war noch nicht erloschen und Samuel schlief im Tempel des HERRN, wo die Lade Gottes stand.

⁴ Da rief der HERR den Samuel und Samuel antwortete: Hier bin ich.

⁵ Dann lief er zu Eli und sagte: Hier bin ich, du hast mich gerufen. Eli erwiderte: Ich habe dich nicht gerufen. Geh wieder schlafen! Da ging er und legte sich wieder schlafen.

⁶ Der HERR rief noch einmal: Samuel! Samuel stand auf und ging zu Eli und sagte: Hier bin ich, du hast mich gerufen. Eli erwiderte: Ich habe dich nicht gerufen, mein Sohn. Geh wieder schlafen!

⁷ Samuel kannte den HERRN noch nicht und das Wort des HERRN war ihm noch nicht offenbart worden.

⁸ Da rief der HERR den Samuel wieder, zum dritten Mal. Er stand

auf und ging zu Eli und sagte: Hier bin ich, du hast mich gerufen. Da merkte Eli, dass der HERR den Knaben gerufen hatte.

⁹ Eli sagte zu Samuel: Geh, leg dich schlafen! Wenn er dich ruft, dann antworte: Rede, HERR; denn dein Diener hört. Samuel ging und legte sich an seinem Platz nieder.

¹⁰ Da kam der HERR, trat heran und rief wie die vorigen Male: Samuel, Samuel! Und Samuel antwortete: Rede, denn dein Diener hört.

¹¹ Der HERR sagte zu Samuel: Fürwahr, ich werde in Israel etwas tun, sodass jedem, der davon hört, beide Ohren gellen. ¹² An jenem Tag werde ich an Eli vom Anfang bis zum Ende alles verwirklichen, was ich seinem Haus angedroht habe. ¹³ Ich habe ihm angekündigt, dass ich über sein Haus für immer das Urteil gesprochen habe wegen seiner Schuld; denn er wusste, wie seine Söhne Gott lästern, und gebot ihnen nicht Einhalt. ¹⁴ Darum habe ich dem Haus Eli geschworen: Für die Schuld des Hauses Eli kann durch Opfer und durch Gaben in Ewigkeit keine Sühne erwirkt werden.

¹⁵ Samuel blieb bis zum Morgen liegen, dann öffnete er die Türen zum Haus des HERRN. Er fürchtete sich aber, Eli von der Vision zu berichten.

¹⁶ Da rief Eli Samuel und sagte: Samuel, mein Sohn! Er antwortete: Hier bin ich.

[17] Eli fragte: Was war es, das er zu dir gesagt hat? Verheimliche mir nichts! Gott möge dir dies und das antun, wenn du mir auch nur eines von all den Worten verheimlichst, die er zu dir gesprochen hat. [18] Da teilte ihm Samuel alle Worte mit und verheimlichte ihm nichts. Darauf sagte Eli: Es ist der HERR. Er tue, was ihm gefällt. [19] Samuel wuchs heran und der HERR war mit ihm und ließ keines von all seinen Worten zu Boden fallen. [20] Ganz Israel von Dan bis Beerscheba erkannte, dass Samuel als Prophet des HERRN beglaubigt war. [21] Auch weiterhin erschien der HERR in Schilo: Der HERR offenbarte sich Samuel in Schilo durch sein Wort.

→ machen soll. Fragt den Herrn danach, er wird euch den Weg begreifen lassen. Wie es der junge Samuel tat, als er in sich die eindringliche Stimme des Herrn hörte, der ihn rief, er aber nicht verstand und nicht wusste, was er sagen sollte, und schließlich dank der Hilfe des Priesters Eli dieser Stimme antwortete: Rede, Herr, denn ich höre.

PAPST FRANZISKUS, 28.7.2013

> In den folgenden Kapiteln bewährt sich Samuel in seiner Aufgabe. Er richtet das Volk, hilft ihm, setzt sich bei Gott für Israel ein und salbt Saul zum ersten König. Dieser aber scheitert, teils wegen psychischer Probleme, aber auch, weil er nicht auf Gott hört (1 Sam 15). Gott wählt deshalb einen neuen König.

Die Salbung Davids (1 Sam 16)

16 [1] Der HERR sagte zu Samuel: Wie lange willst du noch um Saul trauern? Ich habe ihn doch verworfen; er soll nicht mehr als König über Israel herrschen. Fülle dein Horn mit Öl und mach dich auf den Weg! Ich schicke dich zu dem Betlehemiter Isai; denn

ich habe mir einen von seinen Söhnen als König ausersehen. [2] Samuel erwiderte: Wie kann ich da hingehen? Saul wird es erfahren und mich umbringen. Der HERR sagte: Nimm ein junges Rind mit und sag: Ich bin gekommen, um dem HERRN ein Schlachtopfer darzubringen. [3] Lade Isai zum Opfer ein! Ich selbst werde dich dann erkennen lassen, was du tun sollst: Du sollst mir nur den salben, den ich dir nennen werde.

[4] Samuel tat, was der HERR befohlen hatte. Als er nach Betlehem kam, gingen ihm die Ältesten der Stadt zitternd entgegen und fragten: Bedeutet dein Kommen Frieden? [5] Er antwortete: Frieden. Ich bin gekommen, um dem HERRN ein Schlachtopfer darzubringen. Heiligt euch und kommt mit mir zum Opfer!

Dann heiligte er Isai und seine Söhne und lud sie zum Opfer ein. [6] Als sie kamen und er den Eliab sah, dachte er: Gewiss steht nun vor dem HERRN sein Gesalbter. [7] Der HERR aber sagte zu Samuel: Sieh nicht auf sein Aussehen und seine stattliche Gestalt, denn ich habe ihn verworfen; Gott sieht nämlich nicht auf das, worauf der Mensch sieht. Der Mensch sieht, was vor den Augen ist, der HERR aber sieht das Herz. [8] Nun rief Isai den Abinadab und ließ ihn vor Samuel treten. Dieser sagte: Auch ihn hat der HERR nicht erwählt. [9] Isai ließ Schima kommen. Samuel sagte: Auch ihn hat der HERR nicht erwählt.

Er erschuf mich, er erwählte mich; er kam und nahm Wohnung in mir, weil er mich brauchte.

MUTTER TERESA

▶ Die Angst der Verantwortlichen (v4) belegt den hohen Respekt vor dem Propheten. Sein Auftreten wurzelt in Gottes Auftrag und bewirkt oft Veränderungen, die nicht allen lieb sind.

▶ „Heiligen" bedeutet hier die Vorbereitung für die Gemeinschaft mit Gott bei einem religiösen Fest (↗ Ex 19,10.14).

▶ Keine andere Stelle der Bibel benennt so prägnant den Unterschied zwischen menschlicher und göttlicher Wahrnehmung. Sogar der Prophet Samuel urteilt nach Äußerlichkeiten, und Gott muss ihn korrigieren.

▶ Gott wählt einen unvorhergesehenen „Überraschungskandidaten": den Jüngsten, der zuerst gar nicht anwesend ist, weil er beim Schafehüten ist – damals eine typische Aufgabe für Kinder. Doch gerade er ist besonders geeignet. Er ist attraktiv und hat besondere Begabungen. Als Musiker kann er die Stimmung von Menschen positiv beeinflussen (mit Saul, v14–23), als Krieger setzt er auf Mut und Strategie (mit Goliat, 1 Sam 17).

▶ Die Diener benennen sensibel, worunter Saul leidet, und machen einen höflichen Vorschlag, was Saul helfen könnte. Ihre Strategie ist erfolgreich.

▶ Psychische Krankheiten werden in der Bibel oft „Dämonen" oder „böse Geister" genannt.

¹⁰ So ließ Isai sieben seiner Söhne vor Samuel treten, aber Samuel sagte zu Isai: Diese hat der HERR nicht erwählt.
¹¹ Und er fragte Isai: Sind das alle jungen Männer? Er antwortete: Der jüngste fehlt noch, aber der hütet gerade die Schafe. Samuel sagte zu Isai: Schick jemand hin und lass ihn holen; wir wollen uns nicht zum Mahl hinsetzen, bevor er hergekommen ist.
¹² Isai schickte also jemand hin und ließ ihn kommen. David war rötlich, hatte schöne Augen und eine schöne Gestalt. Da sagte der HERR: Auf, salbe ihn! Denn er ist es.
¹³ Samuel nahm das Horn mit dem Öl und salbte David mitten unter seinen Brüdern. Und der Geist des HERRN war über David von diesem Tag an. Samuel aber brach auf und kehrte nach Rama zurück.
¹⁴ Der Geist des HERRN war von Saul gewichen und ein böser Geist vom HERRN verstörte ihn. ¹⁵ Da sagten die Diener Sauls zu ihm: Du siehst, ein böser Geist Gottes verstört dich. ¹⁶ Darum möge unser Herr seinen Knechten, die vor ihm stehen, befehlen, einen Mann zu suchen, der die Leier zu spielen versteht. Sobald dich der böse Geist Gottes überfällt, soll er spielen; dann wird es dir wieder gut gehen.
¹⁷ Saul sagte zu seinen Dienern: Seht euch für mich nach einem Mann um, der gut spielen kann, und bringt ihn her zu mir! ¹⁸ Einer der jungen Männer antwortete: Ich kenne einen Sohn

Ich stelle mir gerne vor, wie David beim Weiden der Schafe für Gott spielt und singt – nur für ihn, nicht ahnend, dass er einmal der König sein würde. Als Musiker möchte ich wie David sein, möchte am Klavier „in Tönen beten", wie ich mein Musizieren gerne nenne, möchte in Tönen und Klängen diese unbeschreibliche Liebe Gottes weitergeben.

TOBIAS

des Betlehemiters Isai, der zu spielen versteht. Und er ist tapfer und ein guter Krieger, wortgewandt, von schöner Gestalt und der HERR ist mit ihm. ¹⁹ Da schickte Saul Boten zu Isai und ließ ihm sagen: Schick mir deinen Sohn David, der bei den Schafen ist! ²⁰ Isai nahm einen Esel, dazu Brot, einen Schlauch Wein und ein Ziegenböckchen und schickte seinen Sohn David damit zu Saul. ²¹ So kam David zu Saul und trat in seinen Dienst; Saul gewann ihn sehr lieb und David wurde sein Waffenträger. ²² Darum schickte Saul zu Isai und ließ ihm sagen: David soll in meinem Dienst bleiben; denn er hat mein Wohlwollen gefunden. ²³ Sooft nun ein Geist Gottes Saul überfiel, nahm David die Leier und spielte darauf. Dann fühlte sich Saul erleichtert, es ging ihm wieder gut und der böse Geist wich von ihm.

> David kommt als Jugendlicher zur Schlacht zwischen Israel und den Philistern, die ihren Riesen Goliat vorschicken und gegen den sich niemand zu kämpfen traut.

David und Goliat (1 Sam 17)

„„ Mut ist, wenn man Todesangst hat, aber sich trotzdem in den Sattel schwingt.

JOHN WAYNE (1907–1979)

17 ³² David sagte zu Saul: Niemand soll wegen des Philisters den Mut sinken lassen. Dein Knecht wird hingehen und mit diesem Philister kämpfen. ³³ Saul erwiderte ihm: Du kannst nicht zu diesem Philister hingehen, um mit ihm zu kämpfen; du bist zu jung, er aber ist ein Krieger seit seiner Jugend. ³⁴ David sagte zu Saul: Dein Knecht

hat für seinen Vater die Schafe gehütet. Wenn ein Löwe oder ein Bär kam und ein Lamm aus der Herde wegschleppte, ³⁵ lief ich hinter ihm her, schlug auf ihn ein und riss das Tier aus seinem Maul. Und wenn er sich dann gegen mich aufrichtete, packte ich ihn an der Mähne und schlug ihn tot.

³⁶ Dein Knecht hat den Löwen und den Bären erschlagen und diesem unbeschnittenen Philister soll es genauso ergehen wie ihnen, weil er die Schlachtreihen des lebendigen Gottes verhöhnt hat. ³⁷ Und David sagte weiter: Der HERR, der mich aus der Gewalt des Löwen und des Bären gerettet hat, wird mich auch aus der Gewalt dieses Philisters retten. Da antwortete Saul David: Geh, der HERR sei mit dir.

³⁸ Und Saul zog David seine Rüstung an; er setzte ihm einen bronzenen Helm auf den Kopf und legte ihm seinen Panzer an ³⁹ und über der Rüstung hängte er ihm sein Schwert um. David versuchte zu gehen, aber er war es nicht gewohnt. Darum sagte er zu Saul: Ich kann in diesen Sachen nicht gehen, ich bin nicht daran gewöhnt.

Und er legte sie wieder ab, ⁴⁰ nahm seinen Stock in die Hand, suchte sich fünf glatte Steine aus dem Bach und legte sie in die Hirtentasche, die er bei sich hatte, in den Vorratsbeutel. Die Schleuder in der Hand, ging er auf den Philister zu.

⁴¹ Der Philister kam immer näher an David heran; sein Schildträger schritt vor ihm her. ⁴² Als der Philister aufblickte und David sah, verachtete er ihn, denn er war jung, rötlich und von schöner Gestalt. ⁴³ Der Philister sagte zu David: Bin ich denn ein Hund, dass du mit einem Stock zu mir kommst? Und er verfluchte David bei seinen Göttern.

⁴⁴ Er rief David zu: Komm nur her zu mir, ich werde dein Fleisch den Vögeln des Himmels und den wilden Tieren geben. ⁴⁵ David antwortete dem Philister: Du kommst zu mir mit Schwert, Speer und Sichelschwert, ich aber komme zu dir im Namen des HERRN der Heerscharen, des Gottes der Schlachtreihen Israels, den du verhöhnt hast. ⁴⁶ Heute wird dich der HERR mir ausliefern. Ich werde dich erschlagen und dir den Kopf abhauen. Die Leichen des Heeres der Philister werde ich noch heute den Vögeln des Himmels und den wilden Tieren geben. Alle Welt soll erkennen, dass Israel einen Gott hat. ⁴⁷ Auch alle, die hier versammelt sind, sollen erkennen, dass der HERR nicht durch Schwert und Speer Rettung verschafft; denn es ist ein Krieg des HERRN und er wird euch in unsere Hand geben.

⁴⁸ Als der Philister weiter vorrückte und immer näher an David herankam, lief auch David schnell auf die Schlachtreihe zu, dem Philister entgegen. ⁴⁹ Er griff in seine Hirtentasche, nahm einen Stein heraus,

Als die Helden Israels den Riesen Goliat sahen, machten sie sich in die Hosen und sagten: Der ist zu groß, der macht Kleinholz aus uns. Nur David dachte: Der hat genau die richtige Größe; man kann ihn gar nicht verfehlen. Es kommt halt darauf an, wie man die Dinge betrachtet.

Um im geistlichen Leben vorankommen zu können, muss man kämpfen.
PAPST FRANZISKUS, 30.10.2014

Ich habe den guten Kampf gekämpft, den Lauf vollendet, die Treue bewahrt.
Der Apostel Paulus in 2 Tim 4,7

schleuderte ihn ab und traf den Philister an der Stirn. Der Stein drang in die Stirn ein und der Philister fiel mit dem Gesicht zu Boden. ⁵⁰ So besiegte David den Philister mit einer Schleuder und einem Stein; er traf den Philister und tötete ihn, ohne ein Schwert in der Hand zu haben. ⁵¹ Dann lief David hin und trat neben den Philister. Er ergriff sein Schwert, zog es aus der Scheide, tötete ihn und schlug ihm den Kopf ab. Als die Philister sahen, dass ihr starker Mann tot war, flohen sie. ...

Davids Erfolge im Kampf mit den Philistern machen Saul neidisch, und er rast vor Wut. Er verfolgt David und versucht mehrmals, ihn zu töten. Sauls Kinder aber schätzen David: Jonatan, Sauls ältester Sohn, schließt mit David eine enge Freundschaft. Und Michal, Sauls Tochter, wird seine Frau und rettet ihm das Leben (1 Sam 19,10–17).

Jonatans Freundschaft mit David (1 Sam 18–20)

> Die Freundschaft soll eine Freude sein, die unentgeltlich zuteilwird wie die Freuden der Kunst oder des Lebens. Sie ist eine Art Gnade.
>
> **SIMONE WEIL** (1909–1943), französische Philosophin

18 ¹ Nach dem Gespräch Davids mit Saul schloss Jonatan David in sein Herz. Und Jonatan liebte David wie sein eigenes Leben. ² Saul behielt David von jenem Tag an bei sich und ließ ihn nicht mehr in das Haus seines Vaters zurückkehren. ³ Jonatan schloss mit David einen Bund, weil er ihn wie sein eigenes Leben liebte. ⁴ Er zog den Mantel, den er anhatte, aus und gab ihn

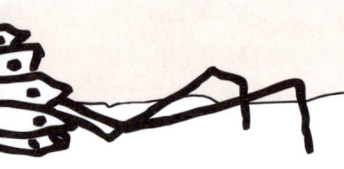

David, ebenso seine Rüstung, sein Schwert, seinen Bogen und seinen Gürtel. ⁵ David zog ins Feld und überall, wohin Saul ihn schickte, hatte er Erfolg, sodass Saul ihn an die Spitze seiner Krieger stellte. David war beim ganzen Volk und bei den Dienern Sauls beliebt. ⁶ Als sie nach Davids Sieg über den Philister heimkehrten, zogen die Frauen aus allen Städten Israels König Saul singend und tanzend mit Handpauken, Freudenrufen und Zimbeln entgegen. ⁷ Die Frauen spielten und riefen voll Freude: Saul hat Tausend erschlagen, David aber Zehntausend. ⁸ Saul wurde darüber sehr zornig. Das Lied missfiel ihm und er sagte: David geben sie Zehntausend, mir aber geben sie nur Tausend. Jetzt fehlt ihm nur noch die Königswürde. ⁹ Von diesem Tag an war Saul gegen David voll Argwohn. ¹⁰ Am folgenden Tag kam über Saul wieder ein böser Gottesgeist, sodass er in seinem Haus in Raserei geriet. David aber spielte wie jeden Tag. Saul hatte den Speer in der Hand. ¹¹ Saul schleuderte den Speer und dachte: Ich will David an die Wand spießen! Aber David wich ihm zweimal aus. ¹² Und Saul begann sich vor David zu fürchten, weil der HERR mit David war, Saul aber verlassen hatte. ...

> Der Neid kann sich nicht verbergen. Er klagt an und verurteilt, ohne Beweise zu haben; er übertreibt die Fehler; er hat maßlose Namen für die geringsten Irrtümer, und seine Sprache ist voll Bitterkeit, Übertreibung und Missgunst. Mit unerbittlichem Hass und rasender Wut stürzt er sich auf jedes wirkliche Verdienst; er ist blind, jähzornig, gefühllos, brutal.
>
> **LUC DE CLAPIERS, MARQUIS DE VAUVENARGUES** (1715–1747), französischer Schriftsteller

> Neid schadet am meisten dem, der ihn hegt, anderen gar wenig. Gleich wie der Rost das Eisen frisst, so frisst der Neid den Neider.
>
> **BASILIUS DER GROSSE** (um 330–379), kappadokischer Asket, Bischof und Kirchenlehrer

19 ¹ Saul redete vor seinem Sohn Jonatan und vor allen seinen Dienern davon, dass er David töten wolle. Sauls Sohn Jonatan aber hatte David sehr gern; ² deshalb berichtete er David davon und sagte: Mein Vater Saul will dich töten. Nimm dich also morgen früh in Acht, verbirg dich in einem Versteck!

³ Ich aber will hinausgehen und auf dem Feld gerade dort zu meinem Vater hintreten, wo du bist. Dann werde ich mit meinem Vater über dich reden, und wenn ich etwas erfahre, werde ich dir Bescheid geben.

⁴ Jonatan redete also zugunsten Davids mit seinem Vater und sagte zu ihm: Der König möge sich doch nicht an seinem Knecht David versündigen; denn er hat sich ja auch nicht an dir versündigt und seine Taten sind für dich sehr nützlich gewesen.

⁵ Er hat sein Leben aufs Spiel gesetzt und den Philister erschlagen. Der HERR hat ganz Israel eine große Rettung geschenkt. Du hast es selbst gesehen und dich darüber gefreut. Warum willst du dich nun versündigen und unschuldiges Blut vergießen, indem du David ohne jeden Grund tötest?

⁶ Saul hörte auf Jonatan und schwor: So wahr der HERR lebt: David soll nicht umgebracht werden.

⁷ Jonatan rief David und berichtete ihm alles. Dann führte Jonatan David zu Saul und David war wieder in Sauls Dienst wie vorher. ...

> 🙶 Die Eifersucht bringt dazu, zu töten. Der Neid bringt dazu, zu töten. Die Bibel sagt: „Durch den Neid des Teufels ist das Böse in die Welt gekommen". Die Eifersucht und der Neid öffnen die Tür für alle schlechten Dinge. Sie spalten auch die Gemeinschaft. Wenn eine christliche Gemeinschaft — an Neid, an Eifersucht leidet, dann endet sie in der Spaltung: einer gegen den anderen. Ein starkes Gift ist das.
> **PAPST FRANZISKUS**, 23.1.2014

▶ Jonatan ist zweifach loyal: seinem Vater gegenüber, dem er mit mutigem Widerspruch hilft, das angedachte Unrecht einzusehen und aufzugeben; und zu David, den er vor der Gefahr warnt und für den er eintritt.

> Noch im selben Kapitel will Saul David erneut töten. David flieht vor ihm. In 1 Sam 20 spitzt sich die Lage zu. Bei einem Festmahl, zu dem David wegen seiner Bedrohung nicht erscheint, konfrontiert Saul seinen Sohn Jonatan:

20

²⁷ Als aber am zweiten Tag, dem Tag nach dem Neumond, der Platz Davids wieder leer blieb, sagte Saul zu seinem Sohn Jonatan: Warum ist der Sohn Isais gestern und heute nicht zum Essen gekommen?

²⁸ Jonatan antwortete Saul: David hat mich dringend gebeten, nach Betlehem gehen zu dürfen.

²⁹ Er sagte: Lass mich gehen; denn in der Stadt findet ein Opfer unserer Sippe statt. Mein Bruder selbst hat mich aufgefordert. Wenn ich dein Wohlwollen gefunden habe, dann möchte ich jetzt fortgehen dürfen und meine Brüder wiedersehen. Deswegen ist David nicht an den Tisch des Königs gekommen.

³⁰ Da wurde Saul zornig über Jonatan und sagte: Du Sohn eines entarteten und aufsässigen Weibes! Ich weiß sehr gut, dass du dich zu deiner eigenen Schande und zur Schande des Schoßes deiner Mutter für den Sohn Isais entschieden hast.

³¹ Doch solange der Sohn Isais auf Erden lebt, wirst weder du noch dein Königtum Bestand haben. Schick also sofort jemand hin und lass ihn holen; denn er ist ein Kind des Todes.

▶ Ein schönes Beispiel für Versöhnung bewirkendes Handeln.

> 🙶 Gott der Liebe, zeige uns unseren Platz in dieser Welt als Werkzeuge deiner Liebe zu allen Wesen dieser Erde, denn keines von ihnen wird von dir vergessen. Erleuchte, die Macht und Reichtum besitzen, damit sie sich hüten vor der Sünde der Gleichgültigkeit, das Gemeinwohl lieben, die Schwachen fördern und für diese Welt sorgen, die wir bewohnen.
> **PAPST FRANZISKUS**, Gebet aus Laudato Si, 218

99 Keine Gewalt hat Dauer.
LEONARDO DA VINCI
(1452–1519), italienischer Maler

▶ Trotz der engen familiären Beziehung stellt sich Jonatan gegen seinen Vater Saul, weil er im Unrecht ist. Er riskiert damit sein Leben.

³² Jonatan antwortete seinem Vater Saul: Warum soll er umgebracht werden? Was hat er getan?

³³ Da schleuderte Saul den Speer gegen ihn, um ihn zu töten. Nun wusste Jonatan, dass sein Vater beschlossen hatte, David umzubringen.

³⁴ Voll Zorn stand er vom Tisch auf und aß an diesem zweiten Neumondtag nichts; denn er war bekümmert wegen David, weil sein Vater ihn beschimpft hatte. ...

⁴¹ Als der Diener heimgegangen war, verließ David sein Versteck neben dem Stein, warf sich mit dem Gesicht zur Erde nieder und verneigte sich dreimal. Dann küssten sie einander und beide weinten, am heftigsten aber David. ⁴² Jonatan sagte zu ihm: Geh in Frieden! Für das, was wir beide uns im Namen des HERRN geschworen haben, sei der HERR zwischen mir und dir, zwischen meinen und deinen Nachkommen auf ewig.

Saul hört nicht auf, seinem Schwiegersohn David nach dem Leben zu trachten, weil er in ihm einen Rivalen und eine Bedrohung für das Königtum seiner Familie sieht.

▶ En-Gedi ist eine Oase auf der Westseite des Toten Meeres.

▶ Sauls Augen sind an das grelle Tageslicht draußen gewöhnt; er kann David und seine Leute in der Dunkelheit nicht wahrnehmen.

▶ Obwohl seine eigenen Leute ihn ermutigen, Saul zu töten, noch dazu mit Berufung auf „Gott" („der Herr zu dir gesagt hat", v5), schützt David den König. Er sieht in Saul immer noch den „Gesalbten" Gottes (v7), auch wenn dieser ihm zum Todfeind geworden ist.

David verschont den ihn verfolgenden Saul (1 Sam 24,1–16)

24 ¹ Von dort zog David hinauf und setzte sich in den schwer zugänglichen Bergen bei En-Gedi fest. ² Als Saul von der Verfolgung der Philister zurückkehrte, berichtete man ihm: Gib Acht, David ist in der Steppe von En-Gedi.

³ Da nahm Saul dreitausend Mann, ausgesuchte Leute aus ganz Israel, und zog aus, um David und seine Männer bei den Steinbock-Felsen zu suchen. ⁴ Auf seinem Weg kam er zu einigen Schafhürden. Dort war eine Höhle. Saul ging hinein, um seine Notdurft zu verrichten. David aber und seine Männer saßen hinten in der Höhle. ⁵ Da sagten die Männer zu David: Das ist der Tag, von dem der HERR zu dir gesagt hat: Sieh her, ich gebe deinen Feind in deine Gewalt und du kannst mit ihm machen, was dir richtig erscheint. Da stand David auf und schnitt heimlich einen Zipfel von Sauls Mantel ab.

⁶ Hinterher aber schlug David das Gewissen, weil er einen Zipfel vom Mantel Sauls abgeschnitten hatte. ⁷ Er sagte zu seinen Männern: Der HERR bewahre mich davor, meinem Gebieter, dem Gesalbten des HERRN, so etwas anzutun und Hand an ihn zu legen; denn er ist der Gesalbte des HERRN. ⁸ Und David fuhr seine Leute mit scharfen Worten an und ließ nicht zu, dass sie sich an Saul vergriffen. Als Saul die Höhle verlassen hatte und seinen Weg fortsetzte, ⁹ stand auch David auf, verließ die Höhle und rief Saul nach: Mein Herr und König! Als Saul sich umblickte, verneigte sich David bis zur Erde und warf sich nieder. ¹⁰ Dann sagte David zu Saul: Warum hörst du auf die Worte von

Leuten, die sagen: Gib Acht, David will dein Verderben. ¹¹ Doch heute kannst du mit eigenen Augen sehen, dass der HERR dich heute in der Höhle in meine Gewalt gegeben hat. Man hat mir gesagt, ich solle dich töten; aber ich habe dich geschont. Ich sagte: Ich will nicht die Hand an meinen Herrn legen; denn er ist der Gesalbte des HERRN. ¹² Sieh her, mein Vater! Hier, der Zipfel deines Mantels ist in meiner Hand. Wenn ich einen Zipfel deines Mantels abgeschnitten und dich nicht getötet habe, dann kannst du erkennen und einsehen, dass ich weder Bosheit noch Aufruhr im Sinn habe und dass ich mich nicht gegen dich versündigt habe; du aber stellst mir nach, um mir das Leben zu nehmen. ¹³ Der HERR soll zwischen mir und dir entscheiden. Der HERR soll mich an dir rächen; aber meine Hand wird dich nicht anrühren. ... ¹⁶ Der HERR soll unser Richter sein und zwischen mir und dir entscheiden. Er blicke her, er soll meinen Rechtsstreit führen und mir dir gegenüber Recht verschaffen.

Die Tränen König Sauls (1 Sam 24,17–23)

¹⁷ Als David das zu Saul gesagt hatte, antwortete Saul: Ist das nicht deine Stimme, mein Sohn David? Und Saul begann laut zu weinen ¹⁸ und sagte zu David: Du bist gerechter als ich; denn du hast mir

> **99** Die Tatenmenschen haben die Welt verschieden verändert, jetzt kommt es darauf an, sie zu verschonen.
> **ODO MARQUARD** (1928–2015), Philosoph

▶ David verweist mehrfach auf Gottes Entscheiden und Richten (in v13 und 16) und zeigt damit, dass er auf die göttliche Gerechtigkeit vertraut. Das bewahrt ihn davor, sich selber zu rächen.

▶ Saul muss die ehrliche Gesinnung Davids anerkennen. Das bringt ihn zum Weinen, hindert ihn aber zwei Kapitel später nicht (1 Sam 26), David erneut zu verfolgen. Saul ist innerlich zerrissen.

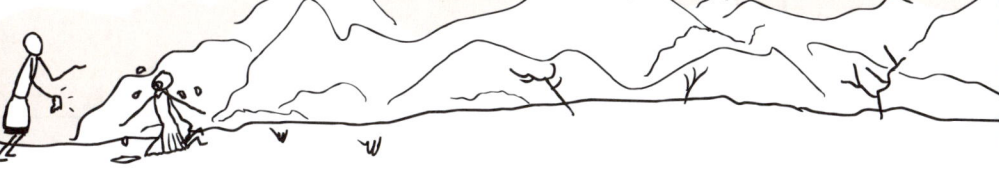

Gutes erwiesen, während ich böse an dir gehandelt habe. ¹⁹ Du hast heute bewiesen, dass du gut an mir gehandelt hast; obwohl der HERR mich in deine Gewalt gegeben hatte, hast du mich nicht getötet. ²⁰ Wenn jemand auf seinen Feind trifft, lässt er ihn dann im Guten seinen Weg weiterziehen? Der HERR möge dir mit Gutem vergelten, was du mir heute getan hast! ²¹ Jetzt weiß ich, dass du König werden wirst und dass das Königtum in deiner Hand Bestand haben wird. ²² Darum schwöre mir nun beim HERRN, dass du meine Nachkommen nicht ausrotten und meinen Namen nicht aus dem Haus meines Vaters austilgen wirst! ²³ Und David schwor es Saul. Saul zog nach Hause, David aber und seine Männer stiegen in die Bergfeste hinauf.

> **99** O meine Brüder, Gott wird uns im Tode nicht vorwerfen, wir hätten keine Wunder gewirkt, noch auch, wir seien keine Theologen oder Mystiker gewesen, aber davon werden wir ihm sicher Rechenschaft geben müssen, dass wir nicht unermüdlich unsere Sünden beweint haben.
> **JOHANNES KLIMAKOS** († 649)

Saul und seine Söhne, auch Jonatan, sterben in der Schlacht gegen die Philister (1 Sam 31), während David mit Gottes Hilfe immer weiter aufsteigt und König über ganz Israel wird (2 Sam 5). Aus Dankbarkeit will er Gott ein Haus bauen:

ZWEITES BUCH SAMUEL

Gottes Versprechen für David (2 Sam 7)

7 ¹ Als nun der König in seinem Haus wohnte und der HERR ihm Ruhe vor allen seinen Feinden ringsum verschafft hatte, ² sagte er zu dem Propheten Natan: Ich wohne in einem Haus aus Zedernholz,

▶ Der biblische Gott ist „beweglich", lässt sich nicht fixieren (vgl. 1 Kön 8,27). Ohne an einen bestimmten Ort gebunden zu sein, geht er mit den Menschen mit – das zeichnet ihn aus.

 Ich freute mich, als man mir sagte: Zum Haus des HERRN wollen wir gehen. Schon stehen unsere Füße in deinen Toren, Jerusalem: Jerusalem, als Stadt erbaut, die fest in sich gefügt ist. Dorthin zogen die Stämme hinauf, die Stämme des HERRN, wie es Gebot ist für Israel, den Namen des HERRN zu preisen. Denn dort standen Throne für das Gericht, die Throne des Hauses David. Erbittet Frieden für Jerusalem! Geborgen seien, die dich lieben.

Ps 122,1–6

▶ „Haus" bedeutet auch „Familie", hier die königliche Dynastie (↗ auch im Deutschen z.B. „Haus Wittelsbach").

die Lade Gottes aber wohnt in einem Zelt. ³ Natan antwortete dem König: Geh nur und tu alles, was du im Herzen hast; denn der HERR ist mit dir.

⁴ Aber in jener Nacht erging das Wort des HERRN an Natan: ⁵ Geh zu meinem Knecht David und sag zu ihm: So spricht der HERR: Du willst mir ein Haus bauen, damit ich darin wohne? ⁶ Seit dem Tag, als ich die Israeliten aus Ägypten heraufgeführt habe, habe ich bis heute nie in einem Haus gewohnt, sondern bin in einer Zeltwohnung umhergezogen. ⁷ Habe ich in der Zeit, als ich bei den Israeliten von Ort zu Ort zog, jemals zu einem der Stämme Israels, die ich als Hirten über mein Volk Israel eingesetzt hatte, ein Wort gesagt und sie gefragt: Warum habt ihr mir kein Haus aus Zedernholz gebaut?

⁸ Sag also jetzt meinem Knecht David: So spricht der HERR der Heerscharen: Ich habe dich von der Weide und von der Herde weggeholt, damit du Fürst über mein Volk Israel wirst, ⁹ und ich bin überall mit dir gewesen, wohin du auch gegangen bist. … ¹¹ Nun verkündet dir der HERR, dass der HERR dir ein Haus bauen wird.

¹² Wenn deine Tage erfüllt sind und du dich zu deinen Vätern legst, werde ich deinen leiblichen Sohn als deinen Nachfolger einsetzen

▶ David betet und sucht Gottes Nähe. Ihm verspricht Gott eine Dynastie, die Israel für ewige Zukunft leiten soll. Diese Zusagen sind für die Bibel zentral, weil viele andere Stellen auf sie Bezug nehmen (schon 1 Kön 2,4). Ein Grund dafür ist, dass die Herrschaft der Nachkommen Davids durch das babylonische Exil beendet wurde (2 Kön 25). Viele Texte fragen danach, ob und wie Gott sein Versprechen dennoch erfüllen kann (z.B. Ps 89; 132). So entstand die Idee vom göttlichen Gesalbten, dem Messias aus dem Haus David (z.B. Jes 11; Jer 33,15–21). In diesem Sinn nennt das NT Jesus den „Sohn Davids" (Mt 1,1; 20,30).

▶ Der Kontrast zwischen „dein Knecht" und Gottes Anrede als „Herr" prägt →

und seinem Königtum Bestand verleihen. ¹³ Er wird für meinen Namen ein Haus bauen und ich werde seinem Königsthron ewigen Bestand verleihen.

¹⁴ Ich werde für ihn Vater sein und er wird für mich Sohn sein. Wenn er sich verfehlt, werde ich ihn nach Menschenart mit Ruten und mit Schlägen züchtigen.

¹⁵ Nie wird sich meine Huld von ihm entfernen, wie ich sie von Saul entfernt habe, den ich vor dir entfernt habe.

¹⁶ Dein Haus und dein Königtum werden vor dir auf ewig bestehen bleiben; dein Thron wird auf ewig Bestand haben.

¹⁷ Natan sprach zu David genauso, wie es gesagt und offenbart worden war.

¹⁸ Da ging König David hin und setzte sich vor dem HERRN nieder und sagte: Wer bin ich, Herr und GOTT, und was ist mein Haus, dass du mich bis hierher geführt hast?

¹⁹ Weil das in deinen Augen noch zu wenig war, Herr und GOTT, hast du dem Haus deines Knechtes sogar Zusagen für die ferne Zukunft gemacht. Ist das eine Weisung, wie sie einem Menschen zukommt, mein Herr und GOTT?

²⁰ Was soll David noch weiter zu dir sagen? Du kennst deinen Knecht, Herr und GOTT. ²¹ Um deines Wortes willen und nach der Absicht deines Herzens hast du alle diese großen Taten getan und deinem Knecht offenbart.

²² Darum bist du groß, Herr und GOTT. Ja, keiner ist dir gleich und außer dir gibt es keinen Gott nach allem, was wir mit unseren Ohren gehört haben.
²³ Welches andere Volk auf der Erde ist wie dein Volk Israel? Wo wäre ein Gott hingegangen, um ein Volk für sich als sein Volk freizukaufen und ihm einen Namen zu machen und für dieses Volk große und erstaunliche Taten zu vollbringen, so wie du ganze Völker und ihre Götter vertrieben hast vor den Augen deines Volkes, das du dir von den Ägyptern freigekauft hast? …

→ das bis v29 gehende Dankgebet Davids. Auch v18 bezeugt das Bewusstsein des Beschenktseins. Gott gegenüber, der die Herzen kennt (1 Sam 16,7), bedürfte es keiner Worte; doch Gottes Unvergleichlichkeit und einmaliges Handeln (v22–23) verdienen immer wieder Lob.

Obwohl David mit Gott verbunden und sehr erfolgreich ist, lässt er sich von seiner eigenen Macht verführen.

Davids Ehebruch mit Batseba (2 Sam 11)

11 ¹ Um die Jahreswende, zu der Zeit, in der die Könige in den Krieg ziehen, schickte David Joab mit seinen Knechten und ganz Israel aus und sie verwüsteten das Land der Ammoniter und belagerten Rabba. David selbst aber blieb in Jerusalem.
² Als David einmal zur Abendzeit von seinem Lager aufstand und auf dem Flachdach des Königspalastes hin- und herging, sah er von dort aus eine Frau, die badete. Die Frau war sehr schön anzusehen.

 Du sollst nicht die Ehe brechen.

Ex 20,14 (Sechstes der „Zehn Worte")

³ David schickte jemand hin, erkundigte sich nach ihr und sagte: Ist das nicht Batseba, die Tochter Ammiëls, die Frau des Hetiters Urija?
⁴ Darauf schickte David Boten zu ihr und ließ sie holen; sie kam zu ihm und er schlief mit ihr – sie hatte sich gerade von ihrer Unreinheit gereinigt. Dann kehrte sie in ihr Haus zurück.
⁵ Die Frau war aber schwanger geworden und schickte deshalb zu David und ließ ihm mitteilen: Ich bin schwanger.
⁶ Darauf sandte David zu Joab und ließ ihm sagen: Schick den Hetiter Urija zu mir! Und Joab schickte Urija zu David.
⁷ Als Urija zu ihm kam, fragte David, ob es Joab und dem Volk gut gehe und wie es mit dem Kampf stehe.
⁸ Dann sagte er zu Urija: Geh in dein Haus hinab und wasch dir die Füße! Urija verließ das Haus des Königs und es wurde ihm ein Geschenk des Königs nachgetragen.
⁹ Urija aber legte sich am Tor des Königshauses bei den Knechten seines Herrn nieder und ging nicht in sein Haus hinab.
¹⁰ Man berichtete David: Urija ist nicht in sein Haus hinabgegangen. Darauf sagte David zu Urija: Bist du nicht gerade von einer Reise gekommen? Warum bist du nicht in dein Haus hinuntergegangen?
¹¹ Urija antwortete David: Die Lade und Israel und Juda wohnen in Hütten und mein Herr Joab und die Knechte meines Herrn lagern auf

▶ Während seine Soldaten ihr Leben für ihn riskieren, genießt David ein bequemes Leben in der Hauptstadt. Am Nachmittag gönnt er sich ausgedehnten Schlaf.

„ David gibt der Versuchung nach. Uns allen kann das widerfahren. Und die Versuchung ist unser alltägliches Brot. Wenn einer von uns sagen würde: Ich bin niemals versucht worden, würde die korrekte Antwort lauten: Entweder bist du einer von den Cherubim, oder du bist ein wenig dumm!

PAPST FRANZISKUS, 31.1.2014

" Warum muss der Gerechte so viel leiden auf Erden? Warum muss Talent und Ehrlichkeit zugrunde gehen, während der schwadronierende Hanswurst sich räkelt auf Pfühlen des Glücks und fast stinkt vor Wohlbehagen?

HEINRICH HEINE (1797–1865), deutscher Dichter

▶ Urija ist ein Ausländer (v3) und steht mit beispielhafter Solidarität zu den Soldaten an der Front. David dagegen versucht, seinen Ehebruch zu vertuschen: Er möchte, dass Urija mit Batseba schläft, damit Urija als Vater des Kindes erscheint. Durch scharfe Kontraste zeigt die Bibel die Unterschiede von Charakteren.

freiem Feld; da soll ich in mein Haus gehen, um zu essen und zu trinken und bei meiner Frau zu liegen? So wahr du lebst und so wahr deine Seele lebt, das werde ich nicht tun.

¹² Darauf sagte David zu Urija: Bleib auch heute noch hier; morgen werde ich dich wegschicken. So blieb Urija an jenem und am folgenden Tag in Jerusalem.¹³ David lud ihn ein, bei ihm zu essen und zu trinken, und machte ihn betrunken. Am Abend aber ging Urija weg, um sich wieder auf seinem Lager bei den Knechten seines Herrn niederzulegen; er ging nicht in sein Haus hinab.

¹⁴ Am anderen Morgen schrieb David einen Brief an Joab und ließ ihn durch Urija überbringen. ¹⁵ Er schrieb in dem Brief: Stellt Urija nach vorn, wo der Kampf am heftigsten ist, dann zieht euch von ihm zurück, sodass er getroffen wird und den Tod findet! ...

Gottes Reaktion (2 Sam 12)

12 ¹ Darum schickte der HERR den Natan zu David; dieser ging zu David und sagte zu ihm: In einer Stadt lebten einst zwei Männer; der eine war reich, der andere arm. ² Der Reiche besaß sehr viele Schafe und Rinder, ³ der Arme aber besaß nichts außer einem einzigen kleinen Lamm, das er gekauft hatte. Er zog es auf und es wurde bei ihm zusammen mit seinen Kindern groß. Es aß von seinem

▶ Der Reiche in dieser Geschichte hat mit dem Eigenen nicht genug und kann noch dazu nicht nachempfinden, welchen Wert das Lamm für den Armen hat.

" Mit Geduld Unrecht ertragen, das einem anderen zugefügt wird, ist ein Zeichen der Unvollkommenheit und eine wirkliche Sünde.

THOMAS VON AQUIN (1225–1274), it. Dominikaner, Philosoph, Theologe und Kirchenlehrer

▶ Natans Parabel überträgt Davids Verhalten in ein Gleichnis. David kann es so als Unbeteiligter und damit objektiver sehen. Indem er es von außen betrachtet, ist David fähig, korrekt zu urteilen. Dass ein gestohlenes und geschlachtetes Schaf vierfach ersetzt werden soll, schreibt das Gesetz in Ex 21,37 vor.

Stück Brot und es trank aus seinem Becher, in seinem Schoß lag es und war für ihn wie eine Tochter.

⁴ Da kam ein Besucher zu dem reichen Mann und er brachte es nicht über sich, eines von seinen Schafen oder Rindern zu nehmen, um es für den zuzubereiten, der zu ihm gekommen war. Darum nahm er dem Armen das Lamm weg und bereitete es für den Mann zu, der zu ihm gekommen war.

⁵ Da geriet David in heftigen Zorn über den Mann und sagte zu Natan: So wahr der HERR lebt: Der Mann, der das getan hat, verdient den Tod. ⁶ Das Lamm soll er vierfach ersetzen, weil er das getan und kein Mitleid gehabt hat.

⁷ Da sagte Natan zu David: Du selbst bist der Mann. So spricht der HERR, der Gott Israels: Ich habe dich zum König von Israel gesalbt und ich habe dich aus der Hand Sauls gerettet. ⁸ Ich habe dir das Haus deines Herrn und die Frauen deines Herrn in den Schoß gegeben und ich habe dir das Haus Israel und Juda gegeben, und wenn das zu wenig ist, gebe ich dir noch manches andere dazu. ⁹ Aber warum hast du das Wort des HERRN verachtet und etwas getan, was ihm missfällt? Du hast den Hetiter Urija mit dem Schwert erschlagen und hast dir seine Frau zur Frau genommen; durch das Schwert der Ammoniter hast du ihn umgebracht. ¹⁰ Darum soll jetzt das Schwert auf ewig nicht mehr von deinem Haus weichen; denn du hast mich verachtet und dir die

Frau des Hetiters genommen, damit sie deine Frau werde. ¹¹So spricht der HERR: Ich werde dafür sorgen, dass sich aus deinem eigenen Haus das Unheil gegen dich erhebt, und ich werde dir vor deinen Augen deine Frauen wegnehmen und sie einem andern geben; er wird am hellen Tag bei deinen Frauen liegen. ¹² Ja, du hast es heimlich getan, ich aber werde es vor ganz Israel und am hellen Tag tun. ¹³ Darauf sagte David zu Natan: Ich habe gegen den HERRN gesündigt. Natan antwortete David: Der HERR hat dir deine Sünde vergeben; du wirst nicht sterben. ¹⁴ Weil du aber durch diese Tat den HERRN verworfen hast, muss der Sohn, der dir geboren wird, sterben.

¹⁵ Dann ging Natan nach Hause. Der HERR aber schlug das Kind, das die Frau des Urija dem David geboren hatte, und es wurde schwer krank.

¹⁶ David suchte Gott wegen des Knaben auf und fastete streng; und wenn er heimkam, legte er sich bei Nacht auf die bloße Erde.

¹⁷ Die Ältesten seines Hauses kamen zu ihm, um ihn dazu zu bewegen, von der Erde aufzustehen. Er aber wollte nicht und aß auch nicht mit ihnen.

¹⁸ Am siebten Tag aber starb das Kind. Davids Diener fürchteten sich, ihm mitzuteilen, dass das Kind tot war; denn sie sagten: Wir haben ihm zugeredet, als das Kind noch am Leben war; er aber hat nicht auf

▶ Der Prophet konfrontiert den König schonungslos mit seiner Schuld, die er bisher verdrängt hat, und mit Gottes Urteil. Erst jetzt sieht David, dass er gesündigt hat (v13).

▶ Der König ist verwandelt: Nachdem er seine Schuld bekannt hat (v13), sucht er wieder die Verbindung mit Gott und zeigt Trauer um das leidende Kind.

uns gehört. Wie können wir ihm jetzt sagen: Das Kind ist tot? Er würde ein Unheil anrichten.

¹⁹ David jedoch sah, dass seine Diener miteinander flüsterten, und merkte daran, dass das Kind tot war. Er fragte seine Diener: Ist das Kind tot? Sie antworteten: Ja, es ist tot.

²⁰ Da erhob sich David von der Erde, wusch sich, salbte sich, wechselte seine Kleider, ging zum Haus des HERRN und warf sich nieder. Als er dann nach Hause zurückkehrte, verlangte er zu essen. Man setzte ihm etwas vor und er aß.

²¹ Da fragten ihn seine Diener: Was soll das bedeuten, was du getan hast? Als das Kind noch am Leben war, hast du seinetwegen gefastet und geweint. Nachdem aber das Kind tot ist, stehst du auf und isst.

²² Er antwortete: Als das Kind noch am Leben war, habe ich gefastet und geweint; denn ich dachte: Wer weiß, vielleicht ist der HERR mir gnädig und das Kind bleibt am Leben. ²³ Jetzt aber, da es tot ist, warum soll ich da noch fasten? Kann ich es zurückholen? Ich werde einmal zu ihm gehen, aber es kommt nicht zu mir zurück. ²⁴ Und David tröstete seine Frau Batseba; er ging zu ihr hinein und schlief mit ihr. Und sie gebar einen Sohn und er gab ihm den Namen Salomo. Der HERR liebte Salomo ²⁵ und sandte den Propheten Natan, damit er ihm um des HERRN willen den Namen Jedidja, der vom HERRN Geliebte, gebe.

▶ Anders als zuvor (in 1 Sam 11) spürt David wieder, was andere Menschen bewegt. In einer Woche, in der er auf dem Boden gelegen ist und gefastet hat, ist er wieder mitfühlend geworden.

▶ Batseba war, ohne es zu wollen, von David schwanger geworden und hat wegen seiner Schuld auch noch das Kind verloren. Gott hat dafür besondere Zuneigung für das zweite Kind Salomo, den er deshalb „Jedidjah" nennt, was „Geliebter von Jah" bedeutet. Jah ist die Kurzform des biblischen Gottesnamens (↗ zu „Hallelujah" Ps 104,35).

Könige

Nachdem die Samuelbücher die Geschichte der ersten Könige Israels Saul und David erzählt haben, behandeln die Bücher der Könige die übrige Geschichte des Königtums bis zu seinem Untergang. Salomo regiert als letzter König über ganz Israel und baut den Tempel in Jerusalem (1 Kön 1–11). Unter seinem Sohn Rehabeam spaltet sich die Regierung in das Nordreich Israel (König Omri gründet Samaria als Hauptstadt, 1 Kön 16,24) und in das Südreich Juda mit der Hauptstadt Jerusalem. Die Regierungszeiten der Könige beider Reiche werden parallel erzählt, bis das Nordreich 720 v. Chr. von den Assyrern erobert und zerstört wird (1 Kön 12 – 2 Kön 17). Die Geschichte des Südreiches Juda endet, als der babylonische König Nebukadnezzar Jerusalem zerstört und Teile der Bevölkerung von Juda ins babylonische Exil deportieren lässt (2 Kön 24–25).

Die Königsbücher wollen zeigen, dass diese Katastrophen passiert sind, weil viele Könige Gott gegenüber untreu und ungehorsam waren, obwohl Gott mehrere Propheten sandte. Die Propheten Elija und Elischa (1 Kön 17 – 2 Kön 13) und Jesaja (2 Kön 19–20) sind Boten Gottes. Sie sind auch Vorbilder für Jesus.

ERSTES BUCH DER KÖNIGE

Salomos Weisheit (1 Kön 3)

▶ Salomo ist von Gott geliebt (↗ 2 Sam 12,25), und er liebt Gott.

 Ein „moderner" Politiker: König Salomo vergrößert das Reich, gliedert es in Bezirke, organisiert eine funktionierende Verwaltung. Auch militärisch muss es das Neueste und Beste sein. Beispielsweise führt er die Kampfwagen ein, die wir aus Filmen wie „Ben Hur" kennen.

▶ „Ein hörendes Herz" verbindet zwei entscheidende Stichworte aus dem „Höre Israel" (↗ Dtn 6,4–5).

3 ³ Salomo aber liebte den HERRN und befolgte die Satzungen seines Vaters David; nur brachte er auf den Kulthöhen Schlachtopfer und Rauchopfer dar. ⁴ So ging der König nach Gibeon, um dort zu opfern; denn hier war die größte Kulthöhe. Tausend Brandopfer pflegte Salomo auf jenen Altar zu legen. ⁵ In Gibeon erschien der HERRN dem Salomo nachts im Traum und forderte ihn auf: Sprich eine Bitte aus, die ich dir gewähren soll! ⁶ Salomo antwortete: Du hast deinem Knecht David, meinem Vater, große Huld erwiesen; denn er lebte vor dir in Treue, in Gerechtigkeit und mit aufrichtigem Herzen. Du hast ihm diese große Huld bewahrt und ihm einen Sohn geschenkt, der heute auf seinem Thron sitzt. ⁷ So hast du jetzt, HERRN, mein Gott, deinen Knecht anstelle meines Vaters David zum König gemacht. Doch ich bin noch sehr jung und weiß nicht aus noch ein.

⁸ Dein Knecht steht aber mitten in deinem Volk, das du erwählt hast: einem großen Volk, das man wegen seiner Menge nicht zählen und nicht schätzen kann. ⁹ Verleih daher deinem Knecht ein hörendes Herz, damit er dein Volk zu regieren und das Gute vom Bösen zu unterscheiden versteht! Wer könnte sonst dieses mächtige Volk regieren?

▶ Gott freut sich darüber, dass Salomo nicht vor allem an sich denkt, sondern daran, wie er seine Aufgabe für andere Menschen möglichst gut erfüllen kann.

Gib mir, o Herr, ein wachsames Herz, das kein leichtfertiger Gedanke von Dir ablenkt; ein edles Herz, das keine unwürdige Leidenschaft erniedrigt; ein gerades und aufrechtes Herz, das kein gemeines Streben auf Abwege führen kann; ein starkes Herz, das keine Trübsal beugt; ein freies Herz, das sich von keiner bösen Leidenschaft beherrschen lässt. Verleihe mir, o Gott, Verstand, Dich zu erkennen; Eifer, Dich zu suchen, und Weisheit, Dich zu finden.

Gebet des **THOMAS VON AQUIN** um Weisheit

¹⁰ Es gefiel dem HERRN, dass Salomo diese Bitte aussprach. ¹¹ Daher antwortete ihm Gott: Weil du gerade diese Bitte ausgesprochen hast und nicht um langes Leben, Reichtum oder um den Tod deiner Feinde, sondern um Einsicht gebeten hast, um auf das Recht zu hören, ¹² werde ich deine Bitte erfüllen. Sieh, ich gebe dir ein so weises und verständiges Herz, dass keiner vor dir war und keiner nach dir kommen wird, der dir gleicht. ¹³ Aber auch das, was du nicht erbeten hast, will ich dir geben: Reichtum und Ehre, sodass zu deinen Lebzeiten keiner unter den Königen dir gleicht. ¹⁴ Wenn du auf meinen Wegen gehst, meine Gesetze und Gebote bewahrst wie dein Vater David, dann schenke ich dir ein langes Leben.

¹⁵ Da erwachte Salomo und merkte, dass es ein Traum war. Als er nach Jerusalem kam, trat er vor die Bundeslade des HERRN, brachte Brand- und Heilsopfer dar und gab ein Festmahl für alle seine Diener.

¹⁶ Damals kamen zwei Dirnen und traten vor den König. ¹⁷ Die eine sagte: Bitte, HERR, ich und diese Frau wohnen im gleichen Haus und ich habe dort in ihrem Beisein geboren. ¹⁸ Am dritten Tag nach meiner Niederkunft gebar auch diese Frau. Wir waren beisammen; kein Fremder war bei uns im Haus, nur wir beide waren dort. ¹⁹ Nun starb der Sohn dieser Frau während der Nacht; denn sie hatte im Schlaf auf ihm gelegen. ²⁰ Sie stand mitten in der Nacht auf, nahm mir mein Kind weg, während deine Magd schlief, und legte es an ihre Seite. Ihr totes Kind aber legte sie an meine Seite. ²¹ Als ich am Morgen aufstand,

um mein Kind zu stillen, war es tot. Als ich es aber am Morgen genau ansah, war es nicht mein Kind, das ich geboren hatte. ²² Da rief die andere Frau: Nein, mein Kind lebt und dein Kind ist tot. Doch die erste entgegnete: Nein, dein Kind ist tot und mein Kind lebt. So stritten sie vor dem König.

²³ Da begann der König: Diese sagt: Mein Kind lebt und dein Kind ist tot! und jene sagt: Nein, dein Kind ist tot und mein Kind lebt. ²⁴ Und der König fuhr fort: Holt mir ein Schwert! Man brachte es vor den König.

²⁵ Nun entschied er: Schneidet das lebende Kind entzwei und gebt eine Hälfte der einen und eine Hälfte der anderen! ²⁶ Doch nun bat die Mutter des lebenden Kindes den König – es regte sich nämlich in ihr die mütterliche Liebe zu ihrem Kind: Bitte, Herr, gebt ihr das lebende Kind und tötet es nicht!

Doch die andere rief: Es soll weder mir noch dir gehören. Zerteilt es! ²⁷ Da befahl der König: Gebt jener das lebende Kind und tötet es nicht; denn sie ist seine Mutter.

²⁸ Ganz Israel hörte von dem Urteil, das der König gefällt hatte, und sie schauten mit Ehrfurcht zu ihm auf; denn sie erkannten, dass die Weisheit Gottes in ihm war, wenn er Recht sprach.

Der Dramatiker Bert Brecht verarbeitete die Geschichte vom Urteil des weisen Salomo in seinem Theaterstück „Der Kaukasische Kreidekreis" von 1948. Bei ihm aber bekommt die Mutter ihr Kind nicht zurück.

▶ Salomo hört nicht nur, was die Frau sagt, sondern er schaut genau darauf, welche Gefühle sie dazu bewegen. Ein „hörendes Herz" spürt die Gefühle von anderen Menschen.

▶ In diesem sprichwörtlichen „salomonischen Urteil" greift Salomo zu einem Trick, um herauszufinden, wer wirklich die Mutter ist.

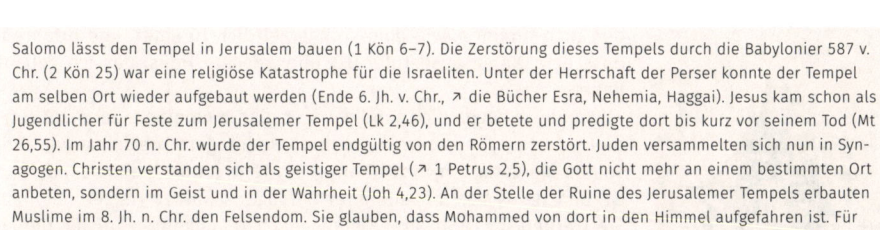

Salomo lässt den Tempel in Jerusalem bauen (1 Kön 6–7). Die Zerstörung dieses Tempels durch die Babylonier 587 v. Chr. (2 Kön 25) war eine religiöse Katastrophe für die Israeliten. Unter der Herrschaft der Perser konnte der Tempel am selben Ort wieder aufgebaut werden (Ende 6. Jh. v. Chr., ↗ die Bücher Esra, Nehemia, Haggai). Jesus kam schon als Jugendlicher für Feste zum Jerusalemer Tempel (Lk 2,46), und er betete und predigte dort bis kurz vor seinem Tod (Mt 26,55). Im Jahr 70 n. Chr. wurde der Tempel endgültig von den Römern zerstört. Juden versammelten sich nun in Synagogen. Christen verstanden sich als geistiger Tempel (↗ 1 Petrus 2,5), die Gott nicht mehr an einem bestimmten Ort anbeten, sondern im Geist und in der Wahrheit (Joh 4,23). An der Stelle der Ruine des Jerusalemer Tempels erbauten Muslime im 8. Jh. n. Chr. den Felsendom. Sie glauben, dass Mohammed von dort in den Himmel aufgefahren ist. Für Juden ist heute die Westmauer des Tempelareals, die sogenannte Klagemauer, ein wichtiger Ort, um zu beten. Nachdem der Tempel fertiggestellt ist, lässt Salomo die Bundeslade (↗ zu Ex 40) dorthin bringen, und im Zeichen der Wolke zeigt sich Gottes Gegenwart dann im Tempel.

Salomos Tempel und sein Gebet (1 Kön 8)

8 ¹⁰ Als dann die Priester aus dem Heiligtum traten, erfüllte die Wolke das Haus des HERRN. ¹¹ Sie konnten wegen der Wolke ihren Dienst nicht verrichten; denn die Herrlichkeit des HERRN erfüllte das Haus des HERRN. …

²² Dann trat Salomo in Gegenwart der ganzen Versammlung Israels vor den Altar des HERRN, breitete seine Hände zum Himmel aus ²³ und betete: HERR, Gott Israels, im Himmel oben und auf der Erde unten gibt es keinen Gott, der so wie du Bund und Huld seinen Knechten bewahrt, die mit ungeteiltem Herzen vor dir leben. ²⁴ Du hast das

 Wie Gottes Herrlichkeit das Heiligtum am Sinai erfüllt hat, so erfüllt es nun den Tempel.

vgl. Ex 40,34–35

▶ In dieser Haltung beten Menschen in ganz unterschiedlichen Kulturen. Sie weitet den Blick für Gottes Größe und drückt Offenheit aus.

Viele Völker im Alten Orient glaubten, dass Tempel die Wohnhäuser ihrer Götter sind, denen Priester und Könige dienen müssen. Demgegenüber erklären mehrere biblische Texte ausdrücklich, dass kein von Menschen gebauter Tempel Gott fassen kann (↗ Jes 66,1). Auch Kirchen können Gott nicht fassen, aber sie können helfen, ihm nahe zu sein.

Gott hat sein Ohr an deinem Herzen.

AUGUSTINUS

 Salomo bittet Gott sogar, die Gebete von Fremden zu erhören. Wer zum Gott des Universums betet, gewinnt eine große Weite und Offenheit für die Menschheit insgesamt.

Versprechen gehalten, das du deinem Knecht, meinem Vater David, gegeben hast. Deine Hand hat heute erfüllt, was dein Mund versprochen hat. ...

²⁷ Wohnt denn Gott wirklich auf der Erde? Siehe, selbst der Himmel und die Himmel der Himmel fassen dich nicht, wie viel weniger dieses Haus, das ich gebaut habe.

²⁸ Wende dich, HERR, mein Gott, dem Beten und Flehen deines Knechtes zu! Höre auf das Rufen und auf das Gebet, das dein Knecht heute vor dir verrichtet! ²⁹ Halte deine Augen offen über diesem Haus bei Nacht und bei Tag, über der Stätte, von der du gesagt hast, dass dein Name hier wohnen soll!

Höre auf das Gebet, das dein Knecht an dieser Stätte verrichtet! ³⁰ Achte auf das Flehen deines Knechtes und deines Volkes Israel, wenn sie an dieser Stätte beten! Höre sie im Himmel, dem Ort, wo du wohnst! Höre sie und verzeih! ...

⁴¹ Auch Fremde, die nicht zu deinem Volk Israel gehören, werden wegen deines Namens aus fernen Ländern kommen; ⁴² denn sie werden von deinem großen Namen, deiner starken Hand und deinem hoch erhobenen Arm hören. Sie werden kommen und in diesem Haus beten. ⁴³ Höre sie dann im Himmel, dem Ort, wo du wohnst, und tu alles, weswegen der Fremde zu dir ruft!

Dann werden alle Völker der Erde deinen Namen erkennen. Sie werden dich fürchten, wie dein Volk Israel dich fürchtet, und erfahren, dass dein Name ausgerufen ist über diesem Haus, das ich gebaut habe. ...

⁴⁶ Wenn sie gegen dich sündigen – es gibt ja niemand, der nicht sündigt – und du ihnen zürnst, sie ihren Bedrängern preisgibst und ihre Feinde sie gefangen fortführen in ein fernes oder nahes Land, ⁴⁷ so werden sie es sich im Land ihrer Gefangenschaft zu Herzen nehmen. Sie werden im Land ihrer Gefangenschaft umkehren, zu dir flehen und rufen: Wir haben gesündigt, Unrecht getan und gefrevelt. ⁴⁸ Mit ganzem Herzen und ganzer Seele werden sie im Land ihrer Feinde, von denen sie als Gefangene weggeführt wurden, zu dir umkehren und zu dir beten, zum Land hingewendet, das du ihren Vätern gegeben hast, zur Stadt hin, die du erwählt hast, und zum Haus hin, das ich deinem Namen gebaut habe.

⁴⁹ Höre dann im Himmel, dem Ort, wo du wohnst, ihr Beten und Flehen! Verschaff ihnen Recht ⁵⁰ und verzeih deinem Volk, was es gegen dich gesündigt hat; verzeih ihm alle Frevel, die es gegen dich begangen hat! Lass sie bei ihren Unterdrückern Mitleid und Erbarmen finden! ...

⁵⁴ Als Salomo dieses flehentliche Gebet zum HERRN beendet hatte, erhob er sich auf dem Platz vor dem Altar des HERRN, wo er niedergekniet war und die Hände zum Himmel ausgebreitet hatte. ...

 Der Name „Salomo" hängt mit Schalom, „Frieden, Heil" zusammen. Das ist ein Programm für Salomos Regierung (↗ 1 Kön 5,4). Die Fähigkeit, als Politiker Frieden und Wohlstand zu sichern, erhält er aus der Weisheit, die er sich von Gott gewünscht hat (1 Kön 3,8).

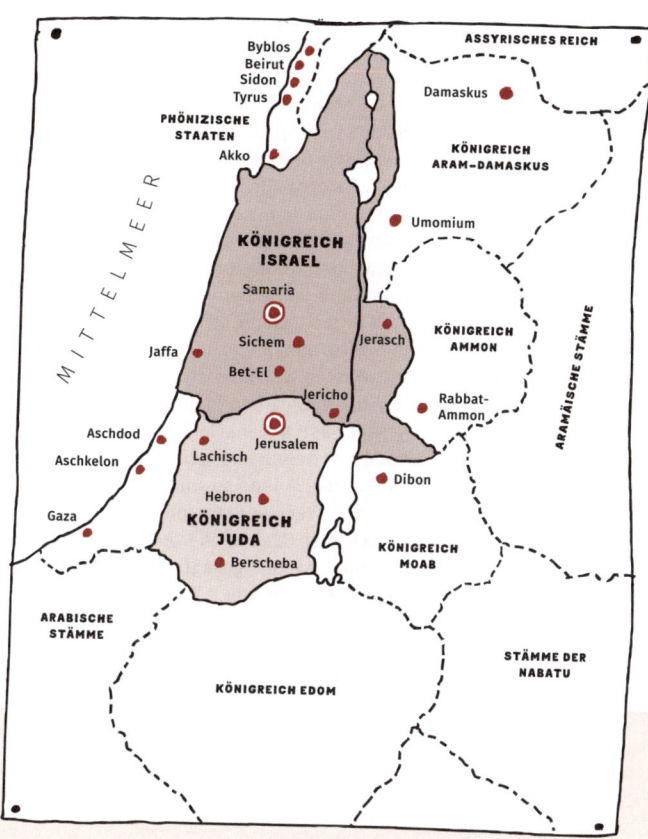

ISRAEL, JUDA
UND DIE UMGEBENDEN
NATIONEN

Map labels:

Byblos
Beirut
Sidon
Tyrus
ASSYRISCHES REICH
Damaskus
PHÖNIZISCHE STAATEN
Akko
KÖNIGREICH ARAM-DAMASKUS
MITTELMEER
KÖNIGREICH ISRAEL
Samaria
Umomium
Sichem
Jaffa
Bet-El
Jerasch
KÖNIGREICH AMMON
ARAMÄISCHE STÄMME
Jericho
Rabbat-Ammon
Aschdod
Jerusalem
Lachisch
Aschkelon
Dibon
Hebron
Gaza
KÖNIGREICH JUDA
Berscheba
KÖNIGREICH MOAB
ARABISCHE STÄMME
STÄMME DER NABATU
KÖNIGREICH EDOM

ELIJA UND ELISCHA

Die Geschichten um die Propheten Elija und Elischa spielen im 9. Jh. v. Chr. Elija (1 Kön 17 – 2 Kön 2,12) wirkt in der Zeit von Ahab, König über das Nordreich Israel, sein Nachfolger Elischa (2 Kön 2,13–13,20) unter mehreren weiteren Königen. Elija und Elischa heilen Menschen und bringen sogar Tote zum Leben zurück. So sind sie Vorbilder für Jesus. Beide setzen sich tatkräftig für Ausländer ein (Elija für die Witwe in Sarepta in 1 Kön 17, Elischa für den Syrer Naaman in 2 Kön 5). Jesus bezieht sich darauf in der Synagoge seiner Heimatstadt Nazaret (Lk 4,25–27).

Elija und die Witwe von Sarepta (1 Kön 17)

17 ¹ Elija aus Tischbe in Gilead sprach zu Ahab: So wahr der HERR, der Gott Israels, lebt, in dessen Dienst ich stehe: in diesen Jahren sollen weder Tau noch Regen fallen, es sei denn auf mein Wort hin.

² Danach erging das Wort des HERRN an Elija: ³ Geh weg von hier, wende dich nach Osten und verbirg dich am Bach Kerit östlich des Jordan! ⁴ Aus dem Bach sollst du trinken und den Raben habe ich befohlen, dass sie dich dort ernähren. ⁵ Elija ging weg und tat, was der HERR befohlen hatte; er begab sich zum Bach Kerit östlich des Jordan und ließ sich dort nieder. ⁶ Die Raben brachten ihm Brot und Fleisch am Morgen und ebenso Brot und Fleisch am Abend und er trank aus dem Bach.

⁷ Nach einiger Zeit aber vertrocknete der Bach; denn es fiel kein Regen im Land.

Auffällig oft haben Menschen, die mit Gott verbunden sind, auch eine besondere Beziehung zu Tieren. Ein Beispiel ist der heilige Franziskus.

▶ Sidon war (so wie Tyrus und Byblos) eine reiche Hafenstadt der Phönizier an der Mittelmeerküste, im heutigen Libanon.

▶ Unter normalen Umständen würde man in dieser Kultur Gästen immer eine Stärkung anbieten (↗ Gen 18,1–5). Die Frau entschuldigt sich deshalb und erklärt ihre extreme Lage.

▶ Die Frau gibt das Letzte, was sie hat. So rettet sie ihrem Sohn und sich selbst das Leben.

⁸ Da erging das Wort des HERRN an Elija: ⁹ Mach dich auf und geh nach Sarepta, das zu Sidon gehört, und bleib dort! Ich habe dort einer Witwe befohlen, dich zu versorgen. ¹⁰ Er machte sich auf und ging nach Sarepta. Als er an das Stadttor kam, traf er dort eine Witwe, die Holz auflas. Er bat sie: Bring mir in einem Gefäß ein wenig Wasser zum Trinken! ¹¹ Als sie wegging, um es zu holen, rief er ihr nach: Bring mir auch einen Bissen Brot mit! ¹² Doch sie sagte: So wahr der HERR, dein Gott, lebt: Ich habe nichts mehr vorrätig als eine Hand voll Mehl im Topf und ein wenig Öl im Krug. Ich lese hier ein paar Stücke Holz auf und gehe dann heim, um für mich und meinen Sohn etwas zuzubereiten. Das wollen wir noch essen und dann sterben.

¹³ Elija entgegnete ihr: Fürchte dich nicht! Geh heim und tu, was du gesagt hast! Nur mache zuerst für mich ein kleines Gebäck und bring es zu mir heraus! Danach kannst du für dich und deinen Sohn etwas zubereiten; ¹⁴ denn so spricht der HERR, der Gott Israels: Der Mehltopf wird nicht leer werden und der Ölkrug nicht versiegen bis zu dem Tag, an dem der HERR wieder Regen auf den Erdboden sendet. ¹⁵ Sie ging und tat, was Elija gesagt hatte. So hatte sie mit ihm und ihrem Haus viele Tage zu essen. ¹⁶ Der Mehltopf wurde nicht leer und der Ölkrug versiegte nicht, wie der HERR durch Elija versprochen hatte.

¹⁷ Nach einiger Zeit erkrankte der Sohn der Frau, der das Haus gehörte. Die Krankheit verschlimmerte sich so, dass zuletzt kein Atem mehr in ihm war. ¹⁸ Da sagte sie zu Elija: Was habe ich mit dir zu schaffen,

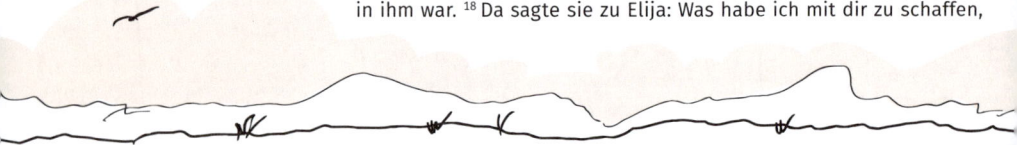

▶ Hier zeigt sich, dass Gott Macht über Tod und Leben hat und dass Elija wirklich sein Prophet ist. Ähnliches wird später von Elischa erzählt. (↗ 1 Kön 17 mit 2 Kön 4). Wenn Jesus Tote erweckt, wird auch die Erinnerung an Elija und Elischa lebendig (Mk 5,21–37; Lk 7,11–17; Joh 11).

▶ Zum Bittgebet gehört beides: die Gewissheit der Erhörung und der restlose Verzicht, nach eigenem Plan erhört zu werden.

AUGUSTINUS

Mann Gottes? Du bist nur zu mir gekommen, um an meine Sünde zu erinnern und meinem Sohn den Tod zu bringen. ¹⁹ Er antwortete ihr: Gib mir deinen Sohn! Und er nahm ihn von ihrem Schoß, trug ihn in das Obergemach hinauf, in dem er wohnte, und legte ihn auf sein Bett. ²⁰ Dann rief er zum HERRN und sagte: HERR, mein Gott, willst du denn auch über die Witwe, in deren Haus ich wohne, Unheil bringen und ihren Sohn sterben lassen? ²¹ Hierauf streckte er sich dreimal über den Knaben hin, rief zum HERRN und flehte: HERR, mein Gott, es kehre doch Leben in diesen Knaben zurück! ²² Der HERR erhörte das Gebet Elijas. Das Leben kehrte in den Knaben zurück und er lebte wieder auf. ²³ Elija nahm ihn, brachte ihn vom Obergemach in das Haus hinab und gab ihn seiner Mutter zurück mit den Worten: Sieh, dein Sohn lebt. ²⁴ Da sagte die Frau zu Elija: Jetzt weiß ich, dass du ein Mann Gottes bist und dass das Wort des HERRN wirklich in deinem Mund ist.

Elija ist ein hitziger Typ und setzt sich radikal für seinen Glauben an Gott ein, wie 1 Kön 18 erzählt: Er fordert die Propheten fremder Götter zu einem Wettkampf heraus, beweist ihnen, dass sein Gott der einzige wahre Gott ist, und lässt sie alle umbringen.

Elija am Gottesberg Horeb (1 Kön 19,1–13)

19 ¹ Ahab erzählte Isebel alles, was Elija getan, auch dass er alle Propheten mit dem Schwert getötet habe. ² Sie schickte einen Boten zu Elija und ließ ihm sagen: Die Götter sollen mir dies und das antun, wenn ich morgen um diese Zeit dein Leben nicht dem Leben eines jeden von ihnen gleichmache. ³ Elija geriet in Angst, machte sich auf und ging weg, um sein Leben zu retten. Er kam nach Beerscheba in Juda und ließ dort seinen Diener zurück. ⁴ Er selbst ging eine Tagereise weit in die Wüste hinein. Dort setzte er sich unter einen Ginsterstrauch und wünschte sich den Tod. Er sagte: Nun ist es genug, HERR. Nimm mein Leben; denn ich bin nicht besser als meine Väter. ⁵ Dann legte er sich unter den Ginsterstrauch und schlief ein.

Doch ein Engel rührte ihn an und sprach: Steh auf und iss! ⁶ Als er um sich blickte, sah er neben seinem Kopf Brot, das in glühender Asche gebacken war, und einen Krug mit Wasser. Er aß und trank und legte sich wieder hin. ⁷ Doch der Engel des HERRN kam zum zweiten Mal, rührte ihn an und sprach: Steh auf und iss! Sonst ist der Weg zu weit für dich.

⁸ Da stand er auf, aß und trank und wanderte, durch diese Speise gestärkt, vierzig Tage und vierzig Nächte bis zum Gottesberg Horeb. ⁹ Dort ging er in eine Höhle, um darin zu übernachten. Doch das Wort des HERRN erging an ihn: Was willst du hier, Elija? ¹⁰ Er sagte: Mit leidenschaftlichem Eifer bin ich für den HERRN, den Gott der Heerscharen, eingetreten, weil die Israeliten deinen Bund verlassen, deine Altäre zerstört und deine Propheten mit dem Schwert getötet

▶ Der Horeb (Sinai) ist der Ort, wo Gott seinen Bund mit Israel geschlossen hat (↗ Ex 19; Dtn 5,2–3). Vierzig Tage und Nächte spielt auf die Zeit an, die Mose am Sinai verbracht hat (Ex 24,18; 34,28). Auch Jesus fastet so lange in der Wüste (Mt 4,2; Mk 1,13; Lk 4,1).

haben. Ich allein bin übrig geblieben und nun trachten sie auch mir nach dem Leben. ¹¹ Der HERR antwortete: Komm heraus und stell dich auf den Berg vor den HERRN! Da zog der HERR vorüber: Ein starker, heftiger Sturm, der die Berge zerriss und die Felsen zerbrach, ging dem HERRN voraus. Doch der HERR war nicht im Sturm. Nach dem Sturm kam ein Erdbeben. Doch der HERR war nicht im Erdbeben. ¹² Nach dem Beben kam ein Feuer. Doch der HERR war nicht im Feuer. Nach dem Feuer kam ein sanftes, leises Säuseln.

¹³ Als Elija es hörte, hüllte er sein Gesicht in den Mantel, trat hinaus und stellte sich an den Eingang der Höhle. ...

💡 Martin Buber übersetzte das hebräische Original von „ein sanftes, leises Säuseln" dichterisch mit „Stimme verschwebenden Schweigens".

▶ Elija bemerkt, dass Gott sich ganz sanft zeigt. Das steht in starkem Widerspruch zu seinem extremen Eifer, mit dem er die Propheten des Baal umgebracht hatte (1 Kön 18).

Elischa wird Elijas Nachfolger (1 Kön 19,19–21; 2 Kön 2,1–12)

¹⁹ Als Elija von dort weggegangen war, traf er Elischa, den Sohn Schafats. Er war gerade mit zwölf Gespannen am Pflügen und er selbst pflügte mit dem zwölften. Im Vorbeigehen warf Elija seinen Mantel über ihn.

²⁰ Sogleich verließ Elischa die Rinder, eilte Elija nach und bat ihn: Lass mich noch meinem Vater und meiner Mutter den Abschiedskuss geben; dann werde ich dir folgen. Elija antwortete: Geh, kehr um! Denn was habe ich dir getan? ²¹ Elischa ging von ihm weg, nahm seine zwei Rinder und schlachtete sie. Mit dem Joch der Rinder kochte er das Fleisch und setzte es den Leuten zum Essen vor. Dann stand er auf, folgte Elija und trat in seinen Dienst.

💡 Jesus hat es eiliger. In Lk 9,62 sagt er einem, der noch rasch zu Hause Tschüss sagen möchte: „Keiner, der die Hand an den Pflug gelegt hat und nochmals zurückblickt, taugt für das Reich Gottes."

ZWEITES BUCH DER KÖNIGE

> Man muss sich auf etwas verlassen können, von dem man nicht verlassen wird.

LAOTSE (4.–6. Jh. v. Chr.), chinesischer Philosoph

> Sei du selbst die Veränderung, die du dir wünschst für diese Welt.

MAHATMA GANDHI (1869–1948), indischer Politiker

▶ Dreimal will Elija Elischa wegschicken und sich nicht richtig verabschieden. Er ist ein kantiger Charakter, an dem sich sein Schüler Elischa reiben muss. Elischas Anhänglichkeit zeigt, wie sehr er seinen Lehrer mag (↗ Rut 1,16), aber auch, dass er genau weiß, was er will.

2 ¹ An dem Tag, da der HERR Elija im Wirbelsturm in den Himmel aufnehmen wollte, ging Elija mit Elischa von Gilgal weg. ² Er sagte zu Elischa: Bleib hier; denn der HERR hat mich nach Bet-El gesandt. Doch Elischa erwiderte: So wahr der HERR lebt und so wahr du lebst: Ich verlasse dich nicht. So gingen sie nach Bet-El. ³ Dort kamen die Prophetenjünger, die in Bet-El waren, zu Elischa heraus und sagten zu ihm: Weißt du, dass der HERR heute deinen Meister über dein Haupt hinweg aufnehmen wird? Er antwortete: Auch ich weiß es. Seid still! ⁴ Elija aber sagte zu ihm: Bleib hier, Elischa; denn der HERR hat mich nach Jericho gesandt. Elischa erwiderte: So wahr der HERR lebt und so wahr du lebst: Ich verlasse dich nicht. So kamen sie nach Jericho. ⁵ Dort traten die Prophetenjünger, die in Jericho waren, an Elischa heran und sagten zu ihm: Weißt du, dass der HERR heute deinen Meister über dein Haupt hinweg aufnehmen wird? Er antwortete ihnen: Auch ich weiß es. Seid still! ⁶ Elija aber bat ihn: Bleib hier; denn der HERR hat mich an den Jordan gesandt. Elischa erwiderte: So wahr der HERR lebt und so wahr du lebst: Ich verlasse dich nicht. So gingen beide miteinander. ⁷ Fünfzig Prophetenjünger folgten ihnen und blieben dann seitwärts in einiger Entfernung stehen. Die beiden traten

▶ Wie schon in 1 Kön 19,8.13 vergleicht auch diese Szene Elija mit Mose (↗ Ex 14,21).

▶ Diese Geschichte ist der Grund, warum im frühen Judentum die Vorstellung entstand, Elija sei nicht richtig gestorben und würde wieder auf die Erde kommen. Jesus wurde deshalb für Elija gehalten (z.B. Mt 11,14; 16,14). Beim Pessachfest halten Juden bis heute einen Platz für Elija frei.

an den Jordan. ⁸ Hier nahm Elija seinen Mantel, rollte ihn zusammen und schlug mit ihm auf das Wasser. Dieses teilte sich nach beiden Seiten und sie schritten trockenen Fußes hindurch. ⁹ Als sie drüben angekommen waren, sagte Elija zu Elischa: Sprich eine Bitte aus, die ich dir erfüllen soll, bevor ich von dir weggenommen werde! Elischa antwortete: Möchten mir doch zwei Anteile deines Geistes zufallen. ¹⁰ Elija entgegnete: Du hast etwas Schweres erbeten. Wenn du siehst, wie ich von dir weggenommen werde, wird es dir zuteilwerden. Sonst aber wird es nicht geschehen. ¹¹ Während sie miteinander gingen und redeten, erschien ein feuriger Wagen mit feurigen Pferden und trennte beide voneinander. Elija fuhr im Wirbelsturm zum Himmel empor. ¹² Elischa sah es und rief laut: Mein Vater, mein Vater! Wagen Israels und seine Reiter! …

Elischa heilt den Aramäer Naaman (2 Kön 5)

5 ¹ Naaman, der Feldherr des Königs von Aram, galt viel bei seinem Herrn und war angesehen; denn durch ihn hatte der HERR den Aramäern den Sieg verliehen. Der Mann war tapfer, aber an Aussatz erkrankt.

² Nun hatten die Aramäer bei einem Streifzug ein junges Mädchen aus dem Land Israel verschleppt. Es war in den Dienst der Frau Naamans gekommen. ³ Es sagte zu seiner Herrin: Wäre mein Herr doch bei dem Propheten in Samaria! Er würde seinen Aussatz heilen.

⁴ Naaman ging zu seinem Herrn und meldete ihm: Das und das hat das Mädchen aus Israel gesagt. ⁵ Der König von Aram antwortete: So geh doch hin; ich werde dir ein Schreiben an den König von Israel mitgeben. Naaman machte sich auf den Weg. Er nahm zehn Talente Silber, sechstausend Schekel Gold und zehn Festkleider mit ⁶ und überbrachte dem König von Israel das Schreiben. Es hatte folgenden Inhalt: Wenn jetzt dieser Brief zu dir gelangt, so wisse: Ich habe meinen Knecht Naaman zu dir geschickt, damit du seinen Aussatz heilst. ⁷ Als der König von Israel den Brief gelesen hatte, zerriss er seine Kleider und rief:

Bin ich denn ein Gott, der töten und zum Leben erwecken kann? Er schickt einen Mann zu mir, damit ich ihn von seinem Aussatz heile. Merkt doch und seht, dass er nur Streit mit mir sucht!

⁸ Als der Gottesmann Elischa hörte, der König von Israel habe seine Kleider zerrissen, ließ er ihm sagen: Warum hast du deine Kleider zerrissen? Naaman soll zu mir kommen; dann wird er erfahren, dass es in Israel einen Propheten gibt. ⁹ So kam Naaman mit seinen Pferden und Wagen und hielt vor dem Haus Elischas. ¹⁰ Dieser schickte einen Boten zu ihm hinaus und ließ ihm sagen: Geh und wasch dich siebenmal im Jordan! Dann wird dein Leib wieder gesund und du wirst rein. ¹¹ Doch Naaman wurde zornig. Er ging weg und sagte: Ich dachte, er

▶ „Aussatz" kann unterschiedliche Hautkrankheiten meinen.

▶ Das Mädchen kümmert sich um ihren Herrn, obwohl sie aus ihrer Heimat entführt und versklavt worden ist.

💡 In der Welt der Bibel ist das Zerreißen der Kleider ein wilder Gestus der Klage und Trauer. Auch der heilige Franziskus hat sich auf dem Markt die Kleider vom Leib gerissen, zum Zeichen der Nichtzugehörigkeit zur alten Welt und zu Beginn eines neuen Lebens in der Nachfolge Christi.

würde herauskommen, vor mich hintreten, den Namen des HERRN, seines Gottes, anrufen, seine Hand über die kranke Stelle bewegen und so den Aussatz heilen.

¹² Sind nicht der Abana und der Parpar, die Flüsse von Damaskus, besser als alle Gewässer Israels? Kann ich nicht dort mich waschen, um rein zu werden? Voll Zorn wandte er sich ab und ging weg. ¹³ Doch seine Diener traten an ihn heran und redeten ihm zu: Wenn der Prophet etwas Schweres von dir verlangt hätte, würdest du es tun; wie viel mehr jetzt, da er zu dir nur gesagt hat: Wasch dich und du wirst rein.

¹⁴ So ging er also zum Jordan hinab und tauchte siebenmal unter, wie ihm der Gottesmann befohlen hatte. Da wurde sein Leib gesund wie der Leib eines Kindes und er war rein. ¹⁵ Nun kehrte er mit seinem ganzen Gefolge zum Gottesmann zurück, trat vor ihn hin und sagte: Jetzt weiß ich, dass es nirgends auf der Erde einen Gott gibt außer in Israel. So nimm jetzt von deinem Knecht ein Dankgeschenk an! ¹⁶ Elischa antwortete: So wahr der HERR lebt, in dessen Dienst ich stehe: Ich nehme nichts an. Auch als Naaman ihn dringend bat, es zu nehmen, lehnte er ab.

¹⁷ Darauf sagte Naaman: Wenn es also nicht sein kann, dann gebe man deinem Knecht so viel Erde, wie zwei Maultiere tragen können; denn dein Knecht wird keinem andern Gott mehr Brand- und Schlachtopfer darbringen als dem HERRN allein. ¹⁸ Nur dies möge der

▶ Die Geschichte von Naaman zeigt ein frühes Beispiel von einem Fremden, der beginnt, an den Gott Israels zu glauben. Um die Zeit Jesu waren viele Griechen von der Religion des Judentums fasziniert. Sie werden im NT „Gottesfürchtige" genannt (↗ Apg 13,16). Viele von ihnen wurden Christen.

▶ Naaman entschuldigt sich, dass er aus beruflichen Gründen in einem anderen Kult beteiligt sein muss. Elischa versteht dies, er ist weitblickend und religiös tolerant.

▶ Gehasi beteuert mit dem gleichen Ausruf „So wahr der HERR lebt!", mit dem Elischa jedes Geschenk abgelehnt hatte (Vers 16), dass er sich etwas nehmen wird für das, was sein Chef getan hat.

99 Krankheit Nr. 13: Wenn ein Jünger versucht, eine existenzielle Leere in seinem Herzen mit einer Ansammlung materieller Güter zu füllen, nicht weil er sie braucht, sondern weil er sich dadurch sicherer fühlt.

PAPST FRANZISKUS, 22.12.2014

HERR deinem Knecht verzeihen: Wenn mein Herr zur Anbetung in den Tempel Rimmons geht, stützt er sich dort auf meinen Arm. Ich muss mich dann im Tempel Rimmons niederwerfen, wenn er sich dort niederwirft. Dann möge das der HERR deinem Knecht verzeihen. [19] Elischa antwortete: Geh in Frieden!

Als Naaman schon eine Strecke Weges von ihm entfernt war, [20] sagte sich Gehasi, der Diener Elischas, des Gottesmannes: Mein Herr hat diesen Aramäer Naaman geschont und nichts von dem angenommen, was er mitgebracht hatte. So wahr der HERR lebt: Ich werde ihm nachlaufen und mir etwas von ihm holen. [21] Gehasi eilte ihm also nach. Als ihn Naaman hinter sich herankommen sah, beugte er sich ihm vom Wagen aus zu und fragte: Steht alles gut? [22] Er antwortete: Ja; nur lässt mein Herr sagen: Soeben sind vom Gebirge Efraim zwei junge Männer, zwei Prophetenjünger, zu mir gekommen. Gib ihnen doch ein Talent Silber und zwei Festkleider! [23] Naaman erwiderte: Tu mir den Gefallen und nimm zwei Talente! Er bat ihn dringend darum und tat zwei Talente Silber in zwei Beutel, legte zwei Festkleider dazu und ließ sie durch zwei Diener vor ihm hertragen. [24] Als Gehasi auf der Höhe angekommen war, nahm er ihnen die Geschenke ab und brachte sie in das Haus. Die Männer schickte er weg und sie kehrten zurück. [25] Er selbst ging hinein und

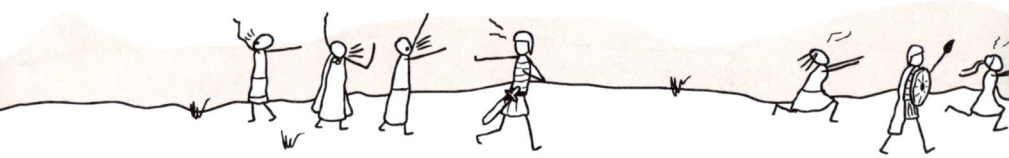

▶ Gehasi versteckt sich feig hinter der Autorität Elischas (v22), lügt auch ihm gegenüber (v25) und lässt sich schamlos bedienen (v23–24); dieses Verhalten ist ungesund (v27). Elischa muss einen inakzeptablen Diener aushalten, während Naaman vorbildliche Diener hat (v13).

trat vor seinen Herrn. Elischa fragte ihn: Woher kommst du, Gehasi? Er antwortete: Dein Knecht ist nirgendwohin gegangen. [26] Da sagte Elischa zu ihm: War nicht mein Geist zugegen, als sich jemand von seinem Wagen aus dir zuwandte? Ist es denn Zeit, Geld anzunehmen und Kleider, Ölgärten, Weinberge, Schafe und Rinder, Knechte und Mägde zu erwerben? [27] Der Aussatz Naamans aber soll für immer an dir und deinen Nachkommen haften. Gehasi ging hinaus und war vom Aussatz weiß wie Schnee.

DER UNTERGANG VON ISRAEL UND JUDA

Der Untergang des Nordreiches Israel (2 Kön 17) und des Südreiches Juda (2 Kön 25) war eine Folge der Großmachtpolitik der Assyrer und der Babylonier. Die Assyrer hatten ihr Kernland im Norden, die Babylonier im Süden des Zweistromlandes an Eufrat und Tigris, im heutigen Irak. Die Assyrer bauten im 9.–7. Jh. v. Chr. ein Weltreich auf, indem sie umliegende Königreiche eroberten – mit brutalen Mitteln: sie deportierten Hunderttausende von Menschen über Hunderte von Kilometern. Diese Zwangsumsiedlungen zerstörten die ursprünglichen Strukturen der kleineren Staaten, so dass die einfache Bevölkerung leicht gezwungen werden konnte, hohe Abgaben zu liefern. Um 720 v. Chr. eroberten die Assyrer die Hauptstadt Samaria und damit das Nordreich Israel endgültig und entführten große Teile der Bevölkerung in den heutigen Irak. Im 7. Jh. v. Chr. übernahmen die Babylonier die Macht und die Methoden der Assyrer. 597 v. Chr. nahmen sie unter König Nebukadnezzar erstmals Jerusalem ein. 587 v. Chr. zerstörten die Stadt und den Tempel und führten viele Judäer ins babylonische Exil (2 Kön 25).

Der Untergang des Nordreiches Israel (2 Kön 17,1–24)

17 ¹ Im zwölften Jahr des Königs Ahas von Juda wurde Hoschea, der Sohn Elas, in Samaria König von Israel. Er regierte neun Jahre ² und tat, was böse war in den Augen des HERRN, jedoch nicht in dem Maß wie die Könige von Israel, die vor ihm herrschten. ³ Gegen ihn zog Salmanassar, der König von Assur, herauf. Hoschea unterwarf sich ihm und entrichtete Abgaben. ⁴ Dann aber erfuhr der König von Assur, dass Hoschea an einer Verschwörung beteiligt war. Er hatte nämlich Boten zu So, dem König von Ägypten, gesandt und die jährliche Abgabe an den König von Assur nicht mehr geleistet. Daher ließ ihn dieser festnehmen und ins Gefängnis werfen. ⁵ Der König von Assur fiel über das ganze Land her, rückte gegen Samaria vor und belagerte es drei Jahre lang. ⁶ Im neunten Jahr Hoscheas eroberte er die Stadt, verschleppte die Israeliten nach Assur und siedelte sie in Halach, am Habor, einem Fluss von Gosan, und in den Städten der Meder an.

⁷ Das geschah, weil die Israeliten sich gegen den HERRN, ihren Gott, versündigten, der sie aus Ägypten, aus der Gewalt des Pharao, des Königs von Ägypten, heraufgeführt hatte. Sie verehrten fremde Götter, ⁸ ahmten die Satzungen der Völker nach, die der HERR

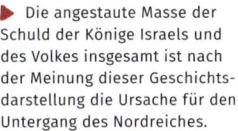

▶ Die angestaute Masse der Schuld der Könige Israels und des Volkes insgesamt ist nach der Meinung dieser Geschichtsdarstellung die Ursache für den Untergang des Nordreiches.

B Die Könige herrschen über ihre Völker, und die Vollmacht über sie haben, lassen sich Wohltäter nennen. Bei euch aber soll es nicht so sein …

Lk 22,25–26

▶ Das Volk der Meder lebte in Gebieten des heutigen Iran.

B Zahlreich sind die Schmerzen derer, die einem anderen Gott nacheilen. Ich will ihre Trankopfer von Blut nicht spenden, ich nehme ihre Namen nicht auf meine Lippen.

Ps 16,4

vor den Israeliten vertrieben hatte, und folgten dem Beispiel, das die Könige von Israel gaben. …

¹³ Der HERR warnte Israel und Juda durch alle seine Propheten, durch alle Seher: Kehrt um von euren bösen Wegen, achtet auf meine Gebote und meine Satzungen genau nach der ganzen Weisung, die ich euren Vätern geboten und euch durch meine Knechte, die Propheten, verkündet habe! ¹⁴ Doch sie wollten nicht hören, sondern versteiften ihre Nacken wie ihre Väter, die nicht auf den HERRN, ihren Gott, vertrauten. ¹⁵ Sie verwarfen seine Gesetze und den Bund, den er mit ihren Vätern geschlossen hatte, und verschmähten die Warnungen, die er an sie richtete. Sie liefen nichtigen Göttern nach und wurden selbst zunichte; sie ahmten die Völker ihrer Umgebung nach, obwohl der HERR verboten hatte, ihrem Beispiel zu folgen. ¹⁶ Sie übertraten alle Gebote des HERRN, ihres Gottes, schufen sich Gussbilder, zwei Kälber, stellten einen Kultpfahl auf, beteten das ganze Heer des Himmels an und dienten dem Baal. ¹⁷ Ihre Söhne und Töchter ließen sie durch das Feuer gehen, trieben Wahrsagerei und Zauberei und gaben sich dazu her zu tun, was böse war in den Augen des HERRN, und ihn zu erzürnen. …

²³ Schließlich verstieß der HERR Israel von sich, wie er es durch seine Knechte, die Propheten, angedroht hatte. So wanderte Israel aus seinem Land weg in die Verbannung nach Assur und blieb dort bis zum heutigen Tag.

▶ Der Untergang kommt nicht aus heiterem Himmel, sondern bahnt sich über mehrere Generationen an. Auch um die Ursachen der Weltkriege und der Schoa zu verstehen, müssen wir Entwicklungen studieren, die Jahrzehnte und Jahrhunderte zurückreichen. Was wir heute tun, kann in kommenden Generationen Katastrophen hervorrufen oder verhindern.

▶ Stiere und Kälber waren ein weit verbreitetes Symbol für Stärke und Fruchtbarkeit und standen in Ägypten und im Alten Orient für unterschiedliche Gottheiten. Sonne, Mond und Sterne wurden ebenfalls oft als Gottheiten verehrt (↗ zu Gen 1,16 und Dtn 4,19. Zu Baal ↗ Ri 9,6).

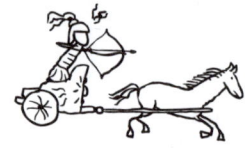

²⁴ Der König von Assur brachte Leute aus Babel, Kuta, Awa, Hamat und Sefarwajim in das Land und siedelte sie anstelle der Israeliten in den Städten Samariens an. Sie nahmen Samarien in Besitz und ließen sich in seinen Städten nieder.

König Joschija lässt den Jerusalemer Tempel renovieren. Bei dieser Tätigkeit findet der Priester Hilkija ein Buch.

Das Buch im Tempel und Joschijas Reform (2 Kön 22)

▶ „Buch der Weisung", wörtlich „Buch der Tora". Dies verweist auf das Buch Deuteronomium (↗ Dtn 29,28; 31,9).

▶ Hulda (v14) ist eine der Prophetinnen der Bibel (↗ auch Debora in Ri 4,4 oder Hanna in Lk 2,36). Gott verteilt religiöse Begabungen in gleicher Weise auf Frauen und Männer, wie auch die heiligen Frauen und Männer unter Christen zeigen.

22 ¹⁰ Dann sagte der Staatsschreiber Schafan zum König: Der Priester Hilkija hat mir ein Buch gegeben. Schafan las es dem König vor. ¹¹ Als der König die Worte des Buches der Weisung hörte, zerriss er seine Kleider ¹² und befahl dem Priester Hilkija sowie Ahikam, dem Sohn Schafans, Achbor, dem Sohn Michas, dem Staatsschreiber Schafan und Asaja, dem Diener des Königs: ¹³ Geht und befragt den HERRN für mich, für das Volk und für ganz Juda wegen dieses Buches, das aufgefunden wurde! Der Zorn des HERRN muss heftig gegen uns entbrannt sein, weil unsere Väter auf die Worte dieses Buches nicht gehört und weil sie nicht getan haben, was in ihm niedergeschrieben ist. ¹⁴ Da gingen der Priester Hilkija, Ahikam, Achbor, Schafan und Asaja zur Prophetin Hulda. …

❝❞ Der Demütige wird wie einer, der aufgibt, wie ein Unterlegener wahrgenommen, einer, der der Welt nichts zu sagen hat. Indessen ist dies der Königsweg, und nicht nur, weil die Demut eine große menschliche Tugend ist, sondern weil sie vor allem die Handlungsweise Gottes selbst darstellt. Sie ist der Weg, den Christus, der Mittler des neuen Bundes, gewählt hat.

PAPST BENEDIKT XVI., 2.9.2007

Die Abgesandten trugen ihr alles vor ¹⁵ und sie gab ihnen diese Antwort: So spricht der HERR, der Gott Israels: Sagt zu dem Mann, der euch zu mir geschickt hat: ¹⁶ So spricht der HERR: Ich bringe Unheil über diesen Ort und seine Bewohner, alle Drohungen des Buches, das der König von Juda gelesen hat. ¹⁷ Denn sie haben mich verlassen, anderen Göttern geopfert und mich durch alle Werke ihrer Hände erzürnt. Darum ist mein Zorn gegen diesen Ort entbrannt und er wird nicht erlöschen. ¹⁸ Sagt aber zum König von Juda, der euch hergesandt hat, um den HERRN zu befragen: So spricht der HERR, der Gott Israels: Durch die Worte, die du gehört hast, ¹⁹ wurde dein Herz erweicht. Du hast dich vor dem HERRN gedemütigt, als du vernahmst, was ich über diesen Ort und seine Bewohner gesprochen habe … ²⁰ Ich werde dich mit deinen Vätern vereinen und du sollst in Frieden in deinem Grab beigesetzt werden. Deine Augen sollen all das Unheil nicht mehr sehen, das ich über diesen Ort bringen werde. Sie berichteten dies dem König.

Joschija nimmt die Worte des Buches sehr ernst und führt eine religiöse Reform im Sinn des Buches Deuteronomium durch: Er lässt Altäre fremder Götter zerstören. Dennoch kann er den Untergang Jerusalems nicht aufhalten.

Die Zerstörung Jerusalems und das babylonische Exil (2 Kön 25)

25 ¹ Im neunten Regierungsjahr, am zehnten Tag des zehnten Monats, rückte Nebukadnezzar, der König von Babel, mit seiner ganzen Streitmacht vor Jerusalem und belagerte es. Man errichtete ringsherum einen Belagerungswall. [2] Bis zum elften Jahr des Königs Zidkija wurde die Stadt belagert. [3] Am neunten Tag des vierten Monats war in der Stadt die Hungersnot groß geworden und die Bürger des Landes hatten kein Brot mehr. [4] Damals wurden Breschen in die Stadtmauer geschlagen. Alle Krieger verließen die Stadt bei Nacht auf dem Weg durch das Tor zwischen den beiden Mauern, das zum königlichen Garten hinausführt, obwohl die Chaldäer rings um die Stadt lagen.

Der König ging in die Richtung nach der Araba. [5] Aber die chaldäischen Truppen setzten dem König nach und holten ihn in den Niederungen von Jericho ein, nachdem alle seine Truppen ihn verlassen und sich zerstreut hatten. [6] Man ergriff den König und brachte ihn nach Ribla, zum König von Babel, und dieser sprach über ihn das Urteil. [7] Die Söhne Zidkijas machte man vor dessen Augen nieder. Zidkija ließ er blenden, in Fesseln legen und nach Babel bringen.

[8] Am siebten Tag des fünften Monats – das ist im neunzehnten Jahr des Königs Nebukadnezzar, des Königs von Babel – rückte Nebusaradan, der Befehlshaber der Leibwache und Diener des Königs von Babel, in Jerusalem ein [9] und steckte das Haus des HERRN, den kö-

▶ „Chaldäer" (v4) bezieht sich auf das babylonische Heer. Der König verlässt wie ein feiger Kapitän heimlich das sinkende Schiff.

niglichen Palast und alle Häuser Jerusalems in Brand. Jedes große Haus ließ er in Flammen aufgehen. [10] Auch die Umfassungsmauern Jerusalems rissen die chaldäischen Truppen, die dem Befehlshaber der Leibwache unterstanden, nieder. [11] Den Rest der Bevölkerung, der noch in der Stadt geblieben war, sowie alle, die zum König von Babel übergelaufen waren, und den Rest der Menge schleppte Nebusaradan, der Befehlshaber der Leibwache, in die Verbannung. [12] Nur von den armen Leuten im Land ließ der Befehlshaber der Leibwache einen Teil als Wein- und Ackerbauern zurück. ...

[27] Im siebenunddreißigsten Jahr nach der Wegführung Jojachins, des Königs von Juda, am siebenundzwanzigsten Tag des zwölften Monats, begnadigte Ewil-Merodach, der König von Babel, im Jahr seines Regierungsantritts Jojachin, den König von Juda, und entließ ihn aus dem Kerker. [28] Er söhnte sich mit ihm aus und wies ihm seinen Sitz oberhalb des Sitzes der anderen Könige an, die bei ihm in Babel waren. [29] Er durfte seine Gefängniskleidung ablegen und ständig bei ihm speisen, solange er lebte. [30] Sein Unterhalt – ein dauernder Unterhalt – wurde ihm vom König von Babel in der bestimmten Menge täglich geliefert, solange er lebte.

B In die Verbannung zog Juda aus Elend und harter Knechtschaft. Nun weilt sie unter den Völkern und findet nicht Ruhe. All ihre Verfolger holten sie ein mitten in der Bedrängnis. Die Wege nach Zion trauern, niemand pilgert zum Fest, verödet sind all ihre Tore. Ihre Priester seufzen, ihre Jungfrauen sind voll Gram, sie selbst trägt Weh und Kummer. Ihre Bedränger sind an der Macht, ihre Feinde im Glück. Denn Trübsal hat der HERR ihr gesandt wegen ihrer vielen Verfehlungen. Ihre Kinder zogen fort, gefangen, vor dem Bedränger. Gewichen ist von der Tochter Zion all ihre Pracht.

Klgl 1,3–6

Erst die Bücher Esra und Nehemia erzählen, wie die Judäer ins Land zurückkehren und Jerusalem wieder aufbauen durften.

Chronik

Diese zwei Bücher stammen aus der Zeit um ca. 200 v. Chr. Sie entstanden aus dem Anliegen, die Geschichte Israels nochmals neu darzustellen. Sie greifen auf die Samuel- und Königsbücher zurück, setzen aber neue Akzente und ergänzen weitere Texte, vor allem mit religiösen Motiven. Themen wie der Tempel, Gottesdienst sowie die Tätigkeiten von Priestern und Tempelsängern sind hier viel stärker entfaltet. Die folgenden beiden Auszüge sind Beispiele für neue Aspekte in der Darstellung der Geschichte:

Der Verbleib der Bundeslade ist ein Rätsel, das viele Fantasien geweckt hat. Steven Spielberg ließ Indiana Jones in „Raiders of the Lost Ark" danach suchen. Die Bibel erwähnt sie zuletzt beim Bau des Jerusalemer Tempels unter König Salomo. Jeremia weist darauf hin, dass die Lade (vermutlich durch die Babylonier) zerstört wurde und nach dem Exil nicht wiederhergestellt werden soll (Jer 3,16). Dennoch haben sich schon früh Legenden um das Überleben der Lade gebildet. Die Samaritaner denken, sie befinde sich in einem Versteck bei ihrem heiligen Berg Garizim. Äthiopische Christen →

Die Überführung der Lade in die Davidstadt: Die Vorbereitungen (1 Chr 15,1–16,3)

15 [1] David baute sich Häuser in der Davidstadt; er richtete auch eine Stätte für die Lade Gottes her und stellte ein Zelt für sie auf. [2] Damals ordnete er an, dass nur die Leviten die Lade tragen dürfen; denn sie hat der HERR erwählt, seine Lade zu tragen und immerfort bei ihr Dienst zu tun.

[3] Hierauf berief David ganz Israel nach Jerusalem, um die Lade des HERRN an den Ort zu bringen, den er für sie hergerichtet hatte. [4] Er ließ die Nachkommen Aarons und die Leviten kommen: [5] von den Nachkommen Kehats den Vorsteher Uriël und seine Brüder, 120 Mann, [6] von den Nachkommen Meraris den Vorsteher Asaja und seine Brüder, 220 Mann, [7] von den Nachkommen Gerschoms den Vorsteher Joël und seine Brüder, 130 Mann, [8] von den Nachkommen Elizafans den Vorsteher Schemaja und seine Brüder, 200 Mann, [9] von den Nachkommen Hebrons den Vorsteher Eliël und seine Brüder, 80 Mann,

¹⁰ von den Nachkommen Usiëls den Vorsteher Amminadab und seine Brüder, 112 Mann. ¹¹ David rief die Priester Zadok und Abjatar sowie die Leviten Uriël, Asaja, Joël, Schemaja, Eliël und Amminadab zu sich ¹² und befahl ihnen: Ihr seid die Familienhäupter der Leviten. Ihr und eure Brüder, heiligt euch und bringt die Lade des HERRN, des Gottes Israels, herauf an den Ort, den ich für sie hergerichtet habe!

Der Einzug der Lade (1 Chr 15,25–28)

²⁵ David, die Ältesten Israels und die Führer der Tausendschaften, die gegangen waren, um die Bundeslade des HERRN aus dem Haus Obed-Edoms heraufzuholen, waren voller Freude. ²⁶ Damit Gott den Leviten, die die Bundeslade des HERRN trugen, beistand, opferte man sieben Stiere und sieben Widder. ²⁷ David war mit einem Mantel aus Byssus bekleidet, ebenso alle Leviten, die die Lade trugen, sowie die Sänger und Kenanja, der den Vortrag der Sänger leitete. Dabei trug David das leinene Efod. ²⁸ So brachte ganz Israel die Bundeslade des HERRN hinauf unter Jubelschall und unter dem Klang des Widderhorns, unter dem Lärm der Trompeten und Zimbeln, beim Spiel der Harfen und Zithern.

→ (80 Millionen Menschen) glauben, die Lade sei über Ägypten nach Äthiopien gekommen und sie werde bis heute in Axum aufbewahrt. In tausenden äthiopischen Kirchen wird eine Nachbildung der Lade verehrt. Im Judentum hat die Torarolle den Platz der Bundeslade als Allerheiligstes in der Synagoge übernommen. Ähnlich wird die Heilige Schrift auch in der christlichen Liturgie verehrt. So wie David vor der Bundeslade tanzt, tanzen afrikanische Christen bei der Messe vor der Lesung aus der Heiligen Schrift.

²⁹ Als die Bundeslade des HERRN in die Davidstadt kam, schaute Michal, Sauls Tochter, aus dem Fenster, und als sie sah, wie König David hüpfte und tanzte, verachtete sie ihn in ihrem Herzen.

16 ¹ Man trug die Lade Gottes in das Zelt, das David für sie aufgestellt hatte, setzte sie an ihren Platz in der Mitte des Zeltes und brachte Brand- und Heilsopfer vor Gott dar. ² Als David mit dem Darbringen der Brand- und Heilsopfer fertig war, segnete er das Volk im Namen des HERRN ³ und ließ an alle Israeliten, Männer und Frauen, je einen Laib Brot, einen Dattelkuchen und einen Traubenkuchen austeilen.

Beispielhafter Umgang mit Kriegsgefangenen (2 Chr 28,8–15)

28 ⁸ Die Israeliten führten von ihren Stammesbrüdern zweihunderttausend Frauen, Söhne und Töchter als Gefangene weg, machten bei ihnen auch reiche Beute und brachten sie nach Samaria. ⁹ Dort lebte ein Prophet des HERRN namens Oded. Dieser ging dem Heer entgegen, das nach Samaria zurückkehrte, und hielt ihm vor:

▶ Der Hintergrund ist ein Bruderkrieg im 8. Jahrhundert v. Chr. Das Nordreich Israel war stärker als der Süden, Juda.

Es ist zu entschuldigen, wenn man nicht immer heiter ist. Nicht zu entschuldigen ist es aber, wenn man nicht immer gütig ist, denn das liegt immer im Bereich unseres Willens.

FRANZ VON SALES

▶ Militärische Siege sind kein Freibrief für Gewalt und Versklavung. Gottes Sprecher Oded erinnert an die Verantwortung der „Gewinner", ihre Überlegenheit nicht unrecht auszunutzen.

Seht, weil der HERR, der Gott eurer Väter, über Juda erzürnt war, hat er sie in eure Hand gegeben. Ihr habt unter ihnen mit einer Wut gemordet, die zum Himmel schreit.

¹⁰ Jetzt wollt ihr euch Leute aus Juda und Jerusalem als Knechte und Mägde untertan machen. Steht denn nicht ihr gerade in Schuld vor dem HERRN, eurem Gott?

¹¹ Hört daher jetzt auf mich! Gebt die Gefangenen zurück, die ihr von euren Stammesbrüdern weggeführt habt! Es würde sonst der glühende Zorn des HERRN euch treffen.

¹² Darauf traten einige von den Häuptern der Efraimiter, nämlich Asarja, der Sohn Johanans, Berechja, der Sohn Meschillemots, Jehiskija, der Sohn Schallums, und Amasa, der Sohn Hadlais, zu den Heimkehrern vom Feldzug hin, ¹³ redeten mit ihnen und sagten: Bringt die Gefangenen nicht hierher! Schon liegt eine Schuld vor dem HERRN auf uns und ihr wollt unsere Sünde und Schuld noch vermehren. Ist doch unsere Schuld schon groß genug und glühender Zorn lastet auf Israel.

¹⁴ Daraufhin gaben die bewaffneten Krieger in Gegenwart der Obers-

▶ V14–15 lesen sich wie eine frühe Vorwegnahme der Ideen Henry Dunants, des Gründers des „Roten Kreuzes", sie gehen sogar noch weit darüber hinaus. Die Gefangenen erhalten fürsorg-liche Behandlung, die ihre Ehre wiederherstellt („Kleidung"), und sie dürfen innerhalb kürzester Zeit in ihre Heimat zurückkehren. Die Grenzstadt Jericho ist Ort der Übergabe.

ten und der ganzen Versammlung die Gefangenen und die Beute frei. ¹⁵ Männer, die namentlich dazu bestimmt waren, gingen hin und nahmen sich der Gefangenen an. Sie bekleideten alle, die nackt waren, aus der Beute und versahen sie mit Gewändern und Schuhen. Sie gaben ihnen zu essen und zu trinken, salbten sie und führten alle Schwachen auf Eseln weiter. So brachten sie die Gefangenen in die Palmenstadt Jericho in die Nähe ihrer Stammesbrüder. Sie selbst kehrten nach Samaria zurück.

Im letzten Kapitel bringen die Chronikbücher wie ihre Vorlage, die Königsbücher, einen Blick auf den Untergang Jerusalems im Jahre 587 v. Chr. Doch konzentriert sich 2 Chr 36 stärker als 2 Kön 25 auf die Gründe der Katastrophe und gibt am Ende – im Gegensatz zu Kön – einen hoffnungsvollen Ausblick.

Ende und Anfang (2 Chr 36,11–23)

36 ¹¹ Zidkija war einundzwanzig Jahre alt, als er König wurde. Er regierte elf Jahre in Jerusalem ¹² und tat, was böse war in den Augen des HERRN; er beugte sich nicht vor dem Propheten Jeremia, der im Auftrag des HERRN zu ihm sprach. ¹³ Auch fiel er vom König Nebukadnezzar ab, der ihn bei Gott einen Eid hatte schwören lassen.

❞ Bei tauben Ohren ist jede Predigt verloren.

Sprichwort

Er versteifte seinen Nacken, verhärtete sein Herz und kehrte nicht um zum HERRN, dem Gott Israels.

¹⁴ Auch alle führenden Männer Judas und die Priester und das Volk begingen viel Untreue. Sie ahmten die Gräueltaten der Völker nach und entweihten das Haus, das der HERR in Jerusalem zu seinem Heiligtum gemacht hatte.

¹⁵ Immer wieder hatte der HERR, der Gott ihrer Väter, sie durch seine Boten gewarnt; denn er hatte Mitleid mit seinem Volk und seiner Wohnung. ¹⁶ Sie aber verhöhnten die Boten Gottes, verachteten sein Wort und verspotteten seine Propheten, bis der Zorn des HERRN gegen sein Volk so groß wurde, dass es keine Heilung mehr gab.

¹⁷ Der HERR ließ nun den König der Chaldäer gegen sie heranziehen. Dieser tötete ihre jungen Krieger in ihrem Heiligtum mit dem Schwert und verschonte keinen jungen Mann und keine junge Frau, keinen Greis und Betagten; alle gab Gott in seine Hand.

¹⁸ Nebukadnezzar ließ die großen und kleinen Geräte des Hauses

B Menschensohn, du wohnst mitten im Haus der Widerspenstigkeit, das Augen hat, um zu sehen, doch sie sehen nicht, das Ohren hat, um zu hören, doch sie hören nicht; denn sie sind ein Haus der Widerspenstigkeit.

Ez 12,2

▶ Chr sieht die Ursachen des Untergangs vor allem im Ungehorsam gegenüber Gott und seinen Gesandten, unter denen Jeremia eigens erwähnt wird (auch v21). Die Ablehnung von Gottes Botschaft ist vielfach ein Grund für das Menschen treffende Unheil.

Gottes, die Tempelschätze und die Schätze des Königs und seiner hohen Beamten insgesamt nach Babel bringen. ¹⁹ Die Chaldäer verbrannten das Haus Gottes, rissen die Mauern Jerusalems nieder, legten Feuer an alle seine Paläste und zerstörten alle wertvollen Geräte.

²⁰ Alle, die dem Schwert entgangen waren, führte Nebukadnezzar in die Verbannung nach Babel. Dort mussten sie ihm und seinen Söhnen als Sklaven dienen, bis das Reich der Perser zur Herrschaft kam.

²¹ Da ging das Wort in Erfüllung, das der HERR durch den Mund Jeremias verkündet hatte. Das Land bekam seine Sabbate ersetzt, es lag brach während der ganzen Zeit der Verwüstung, bis siebzig Jahre voll waren.

²² Im ersten Jahr des Königs Kyrus von Persien sollte sich erfüllen, was der HERR durch Jeremia gesprochen hatte. Darum erweckte der HERR den Geist des Königs Kyrus von Persien und Kyrus ließ in seinem ganzen Reich mündlich und schriftlich den Befehl verkünden:

²³ So spricht Kyrus, der König von Persien: Der HERR, der Gott des Himmels, hat mir alle Reiche der Erde verliehen. Er selbst hat mir aufgetragen, ihm in Jerusalem in Juda ein Haus zu bauen. Jeder unter euch, der zu seinem Volk gehört – der HERR, sein Gott, sei mit ihm –, der soll hinaufziehen.

▶ Hier weitet sich der historische Horizont: Kyrus nimmt 539 v. Chr. Babylon ein und begründet damit das persische Weltreich. Dies brachte eine Wende auch für das entstehende Judentum.

B Dann hat das Land Ruhe und erhält Ersatz für seine Sabbate.

Lev 26,34

▶ V22–23 zitieren Esra 1,1–3. Diese Schlussverse deuten eine Wandlung an: Heimkehr wird möglich, der zerstörte Tempel darf wieder aufgebaut werden, und sogar der Herrscher des Weltreichs unterstützt all dies mit Wohlwollen.

DIE BÜCHER

Esra

UND

Nehemia

Die Bücher Esra und Nehemia gehören zusammen. Sie behandeln die Rückkehr der Judäer aus dem babylonischen Exil und den Wiederaufbau des Tempels und der Stadtmauer Jerusalems. Der Perserkönig Kyrus ermöglichte dies durch einen Erlass im Jahr 539 v. Chr. Die beiden Schriften beginnen jeweils mit dem Plan, den Tempel bzw. die Stadt wiederaufzubauen, der mit göttlicher Hilfe gelingt.

Esra war Priester und Schriftgelehrter, der vermutlich im Jahr 398 (Esra 7,7: „7. Jahr des Artaxerxes", wohl des II.) aufgetreten ist. Viele nehmen an, dass er wesentlich an der Tora und deren Annahme durch die Gemeinschaft mitbeteiligt war (s. Neh 8).

Nehemia war Statthalter und sorgte sich um die Wiederherstellung Jerusalems und des Zusammenlebens dort. Er dürfte bereits 445 zu wirken begonnen haben (Neh 1,1: „20. Jahr des Artaxerxes", wahrscheinlich des I.). Beide Gestalten zusammen sind Schlüsselfiguren für die Erneuerung des politischen und religiösen Lebens in Jerusalem und Juda in der Zeit nach dem Exil. Sie lassen weiter fruchtbar werden, was mit dem Bau des Zweiten Tempels (520–515) und den Rückwanderungen der Nachkommen der Exilierten langsam zu wachsen begonnen hatte.

ESRA

▶ Kyrus, ein fremder Herrscher, ist von Gott inspiriert.
↗ Jes 45,1.

99 Der unendliche Gott ist zugleich der nahe Gott. Er ... will doch unter uns wohnen, ganz mit uns sein. Jerusalem mit seinem Tempel ist Ort der Begegnung zwischen Gott und seinem Volk. Der Ort, an dem er verehrt werden will und an dem er auf uns zugeht. Von David her ist Jerusalem auch Ort der Verheißung. Jerusalem ist mit der Erwartung des Messias verbunden, mit der Hoffnung, dass Gott als König in diese Welt kommen und sie zu seinem Reich machen werde.

PAPST BENEDIKT XVI., 28.3.2010

König Kyrus gibt den Auftrag zum Tempelbau (Esra 1)

1 ¹ Im ersten Jahr des Königs Kyrus von Persien sollte sich erfüllen, was der HERR durch Jeremia gesprochen hatte. Darum erweckte der HERR den Geist des Königs Kyrus von Persien und Kyrus ließ in seinem ganzen Reich mündlich und schriftlich den Befehl verkünden: ² So spricht Kyrus, der König von Persien: Der HERR, der Gott des Himmels, hat mir alle Reiche der Erde verliehen. Er selbst hat mir aufgetragen, ihm in Jerusalem in Juda ein Haus zu bauen. ³ Jeder unter euch, der zu seinem Volk gehört – sein Gott sei mit ihm –, der soll hinaufziehen nach Jerusalem in Juda und das Haus des HERRN, des Gottes Israels, aufbauen; denn er ist der Gott, der in Jerusalem wohnt. ⁴ Und jeden, der irgendwo übrig geblieben ist, sollen die Leute des Ortes, in dem er ansässig war, unterstützen mit Silber und Gold, mit beweglicher Habe und Vieh, neben den freiwilligen Gaben für das Haus Gottes in Jerusalem.

Nach Jerusalem!

⁵ Die Familienoberhäupter von Juda und Benjamin sowie die Priester und Leviten, kurz alle, deren Geist Gott erweck-

▶ Die Religion und der Gottesdienst leben von Großzügigkeit (↗ schon bei der Errichtung des Wüstenheiligtums in Ex 25,1–7; 35,4–36,7).

te, machten sich auf den Weg, um hinaufzuziehen und das Haus des HERRN in Jerusalem zu bauen. ⁶ Alle ihre Nachbarn unterstützten sie mit Silbergeräten, mit Gold, mit beweglicher Habe und mit Vieh sowie mit wertvollen Dingen, abgesehen von dem, was jeder für den Tempel spendete. ⁷ König Kyrus gab auch die Geräte des Hauses des HERRN zurück, die Nebukadnezzar aus Jerusalem weggeschleppt und in das Haus seines Gottes gebracht hatte. ...

NEHEMIA

▶ Susa war eine wichtige persische Stadt (heute bei der Stadt Schusch im Iran).

B An den Strömen von Babel, da saßen wir und wir weinten, wenn wir Zions gedachten. An die Weiden in seiner Mitte hängten wir unsere Leiern. Denn dort verlangten, die uns gefangen hielten, Lieder von uns, unsere Peiniger forderten Jubel: Singt für uns eines der Lieder Zions!
Ps 137,1–3

König Artaxerxes erlaubt Nehemia, Jerusalem wieder aufzubauen (Neh 1–2)

1 ¹ Bericht des Nehemia, des Sohnes Hachaljas. Im Monat Kislew, im zwanzigsten Jahr des Artaxerxes, war ich in der Festung Susa; ² da kam Hanani, einer meiner Brüder, an, und zwar mit Männern aus Juda. Ich fragte sie nach den Juden, den Entronnenen, die der Gefangenschaft entgangen waren, und nach Jerusalem. ³ Sie sagten zu mir: Der Rest, der der Gefangenschaft entgangen ist, lebt dort in der Provinz in großer Not und Schmach. Die Stadtmauer von Jerusalem ist niedergelegt und seine Tore sind im Feuer verbrannt. ⁴ Als ich diese Worte hörte, setzte ich mich nieder und weinte. Ich trauerte tagelang, fastete und betete vor dem Gott des Himmels. ⁵ Ich sagte:

Ach, HERR, Gott des Himmels, du großer und Furcht gebietender Gott, der den Bund und die Huld bewahrt denen, die ihn lieben und seine Gebote bewahren! [6] Hab ein aufmerksames Ohr und ein offenes Auge und hör das Gebet deines Knechtes! Ich bete jetzt Tag und Nacht vor dir für die Israeliten, deine Diener. Ich lege ein Bekenntnis ab wegen der Sünden der Israeliten. Wir haben gegen dich gesündigt; auch ich und meine Familie haben gesündigt. [7] Wir haben sehr schlecht gegen dich gehandelt: Wir haben die Gebote, Gesetze und Rechtsentscheide nicht bewahrt, die du deinem Diener Mose geboten hast. [8] Aber denk an das Wort, das du deinem Diener Mose aufgetragen hast: Wenn ihr mir die Treue brecht, dann werde ich euch unter die Völker zerstreuen; [9] wenn ihr aber zu mir umkehrt, meine Gebote bewahrt und sie ausführt, dann werde ich selbst die von euch, die bis ans Ende des Himmels verschlagen wurden, von dort sammeln; ich bringe sie an den Ort, den ich erwählt habe, um dort meinen Namen wohnen zu lassen.

[10] Sie sind ja deine Knechte, dein Volk, das du erlöst hast mit deiner großen Kraft und deiner starken Hand. [11] Ach, HERR, hab ein aufmerksames Ohr für das Gebet deines Knechtes und

> Wenn du nicht aufhören willst zu beten, dann höre nicht auf, dich zu sehnen. Ist deine Sehnsucht beständig? Dann ist auch der Schrei deines Gebetes beständig. Du wirst nur dann schweigen, wenn du aufhörst zu lieben.
>
> **AUGUSTINUS**

▶ In mehreren nachexilischen Büchern wird es Autoren wichtig, die Schuld des Volkes Israel zu bekennen, die zu seinem Exil geführt hat: ↗ Dan 9,4–19; Esra 9,6–15; Neh 9,5–38; Ps 106.

99 Gott lässt uns unsere Schwachheit nur fühlen, um uns seine Stärke zu geben.

FRANÇOIS FÉNELON (1651–1715), französischer Bischof

das Gebet deiner Knechte, die von Herzen deinen Namen fürchten: Gewähre deinem Knecht heute Erfolg und lass ihn Erbarmen finden bei diesem Mann! Ich war nämlich Mundschenk beim König.

2 [1] Es geschah im Monat Nisan, im zwanzigsten Jahr des Königs Artaxerxes: Als Wein vor ihm stand, nahm ich den Wein und reichte ihn dem König. Nie zuvor hatte der König mein Aussehen schlecht gefunden; [2] jetzt aber fragte er mich: Warum siehst du so schlecht aus? Du bist doch nicht etwa krank? Nein, du hast gewiss Kummer. Ich erschrak sehr; [3] dann sagte ich zum König: Der König möge ewig leben. Wie sollte ich nicht schlecht aussehen? Die Stadt, in der die Gräber meiner Väter sind, liegt in Trümmern und ihre Tore sind vom Feuer verzehrt. [4] Der König erwiderte: Was möchtest du also? Da betete ich zum Gott des Himmels; [5] dann sagte ich zum König: Wenn du, König, es für gut findest und wenn du deinem Knecht vertraust, so sende mich nach Juda in die Stadt, in der die Gräber meiner Väter sind, damit ich sie wieder aufbaue.

[6] Darauf fragte mich der König, während die Königin neben ihm saß: Wie lang soll deine Reise dauern? Wann kommst du zurück? Ich nannte ihm eine bestimmte Zeit; der König war einverstanden und ließ mich ziehen. ...

▶ Vor herausfordernden und wichtigen Aufgaben wie Nehemia zu beten ist bis heute christliche Praxis. Nicht alles hängt davon ab, wie gut ich eine Sache mache. Oft kann ich wichtige Faktoren überhaupt nicht beeinflussen, und es tut gut, sie Gott anzuvertrauen.

99 Wir sind nicht nur verantwortlich für das, was wir tun, sondern auch für das, was wir nicht tun.

MOLIÈRE (1622–1673), französischer Dramatiker

99 Keine Schneeflocke in der Lawine wird sich je verantwortlich fühlen.

STANISLAW JERZY LEC (1909–1966), polnischer Schriftsteller

Als die wichtigsten Gebäude wieder aufgebaut sind, geht es darum, dass sich Israel geistig und religiös wieder stärkt. Das geschieht in Festen und besonders, indem man die Tora – die damalige Bibel – liest und gut versteht.

▶ Der Wunsch, die Tora des Mose zu hören, geht interessanterweise vom Volk aus. Die Menschen suchen aktiv nach Weisung.

Y → 486

Was drücken Christen durch Gebetshaltungen aus?

Gottes Wort lesen und verstehen (Neh 8)

8 ¹ Das ganze Volk versammelte sich geschlossen auf dem Platz vor dem Wassertor und bat den Schriftgelehrten Esra, das Buch mit der Weisung des Mose zu holen, die der HERR den Israeliten geboten hat.

² Am ersten Tag des siebten Monats brachte der Priester Esra die Weisung vor die Versammlung, Männer und Frauen und überhaupt alle, die schon mit Verstand zuhören konnten. ³ Vom frühen Morgen bis zum Mittag las Esra auf dem Platz vor dem Wassertor den Männern und Frauen und denen, die es verstehen konnten, daraus vor. Das ganze Volk lauschte auf das Buch der Weisung. ⁴ Der Schriftgelehrte Esra stand auf einer Kanzel aus Holz, die man eigens dafür errichtet hatte. … ⁵ Esra öffnete das Buch vor aller Augen; denn er stand höher als das versammelte Volk. Als er das Buch aufschlug, erhoben sich alle.

? Wie zeige ich meine Wertschätzung für die Bibel? Verstaubt sie im Regal? Liegt sie in Griffweite? Lese ich regelmäßig darin? Lasse ich mir durch das Wort der Heiligen Schrift etwas sagen?

 Gott ist treu.

1 Kor 10,13

Würdig bist du, Herr, unser Gott, zu empfangen Lob, Herrlichkeit und Ehre und Preis. Und lasst uns ihn loben und über alles erheben in Ewigkeit.

Aus einem Gebet von **FRANZISKUS VON ASSISI** (1181/2–1226)

⁶ Dann pries Esra den HERRN, den großen Gott; darauf antworteten alle mit erhobenen Händen: Amen, amen! Sie verneigten sich, warfen sich vor dem HERRN nieder, mit dem Gesicht zur Erde. …

⁸ Man las aus dem Buch, der Weisung Gottes, in Abschnitten vor und gab dazu Erklärungen, sodass die Leute das Vorgelesene verstehen konnten.

⁹ Nehemia, das ist Hattirschata, der Priester und Schriftgelehrte Esra und die Leviten, die das Volk unterwiesen, sagten dann zum ganzen Volk: Heute ist ein heiliger Tag zu Ehren des HERRN, eures Gottes. Seid nicht traurig und weint nicht! Alle Leute weinten nämlich, als sie die Worte der Weisung hörten. ¹⁰ Dann sagte er zu ihnen: Nun geht, haltet ein festliches Mahl und trinkt süßen Wein! Schickt auch denen etwas, die selbst nichts haben; denn heute ist ein heiliger Tag zur Ehre unseres HERRN. Macht euch keine Sorgen; denn die Freude am HERRN ist eure Stärke. ¹¹ Auch die Leviten beruhigten das ganze Volk und sagten: Seid still, denn dieser Tag ist heilig. Macht euch keine Sorgen! ¹² Da gingen alle Leute weg, um zu essen und zu trinken und auch andern davon zu geben und um ein großes Freudenfest zu begehen; denn sie hatten die Worte verstanden, die man ihnen verkündet hatte.

Die Feier des Laubhüttenfestes (Neh 8,13–18)

¹³ Am zweiten Tag versammelten sich die Familienoberhäupter des ganzen Volkes sowie die Priester und Leviten bei dem Schriftgelehrten Esra, um die Worte der Weisung weiter kennenzulernen. ¹⁴ Da fanden sie in der Weisung, die der HERR durch Mose geboten hat, die Stelle, an der es heißt: Die Israeliten sollen während des Festes im siebten Monat in Laubhütten wohnen. ¹⁵ Wie man sie unterrichtet hatte, ließen sie nun in all ihren Städten und in Jerusalem ausrufen: Geht in die Berge und holt Zweige von veredelten und von wilden Ölbäumen, Zweige von Myrten, Palmen und Laubbäumen zum Bau von Laubhütten, wie es vorgeschrieben ist! ¹⁶ Da ging das Volk hinaus, holte sie und baute sich Laubhütten, der eine auf seinem flachen Dach, andere in ihren Höfen, in den Vorhöfen des Gotteshauses, auf dem Platz am Wassertor und auf dem Platz am Efraimtor. ¹⁷ Die ganze Versammlung, alle, die aus der Gefangenschaft heimgekehrt waren, bauten Laubhütten und wohnten darin. So hatten die Israeliten es nicht mehr gehalten seit den Tagen Josuas, des Sohnes Nuns, bis zu diesem Tag und die Freude war überaus groß. ¹⁸ Jeden Tag las Esra aus dem Buch der Weisung Gottes vor, vom ersten Tag bis zum letzten. So feierte man das Fest sieben Tage lang; am achten Tag war, wie vorgeschrieben, die Festversammlung.

▶ Zum Laubhüttenfest ↗ Dtn 16,13.16; 31,10. Juden feiern dieses Fest bis heute und erinnern sich dabei an die Zeit in der Wüste nach dem Exodus aus Ägypten.

🅱 Sieben Tage sollt ihr in Hütten wohnen. ... damit eure kommenden Generationen wissen, dass ich die Israeliten in Hütten wohnen ließ, als ich sie aus Ägypten herausführte. Ich bin der HERR, euer Gott.

Lev 23,42–43

Das Bußgebet (Neh 9)

9 ⁶ Du, HERR, bist der Einzige. Du hast den Himmel geschaffen und den Himmel der Himmel und sein ganzes Heer, die Erde und alles, was auf ihr ist, die Meere und alles, was darin lebt. Ihnen allen gibst du das Leben. Das Heer des Himmels betet dich an. ⁷ Du, HERR, bist der Gott, der Abraham auserwählt hat. Du hast ihn aus Ur in Chaldäa herausgeführt und ihm den Namen Abraham verliehen. ⁸ Du hast sein Herz getreu befunden; deshalb hast du mit ihm den Bund geschlossen, seinen Nachkommen das Land der Kanaaniter, Hetiter, Amoriter, Perisiter, Jebusiter und Girgaschiter zu geben; und du hast dein Wort gehalten, denn du bist gerecht. ⁹ Du hast das Elend unserer Väter in Ägypten gesehen und du hast ihren Notschrei am Roten Meer gehört. ¹⁰ Du hast Zeichen und Wunder getan am Pharao, an all seinen Dienern und am ganzen Volk in seinem Land; denn du wusstest, dass sie mit Israel ihren Übermut getrieben hatten. So hast du dir einen Namen gemacht, der gerühmt wird bis zum heutigen Tag. ...

³³ Du warst gerecht bei allem, was über uns gekommen ist. Du hast uns deine Treue bewiesen; wir aber haben gesündigt.

▶ Bußgebete und das Bekenntnis der Schuld des ganzen Volkes werden in späten Büchern besonders wichtig (vgl. auch Esra 9; Dan 9). Sie erinnern zuerst an all das Gute, das Gott für Israel getan hat, und bekennen dann das eigene Versagen, um sich neu für die Treue zu Gott zu entscheiden.

🅱 Gott, sei mir gnädig nach deiner Huld, tilge meine Frevel nach deinem reichen Erbarmen! Wasch meine Schuld von mir ab und mach mich rein von meiner Sünde! Denn ich erkenne meine bösen Taten, meine Sünde steht mir immer vor Augen.

Ps 51,3–5

Tobit

Der fromme und gerechte Tobit lebt im assyrischen Exil in
Ninive. Durch ein Missgeschick wird er blind. Zugleich leidet
die junge jüdische Frau Sara in Medien (im heutigen Iran)
unter einem Dämon: Alle Männer, die sie heiraten sollte,
waren in der Hochzeitsnacht gestorben. Tobit schickt seinen
Sohn Tobias zu Gabaël in Rages, um entliehenes Geld zurück-
zuholen. Ein Engel begleitet Tobias und bewegt ihn, auf dem
Weg in Ekabatana bei Raguël, einem Verwandten, zu übernachten. Dabei heilt er dessen Tochter Sara, und später auch
Tobit. Tobias und Sara heiraten. Das Buch Tobit zeigt, wie Gott
Menschen beisteht, die sich um ein gerechtes Leben bemühen
und vertrauensvoll beten.

Tobias und Rafaël brechen zur Reise auf (Tob 5,1–4)

5 ¹ Da antwortete Tobias und sagte zu Tobit, seinem Vater: Alles, was du mir geboten hast, werde ich tun, Vater. ² Aber wie kann ich das Geld von ihm erhalten? Er kennt mich nicht und ich kenne ihn nicht. Welches Zeichen gebe ich ihm, an dem er mich erkennt und mir glaubt, sodass er mir das Geld wiedergibt? Außerdem kenne ich die Wege nach Medien nicht, um dorthin zu reisen. ³ Da antwortete Tobit und sagte Tobias, seinem Sohn: Gabaël hat mir seinen mit eigener Hand geschriebenen Schuldschein gegeben und ich habe ihm einen mit eigener Hand geschriebenen Schuldschein gegeben. Ich habe die Scheine geteilt, sodass jeder von uns eine Hälfte erhalten hat, und diese ich zu dem Geld gelegt. Siehe, zwanzig Jahre sind es jetzt her, dass ich dieses Geld hinterlegt habe. Such dir also einen zuverlässigen Menschen, der dich begleiten kann, Kind! Wir werden ihm einen Lohn zahlen für die Zeit, bis du zurückkommst. Und hole dieses Geld bei Gabaël! ⁴ Tobias ging hinaus, um jemanden zu suchen, der mit ihm nach Medien reisen könnte und dem der Weg vertraut war. Er ging also hinaus und fand Rafaël, den Engel, vor sich stehen. Er wusste aber nicht, dass es ein Engel Gottes ist.

Der Engel reist mit (Tob 5,5–23)

⁵ Er sagte zu ihm: Woher bist du, junger Mann? Er sagte ihm: Ich bin einer von den Israeliten, deinen Brüdern. Ich bin gekommen, um hier

> 99 Gott begleite dich auf deinem Weg; er gebe dir Kraft, wenn du krank bist, er tröste dich, wenn du traurig bist und freue sich mit dir, wenn es dir gut geht.
>
> Irischer Reisesegen

▶ „Engel" (v4) bedeutet „Bote", ein Bote von Gott. „Rafaël" meint „Gott heilt" (zum Engel Michaël ↗ Dan 10,13).

zu arbeiten. Tobias sagte zu ihm: Kennst du den Weg, auf dem man nach Medien gelangt? ⁶ Er sagte zu ihm: Gewiss! Ich bin vielmals dort gewesen und ich bin erfahren und weiß alle Wege. Ich bin mehrmals nach Medien gegangen und habe bei Gabaël, unserem Bruder, der in Rages in Medien wohnt, übernachtet. Zwei volle Tagesreisen ist Ekbatana von Rages entfernt; denn es liegt im Bergland, Ekbatana hingegen in der Ebene. ⁷ Tobias sagte zu ihm: Warte auf mich, junger Mann, bis ich heimgegangen bin und meinem Vater Bescheid sage! Ich brauche dich nämlich, dass du mit mir gehst. …

¹⁷ Der Engel sagte ihm: Ich werde mit ihm gehen. Und fürchte dich nicht! Wohlbehalten werden wir fortgehen und wohlbehalten zu dir zurückkehren, denn der Weg ist sicher. Da sagte Tobit ihm: Segen sei mit dir, Bruder! Und er rief seinen Sohn und sagte zu ihm: Bereite alles für die Reise, Kind, und zieh mit deinem Bruder fort! Gott im Himmel möge euch sicher führen und euch mir sicher und gesund zurückgeben! Und sein Engel begleite euch zu eurem Schutz, Kind! Tobias ging hinaus, um sich auf seinen Weg zu machen. Er küsste seinen Vater und seine Mutter und Tobit sagte ihm: Gehe wohlbehalten! ¹⁸ Seine Mutter aber begann zu weinen und sprach zu Tobit: Warum hast du mein Kind weggeschickt? Ist nicht der Stab in unserer Hand und geht vor uns ein und aus? ¹⁹ Geld braucht nicht zu unserem Geld hinzuzukommen. Es soll uns das Lösegeld für unser Kind werden!

> 💡 Das freut alle Hundebesitzer, dass nicht nur ein Engel den jungen Tobias auf seinem gefahrvollen Weg begleitet – auch sein Hündchen darf mit und wird in der Bibel extra erwähnt.

> 💡 Engel sind die Streetworker Gottes.

> 👤 Der Wunsch unseres Schutzengels, uns zu helfen, ist weit größer als derjenige, den wir haben, uns von ihm helfen zu lassen.
>
> **JOHANNES DON BOSCO** (1815–1888), italienischer Priester, Jugendseelsorger und Ordensgründer

²⁰ Was uns vom H<small>ERRN</small> zu leben gegeben wird, ist genug. ²¹ Er sagte zu ihr: … Mach dir keine Sorgen, fürchte nicht um sie beide, Schwester! ²² Denn ein guter Engel wird mit ihm gehen. Er wird gut auf seinem Weg geführt werden und wohlbehalten heimkehren. ²³ Da hörte sie auf zu weinen.

Tobits Heilung (Tob 11,1–15)

11 ¹ Als sie sich Kaserin näherten, das gegenüber von Ninive liegt, ² sagte Rafaël: Du weißt, wie wir deinen Vater zurückgelassen haben. ³ Lass uns deiner Frau vorauseilen und das Haus herrichten, während die anderen nachkommen! ⁴ Beide eilten gemeinsam los. Rafaël sagte zu Tobias: Nimm die Galle zur Hand! Auch der Hund lief mit hinter Rafaël und Tobias. ⁵ Hanna aber saß da und suchte mit den Blicken den Weg ihres Sohnes ab. ⁶ Da entdeckte sie von Weitem, wie er kam, und sagte seinem Vater: Schau, dein Sohn kommt und der Mann, der mit ihm gegangen ist!

⁷ Rafaël aber sagte zu Tobias, bevor er zu seinem Vater kam: Ich weiß, dass seine Augen wieder geöffnet werden. ⁸ Träufle die Galle vom Fisch in seine Augen, dass das Heilmittel einzieht und es die weißen Flecken von den Augen löst! Dann wird dein Vater die Augen aufschlagen und das Licht sehen. ⁹ Da lief Hanna voraus. Sie fiel ihrem Sohn um den Hals und sagte ihm: Ich habe dich gesehen, Kind! Jetzt kann ich sterben. Und sie weinte. ¹⁰ Auch Tobit stand auf. Er stol-

perte über seine Füße, fand aber aus dem Hoftor heraus und Tobias ging auf ihn zu. ¹¹ Die Fischgalle in seiner Hand, blies er in Tobits Augen, hielt ihn fest und sagte: Mut, Vater! Er legte das Heilmittel auf und gab es darauf. ¹²/¹³ Dann schälte er mit seinen beiden Händen die weißen Flecken aus den Augenwinkeln und Tobit fiel ihm um den Hals, ¹⁴ er weinte und rief Tobias zu: Ich kann dich wieder sehen, Kind, du Licht meiner Augen! Und er sagte: Gepriesen sei Gott! Gepriesen sei sein gewaltiger Name! Gepriesen seien alle seine heiligen Engel! Möge sein Name groß sein über uns! Und gepriesen seien alle Engel in alle Ewigkeit! ¹⁵ Denn er hat mich gezüchtigt, aber jetzt sehe ich meinen Sohn Tobias wieder. So trat Tobias fröhlich ein und pries Gott aus vollem Munde. Tobias berichtete seinem Vater, dass seine Reise gut verlaufen sei und er das Geld besorgt habe und wie er Sara, die Tochter Raguëls, zur Frau genommen habe. Sie komme gerade an und sei nahe beim Tor Ninives.

Rafaël gibt sich zu erkennen (Tob 12,1–16)

12 ¹ Als die Hochzeitsfeierlichkeit an ihr Ende kam, rief Tobit seinen Sohn Tobias und sprach zu ihm: Kind, sieh zu, dem Mann, der mit dir gegangen ist, den Lohn zu geben und ihm auf den Lohn noch etwas draufzulegen! ² Tobias antwortete ihm: Vater, wie viel Lohn soll ich ihm für seine Dienste geben? Wenn ich ihm die Hälfte des Vermögens gebe, das er mit mir hergebracht hat, trage ich keinen

Schaden davon. ³ Er hat mich gesund heimgebracht, meine Frau geheilt, das Geld mit mir gebracht und dich gesund gemacht. Wie viel kann ich ihm als Lohn jetzt geben? ⁴ Tobit sagte zu ihm: Es ist sein gerechter Lohn, Kind, wenn er die Hälfte von allem erhält, was er mitgebracht hat. ⁵ Tobias rief ihn und sprach: Nimm die Hälfte von allem, was du mitgebracht hast, als deinen Lohn und zieh wohlbehalten weiter! ⁶ Da rief er die beiden zur Seite und sprach zu ihnen: Preist Gott und bekennt ihm vor allen Lebenden das Gute, was er euch getan hat, damit wir ihn preisen und seinem Namen lobsingen! Macht allen Menschen ehrend die Worte Gottes bekannt! ⁷ Es ist gut, das Geheimnis eines Königs zu wahren, die Werke Gottes aber zu offenbaren und ehrend zu bekennen. Tut das Gute, und das Böse wird euch nicht finden! ⁸ Besser Gebet zusammen mit Wahrheit und Almosen zusammen mit Gerechtigkeit als Reichtum zusammen mit Unrecht. Almosen geben ist schöner als einen Goldschatz sammeln. ⁹ Almosen retten aus dem Tod, sie reinigen von aller Sünde. Die Almosen geben, werden mit Leben gesättigt werden. ¹⁰ Die Sünde und Unrecht begehen, sind Feinde ihres eigenen Lebens. ¹¹ Ich will euch die ganze Wahrheit sagen und nichts vor euch verbergen. Ich sagte euch schon: Es ist gut, das Geheimnis eines Königs zu wahren, die Werke Gottes aber rühmend zu offenbaren.

▶ Gott ist wie ein König, der ununterbrochen wunderbare Dinge im ganzen Universum tut – geheim und verborgen für uns. Je mehr wir von der Welt verstehen, umso mehr können wir Gott loben.

❝❝ Ein wenig Barmherzigkeit macht die Welt weniger kalt und viel gerechter. Wir haben es notwendig, diese Barmherzigkeit Gottes gut zu verstehen, dieses barmherzigen Vaters, der so viel Geduld hat.
PAPST FRANZISKUS, 17.3.2013

▶ Erst ganz am Ende der Geschichte verstehen Tobit und Tobias, dass Rafael ein Engel ist.

¹² Nun also: Als ihr gebetet habt, du und Sara, war ich es, der euer Gebet vor die Herrlichkeit des HERRN getragen hat und es dort in Erinnerung rief, und ebenso als du die Toten begrubst. ¹³ Als du nicht zögertest, aufzustehen und dein Mahl stehen zu lassen, und hingegangen bist, um dich um den Leichnam zu kümmern, ¹⁴ bin ich damals zu dir gesandt worden, um dich zu erproben. Zugleich hat Gott mich gesandt, dich zu heilen und Sara, deine Schwiegertochter. ¹⁵ Ich bin Rafaël, einer von den sieben Engeln, die bereitstehen und hineingehen vor die Herrlichkeit des HERRN.
¹⁶ Da erschraken beide und fielen vor Furcht auf ihr Angesicht nieder.

Tobits Lobgesang (Tob 13,1–4)

13 ¹ Und Tobit stimmte an:
Gepriesen sei Gott, der in Ewigkeit lebt, und gepriesen sei sein Reich!
² Denn er straft und hat Erbarmen. Er führt hinab in die tiefste Unterwelt unter der Erde und führt empor aus dem großen Verderben. Es gibt nichts, was seiner Hand entrinnt.
³ Ihr Kinder Israels, bezeugt ihn vor den Heiden, denn er hat euch unter sie zerstreut ⁴ und hat euch dort seine Größe gezeigt. Erhebt ihn vor allem, was lebt! Denn er ist unser HERR, er unser Gott, er unser Vater, er ist Gott in alle Ewigkeit.

Y → 54
Was sind Engel?

▶ Tobit sieht die Zerstreuung der Juden unter die Völker (griechisch „Diaspora") als göttlichen Auftrag, dass Juden Gott unter allen Nationen bezeugen. Er glaubt daran, dass einmal alle Völker Gott in einem neuen Jerusalem loben werden (Tob 13,10–18, ↗ Jes 60; Offb 21,9–27).

❓ Wer hat mich im Leben begleitet? Wer ist für mich ein Engel?

Judit

Diese Lehrerzählung wurde vielleicht auf Aramäisch verfasst, ist uns aber nur in griechischer Übersetzung erhalten. Die Heldin des Buches heißt Judit, was „Judäerin" oder „jüdische Frau" bedeutet. Der Name weist schon auf ihre Verantwortung für ihr Volk und ihren Einsatz hin: Sie rettet ihre Ortschaft Betulia und damit ihr Volk vor der drohenden Vernichtung, indem sie den feindlichen Feldherrn mit List tötet (Jdt 13). Zuvor hatten die Ältesten des Ortes wegen Wassermangels beschlossen, sich in fünf Tagen zu ergeben – außer Gott würde bis dahin eingreifen. In dieser Situation wird Judit aktiv.

▶ Den Kampf ums Wasser gab es in der Bibel und gibt es heute, wo multinationale Konzerne versuchen, weltweit die Kontrolle über die Quellen zu gewinnen, um sie kommerziell zu nutzen.

Die Geduld erreicht alles.
TERESA VON ÁVILA

Der Wassermangel in Betulia (Jdt 7)

7 [19] Die Israeliten aber schrien zum HERRN, ihrem Gott. Sie hatten allen Mut verloren, da sie ringsum von ihren Feinden eingeschlossen waren und es kein Entrinnen mehr gab. [20] Nachdem die Belagerung durch das ganze Heer der Assyrer mit ihrem Fußvolk, ihren Wagen und Reitern vierunddreißig Tage gedauert hatte, ging in sämtlichen Behältern der Einwohner von Betulia das Wasser zur Neige. [21] Auch die Zisternen wurden leer. Die Belagerten konnten sich an keinem einzigen Tag mehr satt trinken, weil sie nur ein bestimmtes Maß an Wasser zugeteilt bekamen. [22] Ihre Kinder verschmachteten; die Frauen und jungen Männer wurden ohnmächtig vor Durst, sie fielen auf den Straßen der Stadt und in den Torwegen um, denn sie hatten keine Kraft mehr.

[23] Da versammelte sich das ganze Volk, die jungen Männer, die Frauen und Kinder, bei Usija und den leitenden Männern der Stadt, erhoben ein lautes Geschrei und riefen den Ältesten zu: [24] Gott sei Richter zwischen uns und euch. Ihr habt ein schweres Unrecht an uns begangen, weil ihr mit den Assyrern nicht friedlich verhandeln wolltet. [25] Jetzt gibt es für uns keine Rettung mehr; denn Gott hat uns an sie verkauft. Darum müssen wir verdursten und vor ihren Augen elend zugrunde gehen. ...

[30] Doch Usija sagte zu ihnen: Fasst Mut, Brüder! Wir wollen noch fünf Tage aushalten. In dieser Zeit wird der HERR, unser Gott, uns sein

Erbarmen wieder zuwenden; er wird uns nicht für immer verlassen.
³¹ Sollten aber diese Tage vergehen, ohne dass uns geholfen wird, dann will ich tun, was ihr gefordert habt. ³² Dann ließ er das Volk auseinandergehen, jeden auf seinen Posten, und sie begaben sich wieder auf die Mauern und Türme der Stadt. Die Frauen und Kinder aber schickte er in ihre Häuser zurück. In der Stadt herrschte tiefe Niedergeschlagenheit.

Gott nicht unter Druck setzen! (Jdt 8)

8 ¹¹ Als sie zu ihr kamen, sagte sie zu ihnen: Hört mich an, ihr Vorsteher der Einwohner von Betulia! Es war nicht recht, was ihr heute vor dem Volk gesagt habt. Durch diesen Eid, den ihr geschworen habt, habt ihr Gott und euch selbst festgelegt; denn ihr habt erklärt, dass ihr die Stadt unseren Feinden ausliefern wollt, wenn der HERR euch nicht inzwischen Hilfe schickt. ¹² Wer seid ihr denn, dass ihr am heutigen Tag Gott auf die Probe stellt und euch vor allen Leuten an die Stelle Gottes setzt? ¹³ Ihr wollt den HERRN, den Allmächtigen, auf die Probe stellen und kommt doch ewig zu keiner Erkenntnis. ¹⁴ Nicht einmal die Tiefe des Menschenherzens könnt ihr ergründen und die Gedanken seines Geistes erfassen. Wie wollt ihr dann Gott erforschen,

> „" Wenn wir „Heilsbotschaft" sagen, dann ist das nicht nur eine Floskel, nicht nur ein einfaches, leeres Wort, wie es heute so viele gibt! Die Menschheit braucht Rettung, und zwar dringend!
> **PAPST FRANZISKUS** zu Jugendlichen in Assisi, 4.10.2013

> ▶ Feinfühlig nimmt Judit wahr, dass Menschen, die Gott eine Bedingung stellen, sich damit über Gott erheben. Bedingungen kann man gegenüber Untergebenen oder Gleichrangigen äußern – es passt nicht in der Beziehung mit Gott.

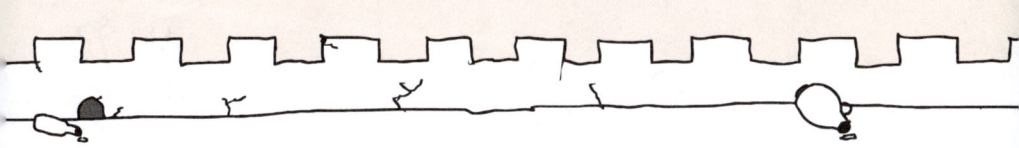

der das alles geschaffen hat? Wie wollt ihr seine Gedanken erkennen und seine Absichten verstehen? Nein, meine Brüder, reizt den HERRN, unseren Gott, nicht zum Zorn! ¹⁵ Auch wenn er nicht gewillt ist, uns in diesen fünf Tagen Hilfe zu schaffen, so hat doch er zu bestimmen, zu welcher Zeit er uns helfen oder uns vor den Augen unserer Feinde vernichten will. ¹⁶ Versucht nicht, die Entscheidungen des HERRN, unseres Gottes, zu erzwingen; denn Gott ist nicht wie ein Mensch, dem man drohen kann, und wie ein Menschenkind, das man beeinflussen kann. ¹⁷ Darum wollen wir die Rettung von ihm erwarten und ihn um Hilfe anrufen. Er wird unser Flehen erhören, wenn es seinem Willen entspricht. ¹⁸ Denn eines gab es bei uns nicht und gibt es auch heute nicht: Es gibt weder einen Stamm noch eine Familie, weder ein Gebiet noch eine Stadt, die von Menschen gemachte Götter anbeten, wie es in früherer Zeit geschah. …

²⁵ Bei alledem aber lasst uns dem HERRN, unserem Gott, danken, dass er uns ebenso prüft wie schon unsere Väter. ²⁶ Denkt daran, was er mit Abraham machte, wie er Isaak prüfte und was Jakob im syrischen Mesopotamien erlebte, als er die Schafe Labans, des Bruders seiner Mutter, hütete. ²⁷ Denn wie er diese Männer im Feuer geläutert hat, um ihr Herz zu prüfen, so hat er auch mit uns kein Strafgericht vor, sondern der HERR züchtigt seine Freunde, um sie zur Einsicht zu führen. …

> ▶ In ihrer Begründung verweist Judit auf den unendlichen Abstand zwischen menschlichem und göttlichem Erkennen (↗ auch 1 Sam 16,7).

> ▶ Weil Israel selbstgebastelte Götzen verehrt hatte, war es früher untergegangen (↗ 2 Kön 17,5–8). Weil dies nicht mehr der Fall ist, vertraut Judit auf Gottes Hilfe.

> ▶ Judit erinnert an schwere Bewährungsproben der Vorfahren. Am Schluss ihrer Rede stellt sie die gegenwärtige Notlage in ein ganz neues Licht: Gott gibt darin eine Chance zu reifen, und dafür sollte man ihm sogar danken (v25).

DAS BUCH

Ester

Wie das Juditbuch ist das Buch Ester eine bei-
spielhafte Erzählung. Die Handlung spielt am
persischen Hof. Die junge jüdische Frau Ester
heiratet König Artaxerxes und wird so zur Königin
(Est 2). Haman, ein hoher persischer Beamter,
plant die Vernichtung aller Juden (Est 3,6). Durch
ihren Cousin Mordechai erfährt Ester davon und
ist bereit, ihr Leben für ihr bedrohtes Volk zu riskieren und ungefragt zum König zu gehen (Est 4).
Dieser nimmt sie gnädig auf, und bei einem Mahl
trägt sie ihr Anliegen vor.

In Kapitel 3 des Buches Ester findet sich eine archetypische Szene: Die Fremden im Land erregen Anstoß, weil sie
anders sind. Die Andersheit muss beseitigt werden …

„ Es ist normal, verschieden
zu sein.

RICHARD VON WEIZSÄCKER
(1920–2015), dt. Bundespräsident

„ Wir müssen ein Gedächtnis
derjenigen bewahren, die sich –
seien sie Juden oder Nicht-Juden –
im größten Chaos so zu verhalten
wussten, als ob die Welt nicht aus den
Fugen gewesen wäre.

Der frz.-jüdische Philosoph **EMMANUEL
LEVINAS** (1906–1995), dessen Eltern
und Brüder von den Nazis umgebracht
wurden. Er stellt das menschliche Antlitz

in den Mittelpunkt, das
„die Andersheit des An-
deren" bewahrt und Men-
schen zuruft: „Du wirst
keinen Mord begehen."

Der Ausrottungsplan (Est 3,7–11)

3 [7] Im ersten Monat, dem Monat Nisan, im zwölften Jahr des
Königs Artaxerxes, warf man in Gegenwart Hamans das Pur,
das ist das Los, über die einzelnen Tage und Monate und es fiel
auf den zwölften Monat, den Adar.

[8] Darauf sagte Haman zu König Artaxerxes: Es gibt ein einziges Volk, das über alle Provinzen deines Reiches verstreut lebt,
aber sich von den anderen Völkern absondert. Seine Gesetze
sind von denen aller anderen Völker verschieden; auch die Gesetze des Königs befolgen sie nicht. Es ist nicht richtig, dass der
König ihnen das durchgehen lässt. [9] Wenn der König einverstanden ist, soll ein schriftlicher Erlass herausgegeben werden, sie
auszurotten. Dann kann ich den Schatzmeistern zehntausend
Talente Silber übergeben und in die königlichen Schatzkam-
mern bringen lassen.

[10] Da zog der König seinen Siegelring vom Finger und gab ihn
dem Agagiter Haman, dem Sohn Hammedatas, dem Feind der

Juden, ¹¹ und er sagte zu Haman: Das Silber lasse ich dir; mach mit dem Volk, was dir richtig erscheint!

Bosheit fällt auf ihren Urheber zurück (Est 7,1–10)

7 ¹ Der König und Haman kamen zu dem Festmahl, das Königin Ester gab, ² und der König sagte auch am zweiten Tag zu Ester, als sie beim Wein saßen: Was hast du für eine Bitte, Königin Ester? Sie wird dir erfüllt. Was hast du für einen Wunsch? Selbst wenn es die Hälfte des Reiches wäre – man wird es dir geben. ³ Königin Ester antwortete: Wenn ich beim König Wohlwollen gefunden habe und wenn es ihm gefällt, dann möge mir und meinem Volk das Leben geschenkt werden. Das ist meine Bitte und mein Wunsch. ⁴ Denn man hat mich und mein Volk verkauft, um uns auszurotten, hinzumorden und zu vernichten. Wenn man uns als Sklaven und Sklavinnen verkaufen würde, hätte ich nichts gesagt; denn dann gäbe es keinen Feind, der es wert wäre, dass man seinetwegen den König belästigt. ⁵ Da sagte König Artaxerxes zu Königin Ester: Wer ist der Mann? Wo ist der Mensch, der es wagt, so etwas zu tun?

▶ Die Judäer wurden in einem zweifachen Sinn „verkauft": zur Ermordung in feindliche Hände ausgeliefert, um anschließend ihren Besitz zu beschlagnahmen (↗ Est 3,9).

⁶ Ester antwortete: Dieser gefährliche Feind ist der verbrecherische Haman hier.

Da erschrak Haman vor dem König und der Königin. ⁷ Der König aber stand auf, verließ voll Zorn das Trinkgelage und ging in den Garten des Palastes.

Haman trat zu Ester und flehte sie um sein Leben an; denn er sah, dass sein Untergang beim König besiegelt war. ⁸ Als der König aus dem Garten wieder in den Raum zurückkam, in dem das Trinkgelage stattfand, hatte sich Haman über das Polster geworfen, auf dem Ester lag.

Der König sagte: Tut man jetzt sogar hier in meiner Gegenwart der Königin Gewalt an? Kaum hatte der König das gesagt, da verhüllte man schon das Gesicht Hamans. ⁹ Harbona, einer der Eunuchen, sagte zum König: Vor dem Haus Hamans steht schon ein fünfzig Ellen hoher Galgen; ihn hat Haman für Mordechai aufgestellt, der dem König durch seine Anzeige einen guten Dienst erwiesen hat. Der König befahl: Hängt ihn daran auf! ¹⁰ Da hängten sie Haman an den Galgen, den er für Mordechai errichtet hatte, und der Zorn des Königs legte sich.

▶ Hier gelingt es, die geplanten Verbrechen abzuwenden. Die Juden gedenken dieses Ereignisses jährlich im Purim-Fest. Doch im weiteren Verlauf der Geschichte wurden Juden unzählige Male verfolgt und ermordet, bis zum Holocaust. Auch andere Volksgruppen sind Genoziden und Ermordungen von Massen zum Opfer gefallen: Armenier 1915 in der Türkei, Millionen Ukrainer unter Stalin, Tausende Bosniaken 1995 in Srebrenica, Millionen von Tutsis und Hutus in Ruanda, Burundi und im Kongo (ab 1994). Was kann dazu helfen, dass solche Massaker nicht mehr stattfinden?

Makkabäer

Diese zwei Werke stehen nur in der griechischen Bibel und berichten vom Aufstand des Mattatias und seiner Söhne gegen die Entweihung des Tempels durch den Seleukidenkönig Antiochus IV. im Jahre 167 v. Chr. Dessen Vorgehen gegen die überlieferte Religion und ihre Bräuche löste den gewaltsamen Widerstand frommer Juden aus; jahrzehntelange Kämpfe folgten und führten schließlich zur Unabhängigkeit sowie zur Herrschaft der Hasmonäer. Das zweite Buch der Makkabäer schildert das Leiden der im Glauben Treuen, bis hin zum Martyrium des Eleasar und der Mutter samt ihren sieben Kindern (2 Makk 6–7). Der jüngste Sohn hält trotz der Verlockungen des feindlichen Königs und des erlebten grausamen Tötens seiner Brüder fest zu Gott.

Diktatorische Regimes tendieren oft dazu, Menschen von ihren gewohnten Traditionen abzubringen und auf ihre Ideologie auszurichten. Mattatias wehrt sich dagegen und löst damit einen Aufstand aus.

Der Widerstand des Mattatias (1 Makk 2,15–28)

2 [15] Da kamen die Beamten, die vom König den Auftrag hatten, die Einwohner zum Abfall von Gott zu zwingen, in die Stadt Modeïn, um die Opfer durchzuführen. [16] Und viele aus Israel kamen zu ihnen; auch Mattatias und seine Söhne versammelten sich dort.

[17] Da wandten sich die Leute des Königs an Mattatias und sagten: Du besitzt in dieser Stadt Macht, Ansehen und Einfluss und hast die Unterstützung deiner Söhne und Verwandten. [18] Tritt also als Erster vor und tu, was der König angeordnet hat! So haben es alle Völker getan, auch die Männer in Juda und alle, die in Jerusalem geblieben sind. Dann wirst du mit deinen Söhnen zu den Freunden des Königs gehören; auch wird man dich und deine Söhne mit Silber, Gold und vielen Geschenken ehren.

[19] Mattatias aber antwortete mit lauter Stimme: Auch wenn alle Völker im Bereich der Königsherrschaft dem König gehorchen und jedes von der Religion seiner Väter abfällt und sich für seine Anordnungen

„Weiße Rose" nannte sich die Widerstandsgruppe, die aus gläubigen jungen Christen bestand. Kurz vor ihrer Hinrichtung erlaubte man Sophie Scholl, Hans Scholl und Christoph Probst, gemeinsam ihre letzte Zigarette zu rauchen. „Es waren nur ein paar Minuten, aber ich glaube, es hat viel für sie bedeutet", meint Inge Aicher-Scholl, die Schwester. „Ich wusste nicht, dass Sterben so leicht sein kann", sagt Christoph Probst. Und dann: „In wenigen Minuten sehen wir uns in der Ewigkeit wieder." Dann wurden sie abgeführt. Sophie ging als Erste, aufrecht. Der Scharfrichter sagte, so habe er noch niemanden sterben sehen.

entscheidet – [20] ich, meine Söhne und meine Brüder bleiben beim Bund unserer Väter. [21] Gott bewahre uns davor, das Gesetz und seine Vorschriften zu verlassen. [22] Wir gehorchen den Befehlen des Königs nicht und wir weichen weder nach rechts noch nach links von unserer Religion ab.

[23] Kaum hatte er das gesagt, da trat vor aller Augen ein Jude vor und wollte auf dem Altar von Modeïn opfern, wie es der König angeordnet hatte. [24] Als Mattatias das sah, packte ihn der Eifer; seine Nieren erzitterten und er ließ seinem gerechten Zorn freien Lauf: Er sprang vor und erstach den Abtrünnigen über dem Altar. [25] Zusammen mit ihm erschlug er auch den königlichen Beamten, der sie zum Opfer zwingen wollte, und riss den Altar nieder; [26] der Eifer für das Gesetz hatte ihn gepackt und er tat, was einst Pinhas mit Simri, dem Sohn des Salu, gemacht hatte. [27] Und Mattatias rief mit lauter Stimme in der Stadt: Wer sich für das Gesetz ereifert und zum Bund steht, der soll mir folgen. [28] Und er floh mit seinen Söhnen in die Berge; ihren ganzen Besitz ließen sie in der Stadt zurück.

„ Es fallen so viele Menschen für dieses Regime. Es wird Zeit, dass jemand dagegen fällt.

SOPHIE SCHOLL (*1921), Widerstandskämpferin gegen den Nationalsozialismus, hingerichtet am 22. Februar 1943

In vielen Gesellschaften gibt es Menschen, an denen man sich orientiert. Der alte Eleasar ist sich bewusst, dass Jüngere auf ihn schauen (v28). Auch das gibt ihm Kraft zu einer guten Entscheidung.

Der Tod des Eleasar (2 Makk 6,18–31)

▶ Eleasar lässt sich nicht „kaufen" (v21). Unehrlichkeit kommt für ihn nicht in Frage.

💡 Der Todesmut des Eleasar hat ein Gegenstück in der Antike, im Tod des Sokrates (469–399 v. Chr). Angeklagt der „Gottlosigkeit", weil er Vielgötterei ablehnte, wurde er zum Tod durch einen Giftbecher verurteilt. „Ich schätze euch, Männer Athens, ... gehorchen aber werde ich mehr dem →

6 [18] Unter den angesehensten Schriftgelehrten war Eleasar, ein Mann von schon hohem Alter und sehr edlen Gesichtszügen. Man sperrte ihm den Mund auf und wollte ihn zwingen, Schweinefleisch zu essen. [19] Er aber zog den ehrenvollen Tod einem Leben voll Schande vor, ging freiwillig auf die Folterbank zu [20] und spuckte das Fleisch wieder aus, wie es jemand tun muss, der sich standhaft wehrte zu essen, was man nicht essen darf, auch nicht aus Liebe zum Leben. [21] Die Leute, die mit dem gesetzwidrigen Opfermahl beauftragt waren und den Mann von früher her kannten, nahmen ihn heimlich beiseite und redeten ihm zu, er solle sich doch Fleisch holen lassen, das er essen dürfe, und es selbst zubereiten. Dann solle er tun, als ob er von dem Opferfleisch esse, wie es der König befohlen habe. [22] Wenn er es so mache, entgehe er dem Tod; weil sie alte Freunde seien, würden sie ihn menschlich behandeln.

[23] Er aber fasste einen edlen Entschluss, wie es sich gehörte für einen Mann, der so alt und wegen seines Alters angesehen war, in lange

→ Gotte als euch", hatte sich Sokrates vergeblich verteidigt. So nahm er das Todesurteil an: „Es ist Zeit, dass wir gehen – ich um zu sterben, ihr um zu leben: wer aber von uns den besseren Weg beschreitet, das weiß niemand, es sei denn der Gott."

▶ Verlängerung des Lebens ist kein Ziel für den 90-Jährigen. Der Glaube an Gott und die Verantwortung vor ihm gibt Eleasar die Kraft zu einem tapferen Zeugnis.

❞ Falls der Tod aber gleichsam ein Auswandern ist von hier an einen anderen Ort, und wenn es wahr ist, was man sagt, dass alle, die gestorben sind, sich dort befinden, welch ein größeres Glück gäbe es wohl als dieses?

SOKRATES

bewährter Würde ergraut, der von Jugend an aufs Vorbildlichste gelebt und – was noch wichtiger ist – den heiligen, von Gott gegebenen Gesetzen gehorcht hatte. So erklärte er ohne Umschweife, man solle ihn ruhig zur Unterwelt schicken. [24] Wer so alt ist wie ich, soll sich nicht verstellen. Viele junge Leute könnten sonst glauben, Eleasar sei mit seinen neunzig Jahren noch zu der fremden Lebensart übergegangen. [25] Wenn ich jetzt heuchelte, um eine geringe, kurze Zeit länger zu leben, leitete ich sie irre, brächte meinem Alter aber Schimpf und Schande. [26] Vielleicht könnte ich mich für den Augenblick einer Strafe von Menschen entziehen; doch nie, weder lebendig noch tot, werde ich den Händen des Allherrschers entfliehen. [27] Darum will ich jetzt wie ein Mann sterben und mich so meines Alters würdig zeigen. [28] Der Jugend aber hinterlasse ich ein edles Beispiel, wie man mutig und in edler Haltung für die ehrwürdigen und heiligen Gesetze eines guten Todes stirbt. Nach diesen Worten ging er geradewegs zur Folterbank. [29] Da schlug die Freundlichkeit, die ihm seine Begleiter eben noch erwiesen hatten, in Feindschaft um; denn was er gesagt hatte, hielten sie für Wahnsinn. [30] Als er unter Schlägen in den Tod ging, sagte er stöhnend: Der HERR weiß in seiner heiligen Erkenntnis, dass ich dem Tod hätte entrinnen können. Mein Körper leidet Qualen unter den Schlägen, meine Seele aber erträgt sie mit Freuden, weil ich ihn fürchte. [31] Auf solche Weise starb er; durch seinen Tod hinterließ er nicht nur der Jugend, sondern den meisten aus dem Volk ein Beispiel für edle Gesinnung und ein Denkmal der Tugend.

Sterbemut (2 Makk 7,24–41)

7 ²⁴ … Nun war nur noch der Jüngste übrig. Auf ihn redete der König nicht nur mit guten Worten ein, sondern versprach ihm unter Schwüren, ihn reich und sehr glücklich zu machen, wenn er von der Lebensart seiner Väter abfalle; auch wolle er ihn zu seinem Freund machen und ihn mit hohen Staatsämtern betrauen. ²⁵ Als der Junge nicht darauf einging, rief der König die Mutter und redete ihr zu, sie solle dem Knaben doch raten, sich zu retten. ²⁶ Erst nach langem Zureden willigte sie ein, ihren Sohn zu überreden. ²⁷ Sie beugte sich zu ihm nieder und, den grausamen Tyrannen verspottend, sagte sie in ihrer Muttersprache: Mein Sohn, hab Mitleid mit mir! Neun Monate habe ich dich in meinem Leib getragen, ich habe dich drei Jahre gestillt, dich ernährt, großgezogen und für dich gesorgt, bis du nun so groß geworden bist. ²⁸ Ich bitte dich, mein Kind, schau dir den Himmel und die Erde an; sieh alles, was es da gibt, und erkenne: Gott hat das aus dem Nichts erschaffen und so entstehen auch die Menschen. ²⁹ Hab keine Angst vor diesem Henker, sei deiner Brüder würdig und nimm den Tod! Dann werde ich dich zur Zeit des Erbarmens mit deinen Brüdern wiederbekommen.

B Sei den Gläubigen ein Vorbild in deinen Worten, in deinem Lebenswandel, in der Liebe, im Glauben, in der Lauterkeit!

1 Tim 4,12

▶ Auch der jüngste Sohn will an der Tora festhalten. Der Glaube an Gottes Gerechtigkeit gibt ihm Mut.

³⁰ Kaum hatte sie aufgehört, da sagte der Junge: Auf wen wartet ihr? Dem Befehl des Königs gehorche ich nicht; ich höre auf den Befehl des Gesetzes, das unseren Vätern durch Mose gegeben wurde. ³¹ Du aber, der sich alle Bosheit gegen die Hebräer ausgedacht hat, du wirst Gottes Händen nicht entkommen. ³² Denn wir leiden nur, weil wir gesündigt haben. ³³ Wenn auch der lebendige HERR eine kurze Zeit lang zornig auf uns ist, um uns durch Strafen zu erziehen, so wird er sich doch mit seinen Dienern wieder versöhnen. …

³⁶ Unsere Brüder sind jetzt nach kurzem Leiden mit der göttlichen Zusicherung ewigen Lebens für den Bund Gottes gestorben; du jedoch wirst beim Gericht Gottes die gerechte Strafe für deinen Übermut zahlen. ³⁷ Ich gebe wie meine Brüder Leib und Leben hin für die Gesetze unserer Väter und rufe dabei Gott an, dass er seinem Volk bald wieder gnädig sei; du aber sollst unter Qualen und Schlägen bekennen müssen, dass er allein Gott ist. ³⁸ Bei mir und meinen Brüdern möge der Zorn des Allherrschers aufhören, der sich zu Recht über unser ganzes Volk ergossen hat.

³⁹ Außer sich verfuhr der König mit ihm noch schlimmer als mit den anderen – so sehr hatte ihn der Hohn verletzt.

⁴⁰ Auch der Jüngste starb also in Reinheit und mit ganzem Vertrauen auf den HERRN. ⁴¹ Zuletzt starb nach ihren Söhnen die Mutter.

▶ „… aus dem Nichts" (v28), wörtlich: „nicht aus Bestehendem". Dies ist die einzige Stelle im AT, die diesen Gedanken zum Ausdruck bringt und so den Glauben an Gott als Schöpfer vertieft.

B Du nimmst uns dieses Leben; aber der König der Welt wird uns zu einem neuen, ewigen Leben auferstehen lassen, weil wir für seine Gesetze gestorben sind.

2 Makk 7,9

▶ Hier klingt der Glaube an die Auferstehung und ewiges Leben an (↗ schon v29).

▶ Die Hoffnungen der Mutter und ihrer Söhne gehen in Erfüllung. Antiochus IV. stirbt, und nach einigen Jahren können die Juden wieder frei ihre Religion ausüben.

Die Bücher
der Weisheit

Über die Grundlagen des Zusammenlebens in der Tora und die kritische Auseinandersetzung mit seiner Geschichte hinaus, in der Gottes Weisung vielfach missachtet wurde, hat Israel seine besonderen Erfahrungen unter vielen Rücksichten reflektiert und gesammelt. „Schriften" bezeichnet den dritten Teil der Hebräischen Bibel, nach Tora und Propheten. „Bücher der Weisheit" ist die übliche christliche Benennung.

Ijob ragt heraus durch die Intensität, mit der es die Frage nach dem Leiden von Unschuldigen stellt, in den Reden der Gesprächspartner mögliche Lösungen auslotet und schließlich Gott in Rätseln antworten lässt.

Die *Psalmen* sind Zeugnisse einer großen Nähe zu Gott, in denen die Betenden ihre persönlichen Anliegen in offener, manchmal sogar drastischer Sprache vor ihn hintragen. Sie gehören zum unvergänglichen Schatz der Menschheit, weil sie helfen, in den unterschiedlichsten Situationen Gott anzureden und die Beziehung zu ihm zu vertiefen.

Das Buch der *Sprichwörter* besteht aus mehreren Sammlungen, die Lebensweisheiten und Erfahrungen des Glaubens bündeln und verbinden. Darin verdichtet sich, was Menschen in ihrem Alltag und mit Gott gespürt haben und als bewährt weitervermitteln wollen.

Kohelet wiederum stammt von einem „kritischen Geist", der übliche Einstellungen hinterfragt und den wahren Wert von Dingen und Verhalten erkennen will. Es führt zu ungewohnten Perspektiven und regt an, das wirklich Bleibende im Leben zu suchen.

Das *Hohelied* ist unübertroffen in der Bibel bezüglich der Liebe von Mann und Frau, die als überaus kostbar beschrieben wird und in der Gottes Kraft spürbar wird.

Das Buch der *Weisheit* schildert einen menschenfreundlichen Gott, und Jesus Sirach bietet eine Synthese jüdischer Traditionen im Blick auf die neuen Herausforderungen damals im 2. Jh. v. Chr. Insgesamt zeigen die Schriften und Weisheitsbücher so das konstante Bemühen Israels, den Glauben im Blick auf kritische Anfragen und Veränderungen hin lebendig zu halten und mit Gott verbundenen Menschen so Orientierung und Halt zu geben.

Ijob

Das Buch Ijob ist eines der bedeutendsten Bücher der Weltliteratur. Es verbindet höchste Poesie mit einer tiefen spirituellen Botschaft, die sich nicht mit einfachen Antworten zufriedengibt. Es setzt sich intensiv mit der Frage auseinander, warum unschuldige Menschen leiden müssen und wie Gott das zulassen kann. Es gelangt zu einer geheimnisvollen Antwort (Ijob 38–42).

Der Beginn des Buches erzählt, wie der reiche und gerechte Ijob seinen ganzen Besitz und alle Kinder verliert und dann schwer krank wird, weil der Satan, der Verwirrer im himmlischen Thronrat, nicht glauben will, dass Ijob wirklich gerecht ist (Ijob 1–2). Ijob hält zusammen mit drei Freunden, die gekommen sind, ihn zu trösten, sieben Tage lang schweigend in seinem Leiden aus (Ijob 2,11–13), dann verwünscht er sein Leben (Ijob 3).

In den darauf folgenden Diskussionen wollen seine Freunde ihn überzeugen, dass er in irgendeiner Form Unrecht begangen haben muss – sonst könnte ihn nicht solches Leid getroffen haben. Ijob aber wehrt sich gegen solche Unterstellungen und findet immer tiefer zu einer Hoffnung auf Gott (z. B. in Ijob 19,25–27). Dieser erfüllt ihm seine Sehnsucht, sich ihm zu zeigen, und rechtfertigt ihn am Ende (Ijob 42,7–17).

Es wäre besser, wäre ich nie geboren worden! (Ijob 3,1–26)

3 ¹ Danach tat Ijob seinen Mund auf und verfluchte seinen Tag.
² Ijob ergriff das Wort und sprach:
³ Ausgelöscht sei der Tag, an dem ich geboren bin,
die Nacht, die sprach: Ein Knabe ist empfangen.
⁴ Jener Tag werde Finsternis, nie frage Gott von oben nach ihm,
nicht leuchte über ihm des Tages Licht.
⁵ Einfordern sollen ihn Finsternis und Todesschatten,
Gewölk über ihn sich lagern,
Verfinsterung am Tag mache ihn schrecklich.
⁶ Jene Nacht, das Dunkel raffe sie hinweg,
sie reihe sich nicht in die Tage des Jahres,
sie gehe nicht ein in die Zahl der Monde.
⁷ Ja, diese Nacht sei unfruchtbar, kein Jubel komme auf in ihr.
⁸ Verwünschen sollen sie die Verflucher der Tage,
die es verstehen, den Levíatan zu wecken.
⁹ Verfinstert seien ihrer Dämmerung Sterne;
sie harre auf Licht, jedoch umsonst;
die Lider der Morgenröte schaue sie nicht.
¹⁰ Denn sie hat die Pforten an meiner Mutter Leib nicht verschlossen,
nicht das Leid verborgen vor meinen Augen.

> **„** Ich glaube an die Sonne, auch wenn sie nicht scheint. Ich glaube an die Liebe, auch wenn ich sie nicht fühle. Ich glaube an Gott, auch wenn er schweigt.

Aufschrift an der Wand eines Kellers in Köln, in dem sich während des Krieges Juden versteckt haben.

¹¹ Warum starb ich nicht vom Mutterschoß weg,
kam ich aus dem Mutterleib und verschied nicht gleich?
¹² Weshalb nur kamen Knie mir entgegen,
wozu Brüste, dass ich daran trank?
¹³ Still läge ich jetzt und könnte rasten,
entschlafen wäre ich und hätte Ruhe,
¹⁴ bei Königen, bei Ratsherren im Land,
die Grabkammern für sich erbauten,
¹⁵ oder bei Fürsten, reich an Gold, die ihre Häuser mit Silber gefüllt.
¹⁶ Wie die verscharrte Fehlgeburt wäre ich nicht mehr,
Kindern gleich, die das Licht nie geschaut.
¹⁷ Dort hören Frevler auf zu toben,
dort ruhen aus, deren Kraft erschöpft ist.
¹⁸ Auch Gefangene sind frei von Sorgen,
hören nicht mehr die Stimme des Treibers.
¹⁹ Klein und Groß ist dort beisammen,
der Sklave ist frei von seinem Herrn.
²⁰ Warum schenkt er dem Elenden Licht
und Leben denen, die verbittert sind?
²¹ Sie warten auf den Tod, doch er kommt nicht,
sie suchen ihn mehr als verborgene Schätze.
²² Sie würden sich freuen und jubeln,
sie würden frohlocken, fänden sie ein Grab.

> **„** Die Sprache der Gebete … ist zumeist viel dramatischer und viel rebellischer als die ausgleichende, abwägende Sprache der Theologie … Sie endet oft in einem einzigen Schrei oder auch nur einem lautlosen Seufzer der Kreatur … Diese Sprache hat keine Barrieren. Gott kann man schließlich alles sagen, auch dass man nicht an ihn glauben kann, wenn man denn nur versucht, es ihm zu sagen.

JOHANN BAPTIST METZ (*1928), deutscher Theologe

▶ Ijob sieht das Reich des Todes als Befreiung von den Ungerechtigkeiten des Lebens.

▶ Kaum ein anderer Text findet so starke Worte für die Todessehnsucht von Leidenden.

²³ Wozu Licht für den Mann auf verborgenem Weg,
den Gott von allen Seiten einschließt?
²⁴ Bevor ich noch esse, kommt mir das Seufzen,
wie Wasser strömen meine Klagen hin.
²⁵ Was mich erschreckte, das hat mich getroffen,
wovor mir bangte, das kam über mich.
²⁶ Noch hatte ich nicht Frieden, nicht Rast, nicht Ruhe,
da kam neues Ungemach heran.

 → 66
Lag es in Gottes Plan, dass
Menschen leiden und sterben?

Auch Jesus ist nicht von
seinem Kreuz gestiegen.
PAPST JOHANNES PAUL II.,
vor seinem Tod 2005

In den folgenden über dreißig Kapiteln entfaltet sich ein Streitgespräch zwischen Ijob und seinen Freunden: Sie vertreten die traditionelle Ansicht, dass Menschen wegen ihrer Sünden leiden, dass alle Menschen Sünder sind und Ijob deshalb eine gerechte Strafe von Gott erleiden muss. Ijob aber besteht darauf, dass er nicht gesündigt hat. Mit starken Worten wendet sich Ijob an seine Freunde:

Mein Erlöser lebt! (Ijob 19,21–27)

19 ²¹ Erbarmt, erbarmt euch meiner, ihr, meine Freunde!
Denn Gottes Hand hat mich getroffen.
²² Warum verfolgt ihr mich wie Gott,
warum werdet ihr an meinem Fleisch nicht satt?
²³ Würden meine Worte doch geschrieben,
würden sie doch in ein Buch eingeritzt,
²⁴ mit eisernem Griffel und mit Blei,
für immer gehauen in den Fels.

▶ Ijob scheut nicht davor
zurück, Gott anzuklagen. Auch
heute ist es erlaubt, Gott
leidenschaftlich zu befragen,
ihn anzuklagen und mit ihm
zu ringen.

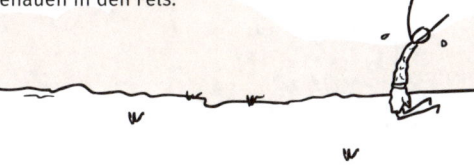

²⁵ Doch ich, ich weiß: Mein Erlöser lebt,
als Letzter erhebt er sich über dem Staub.
²⁶ Ohne meine Haut, die so zerfetzte,
und ohne mein Fleisch werde ich Gott schauen.
²⁷ Ihn selber werde ich dann für mich schauen;
meine Augen werden ihn sehen, nicht mehr fremd.
Meine Nieren verzehren sich in meinem Innern.

▶ „Erlöser" ist das gleiche Wort
wie „Löser" (↗ zu Rut 2,20).

▶ Obwohl Ijob fürchterlich leidet
und Gott anklagt, sehnt er sich
danach, Gott zu begegnen. Menschen, die dem Tod nahe kommen,
spüren diese Sehnsucht oft viel
stärker als Gesunde.

Das Streitgespräch zwischen Ijob und seinen Freunden setzt sich ohne Lösung fort, bis Gott endlich selbst antwortet:

Entsendest du die Blitze? (Ijob 38)

38 ¹ Da antwortete der HERR dem Ijob aus dem Wettersturm und
sprach:
² Wer ist es, der den Ratschluss verdunkelt
mit Gerede ohne Einsicht?
³ Auf, gürte deine Lenden wie ein Mann:
Ich will dich fragen, du belehre mich!
⁴ Wo warst du, als ich die Erde gegründet?
Sag es denn, wenn du Bescheid weißt!
⁵ Wer setzte ihre Maße? Du weißt es ja.
Wer hat die Messschnur über sie gespannt?

B Meine Gedanken sind
nicht eure Gedanken und
eure Wege sind nicht meine
Wege – Spruch des HERRN.
So hoch der Himmel über der
Erde ist, so hoch erhaben sind
meine Wege über eure Wege
und meine Gedanken über eure
Gedanken.
Jes 55,8–9

Mein Gott, mein Gott, warum hast du mich verlassen, bleibst fern meiner Rettung, den Worten meines Schreiens? Mein Gott, ich rufe bei Tag, doch du gibst keine Antwort; und bei Nacht, doch ich finde keine Ruhe.

Ps 22,2–3

▶ Gott reagiert auf Ijobs Anklagen mit vielen Gegenfragen. Er spricht kämpferisch, mit beißendem Ton, wie jemand, der sich unverstanden und deshalb gekränkt fühlt.

▶ Dieses Gedicht verwendet alte mythische Bilder für die Entstehung der Welt. ↗ z.B. Ps 104,1–9.

⁶ Wohin sind ihre Pfeiler eingesenkt?
Oder wer hat ihren Eckstein gelegt,
⁷ als alle Morgensterne jauchzten, als jubelten alle Gottessöhne?
⁸ Wer verschloss das Meer mit Toren,
als schäumend es dem Mutterschoß entquoll,
⁹ als Wolken ich zum Kleid ihm machte,
ihm zur Windel dunklen Dunst,
¹⁰ als ich ihm ausbrach meine Grenze,
ihm Tor und Riegel setzte
¹¹ und sprach: Bis hierher darfst du und nicht weiter,
hier muss sich legen deiner Wogen Stolz?
¹² Hast du je in deinem Leben dem Morgen geboten,
der Morgenröte ihren Ort bestimmt,
¹³ dass es der Erde Säume fasse
und die Frevler von ihr abgeschüttelt werden?
¹⁴ Sie wandelt sich wie Siegelton, steht da wie ein Gewand.
¹⁵ Den Frevlern wird ihr Licht entzogen,
zerschmettert der erhobene Arm.
¹⁶ Bist du zu den Quellen des Meeres gekommen,
hast du des Urgrunds Tiefe durchwandert?
¹⁷ Haben dir sich die Tore des Todes geöffnet,
hast du die Tore des Todesschattens geschaut?

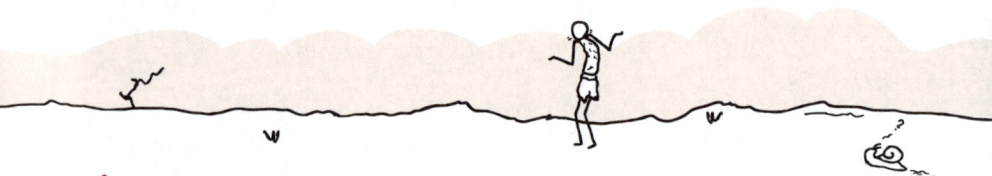

🔴 Höchster, allmächtiger, guter Herr, dein sind das Lob, die Herrlichkeit und Ehre und jeglicher Segen. Dir allein, Höchster, gebühren sie, und kein Mensch ist würdig, dich zu nennen. Gelobt seist du, mein Herr, mit allen deinen Geschöpfen, zumal dem Herrn Bruder Sonne, welcher der Tag ist und durch den du uns leuchtest. Und schön ist er und strahlend mit großem Glanz: von dir, Höchster, ein Sinnbild.

Aus dem „Sonnengesang" des **FRANZISKUS VON ASSISI**

❞ Mein großes Gebet ist, ein gutes Ende zu finden, in irgendeiner Weise. Mit meinem Tod das zu besiegeln, wofür ich gelebt habe.

TEILHARD DE CHARDIN (1881–1955), französischer Jesuit und Naturwissenschaftler

¹⁸ Hast du der Erde Weiten überblickt?
Sag es, wenn du das alles weißt!
¹⁹ Wo ist der Weg zur Wohnstatt des Lichts?
Die Finsternis, wo hat sie ihren Ort,
²⁰ dass du sie einführst in ihren Bereich,
die Pfade zu ihrem Haus kennst?
²¹ Du weißt es ja; du wurdest damals ja geboren
und deiner Tage Zahl ist groß!
²² Bist du zu den Kammern des Schnees gekommen,
hast du die Kammern des Hagels gesehen,
²³ den ich für Zeiten der Drangsal aufgespart,
für den Tag des Kampfes und der Schlacht?
²⁴ Wo ist der Weg dorthin, wo das Licht sich verteilt,
der Ostwind sich über die Erde zerstreut?
²⁵ Wer grub der Regenflut eine Rinne,
einen Weg für das Donnergewölk,
²⁶ um Regen zu senden auf unbewohntes Land,
auf die Steppe, darin niemand wohnt,
²⁷ um zu sättigen die Wildnis und Öde
und frisches Gras sprossen zu lassen?
²⁸ Hat der Regen einen Vater oder wer zeugte die Tropfen des Taus?
²⁹ Aus wessen Schoß ging das Eis hervor,
des Himmels Reif, wer hat ihn geboren?

³⁰ Wie unter einem Stein verbergen sich die Wasser
und wird fest die Fläche der Flut.
³¹ Knüpfst du die Bande des Siebengestirns
oder löst du des Orions Fesseln?
³² Führst du heraus Sterne des Tierkreises zu seiner Zeit,
lenkst du die Löwin samt ihren Jungen?
³³ Kennst du die Satzungen des Himmels,
setzt du auf der Erde seine Herrschaft durch?
³⁴ Erhebst du zu den Wolken deine Stimme,
dass dich die Woge des Wassers bedeckt?
³⁵ Entsendest du die Blitze, dass sie eilen und dir sagen: Wir sind da?
³⁶ Wer verlieh dem Ibis Weisheit oder wer gab Einsicht dem Hahn?
³⁷ Wer zählt in Weisheit die Wolken
und die Schläuche des Himmels, wer schüttet sie aus,
³⁸ wenn der Erdboden hart wird, als sei er gegossen,
und Erdschollen zusammenkleben?
³⁹ Erjagst du Beute für die Löwin,
stillst du den Hunger der jungen Löwen,
⁴⁰ wenn sie sich in Höhlen ducken, im Dickicht auf der Lauer liegen?
⁴¹ Wer bereitet dem Raben seine Nahrung,
wenn seine Jungen schreien zu Gott und umherirren ohne Futter?

Gott lenkt nicht nur das Leben auf der Erde, sondern sogar die Sternbilder. Das erinnert an die Gewissheiten des Philosophen Immanuel Kant: „Zwei Dinge erfüllen das Gemüt mit immer neuer und zunehmender Bewunderung und Ehrfurcht, je öfter und anhaltender sich das Nachdenken damit beschäftigt: der bestirnte Himmel über mir und das moralische Gesetz in mir."

▶ Der Vogel Ibis und der Hahn sind für die Wettervorhersage zuständig. Der Ibis kündigte in Ägypten das Ansteigen des Nils an.

Verkauft man nicht fünf Spatzen für zwei Pfennige? Und doch ist nicht einer von ihnen vor Gott vergessen.
Lk 12,6

Nachdem Gott noch lang und ausführlich gesprochen hat (Ijob 38-41), antwortet Ijob:

Jetzt aber hat dich mein Auge geschaut! (Ijob 42,1–6)

42 ¹ Da antwortete Ijob dem HERRN und sprach:
² Ich habe erkannt, dass du alles vermagst.
Kein Vorhaben ist dir verwehrt.
³ Wer ist es, der ohne Einsicht den Rat verdunkelt? –
Fürwahr, ich habe geredet, ohne zu verstehen, über Dinge,
die zu wunderbar für mich und unbegreiflich sind.
⁴ Hör doch, ich will nun reden, ich will dich fragen, du belehre mich!
⁵ Vom Hörensagen nur hatte ich von dir gehört,
jetzt aber hat mein Auge dich geschaut.
⁶ Darum widerrufe ich. Ich bereue in Staub und Asche.

Wer einem Kreuz entläuft, wird auf seinem Weg ein größeres finden.
PHILIPP NERI (1515–1595), der „lächelnde Heilige", italienischer Priester, Mystiker und Gründer des Oratoriums

▶ „Ich bereue" könnte im Hebräischen auch „ich bin getröstet" bedeuten. So bleibt Ijobs letztes Wort doppeldeutig offen.

Ijobs Rechtfertigung durch Gott (Ijob 42,7)

⁷ Als der HERR diese Worte zu Ijob gesprochen hatte, sagte der HERR zu Elifas von Teman: Mein Zorn ist entbrannt gegen dich und deine beiden Freunde, denn ihr habt nicht recht von mir geredet wie mein Knecht Ijob.

Das Ijobbuch gibt keine direkte Antwort auf die Frage des Leidens. Aber es wird deutlich, dass Ijob einzig und allein damit zufrieden wird, Gott zu begegnen (↗ auch Ps 73,25). Obwohl Ijob sich Gott gegenüber zurücknimmt, gibt Gott ihm recht – und nicht den Freunden (Ijob 42,7–8).

Psalmen

Die Psalmen sind Gedichte und Gebete, die oft auch gesungen werden. Sie bringen Traurigkeit und Leiden, aber auch Freude und Jubel des Lebens vor Gott zum Ausdruck. Sie sind weit über zweitausend Jahre alt. Aber sie sind bis heute für Juden und Christen der größte Gebetsschatz. Sie sprechen unzählige Menschen im Herzen an.

In manchen Psalmen wechseln die Stimmungen und Themen sehr stark, so wie auch die Stimmungen in unserem Leben manchmal wechselhaft und widersprüchlich sind. Wenn wir mit den Psalmen beten, bringen wir nicht nur unser eigenes Leben vor Gott, sondern das Schicksal der ganzen Menschheit.

Aus den insgesamt 150 Psalmen stellen wir hier nur einzelne besondere Beispiele vor. Zusätzlich haben wir einige Psalmen bei anderen Texten eingefügt, die gleichsam eine Antwort auf deren Thema geben (z.B. Psalm 114 über die Wunder des Exodus S. 49).

Die Sprache der Psalmen ist poetisch und dicht, voller Bilder und Kontraste. Konzentriere dich am besten auf einen Satz oder ein Bild, das dich anspricht, und bringe es in dein persönliches Gespräch mit Gott. So wird ihre unerschöpfliche Kraft auch bei dir wirksam.

Die Herrlichkeit des Schöpfers – die Würde des Menschen (Ps 8)

8 ² HERR, unser Herr, wie gewaltig ist dein Name auf der ganzen Erde, der du deine Hoheit gebreitet hast über den Himmel.

³ Aus dem Mund der Kinder und Säuglinge hast du ein Bollwerk errichtet wegen deiner Gegner, um zum Einhalten zu bringen Feind und Rächer.

⁴ Seh ich deine Himmel, die Werke deiner Finger,
Mond und Sterne, die du befestigt:

⁵ Was ist der Mensch, dass du seiner gedenkst,
des Menschen Kind, dass du dich seiner annimmst?

⁶ Du hast ihn nur wenig geringer gemacht als Gott,
du hast ihn gekrönt mit Pracht und Herrlichkeit.

⁷ Du hast ihn als Herrscher eingesetzt über die Werke deiner Hände,
alles hast du gelegt unter seine Füße:

⁸ Schafe und Rinder, sie alle und auch die wilden Tiere,

⁹ die Vögel des Himmels und die Fische im Meer,
was auf den Pfaden der Meere dahinzieht.

¹⁰ HERR, unser Herr,
wie gewaltig ist dein Name auf der ganzen Erde!

> **„** In den Augen Gottes sind wir das Schönste, das Größte, das Beste der Schöpfung. Wir sind mehr als die Engel. Der Herr hat uns gern. Dafür müssen wir ihm danken. Wenn wir aber die Schöpfung zerstören, wird die Schöpfung uns zerstören. Vergesst das nicht!
>
> **PAPST FRANZISKUS**, 21.5.2014

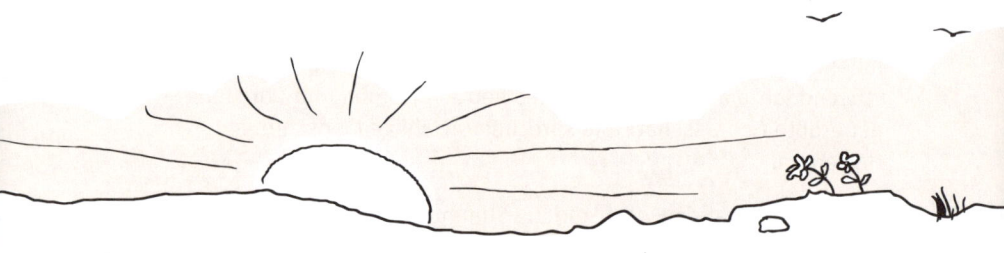

> 💡 „Die Himmel rühmen des Ewigen Ehre", heißt eine der berühmtesten Kompositionen von Ludwig van Beethoven. Dabei gebührt die Hälfte des Ruhmes dem Textdichter Christian Fürchtegott Gellert, der sich wie viele andere Barockdichter von der Kraft der Psalmen inspirieren ließ und sie in Reimen nachdichtete.

> ▶ „Weisung" (v8) – wörtlich „Tora" (↗ S. 16f.).

> **„** Das erleuchtete Auge ist das reine Auge, dem die Dinge so erscheinen, wie sie sind; das Auge ohne Falsch, ohne Hintergedanken, das ohne Mühe Hell und Dunkel, Gut und Böse unterscheidet. Die Weisungen des Herrn nehmen alles Trübe vom Auge weg.
>
> **ROBERT SPAEMANN** (*1927), dt. Philosoph, Meditationen eines Christen – Über die Psalmen

Gott im weiten Universum und im kleinen Wort (Ps 19)

19 ² Die Himmel erzählen die Herrlichkeit Gottes
und das Firmament kündet das Werk seiner Hände.

³ Ein Tag sagt es dem andern, eine Nacht tut es der andern kund,

⁴ ohne Rede und ohne Worte, ungehört bleibt ihre Stimme.

⁵ Doch ihre Botschaft geht in die ganze Welt hinaus,
ihre Kunde bis zu den Enden der Erde.
Dort hat er der Sonne ein Zelt gebaut.

⁶ Sie tritt aus ihrem Gemach hervor wie ein Bräutigam;
sie frohlockt wie ein Held, ihre Bahn zu laufen.

⁷ Am einen Ende des Himmels geht sie auf
und läuft bis ans andere Ende;
nichts kann sich vor ihrer Glut verbergen.

⁸ Die Weisung des HERRN ist vollkommen, sie erquickt den Menschen. Das Zeugnis des HERRN ist verlässlich, den Unwissenden macht es weise.

⁹ Die Befehle des HERRN sind gerade, sie erfüllen das Herz mit Freude. Das Gebot des HERRN ist rein, es erleuchtet die Augen.

¹⁰ Die Furcht des HERRN ist lauter, sie besteht für immer.
Die Urteile des HERRN sind wahrhaftig, gerecht sind sie alle.

¹¹ Sie sind kostbarer als Gold, als Feingold in Menge.
Sie sind süßer als Honig, als Honig aus Waben.

¹² Auch dein Knecht lässt sich von ihnen warnen;

reichen Lohn hat, wer sie beachtet.
¹³ Versehentliche Fehler, wer nimmt sie wahr?
Sprich mich frei von verborgenen Sünden!
¹⁴ Verschone deinen Knecht auch vor vermessenen Menschen;
sie sollen nicht über mich herrschen!
Dann bin ich vollkommen und frei von schwerer Sünde.
¹⁵ Die Worte meines Munds mögen dir gefallen;
was ich im Herzen erwäge, stehe dir vor Augen,
HERR, mein Fels und mein Erlöser.

B Ich bin mir zwar keiner Schuld bewusst, doch bin ich dadurch noch nicht gerecht gesprochen; der Herr ist es, der über mich urteilt. Richtet also nicht vor der Zeit; wartet, bis der Herr kommt, der das im Dunkeln Verborgene ans Licht bringen und die Absichten der Herzen aufdecken wird!

1 Kor 4,4–5

Ein Schrei um Rettung (Ps 22)

22 ² Mein Gott, mein Gott, warum hast du mich verlassen,
bleibst fern meiner Rettung, den Worten meines Schreiens?
³ Mein Gott, ich rufe bei Tag, doch du gibst keine Antwort;
und bei Nacht, doch ich finde keine Ruhe.
⁴ Aber du bist heilig, du thronst über dem Lobpreis Israels.
⁵ Dir haben unsere Väter vertraut,
sie haben vertraut und du hast sie gerettet.
⁶ Zu dir riefen sie und wurden befreit,
dir vertrauten sie und wurden nicht zuschanden.
⁷ Ich aber bin ein Wurm und kein Mensch,
der Leute Spott, vom Volk verachtet.
⁸ Alle, die mich sehen, verlachen mich,
verziehen die Lippen, schütteln den Kopf:

▶ In seiner Todesstunde betet Jesus diesen Psalm auf Aramäisch. Nach jüdischer Tradition macht sich Jesus den Inhalt des gesamten Psalms zu eigen, nicht nur den Aufschrei der Verlassenheit in v2.

B Und in der neunten Stunde schrie Jesus mit lauter Stimme: „Eloï, Eloï, lema sebachtani?"

Mk 15,34

⁹ Wälze die Last auf den HERRN! Er soll ihn befreien,
er reiße ihn heraus, wenn er an ihm Gefallen hat!
¹⁰ Du bist es, der mich aus dem Schoß meiner Mutter zog,
der mich anvertraut der Brust meiner Mutter.
¹¹ Von Geburt an bin ich geworfen auf dich,
vom Mutterleib an bist du mein Gott.
¹² Sei mir nicht fern, denn die Not ist nahe und kein Helfer ist da!
¹³ Viele Stiere haben mich umgeben,
Büffel von Baschan mich umringt.
¹⁴ Aufgesperrt haben sie gegen mich ihren Rachen,
wie ein reißender, brüllender Löwe.
¹⁵ Hingeschüttet bin ich wie Wasser,
gelöst haben sich all meine Glieder,
mein Herz ist geworden wie Wachs,
in meinen Eingeweiden zerflossen.
¹⁶ Meine Kraft ist vertrocknet wie eine Scherbe,
die Zunge klebt mir am Gaumen,
du legst mich in den Staub des Todes.
¹⁷ Denn Hunde haben mich umlagert, eine Rotte von Bösen hat mich
umkreist. Sie haben mir Hände und Füße durchbohrt.
¹⁸ Ich kann all meine Knochen zählen; sie gaffen und starren mich
an.

💡 Gott als „Hebamme" – ein schönes Bild! Auch wir verdanken Gott unser Leben. Von einer Sekunde auf die nächste würden wir ins Nichts zurückfallen, wenn Gott uns nicht im Sein erhalten würde.

🗨 In den tiefsten Tiefen unserer Not steht Gott und wartet auf uns.

FRIEDRICH VON BODEL-SCHWINGH (1831–1910), evangelischer Pastor und Theologe

▶ Der Beter macht Gott verantwortlich („du …") für seine Lage.

Dann kreuzigten sie ihn. Sie verteilten seine Kleider, indem sie das Los über sie warfen, wer was bekommen sollte.

Mk 15,24: Römische Soldaten verteilen die Gewänder Jesu.

Mit v23 ändert sich der Ton völlig. Die Not scheint schlagartig gewendet, und es setzt eine „Spirale des Lobes" ein, die alle Menschen (v28–29), aber auch die Toten (v30) und sogar die zukünftigen Generationen umgreift (v31–32).

Elend kann abstoßend wirken, doch nicht für Gott. Er sieht die Not und hilft (↗ auch v27, das Mahl für die Armen).

Man kann niemals auf den gütigen und mächtigen Gott zu viel vertrauen. Man erhält von ihm alles nach dem Maße des Vertrauens.

THÉRÈSE VON LISIEUX

Ich habe in meinem Leben viele kluge und gute Bücher gelesen. Aber ich habe in ihnen allen nichts gefunden, was mein Herz so still und froh gemacht hätte wie die vier Worte aus dem 23. Psalm: „Du bist bei mir."

IMMANUEL KANT (1724–1804), deutscher Philosoph

---

¹⁹ Sie verteilen unter sich meine Kleider und werfen das Los um mein Gewand.
²⁰ Du aber, HERR, halte dich nicht fern! Du, meine Stärke, eile mir zu Hilfe!
²¹ Entreiß mein Leben dem Schwert, aus der Gewalt der Hunde mein einziges Gut!
²² Rette mich vor dem Rachen des Löwen und vor den Hörnern der Büffel! – Du hast mir Antwort gegeben.
²³ Ich will deinen Namen meinen Brüdern verkünden, inmitten der Versammlung dich loben.
²⁴ Die ihr den HERRN fürchtet, lobt ihn; all ihr Nachkommen Jakobs, rühmt ihn; erschauert vor ihm, all ihr Nachkommen Israels!
²⁵ Denn er hat nicht verachtet, nicht verabscheut des Elenden Elend. Er hat sein Angesicht nicht verborgen vor ihm; er hat gehört, als er zu ihm schrie.
²⁶ Von dir kommt mein Lobpreis in großer Versammlung, ich erfülle mein Gelübde vor denen, die ihn fürchten.
²⁷ Die Armen sollen essen und sich sättigen; den HERRN sollen loben, die ihn suchen. Aufleben soll euer Herz für immer.
²⁸ Alle Enden der Erde sollen daran denken und sich zum HERRN bekehren: Vor dir sollen sich niederwerfen alle Stämme der Nationen.
²⁹ Denn dem HERRN gehört das Königtum; er herrscht über die Nationen.

³⁰ Es aßen und warfen sich nieder alle Mächtigen der Erde. Alle, die in den Staub gesunken sind, sollen vor ihm sich beugen. Und wer sein Leben nicht bewahrt hat,
³¹ Nachkommen werden ihm dienen. Vom HERRN wird man dem Geschlecht erzählen, das kommen wird.
³² Seine Heilstat verkündet man einem Volk, das noch geboren wird: Ja, er hat es getan.

Der gute Hirt (Ps 23)

23 ¹ … Der HERR ist mein Hirt, nichts wird mir fehlen.
² Er lässt mich lagern auf grünen Auen und führt mich zum Ruheplatz am Wasser.
³ Meine Lebenskraft bringt er zurück. Er führt mich auf Pfaden der Gerechtigkeit, getreu seinem Namen.
⁴ Auch wenn ich gehe im finsteren Tal, ich fürchte kein Unheil; denn du bist bei mir, dein Stock und dein Stab, sie trösten mich.
⁵ Du deckst mir den Tisch vor den Augen meiner Feinde. Du hast mein Haupt mit Öl gesalbt, übervoll ist mein Becher.
⁶ Ja, Güte und Huld werden mir folgen mein Leben lang und heimkehren werde ich ins Haus des HERRN für lange Zeiten.

Immer voller Vertrauen (Ps 27)

27 ¹... Der HERR ist mein Licht und mein Heil: Vor wem sollte ich mich fürchten? Der HERR ist die Zuflucht meines Lebens: Vor wem sollte mir bangen?

² Dringen Böse auf mich ein, um mein Fleisch zu verschlingen, meine Bedränger und Feinde; sie sind gestrauchelt und gefallen.

³ Mag ein Heer mich belagern: Mein Herz wird nicht verzagen. Mag Krieg gegen mich toben: Ich bleibe dennoch voll Zuversicht.

⁴ Eines habe ich vom HERRN erfragt, dieses erbitte ich: im Haus des HERRN zu wohnen alle Tage meines Lebens; die Freundlichkeit des HERRN zu schauen und nachzusinnen in seinem Tempel.

⁵ Denn er birgt mich in seiner Hütte am Tag des Unheils; er beschirmt mich im Versteck seines Zeltes, er hebt mich empor auf einen Felsen.

⁶ Nun kann sich mein Haupt erheben über die Feinde, die mich umringen. So will ich Opfer darbringen in seinem Zelt, Opfer mit Jubel, dem HERRN will ich singen und spielen.

⁷ Höre, HERR, meine Stimme, wenn ich rufe; sei mir gnädig und gib mir Antwort!

⁸ Mein Herz denkt an dich: Suchet mein Angesicht! Dein Angesicht, HERR, will ich suchen.

⁹ Verbirg nicht dein Angesicht vor mir; weise deinen Knecht im Zorn nicht ab! Du wurdest meine Hilfe.

 Ist Gott für uns, wer ist dann gegen uns?
Röm 8,31; in v38–39 drückt Paulus dann aus, dass nichts „uns von Gottes Liebe in Christus Jesus zu trennen" vermag.

Verstoß mich nicht, verlass mich nicht, du Gott meines Heils!

¹⁰ Wenn mich auch Vater und Mutter verlassen, der HERR nimmt mich auf.

¹¹ Weise mir, HERR, deinen Weg, leite mich auf ebener Bahn wegen meiner Feinde!

¹² Gib mich nicht meinen gierigen Gegnern preis; denn falsche Zeugen standen gegen mich auf und wüten!

¹³ Ich aber bin gewiss, zu schauen die Güte des HERRN im Land der Lebenden.

¹⁴ Hoffe auf den HERRN, sei stark und fest sei dein Herz! Und hoffe auf den HERRN!

Ein Weg von Sehnsucht nach Gott zur Freude bei ihm (Ps 42–43)

42 ¹ Ein Weisheitslied der Korachiter
² Wie der Hirsch lechzt nach frischem Wasser, so lechzt meine Seele, nach dir, Gott.

³ Meine Seele dürstet nach Gott, nach dem lebendigen Gott. Wann darf ich kommen und erscheinen vor Gottes Angesicht?

⁴ Meine Tränen sind mir Brot geworden bei Tag und bei Nacht; man sagt zu mir den ganzen Tag: Wo ist dein Gott?

⁵ Ich denke daran und schütte vor mir meine Seele aus: Ich will in einer Schar einherziehn. Ich will in ihr zum Haus Gottes schreiten, im

 Gottes Angesicht suchen – das genau heißt für mich beten. Ich weiß nicht, ob ich es schon gefunden habe. Immer, wenn ich mich ihm ganz nahe fühle, komme ich mir so klein vor und denke mir, dass ich vom Beten doch keine Ahnung habe. Ich unterhalte mich gerne mit Gott, erzähle ihm meine Sorgen und sage ihm, was mich gerade freut. Oft warte ich auf ein Zeichen von ihm. Ich müsste einfach öfter mit der Bibel beten, denn das ist Gottes Wort an mich.

CLARA

▶ Korach gehört zum Stamm der Leviten und ist sogar ein Cousin von Mose und Aaron (Ex 6,18–21). Die Korachiter sind daher eine priesterliche Familie.

▶ Der Beter ist zerrissen: Einerseits ist er voller Traurigkeit, weil ihn andere in Frage stellen (v4.10-11), andererseits erinnert er sich an feierliche Prozessionen in großer religiöser Freude (v5). Im folgenden Refrain (v6, auch v12 und 43,5) löst sich diese Spannung, und er wird innerlich ruhig.

▶ Hier steigert sich noch die Zerrissenheit: Der Beter macht Gott dafür verantwortlich, dass er nahe dem Untergehen ist (v8; s. auch v10 und 43,2), doch in der Nacht singt er für ihn zum Lob (v9).

Schall von Jubel und Dank in festlich wogender Menge.
⁶ Was bist du bedrückt, meine Seele, und was ächzt du in mir?
Harre auf Gott; denn ich werde ihm noch danken
für die Rettung in seinem Angesicht.
⁷ Bedrückt ist meine Seele in mir, darum gedenke ich deiner im Jordanland, am Hermon, am Berg Mizar.
⁸ Flut ruft der Flut zu beim Tosen deiner stürzenden Wasser,
all deine Wellen und Wogen zogen über mich hin.
⁹ Bei Tag entbietet der HERR seine Huld und in der Nacht ist sein Lied bei mir, ein Gebet zum Gott meines Lebens.
¹⁰ Sagen will ich zu Gott, meinem Fels: Warum hast du mich vergessen? Warum muss ich trauernd einhergehn, von meinem Feind unterdrückt?
¹¹ Es trifft mich zu Tode in meinen Gebeinen, dass meine Bedränger mich verhöhnen, da sie den ganzen Tag zu mir sagen: Wo ist dein Gott?
¹² Was bist du bedrückt, meine Seele, und was ächzt du in mir?
Harre auf Gott; denn ich werde ihm noch danken,
der Rettung meines Angesichts und meinem Gott.

▶ Gottes „Licht und Wahrheit" (v3) leiten den Beter zu einer immer größeren, unmittelbaren Nähe: aus der Ferne (42,7) zum heiligen „Berg" in Jerusalem, zur „Wohnung" (dem Tempel), zum „Altar" und schließlich zum „Gott der Freude meines Jubels": So formuliert v4 wörtlich und einmalig die höchste Erfüllung, die der Beter erlebt.

43 ¹ Verschaff mir Recht, Gott,
und führe meinen Rechtsstreit gegen ein treuloses Volk!
Rette mich vor den bösen und tückischen Menschen!
² Denn du bist der Gott meiner Zuflucht. Warum hast du mich verstoßen? Warum muss ich trauernd umhergehn, vom Feind unterdrückt?
³ Sende dein Licht und deine Wahrheit; sie sollen mich leiten; sie sollen mich bringen zu deinem heiligen Berg und zu deinen Wohnungen.
⁴ So will ich kommen zu Gottes Altar, zum Gott meiner Freude und meines Jubels. Ich will dir danken zur Leier, Gott, du mein Gott.
⁵ Was bist du bedrückt, meine Seele, und was ächzt du in mir?
Harre auf Gott; denn ich werde ihm noch danken,
der Rettung meines Angesichts und meinem Gott.

99 Wahrscheinlich ist der Psalm „Miserere" im Laufe der letzten zwei Jahrtausende am häufigsten gebetet worden. Ohne das Erbarmen Gottes sind wir verloren. David, als er den Psalm betete, hatte zerstört. Nicht aus Zerstörungslust, sondern weil er seinen spontanen Wünschen folgte und, da er König war, die Hindernisse, die sich ihm →

David bittet um Vergebung (Ps 51)

51 ³ Gott, sei mir gnädig nach deiner Huld,
tilge meine Frevel nach deinem reichen Erbarmen!
⁴ Wasch meine Schuld von mir ab
und mach mich rein von meiner Sünde!
⁵ Denn ich erkenne meine bösen Taten,
meine Sünde steht mir immer vor Augen.
⁶ Gegen dich allein habe ich gesündigt, ich habe getan, was böse ist in deinen Augen.

So behältst du recht mit deinem Urteilsspruch,
lauter stehst du da als Richter.
⁷ Siehe, in Schuld bin ich geboren
und in Sünde hat mich meine Mutter empfangen.
⁸ Siehe, an Treue im Innersten hast du Gefallen,
im Verborgenen lehrst du mich Weisheit.
⁹ Entsündige mich mit Ysop, dann werde ich rein;
wasche mich und ich werde weißer als Schnee!
¹⁰ Lass mich Entzücken und Freude hören!
Jubeln sollen die Glieder, die du zerschlagen hast.
¹¹ Verbirg dein Angesicht vor meinen Sünden,
tilge alle Schuld,
mit der ich beladen bin!
¹² Erschaffe mir, Gott, ein reines Herz
und einen festen Geist erneuere in meinem Innern!
¹³ Verwirf mich nicht vor deinem Angesicht,
deinen heiligen Geist nimm nicht von mir!
¹⁴ Gib mir wieder die Freude deines Heils,
rüste mich aus mit dem Geist der Großmut!
¹⁵ Ich will die Frevler deine Wege lehren
und die Sünder kehren um zu dir.

→ dabei in den Weg stellten, beseitigen konnte. Wissen wir, was wir täten, wenn wir orientalische Könige wären? David war ein frommer Mann, aber er konnte tun, was er wollte. Das genügte, um ihn zum Mörder werden zu lassen. Erst der Prophet Natan hat ihm die Augen geöffnet. Wer öffnet uns die Augen für das, was wir anrichten?
ROBERT SPAEMANN, Meditationen eines Christen – über die Psalmen

99 Du bist's, der, was wir bauen, mild über uns zerbricht, dass wir den Himmel schauen – darum so klag ich nicht.
JOSEPH VON EICHENDORFF (1788–1857), deutscher Lyriker

¹⁶ Befreie mich von Blutschuld, Gott, du Gott meines Heils,
dann wird meine Zunge jubeln über deine Gerechtigkeit!
¹⁷ HERR, öffne meine Lippen, damit mein Mund dein Lob verkünde!
¹⁸ Schlachtopfer willst du nicht, ich würde sie geben,
an Brandopfern hast du kein Gefallen.
¹⁹ Schlachtopfer für Gott ist ein zerbrochener Geist, ein zerbrochenes und zerschlagenes Herz wirst du, Gott, nicht verschmähen.
²⁰ Nach deinem Wohlgefallen tu Gutes an Zion,
erbaue wieder die Mauern Jerusalems!
²¹ An Schlachtopfern der Gerechtigkeit,
an Brandopfern und an Ganzopfern hast du Gefallen,
dann wird man auf deinem Altar Stiere opfern.

99 Wir bitten ihn um das, was uns passt, und er gibt uns das, was uns nottut: das sind offenbar ganz verschiedene Dinge.

LEON BLOY (1846–1917), französischer Literat

Mit Gott verbunden zu sein zählt am meisten (Ps 63)

63 ² Gott, mein Gott bist du, dich suche ich,
es dürstet nach dir meine Seele. Nach dir schmachtet mein
Fleisch wie dürres, lechzendes Land ohne Wasser.
³ Darum halte ich Ausschau nach dir im Heiligtum,
zu sehen deine Macht und Herrlichkeit.
⁴ Denn deine Huld ist besser als das Leben.
Meine Lippen werden dich rühmen.
⁵ So preise ich dich in meinem Leben,
in deinem Namen erhebe ich meine Hände.

▶ „Wie dürres, lechzendes Land" heißt im Original eigentlich „in dürrem, lechzendem Land" – ein Bild für größte Sehnsucht nach Gott. Zum „Dürsten" nach Gott ↗ Ps 42,2–3.

▶ „Fett und Mark" (v6): Da in alter Zeit Lebensmittel oft knapp wurden, waren fettreiche Speisen sehr kostbar und geschätzt.

▶ „Schatten deiner Flügel" (v8) verbindet den Schutz, den eine Vogelmutter ihren Jungen mit ihren Flügeln spendet, mit dem „Schatten", der vor der Hitze bewahrt – in den Ländern des Orients besonders wichtig. Beides ist hier auf Gott übertragen.

B Selig, die rein sind im Herzen, denn sie werden Gott schauen!

Mt 5,8

⁶ Wie an Fett und Mark wird satt meine Seele,
mein Mund lobt dich mit jubelnden Lippen.
⁷ Ich gedenke deiner auf meinem Lager
und sinne über dich nach, wenn ich wache.
⁸ Ja, du wurdest meine Hilfe,
ich juble im Schatten deiner Flügel.
⁹ Meine Seele hängt an dir, fest hält mich deine Rechte.
¹⁰ Die mir nach dem Leben trachten, um mich zu vernichten,
sie müssen hinabfahren in die Tiefen der Erde.
¹¹ Man gibt sie preis der Gewalt des Schwerts,
sie werden den Schakalen zur Beute.
¹² Der König aber freue sich an Gott! Wer bei ihm schwört, darf sich rühmen. Doch allen Lügnern wird der Mund verschlossen.

Kein Neid auf das „Glück" der Frevler! (Ps 73)

73 ¹ ... Fürwahr, Gott ist gut für Israel,
für alle, die reinen Herzens sind.
² Ich aber – fast wären meine Füße gestrauchelt,
beinahe wären ausgeglitten meine Schritte.
³ Denn ich habe mich über die Prahler geeifert,
als ich das Wohlergehen der Frevler sah:

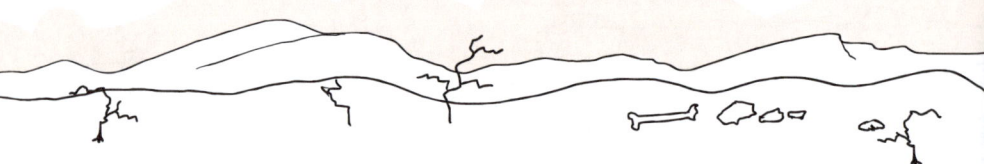

❞ Der Feind befindet sich in unseren Mauern. Gegen unseren eigenen Luxus, unsere eigene Dummheit und unsere eigene Kriminalität müssen wir kämpfen.

MARCUS TULLIUS CICERO

B Weil die Gesetzlosigkeit überhandnimmt, wird die Liebe bei vielen erkalten.

Mt 24,12

▶ Der fromme Beter hält die „Ungerechtigkeit" schwer aus (v2–3), dass böse Menschen Erfolg und Anerkennung haben (v4–10) und noch dazu verächtlich über Gott spotten (v11).

❞ Es ist so leicht, andere, und so schwierig, sich selbst zu belehren.

OSCAR WILDE

⁴ Sie leiden ja keine Qualen, ihr Leib ist gesund und wohlgenährt.
⁵ Sie kennen nicht die Mühsal der Sterblichen,
sind nicht geplagt wie andere Menschen.
⁶ Darum ist Hochmut ihr Halsschmuck,
wie ein Gewand umhüllt sie Gewalttat.
⁷ Sie sehen kaum aus den Augen vor Fett,
ihr Herz läuft über von bösen Plänen.
⁸ Sie höhnen und reden Böses,
Unterdrückung reden sie von oben herab.
⁹ Sie reißen ihr Maul bis zum Himmel auf
und lassen auf Erden ihrer Zunge freien Lauf.
¹⁰ Darum wendet sich das Volk ihnen zu,
das Wasser ihrer Worte schlürfen sie gierig.
¹¹ Sie sagen: Wie sollte Gott davon wissen?
Gibt es Wissen beim Höchsten?
¹² Siehe, so sind die Frevler:
Immer im Glück, häufen sie Reichtum auf Reichtum.
¹³ Fürwahr, umsonst bewahrte ich lauter mein Herz
und wusch meine Hände in Unschuld.
¹⁴ Und doch war ich alle Tage geplagt
und wurde jeden Morgen gezüchtigt.
¹⁵ Hätte ich gesagt: Ich will reden wie sie,
siehe, ich hätte das Geschlecht deiner Kinder verraten.
¹⁶ Ich dachte nach, um dies zu begreifen,

Mühsal war es in meinen Augen,
¹⁷ bis ich eintrat in Gottes Heiligtum
und einsah, wie es mit ihnen zu Ende geht.
¹⁸ Fürwahr, du stellst sie auf schlüpfrigen Grund,
du lässt sie in Täuschungen fallen.
¹⁹ Wie werden sie in einem Augenblick zum Entsetzen,
werden dahingerafft, nehmen ein Ende mit Schrecken.
²⁰ Wie einen Traum, nach dem Erwachen, mein HERR,
verachtest du ihr Schattengebilde, wenn du aufstehst.
²¹ Ja, mein Herz war bitter und Schmerz bohrte mir in den Nieren.
²² Ich war ein Tor ohne Einsicht, wie Vieh bin ich gewesen bei dir;
²³ aber ich bin doch beständig bei dir,
du hast meine Rechte ergriffen.
²⁴ Du leitest mich nach deinem Ratschluss,
danach nimmst du mich auf in Herrlichkeit.
²⁵ Wen habe ich im Himmel außer dir?
Neben dir erfreut mich nichts auf Erden.
²⁶ Mag mein Fleisch und mein Herz vergehen,
Fels meines Herzens und mein An-
teil ist Gott auf ewig.

▶ Zwei Gründe halten den Beter davon ab, es den Frevlern nachzumachen: die Solidarität mit den anderen Gläubigen (v15: Gottes „Kindern") und die Erleuchtung im Tempel (v17).

🙶 Ich glaube, dass Gott aus allem, auch aus dem Bösesten, Gutes entstehen lassen kann und will. … Ich glaube, dass Gott uns in jeder Notlage so viel Widerstandskraft geben will, wie wir brauchen. Aber er gibt sie nicht im Voraus, damit wir uns nicht auf uns selbst, sondern allein auf ihn verlassen.

DIETRICH BON-HOEFFER in der Todeszelle

²⁷ Denn siehe: Die fern sind von dir, gehen zugrunde,
du vernichtest alle, die dich treulos verlassen.
²⁸ Ich aber – Gott nahe zu sein, ist gut für mich,
ich habe GOTT, den Herrn, zu meiner Zuflucht gemacht.
Ich will erzählen von all deinen Taten.

💡 „Fels meines Herzens" (v26): Was für ein unglaublich starkes Bild für Gott!

Zuflucht bei Gott (Ps 84)

84 ² Wie liebenswert ist deine Wohnung,
du HERR der Heerscharen!
³ Meine Seele verzehrt sich in Sehnsucht nach den Höfen des HERRN.
Mein Herz und mein Fleisch, sie jubeln dem lebendigen Gott entgegen.
⁴ Auch der Sperling fand ein Haus
und die Schwalbe ein Nest, wohin sie ihre Jungen gelegt hat –
deine Altäre, HERR der Heerscharen, mein Gott und mein König.
⁵ Selig, die wohnen in deinem Haus, die dich allezeit loben.
⁶ Selig die Menschen, die Kraft finden in dir,
die Pilgerwege im Herzen haben.
⁷ Ziehen sie durch das Tal der Dürre, machen sie es zum Quellgrund
und Frühregen hüllt es in Segen.
⁸ Sie schreiten dahin mit wachsender Kraft
und erscheinen vor Gott auf dem Zion.

▶ Das Haus Gottes, der Tempel, ist eine Quelle der Freude (v2–3) und wie eine Heimat, sogar für die Tiere (v4).

 Du bist tot am Tag, da du sprichst: Es ist genug! Darum tu immer mehr, gehe immer vorwärts, sei immer unterwegs, niemals gehe zurück und weiche nie vom Wege ab.

AUGUSTINUS

 Wohin denn gehen wir – immer nach Hause.

NOVALIS (1772–1801), deutscher Dichter

▶ Dreimal sagt Psalm 84, was „glücklich" macht („selig …" in v5, v6 und v13): Am Anfang werden jene glücklich genannt (v5), die im Tempel sind, zuletzt genügt Vertrauen allein (v13).

▶ Gott umfängt alle Zeiten, steht jenseits der menschlichen Erfahrung der Vergänglichkeit. Dieser Kontrast wird hier intensiv entfaltet (v1–11) und mit göttlichem „Zorn" wegen menschlicher Vergehen (v8) in Verbindung gebracht.

Was Gott Dir versprochen hat: dass er dir deine Schuld vergibt, wenn du dich morgen bekehrst. Was er dir nicht versprochen hat: den morgigen Tag.

AUGUSTINUS

⁹ HERR, Gott der Heerscharen, höre mein Bittgebet, vernimm es, Gott Jakobs!
¹⁰ Gott, sieh her auf unseren Schild,
schau auf das Angesicht deines Gesalbten!
¹¹ Ja, besser ist ein einziger Tag in deinen Höfen als tausend andere.
Lieber an der Schwelle stehen im Haus meines Gottes
als wohnen in den Zelten der Frevler.
¹² Denn Gott der HERR ist Sonne und Schild.
Der HERR schenkt Gnade und Herrlichkeit.
Nicht versagt er Gutes denen, die rechtschaffen wandeln.
¹³ HERR der Heerscharen, selig der Mensch, der auf dich sein Vertrauen setzt!

Lehre uns, unsere Tage zu zählen! (Ps 90)

90 ¹ Ein Bittgebet des Mose, des Mannes Gottes.
O HERR, du warst uns Wohnung von Geschlecht zu Geschlecht.
² Ehe geboren wurden die Berge, ehe du unter Wehen hervorbrachtest Erde und Erdkreis, bist du Gott von Ewigkeit zu Ewigkeit.
³ Zum Staub zurückkehren lässt du den Menschen,
du sprichst: Ihr Menschenkinder, kehrt zurück!

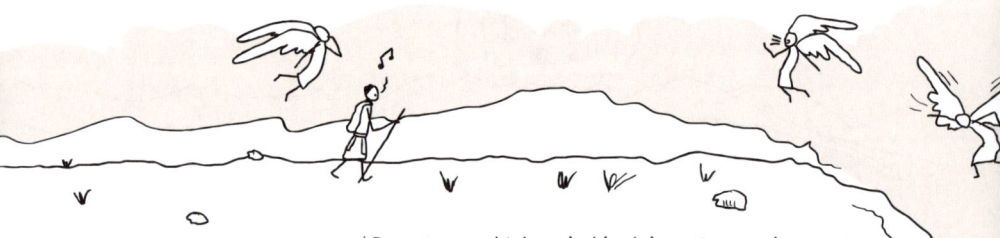

Wenn die Nacht kommt, und der Rückblick zeigt, dass alles Stückwerk war und vieles ungetan geblieben ist, was man vorhatte, wenn so manches tiefe Beschämung und Reue weckt: dann alles nehmen, wie es ist, es in Gottes Hände legen und ihm überlassen. So wird man in ihm ruhen können, wirklich ruhen und den neuen Tag wie ein neues Leben beginnen.

EDITH STEIN
(1891–1942), jüdische Philosophin, Ordensfrau, KZ-Opfer und Heilige

▶ Die abschließende Bitte verstärkt das Aussageziel des Psalms: Da unser Leben so kurz ist, soll Gott das wenige, was wir in unserem Leben tun können (das „Werk unserer Hände"), fruchtbar werden lassen.

⁴ Denn tausend Jahre sind in deinen Augen wie der Tag, der gestern vergangen ist, wie eine Wache in der Nacht.
⁵ Du raffst sie dahin, sie werden wie Schlafende.
Sie gleichen dem Gras, das am Morgen wächst:
⁶ Am Morgen blüht es auf und wächst empor,
am Abend wird es welk und verdorrt.
⁷ Ja, unter deinem Zorn schwinden wir hin,
durch deine Zornesglut werden wir starr vor Schrecken.
⁸ Unsere Sünden hast du vor dich hingestellt,
unsere verborgene Schuld in das Licht deines Angesichts.
⁹ Ja, unter deinem Grimm gehen all unsere Tage dahin,
wir beenden unsere Jahre wie einen Seufzer.
¹⁰ Die Zeit unseres Lebens währt siebzig Jahre, wenn es hochkommt, achtzig. Das Beste daran ist nur Mühsal und Verhängnis, schnell geht es vorbei, wir fliegen dahin.
¹¹ Wer erkennt die Macht deines Zorns
und fürchtet deinen Grimm?
¹² Unsere Tage zu zählen, lehre uns!
Dann gewinnen wir ein weises Herz.
¹³ Kehre doch um, HERR! – Wie lange noch?
Um deiner Knechte willen lass es dich reuen!
¹⁴ Sättige uns am Morgen mit deiner Huld!
Dann wollen wir jubeln und uns freuen all unsre Tage.

¹⁵ Erfreue uns so viele Tage, wie du uns gebeugt hast,
so viele Jahre, wie wir Unheil sahn.
¹⁶ Dein Wirken werde sichtbar an deinen Knechten
und deine Pracht an ihren Kindern.
¹⁷ Güte und Schönheit des HERRN, unseres Gottes, sei
über uns! Lass gedeihen das Werk unserer Hände,
ja, das Werk unserer Hände lass gedeihn!

Unter dem Schutz Gottes (Ps 91)

91 ¹ Wer im Schutz des Höchsten wohnt,
der ruht im Schatten des Allmächtigen.
² Ich sage zum HERRN: Du meine Zuflucht und meine Burg,
mein Gott, auf den ich vertraue.
³ Denn er rettet dich aus der Schlinge des Jägers
und aus der Pest des Verderbens.
⁴ Er beschirmt dich mit seinen Flügeln, unter seinen Schwingen findest du Zuflucht, Schild und Schutz ist seine Treue.
⁵ Du brauchst dich vor dem Schrecken der Nacht nicht zu
fürchten, noch vor dem Pfeil, der am Tag dahinfliegt,
⁶ nicht vor der Pest, die im Finstern schleicht,
vor der Seuche, die wütet am Mittag.
⁷ Fallen auch tausend an deiner Seite, dir zur Rechten zehnmal tausend, so wird es dich nicht treffen.

> Von guten Mächten treu
> und still umgeben,
> Behütet und getröstet wunderbar,
> So will ich diese Tage mit euch leben
> Und mit euch gehen in ein neues Jahr.
>
> Noch will das alte unsre Herzen quälen,
> Noch drückt uns böser Tage schwere Last.
> Ach, Herr, gib unsern aufgeschreckten Seelen
> Das Heil, für das du uns geschaffen hast. …
>
> Von guten Mächten wunderbar geborgen
> erwarten wir getrost, was kommen mag.
> Gott ist bei uns am Abend und am Morgen
> und ganz gewiss an jedem neuen Tag.
>
> Aus einem Gedicht **DIETRICH BONHOEFFERS**
> vom 19.12.1944

⁸ Mit deinen Augen wirst du es schauen,
wirst sehen, wie den Frevlern vergolten wird.
⁹ Ja, du, HERR, bist meine Zuflucht.
Den Höchsten hast du zu deinem Schutz gemacht.
¹⁰ Dir begegnet kein Unheil, deinem Zelt naht keine Plage.
¹¹ Denn er befiehlt seinen Engeln,
dich zu behüten auf all deinen Wegen.
¹² Sie tragen dich auf Händen,
damit dein Fuß nicht an einen Stein stößt;
¹³ du schreitest über Löwen und Nattern,
trittst auf junge Löwen und Drachen.
¹⁴ Weil er an mir hängt, will ich ihn retten.
Ich will ihn schützen, denn er kennt meinen Namen.
¹⁵ Ruft er zu mir, gebe ich ihm Antwort. In der Bedrängnis
bin ich bei ihm, ich reiße ihn heraus und bring ihn zu Ehren.
¹⁶ Ich sättige ihn mit langem Leben,
mein Heil lass ich ihn schauen.

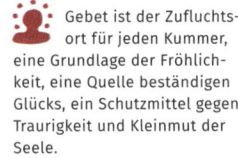

Gebet ist der Zufluchtsort für jeden Kummer,
eine Grundlage der Fröhlichkeit, eine Quelle beständigen
Glücks, ein Schutzmittel gegen
Traurigkeit und Kleinmut der
Seele.

JOHANNES CHRYSOSTOMUS

Gott, der barmherzige Vater (Ps 103)

103 ¹ … Preise den HERRN, meine Seele,
und alles in mir seinen heiligen Namen!
² Preise den HERRN, meine Seele,
und vergiss nicht, was er dir Gutes getan hat!

▶ Der Hymnus v3–5 verwendet im Hebräischen vor
allem Partizipien („vergebend,
heilend, …"): Gott handelt
gegenwärtig, anhaltend und
wiederholt auf diese Weise.

▶ Der Psalmist greift in v8 Gottes Selbstoffenbarung aus Ex 34,6 auf (s. auch Ps 86,15).

▶ Die drei Vergleiche in v11–13 zeigen die unermessliche Barmherzigkeit Gottes.

99 Einmal kam ein bekannter Beichtvater zu mir: „Ich habe etwas Skrupel, weil ich weiß, dass ich zu viel vergebe" … Und wir haben über die Barmherzigkeit gesprochen. An einem bestimmten Punkt sagte er zu mir: „Weißt du, wenn ich diesen Skrupel stark verspüre, dann gehe ich in die Kapelle vor den Tabernakel und sage zu Ihm: Verzeih mir, du bist schuld, weil du mir das schlechte Beispiel gegeben hast! Und ich gehe beruhigt weg …"

PAPST FRANZISKUS, 6.3.2014

³ Der dir all deine Schuld vergibt und all deine Gebrechen heilt,
⁴ der dein Leben vor dem Untergang rettet
und dich mit Huld und Erbarmen krönt,
⁵ der dich dein Leben lang mit Gaben sättigt,
wie dem Adler wird dir die Jugend erneuert.
⁶ Der HERR vollbringt Taten des Heils,
Recht verschafft er allen Bedrängten.
⁷ Er hat Mose seine Wege kundgetan,
den Kindern Israels seine Werke.
⁸ Der HERR ist barmherzig und gnädig, langmütig und reich an Huld.
⁹ Er wird nicht immer rechten und nicht ewig trägt er nach.
¹⁰ Er handelt an uns nicht nach unsern Sünden
und vergilt uns nicht nach unsrer Schuld.
¹¹ Denn so hoch der Himmel über der Erde ist,
so mächtig ist seine Huld über denen, die ihn fürchten.
¹² So weit der Aufgang entfernt ist vom Untergang,
so weit entfernt er von uns unsere Frevel.
¹³ Wie ein Vater sich seiner Kinder erbarmt,
so erbarmt sich der HERR über alle, die ihn fürchten.
¹⁴ Denn er weiß, was wir für Gebilde sind,
er bedenkt, dass wir Staub sind.

▶ Zum Kontrast zwischen Gott und menschlicher Vergänglichkeit ↗ Ps 90. Hier ist Gottes anhaltende Zuwendung („Huld", v17) als Grund der Hoffnung betont.

 Meine Frau und ich haben während des Studiums geheiratet. Danach haben wir die Dankeskarten „oldschool" alle von Hand geschrieben: Einen ganzen Tag lang haben wir allen und jedem für alles Mögliche gedankt. Dieser Dank war nicht nur gerechtfertigt und hat vielen Leuten Freude gemacht. Das Tollste war: Unsere Dankaktion, die zunächst nach Stress aussah, hat uns auch selbst spürbar glücklich und dankbar gemacht. Interessant, oder? Manchmal kommt das Gefühl eben erst hinterher.

RAPHAEL

¹⁵ Wie Gras sind die Tage des Menschen,
er blüht wie die Blume des Feldes.
¹⁶ Fährt der Wind darüber, ist sie dahin;
der Ort, wo sie stand, weiß nichts mehr von ihr.
¹⁷ Doch die Huld des HERRN währt immer und ewig für alle, die ihn fürchten. Seine Gerechtigkeit erfahren noch Kinder und Enkel,
¹⁸ alle, die seinen Bund bewahren,
die seiner Befehle gedenken und danach handeln.
¹⁹ Der HERR hat seinen Thron errichtet im Himmel,
seine königliche Macht beherrscht das All.
²⁰ Preist den HERRN, ihr seine Engel, ihr starken Helden,
die sein Wort vollstrecken, die auf die Stimme seines Wortes hören!
²¹ Preist den HERRN, all seine Heerscharen,
seine Diener, die seinen Willen tun!
²² Preist den HERRN, all seine Werke, an jedem Ort seiner Herrschaft!
Preise den HERRN, meine Seele!

Lob für Gottes Wirken in der Natur (Ps 104)

104 ¹ Preise den HERRN, meine Seele!
HERR, mein Gott, überaus groß bist du!
Du bist mit Hoheit und Pracht bekleidet.
² Du hüllst dich in Licht wie in einen Mantel,

du spannst den Himmel aus gleich einem Zelt.
³ Du verankerst die Balken deiner Wohnung im Wasser.
Du nimmst dir die Wolken zum Wagen,
du fährst einher auf den Flügeln des Windes.
⁴ Du machst die Winde zu deinen Boten,
zu deinen Dienern Feuer und Flamme.
⁵ Du hast die Erde auf Pfeiler gegründet,
in alle Ewigkeit wird sie nicht wanken.
⁶ Einst hat die Urflut sie bedeckt wie ein Kleid,
die Wasser standen über den Bergen.
⁷ Sie wichen vor deinem Drohen zurück,
sie flohen vor der Stimme deines Donners.
⁸ Sie stiegen die Berge hinauf, sie flossen hinab in die Täler
an den Ort, den du für sie bestimmt hast.
⁹ Eine Grenze hast du gesetzt, die dürfen sie nicht überschreiten,
nie wieder sollen sie die Erde bedecken.
¹⁰ Du lässt Quellen sprudeln in Bäche,
sie eilen zwischen den Bergen dahin.
¹¹ Sie tränken alle Tiere des Feldes,
die Wildesel stillen ihren Durst.

▶ V6: In Schöpfungsmythen des Alten Orients steht das Urmeer für Chaos und Gefahr. Göttliches Eingreifen bringt Ordnung und ermöglicht so das Leben der geschaffenen Welt.

Schenke mir eine gute Verdauung, Herr, und auch etwas zum Verdauen. Schenke mir Gesundheit des Leibes, mit dem nötigen Sinn dafür, ihn möglichst gut zu erhalten. Schenke mir eine Seele, der die Langeweile fremd ist, die kein Murren kennt und kein Seufzen und Klagen, und lass nicht zu, dass ich mir allzu viel Sorge mache um dieses sich breitmachende Etwas, das sich „Ich" nennt. Herr, schenke mir Sinn für Humor, gib mir die →

¹² Darüber wohnen die Vögel des Himmels,
aus den Zweigen erklingt ihr Gesang.
¹³ Du tränkst die Berge aus deinen Kammern,
von der Frucht deiner Werke wird die Erde satt.
¹⁴ Du lässt Gras wachsen für das Vieh und Pflanzen für den Acker-
bau des Menschen, die er anbaut, damit er Brot gewinnt von der Erde
¹⁵ und Wein, der das Herz des Menschen erfreut, damit er das Angesicht erglänzen lässt mit Öl und Brot das Herz des Menschen stärkt.
¹⁶ Die Bäume des HERRN trinken sich satt,
die Zedern des Libanon, die er gepflanzt hat,
¹⁷ dort bauen die Vögel ihr Nest, auf den Zypressen nistet der Storch.
¹⁸ Die hohen Berge gehören dem Steinbock,
dem Klippdachs bieten die Felsen Zuflucht.
¹⁹ Du machst den Mond zum Maß für die Zeiten,
die Sonne weiß, wann sie untergeht.
²⁰ Du sendest Finsternis und es wird Nacht,
dann regen sich alle Tiere des Waldes.
²¹ Die jungen Löwen brüllen nach Beute,
sie verlangen von Gott ihre Nahrung.
²² Strahlt die Sonne dann auf, so schleichen sie heim
und lagern sich in ihren Verstecken.
²³ Nun geht der Mensch hinaus an sein Tagwerk,

→ Gnade, einen Scherz zu verstehen, damit ich ein wenig Glück kenne im Leben und anderen davon mitteile.

THOMAS MORUS (1478–1535), englischer Lordkanzler und Phi-

losoph („Utopia"), Heiliger, erlitt das Martyrium, weil er Widerstand gegen Heinrich VIII. leistete

an seine Arbeit bis zum Abend.

²⁴ Wie zahlreich sind deine Werke, HERR, sie alle hast du mit Weisheit gemacht, die Erde ist voll von deinen Geschöpfen.

²⁵ Da ist das Meer, so groß und weit, darin ein Gewimmel, nicht zu zählen: kleine und große Tiere.

²⁶ Dort ziehen die Schiffe dahin,
der Levîatan, den du geformt, um mit ihm zu spielen.

²⁷ Auf dich warten sie alle,
dass du ihnen ihre Speise gibst zur rechten Zeit.

²⁸ Gibst du ihnen, dann sammeln sie ein,
öffnest du deine Hand, werden sie gesättigt mit Gutem.

²⁹ Verbirgst du dein Angesicht, sind sie verstört,
nimmst du ihnen den Atem, so schwinden sie hin
und kehren zurück zum Staub.

³⁰ Du sendest deinen Geist aus: Sie werden erschaffen
und du erneuerst das Angesicht der Erde.

³¹ Die Herrlichkeit des HERRN währe ewig,
der HERR freue sich seiner Werke.

³² Er blickt herab auf die Erde und sie erbebt,
er rührt die Berge an und sie rauchen.

³³ Ich will dem HERRN singen in meinem Leben,
meinem Gott singen und spielen, solange ich da bin.

³⁴ Möge ihm mein Dichten gefallen. Ich will mich freuen am HERRN.

▶ Der Levîatan (v26) ist in der Vorstellung des Alten Orients ein schreckliches Meeresmonster. In diesem Psalm ist er nur ein Spielgefährte für Gott.

▶ Hier kommt zum ersten Mal der Halleluja-Ruf vor (↗ besonders Ps 145–150). „Halleluja" bedeutet „Lobt Jah (= Gott)!"

³⁵ Die Sünder sollen von der Erde verschwinden und Frevler sollen nicht mehr da sein. Preise den HERRN, meine Seele! Halleluja!

„„ Das Gebet hat eine große Kraft! Es macht ein sauer Herz süß, ein traurig Herz froh, ein arm Herz reich, ein dumm Herz weise, ein blöd Herz kühn, ein blind Herz sehend, eine kalte Seele brennend.

MECHTHILD VON MAGDEBURG,
(1210–1285), deutsche Mystikerin

▶ Gott macht sich immer wieder „niedrig", obwohl er unendlich erhaben ist: bei der Erscheinung an Mose im Dornbusch in Ex 3, um Israel zu befreien; indem er in Jesus Mensch wird, um die Welt zu retten; indem er Menschen in Not zu aller Zeit begleitet.

Der unendlich Hohe – den Niedrigen zugeneigt (Ps 113)

113 ¹ Halleluja! Lobt, ihr Knechte des HERRN,
lobt den Namen des HERRN!

² Der Name des HERRN sei gepriesen von nun an bis in Ewigkeit.

³ Vom Aufgang der Sonne bis zu ihrem Untergang
sei gelobt der Name des HERRN.

⁴ Erhaben ist der HERR über alle Völker,
über den Himmeln ist seine Herrlichkeit.

⁵ Wer ist wie der HERR, unser Gott, der wohnt in der Höhe,

⁶ der hinabschaut in die Tiefe, auf Himmel und Erde?

⁷ Den Geringen richtet er auf aus dem Staub,
aus dem Schmutz erhebt er den Armen,

⁸ um ihn wohnen zu lassen bei den Fürsten,
bei den Fürsten seines Volks.

⁹ Die Kinderlose lässt er wohnen im Haus
als frohe Mutter von Kindern. Halleluja!

Vertrauen auf Gottes Schutz in Ewigkeit (Ps 121)

121
¹ Ich erhebe meine Augen zu den Bergen:
Woher kommt mir Hilfe?

² Meine Hilfe kommt vom HERRN,
der Himmel und Erde erschaffen hat.

³ Er lässt deinen Fuß nicht wanken; dein Hüter schlummert nicht ein.

⁴ Siehe, er schlummert nicht ein und schläft nicht, der Hüter Israels.

⁵ Der HERR ist dein Hüter,
der HERR gibt dir Schatten zu deiner Rechten.

⁶ Bei Tag wird dir die Sonne nicht schaden
noch der Mond in der Nacht.

⁷ Der HERR behütet dich vor allem Bösen, er behütet dein Leben.

⁸ Der HERR behütet dein Gehen und dein Kommen
von nun an bis in Ewigkeit.

B Da ergriff Jesus Angst und Traurigkeit, und er sagte zu ihnen: Meine Seele ist zu Tode betrübt. Bleibt hier und wacht mit mir! … Und er ging zu den Jüngern zurück und fand sie schlafend. Da sagte er zu Petrus: Konntet ihr nicht einmal eine Stunde mit mir wachen?
Mt 26,38.40; Die Nacht vor seiner Verhaftung verbrachte Jesus zitternd und betend auf dem Ölberg.

▶ Sonne und Mond wurden im Alten Orient für Götter gehalten, die Macht über das Leben haben.

Hoffnung auf neuen Jubel (Ps 126)

126
¹ Als der HERR das Geschick Zions wendete,
da waren wir wie Träumende.

² Da füllte sich unser Mund mit Lachen und unsere Zunge mit Jubel.
Da sagte man unter den Völkern:

▶ V1 bezieht sich auf die Heimkehr der Judäer aus dem babylonischen Exil (↗ S. 122ff.).

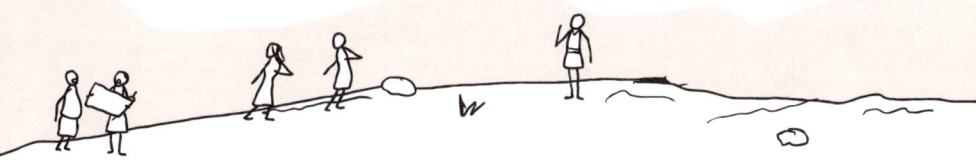

Groß hat der HERR an ihnen gehandelt!

³ Ja, groß hat der HERR an uns gehandelt. Da waren wir voll Freude.

⁴ Wende doch, HERR, unser Geschick
wie die Bäche im Südland!

⁵ Die mit Tränen säen, werden mit Jubel ernten.

⁶ Sie gehen, ja gehen und weinen und tragen zur Aussaat den Samen.
Sie kommen, ja kommen mit Jubel und bringen ihre Garben.

▶ Das „Südland" meint die Wüste im Süden von Palästina: Wenn es regnet, verwandeln sich die trockenen Felsentäler plötzlich in einen reißenden Sturzbach.

Ein Schrei aus der Tiefe (Ps 130)

130
¹ … Aus den Tiefen rufe ich, HERR, zu dir:
² Mein HERR, höre doch meine Stimme!
Lass deine Ohren achten auf mein Flehen um Gnade.

³ Würdest du, HERR, die Sünden beachten,
mein HERR, wer könnte bestehn?

⁴ Doch bei dir ist Vergebung, damit man in Ehrfurcht dir dient.

⁵ Ich hoffe auf den HERRN, es hofft meine Seele,
ich warte auf sein Wort.

⁶ Meine Seele wartet auf meinen HERRN mehr als Wächter auf den Morgen, ja, mehr als Wächter auf den Morgen.

⁷ Israel, warte auf den HERRN,
denn beim HERRN ist die Huld, bei ihm ist Erlösung in Fülle.

⁸ Ja, er wird Israel erlösen aus all seinen Sünden.

🙶 Sieh auf mich im Vorübergehen. Wenn du Lust hast, dass ich an dich glaube, dann gib mir den Glauben. Wenn du Wert darauf legst, dass ich dich liebe, dann gib mir die Liebe. Ich habe von alldem nichts, und ich kann nichts dazu tun. Ich gebe dir, was ich habe: meine Schwäche, meinen Schmerz und diese Zärtlichkeit, die mich peinigt und die du wohl siehst … Das Elend meines Zustands, das ist alles, und meine Hoffnung.

MARIE NOËL
(1883–1967), französische Lyrikerin und Verfasserin von Chansons

" Mein Gott und Herr, du bist mein Ursprung und auch mein Ziel. Du bist voller Einfachheit, voller Ruhe und Liebe. Ohne Ende ist deine Güte und Herrlichkeit. Herrliches Licht bist du und die höchste Freude meines Herzens. Freude bist du, endlos wie der Ozean, die Fülle von allem Guten. Was sollte mir fehlen, wenn du mein Eigen bist.

ALBERTUS MAGNUS (um 1200–1280), Dominikaner, Bischof, Universalgelehrter (der vielleicht klügste Mann seiner Zeit)

▶ Der Hermon ist ein hoher Berg im Norden von Israel, im heutigen Libanon, wo der Jordan entspringt. Öl und Tau sind Bilder für ein angenehmes, erfrischendes Gefühl und für göttlichen Segen.

Wie ein kleines Kind (Ps 131)

131 [1] … HERR, mein Herz überhebt sich nicht,
nicht hochmütig blicken meine Augen,
ich gehe nicht um mit großen Dingen,
mit Dingen, die mir nicht begreiflich sind.
[2] Vielmehr habe ich besänftigt, habe zur Ruhe gebracht meine Seele.
Wie ein gestilltes Kind bei seiner Mutter, wie das gestillte Kind, so ist meine Seele in mir.
[3] Israel, warte auf den HERRN von nun an bis in Ewigkeit!

Geschwister in Frieden (Ps 133)

133 [1] … Siehe, wie gut und wie schön ist es,
wenn Brüder miteinander in Eintracht wohnen.
[2] Es ist wie köstliches Salböl auf dem Haupt, das hinabfließt auf den Bart, den Bart des Aaron, das hinabfließt auf den Saum seines Gewandes.
[3] Es ist wie der Tau des Hermon, der niederfällt auf die Berge des Zion. Denn dorthin hat der HERR den Segen entboten, Leben bis in die Ewigkeit.

Finsternis wie Licht (Ps 139)

139 [1] … HERR, du hast mich erforscht und kennst mich.
[2] Ob ich sitze oder stehe, du kennst es.

Du durchschaust meine Gedanken von fern.
[3] Ob ich gehe oder ruhe, du hast es gemessen.
Du bist vertraut mit all meinen Wegen.
[4] Ja, noch nicht ist das Wort auf meiner Zunge,
siehe, HERR, da hast du es schon völlig erkannt.
[5] Von hinten und von vorn hast du mich umschlossen,
hast auf mich deine Hand gelegt.
[6] Zu wunderbar ist für mich dieses Wissen,
zu hoch, ich kann es nicht begreifen.
[7] Wohin kann ich gehen vor deinem Geist,
wohin vor deinem Angesicht fliehen?
[8] Wenn ich hinaufstiege zum Himmel – dort bist du;
wenn ich mich lagerte in der Unterwelt – siehe, da bist du.
[9] Nähme ich die Flügel des Morgenrots,
ließe ich mich nieder am Ende des Meeres,
[10] auch dort würde deine Hand mich leiten
und deine Rechte mich ergreifen.
[11] Würde ich sagen: Finsternis soll mich verschlingen
und das Licht um mich soll Nacht sein!
[12] Auch die Finsternis ist nicht finster vor dir,
die Nacht leuchtet wie der Tag, wie das Licht wird die Finsternis.
[13] Du selbst hast mein Innerstes geschaffen,

" Wo ich gehe – du! Wo ich stehe – du! Nur du, wieder du, immer du! Du, du, du! Ergeht's mir gut – du! Wenn's weh mir tut – du! Nur du, wieder du, immer du! Du, du, du! Himmel – du, Erde – du, oben – du, unten – du, wohin ich mich wende, an jedem Ende nur du, wieder du, immer du! Du, du, du!

MARTIN BUBER
Gedicht zu Ps 139

 Adam, Jona, Saulus – lauter Leute, die sich von Gott abwenden, weglaufen, sich verstecken. Alle ohne Erfolg.

hast mich gewoben im Schoß meiner Mutter.

¹⁴ Ich danke dir, dass ich so staunenswert und wunderbar gestaltet bin. Ich weiß es genau: Wunderbar sind deine Werke.

¹⁵ Dir waren meine Glieder nicht verborgen, als ich gemacht wurde im Verborgenen, gewirkt in den Tiefen der Erde.

¹⁶ Als ich noch gestaltlos war, sahen mich bereits deine Augen. In deinem Buch sind sie alle verzeichnet: die Tage, die schon geformt waren, als noch keiner von ihnen da war.

¹⁷ Wie kostbar sind mir deine Gedanken, Gott! Wie gewaltig ist ihre Summe!

¹⁸ Wollte ich sie zählen, sie sind zahlreicher als der Sand. Ich erwache und noch immer bin ich bei dir.

¹⁹ Wolltest du, Gott, doch den Frevler töten! Ihr blutgierigen Menschen, weicht von mir!

²⁰ Sie nennen dich in böser Absicht, deine Feinde missbrauchen deinen Namen.

²¹ Sollen mir nicht verhasst sein, HERR, die dich hassen, soll ich die nicht verabscheuen, die sich gegen dich erheben?

²² Ganz und gar sind sie mir verhasst, auch mir wurden sie zu Feinden.

²³ Erforsche mich, Gott, und erkenne mein Herz, prüfe mich und erkenne meine Gedanken!

▶ Kein anderer Text spricht so ausführlich von Gottes Wirken schon vor der Geburt. Gott kennt Jeremia schon vor seiner Empfängnis (Jer 1,5).

Lehre mich dir dienen, wie du es verdienst: Geben, ohne zu zählen, kämpfen, ohne auf meine Wunden zu achten … mich einsetzen, ohne einen anderen Lohn zu erwarten als das Bewusstsein, deinen heiligen Willen erfüllt zu haben.

IGNATIUS VON LOYOLA

▶ Wer den Gott des Lebens „hasst", wendet sich zerstörerisch gegen das Leben und alles Gute. Gegen eine solche Haltung wendet sich der glühende Hass in v22.

²⁴ Sieh doch, ob ich auf dem Weg der Götzen bin, leite mich auf dem Weg der Ewigkeit!

Während die ersten Teile des Psalters vor allem aus Gebeten bestehen, die viel Leid zum Ausdruck bringen, bilden die letzten Psalmen (Ps 145–150) ein großes Finale des Lobes. Der letzte Psalm endet mit einem großen Lobkonzert des ganzen Universums:

Alles, was atmet, lobe Gott! (Ps 150)

150 ¹ Halleluja!
Lobt Gott in seinem Heiligtum, lobt ihn in seiner mächtigen Feste!

² Lobt ihn wegen seiner machtvollen Taten, lobt ihn nach der Fülle seiner Größe!

³ Lobt ihn mit dem Schall des Widderhorns, lobt ihn mit Harfe und Leier!

⁴ Lobt ihn mit Trommel und Reigentanz, lobt ihn mit Saiten und Flöte!

⁵ Lobt ihn mit tönenden Zimbeln, lobt ihn mit schallenden Zimbeln!

⁶ Alles, was atmet, lobe den HERRN. Halleluja!

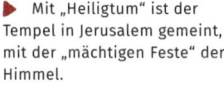

▶ Mit „Heiligtum" ist der Tempel in Jerusalem gemeint, mit der „mächtigen Feste" der Himmel.

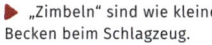

▶ „Zimbeln" sind wie kleine Becken beim Schlagzeug.

Danken schützt vor Wanken. Loben zieht nach oben.

Deutsches Sprichwort

Sprichwörter

Der Reichtum menschlicher Erfahrungen spiegelt sich in diesem Buch wider. Die einleitende Sammlung (Spr 1–9) lädt die heranwachsende Generation (angeredet mit Sohn/Kind) ein, diesen Schatz aufzunehmen und so grundlegende Einsichten für ein gelingendes Leben zu gewinnen. Drei Beispiele mögen zeigen, in welche Richtungen solche Erziehung geht:

„Besser ein Gericht Gemüse, wo Liebe herrscht, als ein gemästeter Ochse, und Hass dabei" (Spr 15,17). Hier ist zu lernen, dass eine wohlwollende Beziehung wichtiger ist als ein gutes Essen.

„Die Tür dreht sich in ihrer Angel und der Faule in seinem Bett" (Spr 26,14). Der drastische Vergleich ist zugleich Mahnung und Motivation, nicht träge zu sein.

„Drei Dinge sind mir unbegreiflich, vier vermag ich nicht zu fassen: den Weg des Adlers am Himmel, den Weg der Schlange über den Felsen, den Weg des Schiffes auf hoher See und den Weg des Mannes bei der jungen Frau" (Spr 30,18–19). Hierin sind sowohl aufmerksame Beobachtung besonderer Phänomene als auch Staunen über die Rätsel unserer Welt zu spüren.

Die drei Beispiele lassen eine wache Wahrnehmung und eine gesunde Unterscheidungsgabe erkennen. Beide sind Schlüssel zu einer guten Lebensführung, und mehrfach erscheinen sie im Buch der Sprichwörter mit Gott verbunden, wie auch im folgenden Text.

Ausrichtung auf Gott und seine Weisheit (Spr 3,1–18)

3 ¹ Mein Sohn, vergiss meine Unterweisung nicht,
bewahre meine Gebote in deinem Herzen!
² Denn sie vermehren die Tage und Jahre deines Lebens
und bringen dir Wohlergehen.
³ Nie sollen Liebe und Treue dich verlassen;
binde sie dir um den Hals, schreib sie auf die Tafel deines Herzens!
⁴ Dann erlangst du Gunst und Beifall bei Gott und den Menschen.
⁵ Mit ganzem Herzen vertrau auf den HERRN,
bau nicht auf eigene Klugheit;

> 99 Ich habe die Welt länger gesehen als du. Es ist nicht alles Gold, lieber Sohn, was glänzet, und ich habe manchen Stern vom Himmel fallen und manchen Stab, auf den man sich verließ, brechen sehen. Darum will ich dir einigen Rat geben und dir sagen, was ich funden habe und was die Zeit mich gelehret hat. Es ist nichts groß, was nicht gut ist; und nichts wahr, was nicht bestehet.
>
> **MATTHIAS CLAUDIUS** an seinen Sohn Johannes

⁶ such ihn zu erkennen auf all deinen Wegen,
dann ebnet er selbst deine Pfade!
⁷ Halte dich nicht selbst für weise,
fürchte den HERRN und meide das Böse!
⁸ Das ist heilsam für deine Gesundheit und erfrischt deine Glieder.
⁹ Ehre den HERRN mit deinem Vermögen,
mit dem Besten von dem, was du erntest!
¹⁰ Dann füllen sich deine Scheunen im Überfluss,
deine Fässer laufen über von Most.
¹¹ Mein Sohn, verachte nicht die Erziehung des HERRN
und werde seiner Zurechtweisung nicht überdrüssig.
¹² Denn wen der HERR liebt, den züchtigt er,
wie ein Vater seinen Sohn, den er gern hat.
¹³ Selig der Mensch, der Weisheit gefunden,
der Mensch, der Einsicht gewonnen hat.
¹⁴ Denn sie zu erwerben ist besser als Silber,
sie zu gewinnen ist besser als Gold.
¹⁵ Sie übertrifft die Perlen an Wert,
keine deiner Kostbarkeiten kommt ihr gleich.

▶ All unsere Einsicht ist äußerst begrenzt. Wer glaubt, klug zu sein (↗ auch v5), täuscht sich und ist dem Untergang nahe. Nur die Beziehung zu Gott vermag das rechte Urteilsvermögen zu bewahren.

▶ Mit „züchtigen" (v12) ist grundsätzlich „erziehen" gemeint. In der Antike konnte damit auch körperliche Bestrafung gemeint sein.

> 99 In der Tat ist Gott allein vollkommen weise, das heißt mit dem vollkommenen Wissen aller Dinge begabt.
>
> **RENÉ DESCARTES** (1596–1650), französischer Philosoph

" Derjenige, der etwas zerbricht, um herauszufinden, was es ist, hat den Pfad der Weisheit verlassen.

J. R. R. TOLKIEN

¹⁶ Langes Leben birgt sie in ihrer Rechten,
in ihrer Linken Reichtum und Ehre;
¹⁷ ihre Wege sind schöne Wege, all ihre Pfade führen zum Glück.
¹⁸ Ein Lebensbaum ist sie denen, die nach ihr greifen,
wer sie festhält, ist glücklich zu preisen.

Gegen Ende der ersten Sammlung (Spr 1–9) lässt der Autor die Weisheit wie eine Person auftreten und selbst direkt zu den Menschen reden. Damit intensiviert er in den Hörern bzw. Lesenden den Wunsch, in eine enge Beziehung mit ihr zu treten.

▶ Die Weisheit stellt sich hier vor als erstes Geschöpf Gottes, das ihn begleitet seit Beginn der Welt und damit dem nahekommt, was in Gen 1,2 sein Geist ist. „… und Gottes Geist schwebte über dem Wasser" (Gen 1,2)

🔴 Erlaube deiner Seele die Freiheit, zu singen, zu tanzen, zu loben und preisen und zu lieben.

TERESA VON ÁVILA

Das Kind bei Gott (Spr 8,22–31)

8 ²² Der HERR hat mich geschaffen als Anfang seines Weges,
vor seinen Werken in der Urzeit;
²³ in frühester Zeit wurde ich gebildet,
am Anfang, beim Ursprung der Erde.
²⁴ Als die Urmeere noch nicht waren, wurde ich geboren,
als es die Quellen noch nicht gab, die wasserreichen …
³⁰ da war ich als geliebtes Kind bei ihm. Ich war seine Freude
Tag für Tag und spielte vor ihm allezeit.
³¹ Ich spielte auf seinem Erdenrund
und meine Freude war es, bei den Menschen zu sein.

Die Einladung von „Frau" Weisheit (Spr 9,1–6)

▶ Alles ist vorbereitet für ein festliches Mahl. Die „sieben Säulen" deuten vermutlich auf die sieben Sammlungen von Sprüchen hin, aus denen Spr besteht, und deuten zugleich ein sehr großes Haus an, in dem viele Menschen zum Festessen Platz finden.

9 ¹ Die Weisheit hat ihr Haus gebaut, ihre sieben Säulen behauen.
² Sie hat ihr Vieh geschlachtet, ihren Wein gemischt
und schon ihren Tisch gedeckt.
³ Sie hat ihre Mägde ausgesandt und lädt ein
auf der Höhe der Stadtburg:
⁴ Wer unerfahren ist, kehre hier ein. Zum Unwissenden sagt sie:
⁵ Kommt, esst von meinem Mahl und trinkt vom Wein,
den ich mischte!
⁶ Lasst ab von der Torheit, dann bleibt ihr am Leben
und geht auf dem Weg der Einsicht!

Das letzte Kapitel von Spr enthält Anweisungen einer (unbekannten) Königinmutter an ihren Sohn Lemuël. Er soll sich nicht betrinken (Spr 31,4–5) und sich für das Recht der Armen einsetzen (v8–9). Im Anschluss daran folgt ein Idealporträt einer Gattin:

Eine starke Frau (Spr 31,10–31)

▶ Die wechselseitige Verbundenheit des Paares ist eine Quelle von Kraft und Sicherheit.

31 ¹⁰ Eine tüchtige Frau, wer findet sie?
Sie übertrifft alle Perlen an Wert.
¹¹ Das Herz ihres Mannes vertraut auf sie
und es fehlt ihm nicht an Gewinn.

¹² Sie tut ihm Gutes und nichts Böses
alle Tage ihres Lebens.
¹³ Sie sorgt für Wolle und Flachs
und arbeitet voll Lust mit ihren Händen.
¹⁴ Sie gleicht den Schiffen des Kaufmanns:
Aus der Ferne holt sie ihre Nahrung.
¹⁵ Noch bei Nacht steht sie auf, um ihrem Haus Speise
zu geben und den Mägden, was ihnen zusteht.
¹⁶ Sie überlegt es und kauft einen Acker,
vom Ertrag ihrer Hände pflanzt sie einen Weinberg.
¹⁷ Sie gürtet ihre Hüften mit Kraft
und macht ihre Arme stark.
¹⁸ Sie spürt den Erfolg ihrer Arbeit,
auch des Nachts erlischt ihre Lampe nicht.
¹⁹ Nach dem Spinnrocken greift ihre Hand,
ihre Finger fassen die Spindel.
²⁰ Sie öffnet ihre Hand für den Bedürftigen
und reicht ihre Hände dem Armen.
²¹ Ihr bangt nicht für ihr Haus vor dem Schnee;

Wir müssen wirklich den „Genius der Frau" mehr hervorheben ... Wie viele Frauen wurden und werden noch immer mehr nach dem physischen Aussehen bewertet als nach ihrer Sachkenntnis, ihrer beruflichen Leistung, nach den Werken ihrer Intelligenz, nach dem Reichtum ihrer Sensibilität und schließlich nach der ihrem Sein und Wesen eigenen Würde! ... Besonders in ihrer Hingabe an die anderen im tagtäglichen Leben begreift die Frau die tiefe Berufung ihres Lebens, sie, die vielleicht noch mehr als der Mann den Menschen sieht, weil sie ihn mit dem Herzen sieht. Sie sieht ihn unabhängig von den verschiedenen ideologischen oder politischen Systemen. Sie sieht ihn in seiner Größe und in seinen Grenzen und versucht, ihm entgegenzukommen.

PAPST JOHANNES PAUL II., Brief an die Frauen

denn ihr ganzes Haus ist in prächtigem Rot gekleidet.
²² Sie hat sich Decken gefertigt,
Leinen und Purpur sind ihr Gewand.
²³ Ihr Mann ist in den Torhallen geachtet,
wenn er zu Rat sitzt mit den Ältesten des Landes.
²⁴ Sie webt Tücher und verkauft sie,
Gürtel liefert sie dem Händler.
²⁵ Kraft und Würde sind ihr Gewand,
sie spottet der drohenden Zukunft.
²⁶ Sie öffnet ihren Mund in Weisheit
und Unterweisung in Güte ist auf ihrer Zunge.
²⁷ Sie achtet auf das, was in ihrem Haus vorgeht,
Brot der Faulheit isst sie nicht.
²⁸ Ihre Kinder stehen auf und preisen sie glücklich,
auch ihr Mann erhebt sich und rühmt sie:
²⁹ Viele Frauen erwiesen sich tüchtig,
doch du übertriffst sie alle.
³⁰ Trügerisch ist Anmut, vergänglich die Schönheit,
eine Frau, die den HERRN fürchtet,
sie allein soll man rühmen.
³¹ Gebt ihr vom Ertrag ihrer Hände,
denn im Stadttor rühmen sie ihre Werke!

Tipp an die Männer: „Eine Frau ist im Stande, zwei Tage lang von nichts anderem zu leben als von einem hübschen Kompliment" – sagte Michèle Morgan, französische Filmschauspielerin.

„ Man kann ohne Liebe Holz hacken, Ziegel formen, Eisen schmieden. Aber man kann nicht ohne Liebe mit Menschen umgehen.

LEO TOLSTOI

„ Wenn Sie in der Politik etwas gesagt haben wollen, wenden Sie sich an einen Mann. Wenn Sie etwas getan haben wollen, wenden Sie sich an eine Frau.

MARGARET THATCHER

▶ Nicht äußeres Gehabe oder Aussehen, sondern die rechte Beziehung zu Gott ist entscheidend. Aus ihr entspringen all die vorhin aufgezählten Handlungen.

Kohelet

Kohelet ist ein eigenwilliges, philosophisches, nachdenkliches Büchlein der Bibel. Es stellt übliche Wertvorstellungen wie Reichtum und Karriere mit einem nüchternen Blick auf das Leben infrage. Es tritt für ein einfaches Leben ein, für die Konzentration auf wichtige menschliche Beziehungen (Koh 9,9) und einen Blick auf Gottes ewiges Wirken (Koh 3,14–15).

Alles ist Windhauch (Koh 1,1–11)

1 ¹ Worte Kohelets, des Davidsohnes, der König in Jerusalem war. ² Windhauch, Windhauch, sagte Kohelet, Windhauch, Windhauch, das ist alles Windhauch.

³ Welchen Vorteil hat der Mensch von all seinem Besitz, für den er sich anstrengt unter der Sonne?

⁴ Eine Generation geht, eine andere kommt. Die Erde steht in Ewigkeit.

⁵ Die Sonne, die aufging und wieder unterging, atemlos jagt sie zurück an den Ort, wo sie wieder aufgeht.

⁶ Er weht nach Süden, dreht nach Norden, dreht, dreht, weht, der Wind. Weil er sich immerzu dreht, kehrt er zurück, der Wind.

⁷ Alle Flüsse fließen ins Meer, das Meer wird nicht voll. Zu dem Ort, wo die Flüsse entspringen, kehren sie zurück, um wieder zu entspringen.

⁸ Alle Dinge sind rastlos tätig, kein Mensch kann alles ausdrücken, nie wird ein Auge satt, wenn es beobachtet, nie wird ein Ohr vom Hören voll.

⁹ Was geschehen ist, wird wieder geschehen, was getan wurde, wird man wieder tun: Es gibt nichts Neues unter der Sonne.

¹⁰ Zwar gibt es bisweilen ein Ding, von dem es heißt: Sieh dir das an, das ist etwas Neues – aber auch das gab es schon in den Zeiten, die vor uns gewesen sind.

▶ Der Name Kohelet hängt mit dem hebräischen Wort für „Versammlung" zusammen. Als Davidsohn und König von Jerusalem ist Kohelet mit Salomo, dem legendären, weisen König gleichgesetzt (↗ auch das Hohelied „Salomos" im Anschluss an Kohelet).

▶ „Windhauch" ist ein Bild für Flüchtigkeit und Vergänglichkeit: Die fünffache Wiederholung des Wortes in v2 setzt ein Thema für das ganze Buch.

💡 „Ist das nicht merkwürdig", sagte jemand zu seinem Freund, „dass an jedem Tag in der Welt immer genau so viel Neues passiert, wie in die Zeitung hineinpasst?"

¹¹ Nur gibt es keine Erinnerung an die Früheren und auch an die Späteren, die erst kommen werden, auch an sie wird es keine Erinnerung geben bei denen, die noch später kommen werden.

Versuche Freude zu bekommen (Koh 2,1–11)

2 ¹ Ich dachte mir: Auf, versuch es mit der Freude, genieß das Glück! Das Ergebnis: Auch das ist Windhauch.

² Über das Lachen sagte ich: Wie verblendet!, über die Freude: Was bringt sie schon ein?

³ Ich trieb meine Forschung an mir selbst, indem ich meinen Leib mit Wein lockte, während mein Verstand das Wissen auf die Weide führte, und indem ich das Unwissen gefangen nahm. Ich wollte dabei beobachten, wo es vielleicht für die einzelnen Menschen möglich ist, sich unter dem Himmel Glück zu verschaffen während der wenigen Tage ihres Lebens.

⁴ Ich vollbrachte meine großen Taten:
Ich baute mir Häuser, ich pflanzte mir Weinberge.

⁵ Ich legte mir Gärten und Parks an,
darin pflanzte ich alle Arten von Bäumen.

⁶ Ich legte mir Wasserbecken an,
um aus ihnen den sprossenden Baumbestand zu bewässern.

▶ Gärten (v5) gehörten im wüstenreichen Nahen Osten zu den größten Luxus- und Prestigeobjekten von Königen. Die hängenden Gärten der Semiramis zu Babylon gehörten wie die Pyramiden von Gizeh, der Koloss von Rhodos oder die Artemis von Ephesos zu den sieben Weltwundern der Antike.

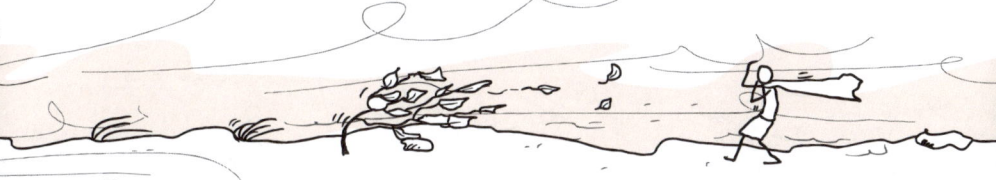

⁷ Ich kaufte Sklaven und Sklavinnen, obwohl ich schon hausgeborene Sklaven besaß. Auch Vieh besaß ich in großer Zahl, Rinder, Schafe, Ziegen, mehr als alle meine Vorgänger in Jerusalem.

⁸ Ich häufte mir auch Silber und Gold an und, als meinen persönlichen Schatz, Könige und ihre Provinzen. Ich besorgte mir Sänger und Sängerinnen und die Lust der Männer: Brüste und nochmals Brüste.

⁹ Ich war schon groß gewesen, doch ich gewann noch mehr hinzu, sodass ich alle meine Vorgänger in Jerusalem übertraf.
Und noch mehr: Mein Wissen stand mir zur Verfügung,

¹⁰ und was immer meine Augen sich wünschten, verwehrte ich ihnen nicht. Ich musste meinem Herzen keine einzige Freude versagen. Denn mein Herz konnte immer durch meinen ganzen Besitz Freude gewinnen. Und das war mein Anteil, den ich durch meinen ganzen Besitz gewinnen konnte.

¹¹ Doch dann dachte ich nach über alle meine Taten, die, die meine Hände vollbracht hatten, und über den Besitz, für den ich mich bei diesem Tun angestrengt hatte. Das Ergebnis: Das ist alles Windhauch und Luftgespinst. Es gibt keinen Vorteil unter der Sonne.

 Man soll weder annehmen noch besitzen, was man nicht wirklich zum Leben braucht.
MAHATMA GANDHI

Besitz bedeutet für mich, eine Familie gründen zu können. Besitz gibt mir Sicherheit. Ich bin Romantikerin und es fällt mir schwer, mir nicht großen Besitz zu wünschen. Dann erinnere ich mich daran, dass Besitz nicht zufrieden macht. Wahre Freude erfahre ich in der Beziehung zu Gott.
SHARON

Alles hat seine Zeit (Koh 3)

3 ¹ Alles hat seine Stunde. Für jedes Geschehen unter dem Himmel gibt es eine bestimmte Zeit:

² eine Zeit zum Gebären und eine Zeit zum Sterben,
eine Zeit zum Pflanzen und eine Zeit zum Ausreißen der Pflanzen,

 Die Zeit, Gott zu suchen, ist dieses Leben. Die Zeit, Gott zu finden, ist der Tod. Die Zeit, Gott zu besitzen, ist die Ewigkeit.
FRANZ VON SALES

" Viele denken, es sei schlecht, sich etwas Gutes zu wünschen und auf Genuss zu hoffen. ... Wenn wir uns jedoch ansehen, wie atemberaubend der in den Evangelien verheißene Lohn ausfällt, sieht es doch ganz so aus, dass unser Herr unsere Sehnsüchte nicht als zu stark, sondern als zu schwach empfindet.

C. S. LEWIS

" Jeder kann wütend werden, das ist einfach. Aber wütend auf den Richtigen zu sein, im richtigen Maß, zur richtigen Zeit, zum richtigen Zweck und auf die richtige Art, das ist schwer.

ARISTOTELES

In das kleine Herz des Menschen hat Gott die ganze Ewigkeit gelegt (v11). Ein einmaliger Gedanke: unser Herz hat keine Grenzen – und sucht letztlich Gott!

³ eine Zeit zum Töten und eine Zeit zum Heilen,
eine Zeit zum Niederreißen und eine Zeit zum Bauen,
⁴ eine Zeit zum Weinen und eine Zeit zum Lachen,
eine Zeit für die Klage und eine Zeit für den Tanz;
⁵ eine Zeit zum Steinewerfen und eine Zeit zum Steinesammeln,
eine Zeit zum Umarmen und eine Zeit, die Umarmung zu lösen,
⁶ eine Zeit zum Suchen und eine Zeit zum Verlieren,
eine Zeit zum Behalten und eine Zeit zum Wegwerfen,
⁷ eine Zeit zum Zerreißen und eine Zeit zum Zusammennähen,
eine Zeit zum Schweigen und eine Zeit zum Reden,
⁸ eine Zeit zum Lieben und eine Zeit zum Hassen,
eine Zeit für den Krieg und eine Zeit für den Frieden.
⁹ Wenn jemand etwas tut – welchen Vorteil hat er davon, dass er sich anstrengt?
¹⁰ Ich sah mir das Geschäft an, für das jeder Mensch durch Gottes Auftrag sich abmüht.
¹¹ Das alles hat er schön gemacht zu seiner Zeit. Überdies hat er die Ewigkeit in ihr Herz hineingelegt, doch ohne dass der Mensch das Tun, das Gott getan hat, von seinem Anfang bis zu seinem Ende wiederfinden könnte.
¹² Ich hatte erkannt: Es gibt kein in allem Tun gründendes Glück, es sei denn, ein jeder freut sich und so verschafft er sich Glück, während er noch lebt, ¹³ wobei zugleich immer, wenn ein Mensch isst und trinkt

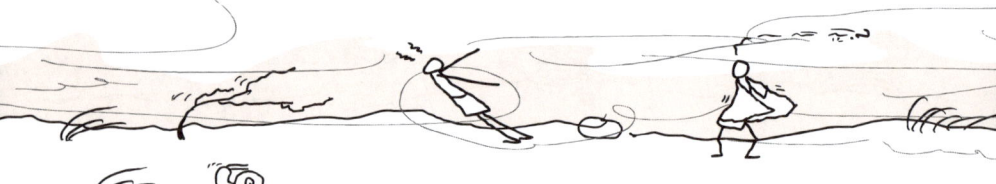

und durch seinen ganzen Besitz das Glück kennenlernt, das ein Geschenk Gottes ist.
¹⁴ Jetzt erkannte ich: Alles, was Gott tut, geschieht in Ewigkeit. Man kann nichts hinzufügen und nichts abschneiden und Gott hat bewirkt, dass die Menschen ihn fürchten.
¹⁵ Was auch immer geschehen ist, war schon vorher da, und was geschehen soll, ist schon geschehen und Gott wird das Verjagte wieder suchen.

▶ Das „Verjagte" (v15) bezieht sich vermutlich auf die Vergangenheit. Vielleicht spiegelt sich hier schon die psychologische Erkenntnis, dass viele verdrängte Erlebnisse später im Leben wieder auftauchen.

Vielfach erklärt Kohelet, dass alles vergänglich ist und vieles eine Last für den Menschen. In den folgenden Versen aber ermutigt er zu einer gelassenen und fröhlichen Lebenseinstellung.

Iss freudig dein Brot! (Koh 9,3–10)

9 ³ Das ist das Schlimme an allem, was unter der Sonne getan wurde, dass alle dann ein und dasselbe Geschick trifft und dass in den Menschen überdies die Lust zum Bösen wächst und Verblendung ihren Geist erfasst, während sie leben und danach, wenn sie zu den Toten müssen – ⁴ ja, wer würde da ausgenommen? Für jeden Lebenden gibt es noch Zuversicht. Denn: Ein lebender Hund ist besser als ein toter Löwe.

 Nutzt die Zeit, denn die Tage sind böse.

Eph 5,16

⁵ Ja, die Lebenden erkennen, dass sie sterben werden; die Toten aber erkennen nichts mehr. Sie erhalten auch keinen Lohn mehr, denn die Erinnerung an sie ist in Vergessenheit versunken. ⁶ Liebe, Hass und Eifersucht gegen sie, all dies ist längst erloschen. Auf ewig haben sie keinen Anteil mehr an allem, was unter der Sonne getan wurde. ⁷ Also: Iss freudig dein Brot und trink vergnügt deinen Wein; denn das, was du tust, hat Gott längst so festgelegt, wie es ihm gefiel.

⁸ Trag jederzeit frische Kleider und nie fehle duftendes Öl auf deinem Haupt! ⁹ Mit einer Frau, die du liebst, genieß das Leben alle Tage deines Lebens voll Windhauch, die er dir unter der Sonne geschenkt hat, alle deine Tage voll Windhauch! Denn das ist dein Anteil am Leben und an dem Besitz, für den du dich unter der Sonne anstrengst. ¹⁰ Alles, was deine Hand, solange du Kraft hast, zu tun vorfindet, das tu! Denn es gibt weder Tun noch Rechnen noch Können noch Wissen in der Unterwelt, zu der du unterwegs bist. ...

Denk an deinen Schöpfer! (Koh 11,4–12,1)

11 ⁴ Wer ständig nach dem Wind schaut, kommt nicht zum Säen, wer ständig die Wolken beobachtet, kommt nicht zum Ernten.
⁵ Wie du den Weg des Windes ebenso wenig wie das Werden des Kindes im Leib der Schwangeren erkennen kannst, so kannst du auch das Tun Gottes nicht erkennen, der alles tut.

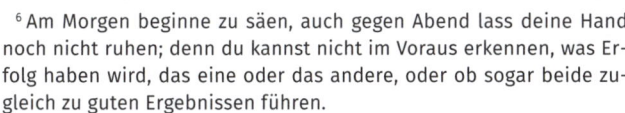

⁶ Am Morgen beginne zu säen, auch gegen Abend lass deine Hand noch nicht ruhen; denn du kannst nicht im Voraus erkennen, was Erfolg haben wird, das eine oder das andere, oder ob sogar beide zugleich zu guten Ergebnissen führen.
⁷ Dann wird das Licht süß sein und den Augen wird es wohl tun, die Sonne zu sehen.
⁸ Denn selbst wenn ein Mensch viele Jahre zu leben hat, freue er sich in dieser ganzen Zeit und er denke zugleich an die dunklen Tage: Auch sie werden viele sein. Alles, was kommt, ist Windhauch.
⁹ Freu dich, junger Mann, in deiner Jugend, sei heiteren Herzens in deinen frühen Jahren!
Geh auf den Wegen, die dein Herz dir sagt, zu dem, was deine Augen vor sich sehen! Und sei dir bewusst, dass Gott über all dies mit dir ins Gericht gehen wird!
¹⁰ Halte deinen Sinn von Ärger frei und schütz deinen Leib vor Krankheit; denn die Jugend und das dunkle Haar sind Windhauch!

12 ¹ Denk an deinen Schöpfer in deinen frühen Jahren, ehe die Tage der Krankheit kommen und die Jahre dich erreichen, von denen du sagen wirst: Ich mag sie nicht!

▶ Die Vorstellung von der Zeit nach dem Tod ist im Alten Testament meistens nüchtern.

Fröhlich sein, Gutes tun, und die Spatzen pfeifen lassen!
JOHANNES DON BOSCO

Ein Sprichwort sagt: „Wer nicht genießen kann, wird schnell ungenießbar." Das Geheimnis des Christseins besteht darin, mit Freude die Schöpfung zu genießen und Gott für alles, auch das Schwere, Dank zu sagen.

 Wer nach jeder Wolke schaut, geht nie auf Reisen.
Sprichwort aus Italien

Tu, was du kannst, Gott macht den Rest.
JOHANNES DON BOSCO

Wenn du in einer guten Stimmung bist, denk daran, wie du dich verhalten kannst, wenn du in einer schlechten Stimmung bist, und sammle Kraft.
IGNATIUS VON LOYOLA, Geistliche Übungen

Hohelied

Das Hohelied ist dem König Salomo zugeschrieben, obwohl es sicher nicht von ihm ist. In der Bibel wird er als großer Dichter (1 Kön 5,12) und Liebhaber (1 Kön 11,1) geschildert. Es ist eine Sammlung von Liebesgedichten, wobei die Stimme der liebenden Frau beginnt und sich dann mit der Stimme des Liebhabers abwechselt. Das Buch bringt in großer Freiheit und Schönheit jugendliche, gefühlvolle und sinnliche Liebe zum Ausdruck – auch als Bild für die Liebe zwischen Gott und der menschlichen Seele. Beide Dimensionen gehören zusammen: In menschlicher Liebe schenkt uns Gott die Erfahrung, wie intensiv er sich selbst uns hingibt und mit uns verbunden sein möchte. Und in der Gottesliebe wird deutlich, wie schön die Liebe zwischen Mann und Frau ist.

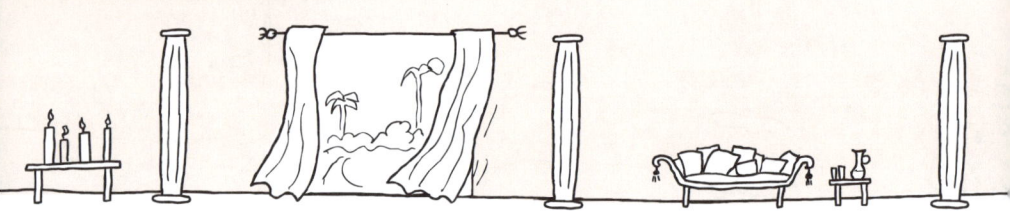

▶ Die weibliche Stimme beginnt das Liebesgespräch und schwärmt über die Liebe des Mannes: So kommt die Gleichwertigkeit der Partner in der Beziehung zum Ausdruck.

❞ Gott sieht in mir Schönheit trotz Fehlern und Schwächen. In einer leistungsorientierten, perfektionistischen Gesellschaft ist diese Wahrheit geradezu revolutionär. Wir dürfen aus der Identität eines Menschen leben, der vor Gott „schwarz und doch schön" ist. Hier liegt das vielleicht größte Geheimnis für geistliches Wachstum.

JOHANNES HARTL, Gebetshaus Augsburg

Ɏ → 400
Was bedeutet es, dass der Mensch ein sexuelles Wesen ist?

Süßer als Wein (Hld 1,1–17)

1 ¹ Das Hohelied Salomos.
² Mit Küssen seines Mundes küsse er mich. Süßer als Wein ist deine Liebe. ³ Köstlich ist der Duft deiner Salben, dein Name hingegossenes Salböl; darum lieben dich die jungen Frauen.
⁴ Zieh mich her hinter dir! Lass uns eilen! Der König führt mich in seine Gemächer. Jauchzen lasst uns, deiner uns freuen, deine Liebe höher rühmen als Wein. Dich liebt man zu Recht.
⁵ Schwarz bin ich, doch schön, ihr Töchter Jerusalems,
wie die Zelte von Kedar, wie Salomos Decken.
⁶ Schaut mich nicht so an, weil ich so schwarz bin!
Die Sonne hat mich verbrannt.
Meiner Mutter Söhne waren mir böse, ließen mich Weinberge hüten;
meinen eigenen Weinberg habe ich nicht gehütet.
⁷ Du, den meine Seele liebt, sag mir: Wo weidest du die Herde?
Wo lagerst du am Mittag? Wozu soll ich wie eine Verhüllte sein
bei den Herden deiner Gefährten?
⁸ Wenn du das nicht weißt, du schönste der Frauen,
dann folge den Spuren der Schafe, dann weide deine Zicklein dort,
wo die Hirten lagern!
⁹ Mit einer Stute an Pharaos Wagen vergleiche ich dich,
meine Freundin.

¹⁰ Schön sind deine Wangen zwischen den Kettchen, dein Hals in den Perlenschnüren.
¹¹ Machen wir dir noch goldene Kettchen, kleine Silberkugeln daran!
¹² Bis dorthin, wo der König an seiner Tafel liegt, gibt meine Narde ihren Duft.
¹³ Ein Beutel Myrrhe ist mir mein Geliebter, der zwischen meinen Brüsten ruht.
¹⁴ Eine Hennablüte ist mein Geliebter mir aus den Weinbergen von En-Gedi.
¹⁵ Siehe, schön bist du, meine Freundin, siehe, du bist schön. Deine Augen sind Tauben.
¹⁶ Schön bist du, mein Geliebter, verlockend. Frisches Grün ist unser Lager, ¹⁷ Zedern sind die Balken unseres Hauses, Zypressen die Wände.

▶ Myrrhe ist ein aromatisch riechendes Harz, das auch für Weihrauch verwendet wird. En-Gedi liegt am Toten Meer und war für die Herstellung von Parfüm bekannt.

▶ Tauben galten im Altertum aufgrund ihres Liebesspiels als Boten der Liebe.

Eine Lilie unter Disteln! (Hld 2,1–17)

2 ¹ Ich bin eine Blume des Scharon, eine Lilie der Täler.
² Wie eine Lilie unter Disteln, so ist meine Freundin unter den Töchtern.
³ Wie ein Apfelbaum unter den Bäumen des Waldes, so ist mein Geliebter unter den Söhnen. In seinem Schatten begehre ich zu sitzen. Wie süß schmeckt seine Frucht meinem Gaumen! ☞

Das Lied der Lieder ist ein Hochzeitslied und schildert die keuschen und beglückenden Umarmungen der Seelen, die Eintracht der Herzen, die wechselseitige, in ihren Herzensregungen übereinstimmende Liebe.

BERNHARD VON CLAIRVAUX

⁴ In das Weinhaus hat er mich geführt. Sein Zeichen über mir heißt Liebe.
⁵ Stärkt mich mit Traubenkuchen, erquickt mich mit Äpfeln; denn ich bin krank vor Liebe.
⁶ Seine Linke liegt unter meinem Kopf, seine Rechte umfängt mich.
⁷ Bei den Gazellen und Hinden der Flur beschwöre ich euch, Jerusalems Töchter: Stört die Liebe nicht auf, weckt sie nicht, bis es ihr selbst gefällt!
⁸ Horch! Mein Geliebter! Sieh da, er kommt. Er springt über die Berge, hüpft über die Hügel.
⁹ Der Gazelle gleicht mein Geliebter, dem jungen Hirsch. Sieh da, er steht hinter unserer Mauer, er blickt durch die Fenster, späht durch die Gitter.
¹⁰ Mein Geliebter hebt an und spricht zu mir: Steh auf, meine Freundin, meine Schöne, so komm doch! ¹¹ Denn vorbei ist der Winter, verrauscht der Regen.
¹² Die Blumen erscheinen im Land, die Zeit zum Singen ist da. Die Stimme der Turteltaube ist zu hören in unserem Land.
¹³ Am Feigenbaum reifen die ersten Früchte, die blühenden Reben duften. Steh auf, meine Freundin, meine Schöne, so komm doch!
¹⁴ Meine Taube in den Felsklüften, im Versteck der Klippe, dein Gesicht lass mich sehen, deine Stimme hören!

❞ Wie sehr braucht doch die Welt von heute Zärtlichkeit.

PAPST FRANZISKUS, 24.12.2014

▶ Liebevoll vergleichen die Liebenden einander mit edlen Pflanzen (Lilie, Apfelbaum) und anmutigen (Taube, Gazelle) und verspielten Tieren (kleine Füchse, v15, für junge Männer).

Denn süß ist deine Stimme, lieblich dein Gesicht.
¹⁵ Fangt uns die Füchse, die kleinen Füchse!
Sie verwüsten die Weinberge, unsre blühenden Weinberge.
¹⁶ Mein Geliebter ist mein und ich bin sein; er weidet in den Lilien.
¹⁷ Wenn der Tag verweht und die Schatten fliehen, wende dich, mein Geliebter, der Gazelle gleich oder dem jungen Hirsch auf den Betarbergen.

Preislied auf die Freundin (Hld 4,1–16)

4 ¹ Siehe, schön bist du, meine Freundin, siehe, du bist schön. Hinter dem Schleier deine Augen wie Tauben. Dein Haar gleicht einer Herde von Ziegen, die herabzieht von Gileads Bergen.
² Deine Zähne sind wie eine Herde frisch geschorener Schafe, die aus der Schwemme steigen, die alle Zwillinge haben, der Jungen beraubt ist keines von ihnen.
³ Wie ein purpurrotes Band sind deine Lippen und dein Mund ist reizend. Dem Riss eines Granatapfels gleicht deine Wange hinter deinem Schleier.
⁴ Wie der Turm Davids ist dein Hals, in Schichten von Steinen erbaut; tausend Schilde hängen daran, lauter Waffen von Helden.
⁵ Deine Brüste sind wie zwei Kitzlein, die Zwillinge einer Gazelle, die unter Lilien weiden.
⁶ Wenn der Tag verweht und die Schatten fliehen, will ich zum Myrrhenberg gehen, zum Weihrauchhügel.

⁷ Alles an dir ist schön, meine Freundin, kein Makel haftet dir an.
⁸ Mit mir vom Libanon, Braut, mit mir kommst du vom Libanon, vom Gipfel des Amana steigst du herab, vom Gipfel des Senir und des Hermon, von den Lagern der Löwen, von den Bergen der Panther.
⁹ Verzaubert hast du mich, meine Schwester Braut; verzaubert mit einem Blick deiner Augen, mit einer Perle deiner Halskette.
¹⁰ Wie schön ist deine Liebe, meine Schwester Braut, wie viel süßer ist deine Liebe als Wein, der Duft deiner Salben köstlicher als alle Balsamdüfte.
¹¹ Honigseim tropft von deinen Lippen, Braut, Honig und Milch sind unter deiner Zunge. Der Duft deiner Kleider ist wie der Duft des Libanon.
¹² Ein verschlossener Garten ist meine Schwester Braut, ein verschlossener Born, ein versiegelter Quell.
¹³ An deinen Wasserrinnen – ein Granatapfelhain mit köstlichen Früchten, Hennadolden samt Nardenblüten, ¹⁴ Narde, Krokus, Gewürzrohr und Zimt, alle Weihrauchbäume, Myrrhe und Aloe, allerbester Balsam.
¹⁵ Die Quelle des Gartens bist du, ein Brunnen lebendigen Wassers, das vom Libanon fließt.
¹⁶ Nordwind, erwache! Südwind, herbei! Durchweht meinen Garten, lasst strömen die Balsamdüfte! Mein Geliebter komme in seinen Garten und esse von seinen köstlichen Früchten!

❞ Nicht obwohl, sondern weil das Hohelied ein echtes „weltliches" Liebeslied war, gerade darum war es ein echtes „geistliches" Lied der Liebe Gottes zum Menschen. Der Mensch liebt, weil und wie Gott liebt. Seine menschliche Seele ist die von Gott erweckte und geliebte Seele.

FRANZ ROSENZWEIG (1886–1929), deutsch-jüdischer Philosoph

❞ Gott behüte, es hat niemand in Israel daran gezweifelt, dass das Hohelied heilige Schrift sei. Die ganze Welt wiegt den Tag nicht auf, an dem Israel das Hohelied empfing. Alle Schriften sind ein Heiliges, aber das Hohelied ist das Allerheiligste.

RABBI AKIBA (um 50/55– 135 n. Chr.), bedeutende Gründergestalt des rabbinischen Judentums

Der Geliebte kommt (Hld 5,1–8)

5 ¹ Ich komme in meinen Garten, meine Schwester Braut, ich pflücke meine Myrrhe samt meinem Balsam, ich esse meine Wabe samt meinem Honig, ich trinke meinen Wein samt meiner Milch. Esst, Freunde, trinkt, berauscht euch an der Liebe!

² Ich schlief, doch mein Herz war wach. Horch, mein Geliebter klopft: Öffne mir, meine Schwester, meine Freundin, meine Taube, meine Makellose, denn mein Haupt ist voll Tau, aus meinen Locken tropft die Nacht!

³ Ich habe mein Kleid schon abgelegt – soll ich es wieder anziehen? Meine Füße habe ich gewaschen – soll ich sie wieder beschmutzen?

⁴ Mein Geliebter streckte die Hand durch die Luke;
da bebte mein Herz ihm entgegen.

⁵ Ich stand auf, meinem Geliebten zu öffnen. Da tropften meine Hände von Myrrhe, meine Finger von ausfließender Myrrhe an den Griffen des Riegels.

⁶ Ich öffnete meinem Geliebten: Doch mein Geliebter war weg, verschwunden. Meine Seele war außer sich, als er zu mir sprach. Ich suchte ihn und fand ihn nicht. Ich rief ihn und er antwortete mir nicht.

⁷ Da fanden mich die Wächter bei ihrer Runde durch die Stadt; sie schlugen, sie verletzten mich. Meinen Mantel entrissen sie mir, die Wächter der Mauern.

 Franz Werfels Roman „Das Lied von Bernadette" endet mit einer ergreifenden Szene: Die kleine Schwester Bernadette wartet auf den Tod. Werfel beschreibt, wie ihre Augen noch einmal auffunkeln und nach etwas suchen. In die Leere ihres letzten Verlangens spricht Abbé Fèbvre einige Verse aus dem Hohelied Salomos, die Bernadette Frieden schenken: „Ich schlafe, aber mein Herz wacht. Die Stimme ist die Stimme meines Freundes, der anklopft. Tue mir auf, liebe Freundin, meine Schwester, meine Taube, meine Fromme! Denn mein Haupt ist voll des Taus und meine Locken voller Nachttropfen."

⁸ Ich beschwöre euch, Töchter Jerusalems: Wenn ihr meinen Geliebten findet, was sollt ihr ihm sagen? Dass ich krank bin vor Liebe!

Eine Gottesflamme! (Hld 8,1–7)

8 ¹ Ach, wärst du doch mein Bruder, genährt an den Brüsten meiner Mutter. Träfe ich dich draußen, ich würde dich küssen und niemand dürfte mich deshalb verachten.

² Führen wollte ich dich, in das Haus meiner Mutter dich bringen, die mich erzogen hat. Würzwein gäbe ich dir zu trinken, von meinem Granatapfelmost.

³ Seine Linke liegt unter meinem Kopf, seine Rechte umfängt mich.

⁴ Ich beschwöre euch, Jerusalems Töchter: Was stört ihr die Liebe auf, warum weckt ihr sie, ehe ihr selbst es gefällt?

⁵ Wer ist sie, die aus der Wüste heraufsteigt, auf ihren Geliebten gestützt? Unter dem Apfelbaum habe ich dich geweckt, dort, wo deine Mutter dich empfing, wo deine Gebärerin in Wehen lag.

⁶ Leg mich wie ein Siegel auf dein Herz, wie ein Siegel auf deinen Arm, denn stark wie der Tod ist die Liebe, die Leidenschaft ist hart wie die Unterwelt! Ihre Gluten sind Feuergluten, gewaltige Flammen.

⁷ Mächtige Wasser können die Liebe nicht löschen, auch Ströme schwemmen sie nicht hinweg. Böte einer für die Liebe den ganzen Reichtum seines Hauses, nur verachten würde man ihn.

▶ Granatäpfel sind ein altes Symbol für Fruchtbarkeit – voll von saftigen, roten Kernen. Wie am Anfang des Buches zeigt auch hier die Frau die Initiative beim Werben um Liebe.

▶ „Stark wie der Tod" (v6) bedeutet stärker als der Tod: Wer es mit dem Tod aufnehmen kann, bezwingt ihn.

▶ „Gewaltige Flammen" ist die Übersetzung für ein einmaliges hebräisches Wort, das wörtlich „Flamme Jahs – Gottesflamme" bedeutet. Nur an dieser Stelle im Hohelied kommt Gott vor: Zwischenmenschliche Liebe ist zugleich eine Flamme Gottes, ein Ausdruck der göttlichen Liebesglut.

Weisheit

Das späteste Buch des AT wurde griechisch geschrieben. Es zeigt, wie Gottes Geist und Weisheit die Welt erfüllen. Sie wirken in der Geschichte und in der Natur zugunsten der Gerechten. Diese sind in Gottes Hand, selbst bei Verfolgung und frühem Tod (Weish 3,1; 4,7). Damit überwindet das Buch der Weisheit ein Denken, das äußerlich sichtbares Wohlergehen mit Nähe zu Gott verbindet; es macht deutlich, dass Leiden und scheinbare Misserfolge auch zum Weg zu ihm gehören können. Es kommt vielmehr auf die innere Gesinnung und das gute Herz an.

▶ Diese starke Motivation, dass Gott erreichbar ist, eröffnet das Buch. Angeredet sind besonders Verantwortliche („Richter"); mit ihnen sind aber auch andere eingeschlossen.

▶ Bereits im AT wird Gottes Geist an einigen Stellen auch als „heilig" benannt (z.B. Jes 63,10f.). Er verträgt sich mit keiner Form von Schlechtigkeit.

„„ Der felsenfesten Wahrheit bringen Menschen keine Verehrung entgegen, wohl aber einer schönen Lüge.

GILBERT KEITH CHESTERTON

(1874–1936), katholischer englischer Schriftsteller und Journalist

Aufruf zu rechtem Leben (Weish 1,1–7)

1 [1] Liebt Gerechtigkeit, ihr Richter der Erde,
denkt gut über den HERRN, sucht ihn mit ganzem Herzen!
[2] Denn er lässt sich finden von denen, die ihn nicht versuchen,
und zeigt sich denen, die ihm nicht misstrauen.
[3] Verkehrte Gedanken trennen von Gott; wird seine Macht auf die Probe gestellt, dann überführt sie die Toren.
[4] In eine Seele, die Böses wirkt, kehrt die Weisheit nicht ein noch wohnt sie in einem Leib, der sich der Sünde hingibt.
[5] Denn der heilige Geist, der Lehrmeister, flieht vor der Falschheit, er entfernt sich von unverständigen Gedanken
und wird verscheucht, wenn Unrecht naht.
[6] Die Weisheit ist ein menschenfreundlicher Geist,
doch lässt sie die Reden des Lästerers nicht straflos;
denn Gott ist Zeuge seiner heimlichen Gedanken,
untrüglich durchschaut er sein Herz und hört seine Worte.
[7] Der Geist des HERRN erfüllt den Erdkreis
und er, der alles zusammenhält, kennt jede Stimme.

Das Leben nur genießen wollen enthält eine unheilvolle Dynamik. Hier führt sie zum Angriff auf den Gerechten.

Der Gerechte als Gottes Sohn (Weish 2,6–24)

2 ⁶ Auf, lasst uns die Güter des Lebens genießen und die Schöpfung auskosten, wie es der Jugend zusteht!

⁷ Erlesener Wein und Salböl sollen uns reichlich fließen, keine Blume des Frühlings darf uns entgehen.
⁸ Bekränzen wir uns mit Rosen, ehe sie verwelken.
⁹ Keine Wiese bleibe unberührt von unserem Treiben, überall wollen wir Zeichen der Fröhlichkeit zurücklassen; denn dies ist unser Anteil und dies das Erbe.
¹⁰ Lasst uns den Gerechten unterdrücken, der in Armut lebt, die Witwe nicht schonen und das graue Haar des betagten Greises nicht scheuen!
¹¹ Unsere Stärke soll bestimmen, was Gerechtigkeit ist; denn das Schwache erweist sich als unnütz.
¹² Lasst uns dem Gerechten auflauern! Er ist uns unbequem und steht unserem Tun im Weg. Er wirft uns Vergehen gegen das Gesetz vor und beschuldigt uns des Verrats an unserer Erziehung.
¹³ Er rühmt sich, die Erkenntnis Gottes zu besitzen, und nennt sich einen Knecht des HERRN.
¹⁴ Er ist unserer Gesinnung ein Vorwurf, schon sein Anblick ist uns lästig;
¹⁵ denn er führt ein Leben, das dem der andern nicht gleicht, und seine Wege sind grundverschieden.

Die alttestamentliche Klage über das böse Schicksal, das dem „Gerechten" widerfährt, hat man später auf Jesus bezogen. Ungezählte Bilder entstanden, die den „Schmerzensmann" zeigen.

▶ Gute Lebensführung (v12) ist für Menschen, die Böses tun, wie ein Stachel. Er sticht ihr Gewissen, und sie versuchen, ihn zu beseitigen.

¹⁶ Als falsche Münze gelten wir ihm; von unseren Wegen hält er sich fern wie von Unrat. Das Ende der Gerechten preist er glücklich und prahlt, Gott sei sein Vater.
¹⁷ Wir wollen sehen, ob seine Worte wahr sind, und prüfen, wie es mit ihm ausgeht.
¹⁸ Ist der Gerechte wirklich Sohn Gottes, dann nimmt sich Gott seiner an und entreißt ihn der Hand seiner Gegner.
¹⁹ Durch Erniedrigung und Folter wollen wir ihn prüfen, um seinen Gleichmut kennenzulernen und seine Widerstandskraft auf die Probe zu stellen.
²⁰ Zu einem ehrlosen Tod wollen wir ihn verurteilen; er behauptet ja, es werde ihm Hilfe gewährt.
²¹ So denken sie, aber sie irren sich; denn ihre Schlechtigkeit macht sie blind.
²² Sie verstehen von Gottes Geheimnissen nichts, sie hoffen nicht auf Lohn für Heiligkeit und erwarten keine Auszeichnung für untadelige Seelen.
²³ Denn Gott hat den Menschen zur Unvergänglichkeit erschaffen und ihn zum Bild seines eigenen Wesens gemacht.
²⁴ Doch durch den Neid des Teufels kam der Tod in die Welt und ihn erfahren alle, die ihm angehören.

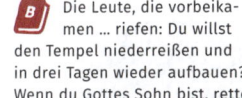

Die Leute, die vorbeikamen … riefen: Du willst den Tempel niederreißen und in drei Tagen wieder aufbauen? Wenn du Gottes Sohn bist, rette dich selbst und steig herab vom Kreuz!
Mt 27,39–40

▶ Das zuvor geschilderte Denken wird als falsch entlarvt. Es fehlt die Perspektive der Ewigkeit.

▶ V23 bezieht sich auf die Erschaffung des Menschen in Gen 1; v24 spielt auf den Sündenfall der ersten Menschen in Gen 3 an, die von der „Schlange" verführt wurden.

Gegenüber den Anfeindungen der „Genuss- und Gewalt-Menschen" (2,6-20) sind die „Seelen der Gerechten" sicher in Gottes Hand, selbst wenn sie sterben müssen.

Legt man eine reife Traube in die Weinpresse, dann gibt es einen köstlichen Saft. So fließt auch aus der Presse unseres Leidens ein Wein, der die Seele nährt und stärkt. Alle Leiden verlieren an Bitterkeit, wenn man vereint mit dem Herrn leidet.

JEAN-MARIE VIANNEY, Pfarrer von Ars

▶ Leiden ist wie ein Läuterungsprozess: Darin bewährt sich, was echt und gut ist.

Gottes Prüfen, Schutz und Lohn für die Gerechten (Weish 3,1–8)

3 ¹ Die Seelen der Gerechten aber sind in Gottes Hand und keine Folter kann sie berühren.
² In den Augen der Toren schienen sie gestorben,
ihr Heimgang galt als Unglück;
³ ihr Scheiden von uns als Vernichtung;
sie aber sind in Frieden.
⁴ In den Augen der Menschen wurden sie gestraft;
doch ihre Hoffnung ist voll Unsterblichkeit.
⁵ Ein wenig nur werden sie gezüchtigt;
doch sie empfangen große Wohltat.
Denn Gott hat sie geprüft und fand sie seiner würdig.
⁶ Wie Gold im Schmelzofen hat er sie erprobt
und wie ein Ganzopfer sie angenommen.

⁷ Zur Zeit ihrer Heimsuchung werden sie aufleuchten
wie Funken, die durch ein Stoppelfeld sprühen.
⁸ Sie werden Völker richten und über Nationen herrschen
und der HERR wird ihr König sein in Ewigkeit.

Früher Tod als Zeichen göttlicher Liebe (Weish 4,7–14)

4 ⁷ Der Gerechte aber, kommt auch sein Ende früh, geht in Gottes Ruhe ein.
⁸ Denn ehrenvolles Alter besteht nicht in einem langen Leben
und wird nicht an der Zahl der Jahre gemessen.
⁹ Graues Haar bedeutet für die Menschen Klugheit
und Greisenalter ein Leben ohne Tadel.
¹⁰ Er gefiel Gott und wurde von ihm geliebt;
da er mitten unter Sündern lebte, wurde er entrückt.
¹¹ Er wurde hinweggenommen,
damit nicht Schlechtigkeit seine Einsicht verkehrte
und Arglist seine Seele täuschte.
¹² Denn der Reiz des Bösen verdunkelt das Gute
und der Taumel der Begierde verdirbt den arglosen Sinn.
¹³ Früh vollendet, hat er ein langes Leben gehabt;
¹⁴ da seine Seele dem HERRN gefiel,
enteilte sie aus der Mitte des Bösen.

Die Bitte um Weisheit (Weish 9,4–19)

9 ^{4} Gib mir die Weisheit, die an deiner Seite thront,
und verstoß mich nicht aus der Schar deiner Kinder! …
^{9} Mit dir ist die Weisheit, die deine Werke kennt
und die zugegen war, als du die Welt erschufst.
Sie weiß, was wohlgefällig ist in deinen Augen
und was recht ist nach deinen Geboten.
^{10} Sende sie vom heiligen Himmel und schick sie vom Thron deiner
Herrlichkeit, damit sie bei mir sei und alle Mühe mit mir teile und ich
erkenne, was wohlgefällig ist bei dir!
^{11} Denn sie weiß und versteht alles; sie wird mich in meinem Tun
besonnen leiten und mich in ihrem Lichtglanz schützen. …
^{17} Wer hat je deinen Plan erkannt, wenn du ihm nicht Weisheit gegeben und deinen heiligen Geist aus der Höhe gesandt hast?
$^{18\,[19]}$ So wurden die Pfade der Erdenbewohner gerade gemacht
und die Menschen lernten, was dir gefällt;
durch die Weisheit wurden sie gerettet.

> „Schenke mir, gütigster Jesus, deine Gnade, „damit sie bei mir sei und alle Mühe mit mir teile" (Weish 9, 10) und bei mir bleibe bis ans Ende. Gib, dass ich immer das begehre und wünsche, was dir besonders genehm und wohlgefällig ist. Dein Wille sei der meine, und mein Wille folge stets dem deinen und stimme ganz mit ihm überein. Ich möchte mit dir ein und dasselbe wollen und nicht wollen; ich möchte gar nicht imstande sein, etwas anderes zu wollen oder nicht zu wollen als eben das, was du willst und was du nicht willst.
>
> **THOMAS VON KEMPEN** (1380–1471), Nachfolge Christi

Der dritte und letzte Teil des Buches (Weish 11–19) schematisiert modellhaft Gottes Rettungs- und Gerichtshandeln am Beispiel der Zeichen in Ägypten und des Auszugs daraus. Nahe dessen Beginn stehen teils einmalige Spitzenaussagen über Gott und sein Handeln.

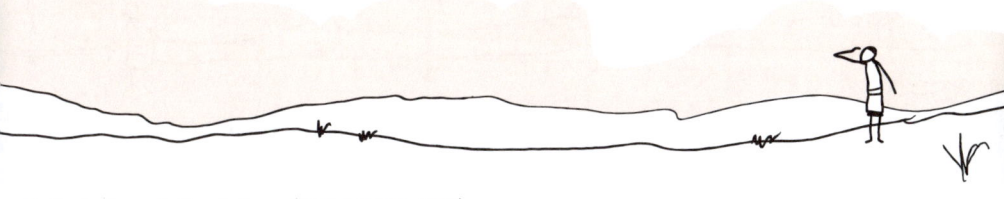

Gott als Freund allen Lebens (Weish 11,22–12,2)

11 ^{22} Die ganze Welt ist ja vor dir wie ein Stäubchen auf der Waage, wie ein Tautropfen, der am Morgen zur Erde fällt.
^{23} Du hast mit allen Erbarmen, weil du alles vermagst, und siehst
über die Sünden der Menschen hinweg, damit sie umkehren.
^{24} Du liebst alles, was ist, und verabscheust nichts von dem,
was du gemacht hast; denn hättest du etwas gehasst,
so hättest du es nicht geschaffen.
^{25} Wie könnte etwas ohne deinen Willen Bestand haben
oder wie könnte etwas erhalten bleiben,
das nicht von dir ins Dasein gerufen wäre?
^{26} Du schonst alles, weil es dein Eigentum ist,
HERR, du Freund des Lebens.

12 ^{1} Denn in allem ist dein unvergänglicher Geist.
^{2} Darum bestrafst du die Sünder nur nach und nach; du
mahnst sie und erinnerst sie an ihre Sünden, damit sie sich von der
Schlechtigkeit abwenden und an dich glauben, HERR. …

19 ^{22} In allem hast du, HERR, dein Volk groß gemacht und verherrlicht; du hast es nicht unbeachtet gelassen, sondern bist ihm
beigestanden zu jeder Zeit und an jedem Ort. …

▶ Gottes unendliche Größe (v22) ist mit ein Grund für seine Geduld und Milde. Damit zielt er Umkehr an (↗ auch 12,2) und ermöglicht sie.

Nach einem Fall gleich wieder aufstehen! Die Sünde nicht einen Augenblick im Herzen lassen!
JEAN-MARIE VIANNEY, Pfarrer von Ars

▶ Da Gott alles gehört, geht er vorsichtig und sorgsam damit um. „Freund des Lebens" lautet im Original „das Leben liebend" und ist eine einmalige Bezeichnung für Gott.

▶ Dieser Vers ist der zeitlich letzte Vers des Alten Testaments.

DAS BUCH

Jesus Sirach

Das Buch wurde ursprünglich hebräisch von einem „Jesus aus Jerusalem, Sohn des Sirach, des Eleasar" (Sir 50,27; 51,30) geschrieben; von einem Nachkommen wurde es ins Griechische übersetzt. Es verbindet die vertrauten jüdischen Überlieferungen mit den Anforderungen einer neuen Zeit. Damit bezeugt er den anhaltenden Wert der alten Glaubenshaltungen und zugleich die Notwendigkeit, sie je neu an veränderte Verhältnisse anzupassen. Am Anfang des Buches reflektiert er grundsätzlich über Erkennen und Weisheit:

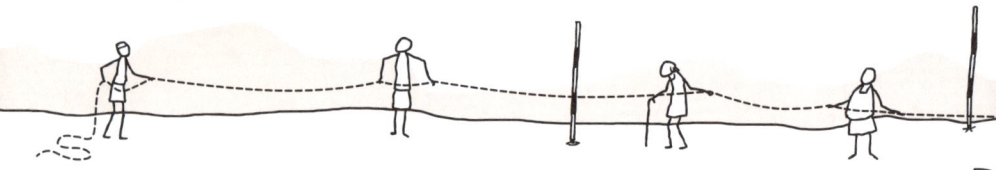

Weisheit nur bei Gott und von ihm (Sir 1,1–12)

1 ¹ Alle Weisheit kommt vom HERRN und bei ihm ist sie in Ewigkeit.
² Den Sand der Meere, die Tropfen des Regens
und die Tage der Ewigkeit – wer wird sie zählen?
³ Die Höhe des Himmels und die Breite der Erde,
den Abgrund und die Weisheit – wer wird sie erforschen?
⁴ Früher als alles wurde die Weisheit erschaffen
und von Ewigkeit her die verständige Einsicht.
⁵ Quelle der Weisheit ist Gottes Wort in den Höhen
und ihre Wege sind ewige Gebote.
⁶ Die Wurzel der Weisheit – wem wurde sie enthüllt?
Und ihr kluges Wirken – wer durchschaute es? ...
⁸ Nur einer ist weise, höchst furchtgebietend:
der auf seinem Thron sitzt.
⁹ Der HERR selbst hat sie erschaffen, gesehen und gezählt
und sie ausgegossen über all seine Werke,
¹⁰ bei allem Fleisch ist sie gemäß seiner Gabe und er hat sie denen
gewährt, die ihn lieben.
Liebe zum HERRN ist ruhmvolle Weisheit; bei seinem Erscheinen teilt er sie denen zu, denen er sich zu sehen gibt.
¹¹ Die Furcht des HERRN ist Ehre und Ruhm, Fröhlichkeit und eine
Freudenkrone.
¹² Die Furcht des HERRN wird das Herz erfreuen
und Frohsinn, Freude und langes Leben geben. *Die Furcht des HERRN ist eine Gabe vom HERRN, denn sie setzt auf Wege der Liebe.*

▶ V5 wie auch der hier ausgelassene v7 sind später ergänzt worden. Hier wird Weisheit zusätzlich mit Gottes Offenbarung verbunden, wie dann ausführlich in Sir 24.

▶ Gott „sitzt" nicht auf seiner Weisheit; reichlich teilt er sie seiner Schöpfung und auch uns mit.

▶ Der Autor des Buches zeigt den Weg auf, wie uns göttliche Weisheit zuteilwerden kann. Für ihn ist Gottesfurcht „Anfang, Fülle, Krone und Wurzel der Weisheit" (so die Aussagen bis v20; ↗ zudem Abraham in Gen 22,12).

Wenn vieles sich verändert, stellt sich die Frage, was bleibt und Halt gibt. Sirach legt dabei besonderen Wert auf Beziehungen und insbesondere auf Freundschaft.

Wahre Freundschaft (Sir 6,14–17)

6 [14] Ein treuer Freund ist ein starker Schutz, wer ihn findet, hat einen Schatz gefunden.
[15] Für einen treuen Freund gibt es keinen Gegenwert, seine Kostbarkeit lässt sich nicht aufwiegen.
[16] Ein treuer Freund ist eine Arznei des Lebens und es werden ihn finden, die den HERRN fürchten.
[17] Wer den HERRN fürchtet, hält aufrechte Freundschaft, denn wie er selbst, so ist auch sein Nächster.

▶ Wie bei der tüchtigen Frau in Spr 31 gibt es keinen materiellen Gegenwert für eine solche beständige, echte, in allem solidarische Beziehung.

" Denn wenn ich sie [die Freunde] nicht liebe, so wie sie sind, sind es nicht sie, die ich liebe, und meine Liebe ist nicht echt.

SIMONE WEIL

Die Größe Gottes (Sir 18,1–8.11–14)

18 [1] Der in Ewigkeit lebt, hat alles insgesamt geschaffen.
[2] Der HERR allein wird sich als gerecht erweisen. …
[4] Niemandem gestattet er, seine Werke zu verkünden. Wer wird seine Großtaten ergründen?
[5] Wer wird die Macht seiner Größe ermessen? Und wer wird noch mehr von seinem Erbarmen erzählen?

B Meine Seele preist die Größe des Herrn … Denn der Mächtige hat Großes an mir getan, und sein Name ist heilig.

Lk 1,46.49 (Magnifikat)

[6] Man kann nichts wegnehmen und nichts hinzufügen; und die Wunder des HERRN sind nicht zu ergründen.
[7] Sobald der Mensch ans Ziel kommt, steht er am Anfang, und wenn er aufhört, dann weiß er nicht weiter.
[8] Was ist ein Mensch und was ist sein Nutzen? Was ist gut an ihm und was ist schlecht an ihm? …
[11] Deswegen war der HERR mit ihnen geduldig und goss über sie sein Erbarmen aus.
[12] Er sah ihren Untergang und erkannte, dass er schlimm ist, deswegen vermehrte er seine Bereitschaft zur Versöhnung.
[13] Das Erbarmen eines Menschen gilt seinem Nächsten, das Erbarmen des HERRN aber gilt allen Lebewesen. Er weist zurecht, erzieht und lehrt und führt wie ein Hirt seine Herde zurück.
[14] Er zeigt Erbarmen mit denen, die Erziehung annehmen, und mit denen, die sich um seine Entscheidungen mühen.

B Was ist der Mensch, dass du seiner gedenkst, des Menschen Kind, dass du dich seiner annimmst?

Ps 8,5

Als aber Gott den Menschen anblickte, gefiel er Ihm sehr, weil Er ihn nach dem Gewand Seines Abbildes und nach Seinem Gleichnis geschaffen hatte, damit er mit dem vollen Ton seiner vernünftigen Stimme alle Wunderwerke Gottes verkünde. Der Mensch ist nämlich das vollkommene Wunderwerk Gottes, weil Gott durch ihn erkannt wird und weil Gott alle Geschöpfe seinetwegen erschaffen hat.

HILDEGARD VON BINGEN (1098–1179), Benediktinerin, Mystikerin und Kirchenlehrerin

Gott als gerechter Richter (Sir 35,14–26)

35 [14] Bestich ihn nicht, denn er wird es nicht annehmen, [15] und vertrau nicht auf ungerechte Opfer! Denn der HERR ist Richter und es gibt vor ihm kein Ansehen der Person.
[16] Er bevorzugt niemanden gegenüber einem Armen, die Bitte eines ungerecht Behandelten wird er erhören.

Gott ist unparteiisch! Wer sagt das? Woher weiß man das? Einfach nachschauen in Apostelgeschichte 10,34–35!

↗ Lk 18,2-5: der Witwe Recht verschaffen

 Dieser Gott, der Vater, ist großherzig! Er kommt, um sich dort finden zu lassen, wo der Mensch seine Tage verbringt, in der Freude oder im Schmerz. Er hat beschlossen, in unserer Geschichte zu wohnen, so wie sie ist, mit der ganzen Last ihrer Grenzen und ihrer Dramen. Dadurch hat er auf unübertreffliche Weise seine liebevolle Zuneigung zu den menschlichen Geschöpfen gezeigt. Er ist der Gott mit uns.

PAPST FRANZISKUS, 18.12.2013

¹⁷ Er missachtet nicht den Hilferuf der Waise
und die Witwe, wenn sie ihren Jammer ausschüttet.
¹⁸ Fließen nicht Tränen der Witwe über die Wangen
¹⁹ und richtet sich der Schrei nicht gegen den,
der sie hinabfließen ließ?
²⁰ Wer Gott wohlgefällig dient, wird angenommen
und seine Bitte dringt bis in die Wolken.
²¹ Das Gebet eines Demütigen durchdringt die Wolken,
und bevor es nicht angekommen ist, wird er nicht getröstet
und er lässt nicht nach, bis der Höchste daraufschaut.
²² Und er wird für die Gerechten entscheiden und ein Urteil fällen.
Und der HERR wird gewiss nicht zögern und nicht langmütig sein
gegen die Unbarmherzigen, bis er ihre Hüften zerbrochen hat.
²³ An den Völkern wird er Vergeltung üben, bis er die Menge der
Gewalttätigen entfernt und die Zepter der Ungerechten zerschlagen
hat;
²⁴ bis er dem Menschen nach seinen Taten vergolten hat
und die Werke der Menschen nach ihren Absichten;
²⁵ bis er das Urteil über sein Volk gesprochen hat
und sie mit seinem Erbarmen erfreuen wird.
²⁶ Köstlich ist das Erbarmen zur Zeit der Bedrängnis,
wie Regenwolken zur Zeit der Dürre.

 Als ich jung war, begann mein Herz vor Auflehnung zu kochen, dass man das eine oder andere Volk verallgemeinernd einer Schuld bezichtigte, … (weil) eine kleine Handvoll politischer Führer das Räderwerk des Hasses in Bewegung gesetzt hat. Es gibt keine schuldigen Völker, niemals hat es solche gegeben oder wird es solche geben.

FRÈRE ROGER SCHUTZ, 4.5.1989

Ein Gebet um Rettung (36,1–17)

36 ¹ Hab Erbarmen mit uns, Gebieter, du Gott aller,
² sieh herab und wirf die Furcht vor dir auf alle Völker! …
⁴ Wie du dich vor ihnen als heilig erwiesen hast an uns,
so erweise dich als groß an ihnen vor unseren Augen!
⁵ Sie sollen dich erkennen, wie auch wir erkannt haben,
dass es keinen Gott gibt außer dir, HERR! …
¹³ Sammle alle Stämme Jakobs! …
¹⁶ Verteil unter ihnen den Erbbesitz wie am Anfang!
¹⁷ HERR, hab Erbarmen mit dem Volk, das bei deinem Namen gerufen worden ist, und mit Israel, das du einem Erstgeborenen gleichgemacht hast!

Sirach bedenkt erstmalig in der Bibel die Beziehung zwischen dem menschlichen Arzt und Gott als eigentlichem Arzt.

▶ Krankheiten waren in der Antike weit verbreitet, und die durchschnittliche Lebenserwartung war gering. Der Berufsstand des Arztes formte sich erst langsam, und seine Ausbildung war meist auch einfach. Zudem war dessen Verhältnis zu Gott als dem eigentlichen „Arzt" nicht klar.

Der Arzt als Helfer Gottes (Sir 38,1–15)

38 ¹ Ehre einen Arzt wegen seiner nützlichen Dienste mit
gebührenden Ehren, denn auch ihn hat der HERR erschaffen!
² Denn vom Höchsten stammt die Heilung
und vom König erhält er ein Geschenk.
³ Das Wissen des Arztes erhöht sein Haupt und bei Großen wird er
bewundert. ⁴ Der HERR hat aus Erde Heilmittel erschaffen,
ein kluger Mann wird sie nicht ablehnen.
⁵ Ist nicht Wasser durch Holz süß geworden,

um seine Kraft erfahrbar zu machen?
⁶ Er selbst gab den Menschen Wissen,
um durch seine Wundertaten gerühmt zu werden.
⁷ Durch sie hat er geheilt und ihr Leiden weggenommen.
⁸ Mit diesen wird der Salbenmischer eine Mischung anfertigen.
Seine Werke sind nicht abgeschlossen
und sein Friede liegt auf dem Angesicht der Erde.
⁹ Kind, in deiner Krankheit sei nicht unachtsam,
sondern bete zum HERRN und er selbst wird dich heilen!
¹⁰ Beseitige einen Fehler und bereite die Hände!
Reinige das Herz von allen Sünden!
¹¹ Bring Räucherwerk und ein Gedächtnisopfer aus feinstem
Weizenmehl dar! Mache eine Gabe so reichlich, wie es möglich ist!
¹² Gib dem Arzt seinen Platz, denn auch ihn hat der HERR erschaffen!
Er bleibt dir nicht fern, denn er ist notwendig!
¹³ Zur rechten Zeit liegt in ihren Händen das Gelingen,
¹⁴ denn auch sie werden zum HERRN beten,
dass er ihnen Genesung gelingen lasse und Heilung um des Lebens
willen. ¹⁵ Wer gegen seinen Schöpfer sündigt, der ihn gemacht hat,
möge in die Hände des Arztes fallen.

▶ Anspielung auf Ex 15,22–26,
wo Mose bitteres Wasser so
genießbar macht.

▶ Göttliches und menschliches Heilen sind keine Gegensätze. Sie hängen zusammen.

 Ich bin der HERR, dein
Arzt.
Ex 15,26

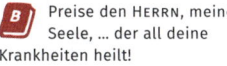 Preise den HERRN, meine
Seele, … der all deine
Krankheiten heilt!
Ps 103,2–3

▶ Eine Warnung: Vergehen
gegen Gott können gesundheitliche Folgen haben.

Gottes Offenbarung studieren zu dürfen ist ein Geschenk. Wer sich mit der Bibel beschäftigt, weitet seinen Horizont
und wächst in der Erkenntnis.

Der Schriftgelehrte (Sir 39,1–8)

39 ¹ Die Weisheit aller Vorfahren erforscht er
und mit Prophezeiungen beschäftigt er sich.
² Die Darlegung berühmter Männer bewahrt er
und in die Wendungen der Sinnsprüche dringt er ein.
³ Verborgenes in Sprichwörtern erforscht er
und bei den Rätseln der Sinnsprüche verweilt er.
⁴ Im Kreis der Großen tut er Dienst und in Gegenwart von
Fürsten wird er gesehen. Das Land fremder Völker bereist er,
denn Gutes und Schlechtes prüft er bei den Menschen.
⁵ Er richtet sein Herz darauf frühmorgens, den HERRN, der ihn
gemacht hat, zu suchen, und fleht vor dem Höchsten.
Er öffnet seinen Mund zum Gebet und fleht für seine Sünden.
⁶ Wenn der HERR, der Große, es will, wird er mit dem Geist der Erkenntnis erfüllt. Er selbst sprudelt Worte seiner Weisheit hervor
und im Gebet preist er den HERRN.
⁷ Er selbst lenkt Rat und Wissen
und denkt nach über das, was ihm verborgen ist.
⁸ Er zeigt seine gelehrte Bildung
und rühmt sich im Gesetz des Bundes mit dem HERRN.

▶ Entscheidend für das
Verstehen des Wortes Gottes
ist Beten, weil es auf ihn
ausrichtet.

Die Bücher der Propheten

Propheten sind Sprecher für Gott. Sie geben in ihrer Botschaft weiter, mit welchem Blick Gott die Welt und die Menschen sieht. Propheten ermutigen und kritisieren, bestärken und kündigen neue Entwicklungen an. So weisen sie auf tiefere Dimensionen unserer Welt hin. Sie treten für Wahrheit und Gerechtigkeit ein. Ihre Kritik ist oft unbequem, vor allem für Mächtige, die ihrer Verantwortung nicht nachkommen. Sie geben aber auch Hoffnung, wenn es keinen Ausweg zu geben scheint und Resignation herrscht.

Propheten weiten eingeschränkte Sichtweisen und öffnen unseren Horizont für Gottes Wirken. Oft deuten sie geschichtliche Ereignisse als göttliches Eingreifen. So sehen sie z. B. das Vordringen der Assyrer im 8. Jahrhundert v. Chr. oder die Einnahme Jerusalems durch die babylonischen Truppen 587 v. Chr. (↗ zu 2 Kön 17) als Gottes Antwort auf unverbesserliche Sünden in seinem Volk. Weltgeschichte erhält so auch eine religiöse Perspektive. Der letzte Teil des Alten Testaments enthält die „Schriftpropheten".

Jeweils wird einer Person wie *Jesaja* oder *Amos* ein Werk zugeschrieben – im Unterschied etwa zu Elija, Elischa oder Natan, die in den Büchern Samuel und Könige erwähnt werden.

Die ersten Schriftpropheten traten im 8. Jahrhundert v. Chr. auf. Das jüngste Buch, *Daniel*, stammt aus dem 2. Jh. v. Chr. *Jesaja*, *Jeremia* und *Ezechiel* werden wegen ihres Umfangs als „große" Propheten bezeichnet. Auf sie folgt das „apokalyptische" Buch Daniel (↗ die Einleitung dazu). Die zwölf sogenannten „kleinen" Propheten, von *Hosea* bis *Maleachi*, beschließen die Sammlung der Prophetenbücher. Trotz ihrer Kürze vermitteln auch sie ihre je eigene und bedeutsame Botschaft. Ohne die Prophetenbücher können wir das Neue Testament und Jesus nicht verstehen. Jesus bezieht sich im Kern seiner Botschaft auf Jesaja (↗ Jes 61,1–2 und Lk 4,17–21). Die gewaltige Sprache der Propheten und ihre starken Bilder beeindrucken uns bis heute.

Jesaja

Der Name Jesaja bedeutet „der HERR rettet", und das ist
ein Programm für das Buch: Gott schenkt Heil und Rettung.
Der Prophet Jesaja lebte gegen Ende des 8. Jahrhunderts in
Jerusalem, in einer Zeit, als die Assyrer das Nordreich Israel
eroberten (↗ 2 Kön 17) und ihr Druck auch auf das Südreich
Juda zunahm. Das Buch Jesaja schildert, wie Gott wiederholt
und trotz der Vergehen seines Volkes in der Not hilft und neues
Leben schenkt.

Ab Jes 40 ist durchgehend die nachexilische Zeit (unter den
Persern, ab 539 v. Chr.) im Blick, mit vielen lichtvollen, wun-
derschönen Texten. Berühmte Lesungen aus dem Jesajabuch
hören wir im Advent (z. B. aus Jes 11; 35; 40), zu Weihnachten (Jes 9,1–6), in der Fastenzeit (Jes 58), am Karfreitag (Jes
52,13–53,12) und in der Osternacht (Jes 55,1–11).

Während alles dafür spricht, dass Israels Geschichte unwider-
ruflich zu Ende gegangen ist, macht das Buch Mut, Gott eine
neue Zukunft zuzutrauen, die nicht nur für das Volk der Juden,
sondern für die ganze Welt gut ist.

Für das Neue Testament ist das Buch des Propheten Jesaja die
wichtigste Quelle, um die Hoffnung auszudrücken, die sich mit
Jesus verbindet.

▶ Gott geht es wie Eltern, die verzweifelt ihre Kinder suchen, die sich verlaufen haben.

💡 Wer schon immer einmal wissen wollte, wo Ochs und Esel in der Weihnachtskrippe herkommen, wird (nicht beim Evangelisten Lukas, wohl aber) hier fündig.

▶ Die Krankheiten und Verletzungen sind hier Bilder für den Zustand der Gemeinschaft.

▶ „Zion" ist der Tempelberg in Jerusalem, „Tochter Zion" meint die Bevölkerung der Stadt im Bild einer jungen Frau. Hier ist sie Gefahren ausgesetzt, später wird sie als Gottes Braut gezeigt (Jes 62,5).

Gottes undankbare Kinder (Jes 1,2–20)

1 ² Hört, ihr Himmel, horch auf, Erde! Denn der HERR hat gesprochen: Ich habe Söhne großgezogen und emporgebracht, doch sie sind mir abtrünnig geworden.

³ Der Ochse kennt seinen Besitzer und der Esel die Krippe seines Herrn; Israel aber hat keine Erkenntnis, mein Volk hat keine Einsicht.

⁴ Wehe der sündigen Nation, dem schuldbeladenen Volk, der Brut von Übeltätern, den Söhnen, die Verderben bringen! Sie haben den HERRN verlassen, den Heiligen Israels verschmäht und ihm den Rücken zugekehrt.

⁵ Wohin sollt ihr noch geschlagen werden? Ihr bleibt ja doch widerspenstig. Der ganze Kopf ist wund, das ganze Herz ist krank.

⁶ Von der Fußsohle bis zum Kopf ist nichts heil an ihm, nur Beulen, Striemen und frische Wunden, sie sind nicht ausgedrückt, nicht verbunden, nicht mit Öl gelindert.

⁷ Euer Land ist verwüstet, eure Städte sind feuerverbrannt. Fremde verzehren vor euren Augen den Ertrag eures Ackers; eine Verwüstung wie bei der Zerstörung durch Fremde.

⁸ Die Tochter Zion ist übrig gelassen wie eine Hütte im Weinberg, wie ein Schutzdach für die Nacht im Gurkenfeld, wie eine belagerte Stadt.

⁹ Hätte der HERR der Heerscharen für uns nicht einige Entkommene übrig gelassen, wir wären wie Sodom geworden, wir glichen Gomorra.

99 Teile deine Güter um einer größeren Gerechtigkeit willen. Mache niemand zu deinem Opfer. Sei allen Menschen Bruder, schlage dich immer zu den Ausgestoßenen und Verachteten.

FRÈRE ROGER SCHUTZ

▶ Gott richtet sich so scharf gegen Opfer und andere Formen des Gottesdienstes, weil das Volk Verbrechen begeht (↗ „Frevel" in v13; „Blut" und „Böses" in v15–16).

99 Aber der Strich, der das Gute vom Bösen trennt, durchkreuzt das Herz eines jeden Menschen.

ALEXANDER SOLSCHENIZYN (1918–2008), russ. Literaturnobelpreisträger

▶ Die Farben symbolisieren, dass Gott sogar schwerste Schuld vergeben, uns davon befreien und heilen kann.

¹⁰ Hört das Wort des HERRN, ihr Wortführer von Sodom! Horcht auf die Weisung unseres Gottes, Volk von Gomorra!

¹¹ Was soll ich mit euren vielen Schlachtopfern?, spricht der HERR. Die Brandopfer von Widdern und das Fett von Mastkälbern habe ich satt und am Blut der Stiere, Lämmer und Böcke habe ich kein Gefallen.

¹² Wenn ihr kommt, um vor meinem Angesicht zu erscheinen – wer hat von euch verlangt, dass ihr meine Vorhöfe zertrampelt?

¹³ Bringt mir nicht länger nutzlose Gaben, Räucheropfer, die mir ein Gräuel sind! Neumond und Sabbat, das Ausrufen von Festversammlungen, ich ertrage nicht Frevel und Feier.

¹⁴ Eure Neumonde und Feste sind mir in der Seele verhasst, sie sind mir zur Last geworden, ich bin es müde, sie zu ertragen.

¹⁵ Wenn ihr eure Hände ausbreitet, verhülle ich meine Augen vor euch. Wenn ihr auch noch so viel betet, ich höre es nicht. Eure Hände sind voller Blut.

¹⁶ Wascht euch, reinigt euch! Schafft mir eure bösen Taten aus den Augen! Hört auf, Böses zu tun!

¹⁷ Lernt, Gutes zu tun! Sucht das Recht! Schreitet ein gegen den Unterdrücker! Verschafft den Waisen Recht, streitet für die Witwen!

¹⁸ Kommt doch, wir wollen miteinander rechten, spricht der HERR. Sind eure Sünden wie Scharlach, weiß wie Schnee werden sie. Sind sie rot wie Purpur, wie Wolle werden sie.

[19] Wenn ihr willig seid und hört, werdet ihr das Beste des Landes essen.
[20] Wenn ihr euch aber weigert und auflehnt, werdet ihr vom Schwert gefressen. Ja, der Mund des HERRN hat gesprochen.

Die drei Affen, die nichts sehen, nichts hören und nichts sagen wollen, haben ihren Ursprung in einem japanischen Sprichwort.

Obwohl die „treue Stadt" Jerusalem von Mördern beherrscht wird, gegen die Gott vorgehen will (Jes 1,21–31), soll die Stadt zum Anziehungspunkt für andere Nationen werden.

Die Wallfahrt der Völker (Jes 2,2–4)

2 [2] Am Ende der Tage wird es geschehen: Der Berg des Hauses des HERRN steht fest gegründet als höchster der Berge; er überragt alle Hügel. Zu ihm strömen alle Nationen.
[3] Viele Völker gehen und sagen: Auf, wir ziehen hinauf zum Berg des HERRN und zum Haus des Gottes Jakobs. Er unterweise uns in seinen Wegen, auf seinen Pfaden wollen wir gehen. Denn vom Zion zieht Weisung aus und das Wort des HERRN von Jerusalem.
[4] Er wird Recht schaffen zwischen den Nationen und viele Völker zurechtweisen. Dann werden sie ihre Schwerter zu Pflugscharen umschmieden und ihre Lanzen zu Winzermessern. Sie erheben nicht das Schwert, Nation gegen Nation, und sie erlernen nicht mehr den Krieg.

▶ Jes hat diesen Text aus Micha 4,1–3 übernommen und unterstreicht damit, wie die gemeinsame Verehrung Gottes und die Anerkennung von Recht sich positiv auf die Verständigung der Völker und den Frieden auf der Erde auswirken. Jerusalem kommt dabei eine tragende Rolle zu; bis heute orientieren sich unzählige Gläubige aus verschiedenen Religionen an dem Gott, der sich dort geoffenbart hat.

Israel kommt seiner Sendung, den versöhnlichen Gott, der Gerechtigkeit liebt, zu bezeugen, nicht nach. Das „Weinberglied" in Jes 5 bringt dies prägnant zum Ausdruck:

Ein Lied von Gottes Weinberg und Weherufe (Jes 5,1–24)

5 [1] Ich will singen von meinem Freund, das Lied meines Liebsten von seinem Weinberg. Mein Freund hatte einen Weinberg auf einer fruchtbaren Höhe.
[2] Er grub ihn um und entfernte die Steine und bepflanzte ihn mit edlen Reben. Er baute in seiner Mitte einen Turm und hieb zudem eine Kelter in ihm aus. Dann hoffte er, dass der Weinberg Trauben brächte, doch er brachte nur faule Beeren.
[3] Und nun, Bewohner Jerusalems und Männer von Juda, richtet zwischen mir und meinem Weinberg!
[4] Was hätte es für meinen Weinberg noch zu tun gegeben, das ich ihm nicht getan hätte? Warum hoffte ich, dass er Trauben brächte? Und er brachte nur faule Beeren!
[5] Jetzt aber will ich euch kundtun, was ich mit meinem Weinberg mache: seine Hecke entfernen, sodass er abgeweidet wird; einreißen seine Mauer, sodass er zertrampelt wird.
[6] Zu Ödland will ich ihn machen. Nicht werde er beschnitten, nicht behackt, sodass Dornen und Disteln hochkommen. Und den Wolken gebiete ich, keinen Regen auf ihn fallen zu lassen.

▶ Ein Weinberg verlangt viel Arbeit. Gott hat jede nur denkbare Mühe dafür aufgewendet, wurde aber enttäuscht.

B Es war ein Gutsbesitzer, der legte einen Weinberg an, zog ringsherum einen Zaun, hob eine Kelter aus und baute einen Turm.
Mt 21,33

99 Die äußeren Wüsten wachsen in der Welt, weil die inneren Wüsten so groß geworden sind.
PAPST BENEDIKT XVI., 24.4.2005

▶ Der Weinberg steht für das Volk (↗ Mt 21,33–46). Die zwei Wortspiele (Rechtsspruch – Rechtsbruch; Rechtsverleih – Hilfegeschrei) schildern treffend den Gegensatz, wie berechtigte Erwartungen in der Realität verkehrt werden.

99 Auf dieser Seite der Straße gibt es 36 Luxusrestaurants; wenn du da essen gehst, ziehen sie dir das Fell über die Ohren; auf der anderen Seite herrscht der Hunger. Das eine unmittelbar neben dem anderen. Und wir neigen dazu, uns daran zu gewöhnen. Die Kirche muss immer mehr ein Beispiel darin geben, jede mondäne Lebensweise zurückzuweisen. Die Kirche ist keine NGO, sie ist etwas anderes.

PAPST FRANZISKUS, 19.1.2015

⁷ Denn der Weinberg des HERRN der Heerscharen ist das Haus Israel, und die Männer von Juda sind die Pflanzung seiner Lust. Er hoffte auf Rechtsspruch – doch siehe da: Rechtsbruch, auf Rechtsverleih – doch siehe da: Hilfegeschrei.

⁸ Wehe denen, die Haus an Haus reihen und Feld an Feld fügen, bis kein Platz mehr da ist und ihr allein die Bewohner seid inmitten des Landes. …

¹¹ Wehe denen, die früh am Morgen dem Bier nachjagen und in der Dämmerung lange aushalten, wenn der Wein sie erhitzt.

¹² Da sind Leier und Harfe, Trommel und Flöte und Wein bei ihren Trinkgelagen, aber auf das Tun des HERRN blicken sie nicht und das Werk seiner Hände haben sie nicht gesehen.

¹³ Darum geht mein Volk in die Verbannung wegen fehlender Erkenntnis. Seine Vornehmen sind Hungerleider und seine Menge verschmachtet vor Durst. …

²⁰ Wehe denen, die das Böse gut und das Gute böse nennen, die die Finsternis zum Licht und das Licht zur Finsternis machen, die das Bittere süß und das Süße bitter machen.

²¹ Wehe denen, die in ihren eigenen Augen weise sind und sich selbst für klug halten.

²² Wehe denen, die Helden sind im Weintrinken und Kraftprotze im Mischen von Rauschtrank,

▶ Die Wehrufe klagen Vergehen an, für die vor allem Reiche (v8.12) und Mächtige (v23) verantwortlich sind. Die Folgen treffen sie selbst (v24), aber auch die ganze Gemeinschaft (v13).

²³ die dem Schuldigen gegen Bestechung Recht zusprechen und Gerechten die Gerechtigkeit vorenthalten.

²⁴ Darum: Wie des Feuers Zunge Stoppeln frisst und wie Heu in der Flamme zusammensinkt, so wird ihre Wurzel wie Moder sein und ihre Blüte wie Staub auffliegen. Denn verworfen haben sie die Weisung des HERRN der Heerscharen und das Wort des Heiligen Israels verschmäht.

Angesichts der Verbrechen in seinem Volk sucht Gott jemanden, der seine Botschaft verkündet. In der folgenden Berufungserzählung meldet sich Jesaja freiwillig.

Angefragt vom heiligen Gott – die Berufung Jesajas (Jes 6,1–13)

▶ Serafim sind himmlische Wesen, die des Schutzes vor der Größe Gottes bedürfen und dazu ihr Gesicht und ihre Geschlechtsteile („Füße") verhüllen.

▶ Das dreifache „Heilig!" bringt die größtmögliche Heiligkeit zum Ausdruck. Das „Sanctus" in der Messe zitiert diese Stelle.

6 ¹ Im Todesjahr des Königs Usija, da sah ich den HERRN auf einem hohen und erhabenen Thron sitzen und die Säume seines Gewandes füllten den Tempel aus.

² Serafim standen über ihm. Sechs Flügel hatte jeder: Mit zwei Flügeln bedeckte er sein Gesicht, mit zwei bedeckte er seine Füße und mit zwei flog er.

³ Und einer rief dem anderen zu und sagte: Heilig, heilig, heilig ist der HERR der Heerscharen. Erfüllt ist die ganze Erde von seiner Herrlichkeit.

⁴ Und es erbebten die Türzapfen in den Schwellen vor der Stimme des Rufenden und das Haus füllte sich mit Rauch.

⁵ Da sagte ich: Weh mir, denn ich bin verloren. Denn ein Mann unreiner Lippen bin ich und mitten in einem Volk unreiner Lippen wohne ich, denn den König, den Herrn der Heerscharen, haben meine Augen gesehen.

⁶ Da flog einer der Serafim zu mir und in seiner Hand war eine glühende Kohle, die er mit einer Zange vom Altar genommen hatte.

⁷ Er berührte damit meinen Mund und sagte: Siehe, dies hat deine Lippen berührt, so ist deine Schuld gewichen und deine Sünde gesühnt.

⁸ Da hörte ich die Stimme des Herrn, der sagte: Wen soll ich senden? Wer wird für uns gehen? Ich sagte: Hier bin ich, sende mich!

⁹ Da sagte er: Geh und sag diesem Volk: Hören sollt ihr, hören, aber nicht verstehen. Sehen sollt ihr, sehen, aber nicht erkennen.

¹⁰ Verfette das Herz dieses Volkes, mach schwer seine Ohren, verkleb seine Augen, damit es mit seinen Augen nicht sieht, mit seinen Ohren nicht hört, damit sein Herz nicht zur Einsicht kommt und es sich nicht bekehrt und sich so Heilung verschafft.

¹¹ Da sagte ich: Wie lange, Herr?

Er sagte: Bis die Städte verödet sind und unbewohnt, die Häuser menschenleer, bis das Ackerland zur Wüste verödet ist.

Niemand auf der Welt ist Seiner würdig, weder die Heiligen, noch die Engel oder Erzengel. ... Entschuldigt euch nicht damit, dass ihr armselige Sünder seid und deshalb ihm nicht zu nahen wagt. Es wäre das Gleiche, wie wenn ihr sagen würdet, ihr seid zu krank, um einen Arzt rufen zu lassen und ein Heilmittel zu nehmen.

JEAN-MARIE VIANNEY (Pfarrer von Ars)

▶ Obwohl Gott das Volk kennt und von Anfang an mit der Ablehnung der Hörer rechnet, hat die Verkündigung einen Sinn. Im „heiligen Samen" (v13) soll die Chance auf eine neue Generation bewahrt werden. Gott selbst wird Augen und Ohren wieder öffnen (Jes 35,5) und befreien (42,7).

¹² Der Herr wird die Menschen entfernen, sodass die Verlassenheit groß ist inmitten des Landes.

¹³ Bleibt darin noch ein Zehntel, so soll es erneut abgeweidet werden, wie bei einer Eiche oder Terebinthe, von denen beim Fällen nur ein Stumpf bleibt. Heiliger Same ist sein Stumpf.

Das Jesajabuch spricht mehrfach von Kindern (s. schon 1,2). Manche bekommen symbolische Namen: Ein Sohn des Propheten heißt Schear-Jaschub, ein Rest kehrt um (Jes 7,3). Das Kind einer jungen Frau soll Immanuel, Gott ist mit uns, heißen (Jes 7,14). Matthäus deutet mit diesem Namen die Geburt Jesu: Seht, die Jungfrau wird empfangen, einen Sohn wird sie gebären, und man wird ihm den Namen Immanuel (Gott mit uns) geben. (Mt 1,23)

Das Zeichen des Herrn (Jes 7,10–16)

7 ¹⁰ Der Herr sprach weiter zu Ahas und sagte:

¹¹ Erbitte dir ein Zeichen vom Herrn, deinem Gott, tief zur Unterwelt oder hoch nach oben hin!

¹² Ahas antwortete: Ich werde um nichts bitten und den Herrn nicht versuchen.

¹³ Da sagte er: Hört doch, Haus Davids! Genügt es euch nicht, Menschen zu ermüden, dass ihr auch noch meinen Gott ermüdet?

Siehe: Die Jungfrau wird empfangen und einen Sohn gebären, und sie werden ihm den Namen Immanuel geben, das heißt übersetzt: Gott mit uns.

Mt 1,23

„Gott mit uns" stand häufig missbräuchlich auf dem Koppelschloss von Uniformjacken, mit denen Soldaten in den Krieg zogen.

Der „Tag von Midian" spielt vermutlich an Gideons Sieg über die Midianiter in Ri 7–8 an.

Der „Stiefel" und der blutverschmierte Mantel stehen für militärische Gewalt.

¹⁴ Darum wird der HERR selbst euch ein Zeichen geben: Siehe, die Jungfrau hat empfangen, sie gebiert einen Sohn und wird ihm den Namen Immanuel geben.

¹⁵ Er wird Butter und Honig essen bis zu der Zeit, in der er versteht, das Böse zu verwerfen und das Gute zu wählen.

¹⁶ Denn noch bevor das Kind versteht, das Böse zu verwerfen und das Gute zu wählen, wird das Land verlassen sein, vor dessen beiden Königen dich das Grauen packt.

Ein Friedensfürst (Jes 9,1–6)

9 ¹ Das Volk, das in der Finsternis ging, sah ein helles Licht; über denen, die im Land des Todesschattens wohnten, strahlte ein Licht auf.

² Du mehrtest die Nation, schenktest ihr große Freude. Man freute sich vor deinem Angesicht, wie man sich freut bei der Ernte,
wie man jubelt, wenn Beute verteilt wird.

³ Denn sein drückendes Joch und den Stab auf seiner Schulter,
den Stock seines Antreibers zerbrachst du wie am Tag von Midian.

⁴ Jeder Stiefel, der dröhnend daherstampft, jeder Mantel, im Blut gewälzt, wird verbrannt, wird ein Fraß des Feuers.

⁵ Denn ein Kind wurde uns geboren, ein Sohn wurde uns geschenkt. Die Herrschaft wurde auf seine Schulter gelegt. Man rief seinen Namen aus: Wunderbarer Ratgeber, Starker Gott, Vater in Ewigkeit, Fürst des Friedens.

Gott kann uns kein Glück und keinen Frieden schenken, der von ihm selbst getrennt ist.

C. S. LEWIS

⁶ Die große Herrschaft und der Frieden sind ohne Ende auf dem Thron Davids und in seinem Königreich, es zu festigen und zu stützen durch Recht und Gerechtigkeit, von jetzt an bis in Ewigkeit.
Der Eifer des HERRN der Heerscharen wird das vollbringen.

Jes 11 entfaltet diese Ankündigung mit Bildern aus der Pflanzen- und Tierwelt.

Gerechtigkeit und Friede als Auswirkungen des Geistes Gottes (Jes 11,1–10)

Isai war der Vater des Königs David (s. 1 Sam 16,1–13). Der „Baumstumpf" symbolisiert, dass das Königtum des Hauses David wie ein gefällter Baum zu einem gewaltsamen Ende kommt, „Reis" und „Trieb" dagegen, dass Gott einen neuen Beginn schenkt (↗ zu 2 Sam 7,16).

11 ¹ Doch aus dem Baumstumpf Isais wächst ein Reis hervor, ein junger Trieb aus seinen Wurzeln bringt Frucht.

² Der Geist des HERRN ruht auf ihm: der Geist der Weisheit und der Einsicht, der Geist des Rates und der Stärke,
der Geist der Erkenntnis und der Furcht des HERRN.

³ Und er hat sein Wohlgefallen an der Furcht des HERRN.
Er richtet nicht nach dem Augenschein
und nach dem Hörensagen entscheidet er nicht,

⁴ sondern er richtet die Geringen in Gerechtigkeit
und entscheidet für die Armen des Landes, wie es recht ist.

Er schlägt das Land mit dem Stock seines Mundes
und tötet den Frevler mit dem Hauch seiner Lippen.
⁵ Gerechtigkeit ist der Gürtel um seine Hüften
und die Treue der Gürtel um seine Lenden.
⁶ Der Wolf findet Schutz beim Lamm, der Panther liegt beim Böcklein. Kalb und Löwe weiden zusammen, ein kleiner Junge leitet sie.
⁷ Kuh und Bärin nähren sich zusammen, ihre Jungen liegen beieinander. Der Löwe frisst Stroh wie das Rind.
⁸ Der Säugling spielt vor dem Schlupfloch der Natter
und zur Höhle der Schlange streckt das Kind seine Hand aus.
⁹ Man tut nichts Böses und begeht kein Verbrechen auf meinem
ganzen heiligen Berg; denn das Land ist erfüllt von der Erkenntnis
des HERRN, so wie die Wasser das Meer bedecken.
¹⁰ An jenem Tag wird es der Spross aus der Wurzel Isais sein, der
dasteht als Feldzeichen für die Völker; die Nationen werden nach ihm
fragen und seine Ruhe wird herrlich sein.

▶ Mit „Stock seines Mundes" und dem „Hauch seines Mundes" ist Rechtsprechung gemeint.

▶ Diese unvergänglichen Bilder stehen für eine Welt, in der Gewalt, Feindschaft und Gefahren überwunden sind – auch unter den Menschen.

▶ Jesajas Visionen sind nicht nur Utopie. Sie geben eine Richtung an, in die viele Menschen bereits gegangen sind, womit sie die Welt zum Guten verändert haben.

Das Verhältnis der Völker untereinander und zu Gott ist eine Grundfrage der Menschheit, wie sich auch heute in vielen Auseinandersetzungen zeigt. Das Buch Jesaja beschäftigt sich intensiv damit, unter anderem in den Sprüchen über die Völker in Jes 13–23. Bereits Jes 2 schilderte eine internationale Wallfahrt zu Gott in Jerusalem, wo alle seine Lehre und sein Recht kennenlernen wollen, um so die Bedingung für Frieden zu schaffen. Jes 25 geht noch weiter.

Gottes Festmahl auf dem Zion (Jes 25,6–10)

25 ⁶ Der HERR der Heerscharen wird auf diesem Berg für alle Völker ein Festmahl geben mit den feinsten Speisen, ein Gelage mit erlesenen Weinen, mit den feinsten, fetten Speisen, mit erlesenen, reinen Weinen.
⁷ Er verschlingt auf diesem Berg die Hülle, die alle Völker verhüllt, und die Decke, die alle Nationen bedeckt.
⁸ Er hat den Tod für immer verschlungen und GOTT, der Herr, wird die Tränen von jedem Gesicht abwischen und die Schande seines Volkes entfernt er von der ganzen Erde, denn der HERR hat gesprochen.
⁹ An jenem Tag wird man sagen: Siehe, das ist unser Gott, auf ihn haben wir gehofft, dass er uns rettet. Das ist der HERR, auf ihn haben wir gehofft. Wir wollen jubeln und uns freuen über seine rettende Tat.
¹⁰ Denn die Hand des HERRN ruht auf diesem Berg. Moab aber wird an seiner Stätte zerstampft, wie Stroh in der Jauche zerstampft wird.

▶ Gott ist wie ein überaus großzügiger Gastgeber: Er trägt das Allerbeste auf (v6). Er entfernt die „Hülle" bzw. „Decke" – alles, was die Verständigung unter den Völkern behindert, wie Nationalismus, Ideologien und Vorurteile (v7). Zärtlich tröstet er bei Trauer und Schmerz, er vernichtet sogar den Tod (v8).

„„ Das Schlimmste, was wir Gott antun, ist, ihn in Ruhe zu lassen.
C. S. LEWIS

Die folgenden Kapitel bringen viele weitere Ankündigungen von Heil: Deine Toten werden leben, meine Leichen wieder auf. Wacht auf und jubelt, ihr Bewohner des Staubes! Denn ein Tau von Lichtern ist dein Tau (Jes 26,19). Erneut setzt sich Gott für seinen Weinberg ein (Jes 27,2–5, in Umkehrung zu Jes 5,5–6). Gott wird dein Lehrer genannt (Jes 30,20) und unser Richter ... unser Gesetzgeber, unser König, (33,22). Das neue, von Gott geschenkte Heil tritt immer mehr hervor, besonders stark schon in Jes 35 und dann ab Jes 40.

Gottes Kommen verwandelt die Welt (Jes 35,1–10)

35 ¹ Jubeln werden die Wüste und das trockene Land, jauchzen wird die Steppe und blühen wie die Lilie.

² Sie wird prächtig blühen und sie wird jauchzen, ja jauchzen und frohlocken. Die Herrlichkeit des Libanon wurde ihr gegeben, die Pracht des Karmel und der Ebene Scharon. Sie werden die Herrlichkeit des HERRN sehen, die Pracht unseres Gottes.

³ Stärkt die schlaffen Hände und festigt die wankenden Knie!

⁴ Sagt den Verzagten: Seid stark, fürchtet euch nicht! Seht, euer Gott! Die Rache kommt, die Vergeltung Gottes! Er selbst kommt und wird euch retten.

⁵ Dann werden die Augen der Blinden aufgetan und die Ohren der Tauben werden geöffnet.

⁶ Dann springt der Lahme wie ein Hirsch und die Zunge des Stummen frohlockt, denn in der Wüste sind Wasser hervorgebrochen und Flüsse in der Steppe.

⁷ Der glühende Sand wird zum Teich und das durstige Land zu sprudelnden Wassern. Auf der Aue, wo sich Schakale lagern, wird das Gras zu Schilfrohr und Papyrus.

⁸ Dort wird es eine Straße, den Weg geben; man nennt ihn den Heiligen Weg. Kein Unreiner wird auf ihm einherziehen; er gehört dem, der auf dem Weg geht, und die Toren werden nicht abirren.

▶ Die Gebirge des Libanon und des Karmel waren bewaldet, die Ebene Scharon liegt am Mittelmeer und ist besonders fruchtbar; beides sind Zeichen für göttlichen Segen. Ähnliche Pracht soll in der Wüste entstehen, so dass sie jubelt (↗ auch v6–7).

▶ Verwandlungen in der Natur (Wasser in der Wüste) und bei Menschen gehen zusammen – die Schöpfung ist eins. Auch das Vertrocknete und Unfruchtbare im Leben wird verwandelt.

▶ Die Kirche schreitet zwischen den Verfolgungen der Welt und den Tröstungen Gottes auf ihrem Pilgerweg dahin.

AUGUSTINUS

⁹ Es wird dort keinen Löwen geben, kein Raubtier zieht auf ihm hinauf, kein einziges ist dort zu finden, sondern Erlöste werden ihn gehen.

¹⁰ Die vom HERRN Befreiten kehren zurück und kommen zum Zion mit Frohlocken. Ewige Freude ist auf ihren Häuptern, Jubel und Freude stellen sich ein, Kummer und Seufzen entfliehen.

Jes 36–39 wiederholt die Geschichte über Jesaja, die in den Königsbüchern erzählt ist (2 Kön 18,13.17–20,19). Darin deutet Jesaja die Eroberung Jerusalems durch die Babylonier an (Jes 39,5–7), die sonst im Jesajabuch nicht ausdrücklich erwähnt ist. Aber im folgenden Teil, ab Jes 40, geht es darum, Zion zu trösten, was das Babylonische Exil voraussetzt.

Gottes Kommen verkünden! (Jes 40,1–11)

40 ¹ Tröstet, tröstet mein Volk, spricht euer Gott.

² Redet Jerusalem zu Herzen und ruft ihr zu, dass sie vollendet hat ihren Frondienst, dass gesühnt ist ihre Schuld, dass sie empfangen hat aus der Hand des HERRN Doppeltes für all ihre Sünden!

³ Eine Stimme ruft: In der Wüste bahnt den Weg des HERRN, ebnet in der Steppe eine Straße für unseren Gott!

⁴ Jedes Tal soll sich heben, jeder Berg und Hügel sich senken. Was krumm ist, soll gerade werden, und was hüglig ist, werde eben.

⁵ Dann offenbart sich die Herrlichkeit des HERRN, alles Fleisch wird

▶ „Frondienst" bedeutete im Mittelalter Arbeit, die abhängige Bauern für ihre Grundherren leisten mussten.

▶ Stimme eines Rufers in der Wüste: „Bereitet den Weg des Herrn!" (Mk 1,3): Die Evangelien sehen Johannes den Täufer als diese Stimme in der Wüste.

sie sehen. Ja, der Mund des HERRN hat gesprochen.

⁶ Eine Stimme sagt: Rufe! Und jemand sagt: Was soll ich rufen? Alles Fleisch ist wie das Gras und all seine Treue ist wie die Blume auf dem Feld.

⁷ Das Gras verdorrt, die Blume verwelkt, wenn der Atem des HERRN darüber weht. Wahrhaftig, Gras ist das Volk.

⁸ Das Gras verdorrt, die Blume verwelkt, doch das Wort unseres Gottes bleibt in Ewigkeit.

⁹ Steig auf einen hohen Berg, Zion, du Botin der Freude! Erheb deine Stimme mit Macht, Jerusalem, du Botin der Freude! Erheb deine Stimme, fürchte dich nicht! Sag den Städten in Juda: Siehe, da ist euer Gott.

¹⁰ Siehe, GOTT, der Herr, kommt mit Macht, er herrscht mit starkem Arm. Siehe, sein Lohn ist mit ihm und sein Ertrag geht vor ihm her.

¹¹ Wie ein Hirt weidet er seine Herde, auf seinem Arm sammelt er die Lämmer, an seiner Brust trägt er sie, die Mutterschafe führt er behutsam.

▶ Auch Frauen sind an der Verkündigung der frohen Botschaft vom Kommen Gottes beteiligt. Das griechische Wort für „Freudenbotin" (und „frohe Botschaft bringen" in Jes 61,1) ist die Grundlage für das Wort „Evangelium" (↗ Mt 11,5).

Gott braucht Menschen, die Zeugnis für ihn geben. Zum Propheten Jesaja (s. seine Berufung in Jes 6) und den verschiedenen Sprechern in Jes 40 tritt die Symbolgestalt des Gottesknechtes, was wir besser als Diener Gottes übersetzen sollten. Obwohl er sanft und still ist und vieles ertragen muss, offenbart er so Gottes verborgene Pläne zum Heil für die ganze Menschheit und treibt sie voran. In seiner Person spiegelt sich das Schicksal unzähliger Menschen, die für Gott und für Gerechtigkeit Nachteile und Leiden ertragen, unter ihnen besonders auch Jesus.

Gottes Diener (Jes 42,1–9)

42 ¹ Siehe, das ist mein Knecht, den ich stütze; das ist mein Erwählter, an ihm finde ich Gefallen. Ich habe meinen Geist auf ihn gelegt, er bringt den Nationen das Recht.

² Er schreit nicht und lärmt nicht und lässt seine Stimme nicht auf der Gasse erschallen.

³ Das geknickte Rohr zerbricht er nicht und den glimmenden Docht löscht er nicht aus; ja, er bringt wirklich das Recht.

⁴ Er verglimmt nicht und wird nicht geknickt, bis er auf der Erde das Recht begründet hat. Auf seine Weisung warten die Inseln.

⁵ So spricht GOTT, der Herr, der den Himmel erschaffen und ausgespannt hat, der die Erde gemacht hat und alles, was auf ihr wächst, der dem Volk auf ihr Atem gibt und Geist allen, die auf ihr gehen.

⁶ Ich, der HERR, habe dich aus Gerechtigkeit gerufen, ich fasse dich an der Hand. Ich schaffe und mache dich zum Bund mit dem Volk, zum Licht der Nationen,

⁷ um blinde Augen zu öffnen, Gefangene aus dem Kerker zu holen und die im Dunkel sitzen, aus der Haft.

⁸ Ich bin der HERR, das ist mein Name; ich überlasse die Ehre, die mir gebührt, keinem andern, meinen Ruhm nicht den Götzen.

⁹ Siehe, das Frühere ist eingetroffen, Neues kündige ich an. Noch ehe es zum Vorschein kommt, mache ich es euch bekannt.

▶ Das sanfte Auftreten des Dieners entspricht der Zärtlichkeit Gottes (↗ Jes 40,11).

 Manchmal denke ich, dass ich Gott eigentlich nicht brauche und meine Probleme allein lösen muss. Dann falle ich auf die Nase und stelle fest, dass ich ohne Gott nichts schaffen kann. Er löscht die kleine Flamme in meinem Herzen, mit der ich oft so achtlos umgehe, nie aus. Ich habe entdeckt, dass Gott mich nicht fallen lässt, auch wenn ich manchmal wenig Vertrauen habe. Gott ist einer, der „trotzdem" liebt.

BERNADETTE

Das Erstaunliche am Diener ist, dass er selbst Probleme mit seiner Wahrnehmung hat: Wer ist so blind wie mein Knecht und so taub wie der Bote, den ich sende? … Vieles hast du gesehen, aber es nicht beachtet; die Ohren sind offen und doch hört er nicht. (Jes 42,19–20). Aber gerade durch die Erfahrung eigenen Leidens wird er fähig, anderen in ihren Einschränkungen zu helfen und sie zu öffnen. Das folgende Gedicht zeigt, wie Gott zu seinem Diener steht:

Gottes Liebeslied (Jes 43,1–7)

43 ¹ Jetzt aber – so spricht der HERR, der dich erschaffen hat, Jakob, und der dich geformt hat, Israel:

Fürchte dich nicht, denn ich habe dich ausgelöst, ich habe dich beim Namen gerufen, du gehörst mir!

² Wenn du durchs Wasser schreitest, bin ich bei dir, wenn durch Ströme, dann reißen sie dich nicht fort. Wenn du durchs Feuer gehst, wirst du nicht versengt, keine Flamme wird dich verbrennen.

³ Denn ich, der HERR, bin dein Gott, ich, der Heilige Israels, bin dein Retter. Ich habe Ägypten als Kaufpreis für dich gegeben, Kusch und Seba an deiner Stelle.

⁴ Weil du in meinen Augen teuer und wertvoll bist und weil ich dich liebe, gebe ich Menschen für dich und für dein Leben ganze Völker.

⁵ Fürchte dich nicht, denn ich bin mit dir! Vom Aufgang der Sonne bringe ich deine Kinder herbei und vom Untergang her sammle ich dich.

> **"** Gott will das Glück und das Lächeln eines jeden Kindes, und seine Gunst gehört ihm. … Im Kind gibt es etwas, das einem, der in das Himmelreich kommen will, nie fehlen darf.
>
> **PAPST BENEDIKT XVI.,** Africae munus

> Alles zur größeren Ehre Gottes!
>
> **IGNATIUS VON LOYOLA** Motto

⁶ Ich sage zum Norden: Gib her! und zum Süden: Halt nicht zurück! Führe meine Söhne heim aus der Ferne, meine Töchter vom Ende der Erde!

⁷ Denn jeden, der nach meinem Namen benannt ist, habe ich zu meiner Ehre erschaffen, geformt und gemacht.

Der Glaube an den einzigen guten Gott der gesamten Schöpfung wirft das Problem auf, wie große Veränderungen in der Geschichte, besonders aber negative Erfahrungen wie Schmerz und Unrecht damit zu vereinbaren sind.

Alles in Gottes Hand (Jes 45,1–8)

> ▶ Der Perserkönig Kyrus eroberte 539 v. Chr. Babel (↗ Esra und Neh). Damit begann die gut 200 Jahre dauernde Herrschaft über fast den ganzen Nahen Orient. Kyrus erhält hier den Titel „Gesalbter" (= Messias): Gott selbst hat ihn zu seiner Weltherrschaft beauftragt.

45 ¹ So spricht der HERR zu seinem Gesalbten, zu Kyrus: Ich habe ihn an seiner rechten Hand gefasst, um ihm Nationen zu unterwerfen; Könige entwaffne ich, um ihm Türen zu öffnen und kein Tor verschlossen zu halten:

² Ich selbst gehe vor dir her und ebne Ringmauern ein. Ich zertrümmere bronzene Tore und zerschlage eiserne Riegel.

³ Ich gebe dir verborgene Schätze und Reichtümer, die im Dunkel versteckt sind. So sollst du erkennen, dass ich der HERR bin, der dich bei deinem Namen ruft, ich, Israels Gott.

> ⁑ Ich nehme keine Auszeichnungen in meinem Namen an. Ich bin nichts.
>
> **MUTTER TERESA**

⁴ Um meines Knechtes Jakob willen, um Israels, meines Erwählten, willen habe ich dich bei deinem Namen gerufen; ich habe dir einen Ehrennamen gegeben, ohne dass du mich kanntest.

⁵ Ich bin der HERR und sonst niemand; außer mir gibt es keinen Gott. Ich habe dir den Gürtel angelegt, ohne dass du mich kanntest, ⁶ damit man vom Aufgang der Sonne bis zu ihrem Untergang erkennt, dass es außer mir keinen Gott gibt. Ich bin der HERR und sonst niemand.

⁷ Der das Licht formt und das Dunkel erschafft, der das Heil macht und das Unheil erschafft, ich bin der HERR, der all dies macht.

⁸ Taut, ihr Himmel, von oben, ihr Wolken, lasst Gerechtigkeit regnen! Die Erde tue sich auf und bringe das Heil hervor, sie lasse Gerechtigkeit sprießen. Ich, der HERR, erschaffe es.

▶ Wenige Stellen im AT bekennen sich so deutlich zum „Monotheismus" wie diese (v5–6, ↗ zu Dtn 4,35).

▶ Das bekannte Adventslied „Tauet, Himmel, den Gerechten …!" geht auf diese Stelle zurück.

> Während Gott zum Aufbruch drängt, herrschen beim Volk desolate Zustände, Enttäuschung und resignative Stimmung. Doch Zion sagt: „Der Herr hat mich verlassen, Gott hat mich vergessen." (Jes 49,14).

Gottes Trost für Zion (Jes 49,13–18)

49 ¹³ Jubelt, ihr Himmel, jauchze, o Erde, freut euch, ihr Berge! Denn der HERR hat sein Volk getröstet und erbarmt sich seiner Armen.

¹⁴ Doch Zion sagt: Der HERR hat mich verlassen, Gott hat mich vergessen.

¹⁵ Kann denn eine Frau ihr Kindlein vergessen, ohne Erbarmen sein gegenüber ihrem leiblichen Sohn? Und selbst wenn sie ihn vergisst: Ich vergesse dich nicht.

> „ Der Mensch lebt und bestehet nur eine kleine Zeit; und alle Welt vergehet mit ihrer Herrlichkeit. Es ist nur Einer ewig und an allen Enden, und wir in seinen Händen.
>
> **MATTHIAS CLAUDIUS**

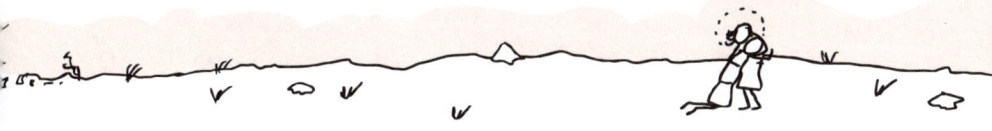

¹⁶ Sieh her: Ich habe dich eingezeichnet in meine Hände, deine Mauern sind beständig vor mir. ¹⁷ Deine Erbauer eilen herbei und die dich zerstört und verwüstet haben, ziehen davon.

¹⁸ Erhebe deine Augen ringsum und schau: Alle haben sich versammelt und sind zu dir gekommen. So wahr ich lebe – Spruch des HERRN: Du wirst sie alle wie einen Schmuck anlegen, du wirst dich mit ihnen schmücken wie eine Braut.

▶ Angesprochen ist das von den Babyloniern zerstörte Jerusalem, das unter persischer Herrschaft wieder aufgebaut werden soll.

> Gottes Diener ist sensibel, aber nicht empfindlich. Er kann hören und trösten, hält aber auch Aggressionen von anderen aus.

Das dritte Lied vom Gottesknecht (Jes 50,4–9)

50 ⁴ GOTT, der Herr, gab mir die Zunge von Schülern, damit ich verstehe, die Müden zu stärken durch ein aufmunterndes Wort. Jeden Morgen weckt er mein Ohr, damit ich höre, wie Schüler hören.

⁵ GOTT, der Herr, hat mir das Ohr geöffnet. Ich aber wehrte mich nicht und wich nicht zurück.

⁶ Ich hielt meinen Rücken denen hin, die mich schlugen, und meine Wange denen, die mir den Bart ausrissen. Mein Gesicht verbarg ich nicht vor Schmähungen und Speichel.

> Ich brauche dich, Herr, als meinen Lehrer, tagtäglich brauche ich dich. … Meine Ohren sind taub, ich kann deine Stimme nicht hören. Mein Blick ist getrübt, ich kann deine Zeichen nicht sehen. Du allein kannst mein Ohr schärfen und meinen Blick klären und mein Herz reinigen. Lehre mich, zu deinen Füßen zu sitzen und auf dein Wort zu hören. Amen.
>
> **JOHN HENRY NEWMAN**

 Der Mensch wird durch das Leid erst gehärtet, um das Glück ertragen zu können; so wie der Ton im Feuer gebrannt wird, um Wasser fassen zu können.

AUGUSTINUS

⁷ Und GOTT, der Herr, wird mir helfen; darum werde ich nicht in Schande enden. Deshalb mache ich mein Gesicht hart wie einen Kiesel; ich weiß, dass ich nicht in Schande gerate.
⁸ Er, der mich freispricht, ist nahe. Wer will mit mir streiten? Lasst uns zusammen vortreten! Wer ist mein Gegner im Rechtsstreit? Er trete zu mir heran.
⁹ Siehe, GOTT, der Herr, wird mir helfen. Wer kann mich für schuldig erklären? Siehe, sie alle zerfallen wie ein Gewand, das die Motten zerfressen.

Das sogenannte vierte Gottesknechtslied führt das Thema von Gottes Diener (↗ schon Jes 42; 43; 49–50) zum Höhepunkt. Dabei zeigt sich, wie die Gemeinschaft im Blick auf ihn zur Einsicht kommt.

Gottes Diener trägt in seinem Leiden die Gemeinschaft (Jes 53,1–12)

53 ¹ Wer hat geglaubt, was wir gehört haben? Der Arm des HERRN – wem wurde er offenbar?
² Vor seinen Augen wuchs er auf wie ein junger Spross, wie ein Wurzeltrieb aus trockenem Boden. Er hatte keine schöne und edle Gestalt, sodass wir ihn anschauen mochten. Er sah nicht so aus, dass wir Gefallen fanden an ihm.
³ Er wurde verachtet und von den Menschen gemieden, ein Mann voller Schmerzen, mit Krankheit vertraut. Wie einer, vor dem man das Gesicht verhüllt, war er verachtet; wir schätzten ihn nicht.

▶ *Crucifixus etiam pro nobis* (= Er wurde für uns gekreuzigt) heißt es auch im Glaubensbekenntnis der Kirche von Jesus Christus.

▶ Jetzt erkennt die Gemeinschaft ("wir") endlich, dass Gottes Diener unter ihrer Schuld gelitten und sie dadurch geheilt hat.

⁴ Aber er hat unsere Krankheit getragen und unsere Schmerzen auf sich geladen. Wir meinten, er sei von Gott geschlagen, von ihm getroffen und gebeugt.
⁵ Doch er wurde durchbohrt wegen unserer Vergehen, wegen unserer Sünden zermalmt. Zu unserem Heil lag die Züchtigung auf ihm, durch seine Wunden sind wir geheilt.
⁶ Wir hatten uns alle verirrt wie Schafe, jeder ging für sich seinen Weg. Doch der HERR ließ auf ihn treffen die Schuld von uns allen.
⁷ Er wurde bedrängt und misshandelt, aber er tat seinen Mund nicht auf. Wie ein Lamm, das man zum Schlachten führt, und wie ein Schaf vor seinen Scherern verstummt, so tat auch er seinen Mund nicht auf.
⁸ Durch Haft und Gericht wurde er dahingerafft, doch wen kümmerte sein Geschick? Er wurde vom Land der Lebenden abgeschnitten und wegen der Vergehen meines Volkes zu Tode getroffen.
⁹ Bei den Frevlern gab man ihm sein Grab und bei den Reichen seine Ruhestätte, obwohl er kein Unrecht getan hat und kein trügerisches Wort in seinem Mund war.

B Mein Vater, wenn es möglich ist, gehe dieser Kelch an mir vorüber. Aber nicht wie ich will, sondern wie du willst.

Mt 26,39, Jesus am Ölberg

¹⁰ Doch der HERR hat Gefallen an dem von Krankheit Zermalmten. Wenn du, Gott, sein Leben als Schuldopfer einsetzt, wird er Nachkommen sehen und lange leben. Was Gott gefällt, wird durch seine Hand gelingen.

¹¹ Nachdem er vieles ertrug, erblickt er das Licht. Er sättigt sich an Erkenntnis. Mein Knecht, der gerechte, macht die Vielen gerecht; er lädt ihre Schuld auf sich.

¹² Deshalb gebe ich ihm Anteil unter den Großen und mit Mächtigen teilt er die Beute, weil er sein Leben dem Tod preisgab und sich unter die Abtrünnigen rechnen ließ. Er hob die Sünden der Vielen auf und trat für die Abtrünnigen ein.

> Wenn das Weizenkorn nicht in die Erde fällt und stirbt, bleibt es allein; wenn es aber stirbt, bringt es reiche Frucht.
>
> Joh 12,24

Jes 54 stellt dem Diener Gottes die Frau Zion als weibliche Symbolgestalt an die Seite. Die Tochter Zion (↗ Jes 2,8) ist hier erwachsen und steht für die Gemeinschaft, die Gott am Tempel in Jerusalem verehrt. Auch sie erlebt eine glückliche Lebenswende, wie Jes 55 weiter entfaltet:

Neues Heil (Jes 55, 1–13)

55 ¹ Auf, alle Durstigen, kommt zum Wasser! Die ihr kein Geld habt, kommt, kauft Getreide und esst, kommt und kauft ohne Geld und ohne Bezahlung Wein und Milch!

² Warum bezahlt ihr mit Geld, was euch nicht nährt, und mit dem Lohn eurer Mühen, was euch nicht satt macht? Hört auf mich, dann bekommt ihr das Beste zu essen und könnt euch laben an fetten Speisen!

³ Neigt euer Ohr und kommt zu mir, hört und ihr werdet aufleben! Ich schließe mit euch einen ewigen Bund: Die Erweise der Huld für David sind beständig.

▶ Mit der paradoxen Aufforderung, „ohne Bezahlung zu kaufen", lädt Gott dazu ein, seine Fülle geschenkt zu bekommen. Was er uns gibt, nährt wirklich und steht all dem gegenüber, wofür wir viel aufwenden, was uns aber nicht wirklich glücklich macht.

⁴ Siehe, ich habe ihn zum Zeugen für die Völker gemacht, zum Fürsten und Gebieter der Nationen.

⁵ Siehe, eine Nation, die du nicht kennst, wirst du rufen und eine Nation, die dich nicht kannte, eilt zu dir, um des HERRN, deines Gottes, des Heiligen Israels willen, weil er dich herrlich gemacht hat.

⁶ Sucht den HERRN, er lässt sich finden, ruft ihn an, er ist nah!

⁷ Der Frevler soll seinen Weg verlassen, der Übeltäter seine Pläne. Er kehre um zum HERRN, damit er Erbarmen hat mit ihm, und zu unserem Gott; denn er ist groß im Verzeihen.

⁸ Meine Gedanken sind nicht eure Gedanken und eure Wege sind nicht meine Wege – Spruch des HERRN.

⁹ So hoch der Himmel über der Erde ist, so hoch erhaben sind meine Wege über eure Wege und meine Gedanken über eure Gedanken.

¹⁰ Denn wie der Regen und der Schnee vom Himmel fällt und nicht dorthin zurückkehrt, ohne die Erde zu tränken und sie zum Keimen und Sprossen zu bringen, dass sie dem Sämann Samen gibt und Brot zum Essen,

¹¹ so ist es auch mit dem Wort, das meinen Mund verlässt: Es kehrt nicht leer zu mir zurück, ohne zu bewirken, was ich will, und das zu erreichen, wozu ich es ausgesandt habe.

¹² In Freude werdet ihr ausziehen und in Frieden heimgebracht wer-

" Wenn eine Gemeinschaft die Verkündigung des Heils aufnimmt, befruchtet der Heilige Geist ihre Kultur mit der verwandelnden Kraft des Evangeliums. So verfügt das Christentum … nicht über ein einziges kulturelles Modell, sondern es bewahrt … auch das Angesicht der vielen Kulturen und Völker, in die es hineingegeben und verwurzelt wird.

PAPST FRANZISKUS, Evangelii Gaudium, 116

▶ Gottes Wort besteht nicht nur auf ewig (Jes 40,8), es ist auch unendlich fruchtbar, wie das Wasser in der Natur.

204 DIE BÜCHER DER PROPHETEN

den. Berge und Hügel brechen vor euch in Jubel aus und alle Bäume auf dem Feld klatschen in die Hände.

[13] Statt Dornen wachsen Zypressen, statt Brennnesseln Myrten. Das geschieht zum Ruhm des HERRN, zum ewigen Zeichen, das niemals getilgt wird.

Die frohe Botschaft (Jes 61,1–3)

61 [1] Der Geist GOTTES, des Herrn, ruht auf mir. Denn der HERR hat mich gesalbt; er hat mich gesandt, um den Armen frohe Botschaft zu bringen, um die zu heilen, die gebrochenen Herzens sind, um den Gefangenen Freilassung auszurufen und den Gefesselten Befreiung,

[2] um ein Gnadenjahr des HERRN auszurufen, einen Tag der Vergeltung für unseren Gott, um alle Trauernden zu trösten,

[3] den Trauernden Zions Schmuck zu geben anstelle von Asche, Freudenöl statt Trauer, ein Gewand des Ruhms statt eines verzagten Geistes.

> Wenn der Friede Gottes in dir Wurzeln geschlagen hat, wirst du diesen Frieden den Menschen bringen, und du wirst sie von ihrer Lebensangst und ihren Zweifeln heilen.
>
> **CHARBEL MAKHLOUF** (1828–1889), libanesischer Nationalheiliger

In diesem Gebet gesteht das Volk eigene Schuld ein, fordert dann aber auch Gott zum Eingreifen gegen das Unglück auf.

> 99 Dieses Ungeheure, Personifizierte, tritt uns als ein Gott entgegen, als Schöpfer und Erhalter, welchen anzubeten und zu preisen wir auf alle Weise aufgefordert sind.
>
> **JOHANN WOLFGANG VON GOETHE** (1749–1832), deutscher Dichter

▶ Zu Gottes Enttäuschung über Israel als seine Kinder ↗ schon den Beginn des Buches (Jes 1,2). „Heiliger Geist" begegnet im hebräischen Alten Testament nur hier (v10–11) und in Ps 51,13.

▶ Gott wendet sich gegen das Volk (v10) und bringt es so zur Besinnung. Sie erinnern sich an die Wunder des Exodus und wagen erneut die Anrede an Gott („du", v14).

Das Klagelied des Volkes (Jes 63,7–64,11)

63 [7] Die Taten der Huld des HERRN will ich preisen, die Ruhmestaten des HERRN, gemäß allem, was der HERR uns erwiesen hat, seine große Güte, die er dem Haus Israel nach seiner Barmherzigkeit und seiner großen Huld erwiesen hat.

[8] Er sagte: Gewiss, sie sind mein Volk, Kinder, die nicht treulos handeln. So wurde er ihnen zum Retter. [9] In all ihrer Bedrängnis war auch er bedrängt und der Engel seines Angesichts hat sie gerettet. In seiner Liebe und seinem Mitleid hat er selbst sie erlöst. Er hat sie emporgehoben und sie getragen in all den Tagen der Vorzeit.

[10] Sie aber lehnten sich auf und betrübten seinen heiligen Geist. Da wandelte er sich ihnen zum Feind; er selbst führte Krieg gegen sie.

[11] Da dachte man an die Tage der Vorzeit, an Mose, an sein Volk: Wo ist der, der sie heraufgeführt hat aus dem Meer, zusammen mit dem Hirten seiner Schafe? Wo ist der, der seinen heiligen Geist in sein Inneres gelegt hat,

[12] der sie an der rechten Seite des Mose gehen ließ mit prachtvollem Arm, der die Wasser vor ihnen zerteilte, um sich einen ewigen Namen zu machen, [13] der sie durch die Fluten gehen ließ wie Pferde durch die Wüste, ohne dass sie strauchelten?

[14] Wie das Vieh, das ins Tal hinabsteigt, so ließ sie der Geist des HERRN zur Ruhe kommen. So führtest du dein Volk, um dir einen prachtvollen Namen zu machen.

¹⁵ Blick vom Himmel herab und sieh her von deiner heiligen, prachtvollen Wohnung! Wo ist dein leidenschaftlicher Eifer und deine Macht? Dein großes Mitgefühl und dein Erbarmen – sie bleiben mir versagt!

¹⁶ Du bist doch unser Vater! Abraham weiß nichts von uns, Israel kennt uns nicht. Du, HERR, bist unser Vater, Unser Erlöser von jeher ist dein Name. ¹⁷ Warum lässt du uns, HERR, von deinen Wegen abirren und machst unser Herz hart, sodass wir dich nicht fürchten? Kehre zurück um deiner Knechte willen, um der Stämme willen, die dein Erbbesitz sind!

¹⁸ Für eine kurze Zeit haben unsere Feinde dein heiliges Volk in Besitz genommen; dein Heiligtum haben sie zertreten.

¹⁹ Wir sind geworden wie die, über die du nie geherrscht hast, über denen dein Name nie ausgerufen wurde. Hättest du doch den Himmel zerrissen und wärest herabgestiegen, sodass die Berge vor dir erzitterten.

64 ³ Seit Urzeiten hat man nicht vernommen, hat man nicht gehört; kein Auge hat je einen Gott außer dir gesehen, der an dem handelt, der auf ihn harrt.

⁴ Du kamst dem entgegen, der freudig Gerechtigkeit übt, denen, die auf deinen Wegen an dich denken. Siehe, du warst zornig und wir sündigten; bleiben wir künftig auf ihnen, werden wir gerettet werden.

 Wie ein Vater sich seiner Kinder erbarmt, so erbarmt sich der HERR über alle, die ihn fürchten.
Ps 103,13

▶ Zweimal nennt das Volk Gott „unseren Vater" (nochmals in 64,7). Dies ist ein Ursprung für das Gebet: „Unser Vater im Himmel, geheiligt werde dein Name ..." (Mt 6,9).

Hier ist die Quelle für das Adventslied „O Heiland, reiß die Himmel auf".

▶ V4 wörtlich: „Würdest du doch jemanden treffen, der sich daran freut, Gerechtigkeit zu tun, solche, die auf deinen Wegen deiner gedenken!" Das Problem liegt nicht bei Gott, sondern daran, dass alle auf Irrwegen und fern von Gott sind.

⁵ Wie ein Unreiner sind wir alle geworden, unsere ganze Gerechtigkeit ist wie ein beflecktes Kleid. Wie Laub sind wir alle verwelkt, unsere Schuld trägt uns fort wie der Wind.

⁶ Niemand ruft deinen Namen an, keiner rafft sich dazu auf, festzuhalten an dir. Denn du hast dein Angesicht vor uns verborgen und hast uns zergehen lassen in der Gewalt unserer Schuld.

⁷ Doch nun, HERR, du bist unser Vater. Wir sind der Ton und du bist unser Töpfer, wir alle sind das Werk deiner Hände.

⁸ Zürne nicht allzu sehr, HERR, denk nicht für immer an die Schuld! Schau doch her: Wir alle sind dein Volk.

⁹ Deine heiligen Städte sind zur Wüste geworden, Zion ist zur Wüste geworden, Jerusalem zur Einöde.

¹⁰ Unser heiliges und prachtvolles Haus, wo unsere Väter dich priesen, ist ein Raub des Feuers geworden; alles, was uns begehrenswert war, liegt in Trümmern.

¹¹ Kannst du dich bei alldem zurückhalten, HERR, kannst du schweigen und uns so sehr erniedrigen?

Unglaublich spannungsreiche Emotionen: Schuldgefühle und zugleich die Bitte, dass Gott endlich Mitgefühl zeigt!

Was für ein schönes Bild von Gott: ein Künstler, der liebevoll mit seinem Material umgeht! Jedes Wesen, das er schafft: ein Kunstwerk! ↗ auch Gen 2,7: „Da formte Gott, der HERR, den Menschen ..."

Gott geht in den abschließenden Kapiteln (Jes 65–66) auf die Bitte des Volkes ein. Er will gegen Ungerechtigkeit vorgehen, seinem Volk nahe sein und Glück schenken. Gott verspricht sogar einen neuen Himmel und eine neue Erde (Jes 65,17, ↗ Offb 21,1).

Jeremia

Jeremia bedeutet „Der HERR möge erhöhen, aufrichten".
Diese Bitte passt in eine Zeit, in der vieles untergeht: Der
Prophet Jeremia begleitet den Niedergang des Königtums
in Juda um 600 v. Chr. Er erlebt die Eroberung Jerusalems
durch die babylonischen Truppen und die Zerstörung von
Stadt und Tempel im Jahre 587 mit. Wenn bisher tragende
Grundlagen der Gemeinschaft zugrunde gehen, stellt sich
die Frage nach dem Bleibenden.

Das Jeremiabuch (= Jer) antwortet darauf, indem es zeigt,
wie Gott in Leid und Verlust neues Leben wachsen lässt.
Auch der Prophet macht diese Erfahrung. Er wird verfolgt,
eingesperrt, tödlich bedroht, doch Gottes Wort gewinnt
durch ihn eine unaufhaltsame Kraft und wird zum Fundament auch für spätere Generationen. Wie Jeremia kriti-
sierte auch Jesus mächtige Priester und wurde dafür stark
unter Druck gesetzt. Manche hielten Jesus sogar für einen
neuen Jeremia (↗ Mt 16,13–14).

▶ Jeremias Sendung als „Prophet für die Völker" ist einzigartig und zeigt, dass Gott sich um die gesamte Menschheit kümmert.

🗴🗴 Jeder von uns ist Frucht eines Gedankens Gottes. Jeder ist gewollt, jeder ist geliebt, jeder ist gebraucht.

PAPST BENEDIKT XVI., 24.4.2005

▶ Gott hatte Mose versprochen, einen Propheten wie ihn zu senden: „Ich will ihm meine Worte in den Mund legen" (Dtn 18,18). Jeremia wird damit hier als der verheißene, dem Mose gleiche Prophet vorgestellt.

▶ Im Hebräischen ist dies ein Wortspiel zwischen den „Mandelbaum" *(schaqed)* und „Wächter" *(schoqed)*.

Eine besondere Berufung (Jer 1)

1 ⁴ Das Wort des HERRN erging an mich:
⁵ Noch ehe ich dich im Mutterleib formte, habe ich dich ausersehen, noch ehe du aus dem Mutterschoß hervorkamst, habe ich dich geheiligt, zum Propheten für die Völker habe ich dich bestimmt.
⁶ Da sagte ich: Ach, Herr und GOTT, ich kann doch nicht reden, ich bin ja noch so jung.
⁷ Aber der HERR erwiderte mir: Sag nicht: Ich bin noch so jung. Wohin ich dich auch sende, dahin sollst du gehen, und was ich dir auftrage, das sollst du verkünden.
⁸ Fürchte dich nicht vor ihnen; denn ich bin mit dir, um dich zu retten – Spruch des HERRN.
⁹ Dann streckte der HERR seine Hand aus, berührte meinen Mund und sagte zu mir: Hiermit lege ich meine Worte in deinen Mund.
¹⁰ Sieh her! Am heutigen Tag setze ich dich über Völker und Reiche; du sollst ausreißen und niederreißen, vernichten und zerstören, aufbauen und einpflanzen.
¹¹ Das Wort des HERRN erging an mich: Was siehst du, Jeremia? Ich antwortete: Einen Mandelzweig sehe ich.
¹² Da sprach der HERR zu mir: Du hast richtig gesehen; denn ich wache über mein Wort und führe es aus. ...

🗴🗴 Nichts ist schwieriger und nichts erfordert mehr Charakter, als sich im offenen Gegensatz zu seiner Zeit zu befinden und laut zu sagen: Nein!

KURT TUCHOLSKY (1890–1935), deutscher Schriftsteller

B Ich kenne deine Taten. Du bist weder kalt noch heiß. Wärest du doch kalt oder heiß! Daher, weil du lau bist, weder heiß noch kalt, will ich dich aus meinem Mund ausspeien. Du behauptest: Ich bin reich und wohlhabend und nichts fehlt mir. Du weißt aber nicht, dass gerade du elend und erbärmlich bist, arm, blind und nackt.

Offb 3,15–17

▶ Gott stellt Fragen, ist bereit, sich Kritik anzuhören. Das Wortspiel „nichtig – zunichte" spielt auf 2 Kön 17,15 an und verweist so auf den Untergang des Nordreiches Israel.

¹⁷ Du aber gürte dich, tritt vor sie hin und verkünde ihnen alles, was ich dir auftrage! Erschrick nicht vor ihnen, sonst setze ich dich vor ihren Augen in Schrecken!
¹⁸ Siehe, ich selbst mache dich heute zur befestigten Stadt, zur eisernen Säule und zur bronzenen Mauer gegen das ganze Land, gegen die Könige, Beamten und Priester von Juda und gegen die Bürger des Landes.
¹⁹ Mögen sie dich bekämpfen, sie werden dich nicht bezwingen; denn ich bin mit dir, um dich zu retten – Spruch des HERRN.

Unverständliche Entfernung (Jer 2,1–8)

2 ¹ Das Wort des HERRN erging an mich:
² Auf! Ruf Jerusalem laut ins Ohr: So spricht der HERR: Ich gedenke deiner Jugendtreue, der Liebe deiner Brautzeit, wie du mir in der Wüste gefolgt bist, im Land ohne Aussaat. ³ Heilig war Israel dem HERRN, Erstlingsfrucht seiner Ernte. Wer davon aß, machte sich schuldig, Unheil kam über ihn – Spruch des HERRN. ⁴ Hört das Wort des HERRN, ihr vom Haus Jakob und all ihr Geschlechter des Hauses Israel! ⁵ So spricht der HERR: Was fanden eure Väter Unrechtes an mir, dass sie sich von mir entfernten, nichtigen Göttern nachliefen und so selber zunichte wurden? ⁶ Sie fragten nicht: Wo ist der HERR, der uns aus dem Land Ägypten heraufgeführt, der uns in der Wüste den Weg gewiesen hat, im Land der Steppen und Schluchten, im dürren

und düsteren Land, im Land, das keiner durchwandert und niemand bewohnt? ⁷ Ich brachte euch dann in das Gartenland, um euch seine Früchte und Güter genießen zu lassen. Aber kaum seid ihr dort gewesen, da habt ihr mein Land entweiht und mein Eigentum zum Abscheu gemacht.

⁸ Die Priester fragten nicht: Wo ist der HERR? Die Hüter der Weisung kannten mich nicht, die Hirten des Volkes wurden mir untreu. Die Propheten prophezeiten bei Baal und liefen unnützen Götzen nach.

> ▶ Führungsgruppen der Gemeinschaft, sogar Priester und falsche Propheten, sind hauptverantwortlich für die Untreue gegenüber Gott. „Baal" (= Herr) war eine populäre Gottheit.

Diese Anklagen sind typisch für Jer. Viele Texte weisen die Schuld des Volkes auf; falls es jedoch umkehrt, verspricht Jer aber auch Gottes erneute Gnade (z.B. Jer 3,1–4,4). Im Tiefsten ist Gott berührt über den Zustand seines Volkes, wie auch Jeremia:

Die Tempelrede (Jer 7,1–11)

7 ¹ Das Wort, das vom HERRN an Jeremia erging: ² Stell dich an das Tor des Hauses des HERRN! Dort ruf dieses Wort aus und sprich: Hört das Wort des HERRN, ganz Juda, alle, die ihr durch diese Tore kommt, um euch vor dem HERRN niederzuwerfen! ³ So spricht der HERR der Heerscharen, der Gott Israels: Bessert euer Verhalten und euer Tun, dann will ich bei euch wohnen hier an

diesem Ort! ⁴ Vertraut nicht auf die trügerischen Worte: Der Tempel des HERRN, der Tempel des HERRN, der Tempel des HERRN ist dies! ⁵ Denn nur wenn ihr euer Verhalten und euer Tun von Grund auf bessert, wenn ihr wirklich gerecht entscheidet im Rechtsstreit, ⁶ wenn ihr die Fremden, die Waisen und Witwen nicht unterdrückt, unschuldiges Blut an diesem Ort nicht vergießt und nicht anderen Göttern nachlauft zu eurem eigenen Schaden, ⁷ dann will ich bei euch wohnen hier an diesem Ort, in dem Land, das ich euren Vätern gegeben habe von ewig und auf ewig. ⁸ Freilich, ihr vertraut auf die trügerischen Worte, die nichts nützen. ⁹ Was noch? Stehlen, morden, die Ehe brechen, falsch schwören, dem Baal opfern und anderen Göttern nachlaufen, die ihr nicht kennt – ¹⁰ und ihr kommt und tretet vor mein Angesicht in diesem Haus, über dem mein Name ausgerufen ist, und sagt: Wir sind geborgen!, um dann weiter alle jene Gräuel zu treiben. ¹¹ Ist denn dieses Haus, über dem mein Name ausgerufen ist, in euren Augen eine Räuberhöhle geworden? Auch ich, siehe, ich habe es gesehen – Spruch des HERRN.

> 99 Wenn auch nur ein unbescholtener Amerikaner gezwungen wird, aus Angst seine Meinung zu unterdrücken und seinen Mund zu halten, dann sind alle Amerikaner in Gefahr.
>
> **HARRY S. TRUMAN** (1884–1972), 33. Präsident der Vereinigten Staaten

> **B** Jesus ging in den Tempel und trieb alle Händler und Käufer aus dem Tempel hinaus; er stieß die Tische der Geldwechsler und die Stände der Taubenhändler um und sagte: Es steht geschrieben: Mein Haus soll ein Haus des Gebetes genannt werden. Ihr aber macht daraus eine Räuberhöhle.
>
> Mt 21,12

Gehorsam, nicht Opfer (Jer 7,21–26)

²¹ So spricht der HERR der Heerscharen, der Gott Israels: Häuft nur Brandopfer auf Schlachtopfer und esst Fleisch! ²² Denn ich habe euren Vätern am Tag, als ich sie aus dem Land

> Dich sucht Gott mehr als deine Opfergabe.
>
> **AUGUSTINUS**

Irgendwie sehen alle Wege richtig aus. Aber da ist diese Stimme, tief innen. Tausendmal habe ich sie schon ignoriert, besonders wenn mein Ego wieder einmal stärker war als mein Herz. Ich versuche, das Hören zu lernen, indem ich täglich in der Bibel lese und darüber nachdenke. Ich bete zu Gott, dass er mich auf dem Monitor hat, wann immer ich seinen Weg verlasse. Nur bei ihm ist die Fülle der Freude.

NADIA

▶ Es ist nicht klar, ob Gott oder Jeremia hier spricht. Beide sind betroffen und möchten am liebsten nur noch weinen.

Ägypten herausführte, nichts gesagt und nichts befohlen, was Brandopfer und Schlachtopfer betrifft. ²³ Vielmehr gab ich ihnen folgendes Gebot: Hört auf meine Stimme, dann will ich euch Gott sein und ihr sollt mir Volk sein! Geht in allem den Weg, den ich euch befehle, damit es euch gut geht! ²⁴ Sie aber hörten nicht und neigten mir ihr Ohr nicht zu, sondern folgten den Eingebungen und der Verstocktheit ihres bösen Herzens. Sie zeigten mir den Rücken und nicht das Gesicht. ²⁵ Von dem Tag an, als eure Väter aus dem Land Ägypten auszogen, bis auf den heutigen Tag sandte ich zu euch alle meine Knechte, die Propheten, mit Eifer habe ich sie immer wieder gesandt.

²⁶ Aber sie hörten nicht auf mich und neigten nicht das Ohr und sie verhärteten ihren Nacken, trieben es schlimmer als ihre Väter.

Gebrochen vor Traurigkeit (Jer 8,21–23; 9,1–11)

8 ²¹ Wegen des Zusammenbruchs der Tochter, meines Volkes, bin ich zerbrochen, traurig bin ich, Entsetzen hat mich gepackt. ²² Gibt es denn keinen Balsam in Gilead, ist dort kein Wundarzt? Warum schließt sich denn nicht die Wunde der Tochter, meines Volkes?

²³ Ach, wäre mein Haupt doch Wasser, mein Auge ein Tränenquell: Tag und Nacht beweinte ich die Erschlagenen der Tochter, meines Volkes.

▶ Gott wäre lieber in der Wüste (v1) als umgeben von Lügen und Verbrechen.

„ Ich bitte euch: Lasst nicht den Terrorismus der Tratscherei unter euch herrschen! Jagt ihn fort! Brüderlichkeit soll es geben! Wenn du etwas gegen einen deiner Brüder hast, dann sag es ihm ins Gesicht! ... Und auch wenn es in einer Rauferei endet – egal: Alles ist besser als der Terrorismus von Tratsch und Klatsch!

PAPST FRANZISKUS, 7.11.2014

B Die Zunge kann kein Mensch zähmen, dieses ruhelose Übel, voll von tödlichem Gift.

Jak 3,8

▶ „Vergeltung" ist bei Gott als „gerechter Ausgleich" zu verstehen (↗ Jes 35,4).

9 ¹ Hätte ich doch eine Herberge in der Wüste! Dann könnte ich mein Volk verlassen und von ihm weggehen. Denn sie sind alle Ehebrecher, eine Rotte von Treulosen.

² Sie machen ihre Zunge zu einem gespannten Bogen; Lüge, nicht Wahrhaftigkeit herrscht im Land. Ja, sie schreiten von Verbrechen zu Verbrechen; mich aber kennen sie nicht – Spruch des HERRN.

³ Nehmt euch in Acht vor eurem Nächsten, keiner traue seinem Bruder! Denn jeder Bruder betrügt und jeder Nächste verleumdet.

⁴ Ein jeder täuscht seinen Nächsten, die Wahrheit reden sie nicht. Sie haben ihre Zunge gelehrt, Lügen zu reden, sie handeln verkehrt, zur Umkehr sind sie zu träge.

⁵ Überall Unterdrückung, nichts als Betrug! Sie weigern sich, mich zu kennen – Spruch des HERRN.

⁶ Darum – so spricht der HERR der Heerscharen: Siehe, ich werde sie schmelzen und prüfen; denn wie sollte ich sonst verfahren mit der Tochter, meinem Volk?

⁷ Ein tödlicher Pfeil ist ihre Zunge, Betrug redet sie. Mit seinem Mund sagt man Friede zum Nächsten, doch mit seinem Inneren legt man ihm den Hinterhalt.

⁸ Sollte ich sie dafür nicht heimsuchen – Spruch des HERRN – und an einem solchen Volk nicht Vergeltung üben?

⁹ Über die Berge hin will ich Weinen und Klagen erheben, über die

Weideplätze der Steppe ein Totenlied! Denn sie sind verwüstet, niemand zieht hindurch, und sie hören die Stimme der Herden nicht mehr. Von den Vögeln des Himmels bis zum Vieh ist alles geflohen, auf und davon.
¹⁰ Jerusalem mache ich zum Trümmerhaufen, zur Behausung für Schakale. Judas Städte mache ich zum Ödland, das niemand bewohnt.
¹¹ Wer ist so weise, dass er dies einsieht? Zu wem hat der Mund des HERRN geredet, dass er verkünden kann, warum das Land zugrunde geht, warum es verwüstet ist gleich der Wüste, die niemand durchzieht?

▶ Gott weint und trauert über Untergang und Zerstörung.

Die Quelle der Erbarmung versiegt nicht. Es liegt am Menschen, wenn er zur Wüste wird.

ANTONIUS VON PADUA (um 1195–1231), Franziskaner und Kirchenlehrer

Der wahre Grund für Ruhm (Jer 9,22–23)

²² So spricht der HERR: Der Weise rühme sich nicht seiner Weisheit, der Starke rühme sich nicht seiner Stärke, der Reiche rühme sich nicht seines Reichtums.
²³ Nein, wer sich rühmen will, rühme sich dessen, dass er Einsicht hat und mich erkennt, nämlich dass er weiß: Ich, der HERR, bin es, der auf der Erde Gnade, Recht und Gerechtigkeit wirkt. Denn an solchen Menschen habe ich Gefallen – Spruch des HERRN.

B *Wer sich also rühmt, der rühme sich des Herrn.* Denn nicht, wer sich selbst empfiehlt, ist anerkannt, sondern der, den der Herr empfiehlt.

2 Kor 10,17–18

Jer 11–20 schildern, wie die Beziehung zwischen Gott und dem Volk Israel zerbricht. Das Haus Israel und das Haus Juda haben meinen Bund gebrochen. (Jer 11,10) Als eine Folge davon wird auch Jeremia immer mehr verfolgt. In den sogenannten Bekenntnissen (fünf starke Texte: 11,18–12,6; 15,10–21; 17,12–18; 18,18–23; 20,7–18) bringt Jeremia sein Leiden zum Ausdruck, zuletzt, nachdem er am Jerusalemer Tempel eingesperrt wird:

Jeremia wird gefoltert – und er betet (Jer 20,1–18)

20 ¹ Der Priester Paschhur, der Sohn des Immer, der Oberaufseher im Haus des HERRN, hörte, wie Jeremia dies prophezeite.
² Da ließ Paschhur den Propheten Jeremia schlagen und in den Block spannen, der im oberen Benjamintor beim Haus des HERRN war.
³ Als Paschhur am nächsten Morgen Jeremia aus dem Block freiließ, sagte Jeremia zu ihm: Nicht mehr Paschhur nennt dich der HERR, sondern: Grauen ringsum.
⁴ Denn so spricht der HERR: Siehe, ich mache dich zum Grauen für dich und für alle deine Freunde. Sie werden unter dem Schwert ihrer Feinde fallen und du musst mit eigenen Augen zusehen. Ganz Juda aber gebe ich in die Hand des Königs von Babel; er wird sie nach Babel wegführen und mit dem Schwert erschlagen.
⁵ Auch allen Besitz dieser Stadt, den ganzen Ertrag ihrer Arbeit, alles Kostbare und alle Schätze der Könige von Juda gebe ich in die Hand ihrer Feinde; sie werden alles rauben, wegschleppen und nach Babel bringen.

▶ Jeremia hatte ein Tongefäß zerschmettert und so symbolisch den Untergang Jerusalems angekündigt (Jer 19; Heinrich von Kleists Theaterstück „Der zerbrochene Krug" spielt darauf an). Paschhur ist als Priester und Prophet ein „Kollege" von Jeremia.

▶ Der „Block" (v3) ist ein Folterinstrument, das den Körper in einer verkrümmten Haltung einsperrt. Jeremia wird in den Block am Benjamintor, am Weg zu seinem Heimatdorf Anatot, (↗ Jer 1,1) gesperrt, um ihn öffentlich lächerlich zu machen.

▶ Zuerst reagiert Jeremia auf die Folter, indem er Paschhur Gottes Urteil für ihn mitteilt (v4–6); dann wendet er sich in v7 an Gott.

☺ Das ist Mobbing! Ganz schön schwierig, Prophet zu sein …

▶ Jeremia ist in einer Zwickmühle: Wenn er redet, wird er abgelehnt (v8). Redet er nicht, zerreißt es ihn innerlich (v9).

▶ Mit „Grauen ringsum" hatte Jeremia die Situation Jerusalems beschrieben (6,25), und was Paschhur bevorsteht (20,3). Jetzt wird er mit diesem Ausruf verspottet.

⁶ Du aber, Paschhur, und alle deine Hausgenossen, ihr werdet in die Verbannung ziehen; nach Babel wirst du kommen, dort wirst du sterben und dort begraben werden, du und alle deine Freunde, denen du Lügen geweissagt hast.

⁷ Du hast mich betört, o HERR, und ich ließ mich betören; du hast mich gepackt und überwältigt. Zum Gespött bin ich geworden den ganzen Tag, ein jeder verhöhnt mich.

⁸ Ja, sooft ich rede, muss ich schreien, Gewalt und Unterdrückung! muss ich rufen. Denn das Wort des HERRN bringt mir den ganzen Tag nur Hohn und Spott.

⁹ Sagte ich aber: Ich will nicht mehr an ihn denken und nicht mehr in seinem Namen sprechen!, so brannte in meinem Herzen ein Feuer, eingeschlossen in meinen Gebeinen. Ich mühte mich, es auszuhalten, vermochte es aber nicht.

¹⁰ Ich hörte die Verleumdung der Vielen: Grauen ringsum! Zeigt ihn an! Wir wollen ihn anzeigen. Meine nächsten Bekannten warten alle darauf, dass ich stürze: Vielleicht lässt er sich betören, dass wir ihn überwältigen und an ihm Rache nehmen können.

¹¹ Doch der HERR steht mir bei wie ein gewaltiger Held. Darum straucheln meine Verfolger und können nicht überwältigen. Sie werden schmählich zuschanden, da sie nichts erreichen, in ewiger, unvergesslicher Schmach.

▶ „Vergeltung" ↗ zu Jer 9,8.

▶ Dieses Lob und Vertrauensbekenntnis in v11–13 folgt unvermittelt auf die Klage von v7–10: In seiner extremen Lage leidet Jeremia unter einem „Wechselbad der Gefühle".

☺ Die Bibel spart nichts aus. Nicht einmal knallharte Verfluchungen und unrealistische Wünsche.

¹² Aber der HERR der Heerscharen prüft den Gerechten, er sieht Nieren und Herz. Ich werde deine Vergeltung an ihnen sehen; denn dir habe ich meinen Rechtsstreit anvertraut.

¹³ Singt dem HERRN, rühmt den HERRN;
denn er rettet das Leben des Armen aus der Hand der Übeltäter. –

¹⁴ Verflucht der Tag, an dem ich geboren wurde;
der Tag, an dem meine Mutter mich gebar, sei nicht gesegnet.

¹⁵ Verflucht der Mann, der meinem Vater die frohe Kunde brachte:
Ein Kind, ein Knabe ist dir geboren! und ihn damit hoch erfreute.

¹⁶ Jener Mann gleiche den Städten, die der HERR ohne Erbarmen zerstört hat. Er höre Zetergeschrei am Morgen und Schreien am Mittag, ¹⁷ weil er mich nicht tötete im Mutterleib.
So wäre meine Mutter mir zum Grab geworden,
ihr Schoß auf ewig schwanger geblieben.

¹⁸ Warum denn kam ich hervor aus dem Mutterschoß? Nur, um Mühsal und Kummer zu erleben und meine Tage in Schande zu beenden?

Die folgenden Kapitel sind voll von Auseinandersetzungen. Sie betreffen die letzten Könige von Juda (Jer 21–22), falsche Propheten (Jer 23,9–40) wie Hananja (Jer 28), und auch Jeremia, der mit dem Tod bedroht wird (Jer 26). Im Zentrum des ganzen Buches steht Gottes universales Gericht über alle Völker (Jer 25), das mit Jerusalem beginnt und mit Babel endet. Dieser Plan wird in Jer 26–52 umgesetzt. Die babylonischen Truppen belagern Jerusalem erstmals im Jahr 597 v. Chr. König Jojachin muss kapitulieren und wird mit einem Großteil der Oberschicht in die Nähe von Babel deportiert. An diese Menschen im Exil wendet sich Gott durch Jeremia:

Ein Brief für Mitbürger im Exil (Jer 29,1–14)

29 ¹ Das ist der Wortlaut des Briefes, den der Prophet Jeremia aus Jerusalem an den Rest der Ältesten der Verbannten, an die Priester, die Propheten und das ganze Volk sandte, das Nebukadnezzar von Jerusalem nach Babel verschleppt hatte …

⁴ So spricht der HERR der Heerscharen, der Gott Israels, zu allen Verbannten, die ich von Jerusalem nach Babel weggeführt habe:

⁵ Baut Häuser und wohnt darin, pflanzt Gärten und esst ihre Früchte!

⁶ Nehmt euch Frauen und zeugt Söhne und Töchter, nehmt für eure Söhne Frauen und gebt eure Töchter Männern, damit sie Söhne und Töchter gebären! Ihr sollt euch dort vermehren und nicht vermindern.

⁷ Suchet das Wohl der Stadt, in die ich euch weggeführt habe, und betet für sie zum HERRN; denn in ihrem Wohl liegt euer Wohl!

⁸ Denn so spricht der HERR der Heerscharen, der Gott Israels: Eure Propheten, die unter euch sind, und eure Wahrsager sollen euch nicht täuschen. Hört nicht auf die Träume, die ihr sie träumen lasst!

⁹ Denn Lüge prophezeien sie euch in meinem Namen; ich habe sie nicht gesandt – Spruch des HERRN.

> „ Gute Briefe sind wie gute Freunde.
> OSCAR WILDE (1854–1900), irischer Autor

▶ Gott ermutigt die Exilierten dazu, nicht zu resignieren, sondern das Leben optimistisch zu gestalten.

B Liebt eure Feinde und betet für die, die euch verfolgen …!
Mt 5,44

▶ Andere „Propheten" glaubten an eine schnelle Rückkehr in „zwei Jahren" (Jer 28,3–4): Nach ihnen sollten sich die Exilierten nicht anpassen und einleben.

¹⁰ Ja, so spricht der HERR: Wenn siebzig Jahre für Babel vorüber sind, dann werde ich euch heimsuchen, mein Heilswort an euch erfüllen, um euch an diesen Ort zurückzuführen.

¹¹ Denn ich, ich kenne die Gedanken, die ich für euch denke – Spruch des HERRN –, Gedanken des Heils und nicht des Unheils; denn ich will euch eine Zukunft und eine Hoffnung geben.

¹² Ihr werdet mich anrufen, ihr werdet kommen und zu mir beten und ich werde euch erhören.

¹³ Ihr werdet mich suchen und ihr werdet mich finden, wenn ihr nach mir fragt von ganzem Herzen. ¹⁴ Und ich lasse mich von euch finden – Spruch des HERRN – und ich wende euer Geschick und sammle euch aus allen Völkern und von allen Orten, wohin ich euch versprengt habe – Spruch des HERRN. Ich bringe euch an den Ort zurück, von dem ich euch weggeführt habe.

▶ Das neubabylonische Großreich bestand ca. 70 Jahre, von Nebukadnezzars Sieg bei Karkemisch 605 v. Chr. bis zum Einzug des Perserkönigs Kyrus in Babel 539 v. Chr., der den Judäern erlaubte heimzukehren (↗ zu Esra und 2 Chr 36,23).

▶ Weit weg von daheim dürfen die Exilierten Gottes Nähe neu erleben. Zum Versprechen der Wende des Schicksals ↗ Dtn 30,3.

Jer 30–31 entfalten die angekündigte Schicksalswende zum Guten in sechs Gedichten und mehreren weiteren Versprechen. Im ersten Gedicht verspricht Gott, dass sein Volk aus der schweren Not (v5–7) heimkehren darf (mit Motiven aus Jes 43). Die fremden Völker erleiden die Folgen ihrer Verbrechen (v11; ↗ Dtn 30,7). Das zweite Gedicht (30,12-17) schildert, wie Gott einer kranken Frau Heilung schenkt, wobei die Frau für „Zion" steht (v17), das heißt, für Jerusalem.

▶ Gott zitiert eine Gruppe von verängstigten Männern (s. v6).

Die Trostrolle (Jer 30–31)

30 ⁵ Ja, so spricht der HERR:
Angstgeschrei vernehmen wir: Schrecken und kein Friede.
⁶ Fragt doch und schaut, ob je ein Mann gebären kann! Warum sehe ich jeden Mann mit den Händen auf seinen Hüften wie eine Gebärende und warum werden alle Gesichter blass?
⁷ Wehe! Denn groß ist jener Tag, keiner ist ihm gleich.
Eine Notzeit ist es für Jakob, doch wird er daraus gerettet.

▶ Gott kündigt ein Ende der Unterdrückung an, indem er in v8 aus Jes 10,27 zitiert.

▶ „David" meint hier einen idealen Herrscher in der Zukunft (ebenso in Ez 34,23–24).

⁸ An jenem Tag wird es geschehen – Spruch des HERRN der Heerscharen –, da zerbreche ich sein Joch auf deinem Nacken und zerreiße deine Stricke. Fremde sollen dich nicht mehr knechten.
⁹ Vielmehr werden sie dem HERRN, ihrem Gott, dienen und David, ihrem König, den ich ihnen erstehen lasse.
¹⁰ Du aber, fürchte dich nicht, du, mein Knecht Jakob – Spruch des HERRN –, verzage nicht, Israel! Denn ich bin es, der dich aus fernem Land errettet, deine Kinder aus dem Land ihrer Gefangenschaft. Jakob wird heimkehren und Ruhe haben; er wird in Sicherheit leben und niemand wird ihn erschrecken.
¹¹ Denn ich bin mit dir – Spruch des HERRN –, um dich zu retten. Ja, ich bereite allen Völkern, unter die ich dich zerstreut habe, ein Ende.

Nichts soll dich ängstigen, nichts dich erschrecken. Alles geht vorüber. Gott allein bleibt derselbe. Alles erreicht der Geduldige, und wer Gott hat, der hat alles. Gott allein genügt.

TERESA VON ÁVILA

Nur dir mache ich kein Ende.
Ich werde dich züchtigen, wie es recht ist;
ganz ungestraft werde ich dich nicht lassen. …

Das dritte Gedicht (30,18–31,1) schildert die Heilung der Gemeinschaft. Die sogenannte „Bundesformel" in v22 zeigt, dass die Gottesbeziehung wieder besteht, auch für den Herrscher (v21, im Kontrast zu Jer 2,8).

▶ Mose hatte gefordert, eine Stadt, die von Gott abgefallen ist, für immer zu vernichten (Dtn 13,17); Gott hebt das auf.

▶▶ Der Mensch soll sich in keiner Weise als fern von Gott ansehen. … Und sollten deine großen Sünden dich auch so weit abtreiben, dass du dich nicht als Gott nahe anzusehen vermöchtest, so sollst du doch Gott als dir nahe annehmen.

MEISTER ECKHART

¹⁸ So spricht der HERR: Siehe, ich wende das Geschick der Zelte Jakobs, seiner Wohnstätten erbarme ich mich. Die Stadt soll auf ihrem Schutthügel aufgebaut werden, der Palast auf seinem rechten Platz stehen.
¹⁹ Lobgesang wird von dort erschallen und die Stimme von lachenden Menschen. Ich will ihre Zahl vermehren, sie sollen nicht weniger werden; ich will ihnen Ehre verschaffen, sie sollen nicht gering geachtet werden.
²⁰ Die Söhne Jakobs werden sein wie ehedem, seine Gemeinde wird vor mir bestehen bleiben, doch alle seine Unterdrücker suche ich heim.
²¹ Sein Machthaber wird ihm selbst entstammen, sein Herrscher aus seiner Mitte hervorgehen. Ich gewähre ihm Zutritt, sodass er mir nahen kann; denn wer sonst dürfte sein Leben wagen, um mir zu nahen? – Spruch des HERRN.
²² Ihr werdet mein Volk sein und ich werde euer Gott sein. …

▶ Gott gibt eine einmalige Liebeserklärung für Israel ab.

²⁴ Der glühende Zorn des HERRN wendet sich nicht, bis er die Pläne seines Herzens ausgeführt und vollbracht hat. Am Ende der Tage werdet ihr es erkennen.

31

¹ In jener Zeit – Spruch des HERRN – werde ich der Gott aller Sippen Israels sein und sie werden mein Volk sein.

² So spricht der HERR: Gnade fand in der Wüste das Volk, das dem Schwert entronnen ist; ich gehe mit, um Israel zur Ruhe zu führen.

³ Aus der Ferne ist mir der HERR erschienen: Mit ewiger Liebe habe ich dich geliebt, darum habe ich dir die Treue bewahrt.

⁴ Ich baue dich wieder auf, du wirst aufgebaut sein, Jungfrau Israel. Du wirst dich wieder schmücken mit deinen Pauken, wirst ausziehen im Reigen der Fröhlichen.

⁵ Du wirst wieder Weingärten pflanzen auf Samarias Bergen. Die sie pflanzen, werden sie auch genießen.

⁶ Denn es kommt der Tag, da rufen die Wächter auf Efraims Bergland: Auf, lasst uns hinaufziehen nach Zion zum HERRN, unserem Gott!

Das fünfte Gedicht führt vom Exil (v8) hin zur festlichen Freude beim gemeinsamen Mahl am Tempel in Jerusalem (v12–14).

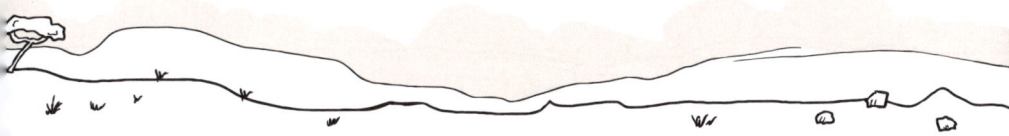

⁷ Ja, so spricht der HERR: Jubelt Jakob voll Freude zu und jauchzt über das Haupt der Völker! Verkündet, lobsingt und sagt: Rette, HERR, dein Volk, den Rest Israels!

⁸ Siehe, ich bringe sie heim aus dem Nordland und sammle sie von den Enden der Erde, unter ihnen Blinde und Lahme, Schwangere und Wöchnerinnen; als große Gemeinde kehren sie hierher zurück.

⁹ Weinend kommen sie und in Erbarmen geleite ich sie. Ich führe sie an Wasserbäche, auf ebenem Weg, wo sie nicht straucheln. Denn ich bin Vater für Israel und Efraim ist mein Erstgeborener.

¹⁰ Hört, ihr Völker, das Wort des HERRN, verkündet es auf den Inseln in der Ferne und sagt: Der Israel zerstreut hat, wird es sammeln und hüten wie ein Hirt seine Herde!

¹¹ Denn der HERR hat Jakob losgekauft und ihn erlöst aus der Hand des Stärkeren.

¹² Sie kommen und jubeln auf Zions Höhe, sie strahlen vor Freude über die Wohltaten des HERRN, über Korn, Wein und Öl, über Lämmer und Rinder. Sie werden wie ein bewässerter Garten sein und nie mehr verschmachten.

¹³ Dann freut sich die Jungfrau beim Reigentanz, ebenso Junge und Alte zusammen. Ich verwandle ihre Trauer in Jubel, tröste sie und mache sie froh nach ihrem Kummer.

¹⁴ Ich labe die Priester mit Opferfett und mein Volk wird satt an meinen Gaben – Spruch des HERRN.

Fast in jedem Jugendgottesdienst tanzen wir. So begleiten wir das Vaterunser mit verschiedenen Bewegungen. Dann ist man nicht nur mit dem Kopf dabei, sondern auch mit dem Körper. Das begeistert alle. Tanzen löst und erlöst. Tanzen und Jubel sind eng miteinander verbunden, erfreuen uns und bringen uns Gott näher.

JULIA

▶ Efraim (v9) bekennt sein Versagen und bittet Gott um eine neue Chance.

Die mit Tränen säen, werden mit Jubel ernten.
Ps 126,5

Das sechste Gedicht lässt wie zuvor weibliche und männliche Figuren abwechselnd auftreten: Rahel – Efraim – Jungfrau Israel. Frauen und Männer haben gleichwertig die gemeinsame Verantwortung, die Gemeinschaft aufzubauen.

▶ Rama war ein Ort nördlich von Jerusalem, wo die Menschen für den Abtransport ins Exil gesammelt wurden (Jer 40,1). „Rahel" ist der Name der Lieblingsfrau Jakobs bzw. Israels in Gen 28–35. Hier trauert sie symbolisch als Mutter des Volkes über die Exilierung.

▶ „Efraim" ist ein Enkel von Jakob und Rahel (Gen 41,52), er steht für das „junge" Volk Israel. Wie nach dem Auszug aus Ägypten (Ex 15,20) singt und tanzt Israel wieder. Das Volk feiert die Überwindung der Trennung mit Gott.

💡 „Tobt es in meinem Inneren" lautet im Hebräischen wörtlich „rumoren meine Eingeweide".

¹⁵ So spricht der HERR: Horch! In Rama ist Wehklage und bitteres Weinen zu hören. Rahel weint um ihre Kinder und will sich nicht trösten lassen wegen ihrer Kinder, denn sie sind nicht mehr.

¹⁶ So spricht der HERR: Verwehre deiner Stimme das Weinen und deinen Augen die Tränen! Denn es gibt einen Lohn für deine Mühe – Spruch des HERRN: Sie werden zurückkehren aus dem Feindesland.

¹⁷ Es gibt eine Hoffnung für deine Zukunft – Spruch des HERRN: Die Kinder werden zurückkehren in ihr Gebiet.

¹⁸ Ich höre genau, Efraim klagt: Du hast mich gezüchtigt und ich ließ mich züchtigen wie ein ungezähmtes Jungstier. Führ mich zurück und ich will umkehren; denn du bist der HERR, mein Gott.

¹⁹ Ja, nach meiner Umkehr fühle ich Reue; nachdem ich zur Einsicht gekommen bin, schlage ich auf meine Hüfte. Ich bin beschämt und erröte; denn ich trage die Schande meiner Jugend. –

²⁰ Ist mir denn Efraim ein so teurer Sohn oder mein Lieblingskind? Denn sooft ich ihm auch Vorwürfe mache, muss ich doch immer wieder an ihn denken. Deshalb tobt es in meinem Inneren, ich muss mich seiner erbarmen – Spruch des HERRN. ...

Aussichten auf eine glückliche Zeit (Jer 31,28–37)

▶ Jeremias Berufung wendet sich hier zum Guten: Gott „wacht" über sein Wort (1,12), und jetzt kommt die Zeit, „aufzubauen und einzupflanzen" (↗ 1,10).

 Gott ist treu.
1 Kor 10,13

▶ Nur Jeremia kündet im Alten Testament einen „neuen Bund" an: Jesus greift dies beim letzten Abendmahl auf (Lk 22,20; 1 Kor 11,25); im Lateinischen wird daraus das Neue „Testament". Hatte Gott beim Sinaibund (Ex 19–24) Gebote auf Steintafeln geschrieben (Ex 31,18), will er sie nun direkt ins Herz einschreiben, so dass sie „ganz nahe" sind (↗ Dtn 30,14).

²⁸ Und es wird sein: Wie ich über sie gewacht habe, um auszureißen und einzureißen, zu zerstören, zu vernichten und zu schaden, so werde ich über sie wachen, um aufzubauen und einzupflanzen – Spruch des HERRN.

²⁹ In jenen Tagen sagt man nicht mehr: Die Väter haben saure Trauben gegessen und den Söhnen werden die Zähne stumpf.

³⁰ Nein, jeder stirbt für seine eigene Schuld; jedem Menschen, der die sauren Trauben isst, werden die Zähne stumpf.

³¹ Siehe, Tage kommen – Spruch des HERRN –, da schließe ich mit dem Haus Israel und dem Haus Juda einen neuen Bund. ³² Er ist nicht wie der Bund, den ich mit ihren Vätern geschlossen habe an dem Tag, als ich sie bei der Hand nahm, um sie aus dem Land Ägypten herauszuführen. Diesen meinen Bund haben sie gebrochen, obwohl ich ihr Gebieter war – Spruch des HERRN.

³³ Sondern so wird der Bund sein, den ich nach diesen Tagen mit dem Haus Israel schließe – Spruch des HERRN: Ich habe meine Weisung in ihre Mitte gegeben und werde sie auf ihr Herz schreiben. Ich werde ihnen Gott sein und sie werden mir Volk sein.

³⁴ Keiner wird mehr den andern belehren, man wird nicht zueinan-

der sagen: Erkennt den HERRN!, denn sie alle, vom Kleinsten bis zum Größten, werden mich erkennen – Spruch des HERRN. Denn ich vergebe ihre Schuld, an ihre Sünde denke ich nicht mehr. …

³⁷ So spricht der HERR: Nur wenn die Himmel droben abgemessen und unten die Grundfesten der Erde erforscht werden könnten, dann könnte auch ich die ganze Nachkommenschaft Israels verwerfen für all das, was sie getan haben – Spruch des HERRN.

Nach der Trostrolle folgen in Jer 32–33 weitere Heilsverheißungen. Diese Texte bilden das Herz von Jer und sind der Schlüssel, um den Untergang Jerusalems (in Jer 39 und 52, ↗ 2 Kön 25) richtig zu verstehen: Das Niederreißen ist eine notwendige Voraussetzung für das Aufbauen. Göttliches Gericht trifft auch andere Völker (ab Jer 46), besonders die Babylonier, die Jerusalem zerstört hatten (Jer 50).

Auch Babel nimmt ein Ende (Jer 50,1–10)

50 ¹ Das Wort, das der HERR gegen Babel, gegen das Land der Chaldäer, durch den Propheten Jeremia gesprochen hat.

² Verkündet unter den Völkern und meldet, errichtet ein Wegzeichen und meldet, verheimlicht nichts, sondern sagt: Erobert ist Babel, zuschanden ist Bel, zerschmettert Merodach, zuschanden sind seine Götterbilder, zerschmettert seine Götzen.

▶ Die Einnahme Babels 539 v. Chr. bedeutete auch für dessen Götter Bel und Marduk (hier „Merodach" genannt) eine Niederlage.

³ Denn ein Volk aus dem Norden rückt gegen Babel hinauf; es macht sein Land zur Wüste. Niemand mehr wohnt darin, Mensch und Vieh ergreifen die Flucht und laufen davon.

⁴ In jenen Tagen und zu jener Zeit – Spruch des HERRN – kommen die Söhne Israels, sie gemeinsam mit den Söhnen Judas.

Weinend gehen sie ihren Weg und suchen den HERRN, ihren Gott.

⁵ Nach Zion fragen sie, dorthin ist ihr Gesicht gerichtet.

Sie kommen und verbünden sich mit dem HERRN in einem ewigen Bund, der nicht vergessen wird.

⁶ Eine verlorene Herde war mein Volk, ihre Hirten führten sie in die Irre, trieben sie ziellos in den Bergen umher. Von Berg zu Hügel zogen sie weiter und vergaßen ihren Lagerplatz.

⁷ Wer auf sie stieß, fraß sie auf und ihre Feinde sagten: Wir begehen kein Unrecht, weil sie gegen den HERRN gesündigt haben, die Aue der Gerechtigkeit, die Hoffnung ihrer Väter.

⁸ Flieht mitten aus Babel und aus dem Land der Chaldäer! Zieht aus und seid wie Leitböcke vor der Herde!

⁹ Denn siehe, ich erwecke und führe gegen Babel eine Schar großer Völker vom Nordland herauf; sie greifen es an und von dort wird es erobert. Ihre Pfeile sind wie ein siegreicher Held, der nicht mit leeren Händen zurückkehrt.

¹⁰ Plünderung trifft Chaldäa, alle, die es plündern, werden satt – Spruch des HERRN.

„ In diesem System ohne Ethik steht ein Götze im Zentrum, und die Welt ist zum Götzendiener dieses Gottes „Geld" geworden. Das Geld regiert! Das Geld regiert! Es regieren alle diese Dinge, die ihm dienen, diesem Götzen. Und was geschieht? Um diesen Götzen zu verteidigen, drängen sich alle im Zentrum zusammen, und die an den äußeren Rändern fallen heraus, die Alten fallen, weil es in dieser Welt keinen Platz für sie gibt!
PAPST FRANZISKUS, 22.9.2013

▶ Die Eroberung Babels macht den Weg frei für die Rückwanderung der Exilierten nach Jerusalem, die nun verstärkt Gott suchen.

DAS BUCH DER

Klagelieder

UND DAS BUCH

Baruch

Das Buch der Klagelieder thematisiert den Untergang Jerusalems. Es steht deshalb in der Nähe des Jeremiabuches. Fünf besondere, in alphabetischer Reihenfolge komponierte Gedichte schildern das unermessliche Leid, das über die Bevölkerung der Stadt hereingebrochen ist. Doch klingt darin auch Hoffnung an:

KLAGELIEDER

Im Leid auf Gott vertrauen (Klgl 3,19–33)

3 ¹⁹ An meine Not und Unrast denken ist Wermut und Gift.
²⁰ Immer denkt meine Seele daran und ist betrübt in mir.
²¹ Das will ich mir zu Herzen nehmen, darauf darf ich harren:
²² Die Huld des HERRN ist nicht erschöpft, sein Erbarmen ist nicht zu Ende.
²³ Neu ist es an jedem Morgen; groß ist deine Treue.
²⁴ Mein Anteil ist der HERR, sagt meine Seele,
darum harre ich auf ihn.
²⁵ Gut ist der HERR zu dem, der auf ihn hofft, zur Seele, die ihn sucht.
²⁶ Gut ist es, schweigend zu harren auf die Hilfe des HERRN.
²⁷ Gut ist es für den Mann, ein Joch zu tragen in der Jugend.
²⁸ Er sitze einsam und schweige, wenn der HERR es ihm auflegt.
²⁹ Er beuge in den Staub seinen Mund; vielleicht ist noch Hoffnung.
³⁰ Er biete die Wange dem, der ihn schlägt,
und lasse sich sättigen mit Schmach.
³¹ Denn nicht für immer verwirft der HERR.
³² Hat er betrübt, erbarmt er sich auch wieder nach seiner großen Huld. ³³ Denn nicht freudigen Herzens plagt und betrübt er die Menschenkinder.

B Leistet dem, der euch etwas Böses antut, keinen Widerstand, sondern wenn dich einer auf die rechte Wange schlägt, dann halt ihm auch die andere hin!

Mt 5,39

Herr, schenke mir eine Seele, der die Langeweile fremd ist, die kein Murren kennt, kein Seufzen und Klagen, und lasse nicht zu, dass ich mir zu viele Sorgen mache um dieses Etwas, das sich so breit macht und sich „Ich" nennt.

THOMAS MORUS

▶ Gleichsam „gegen seine innere Neigung" lässt Gott auch Schmerzliches über Menschen kommen.

Auch das letzte Gedicht ist von dieser Spannung zwischen großer Not und Vertrauen auf Gott geprägt. Sie mündet am Ende in ein Gebet ein:

Bitten und Fragen als Abschluss der Klagen (Klgl 5,10–22)

5 ¹⁰ Unsere Haut glüht wie ein Ofen von den Gluten des Hungers.
¹¹ Frauen schändet man in Zion,
Jungfrauen in den Städten von Juda.
¹² Fürsten werden von ihrer Hand gehängt,
den Ältesten nimmt man die Ehre.
¹³ Junge Männer müssen die Handmühlen schleppen,
unter der Holzlast brechen Knaben zusammen.
¹⁴ Die Alten bleiben fern vom Tor, die Jungen vom Saitenspiel.
¹⁵ Dahin ist unseres Herzens Freude,
in Trauer gewandelt unser Reigen.
¹⁶ Die Krone ist uns vom Haupt gefallen.
Weh uns, wir haben gesündigt!
¹⁷ Darum ist krank unser Herz, darum sind trüb unsere Augen
¹⁸ über den Zionsberg, der verwüstet liegt;
Füchse laufen dort umher.
¹⁹ Du, HERR, thronst ewig,
dein Thron besteht von Geschlecht zu Geschlecht.
²⁰ Warum willst du uns für immer vergessen,
uns verlassen fürs ganze Leben?
²¹ Lass du, HERR, uns zurückkehren zu dir, dann kehren wir um!

> **B** Wie lange noch, HERR,
> vergisst du mich ganz?
> Wie lange noch verbirgst du
> dein Angesicht vor mir? Wie
> lange noch muss ich Sorgen
> tragen in meiner Seele, Kum-
> mer in meinem Herzen Tag für
> Tag? Wie lange noch darf mein
> Feind sich über mich erheben?
> Blick doch her, gib mir Antwort,
> HERR, mein Gott, erleuchte
> meine Augen, damit ich nicht
> im Tod entschlafe.
>
> Ps 13,2–4

Erneuere unsere Tage wie in der Urzeit.
²² Oder hast du uns denn ganz verworfen,
zürnst du uns über alle Maßen?

> ▶ Diese Fragen am Ende von Klgl
> bleiben offen, doch vertrauen diese
> Beter, dass Gottes Zorn begrenzt ist
> und vorübergeht (3,22–33).

> Das Buch Baruch schließt sich wie die Klagelieder thematisch an Jeremia an, weil der Schreiber Baruch (der Name bedeutet „gesegnet") ein Vertrauter dieses Propheten ist (Jer 32,12) und vor allem das Exil thematisiert.

BARUCH

3 ³⁶ Das ist unser Gott; kein anderer gilt neben ihm. ³⁷ Er hat den Weg der Erkenntnis ganz erkundet und hat sie Jakob, seinem Diener, verliehen, Israel, seinem Liebling. ³⁸ Dann erschien sie auf der Erde und lebte mit den Menschen.

> 👤 Sei überzeugt: Eher gehen Him-
> mel und Erde unter, als dass der
> Herr dich aus den Augen lässt, wenn du
> gehorsam bleibst oder doch entschlos-
> sen bist, gehorsam zu sein.
>
> **FRANZ VON SALES**

4 ¹ Sie ist das Buch der Gebote Gottes, das Gesetz, das ewig besteht. Alle, die an ihr festhalten, finden das Leben; doch alle, die sie verlassen, verfallen dem Tod. ² Kehr um, Jakob, ergreif sie! Geh in ihrem Glanz den Weg zum Licht! ³ Überlass deinen Ruhm keinem andern und deinen Vorzug keinem fremden Volk! ⁴ Glücklich sind wir, das Volk Israel; denn wir wissen, was Gott gefällt.

> ▶ Zu wissen, was nahestehenden
> Menschen gefällt, hilft zu einer
> glückenden Beziehung. In ähnlicher
> Weise zeigt die Tora, wie wir Gott
> Freude bereiten können.

DAS BUCH

Ezechiel

Der Name Ezechiel bedeutet „Gott möge bestärken". Wie Jeremia,
so ist auch dieses Buch stark von der Erfahrung des babylonischen Exils geprägt.

Anders als Jeremia befindet sich der Prophet Ezechiel selbst im
Exil. Gottes Botschaften erklären im ersten Teil des Buches vor allem, warum Israel diese Katastrophe erleben musste (Ez 1–24), im
letzten Teil eröffnen sie eine heilvolle Zukunft (Ez 33–48), besonders in der Vision eines neuen Tempels in Jerusalem (Ez 40–48).

Ezechiel strebt eine innere Verwandlung der Einzelnen und der
Gemeinschaft an. Er betont die persönliche Verantwortung (Ez
18). Mit der Gabe eines neuen Herzens und eines neuen Geistes
(Ez 36) ermöglicht Gott, dass die Menschen wieder rein werden
und ihm ehrlich verbunden sein können. Die Belebung der To-
tengebeine (Ez 37) schließlich ist ein Bild, das Hoffnung vermittelt: Niedergeschlagenheit und geringe Zahl werden von Gott zu
neuem Leben gewandelt.

Reichhaltige Visionen sind eine Besonderheit, die diesem Buch
einen teils mystischen Charakter verleihen. Im Neuen Testament
greift die Offenbarung des Johannes oft auf Ezechiels farbige
Bilder zurück.

▶ Ezechiel lebt selbst unter den Exilierten. Seine Botschaft an sie ist glaubwürdig, weil er ihr Lebensschicksal teilt. Das „dreißigste Jahr" bezieht sich vermutlich auf Ezechiels Alter; in diesem Jahr hätte er seinen Dienst als Priester antreten dürfen (Num 4,3).

▶ König Jojachin wurde 597 v. Chr. verschleppt (2 Kön 24,15); Ezechiels Berufung ist also auf 593 v. Chr. datiert. Der Fluss Kebar ist ein Nebenarm des Eufrat im heutigen Irak.

▶ Diese vier Tiere (↗ auch Offb 4,7) wurden im frühen Christentum zu Symbolen der vier Evangelisten: Der Mensch steht für Matthäus, der Löwe für Markus, der Stier für Lukas, der Adler für Johannes.

Die Vision von Gottes Thronwagen (Ez 1)

1 ^{1} Es geschah im dreißigsten Jahr, am fünften Tag des vierten Monats, als ich unter den Verschleppten am Fluss Kebar lebte, da öffnete sich der Himmel und ich hatte eine Vision Gottes. ^{2} Am fünften Tag des Monats – es war im fünften Jahr nach der Verschleppung des Königs Jojachin – ^{3} erging das Wort des HERRN an Ezechiel, den Sohn Busis, den Priester, im Land der Chaldäer, am Fluss Kebar. Dort kam die Hand des HERRN über ihn. ^{4} Ich schaute und siehe: Ein Sturmwind kam von Norden, eine große Wolke und ein unaufhörlich aufflammendes Feuer, umgeben von einem hellen Schein. Und aus seiner Mitte, mitten aus dem Feuer, da strahlte es wie glänzendes Metall. ^{5} Aus seiner Mitte erschien eine Gestalt von vier lebenden Wesen. Und dies war ihr Aussehen: Sie hatten eine Menschengestalt. ^{6} Vier Gesichter waren an jedem und vier Flügel hatte ein jedes von ihnen. ^{7} Ihre Beine waren gerade und ihre Füße wie die Hufe eines Jungstiers; sie glänzten wie blinkende Bronze. ^{8} Und Menschenhände hatten sie unter ihren Flügeln an ihren vier Seiten. Auch ihre Gesichter und ihre Flügel waren an ihren vier Seiten. ^{9} Ihre Flügel berührten einander. Sie brauchten sich nicht umzuwenden, wenn sie gingen: Jedes ging in die Richtung, in die eines seiner Gesichter wies. ^{10} Die Gestalt ihrer Gesichter aber war: ein Menschengesicht, ein Löwengesicht bei allen

vier nach rechts, ein Stiergesicht bei allen vier nach links und ein Adlergesicht bei allen vier.

^{11} Ihre Flügel waren von oben darüber ausgespannt. Mit zwei Flügeln berührten sie einander und mit zwei bedeckten sie ihren Leib. ^{12} Jedes lebende Wesen ging in Richtung eines seiner Gesichter. Sie gingen, wohin der Geist sie trieb. Sie brauchten sich nicht umzuwenden, wenn sie gingen. ^{13} Was die Gestalt der lebenden Wesen angeht: Ihr Aussehen war wie glühende Feuerkohlen. Was sich inmitten der lebenden Wesen bewegte, hatte das Aussehen von Fackeln. Das Feuer gab einen hellen Schein und vom Feuer ging ein Blitzen aus. ^{14} Die lebenden Wesen liefen hin und her, es sah aus wie ein Blitzstrahl.

^{15} Ich schaute auf die lebenden Wesen und siehe: Neben den lebenden Wesen mit ihren vier Gesichtern war je ein Rad auf dem Boden. ^{16} Die Räder sahen aus, als seien sie aus Chrysolith gemacht. Alle vier Räder hatten die gleiche Gestalt. Sie waren so gemacht, dass es aussah, als laufe ein Rad mitten im andern. ^{17} Sie konnten nach allen vier Seiten laufen und brauchten sich nicht umzuwenden, wenn sie gingen. ^{18} Und ihre Felgen waren hoch und Furcht erregend; ihre Felgen waren voller Augen, ringsum bei allen vier Rädern. ^{19} Gingen die lebenden Wesen, dann liefen die Räder an ihrer Seite mit. Hoben sich die lebenden Wesen vom Boden, dann hoben sich auch die Räder. ... ^{22} Und die Gestalt über den Häuptern der lebenden Wesen war wie ein Gewölbe, gleich dem Furcht erregenden Eiskristall, aus-

" Es ist sehr gut denkbar, dass die Herrlichkeit des Lebens um jeden und immer in ihrer ganzen Fülle bereitliegt, aber verhängt, in der Tiefe unsichtbar, sehr weit.

FRANZ KAFKA (1883–1924), deutschsprachiger Schriftsteller

▶ Die vielen Augen (v18) stehen für wache Wahrnehmung: Sie und bewegender Geist sind wie das Licht Zeichen göttlicher Gegenwart.

gebreitet oben über ihren Häuptern. ²³ Unter dem Gewölbe waren ihre Flügel gerade ausgestreckt, einer zum andern hin. Mit zwei Flügeln bedeckte jedes seinen Leib. ²⁴ Ich hörte das Rauschen ihrer Flügel; es war wie das Rauschen gewaltiger Wassermassen, wie die Stimme des Allmächtigen, wenn sie gingen; es war ein tosendes Rauschen gleich dem Lärm eines Heerlagers. Wenn sie standen, ließen sie ihre Flügel herabhängen. ²⁵ Und es war ein Rauschen oberhalb des Gewölbes, über ihren Häuptern. Wenn sie standen, ließen sie ihre Flügel herabhängen. ²⁶ Und oberhalb des Gewölbes über ihren Häuptern war, dem Aussehen von Lapislazuli gleich, die Gestalt eines Thrones. Und über der Gestalt des Thrones war von oben her eine Gestalt, die das Aussehen eines Menschen hatte.

▶ Wasser, Edelsteine, glänzendes Metall: Erfahrungen von Kraft und Schönheit verweisen wieder auf Gott.

Ezechiel zeichnet Gottes „Herrlichkeit" in verschiedenen Bildern. Der Regenbogen erinnert an Gottes Bund mit Noah und der ganzen Schöpfung (Gen 9,13). Ez 1 zeigt Gott als faszinierend, beweglich und „menschlich".

Überwältigt von Gottes Herrlichkeit (Ez 1,27–28)

²⁷ Und ich schaute: Es war wie glänzendes Metall, es hatte das Aussehen eines Feuerkranzes ringsum, es war oberhalb von dem, was wie seine Hüften aussah. Unterhalb von dem, was wie seine Hüften aussah, schaute ich etwas, was das Aussehen von Feuer hatte, und ein

heller Schein war ringsum. ²⁸ Wie das Aussehen des Regenbogens, der sich an einem Regentag in den Wolken zeigt, so war das Aussehen des strahlenden Glanzes ringsum. Das war das Aussehen der Gestalt der Herrlichkeit des HERRN. Und ich schaute und ich fiel nieder auf mein Angesicht. Da hörte ich die Stimme eines Redenden.

▶ Die starke Gotteserfahrung überwältigt Ezechiel. Gott will ihm aber nicht Angst machen, sondern ihm als selbstbewusstem und aufrechtem Menschen begegnen.

Ezechiels Berufung (Ez 2–3)

2 ¹ Er sagte zu mir: Menschensohn, stell dich auf deine Füße; ich will mit dir reden. ² Da kam Geist in mich, als er zu mir redete, und er stellte mich auf meine Füße. Und ich hörte den, der mit mir redete.

³ Er sagte zu mir: Menschensohn, ich sende dich zu den Söhnen Israels, zu abtrünnigen Völkern, die von mir abtrünnig wurden. Sie und ihre Väter sind von mir abgefallen, bis zum heutigen Tag. ⁴ Es sind Söhne mit trotzigem Gesicht und hartem Herzen. Zu ihnen sende ich dich. Du sollst zu ihnen sagen: So spricht GOTT, der Herr. ⁵ Sie aber: Mögen sie hören oder es lassen – denn sie sind ein Haus der Widerspenstigkeit –, sie werden erkennen müssen, dass mitten unter ihnen ein Prophet war. ⁶ Du aber, Menschensohn, fürchte dich nicht vor ihnen, vor ihren Worten fürchte dich nicht! Wenn dich auch Disteln und Dornen umgeben und du auf Skorpionen sitzt, vor ihren Worten fürchte dich nicht und vor ihrem Blick erschrick nicht; denn sie sind ein Haus der Widerspenstigkeit! ⁷ Du sollst ihnen meine Worte sagen,

 Ich stand vor einem Kreuz. Ich betete zu Gott und verneigte mich in Ehrfurcht vor ihm. Daraufhin machten sich einige Leute über mich lustig. Ich wusste zuerst nicht, was ich sagen sollte, doch dann verteidigte ich meinen Glauben und meine Art zu beten. Durch meinen Glauben hatte ich die Kraft und den Mut, ihnen entgegenzutreten, auch wenn sie es nicht hören wollten.

VALLENTINE

„Bitter Sweet" heißt nicht nur ein Film. Bitter und süß zugleich ist auch das Buch Ezechiel, das voll von schmerzlichen Inhalten ist, jedoch in Ezechiels Mund „süß wie Honig" (3,3) wird. Sich bitteren Erkenntnissen zu stellen ist der schnellste Weg, um wieder Geschmack am Leben zu bekommen.

mögen sie hören oder es lassen, denn sie sind widerspenstig. [8] Du aber, Menschensohn, höre, was ich zu dir sage. Sei nicht widerspenstig wie das Haus der Widerspenstigkeit! Öffne deinen Mund und iss, was ich dir gebe! [9] Und ich schaute und siehe: Eine Hand war ausgestreckt zu mir; und siehe, in ihr war eine Buchrolle. [10] Er rollte sie vor mir auf. Sie war innen und außen beschrieben und auf ihr waren Klagen, Seufzer und Weherufe geschrieben.

3 [1] Er sagte zu mir: Menschensohn, iss, was du vor dir hast! Iss diese Rolle! Dann geh, rede zum Haus Israel! [2] Ich öffnete meinen Mund und er ließ mich jene Rolle essen. [3] Er sagte zu mir: Menschensohn, gib deinem Bauch zu essen, fülle dein Inneres mit dieser Rolle, die ich dir gebe! Ich aß sie und sie wurde in meinem Mund süß wie Honig. …

> Ein Buch muss die Axt sein für das gefrorene Meer in uns.
>
> **FRANZ KAFKA**

[12] Da hob der Geist mich empor und ich hörte hinter mir Lärm, ein gewaltiges Dröhnen, als sich die Herrlichkeit des HERRN von ihrem Ort erhob: [13] das Geräusch von den Flügeln der lebenden Wesen, die einander berührten, und das Geräusch der Räder neben ihnen, ein Lärm, gewaltiges Dröhnen. [14] Und als der Geist mich emporgehoben und weggenommen hatte, ging ich dahin, bitter in der Zornglut meines Geistes, und die Hand des HERRN lag schwer auf mir. [15] So kam ich zu den Verschleppten von Tel-Abib, dorthin, wo sie wohnten, sie wohnten nämlich am Fluss Kebar. Und ich saß dort sieben Tage lang verstört mitten unter ihnen.

▶ Prophet = Held? Ezechiel hat erkennbar psychische Probleme; er droht in Schwermut und Depression zu versinken (3,15 und öfter).

Ezechiel ist „verstört" bei den Exilierten (Ez 3,15), weil die Zwangsdeportation eine traumatische Erfahrung war. Das Exil löste auch intensives Nachdenken über die Frage der Schuld aus. Müssen wir unter der Schuld unserer Vorfahren leiden? Ezechiel verneint dies.

> Ich glaube nicht an Kollektivschuld. Die Schuldigen sind schuldig, aber die Kinder der Schuldigen sind Kinder.
>
> **ELIE WIESEL**

B Ist nicht das ein Fasten, wie ich es wünsche: die Fesseln des Unrechts zu lösen, die Stricke des Jochs zu entfernen, Unterdrückte freizulassen, jedes Joch zu zerbrechen? Bedeutet es nicht, dem Hungrigen dein Brot zu brechen, obdachlose Arme ins Haus aufzunehmen, wenn du einen Nackten siehst, ihn zu bekleiden und dich deiner Verwandtschaft nicht zu entziehen?

Jes 58,6–7

Gerechtigkeit und die Chance zur Umkehr (Ez 18)

18 [1] Das Wort des HERRN erging an mich: [2] Wie kommt ihr dazu, auf dem Ackerboden Israels das Sprichwort zu gebrauchen: Die Väter essen saure Trauben und den Söhnen werden die Zähne stumpf? [3] So wahr ich lebe – Spruch GOTTES, des Herrn –, keiner von euch in Israel soll mehr dieses Sprichwort gebrauchen. [4] Siehe, alle Menschenleben gehören mir. Das Leben des Vaters ebenso wie das Leben des Sohnes: Sie gehören mir. Der Mensch, der sündigt, nur er soll sterben.

[5] Wenn jemand gerecht ist und nach Recht und Gerechtigkeit handelt: [6] Er hält keine Opfermahlzeiten auf den Bergen. Er blickt nicht zu den Götzen des Hauses Israel auf. Er schändet nicht die Frau seines Nächsten. Einer Frau tritt er nicht nahe während ihrer Blutung. [7] Er unterdrückt niemanden. Er gibt sein Schuldpfand zurück. Er begeht keinen Raub. Dem Hungrigen gibt er sein Brot und den Nackten bedeckt er mit Kleidung. [8] Er gibt nicht gegen Zins und treibt keinen Wucher. Er hält seine Hand vom Unrecht fern. Zwischen allen fällt er einen gerechten Richtspruch. [9] Wenn er also nach meinen Satzungen

geht und meine Rechtsentscheide bewahrt und sie treu befolgt: Gerecht ist er, er wird gewiss am Leben bleiben – Spruch GOTTES, des Herrn. …

²¹ Wenn der Schuldige sich von allen Sünden, die er getan hat, abwendet, alle meine Satzungen bewahrt und nach Recht und Gerechtigkeit handelt, wird er bestimmt am Leben bleiben, er wird nicht sterben. ²² Keines seiner Vergehen, die er begangen hat, wird ihm angerechnet. Wegen seiner Gerechtigkeit, die er geübt hat, wird er am Leben bleiben. ²³ Habe ich etwa Gefallen am Tod des Schuldigen – Spruch GOTTES, des Herrn – und nicht vielmehr daran, dass er umkehrt von seinen Wegen und am Leben bleibt? ²⁴ Wenn jedoch ein Gerechter sich abkehrt von seiner Gerechtigkeit und Unrecht tut, all die Gräueltat, die auch der Schuldige verübt, sollte er dann etwa am Leben bleiben? Keine seiner gerechten Taten wird ihm angerechnet. Wegen seiner Treulosigkeit, die er verübt, und wegen der Sünde, die er begangen hat, ihretwegen muss er sterben. ²⁵ Ihr aber sagt: Der Weg des HERRN ist nicht richtig. Hört doch, ihr vom Haus Israel: Mein Weg soll nicht richtig sein? Sind es nicht eure Wege, die nicht richtig sind? ²⁶ Wenn ein Gerechter sich abkehrt von seiner Gerechtigkeit und Unrecht tut, muss er dafür sterben. Wegen des Unrechts, das er getan hat, wird er sterben. ²⁷ Wenn ein Schuldiger von dem Unrecht

Ich bin gekommen, damit sie das Leben haben und es in Fülle haben.

Joh 10,10

Ich bete für den Bruder, der mich verwundet hat und dem ich aufrichtig vergeben habe.

PAPST JOHANNES PAUL II. zwei Tage nach dem Attentat im Mai 1981 über Ali Agca, der ihn um Haaresbreite ermordet hätte

Wenn wir sagen, dass wir keine Sünde haben, führen wir uns selbst in die Irre und die Wahrheit ist nicht in uns.

1 Joh 1,8

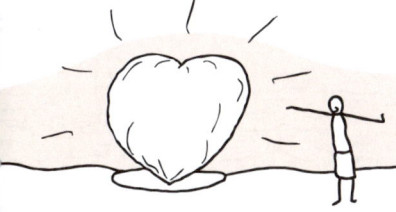

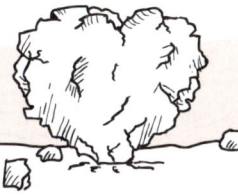

umkehrt, das er begangen hat, und nach Recht und Gerechtigkeit handelt, wird er sein Leben bewahren. ²⁸ Wenn er alle seine Vergehen, die er verübt hat, einsieht und umkehrt, wird er bestimmt am Leben bleiben. Er wird nicht sterben. …

Kein Herz aus Stein, ein Herz aus Fleisch (Ez 36)

36 ²² Darum sag zum Haus Israel: So spricht GOTT, der Herr: Nicht euretwegen handle ich, Haus Israel, sondern um meines heiligen Namens willen, den ihr bei den Nationen entweiht habt, wohin ihr auch gekommen seid. ²³ Meinen großen, bei den Nationen entweihten Namen, den ihr mitten unter ihnen entweiht habt, werde ich wieder heiligen. Und die Nationen – Spruch GOTTES, des Herrn – werden erkennen, dass ich der HERR bin, wenn ich mich an euch vor ihren Augen als heilig erweise. ²⁴ Ich nehme euch heraus aus den Nationen, ich sammle euch aus allen Ländern und ich bringe euch zu eurem Ackerboden.

²⁵ Ich gieße reines Wasser über euch aus, dann werdet ihr rein. Ich reinige euch von aller Unreinheit und von allen euren Götzen. ²⁶ Ich gebe euch ein neues Herz und einen neuen Geist gebe ich in euer Inneres. Ich beseitige das Herz von Stein aus eurem Fleisch und gebe euch ein Herz von Fleisch. ²⁷ Ich gebe meinen Geist in euer Inneres und bewirke, dass ihr meinen Gesetzen folgt und auf meine Rechtsentscheide achtet und sie erfüllt.

▶ Gottes heiliger Name wird entweiht, wenn Israel seine Gebote übertritt (↗ Lev 22,31–32). Israel hat Gott nicht verherrlicht – im Gegensatz dazu wird Gott das Volk besonders großzügig behandeln, um seinen Namen bekannt zu machen.

Erschaffe mir, Gott, ein reines Herz, und einen festen Geist erneuere in meinem Innern!

Ps 51,12

❞ Komm, Heiliger Geist, erfülle die Herzen deiner Gläubigen und entzünde in ihnen das Feuer deiner Liebe. Sende aus deinen Geist und alles wird neu geschaffen. Und du wirst das Angesicht der Erde erneuern.

Altes Gebet zum Heiligen Geist

[28] Dann werdet ihr in dem Land wohnen, das ich euren Vätern gegeben habe. Ihr werdet mir Volk sein und ich, ich werde euch Gott sein. [29] Ich befreie euch von all eurer Unreinheit. Ich rufe das Getreide und lasse es wachsen. Ich verhänge über euch keine Hungersnot mehr. [30] Ich vermehre die Frucht des Baumes und den Ertrag des Feldes, damit ihr unter den Nationen die Schande einer Hungersnot nicht mehr ertragen müsst. ...

Neuer Geist für tote Gebeine (Ez 37)

37 [1] Die Hand des HERRN legte sich auf mich und er brachte mich im Geist des HERRN hinaus und versetzte mich mitten in die Ebene. Sie war voll von Gebeinen. [2] Er führte mich ringsum an ihnen vorüber und siehe, es waren sehr viele über die Ebene hin; und siehe, sie waren ganz ausgetrocknet. [3] Er fragte mich: Menschensohn, können diese Gebeine wieder lebendig werden? Ich antwortete: GOTT und Herr, du weißt es.

[4] Da sagte er zu mir: Sprich als Prophet über diese Gebeine, und sag zu ihnen: Ihr ausgetrockneten Gebeine, hört das Wort des HERRN! [5] So spricht GOTT, der Herr, zu diesen Gebeinen: Siehe, ich selbst bringe Geist in euch, dann werdet ihr lebendig. [6] Ich gebe euch Sehnen, um-

gebe euch mit Fleisch und überziehe euch mit Haut; ich gebe Geist in euch, sodass ihr lebendig werdet. Dann werdet ihr erkennen, dass ich der HERR bin.

[7] Da sprach ich als Prophet, wie mir befohlen war; und noch während ich prophetisch redete, war da ein Geräusch: Und siehe, ein Beben: Die Gebeine rückten zusammen, Bein an Bein. [8] Und als ich hinsah, siehe, da waren Sehnen auf ihnen, Fleisch umgab sie und Haut überzog sie von oben. Aber es war kein Geist in ihnen. [9] Da sagte er zu mir: Rede als Prophet zum Geist, rede prophetisch, Menschensohn, sag zum Geist: So spricht GOTT, der Herr: Geist, komm herbei von den vier Winden! Hauch diese Erschlagenen an, damit sie lebendig werden! [10] Da sprach ich als Prophet, wie er mir befohlen hatte, und es kam der Geist in sie. Sie wurden lebendig und sie stellten sich auf ihre Füße – ein großes, gewaltiges Heer.

Neue Hoffnung für Israel

[11] Er sagte zu mir: Menschensohn, diese Gebeine sind das ganze Haus Israel. Siehe, sie sagen: Ausgetrocknet sind unsere Gebeine, unsere Hoffnung ist untergegangen, wir sind abgeschnitten. [12] Deshalb tritt als Prophet auf und sag zu ihnen: So spricht GOTT, der Herr: Siehe, ich öffne eure Gräber und hole euch, mein Volk, aus euren Gräbern herauf. Ich bringe euch zum Ackerboden Israels. [13] Und ihr werdet erkennen, dass ich der HERR bin, wenn ich eure Gräber öffne und

euch, mein Volk, aus euren Gräbern heraufhole. ¹⁴ Ich gebe meinen Geist in euch, dann werdet ihr lebendig und ich versetze euch wieder auf euren Ackerboden. Dann werdet ihr erkennen, dass ich der HERR bin. Ich habe gesprochen und ich führe es aus – Spruch des HERRN. ...

→ Wie kann ich mich von Gott „begeistern" lassen?

Die Vision vom neuen Tempel (Ez 47)

47 ¹ Dann führte er mich zum Eingang des Tempels zurück und siehe, Wasser strömte unter der Tempelschwelle hervor nach Osten hin; denn die vordere Seite des Tempels schaute nach Osten. Das Wasser floss unterhalb der rechten Seite des Tempels herab, südlich vom Altar. ² Dann führte er mich durch das Nordtor hinaus und ließ mich außen herum zum äußeren Osttor gehen. Und siehe, das Wasser rieselte an der Südseite hervor. ³ Der Mann ging nach Osten hinaus, mit der Messschnur in der Hand, maß tausend Ellen ab und ließ mich durch das Wasser gehen; das Wasser reichte mir bis an die Knöchel. ⁴ Dann maß er wieder tausend Ellen ab und ließ mich durch das Wasser gehen; das Wasser reichte mir bis zu den Knien. Darauf maß er wieder tausend Ellen ab und ließ mich hindurchgehen; das Wasser ging mir bis an die Hüften. ⁵ Und er maß noch einmal tausend Ellen ab. Da war es ein Fluss, den ich nicht mehr durchschreiten

▶ Die Gegend östlich des Jerusalemer Tempels ist die judäische Wüste; sie wird durch die neue Quelle in einen Obstgarten verwandelt (v12).

▶ Ein kleiner Bach, der in trockener und heißer Umgebung fließt, versiegt normalerweise nach einer Weile. Gottes „Gnadenstrom" dagegen wird immer größer und unaufhaltsam, sogar in der Wüste.

konnte; denn das Wasser war tief, ein Wasser, durch das man schwimmen musste, ein Fluss, den man nicht mehr durchschreiten konnte.

Neues Leben am Fluss

⁶ Dann fragte er mich: Hast du es gesehen, Menschensohn? Darauf führte er mich zurück, am Ufer des Flusses entlang. ⁷ Als ich zurückging, siehe, da waren an beiden Ufern des Flusses sehr viele Bäume. ⁸ Er sagte zu mir: Diese Wasser fließen hinaus in den östlichen Bezirk, sie strömen in die Araba hinab und münden in das Meer. Sobald sie aber in das Meer gelangt sind, werden die Wasser gesund.

⁹ Wohin der Fluss gelangt, da werden alle Lebewesen, alles, was sich regt, leben können und sehr viele Fische wird es geben. Weil dieses Wasser dort hinkommt, werden sie gesund; wohin der Fluss kommt, dort bleibt alles am Leben.

¹⁰ Von En-Gedi bis En-Eglajim werden Fischer an ihm stehen und ihre Netze zum Trocknen ausbreiten. Alle Arten von Fischen wird es geben, so zahlreich wie die Fische im großen Meer.

¹¹ Seine Lachen und seine Tümpel aber sollen nicht gesund werden; sie sind für die Salzgewinnung bestimmt. ¹² An beiden Ufern des Flusses wachsen alle Arten von Obstbäumen. Ihr Laub wird nicht welken und sie werden nie ohne Frucht sein. Jeden Monat tragen sie frische Früchte; denn ihre Wasser kommen aus dem Heiligtum. Die Früchte werden als Speise und die Blätter als Heilmittel dienen. ...

 Wüste muss jeder erleben, der Frucht tragen soll.

CHARLES DE FOUCAULD

▶ Das „Meer mit dem salzigen Wasser" ist das Tote Meer, am tiefsten Punkt der Welt (416 m unter dem Meeresspiegel). Kein Fisch kann darin überleben.

▶ Das „große Meer" ist das Mittelmeer – damals voll von Fischen.

Υ → 311
Was sind die Früchte des Heiligen Geistes?

Daniel

Das Buch Daniel spielt in babylonischer und persischer Zeit. Daniel befindet sich wie Ezechiel unter den Exilierten. Das Buch wurde aber viel später vollendet. Wie Ezechiel hat Daniel Visionen, die sich anscheinend auf eine ferne Zukunft beziehen, auf das Ende der Welt, tatsächlich jedoch auch die Geschichte bis in die Gegenwart der Leserinnen und Leser deuten.

Das Danielbuch wurde teils auf Hebräisch, teils auf Aramäisch verfasst; zudem hat die griechische Übersetzung einige Texte (z. B. Dan 13–14) ergänzt. Im Neuen Testament setzt das Buch der Offenbarung diese Gattung fort; es ist stark von Daniel beeinflusst.

Gott stärkt den Leib und den Geist (Dan 1,1–20)

1 ¹ Im dritten Jahr der Herrschaft des Königs Jojakim von Juda zog Nebukadnezzar, der König von Babel, gegen Jerusalem und belagerte es. ² Und der HERR gab König Jojakim von Juda sowie einen Teil der Geräte aus dem Haus Gottes in Nebukadnezzars Gewalt. Er verschleppte sie in das Land Schinar, in den Tempel seines Gottes, die Geräte aber brachte er in das Schatzhaus seines Gottes.
³ Dann befahl der König seinem Oberkämmerer Aschpenas, einige junge Israeliten an den Hof zu bringen, Söhne von königlicher Abkunft oder wenigstens aus vornehmer Familie; ⁴ die Knaben sollten frei von jedem Fehler sein, schön an Gestalt, in aller Weisheit unterrichtet und reich an Kenntnissen; sie sollten einsichtig und verständig sein und geeignet, im Palast des Königs Dienst zu tun; Aschpenas sollte sie auch in Schrift und Sprache der Chaldäer unterrichten.
⁵ Als tägliche Kost wies ihnen der König Speisen und Wein von der königlichen Tafel zu. Sie sollten drei Jahre lang ausgebildet werden und dann in den Dienst des Königs treten. ⁶ Unter ihnen waren aus dem Stamm Juda Daniel, Hananja, Mischaël und Asarja. ⁷ Der Oberkämmerer gab ihnen andere Namen: Daniel nannte er Beltschazzar, Hananja Schadrach, Mischaël Meschach und Asarja Abed-Nego.
⁸ Daniel fasste den Entschluss, sich nicht mit den Speisen und dem

> **„** Sich nicht verführen lassen zu schweigen, wenn das Gewissen uns zu reden befiehlt! Und niemals zu dem Heer der tausend und abertausend gehören, die „Angst in der Welt" haben!

Der deutsche Schriftsteller **ERNST WIECHERT** (*1887) wurde von den Nazis ins Konzentrationslager Buchenwald verschleppt. Er überlebte und starb 1950 in der Schweiz.

▶ Diese Erzählung macht deutlich, dass einige Judäer im babylonischen Exil die Literatur und die Wissenschaft der Babylonier studierten. Viele Texte im Alten Testament wollen zeigen, dass der Gott Israels die Religion und die Wissenschaft der Babylonier überragt (z.B. die Schöpfungserzählung in Gen 1).

Wein der königlichen Tafel unrein zu machen, und er bat den Oberkämmerer darum, sich nicht unrein machen zu müssen.

⁹ Gott ließ ihn beim Oberkämmerer Wohlwollen und Nachsicht finden. ¹⁰ Der Oberkämmerer sagte aber zu Daniel: Ich fürchte meinen Herrn, den König, der eure Speisen und eure Getränke zugewiesen hat; er könnte finden, dass ihr schlechter ausseht als die anderen jungen Leute eures Alters; dann wäre durch eure Schuld mein Kopf beim König verwirkt. ¹¹ Da sagte Daniel zu dem Aufseher, den der Oberkämmerer über Daniel, Hananja, Mischaël und Asarja eingesetzt hatte: ¹² Versuch es doch einmal zehn Tage lang mit deinen Knechten: Man gebe uns Gemüse zu essen und Wasser zu trinken! ¹³ Dann vergleiche unser Aussehen mit dem der Knaben, die von den Speisen des Königs essen! Je nachdem, was du dann siehst, verfahr weiter mit deinen Knechten! ¹⁴ Der Aufseher nahm ihren Vorschlag an und versuchte es zehn Tage lang mit ihnen. ¹⁵ Am Ende der zehn Tage sahen sie besser und wohlgenährter aus als all die Knaben, die von den Speisen des Königs aßen. ¹⁶ Da nahm der Aufseher ihre Speisen und den Wein, den sie trinken sollten, weg und gab ihnen Gemüse.

¹⁷ Und Gott verlieh diesen vier Knaben Wissen und Einsicht in jede Schrift und Weisheit; Daniel verstand sich auf Visionen und Träume aller Art.

💡 Vegetarische, gar vegane Lebensweise in der Bibel? Wer hätte das gedacht! Der Oberkämmerer macht mit Daniel und seinen Freunden den 10-Tage-Test. Und siehe: Die Jungs sahen danach echt gut aus.

▶ Die Tora enthält viele Regeln, welche Speisen als rein, welche als unrein gelten (z. B. Dtn 14). Im Neuen Testament werden diese Regeln für Christen aufgehoben (Mk 7,19; Apg 10,9–16).

Ich würde nicht glauben, wenn ich nicht einsehen würde, dass es vernünftig ist zu glauben.

THOMAS VON AQUIN

¹⁸ Und nach Ablauf der Tage, die der König bestimmt hatte, um sie vortreten zu lassen, da ließ sie der Oberkämmerer vor Nebukadnezzar treten. ¹⁹ Der König unterhielt sich mit ihnen und fand Daniel, Hananja, Mischaël und Asarja allen anderen überlegen. Sie traten also in den Dienst des Königs. ²⁰ Sooft der König in Fragen, die Weisheit und Einsicht erfordern, ihren Rat einholte, fand er sie allen Zeichendeutern und Wahrsagern in seinem ganzen Reich zehnmal überlegen.

„ Eine Erfolgsformel kann ich dir nicht geben; aber ich kann dir sagen, was zum Misserfolg führt: der Versuch, jedem gerecht zu werden.

HERBERT BAYARD SWOPE
(1882–1958), amerikanischer Publizist

Der König Nebukadnezzar versucht, die drei jungen Männer zu zwingen, die babylonischen Götter anzubeten.

Gott rettet aus dem Feuer (Dan 3,14–24)

3 ¹⁴ Nebukadnezzar sagte zu ihnen: Ist es wahr, Schadrach, Meschach und Abed-Nego: Meinen Göttern dient ihr nicht und das goldene Standbild, das ich errichtet habe, verehrt ihr nicht? ¹⁵ Nun, wenn ihr bereit seid, sobald ihr den Klang der Hörner, Pfeifen und Zithern, der Harfen, Lauten und Sackpfeifen und aller anderen Instrumente hört, sofort niederzufallen und das Standbild zu verehren, das ich habe machen lassen, ist es gut; verehrt ihr es aber nicht, dann werdet ihr noch zur selben Stunde in den glühenden Feuerofen geworfen. Wer ist der Gott, der euch retten könnte aus meiner Hand?

„ Es heißt, dass wir Könige auf Erden die Ebenbilder Gottes seien. Ich habe mich daraufhin im Spiegel betrachtet. Sehr schmeichelhaft für den lieben Gott ist das nicht.

FRIEDRICH II., DER GROSSE
(1712–1786), König von Preußen

¹⁶ Schadrach, Meschach und Abed-Nego erwiderten dem König Nebukadnezzar: Wir haben es nicht nötig, dir darauf zu antworten: ¹⁷ Siehe, unser Gott, dem wir dienen, er kann uns retten. Aus dem glühenden Feuerofen und aus deiner Hand, König, wird er uns retten. ¹⁸ Und wenn nicht, so sei dir, König, kundgetan, dass wir deinen Göttern nicht dienen und das goldene Standbild, das du errichtet hast, nicht verehren.
¹⁹ Da wurde Nebukadnezzar wütend; sein Gesicht verzerrte sich vor Zorn über Schadrach, Meschach und Abed-Nego. Er ließ den Ofen siebenmal stärker heizen, als man ihn gewöhnlich heizte. ²⁰ Dann befahl er, einige der stärksten Männer aus seinem Heer sollten Schadrach, Meschach und Abed-Nego fesseln und in den glühenden Feuerofen werfen. ²¹ Da wurden die Männer, wie sie waren – in ihren Mänteln, Röcken und Mützen und den übrigen Kleidungsstücken – gefesselt und in den glühenden Feuerofen geworfen. ²² Nach dem strengen Befehl des Königs war aber der Ofen übermäßig geheizt worden und die herausschlagenden Flammen töteten die Männer, die Schadrach, Meschach und Abed-Nego hingebracht hatten. ²³ Die drei Männer aber, Schadrach, Meschach und Abed-Nego, fielen gefesselt in den glühenden Feuerofen. ²⁴ Doch sie gingen mitten in den Flammen umher, lobten Gott und priesen den HERRN.

> Wir sind in der Tiefe angekommen. Noch tiefer geht es nicht; ein noch erbärmlicheres Menschendasein gibt es nicht, ist nicht mehr denkbar. Und nichts ist mehr unser: Man hat uns die Kleidung, die Schuhe und selbst die Haare genommen; werden wir reden, so wird man uns nicht anhören, und wird man uns auch anhören, so wird man uns nicht verstehen. Auch den Namen wird man uns nehmen; wollen wir ihn bewahren, so müssen wir in uns selber die Kraft dazu finden, müssen dafür Sorge tragen, dass über den Namen hinaus etwas verbleibe von dem, wie wir einmal gewesen …

PRIMO LEVI (1918–1987), Überlebender von Auschwitz

▶ „Daniel" bedeutet „Gott (El) hat mir Recht verschafft" – was sich im Feuerwunder bewahrheitet.

B Da sangen die drei im Ofen wie aus einem Mund, sie rühmten und priesen Gott mit den Worten:
Gepriesen bist du, HERR, du Gott unserer Väter, gelobt und gerühmt in Ewigkeit.
Gepriesen ist dein heiliger, herrlicher Name, hochgelobt und verherrlicht in Ewigkeit.
Gepriesen bist du im Tempel deiner heiligen Herrlichkeit, hoch gerühmt und verherrlicht in Ewigkeit.
Gepriesen bist du, der in die Tiefen schaut und auf Kerubim thront, gelobt und gerühmt in Ewigkeit.
Gepriesen bist du auf dem Thron deiner Herrschaft, hoch gerühmt und gefeiert in Ewigkeit.
Gepriesen bist du am Gewölbe des Himmels, gerühmt und verherrlicht in Ewigkeit.
Preist den HERRN, all ihr Werke des HERRN; lobt und rühmt ihn in Ewigkeit!

Dan 3,51–57, Lobgesang der drei Jünglinge im Feuerofen

▶ Belschazzar, der letzte König von Babylon, wurde 539 v. Chr. ermordet (↗ Dan 5,30).

▶ Monster haben Menschen seit Jahrtausenden fasziniert – bis heute. In dieser Vision stehen sie symbolisch für tyrannische Könige. Die vier Tiere meinen vermutlich das assyrische, das babylonische, das persische und das griechische Reich.

▶ Hörner (v7–8) stehen in der Bibel für Macht – hier auch symbolisch für Herrscher. Das „vierte" Horn ist wohl auf Antiochus IV. Epiphanes zu beziehen, der fromme Juden besonders stark verfolgte und 167 v. Chr. den Tempel von Jerusalem entweihte.

Die Monster und der neue König (Dan 7,1–14)

7 ¹ Im ersten Jahr Belschazzars, des Königs von Babel, hatte Daniel einen Traum; auf seinem Lager hatte er eine Vision. Daraufhin schrieb er den Traum auf. Der Beginn seiner Worte ist folgender. ² Daniel sagte: Ich schaute in meiner Vision während der Nacht und siehe: Die vier Winde des Himmels wühlten das große Meer auf. ³ Dann stiegen aus dem Meer vier große Tiere herauf; jedes hatte eine andere Gestalt. ⁴ Das erste war einem Löwen ähnlich, hatte jedoch Adlerflügel. Während ich es betrachtete, wurden ihm die Flügel ausgerissen; es wurde vom Boden emporgehoben und wie ein Mensch auf zwei Füße gestellt und es wurde ihm ein menschliches Herz gegeben. ⁵ Dann erschien ein zweites Tier; es glich einem Bären und war nach einer Seite hin aufgerichtet. Es hielt drei Rippen zwischen den Zähnen in seinem Maul und man ermunterte es: Auf, friss noch viel mehr Fleisch! ⁶ Danach sah ich ein anderes Tier; es glich einem Panther, hatte aber auf dem Rücken vier Flügel, wie die Flügel eines Vogels; auch hatte das Tier vier Köpfe; ihm wurde die Macht eines Herrschers verliehen. ⁷ Danach sah ich in meinen nächtlichen Visionen ein viertes Tier; es war furchtbar und schrecklich anzusehen und sehr stark; es hatte große Zähne aus Eisen. Es fraß und zermalmte alles, und was übrig blieb, zertrat es mit den Füßen. Von den anderen Tieren war es völlig verschieden. Auch hatte es zehn Hörner. ⁸ Als ich die

Hörner betrachtete, da wuchs zwischen ihnen ein anderes, kleineres Horn empor und vor ihm wurden drei von den früheren Hörnern ausgerissen; und an diesem Horn waren Augen wie Menschenaugen und ein Maul, das anmaßend redete.

An keiner Stelle der Bibel außer hier wird Gott als „alter Mann" gezeigt.

⁹ Ich sah immer noch hin; da wurden Throne aufgestellt und ein Hochbetagter nahm Platz. Sein Gewand war weiß wie Schnee, sein Haar wie reine Wolle. Feuerflammen waren sein Thron und dessen Räder waren loderndes Feuer. ¹⁰ Ein Strom von Feuer ging von ihm aus. Tausendmal Tausende dienten ihm, zehntausendmal Zehntausende standen vor ihm. Das Gericht nahm Platz und es wurden Bücher aufgeschlagen. ¹¹ Ich sah immer noch hin, bis das Tier – wegen der anmaßenden Worte, die das Horn redete – getötet wurde. Sein Körper wurde dem Feuer übergeben und vernichtet. ¹² Auch den anderen Tieren wurde die Herrschaft genommen. Doch ließ man ihnen das Leben bis zu einer bestimmten Frist. ¹³ Immer noch hatte ich die nächtlichen Visionen: Da kam mit den Wolken des Himmels einer wie ein Menschensohn. Er gelangte bis zu dem Hochbetagten und wurde vor ihn geführt. ¹⁴ Ihm wurden Herrschaft, Würde und Königtum gegeben. Alle Völker, Nationen und Sprachen dienten ihm. Seine Herrschaft ist eine ewige, unvergängliche Herrschaft. Sein Reich geht niemals unter.

B Dann wird man den Menschensohn in Wolken kommen sehen, mit großer Kraft und Herrlichkeit.

Mk 13,26

Die überwältigende Erscheinung (Dan 10,4–19)

10 ⁴ Am vierundzwanzigsten Tag des ersten Monats stand ich am Ufer des großen Flusses, des Tigris. ⁵ Ich blickte auf und schaute. Und siehe, da war ein Mann, der in Leinen gekleidet war und seine Hüfte war mit einem Gürtel aus feinstem Gold gegürtet. ⁶ Sein Körper glich einem Chrysolith, sein Gesicht leuchtete wie ein Blitz und die Augen waren wie brennende Fackeln. Seine Arme und Beine glänzten wie polierte Bronze. Seine Worte waren wie das Getöse einer großen Menschenmenge. ⁷ Nur ich, Daniel, sah diese Erscheinung; die Männer, die bei mir waren, sahen die Erscheinung nicht; doch ein großer Schrecken befiel sie, sodass sie wegliefen und sich versteckten.

⁸ So blieb ich allein zurück und sah diese gewaltige Erscheinung. Meine Kräfte verließen mich; ich wurde totenbleich und konnte mich nicht mehr aufrecht halten. ⁹ Ich hörte den Schall seiner Worte; beim Schall seiner Worte fiel ich betäubt zu Boden und blieb, mit dem Gesicht am Boden, liegen. ¹⁰ Doch eine Hand fasste mich an und half mir auf Knie und Hände. ¹¹ Dann sagte er zu mir: Daniel, du geliebter Mann, achte auf die Worte, die ich dir zu sagen habe! Stell dich aufrecht hin; denn ich bin jetzt zu dir gesandt. Als er so mit mir redete, erhob ich mich zitternd.

▶ Der Tigris durchfließt als zweiter großer Fluss neben dem Eufrat das Zweistromland im heutigen Irak.

💡 Was passiert, wenn man dem lebendigen Gott begegnet? Man trifft, sagt der Religionswissenschaftler Rudolf Otto (1869–1937), auf das *mysterium tremendum* (das schreckerregende Geheimnis), zugleich kann man Gott aber auch als *mysterium fascinans* (verlockendes Geheimnis) erfahren.

▶ Während Ezechiel einfach auf die Füße gestellt wird (↗ Ez 2,2), hilft der göttliche Bote Daniel, sich aufzurichten, und gibt ihm mit der bestärkenden Anrede als „geliebter Mann" die Kraft, selbst aufzustehen.

¹² Dann sagte er zu mir: Fürchte dich nicht, Daniel! Schon vom ersten Tag an, als du dich um Verständnis bemühtest und dich deswegen vor deinem Gott beugtest, wurden deine Worte gehört und wegen deiner Worte bin ich gekommen. ¹³ Der Fürst des Perserreiches hat sich mir einundzwanzig Tage entgegengestellt, aber Michael, einer der ersten unter den Fürsten, kam mir zu Hilfe und ich wurde dort bei den Königen von Persien gelassen. ¹⁴ Und jetzt bin ich gekommen, dich verstehen zu lassen, was deinem Volk am Ende der Tage widerfahren wird, denn es wird noch eine Vision geben für jene Tage.

¹⁵ Während er das zu mir sagte, blickte ich zu Boden und blieb stumm. ¹⁶ Da berührte eine Gestalt, die aussah wie ein Mensch, meine Lippen. Nun konnte ich den Mund wieder öffnen und sprechen. Ich sagte zu dem, der vor mir stand: Mein Herr, als ich die Vision sah, wand ich mich in Schmerzen und verlor alle Kraft. ¹⁷ Wie kann ich, der Knecht meines Herrn, mit meinem Herrn reden? Mir fehlt seitdem jede Kraft, selbst der Atem stockt mir. ¹⁸ Da berührte mich die Gestalt, die wie ein Mensch aussah, von Neuem, stärkte mich ¹⁹ und sagte: Fürchte dich nicht, du geliebter Mann! Friede sei mit dir. Sei stark, ja, sei stark! Als er so mit mir redete, fühlte ich mich gestärkt und sagte: Nun rede, mein Herr, denn du hast mich gestärkt!

▶ „Michael" bedeutet „wer *(mi)* ist wie *(ka)* Gott *(El)*?" Dieser Engel steht für Gottes Einzigartigkeit ein und hat die Aufgabe, das Volk Israel zu beschützen (Dan 12,1). Zu Michaels Kampf mit dem Drachen ↗ Offb 12,7.

Hosea Joël
Amos Obadja
Jona Micha
Nahum Habakuk
Zefanja Haggai
Sacharja Maleachi

„Klein" werden diese zwölf Prophetenbücher nur genannt, weil sie wesentlich kürzer als die drei „großen" Propheten sind (Jesaja, Jeremia und Ezechiel). Sie sind aber nicht weniger bedeutsam. Mit kraftvoller Sprache bezeugen sie besondere Erfahrungen mit Gott. Die ältesten dieser Propheten, wie Amos, Hosea und Micha, traten ab dem 8. Jahrhundert v. Chr. auf; die Bücher selbst sind aber später fertiggestellt worden.

HOSEA

Der Name Hosea bedeutet „Er (nämlich Gott) hat geholfen". Gott beauftragt ihn, eine Prostituierte zu heiraten (Hos 1–3), um Gottes Beziehung mit Israel und die Untreue und Schuld des Volkes zu veranschaulichen. Doch Gott schenkt einen Ausweg.

▶ Gott spricht hier von seiner engen Beziehung zum Volk beim Exodus. Matthäus bezieht diese Stelle („ich rief meinen Sohn aus Ägypten") auf Jesus, bei seiner Rückkehr mit Maria und Josef aus Ägypten (Mt 2,15).

▶ Gott liebt Israel so sehr, wie menschliche Eltern sich um ihr Kind kümmern (v3–4), obwohl das Volk untreu ist (v2).

▶ Nach Ägypten zurückzukehren bedeutet für Israel, wieder zu Sklaven zu werden. Diesmal sind die Assyrer Herrscher über Israel.

Mein Herz wendet sich in mir um (Hos 11)

11 ¹ Als Israel jung war, gewann ich ihn lieb, ich rief meinen Sohn aus Ägypten.

² Je mehr man sie rief, desto mehr liefen sie vor den Rufen weg: Den Baalen brachten sie Schlachtopfer dar, den Götterbildern Räucheropfer.

³ Ich war es, der Efraim gehen lehrte, der sie nahm auf seine Arme. Sie aber haben nicht erkannt, dass ich sie heilen wollte.

⁴ Mit menschlichen Fesseln zog ich sie, mit Banden der Liebe. Ich war da für sie wie die, die den Säugling an ihre Wangen heben. Ich neigte mich ihm zu und gab ihm zu essen.

⁵ Er muss nicht nach Ägypten zurückkehren, doch Assur wird sein König sein; denn sie haben sich geweigert umzukehren.

⁶ Das Schwert wird in seinen Städten reihum gehen, seinen Schwätzern ein Ende bereiten und sie wegen ihrer Pläne vernichten.

▶ Wörtlich lautet der Anfang von v7: „Mein Volk ist aufgehängt in der Abwendung von mir". Dies beschreibt bildhaft, wie haltlos Israel geworden ist, weil es seinen Gott zurückgewiesen hat.

▶ Gott ist voller Mitgefühl mit ihm und bereit zum Erbarmen.

⁷ Mein Volk verharrt in der Abkehr; sie rufen zu Baal, dem Hohen, doch der kann sie nicht hochbringen.

⁸ Wie könnte ich dich preisgeben, Efraim, wie dich ausliefern, Israel? Wie könnte ich dich preisgeben wie Adma, dich behandeln wie Zebojim? Gegen mich selbst wendet sich mein Herz, heftig entbrannt ist mein Mitleid.

⁹ Ich will meinen glühenden Zorn nicht vollstrecken und Efraim nicht noch einmal vernichten. Denn ich bin Gott, nicht ein Mensch, der Heilige in deiner Mitte. Darum komme ich nicht in der Hitze des Zorns. …

JOËL

Joel bedeutet „Jo ist El", wobei Jo eine Kurzform des biblischen Gottesnamens Jhwh ist (↗ zu Ex 3,15) und El „Gott" bedeutet. Gottes Gericht am „Tag des HERRN" (z.B. 1,15; 2,1) prägt die Botschaft dieses Büchleins. Doch weil Gottes Volk ehrlich zu ihm umkehrt, hat er Mitleid mit ihm (Joël 2,12–21), und schenkt ihm etwas Besonderes:

▶ „Geist" meint, was Gott innerlich bewegt und belebt: Damit beschenkt er alle reichlich, besonders Jugendliche und alte Menschen und sogar Abhängige (v2).

Die Ausgießung des Geistes (Joël 3,1–5)

3 ¹ Danach aber wird Folgendes geschehen: Ich werde meinen Geist ausgießen über alles Fleisch. Eure Söhne und Töchter werden Propheten sein, eure Alten werden Träume haben und eure jungen Männer haben Visionen.

² Auch über Knechte und Mägde werde ich meinen Geist ausgießen in jenen Tagen. ³ Ich werde wunderbare Zeichen wirken am Himmel und auf der Erde: Blut und Feuer und Rauchsäulen.
⁴ Die Sonne wird sich in Finsternis verwandeln und der Mond in Blut, ehe der Tag des HERRN kommt, der große und schreckliche Tag.
⁵ Und es wird geschehen: Jeder, der den Namen des HERRN anruft, wird gerettet. Denn auf dem Berg Zion und in Jerusalem gibt es Rettung, wie der HERR gesagt hat, und wen der HERR ruft, der wird entrinnen.

AMOS

Amos war eigentlich ein Schafzüchter und stammte aus dem Ort Tekoa in der Nähe von Betlehem. „Aber der Herr hat mich hinter meiner Herde weggenommen und zu mir gesagt: Geh und prophezeie meinem Volk Israel!" (Am 7,15). Amos trat besonders gegen soziale Ungerechtigkeit und falsche Frömmigkeit ein. Seine Prophetien gehören zu den ältesten in der Bibel (ab ca. 765 v. Chr.).

Eine prophetische Mahnpredigt (Am 5)

5 ⁴ Ja, so spricht der HERR zum Haus Israel: Sucht mich, dann werdet ihr leben!

B Das Wasser, das ich ihm gebe, wird in ihm zu einer Quelle werden, deren Wasser ins ewige Leben fliesst.

Joh 4,18, Jesus zur Samariterin am Jakobsbrunnen

⁵ Doch sucht nicht Bet-El auf, geht nicht nach Gilgal, zieht nicht nach Beerscheba! Denn Gilgal droht die Verbannung und Bet-El der Untergang.
⁶ Sucht den HERRN, dann werdet ihr leben. Sonst dringt er in das Haus Josef ein wie ein Feuer, das frisst, und niemand löscht Bet-Els Brand.
⁷ Weh denen, die das Recht in bitterer Wermut verwandeln und die Gerechtigkeit zu Boden schlagen! …
¹⁰ Sie hassen den, der im Tor zur Gerechtigkeit mahnt, und wer Wahres redet, den verabscheuen sie.
¹¹ Weil ihr vom Hilflosen Pachtgeld annehmt und sein Getreide mit Steuern belegt, darum baut ihr Häuser aus behauenen Steinen – und wohnt nicht darin, legt ihr euch prächtige Weinberge an – und werdet den Wein nicht trinken. …
¹⁸ Weh denen, die den Tag des HERRN herbeisehnen! Was nützt euch denn der Tag des HERRN? Finsternis ist er, nicht Licht.
¹⁹ Es ist, wie wenn jemand einem Löwen entflieht und ihn dann ein Bär überfällt; kommt er nach Hause und stützt sich mit der Hand auf die Mauer, dann beißt ihn eine Schlange.
²⁰ Ist nicht der Tag des HERRN Finsternis und kein Licht, Dunkel und ohne Glanz?
²¹ Ich hasse eure Feste, ich verabscheue sie und kann eure Feiern nicht riechen. ²² Wenn ihr mir Brandopfer darbringt, ich habe kein

▶ Bet-El, Gilgal und Beerscheba waren berühmte Wallfahrtsorte. Amos fordert dazu auf, statt der Orte vielmehr Gott selber intensiv zu suchen.

99 Ich kann kein Unrecht leiden, und daran krepiere ich …

HEINRICH HEINE

▶ Amos greift Wohlhabende an, die ihre Macht missbrauchen und Arme unterdrücken. Sie sollen ihren wirtschaftlichen Erfolg nicht genießen können.

▶ Nach außen hin fromm, hoffen manche Scheinheilige auf den „Tag des Herrn" (s.o. bei Joel). Amos zerstört ihre Illusionen – dieser Tag wird schlimm für sie werden.

▶ Diese Kritik an Opfern und Gottesdiensten gehört zu den stärksten in der Bibel. Gott verachtet eine Frömmigkeit ohne Gerechtigkeit!

Gefallen an euren Gaben und eure fetten Heilsopfer will ich nicht sehen. ²³ Weg mit dem Lärm deiner Lieder! Dein Harfenspiel will ich nicht hören, ²⁴ sondern das Recht ströme wie Wasser, die Gerechtigkeit wie ein nie versiegender Bach. …

OBADJA

Obadja, das kürzeste Buch des Alten Testaments, beschäftigt sich mit dem Brudervolk „Edom". Das Volk geht auf Esau, Jakobs älteren Zwillingsbruder, zurück (Gen 25,30). Obadja wirft den Edomitern vor, sich beim Untergang Judas auf die Seite der Feinde gestellt und sich darüber gefreut zu haben.

99 Es ist merkwürdig, wie fern ein Unglück ist, wenn es uns nicht betrifft.

JOHN STEINBECK
(1902–1968), amerikanischer Literaturnobelpreisträger

Nahe ist der Tag des Herrn (Obd 12–15)

¹² Schau nicht zu am Tag deines Bruders, am Tag seines Unglücks! Freue dich nicht über die Söhne Judas am Tag ihres Untergangs! Und reiß deinen Mund nicht auf am Tag der Not! ¹³ Tritt nicht in das Tor meines Volkes am Tag des Unglücks! Sei nicht auch du schadenfroh über sein Unheil am Tag seines Unglücks! Streck nicht die Hand aus nach seinem Gut am Tag seines Unglücks! ¹⁴ Stell dich nicht am Engpass auf, um seine Flüchtlinge niederzumachen! Liefere seine Entflohenen nicht aus am Tag der Not!

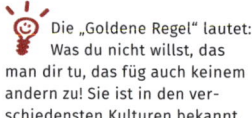

💡 Die „Goldene Regel" lautet: Was du nicht willst, das man dir tu, das füg auch keinem andern zu! Sie ist in den verschiedensten Kulturen bekannt.

¹⁵ Fürwahr! Nahe ist der Tag des HERRN über alle Völker. Wie du getan hast, so wird dir getan werden; deine Tat wird auf dein Haupt zurückkehren.

JONA

Jona ist das lustigste Buch der Bibel. Ironisch vertauscht es alle Rollen: Die „Ungläubigen" verhalten sich ganz fromm, während der Prophet Jona stur und verbittert nicht auf Gott hören will. Der Name Jona bedeutet „Taube", doch ist er keinesfalls so friedlich, wie man es von einer Taube erwarten würde …

Eine scheiternde Flucht (Jona 1)

▶ Statt in die Hauptstadt der Assyrer nach Nordosten aufzubrechen, wählt Jona die Gegenrichtung nach Westen über das Mittelmeer. Tarschisch liegt vermutlich im heutigen Spanien. Warum Jona nicht folgen will, erfahren wir erst gegen Ende des Buches (↗ Jon 4,2).

1 ¹ Das Wort des HERRN erging an Jona, den Sohn Amittais: ² Mach dich auf den Weg und geh nach Ninive, der großen Stadt, und rufe über sie aus, dass ihre Schlechtigkeit zu mir heraufgedrungen ist. ³ Jona machte sich auf den Weg; doch er wollte nach Tarschisch fliehen, weit weg vom HERRN. Er ging also nach Jafo hinab und fand dort ein Schiff, das nach Tarschisch fuhr. Er bezahlte das Fahrgeld und ging an Bord, um nach Tarschisch mitzufahren, weit weg vom HERRN.

⁴ Der HERR aber warf einen großen Wind auf das Meer und es entstand ein gewaltiger Seesturm und das Schiff drohte auseinanderzubrechen. ⁵ Da gerieten die Seeleute in Furcht und jeder schrie zu seinem Gott um Hilfe. Sie warfen sogar die Ladung ins Meer, damit das Schiff leichter wurde. Jona war in den untersten Raum des Schiffes hinabgestiegen, hatte sich hingelegt und schlief fest.

⁶ Der Kapitän ging zu ihm und sagte: Wie kannst du schlafen? Steh auf, ruf deinen Gott an; vielleicht denkt dieser Gott an uns, sodass wir nicht untergehen.

⁷ Dann sagten sie zueinander: Kommt, wir wollen das Los werfen, um zu erfahren, wer an diesem unserem Unheil schuld ist. Sie warfen das Los und es fiel auf Jona.

⁸ Da fragten sie ihn: Sag uns doch, weshalb dieses Unheil über uns gekommen ist. Was treibst du für ein Gewerbe und woher kommst du, was ist dein Land und aus welchem Volk bist du?

⁹ Er antwortete ihnen: Ich bin ein Hebräer und verehre den HERRN, den Gott des Himmels, der das Meer und das Festland gemacht hat.

¹⁰ Da gerieten die Männer in große Furcht und sagten zu ihm: Was hast du da getan? Denn die Männer erkannten, dass er vor dem HERRN auf der Flucht war, wie er es ihnen mitgeteilt hatte.

▶ Während die Matrosen alles für ihre Rettung unternehmen, macht es sich Jona gemütlich.

❞ Man kann vor Gott fliehen und zugleich Christ sein, Katholik sein, Priester, Bischof, Papst sein. Wir alle können vor Gott fliehen. Das ist eine alltägliche Versuchung: nicht auf Gott hören, seine Stimme nicht hören, im Herzen sein Angebot, seine Einladung überhören.

PAPST FRANZISKUS, 7.10.2013

▶ Die Matrosen realisieren den Widerspruch zwischen Jonas Bekenntnis (v9) und seinem Verhalten (v10), sich gegen den von ihm bezeugten großen Gott zu stellen.

¹¹ Und sie sagten zu ihm: Was sollen wir mit dir machen, damit das Meer sich beruhigt und uns verschont? Denn das Meer wurde immer stürmischer.

¹² Jona antwortete ihnen: Nehmt mich und werft mich ins Meer, damit das Meer sich beruhigt und euch verschont! Denn ich weiß, dass dieser gewaltige Sturm durch meine Schuld über euch gekommen ist.

¹³ Die Männer aber ruderten mit aller Kraft, um wieder an Land zu kommen; doch sie richteten nichts aus, denn das Meer stürmte immer heftiger gegen sie an.

¹⁴ Da riefen sie zum HERRN: Ach HERR, lass uns nicht untergehen wegen dieses Mannes und rechne uns, was wir jetzt tun, nicht als Vergehen an unschuldigem Blut an! Fürwahr, wie du wolltest, HERR, so hast du gehandelt. ¹⁵ Dann nahmen sie Jona und warfen ihn ins Meer und das Meer hörte auf zu toben. ¹⁶ Da gerieten die Männer in große Furcht vor dem HERRN und sie schlachteten für den HERRN ein Opfer und machten ihm Gelübde.

▶ Die „heidnischen" Matrosen befragen Jona vorsichtig (v8), versuchen ihn zu schützen (v13) und beten zu seinem Gott. Sie handeln beispielhaft rücksichtsvoll, verantwortlich und fromm (auch v16).

Ein seltsames Gebet (Jona 2)

2 ¹ Der HERR aber schickte einen großen Fisch, dass er Jona verschlinge. Jona war drei Tage und drei Nächte im Bauch des Fi-

▶ „Drei Tage" steht oft symbolisch für eine Zeit der Verwandlung. So lange braucht Jona, bis er sich an Gott wendet.

▶ Von Jonas Schreien zu Gott war bisher nie die Rede, im Gegenteil: Während die Matrosen beteten, hat er geschlafen (1,5).

▶ Jona verdreht die Wirklichkeit. Er hatte den Matrosen den Auftrag gegeben, ihn ins Meer zu werfen (1,12), und ist selbst schuld an seiner Lage.

▶ Jona bewegt sich in Illusionen und Fantasien: Drei Tage hat er gewartet, bis er zu beten begann (v1). Und statt an den Tempel zu denken (v5 und v8), sollte er sich nach Ninive aufmachen. Die Matrosen, die an andere Götter glaubten, hielten treu zu Jona und zu Gott (1,5–16).

sches. ² Da betete Jona zum HERRN, seinem Gott, aus dem Inneren des Fisches heraus:

³ In meiner Not rief ich zum HERRN und er erhörte mich. Aus dem Leib der Unterwelt schrie ich um Hilfe und du hörtest meine Stimme.

⁴ Du hast mich in die Tiefe geworfen, in das Herz der Meere; mich umschlossen die Fluten, all deine Wellen und Wogen schlugen über mir zusammen.

⁵ Ich sagte: Ich bin verstoßen aus deiner Nähe. Wie kann ich jemals wiedersehen deinen heiligen Tempel?

⁶ Das Wasser reichte mir bis an die Kehle, die Urflut umschloss mich; Schilfgras umschlang meinen Kopf. ⁷ Bis zu den Wurzeln der Berge bin ich hinabgestiegen in das Land, dessen Riegel hinter mir geschlossen waren auf ewig. Doch du holtest mich lebendig aus dem Grab herauf, HERR, mein Gott.

⁸ Als meine Seele in mir verzagte, gedachte ich des HERRN und mein Gebet drang zu dir, zu deinem heiligen Tempel.

⁹ Die nichtige Götzen verehren, verlassen den, der ihnen Gutes tut.

¹⁰ Ich aber will dir opfern und laut dein Lob verkünden. Was ich gelobt habe, will ich erfüllen. Vom HERRN kommt die Rettung.

¹¹ Da befahl der HERR dem Fisch und dieser spie den Jona an Land.

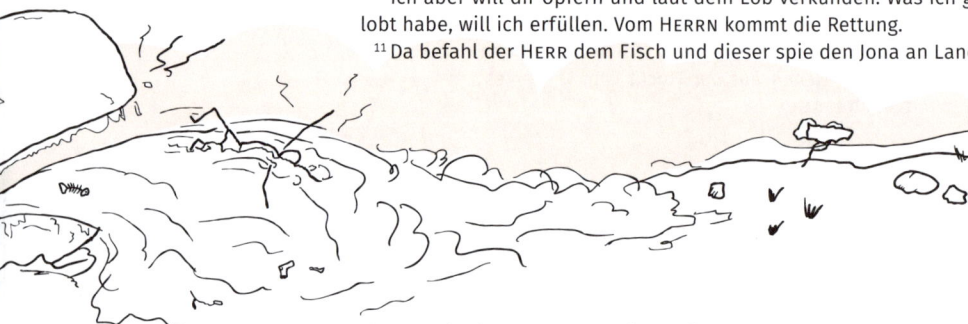

Eine vorbildliche Bekehrung (Jona 3)

3 ¹ Das Wort des HERRN erging zum zweiten Mal an Jona: ² Mach dich auf den Weg und geh nach Ninive, der großen Stadt, und rufe ihr all das zu, was ich dir sagen werde!

³ Jona machte sich auf den Weg und ging nach Ninive, wie der HERR es ihm befohlen hatte. Ninive war eine große Stadt vor Gott; man brauchte drei Tage, um sie zu durchqueren.

⁴ Jona begann, in die Stadt hineinzugehen; er ging einen Tag lang und rief: Noch vierzig Tage und Ninive ist zerstört!

⁵ Und die Leute von Ninive glaubten Gott. Sie riefen ein Fasten aus und alle, Groß und Klein, zogen Bußgewänder an.

⁶ Als die Nachricht davon den König von Ninive erreichte, stand er von seinem Thron auf, legte seinen Königsmantel ab, hüllte sich in ein Bußgewand und setzte sich in die Asche.

⁷ Er ließ in Ninive ausrufen: Befehl des Königs und seiner Großen: Alle Menschen und Tiere, Rinder, Schafe und Ziegen, sollen nichts essen, nicht weiden und kein Wasser trinken. ⁸ Sie sollen sich in Bußgewänder hüllen, Menschen und Tiere. Sie sollen mit aller Kraft zu Gott rufen und jeder soll umkehren von seinem bösen Weg und von der Gewalt, die an seinen Händen klebt. ⁹ Wer weiß, vielleicht reut es Gott wieder und er lässt ab von seinem glühenden Zorn, sodass wir nicht zugrunde gehen.

¹⁰ Und Gott sah ihr Verhalten; er sah, dass sie umkehrten und sich

Gott schätzt die Buße so hoch, dass die geringste Buße der Welt, wenn sie nur echt ist, ihn jede Art der Sünde vergessen lässt, so dass selbst den Teufeln alle ihre Sünden vergeben würden, wenn sie nur Reue haben könnten.

FRANZ VON SALES

▶ Im Gegensatz zu Jonas minimaler Verkündigung steht Ninives vollständige Umkehr. Nirgends berichtet die Bibel, dass das Gottesvolk Israel in ähnlicher Weise umgekehrt wäre. Die Hoffnung, Gott könnte das angedrohte Gericht zurücknehmen und sogar „bereuen" (v9), erinnert an Gottes Reue in Ex 32,14 (↗ auch Joel 2,14).

von ihren bösen Taten abwandten. Da reute Gott das Unheil, das er ihnen angedroht hatte, und er tat es nicht.

Ein trotziger Prophet (Jona 4)

4 ¹ Das missfiel Jona ganz und gar und er wurde zornig. ² Er betete zum HERRN und sagte: Ach HERR, habe ich das nicht schon gesagt, als ich noch daheim war? Eben darum wollte ich ja nach Tarschisch fliehen; denn ich wusste, dass du ein gnädiger und barmherziger Gott bist, langmütig und reich an Huld und dass deine Drohungen dich reuen. ³ Darum, HERR, nimm doch nun mein Leben von mir! Denn es ist besser für mich zu sterben als zu leben.
⁴ Da erwiderte der HERR: Ist es recht von dir, zornig zu sein?
⁵ Da verließ Jona die Stadt und setzte sich östlich vor der Stadt nieder. Er machte sich dort ein Laubdach und setzte sich in seinen Schatten, um abzuwarten, was mit der Stadt geschah.
⁶ Da ließ Gott, der HERR, einen Rizinusstrauch über Jona emporwachsen, der seinem Kopf Schatten geben und seinen Ärger vertreiben sollte. Jona freute sich sehr über den Rizinusstrauch.
⁷ Als aber am nächsten Tag die Morgenröte heraufzog, schickte Gott einen Wurm, der den Rizinusstrauch annagte, sodass er verdorrte.

> **"** Wer sich dem Selbstmitleid ergibt, kann auch nur von dieser Seite Sympathie erwarten.
>
> **BENJAMIN FRANKLIN**
> (1706–1790), amerikanischer Staatsmann und Erfinder

▶ Erst hier (v2) spricht Jona den Grund für seine Flucht aus. Dass Gott sich auch der Feinde erbarmt, kränkt ihn so sehr, dass er nicht mehr leben will (v3).

⁸ Und als die Sonne aufging, schickte Gott einen heißen Ostwind. Die Sonne stach Jona auf den Kopf, sodass er fast ohnmächtig wurde. Da wünschte er zu sterben und sagte: Es ist besser für mich zu sterben als zu leben. ⁹ Gott aber sagte zu Jona: Ist es recht von dir, wegen des Rizinusstrauches zornig zu sein? Er antwortete: Ja, es ist recht, dass ich zornig bin und mir den Tod wünsche.
¹⁰ Darauf sagte der HERR: Du hast Mitleid mit einem Rizinusstrauch, für den du nicht gearbeitet und den du nicht großgezogen hast. Über Nacht war er da, über Nacht ist er eingegangen. ¹¹ Soll ich da nicht Mitleid haben mit Ninive, der großen Stadt, in der mehr als hundertzwanzigtausend Menschen leben, die zwischen rechts und links nicht unterscheiden können – und außerdem so viel Vieh?

▶ Jona antwortet wie ein trotziges Kind. Er ist ein Spielball seiner Gefühle, abhängig von Äußerlichkeiten wie Schatten oder Hitze. Sie beschäftigen ihn so sehr, dass er sein Leben davon bestimmen lässt. Dass Gott sich um das Glück ganzer Völker kümmert, löst bei ihm Ablehnung und Ärger aus.

▶ Gott hat Mitgefühl mit Menschen und Tieren. Den Propheten zu Einsicht und Umkehr zu bewegen ist offensichtlich viel schwieriger als ganz Ninive.

MICHA

Micha bedeutet „Wer ist (wie) du?" Es ist eine kurze Form des Namens Michael („Wer ist wie Gott?" ↗ Dan 10,13). Ebenso scharf wie Amos kritisiert er soziale und religiöse Probleme, doch ist die abschließende Botschaft des Buches versöhnlich.

Gott als vergebender Hirte (Mi 7,14–20)

7 ¹⁴ Weide dein Volk mit deinem Stab, die Herde, die dein Erbbesitz ist, die einsam im Wald wohnt mitten im fruchtbaren Land! Sie sollen wieder im Baschan und in Gilead weiden wie in den Tagen der Vorzeit.

▶ Gott trägt als „Hirte" Verantwortung und kümmert sich um sein Volk. Baschan und Gilead sind fruchtbare Gebiete östlich des Jordan. Wie in ältesten Zeiten bei der Landnahme →

→ (↗ das Buch Josua) soll auch dieses Gebiet wieder zu Israel gehören.

▶ Israel war von fremden Völkern unterdrückt worden, jetzt hofft es auf eine Gegenreaktion (v16–17). Dabei soll auch Gott allgemein anerkannt werden.

▶ „Wer ist Gott wie du?" spielt mit dem Namen des Propheten. Gott ist deshalb so unvergleichlich, weil er Schuld vergibt!

▶ „Niedertreten" und „in die Tiefen des Meeres werfen" sind zwei Bilder dafür, dass Gott die Gemeinschaft vollständig von aller Belastung durch ihre Vergehen befreit.

¹⁵ Wie in den Tagen, als du aus dem Land Ägypten auszogst, lass uns deine Wunder schauen!

¹⁶ Die Nationen werden es sehen und zuschanden werden in ihrer Macht. Sie werden die Hand auf den Mund legen, ihre Ohren werden taub werden.

¹⁷ Sie werden Staub lecken wie die Schlange, wie die Kriechtiere auf dem Erdboden. Sie werden zitternd hervorkommen aus ihren Verliesen; an den HERRN, unseren Gott, werden sie bebend sich wenden und dich fürchten.

¹⁸ Wer ist Gott wie du, der Schuld verzeiht und an der Verfehlung vorübergeht für den Rest seines Erbteils!
Nicht hält er auf ewig fest an seinem Zorn, denn er hat Wohlgefallen daran, gütig zu sein.

¹⁹ Er wird sich unser wieder erbarmen, er wird niedertreten unsere Schuld. Ja, du wirst in die Tiefen des Meeres werfen alle ihre Sünden.

²⁰ Du wirst Jakob Treue und Abraham Liebe erweisen, wie du unseren Vätern geschworen hast in den Tagen der Vorzeit.

NAHUM

Nahum bedeutet: „getröstet". Die Schrift richtet sich gegen die assyrische Hauptstadt Ninive und zielt darauf, das Land Juda zu trösten, das lange Zeit unter der gnadenlosen Bedrohung durch die Assyrer gelitten hatte.

Ein Gott des gerechten Ausgleichs! (Nah 1,1–10; 2,1)

1 ¹ Ausspruch über Ninive. Das Buch der Vision des Nahum aus Elkosch.

▶ "Vergeltung" und "Rache" meinen eigentlich gerechten Ausgleich. Es besagt hier, dass Gott gegen die brutale Gewaltherrschaft der Weltmacht Assyrien vorgeht.

▶ „Langmütig" nimmt auf die zentrale Stelle Ex 34,6–7 Bezug.

▶ Diese starken Bilder sollen nicht Angst vor Gott machen, sondern vielmehr Hoffnung geben, dass Gott sogar die schrecklichsten menschlichen Mächte bezwingen kann.

² Ein eifernder Gott, der Vergeltung übt, ist der HERR.
Vergeltung übt der HERR und ist voll Zorn.
Der HERR übt Rache an seinen Gegnern
und hält fest am Zorn gegen seine Feinde.

³ Der HERR ist langmütig und groß an Kraft; doch ganz sicher lässt der HERR nicht ungestraft. In Wirbel und Sturm nimmt er seinen Weg, die Wolken sind der Staub seiner Füße.

⁴ Er droht dem Meer und macht es trocken, alle Flüsse lässt er versiegen.
Verwelkt sind Baschan und Karmel,
die Blüte des Libanon ist verwelkt.

⁵ Die Berge beben vor ihm und die Hügel geraten ins Wanken.
Es verödet die Erde vor ihm der Erdkreis und alle seine Bewohner.

⁶ Vor seinem Groll – wer kann da bestehen?
Wer hält stand in der Glut seines Zorns?
Sein Grimm greift um sich wie Feuer und die Felsen bersten vor ihm.

⁷ Gut ist der HERR, eine feste Burg am Tag der Not.
Er kennt, die Zuflucht suchen bei ihm.

⁸ Doch in reißender Flut macht er seinen Gegnern ein Ende
und Finsternis verfolgt seine Feinde.

⁹ Was plant ihr gegen den HERRN? Er macht doch ein Ende. Es soll nicht wieder Not aufkommen. ¹⁰ Wie dichtes Dornengestrüpp und wie wirres Windengerank werden sie verbrannt, wie dürre Spreu; nichts bleibt übrig. …

2 ¹ Seht auf den Bergen die Schritte des Freudenboten! Er verkündet Frieden! Juda, feiere deine Feste, erfülle deine Gelübde! Denn der Unheilstifter durchstreift dein Land nicht mehr; er ist völlig vernichtet.

Der lachende Engel von Reims

HABAKUK

Ähnlich wie Nahum wendet sich auch Habakuk gegen eine zerstörerische Weltmacht – er jedoch gegen die Babylonier (Hab 1,6). Zu Beginn beschreibt das Büchlein die schreckliche Bedrohung (Hab 1), doch endet es mit einem Psalm, in dem Gott als Retter eingreift (Hab 3). Berühmt ist die Stelle Hab 2,4 (Der Gerechte bleibt wegen seiner Treue am Leben.), weil Paulus die Stelle zitiert hat (Röm 1,17; Gal 3,11) und Martin Luther damit untermauert hat, dass der Glaube das Wichtigste ist, um vor Gott gerecht zu leben.

Ein Prophet schreit nach Rettung (Hab 1,1–12)

1 ¹ Ausspruch, den der Prophet Habakuk in einer Vision sah.
² Wie lange, HERR, soll ich noch rufen und du hörst nicht? Ich schreie zu dir: Hilfe, Gewalt! Aber du hilfst nicht.
³ Warum lässt du mich die Macht des Bösen sehen und siehst der

▶ Der Prophet macht Gott schwere Vorwürfe (1,2–3), zugleich hat er doch Vertrauen (1,12). Auch wir dürfen Gott ganz ehrlich sagen, was uns am Herzen liegt, sogar widersprüchliche Stimmungen und Gedanken.

Unterdrückung zu? Wohin ich blicke, sehe ich Gewalt und Misshandlung, erhebt sich Zwietracht und Streit.
⁴ Darum ist die Weisung ohne Kraft und das Recht setzt sich nicht mehr durch. Ja, der Frevler umstellt den Gerechten und so wird das Recht verdreht.
⁵ Seht auf die Völker, schaut hin, staunt und erstarrt! Denn gewiss vollbringt er in euren Tagen ein Werk – würde man euch davon erzählen, ihr glaubtet es nicht.
⁶ Denn seht, ich stachle die Chaldäer auf, das grausame, ungestüme Volk, das die Weiten der Erde durchzieht, um Wohnplätze zu erobern, die ihm nicht gehören, ⁷ ein furchtbares und schreckliches Volk, das selbst sein Recht und seinen Rang bestimmt. ⁸ Seine Pferde sind schneller als Panther, wilder als die Abendwölfe. Seine Rosse und Reiter stürmen heran, sie kommen aus der Ferne, sie fliegen herbei wie ein Geier, der sich auf seinen Fraß stürzt.
⁹ Sie rücken an, entschlossen zu roher Gewalt, alle Gesichter vorwärts gerichtet. Gefangene raffen sie zusammen wie Sand. ¹⁰ Sie machen sich sogar über Könige lustig und lachen über mächtige Fürsten; ja, sie spotten über jede Festung, sie schütten einen Erdwall auf und nehmen sie ein. ¹¹ Dann ziehen sie weiter, wie der Sturmwind sausen sie dahin. Und sie haben ihre Kraft zu ihrem Gott gemacht.
¹² Bist du nicht seit Urzeiten, HERR, mein heiliger Gott? Gewiss werden wir nicht sterben!

💡 „Rechtspositivismus" nennt man es, wenn nur noch das „Recht" ist, was eine Macht oder Mehrheit als Recht definiert. Gäbe es, so sagt der Philosoph Robert Spaemann, „kein von Natur Rechtes, so ließe sich über Fragen der Gerechtigkeit gar nicht sinnvoll streiten."

▶ „Chaldäer" bezieht sich auf die babylonische Weltmacht (↗ 2 Kön 25).

💡 Der Philosoph Friedrich Nietzsche verspottete das Christentum wegen des Mitleids und seiner Sympathie mit den Schwachen. Wer an Gott glaubt,  sieht, dass wir alle vor Gott klein sind, aber auch Würde bekommen haben (↗ Ps 8, Gen 1,27).

ZEFANJA

Zefanja bedeutet: *„Jah* (= Kurzform des biblischen Gottesnamens Jhwh) hat geborgen" (↗ Ps 27,5). Das Büchlein verbindet in aller Kürze viele prophetische Themen: Gericht und Hoffnung für Juda und für fremde Völker. Im dritten und letzten Kapitel kommt es zu einem inhaltlichen Höhepunkt:

> **"** Man baut leichter eine Stadt in der Luft als einen Staat ohne Gott.
>
> **PLATON**

💡 Das göttliche Feuer reinigt. Nach einer „heißen Phase" sieht man die Dinge klarer und kann sie deutlicher oder ehrlicher aussprechen.

▶ Die „Ströme von Kusch" (v10) sind vor allem der Blaue und der Weiße Nil (heute in Äthiopien und Sudan). Diese Region wurde als der Rand der bewohnten Welt empfunden.

Hoffnung auf die Einheit der Menschheit (Zef 3,1–2.8–17)

3 ¹ Wehe, trotzige und schmutzige, gewalttätige Stadt! ² Sie will nicht hören und nimmt sich keine Warnung zu Herzen. Sie verlässt sich nicht auf den HERRN und sucht nicht die Nähe ihres Gottes. ...

⁸ Darum wartet nur – Spruch des HERRN – auf den Tag, an dem ich auftreten werde als Kläger. Denn mein Rechtsspruch lautet: Völker will ich versammeln, Königreiche biete ich auf; dann schütte ich meinen Groll über sie aus, die ganze Glut meines Zorns. Denn vom Feuer meines Eifers wird die ganze Erde verzehrt.

⁹ Ja, dann werde ich die Lippen der Völker verwandeln in reine Lippen, damit alle den Namen des HERRN anrufen, ihm Schulter an Schulter dienen.

¹⁰ Von jenseits der Ströme von Kusch bringen mir meine Verehrer dann als Gabe die Gemeinde meiner Verstreuten.

> **"** Wir sind Arme Christi. Deshalb kommt es darauf an, niemals sich aufzudrängen oder zu versuchen, das Gewissen eines anderen zu vereinnahmen. Zuallererst soll unser Leben das Evangelium durchscheinen lassen.
>
> **FRÈRE ROGER SCHUTZ**

> **"** Die am stärksten mitreißende Aufforderung [zur Freude] ist wohl die des Propheten Zefanja, der uns Gott selbst wie einen leuchtenden Mittelpunkt des Festes und der Fröhlichkeit vor Augen führt. Es ergreift mich, wenn ich diesen Text wieder lese.
>
> **PAPST FRANZISKUS**, EG 45

▶ Kein anderer Vers der Bibel spricht so oft von Gottes Freude – vierfach wiederholt!

¹¹ An jenem Tag brauchst du dich nicht mehr zu schämen, wegen all deiner schändlichen Taten, die du gegen mich verübt hast. Ja, dann entferne ich aus deiner Mitte die überheblichen Prahler und du wirst nicht mehr hochmütig sein auf meinem heiligen Berg. ¹² Und ich lasse in deiner Mitte übrig ein demütiges und armes Volk. Sie werden Zuflucht suchen beim Namen des HERRN ¹³ als der Rest von Israel. Sie werden kein Unrecht mehr tun und nicht mehr lügen, in ihrem Mund findet man keine trügerische Rede mehr. Ja, sie gehen friedlich auf die Weide und niemand schreckt sie auf, wenn sie ruhen. ¹⁴ Juble, Tochter Zion! Jauchze, Israel! Freu dich und frohlocke von ganzem Herzen, Tochter Jerusalem! ¹⁵ Der HERR hat das Urteil gegen dich aufgehoben und deine Feinde zur Umkehr gezwungen. Der König Israels, der HERR, ist in deiner Mitte; du hast kein Unheil mehr zu fürchten. ¹⁶ An jenem Tag wird man zu Jerusalem sagen: Fürchte dich nicht, Zion! Lass die Hände nicht sinken! ¹⁷ Der HERR, dein Gott, ist in deiner Mitte, ein Held, der Rettung bringt. Er freut sich und jubelt über dich, er schweigt in seiner Liebe, er jubelt über dich und frohlockt, wie man frohlockt an einem Festtag.

HAGGAI

Auf Zefanja folgt das Büchlein Haggai, in dem es um den Wiederaufbau des Jerusalemer Tempels in persischer Zeit geht (nach der Zerstörung durch die Babylonier 587 v. Chr.; ↗ dazu die Bücher Esra und Nehemia). Dies geschah unter dem persischen König Darius I., der seine Regierung 522 v. Chr. antrat. Unter seiner Oberherrschaft war Serubbabel höchster Beamter in Jerusalem. Er war ein Enkel Jojachins, des letzten Königs von Juda, der ins Exil geführt worden war (→ 2 Kön 24,15; 1 Chr 3,17–19).

Der Aufruf zum Tempelbau (Hag 1,1–15)

1 ¹ Im zweiten Jahr des Königs Darius erging am ersten Tag des sechsten Monats das Wort des HERRN durch den Propheten Haggai an den Statthalter von Juda, Serubbabel, den Sohn Schealtiëls, und an den Hohepriester Jehoschua, den Sohn des Jozadak:
² So spricht der HERR der Heerscharen: Dieses Volk sagt: Noch ist die Zeit nicht gekommen, das Haus des HERRN aufzubauen. ³ Da erging das Wort des HERRN durch den Propheten Haggai: ⁴ Ist etwa die Zeit gekommen, dass ihr in euren getäfelten Häusern wohnt, während dieses Haus in Trümmern liegt? ⁵ Nun aber spricht der HERR der Heerscharen: Überlegt doch, wie es euch geht! ⁶ Ihr sät viel und erntet wenig; ihr esst und werdet nicht satt; ihr trinkt, aber zum Betrinken reicht es euch nicht; ihr zieht Kleider an, aber sie halten nicht warm, und wer etwas verdient, verdient es für einen löcherigen Beutel.

Haggai ist kein Sonderfall. Im Jahr 1206 hörte auch Franz von Assisi vor dem Kreuz eine Stimme: „Geh hin und stell mein Haus wieder her, das, wie du siehst, schon ganz verfallen ist!" Franz nahm die Sache erst einmal wörtlich, besorgte sich Steine und Mörtel und richtete das Kirchlein San Damiano wieder her. Später verstand er, dass Gott ihn berufen hatte, seine ganze Kirche vor dem inneren Zerfall zu bewahren.

⁷ So spricht der HERR der Heerscharen: Überlegt also, wie es euch geht! ⁸ Geht ins Gebirge, schafft Holz herbei und baut den Tempel wieder auf! Das würde mir gefallen und mich ehren, spricht der HERR. ⁹ Ihr habt viel erhofft, doch siehe, es wurde wenig; und wenn ihr es nach Hause brachtet, blies ich es weg. Warum wohl? – Spruch des HERRN der Heerscharen. Weil mein Haus in Trümmern liegt, während jeder von euch für sein eigenes Haus rennt. ¹⁰ Deshalb hält der Himmel euretwegen den Tau zurück und die Erde hält ihren Ertrag zurück. ¹¹ Ich rief die Dürre über das Land und über die Berge, über das Getreide, über den Wein und das Öl, über alles, was der Boden hervorbringt, über Mensch und Vieh und über alle Arbeit eurer Hände.
¹² Serubbabel, der Sohn Schealtiëls, und der Hohepriester Jehoschua, der Sohn des Jozadak, und alle, die vom Volk noch übrig waren, hörten auf die Stimme des HERRN, ihres Gottes, auf die Worte des Propheten Haggai; denn der HERR, ihr Gott, hatte ihn gesandt und das Volk fürchtete sich vor dem HERRN. ¹³ Darum verkündete Haggai, der Bote des HERRN, dem Volk im Auftrag des HERRN: Ich bin bei euch – Spruch des HERRN. ¹⁴ Und der HERR weckte den Geist des Statthalters von Juda, Serubbabel, des Sohnes Schealtiëls, und den Geist des Hohepriesters Jehoschua, des Sohnes des Jozadak, und den Geist all derer, die vom Volk noch übrig waren, sodass sie kamen und die Arbeit am Tempel ihres Gottes, des HERRN der Heerscharen, aufnahmen; ¹⁵ das war am vierundzwanzigsten Tag des sechsten Monats.

▶ Seit jeher bewegt Gottes Geist Menschen, auch gegen Bequemlichkeit und Egoismus sich für wertvolle Anliegen einzusetzen.

SACHARJA

Auch das folgende, wesentlich längere Buch Sacharja ist in persische Zeit datiert (↗ Sach 1,1, mit Bezug auf den Perserkönig Darius I.). „Sacharja" meint „Jah (= Gott) hat sich erinnert". Die Visionen in diesem Büchlein erinnern an Ezechiel und Daniel.

Ein heiliger Berg für alle Völker (Sach 8,1–8)

8 [1] Es erging das Wort des HERRN der Heerscharen: [2] So spricht der HERR der Heerscharen: Mit großem Eifer trete ich ein für Zion und mit großer Zornglut setze ich mich eifersüchtig für es ein. [3] So spricht der HERR: Ich bin nach Zion zurückgekehrt und werde wieder in der Mitte Jerusalems wohnen. Dann wird Jerusalem Stadt der Treue heißen und der Berg des HERRN der Heerscharen Heiliger Berg.

[4] So spricht der HERR der Heerscharen: Greise und Greisinnen werden wieder auf den Plätzen Jerusalems sitzen; jeder hält wegen des hohen Alters seinen Stock in der Hand. [5] Und die Plätze der Stadt werden voller Knaben und Mädchen sein, die auf ihren Plätzen spielen.

[6] So spricht der HERR der Heerscharen: Wenn das zu wunderbar ist in den Augen des Restes dieses Volkes in jenen Tagen, muss es dann auch in meinen Augen zu wunderbar sein? – Spruch des HERRN der Heerscharen.

[7] So spricht der HERR der Heerscharen: Seht, ich befreie mein Volk aus dem Land des Sonnenaufgangs und aus dem Land des Sonnenuntergangs. [8] Ich werde sie heimbringen und sie werden in der Mitte Jerusalems wohnen. Sie werden mir Volk sein und ich werde ihnen Gott sein in Treue und in Gerechtigkeit.

▶ Zur „Bundesformel" in v8
↗ Jer 30,22.

Viele Völker strömen nach Jerusalem (Sach 8,18–23)

[18] Und es erging an mich das Wort des HERRN der Heerscharen: [19] So spricht der HERR der Heerscharen: Das Fasten des vierten, das Fasten des fünften, das Fasten des siebten und das Fasten des zehnten Monats soll für das Haus Juda zum Jubel und zur Freude und zu frohen Festen werden. Darum liebt die Treue und den Frieden! [20] So spricht der HERR der Heerscharen: Es wird noch geschehen, dass Völker herbeikommen und die Einwohner vieler Städte. [21] Die Einwohner der einen werden zur anderen gehen und sagen: Wir wollen gehen, um das Angesicht des HERRN gnädig zu stimmen und den HERRN der Heerscharen zu suchen! – Auch ich will hingehen! [22] Viele Völker und mächtige Nationen werden kommen, um in Jerusalem den HERRN der Heerscharen zu suchen und das Angesicht des HERRN gnädig zu stimmen. [23] So spricht der HERR der Heerscharen: In jenen Tagen werden zehn Männer aus Nationen aller Sprachen einen Mann aus Juda an seinem Gewand fassen, ihn festhalten und sagen: Wir wollen mit euch gehen; denn wir haben gehört: Gott ist mit euch.

▶ Der Gedanke der „Völkerwallfahrt" (v20) nach Jerusalem stammt aus Mi 4,2 und Jes 2,3.

„ Der Raum des messianischen Königs ist nicht mehr ein bestimmtes Land, das sich notwendigerweise von den anderen trennen und dann unvermeidlich auch gegen andere Länder Stellung beziehen würde. Sein Land ist die Erde, die ganze Welt. Indem er jede Abgrenzung überwindet, schafft er in der Mannigfaltigkeit der Kulturen Einheit.

PAPST BENEDIKT XVI., 9.4.2006

Zions Friedenskönig (Sach 9,9–10)

9 ⁹ Juble laut, Tochter Zion! Jauchze, Tochter Jerusalem! Siehe, dein König kommt zu dir. Gerecht ist er und Rettung wurde ihm zuteil, demütig ist er und reitet auf einem Esel, ja, auf einem Esel, dem Jungen einer Eselin. ¹⁰ Ausmerzen werde ich die Streitwagen aus Efraim und die Rosse aus Jerusalem, ausgemerzt wird der Kriegsbogen. Er wird den Nationen Frieden verkünden; und seine Herrschaft reicht von Meer zu Meer und vom Strom bis an die Enden der Erde.

▶ Während Pferde als Kriegstiere und Prestigeobjekte eingesetzt wurden, dienten Esel als Lasttiere der einfachen Leute für friedliche Zwecke.

MALEACHI

Maleachi meint „mein Bote". Das Büchlein setzt sich im Stil eines Streitgesprächs dafür ein, dass sowohl der Gottesdienst am Tempel als auch soziale Gerechtigkeit wieder ernst genommen werden. Diese letzte Schrift des Alten Testaments in den christlichen Bibelausgaben endet mit einem kraftvollen Ausblick:

Jubel über die Sonne der Gerechtigkeit (Mal 3,14–15.19–24)

3 ¹⁴ Ihr sagt: Es hat keinen Sinn, Gott zu dienen. Was haben wir davon, wenn wir auf seine Anordnungen achten und vor dem HERRN der Heerscharen in Trauergewändern umhergehen?

B Sag nicht: Ich will das Böse vergelten. Vertrau auf den HERRN; er wird dir helfen!

Spr 20,22

¹⁵ Darum preisen wir die Überheblichen glücklich, denn die Frevler haben Erfolg; sie stellen Gott auf die Probe und kommen doch straflos davon. …
¹⁹ Denn seht, der Tag kommt, er brennt wie ein Ofen: Da werden alle Überheblichen und alle Frevler zu Spreu und der Tag, der kommt, wird sie verbrennen, spricht der HERR der Heerscharen. Weder Wurzel noch Zweig wird ihnen dann bleiben. ²⁰ Für euch aber, die ihr meinen Namen fürchtet, wird die Sonne der Gerechtigkeit aufgehen und ihre Flügel bringen Heilung.
Ihr werdet hinausgehen und Freudensprünge machen wie Kälber, die aus dem Stall kommen.

▶ Das Bild der geflügelten Sonne wurde im Alten Ägypten häufig als Symbol für göttlichen Schutz verwendet. Hier bringt die göttliche Sonne Gerechtigkeit und Heilung mit sich.

Der kommende Tag (Mal 3,21–24)

²¹ Und ihr werdet die Ruchlosen zertreten, sodass sie unter euren Fußsohlen zu Asche werden, an dem Tag, den ich herbeiführe, spricht der HERR der Heerscharen.
²² Gedenkt der Weisung meines Knechtes Mose; am Horeb habe ich ihm Gesetze und Rechtsentscheide übergeben, die für ganz Israel gelten.
²³ Bevor aber der Tag des HERRN kommt, der große und furchtbare Tag, seht, da sende ich zu euch den Propheten Elija.
²⁴ Er wird das Herz der Väter wieder den Söhnen zuwenden und das Herz der Söhne ihren Vätern, damit ich nicht komme und das Land schlage mit Bann.

▶ Diese letzten Verse der Prophetenbücher und des Alten Testaments verweisen auf Mose (Ex – Dtn) und Elija (↗ 1 Kön 17 – 2 Kön 2). Beiden begegnet Jesus bei der Verklärung (↗ Mk 9,2–8; Mt 17,1–8; Lk 9,28–36). So wird sichtbar, dass Jesus mit den großen Gestalten des Alten Testaments im Gespräch und im Einklang steht.

Das Neue Testament

EVANGELIEN

MATTHÄUS · MARKUS · LUKAS · JOHANNES · APOSTELGESCHICHTE

BRIEFE

KORINTHE · GALATE · EPHESER · PHILIPPER · KOLOSSER · THESSALO · RÖMER

Das Neue Testament ist der zweite Teil der christlichen Bibel. Es ist geschrieben worden, weil etwas Neues passiert ist: Jesus ist auf die Welt gekommen. Was er getan und erlitten hat, sollte erzählt werden. Der Glaube, dass er von den Toten auferweckt worden ist, musste ausgedrückt werden. Durch Jesus, seinen Ruf in die Nachfolge und die Mission seiner Jünger ist die Kirche entstanden. Wie es mit der Kirche angefangen hat, wird im Neuen Testament beschrieben.

Am Anfang der urchristlichen Überlieferung steht die mündliche Verkündigung. Aber dann beginnt das Schreiben. Der Apostel Paulus hat Briefe verfasst, um seine Gemeinden zu erreichen, wenn er nicht persönlich bei ihnen sein

konnte. Die Evangelien wurden geschrieben, damit die Erinnerung an Jesus lebendig bleibt.

Das geschriebene Wort hilft, Räume und Zeiten zu überbrücken. So kann von Generation zu Generation das Wissen weitergegeben werden, wer Jesus war und wie die Kirche entstanden ist.

Das geschriebene Wort muss aber immer wieder lebendig werden. Was damals geschah, in der Fülle der Zeit (Gal 4,4), bleibt aktuell. Es ist „heute" wichtig – immer und zu allen Zeiten. So hat Jesus das Wort Gottes in der Synagoge seiner Heimatstadt Nazaret ausgelegt, als er aus dem Buch des Propheten Jesaja gelesen hatte: „Heute hat sich das Schriftwort, das ihr eben gehört habt, erfüllt" (Lk 4,21). Auch hier und jetzt kommt es darauf an, in den geschriebenen Buchstaben der Heiligen Schrift den lebendigen Geist Gottes zu entdecken. Dann wird das Lesen der Bibel zur Glaubenserfahrung.

Im Neuen Testament wird das Alte Testament durchgehend vorausgesetzt. Es heißt: die „Schrift" oder die „Schriften". Es gilt als heilig. Es ist die Basis des Neuen Testaments. Für Jesus und die Apostel ist klar: Gottes Geschichte mit den Menschen und seinem Volk beginnt nicht erst mit dem Kommen des Messias; sie beginnt mit der Schöpfung und der Berufung Israels, mitten unter den Völkern Gott die Ehre zu geben. Deshalb kann das Neue Testament nicht ohne das Alte Testament verstanden werden. Und umgekehrt gilt: Das Alte Testament kann

B Denkt nicht, ich sei gekommen, um das Gesetz und die Propheten aufzuheben! Ich bin nicht gekommen, um aufzuheben, sondern um zu erfüllen. Amen, ich sage euch: Bis Himmel und Erde vergehen, wird kein Jota und kein Häkchen des Gesetzes vergehen, bevor nicht alles geschehen ist. Wer auch nur eines von den kleinsten Geboten aufhebt und die Menschen entsprechend lehrt, der wird im Himmelreich der Kleinste sein. Wer sie aber hält und halten lehrt, der wird groß sein im Himmelreich.

Mt 5,17–19

neu verstanden werden, wenn man es in dem Licht liest, das von Jesus Christus ausgeht.

Das Neue Testament beginnt mit den vier Evangelien: nach Matthäus, nach Markus, nach Lukas und nach Johannes. Die Evangelien erzählen von Jesus: seinem Leben, seinem Tod und seiner Auferstehung. Deshalb stehen sie im Neuen Testament an der Spitze.

Nach den Evangelien steht die Apostelgeschichte. Sie erzählt, wie die ersten Jünger den Auftrag Jesu verwirklicht haben: „Ihr werdet meine Zeugen sein in Jerusalem und in ganz Judäa und Samarien und bis an die Grenzen der Erde." (Apg 1,8) In der Geschichte der Kirche geht die Geschichte Jesu weiter – bis heute.

Der Apostelgeschichte folgen die Apostelbriefe. Sie fordern und fördern den Aufbau der Kirche. Sie legen ein vielstimmiges Bekenntnis des Glaubens ab. Sie zeigen, wie das Wort Gottes die ersten Gemeinden bewegt hat. Sie sprechen in aller Offenheit Schwierigkeiten an, den richtigen Weg zu finden. Aber sie weisen eine Richtung, die bis heute gültig ist.

Das Neue Testament endet mit der Offenbarung des Johannes. Es ist eine prophetische Schrift. Sie öffnet den Blick auf den neuen Himmel und die neue Erde. Im himmlischen Jerusalem entsteht ein neues Paradies. In diesem Paradies wird sich die Verheißung in Vollendung erfüllen, von der alle Menschen in ihrem Glauben leben.

Die Evangelien

Die Evangelien erzählen die Geschichte Jesu. Evangelium heißt: Gute Nachricht, Frohe Botschaft. Nach dem Neuen Testament gibt es im Grunde nur e i n Evangelium. Denn es gibt nur e i n e n Gott; und sein Wort, das Jesus verkündet, ist unendlich gut.

Aber das eine Evangelium Gottes muss von Menschen mit ihren eigenen Worten verkündet werden. Am Anfang des Neuen Testaments stehen vier dieser Zeugnisse. Sie alle beziehen sich auf das eine Evangelium. Deshalb tragen sie seit ältester Zeit die Überschrift: Evangelium nach *Matthäus*, Evangelium nach *Markus*, Evangelium nach *Lukas*, Evangelium nach *Johannes*.

Alle Evangelien sind von Christen geschrieben worden, die an die Auferstehung Jesu glauben und deshalb von seinem Leben erzählen. Die Evangelien beruhen auf alter Überlieferung. Sie stellen Jesus so dar, dass nicht nur seine vergangene, sondern immer auch seine gegenwärtige Bedeutung deutlich wird.

Später sind noch weitere Evangelien geschrieben worden. Aber nur die vier nach Matthäus, Markus, Lukas und Johannes sind in die Bibel aufgenommen worden. Es sind die ältesten und wichtigsten Zeugnisse von Jesus. Es sind diejenigen, die überall anerkannt werden, damals wie heute.

Alle Evangelien haben starke Gemeinsamkeiten, besonders die ersten drei. Aber sie haben auch starke Besonderheiten, besonders das vierte. Sie zeigen Jesus von unterschiedlichen Seiten aus. Das ist eine Einladung, Jesus immer besser kennenzulernen.

Diese Bibel orientiert sich an Matthäus, weil es das erste in der Reihe der Evangelien geworden ist und durch die Jahrhunderte hindurch die größte Bedeutung gewonnen hat. Aus dem Markus- und dem Lukasevangelium werden in dieser Bibel typische Abschnitte geboten. Umfangreichere Auszüge gibt es wieder aus dem Johannesevangelium, das seit der Antike als geistliches Evangelium gilt.

Wer alle Evangelien lesen will, muss in eine volle Bibel schauen. Er wird belohnt mit einem Reichtum an Zeugnissen über Jesus.

DAS EVANGELIUM NACH

Matthäus

Das Neue Testament beginnt mit dem Evangelium nach Matthäus. Der Überlieferung nach ist der Zöllner Matthäus der Verfasser, den Jesus selbst in die Nachfolge gerufen hat (Mt 9,9).

Das Matthäusevangelium beginnt mit einem Stammbaum Jesu, einer kurz gefassten Geschichte Israels. Dieser Stammbaum bindet das Neue Testament an das Alte Testament zurück.

Das Matthäusevangelium endet mit dem Auftrag des Auferstandenen, alle Völker in die Nachfolge zu rufen. Dieser Auftrag öffnet die Geschichte Jesu für die Geschichte der Kirche – „bis zum Ende der Welt" (Mt 28,20).

Jesus gehört zum Gottesvolk Israel. Er bringt das Heil Gottes allen Völkern. Er ist der „Immanuel – Gott mit uns" (Jes 7,14; Mt 1,23).

Der Evangelist erzählt die Geschichte des Wirkens und des Leidens Jesu. Diese Geschichte endet nicht am Kreuz. Sie beginnt neu mit der Auferstehung Jesu von den Toten. Im Licht des Ostertages sollen alle erkennen: Jesus ist der Sohn Gottes; er erfüllt den Willen Gottes, „wie im Himmel, so auf der Erde" (Mt 6,10).

Die Gemeinde des Matthäus lebt in enger Verbundenheit mit dem Judentum. Sie streitet sich mit den Pharisäern um die richtige Auslegung des Gesetzes. Durch ihre Orientierung an Jesus bringt sie das judenchristliche Erbe in die Kirche ein.

DIE VORGESCHICHTE (MT 1,1–2,23)

▶ Der Stammbaum Jesu zeigt, woher Jesus kommt und wer er ist. David ist der große König Israels. Mit ihm verbindet sich die Hoffnung auf Erlösung. Abraham ist der Stammvater Israels. Er hat die Verheißung Gottes empfangen, ein Segen für alle Völker zu werden (Gen 12,3). Jesus erfüllt diese Verheißung. Er ist der Messias Israels, der allen Völkern das Heil bringt.

▶ Fünf Frauen werden genannt: Tamar (Gen 38), Rahab (Jos 2), Rut (Rut), die Mutter Salomos, Batseba (2 Sam 11; 1 Kön 1) – und zum krönenden Abschluss Maria.

Wo Jesus verwurzelt ist (Mt 1,1–17)

1 ¹ Buch des Ursprungs Jesu Christi, des Sohnes Davids, des Sohnes Abrahams: ² Abraham zeugte den Isaak, Isaak zeugte den Jakob, Jakob zeugte den Juda und seine Brüder. ³ Juda zeugte den Perez und den Serach mit der Tamar. Perez zeugte den Hezron, Hez-ron zeugte den Aram, ⁴ Aram zeugte den Amminadab, Amminadab zeugte den Nachschon, Nachschon zeugte den Salmon. ⁵ Salmon zeugte den Boas mit der Rahab. Boas zeugte den Obed mit der Rut. Obed zeugte den Isai, ⁶ Isai zeugte David, den König. David zeugte den Salomo mit der Frau des Urija. ⁷ Salomo zeugte den Rehabeam, Rehabeam zeugte den Abija, Abija zeugte den Asa, ⁸ Asa zeugte den Joschafat, Joschafat zeugte den Joram, Joram zeugte den Usija. ⁹ Usija zeugte den Jotam, Jotam zeugte den Ahas, Ahas zeugte den Hiskija, ¹⁰ Hiskija zeugte den Manasse, Manasse zeugte den Amos, Amos zeugte den Joschija. ¹¹ Joschija zeugte den Jojachin und seine Brüder; das war zur Zeit der Babylonischen Gefangenschaft. ¹² Nach der Babylonischen Gefangenschaft zeugte Jojachin den Schealtiël, Schealtiël zeugte den Serubbabel, ¹³ Serubbabel zeugte den Abihud, Abihud zeugte den Eljakim, Eljakim zeugte den Azor. ¹⁴ Azor zeugte den Zadok, Zadok zeugte den

▶ Der Stammbaum Jesu hat eine Lücke. Bei Josef endet die Kette der männlichen Zeugungen. Wie passt Jesus dann in die Heilsgeschichte Israels von Abraham und David hinein? Die Antwort gibt das Weihnachtsevangelium des Matthäus: Jesus ist der Sohn Gottes, geboren von der Jungfrau Maria.

▶ Matthäus erzählt von der Geburt Jesu aus der Sicht Josefs. Im Lukasevangelium steht Maria im Blickpunkt (Lk 1–2). Dort steht auch das Weihnachtsevangelium, das in der Liturgie verkündet wird (Lk 2,1–20).

Jesus, sei mir Jesus!

PHILIPP NERI (1505–1595), der „lachende Heilige", wirkte in Rom

Achim, Achim zeugte den Eliud, ¹⁵ Eliud zeugte den Eleasar, Eleasar zeugte den Mattan, Mattan zeugte den Jakob. ¹⁶ Jakob zeugte den Josef, den Mann Marias; von ihr wurde Jesus geboren, der der Christus genannt wird. ¹⁷ Im Ganzen sind es also von Abraham bis David vierzehn Generationen, von David bis zur Babylonischen Gefangenschaft vierzehn Generationen und von der Babylonischen Gefangenschaft bis zu Christus vierzehn Generationen.

Wer Jesus ist (Mt 1,18–25)

¹⁸ Mit der Geburt Jesu Christi war es so: Maria, seine Mutter, war mit Josef verlobt; noch bevor sie zusammengekommen waren, zeigte sich, dass sie ein Kind erwartete – durch das Wirken des Heiligen Geistes. ¹⁹ Josef, ihr Mann, der gerecht war und sie nicht bloßstellen wollte, beschloss, sich in aller Stille von ihr zu trennen. ²⁰ Während er noch darüber nachdachte, siehe, da erschien ihm ein Engel des Herrn im Traum und sagte: Josef, Sohn Davids, fürchte dich nicht, Maria als deine Frau zu dir zu nehmen; denn das Kind, das sie erwartet, ist vom Heiligen Geist. ²¹ Sie wird einen Sohn gebären; ihm sollst du den Namen Jesus geben; denn er wird sein Volk von seinen Sünden erlösen. ²² Dies alles ist geschehen, damit sich erfüllte, was der Herr durch den Propheten gesagt hat:

²³ *Siehe: Die Jungfrau wird empfangen und einen Sohn gebären, und sie werden ihm den Namen Immanuel geben (Jes 7,14),* das heißt übersetzt: *Gott mit uns.*

²⁴ Als Josef erwachte, tat er, was der Engel des Herrn ihm befohlen hatte, und nahm seine Frau zu sich. ²⁵ Er erkannte sie aber nicht, bis sie ihren Sohn gebar. Und er gab ihm den Namen Jesus.

 „Jesus" heißt auf Deutsch: Gott hilft.

Wir haben seinen Stern gesehen (Mt 2,1–12)

2 ¹ Als Jesus zur Zeit des Königs Herodes in Betlehem in Judäa geboren worden war, siehe, da kamen Sterndeuter aus dem Osten nach Jerusalem ² und fragten: Wo ist der neugeborene König der Juden? Wir haben seinen Stern aufgehen sehen und sind gekommen, um ihm zu huldigen. ³ Als König Herodes das hörte, erschrak er und mit ihm ganz Jerusalem. ⁴ Er ließ alle Hohenpriester und Schriftgelehrten des Volkes zusammenkommen und erkundigte sich bei ihnen, wo der Christus geboren werden solle. ⁵ Sie antworteten ihm: in Betlehem in Judäa; denn so steht es geschrieben bei dem Propheten: ⁶ *Du, Betlehem im Gebiet von Juda, bist keineswegs die unbedeutendste unter den führenden Städten von Juda; denn aus dir wird ein Fürst hervorgehen, der Hirt meines Volkes Israel* (Mi 5,1.3). ⁷ Danach rief Herodes die Sterndeuter heimlich zu sich und ließ sich von ihnen genau sagen, wann der Stern erschienen war. ⁸ Dann schickte er

▶ Die Geschichte Jesu spielt sich von Anfang an in einem weltweiten Rahmen ab. Die Sterndeuter kommen mit der Weisheit des Ostens nach Israel und finden mit Hilfe der Bibel Israels (Mi 5,1f.) den Weg nach Betlehem. Dort beten sie das Kind mit seiner Mutter an.

,, Der Geburtstag des Herrn ist der Geburtstag des Friedens.

PAPST LEO I. (um 400–461)

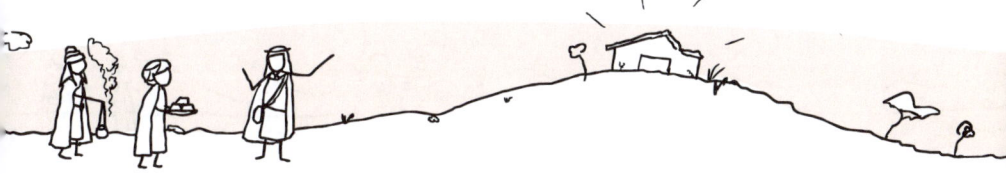

sie nach Betlehem und sagte: Geht und forscht sorgfältig nach dem Kind; und wenn ihr es gefunden habt, berichtet mir, damit auch ich hingehe und ihm huldige! ⁹ Nach diesen Worten des Königs machten sie sich auf den Weg. Und siehe, der Stern, den sie hatten aufgehen sehen, zog vor ihnen her bis zu dem Ort, wo das Kind war; dort blieb er stehen. ¹⁰ Als sie den Stern sahen, wurden sie von sehr großer Freude erfüllt. ¹¹ Sie gingen in das Haus und sahen das Kind und Maria, seine Mutter; da fielen sie nieder und huldigten ihm. Dann holten sie ihre Schätze hervor und brachten ihm Gold, Weihrauch und Myrrhe als Gaben dar. ¹² Weil ihnen aber im Traum geboten wurde, nicht zu Herodes zurückzukehren, zogen sie auf einem anderen Weg heim in ihr Land.

,, Ich sehe dich mit Freuden an und kann mich nicht satt sehen; und weil ich nun nichts weiter kann, bleib ich anbetend stehen. O dass mein Sinn ein Abgrund wär und meine Seel´ ein weites Meer, dass ich dich möchte fassen.

PAUL GERHARDT (1607–1676), Dichter und Theologe

Auf der Flucht (Mt 2,13–15)

¹³ Als die Sterndeuter wieder gegangen waren, siehe, da erschien dem Josef im Traum ein Engel des Herrn und sagte: Steh auf, nimm das Kind und seine Mutter und flieh nach Ägypten; dort bleibe, bis ich dir etwas anderes auftrage; denn Herodes wird das Kind suchen, um es zu töten. ¹⁴ Da stand Josef auf und floh in der Nacht mit dem Kind und dessen Mutter nach Ägypten. ¹⁵ Dort blieb er bis zum Tod des Herodes. Denn es sollte sich erfüllen, was der Herr durch den Propheten gesagt hat: *Aus Ägypten habe ich meinen Sohn gerufen* (Hos 11,1).

,, Die Flucht nach Ägypten wegen Herodes zeigt uns, dass Gott dort ist, wo der Mensch in Gefahr ist, wo der Mensch leidet, wo er flüchtet, wo er Ablehnung und Verlassenheit erfährt; doch Gott ist auch dort, wo der Mensch träumt, wo er hofft, in Freiheit in seine Heimat zurückzukehren.

PAPST FRANZISKUS, 29.12.2013

Der Kindermord in Betlehem (Mt 2,16–18)

▶ Herodes war ein grausamer Despot, so ließ er auch potenzielle Nachfolger aus seiner eigenen Familie hinrichten. Der Mord an den unschuldigen Kindern in Betlehem ruft die Erinnerung an die Verfolgung der Juden wach und verweist auf die Passion Christi. In vielen Ländern macht eine neue Welle von Terror und Gewalt auch vor Kindern und Jugendlichen nicht halt.

Mit dem arabischen „N", Zeichen für „Nazarener" = Christen, haben ISIS-Kämpfer 2014 die Türen von Christen in Mossul markiert. Alle dort lebenden Christen mussten ihre Heimat verlassen.

¹⁶ Als Herodes merkte, dass ihn die Sterndeuter getäuscht hatten, wurde er sehr zornig und er sandte aus und ließ in Betlehem und der ganzen Umgebung alle Knaben bis zum Alter von zwei Jahren töten, genau der Zeit entsprechend, die er von den Sterndeutern erfahren hatte. ¹⁷ Damals erfüllte sich, was durch den Propheten Jeremia gesagt worden ist:

¹⁸ *Ein Geschrei war in Rama zu hören, lautes Weinen und Klagen: Rahel weinte um ihre Kinder und wollte sich nicht trösten lassen, denn sie waren nicht mehr (Jer 31,15).*

Jesus kommt nach Nazaret (Mt 2,19–23)

¹⁹ Als Herodes gestorben war, siehe, da erschien dem Josef in Ägypten ein Engel des Herrn im Traum ²⁰ und sagte: Steh auf, nimm das Kind und seine Mutter und zieh in das Land Israel; denn die Leute, die dem Kind nach dem Leben getrachtet haben, sind tot. ²¹ Da stand er auf und zog mit dem Kind und dessen Mutter in das Land Israel. ²² Als er aber hörte, dass in Judäa Archelaus an Stelle seines Vaters Herodes regierte, fürchtete er sich, dorthin zu gehen. Und weil er im Traum einen Befehl erhalten hatte, zog er in das Gebiet von Galiläa ²³ und ließ sich in einer Stadt namens Nazaret nieder. Denn es sollte sich erfüllen, was durch die Propheten gesagt worden ist: Er wird Nazoräer genannt werden.

JESUS TRITT AN DIE ÖFFENTLICHKEIT (MT 3,1–4,11)

▶ Im Lukasevangelium wird von der wunderbaren Geburt des Täufers erzählt, die mit der Geburt Jesu verwoben ist (Lk 1).

▶ Johannes ist wie Elija angezogen (1 Kön 1,8). Elija soll wiederkommen, um Israel für die Begegnung mit Gott vorzubereiten (Mal 3,1.23–24).

▶ Johannes predigt das Gericht. Er verkündet, dass Gott mit seinem Zorn im Recht ist. Aber er weist auch einen Ausweg: Es gibt die Chance der Umkehr. Die Taufe im Jordan vergibt die Sünden; sie bereitet auf den „Stärkeren" vor. Johannes ist der Vorläufer Jesu.

Johannes der Täufer: Kehrt um! (Mt 3,1–12)

3 ¹ In jenen Tagen trat Johannes der Täufer auf und verkündete in der Wüste von Judäa: ² Kehrt um! Denn das Himmelreich ist nahe. ³ Er war es, von dem der Prophet Jesaja gesagt hat:

Stimme eines Rufers in der Wüste: Bereitet den Weg des Herrn! Macht gerade seine Straßen! (Jes 40,3)

⁴ Johannes trug ein Gewand aus Kamelhaaren und einen ledernen Gürtel um seine Hüften; Heuschrecken und wilder Honig waren seine Nahrung. ⁵ Die Leute von Jerusalem und ganz Judäa und aus der ganzen Jordangegend zogen zu ihm hinaus; ⁶ sie bekannten ihre Sünden und ließen sich im Jordan von ihm taufen. ⁷ Als Johannes sah, dass viele Pharisäer und Sadduzäer zur Taufe kamen, sagte er zu ihnen: Ihr Schlangenbrut, wer hat euch denn gelehrt, dass ihr dem kommenden Zorngericht entrinnen könnt? ⁸ Bringt Frucht hervor, die eure Umkehr zeigt, ⁹ und meint nicht, ihr könntet sagen: Wir haben Abraham zum Vater. Denn ich sage euch: Gott kann aus diesen Steinen dem Abraham Kinder erwecken. ¹⁰ Schon ist die Axt an die Wurzel der Bäume gelegt; jeder Baum, der keine gute Frucht hervorbringt, wird umgehauen und ins Feuer geworfen. ¹¹ Ich taufe euch mit Wasser zur Umkehr. Der aber, der nach mir kommt, ist stärker als ich und ich bin

es nicht wert, ihm die Sandalen auszuziehen. Er wird euch mit dem Heiligen Geist und mit Feuer taufen. ¹² Schon hält er die Schaufel in der Hand; und er wird seine Tenne reinigen und den Weizen in seine Scheune sammeln; die Spreu aber wird er in nie erlöschendem Feuer verbrennen.

Die Taufe Jesu (Mt 3,13–17)

¹³ Zu dieser Zeit kam Jesus von Galiläa an den Jordan zu Johannes, um sich von ihm taufen zu lassen. ¹⁴ Johannes aber wollte es nicht zulassen und sagte zu ihm: Ich müsste von dir getauft werden und du kommst zu mir? ¹⁵ Jesus antwortete ihm: Lass es nur zu! Denn so können wir die Gerechtigkeit ganz erfüllen. Da gab Johannes nach. ¹⁶ Als Jesus getauft war, stieg er sogleich aus dem Wasser herauf. Und siehe, da öffnete sich der Himmel und er sah den Geist Gottes wie eine Taube auf sich herabkommen. ¹⁷ Und siehe, eine Stimme aus dem Himmel sprach: Dieser ist mein geliebter Sohn, an dem ich Wohlgefallen gefunden habe.

> Er wurde, was wir sind, damit er aus uns machen konnte, was er ist.
>
> **ATHANASIUS DER GROSSE** (um 298–373), Kirchenlehrer

Teuflische Versuchungen (Mt 4,1–11)

4 ¹ Dann wurde Jesus vom Geist in die Wüste geführt; dort sollte er vom Teufel versucht werden. ² Als er vierzig Tage und vierzig Nächte gefastet hatte, hungerte ihn. ³ Da trat der Versucher an ihn heran und sagte: Wenn du Gottes Sohn bist, so befiehl, dass aus diesen

> Teufel heißt wörtlich: Verwirrer. Er will Jesus von seinem Weg abbringen.

Steinen Brot wird. ⁴ Er aber antwortete: In der Schrift heißt es: *Der Mensch lebt nicht vom Brot allein, sondern von jedem Wort, das aus Gottes Mund kommt (Dtn 8,3).* ⁵ Darauf nahm ihn der Teufel mit sich in die Heilige Stadt, stellte ihn oben auf den Tempel ⁶ und sagte zu ihm: Wenn du Gottes Sohn bist, so stürz dich hinab; denn es heißt in der Schrift: *Seinen Engeln befiehlt er um deinetwillen, und: Sie werden dich auf ihren Händen tragen, damit dein Fuß nicht an einen Stein stößt (Ps 91,11f.).*

⁷ Jesus antwortete ihm: In der Schrift heißt es auch: *Du sollst den Herrn, deinen Gott, nicht auf die Probe stellen (Dtn 6,16).* ⁸ Wieder nahm ihn der Teufel mit sich und führte ihn auf einen sehr hohen Berg; er zeigte ihm alle Reiche der Welt mit ihrer Pracht ⁹ und sagte zu ihm: Das alles will ich dir geben, wenn du dich vor mir niederwirfst und mich anbetest. ¹⁰ Da sagte Jesus zu ihm: Weg mit dir, Satan! Denn in der Schrift steht: *Den Herrn, deinen Gott, sollst du anbeten und ihm allein dienen (Dtn 5,9; 6,13).* ¹¹ Darauf ließ der Teufel von ihm ab und siehe, es kamen Engel und dienten ihm.

> **"** Die Versuchung des Teufels hat drei Merkmale und wir müssen sie kennen, um nicht in die Falle zu gehen. Was macht der Teufel, um uns vom Weg Jesu zu entfernen? Die Versuchung beginnt harmlos, aber wächst an; sie wächst immer. Zweitens: sie wächst und steckt einen anderen an, sie geht auf einen anderen über, sie versucht, gemeinschaftlich zu sein. Und am Schluss rechtfertigt sie sich, um die Seele zu beruhigen.
>
> **PAPST FRANZISKUS**, 24.4.2014

DAS WIRKEN JESU IN GALILÄA (MT 4,12–17,9)

Jesus beginnt mit seiner Verkündigung (Mt 4,12–17)

¹² Als Jesus hörte, dass Johannes ausgeliefert worden war, kehrte er nach Galiläa zurück. ¹³ Er verließ Nazaret, um in Kafarnaum zu woh-

> Jesus startete erst spät durch. 30 Jahre lebte er mit seinen Eltern zusammen, um dann in nur drei Jahren die bestdokumentierte Gestalt der Antike zu werden. Es gibt mehr Zeugnisse über Jesus als über fast jede andere Gestalt der Antike.

▶ Sebulon und Naftali sind die Namen zweier Stämme Israels, die im Norden des Heiligen Landes siedelten (s. Karte S. 83).

Verkündige das Evangelium. Wenn nötig, nimm Worte dazu.

FRANZISKUS VON ASSISI

,, Wisst ihr, welches das beste Mittel ist, um einen Jugendlichen zu evangelisieren? Ein anderer Jugendlicher. Das ist der Weg, den ihr gehen müsst!

PAPST FRANZISKUS, 9.6.2014

nen, das am See liegt, im Gebiet von Sebulon und Naftali. ¹⁴ Denn es sollte sich erfüllen, was durch den Propheten Jesaja gesagt worden ist:

¹⁵ *Das Land Sebulon und das Land Naftali, die Straße am Meer, das Gebiet jenseits des Jordan, das heidnische Galiläa:* ¹⁶ *Das Volk, das im Dunkel saß, hat ein helles Licht gesehen; denen, die im Schattenreich des Todes wohnten, ist ein Licht erschienen (Jes 8,23; 9,1).*

¹⁷ Von da an begann Jesus zu verkünden: Kehrt um! Denn das Himmelreich ist nahe.

Aus Fischern werden Menschenfischer (Mt 4,18–22)

¹⁸ Als Jesus am See von Galiläa entlangging, sah er zwei Brüder, Simon, genannt Petrus, und seinen Bruder Andreas; sie warfen gerade ihr Netz in den See, denn sie waren Fischer. ¹⁹ Da sagte er zu ihnen: Kommt her, mir nach! Ich werde euch zu Menschenfischern machen. ²⁰ Sofort ließen sie ihre Netze liegen und folgten ihm nach. ²¹ Als er weiterging, sah er zwei andere Brüder, Jakobus, den Sohn des Zebedäus, und seinen Bruder Johannes; sie waren mit ihrem Vater Zebedäus im Boot und

▶ Gleich zu Beginn seines Wirkens beruft Jesus die ersten Jünger – wörtlich: Schüler – in seine Nachfolge. Er will, dass sich die Gute Nachricht der nahen Himmelsherrschaft verbreitet. Deshalb macht er die Fischer zu Menschenfischern. Sie sollen ihre Netze auswerfen, um andere Menschen für den Glauben zu gewinnen. Dazu müssen sie Jesus folgen und von ihm lernen.

richteten ihre Netze her. Er rief sie ²² und sogleich verließen sie das Boot und ihren Vater und folgten Jesus nach.

Die Menschen kommen in Scharen zu Jesus (Mt 4,23–25)

²³ Er zog in ganz Galiläa umher, lehrte in den Synagogen, verkündete das Evangelium vom Reich und heilte im Volk alle Krankheiten und Leiden. ²⁴ Und sein Ruf verbreitete sich in ganz Syrien. Man brachte alle Kranken mit den verschiedensten Gebrechen und Leiden zu ihm, Besessene, Mondsüchtige und Gelähmte, und er heilte sie. ²⁵ Scharen von Menschen aus Galiläa, der Dekapolis, aus Jerusalem und Judäa und aus dem Gebiet jenseits des Jordan folgten ihm nach.

DIE BERGPREDIGT (MT 5,1–7,29)

▶ Die Bergpredigt ist die erste der großen Reden Jesu, in der er seine Verkündigung zusammenfasst. Jesus richtet sie an seine Jünger; aber er spricht so, dass alle, die am Fuß des Berges stehen, ihn hören können. Sie sollen sich frei entscheiden können, Jesu Worten Glauben zu schenken.

5 ¹ Als Jesus die vielen Menschen sah, stieg er auf den Berg. Er setzte sich und seine Jünger traten zu ihm. ² Und er öffnete seinen Mund, er lehrte sie und sprach:

Die Seligpreisungen (Mt 5,3–12)

³ Selig, die arm sind vor Gott; denn ihnen gehört das Himmelreich.
⁴ Selig die Trauernden; denn sie werden getröstet werden.
⁵ Selig die Sanftmütigen; denn sie werden das Land erben.

⁶ Selig, die hungern und dürsten nach der Gerechtigkeit; denn sie werden gesättigt werden.
⁷ Selig die Barmherzigen; denn sie werden Erbarmen finden.
⁸ Selig, die rein sind im Herzen; denn sie werden Gott schauen.
⁹ Selig, die Frieden stiften; denn sie werden Kinder Gottes genannt werden.
¹⁰ Selig, die verfolgt werden um der Gerechtigkeit willen; denn ihnen gehört das Himmelreich.
¹¹ Selig seid ihr, wenn man euch schmäht und verfolgt und alles Böse über euch redet um meinetwillen. ¹² Freut euch und jubelt: Denn euer Lohn wird groß sein im Himmel. So wurden nämlich schon vor euch die Propheten verfolgt.

> Die Seligpreisungen sind das Programm, der Personalausweis des Christen.
>
> **PAPST FRANZISKUS**, 9.6.14

Salz der Erde, Licht der Welt (Mt 5,13–16)

¹³ Ihr seid das Salz der Erde. Wenn das Salz seinen Geschmack verliert, womit kann man es wieder salzig machen? Es taugt zu nichts mehr, außer weggeworfen und von den Leuten zertreten zu werden. ¹⁴ Ihr seid das Licht der Welt. Eine Stadt, die auf einem Berg liegt, kann nicht verborgen bleiben.

▶ Eine Seligpreisung ist ein Glückwunsch – und mehr als das. Wer „selig" ist, ist überglücklich. Die Seligen sind von der Freude Gottes erfüllt.

¹⁵ Man zündet auch nicht eine Leuchte an und stellt sie unter den Scheffel, sondern auf den Leuchter; dann leuchtet sie allen im Haus. ¹⁶ So soll euer Licht vor den Menschen leuchten, damit sie eure guten Taten sehen und euren Vater im Himmel preisen.

 Bei allem Leid und unfassbar bedrohlichen Umständen in der Welt gibt mir diese Stelle Zuversicht, dass ein Leben im Glauben Vorbild für andere sein kann. Oft habe ich das Gefühl, dass manche Bemühungen für ein friedliches Miteinander und einen behutsamen Umgang mit Mensch und Umwelt einfach abprallen. Doch verweisen diese Sätze aus der Bibel darauf, sich nicht entmutigen zu lassen. Jeder und jede von uns kann Licht in der Welt sein.

CHRISTIAN

Die himmlische Gerechtigkeit (Mt 5,17–20)

¹⁷ Denkt nicht, ich sei gekommen, um das Gesetz und die Propheten aufzuheben! Ich bin nicht gekommen, um aufzuheben, sondern um zu erfüllen. ¹⁸ Amen, ich sage euch: Bis Himmel und Erde vergehen, wird kein Jota und kein Häkchen des Gesetzes vergehen, bevor nicht alles geschehen ist. ¹⁹ Wer auch nur eines von den kleinsten Geboten aufhebt und die Menschen entsprechend lehrt, der wird im Himmelreich der Kleinste sein. Wer sie aber hält und halten lehrt, der wird groß sein im Himmelreich.

²⁰ Darum sage ich euch: Wenn eure Gerechtigkeit nicht weit größer ist als die der Schriftgelehrten und der Pharisäer, werdet ihr nicht in das Himmelreich kommen.

▶ Jesus gibt eine Grundsatzerklärung ab. Er redet in Vollmacht. Aber er redet weder das alttestamentliche Gesetz schlecht noch die Propheten Israels. Er konzentriert sich auf den Willen Gottes, der das Beste für die Menschen im Sinn hat.

Du sollst nicht töten – auch mit Worten nicht (Mt 5,21–26)

²¹ Ihr habt gehört, dass zu den Alten gesagt worden ist: *Du sollst nicht töten (Ex 20,13; Dtn 5,17)*; wer aber jemanden tötet, soll dem Gericht verfallen sein. ²² Ich aber sage euch: Jeder, der seinem Bruder auch nur zürnt, soll dem Gericht verfallen sein; und wer zu seinem

> **„** Es gibt viele Arten zu tö-
ten. Man kann einem ein
Messer in den Bauch stechen,
einem das Brot entziehen,
einen von einer Krankheit nicht
heilen, einen in eine schlechte
Wohnung stecken, einen durch
Arbeit zu Tode schinden, einen
zum Suizid treiben, einen in
den Krieg führen usw. Nur
weniges davon ist in unserem
Staat verboten.
BERT BRECHT (1898–1956),
deutscher Dichter und Dramatiker. Auf die Frage nach seinem
Lieblingsbuch, antwortete Brecht:
„Sie werden lachen – die Bibel!"

Bruder sagt: Du Dummkopf!, soll dem Spruch des Hohen Rates verfallen sein; wer aber zu ihm sagt: Du Narr!, soll dem Feuer der Hölle
verfallen sein.
²³ Wenn du deine Opfergabe zum Altar bringst und dir dabei einfällt,
dass dein Bruder etwas gegen dich hat, ²⁴ so lass deine Gabe dort vor
dem Altar liegen; geh und versöhne dich zuerst mit deinem Bruder,
dann komm und opfere deine Gabe!
²⁵ Schließ ohne Zögern Frieden mit deinem Gegner, solange du mit
ihm noch auf dem Weg zum Gericht bist! Sonst wird dich dein Gegner
vor den Richter bringen und der Richter wird dich dem Gerichtsdiener
übergeben und du wirst ins Gefängnis geworfen. ²⁶ Amen, ich sage dir:
Du kommst von dort nicht heraus, bis du den letzten Pfennig bezahlt
hast.

Treu sein (Mt 5,27–30)

> 💡 Ehebruch beginnt im
Kopf. Jesus kritisiert den
Blick, mit dem ein Mann von
einer Frau Besitz ergreifen will.

²⁷ Ihr habt gehört, dass gesagt worden ist: *Du sollst nicht die Ehe
brechen (Ex 20,14; Dtn 5,18).* ²⁸ Ich aber sage euch: Jeder, der eine Frau
ansieht, um sie zu begehren, hat in seinem Herzen schon Ehebruch
mit ihr begangen.
²⁹ Wenn dich dein rechtes Auge zum Bösen verführt, dann reiß es aus
und wirf es weg! Denn es ist besser für dich, dass eines deiner Glieder
verloren geht, als dass dein ganzer Leib in die Hölle geworfen wird.
³⁰ Und wenn dich deine rechte Hand zum Bösen verführt, dann hau

> ▶ Jesus redet in einem Bild. Er
will nicht, dass Menschen sich
selbst verstümmeln, sondern
dass sie wissen, worauf es im
Leben ankommt.

> ▶ Die Worte sind in eine Zeit
hinein gesprochen, in der nur
Männer ein Recht auf Scheidung
hatten. Was war „Unzucht"?
Manche denken an Ehebruch
oder Prostitution, andere an
Glaubensabfall. Jesus tritt für
die Unauflöslichkeit der Ehe ein
(↗ Mt 19,3–12; 1 Kor 7,10–15).

> 👥 Man kann nicht nur auf
Probe leben, man kann
nicht nur auf Probe sterben,
man kann nicht nur auf Probe
lieben, nur auf Probe und Zeit
einen Menschen annehmen.
PAPST JOHANNES PAUL II.,
15.11.1980

sie ab und wirf sie weg! Denn es ist besser für dich, dass eines deiner
Glieder verloren geht, als dass dein ganzer Leib in die Hölle kommt.

Bis dass der Tod euch scheidet (Mt 5,31–32)

³¹ Ferner ist gesagt worden: Wer seine Frau aus der Ehe entlässt,
muss ihr eine Scheidungsurkunde geben. ³² Ich aber sage euch: Wer
seine Frau entlässt, obwohl kein Fall von Unzucht vorliegt, liefert sie
dem Ehebruch aus; und wer eine Frau heiratet, die aus der Ehe entlassen worden ist, begeht Ehebruch.

Euer Ja sei ein Ja, euer Nein ein Nein (Mt 5,33–37)

³³ Ihr habt gehört, dass zu den Alten gesagt worden ist: Du sollst keinen Meineid schwören, und: Du sollst halten, was du dem Herrn geschworen hast. ³⁴ Ich aber sage euch: Schwört überhaupt nicht, weder
beim Himmel, denn er ist Gottes Thron, ³⁵ noch bei der Erde, denn sie
ist der Schemel seiner Füße, noch bei Jerusalem, denn es ist die Stadt
des großen Königs! ³⁶ Auch bei deinem Haupt sollst du nicht schwören; denn du kannst kein einziges Haar weiß oder schwarz machen.
³⁷ Eure Rede sei: Ja ja, nein nein; was darüber hinausgeht, stammt
vom Bösen.

Heraus aus dem Teufelskreis der Gewalt (Mt 5,38–42)

³⁸ Ihr habt gehört, dass gesagt worden ist: *Auge um Auge und Zahn um Zahn (Ex 21,24)*. ³⁹ Ich aber sage euch: Leistet dem, der euch etwas Böses antut, keinen Widerstand, sondern wenn dich einer auf die rechte Wange schlägt, dann halt ihm auch die andere hin! ⁴⁰ Und wenn dich einer vor Gericht bringen will, um dir das Hemd wegzunehmen, dann lass ihm auch den Mantel! ⁴¹ Und wenn dich einer zwingen will, eine Meile mit ihm zu gehen, dann geh zwei mit ihm! ⁴² Wer dich bittet, dem gib, und wer von dir borgen will, den weise nicht ab!

Wenn ich mit Menschen im Streit bin oder in der Dunkelheit, dann suche ich immer zuerst einen Moment der Ruhe, der Stille. Manchmal gehe ich einfach spazieren. Das tut mir dann sehr gut. Nach einer Weile kann ich den Schritt wagen, um Verzeihung zu bitten. Ich spüre: Es ist Jesus, der mir Kraft, Stärke und Mut gibt.

NICO

Liebe kennt keine Grenzen (Mt 5,43–48)

⁴³ Ihr habt gehört, dass gesagt worden ist: *Du sollst deinen Nächsten lieben (Lev 19,18)* und deinen Feind hassen. ⁴⁴ Ich aber sage euch: Liebt eure Feinde und betet für die, die euch verfolgen, ⁴⁵ damit ihr Kinder eures Vaters im Himmel werdet; denn er lässt seine Sonne aufgehen über Bösen und Guten und er lässt regnen über Gerechte und Ungerechte. ⁴⁶ Wenn ihr nämlich nur die liebt, die euch lieben, welchen Lohn könnt ihr dafür erwarten? Tun das nicht auch die Zöllner? ⁴⁷ Und wenn ihr nur eure Brüder grüßt, was tut ihr damit Besonderes? Tun das nicht auch die Heiden? ⁴⁸ Seid also vollkommen, wie euer himmlischer Vater vollkommen ist!

„Liebe ist die einzige Kraft, die einen Feind in einen Freund verwandelt.

MARTIN LUTHER KING (1929–1968), amerikanischer Pastor und Bürgerrechtler

Spenden – aber ehrlich! (Mt 6,1–4)

6 ¹ Hütet euch, eure Gerechtigkeit vor den Menschen zu tun, um von ihnen gesehen zu werden; sonst habt ihr keinen Lohn von eurem Vater im Himmel zu erwarten. ² Wenn du Almosen gibst, posaune es nicht vor dir her, wie es die Heuchler in den Synagogen und auf den Gassen tun, um von den Leuten gelobt zu werden! Amen, ich sage euch: Sie haben ihren Lohn bereits erhalten. ³ Wenn du Almosen gibst, soll deine linke Hand nicht wissen, was deine rechte tut, ⁴ damit dein Almosen im Verborgenen bleibt; und dein Vater, der auch das Verborgene sieht, wird es dir vergelten.

„Der Traum Gottes kollidiert stets mit der Heuchelei.

PAPST FRANZISKUS bei der Eröffnung der Familiensynode 2014

▶ Eine Synagoge ist ein jüdisches Gebets- und Versammlungshaus.

▶ Almosen sind Spenden für Bedürftige.

Beten – aber wie? – Das Vaterunser (Mt 6,5–15)

⁵ Wenn ihr betet, macht es nicht wie die Heuchler! Sie stellen sich beim Gebet gern in die Synagogen und an die Straßenecken, damit sie von den Leuten gesehen werden. Amen, ich sage euch: Sie haben ihren Lohn bereits erhalten. ⁶ Du aber, wenn du betest, geh in deine Kammer, schließ die Tür zu; dann bete zu deinem Vater, der im Verborgenen ist! Dein Vater, der auch das Verborgene sieht, wird es dir vergelten.

⁷ Wenn ihr betet, sollt ihr nicht plappern wie die Heiden, die meinen, sie werden nur erhört, wenn sie viele Worte machen. ⁸ Macht es nicht wie sie; denn euer Vater weiß, was ihr braucht, noch ehe ihr ihn bittet.

Immer wieder kam Jean-Marie Vianney, der heilige Pfarrer von Ars, in seine Kirche und sah einen alten Bauern, der über Stunden hinweg dort saß, um zu beten. Der Bauer sah dabei sehr glücklich aus. Der Pfarrer von Ars fragte ihn: „Sag mir, wie du betest!" Der Bauer antwortete ihm: „Ich schaue IHN an, und ER schaut mich an. Das ist genug."

> Sag nie VATER, wenn du dich nicht wie ein Sohn, eine Tochter benimmst. Sag nie UNSER, wenn es nur um dich geht. Sag nie DEIN NAME WERDE GEHEILIGT, wenn du nur an deine eigene Ehre denkst. Sag nie DEIN REICH KOMME, wenn du deinen Einfluss vergrößern willst. Sag nie DEIN WILLE GESCHEHE, wenn du deinen Willen durchsetzen möchtest. Sag nie GIB UNS UNSER TÄGLICHES BROT, wenn du dich nicht um die Notleidenden kümmerst. Sag nie VERGIB UNS UNSERE SCHULD, wenn du Hassgefühle gegen deine Mitmenschen hegst. Sag nie FÜHRE UNS NICHT IN VERSUCHUNG, wenn du dich ihr selber aussetzt. Sag nie ERLÖSE UNS VON DEM BÖSEN, wenn du dich nicht konsequent für das Gute einsetzt. ... Sag nie AMEN, wenn du die Worte des Vaterunsers nicht ernst nimmst.
>
> **LEO TANNER**, kath. Pfarrer

⁹ So sollt ihr beten:
Unser Vater im Himmel,
geheiligt werde dein Name,
¹⁰ dein Reich komme,
dein Wille geschehe wie im Himmel, so auf der Erde.
¹¹ Gib uns heute das Brot, das wir brauchen!
¹² Und erlass uns unsere Schulden,
wie auch wir sie unseren Schuldnern erlassen haben!
¹³ Und führe uns nicht in Versuchung,
sondern rette uns vor dem Bösen!
¹⁴ Denn wenn ihr den Menschen ihre Verfehlungen vergebt, dann wird euer himmlischer Vater auch euch vergeben. ¹⁵ Wenn ihr aber den Menschen nicht vergebt, dann wird euch euer Vater eure Verfehlungen auch nicht vergeben.

Fasten ja – Trübsal nein (Mt 6,16–18)

¹⁶ Wenn ihr fastet, macht kein finsteres Gesicht wie die Heuchler! Sie geben sich ein trübseliges Aussehen, damit die Leute merken, dass sie fasten. Amen, ich sage euch: Sie haben ihren Lohn bereits erhalten. ¹⁷ Du aber, wenn du fastest, salbe dein Haupt und wasche dein Gesicht, ¹⁸ damit die Leute nicht merken, dass du fastest, sondern nur dein Vater, der im Verborgenen ist; und dein Vater, der das Verborgene sieht, wird es dir vergelten.

> Durch das Fasten des Leibes hältst du die Sünde nieder, erhebst du den Geist und gibst uns die Kraft und den Sieg durch unsern Herrn Jesus Christus.
>
> Präfation für die Fastenzeit

▶ Jesus spitzt zu. Er wählt drastische Bilder, damit wir die Augen für das Böse in unserem eigenen Herzen öffnen und die Sünde bekämpfen.

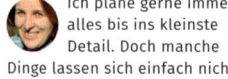 Ich plane gerne immer alles bis ins kleinste Detail. Doch manche Dinge lassen sich einfach nicht planen. In diesem Fall tröstet es mich immer zu wissen, dass Gott schon weiß, warum die Dinge dann so oder so verlaufen. (Christina)

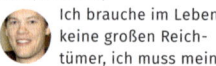 Ich brauche im Leben keine großen Reichtümer, ich muss mein

Was wirklich wertvoll ist (Mt 6,19–24)

¹⁹ Sammelt euch nicht Schätze hier auf der Erde, wo Motte und Wurm sie zerstören und wo Diebe einbrechen und sie stehlen, ²⁰ sondern sammelt euch Schätze im Himmel, wo weder Motte noch Wurm sie zerstören und keine Diebe einbrechen und sie stehlen! ²¹ Denn wo dein Schatz ist, da ist auch dein Herz.

²² Die Leuchte des Leibes ist das Auge. Wenn dein Auge gesund ist, dann wird dein ganzer Leib hell sein. ²³ Wenn aber dein Auge krank ist, dann wird dein ganzer Leib finster sein. Wenn nun das Licht in dir Finsternis ist, wie groß muss dann die Finsternis sein!

²⁴ Niemand kann zwei Herren dienen; er wird entweder den einen hassen und den andern lieben oder er wird zu dem einen halten und den andern verachten. Ihr könnt nicht Gott dienen und dem Mammon.

Macht euch keine Sorgen (Mt 6,25–34)

²⁵ Deswegen sage ich euch: Sorgt euch nicht um euer Leben, was ihr essen oder trinken sollt, noch um euren Leib, was ihr anziehen sollt! Ist nicht das Leben mehr als die Nahrung und der Leib mehr als die Kleidung? ²⁶ Seht euch die Vögel des Himmels an: Sie säen nicht, sie ernten nicht und sammeln keine Vorräte in Scheunen; euer himmli-

scher Vater ernährt sie. Seid ihr nicht viel mehr wert als sie? [27] Wer von euch kann mit all seiner Sorge sein Leben auch nur um eine kleine Spanne verlängern? [28] Und was sorgt ihr euch um eure Kleidung? Lernt von den Lilien des Feldes, wie sie wachsen: Sie arbeiten nicht und spinnen nicht. [29] Doch ich sage euch: Selbst Salomo war in all seiner Pracht nicht gekleidet wie eine von ihnen. [30] Wenn aber Gott schon das Gras so kleidet, das heute auf dem Feld steht und morgen in den Ofen geworfen wird, wie viel mehr dann euch, ihr Kleingläubigen! [31] Macht euch also keine Sorgen und fragt nicht: Was sollen wir essen? Was sollen wir trinken? Was sollen wir anziehen? [32] Denn nach alldem streben die Heiden. Euer himmlischer Vater weiß, dass ihr das alles braucht. [33] Sucht aber zuerst sein Reich und seine Gerechtigkeit; dann wird euch alles andere dazugegeben.

[34] Sorgt euch also nicht um morgen; denn der morgige Tag wird für sich selbst sorgen. Jeder Tag hat genug an seiner eigenen Plage.

Schreibt andere Menschen nicht ab (Mt 7,1–5)

7 [1] Richtet nicht, damit ihr nicht gerichtet werdet! [2] Denn wie ihr richtet, so werdet ihr gerichtet werden und nach dem Maß, mit dem ihr messt, werdet ihr gemessen werden. [3] Warum siehst du den Splitter im Auge deines Bruders, aber den Balken in deinem Auge bemerkst du nicht? [4] Oder wie kannst du zu deinem Bruder sagen:

Leben nicht danach ausrichten, wie ich reicher oder mächtiger werde. Am Ende kommt es auf Gott an, der mein Leben trägt und lenkt. (Georg)

CHRISTINA & GEORG

Werft alle eure Sorge auf ihn, denn er kümmert sich um euch!

1 Petr 5,7

Herr, bei dir bin ich sicher; wenn du mich hältst, habe ich nichts zu fürchten. Ich weiß wenig von der Zukunft, aber ich vertraue auf dich. Gib, was gut ist für mich. Nimm, was mir schaden kann. Wenn Sorgen und Leid kommen, hilf mir, sie zu tragen. Lass mich dich erkennen, an dich glauben und dir dienen.

JOHN HENRY NEWMAN

Lass mich den Splitter aus deinem Auge herausziehen! – und siehe, in deinem Auge steckt ein Balken! [5] Du Heuchler! Zieh zuerst den Balken aus deinem Auge, dann kannst du zusehen, den Splitter aus dem Auge deines Bruders herauszuziehen!

Keine Perlen vor die Säue werfen (Mt 7,6)

[6] Gebt das Heilige nicht den Hunden und werft eure Perlen nicht den Schweinen vor, denn sie könnten sie mit ihren Füßen zertreten und sich umwenden und euch zerreißen!

Betet – voll Vertrauen (Mt 7,7–11)

[7] Bittet und es wird euch gegeben; sucht und ihr werdet finden; klopft an und es wird euch geöffnet! [8] Denn wer bittet, der empfängt; wer sucht, der findet; und wer anklopft, dem wird geöffnet. [9] Oder ist einer unter euch, der seinem Sohn einen Stein gibt, wenn er um Brot bittet, [10] oder eine Schlange, wenn er um einen Fisch bittet? [11] Wenn nun ihr, die ihr böse seid, euren Kindern gute Gaben zu geben wisst, wie viel mehr wird euer Vater im Himmel denen Gutes geben, die ihn bitten.

Die Goldene Regel der Mitmenschlichkeit (Mt 7,12)

[12] Alles, was ihr wollt, dass euch die Menschen tun, das tut auch ihnen! Darin besteht das Gesetz und die Propheten.

Jesus kritisiert nicht die Rechtsprechung. Er ist dagegen, dass Menschen andere Menschen verdammen, weil sie ihr Verhalten missbilligen. Das letzte Urteil steht allein Gott zu.

Hunde galten nicht viel; Schweine galten als unreine Tiere. Eine Liste der unreinen Tiere findet sich in Lev 3,11.

→ 486, 487
Warum sollen wir Gott bitten? Warum sollen wir Gott für andere Menschen bitten?

Die Goldene Regel ist in vielen Kulturen bekannt. Sie ist seit dem Altertum in Indien und China, Persien, Ägypten und Griechenland überliefert. In der Bergpredigt ist sie eine Brücke vom Evangelium zur Weisheit der Völker.

B Den Himmel und die Erde rufe ich heute als Zeugen gegen euch an. Leben und Tod lege ich dir vor, Segen und Fluch. Wähle also das Leben, damit du lebst, du und deine Nachkommen.

Dtn 30,19

Ich versuche aus ganzem Herzen, den Willen des Vaters für mein Leben zu erkennen und die Werke zu tun, die Gott im Voraus für mich bereitet hat. Ich versuche meine alten Sicherheiten loszulassen und mein Leben auf Jesus aufzubauen. Die Entscheidungen, die ich treffen muss, stellen mich vor große Herausforderungen. Dabei helfen mir das persönliche Gespräch mit Gott und auch der Rat von meinen Geschwistern.

MICHAELA

Wähle den richtigen Weg (Mt 7,13–14)

¹³ Geht durch das enge Tor! Denn weit ist das Tor und breit der Weg, der ins Verderben führt, und es sind viele, die auf ihm gehen. ¹⁴ Wie eng ist das Tor und wie schmal der Weg, der zum Leben führt, und es sind wenige, die ihn finden.

An ihren Früchten werdet ihr sie erkennen (Mt 7,15–23)

¹⁵ Hütet euch vor den falschen Propheten; sie kommen zu euch in Schafskleidern, im Inneren aber sind sie reißende Wölfe. ¹⁶ An ihren Früchten werdet ihr sie erkennen. Erntet man etwa von Dornen Trauben oder von Disteln Feigen? ¹⁷ Jeder gute Baum bringt gute Früchte hervor, ein schlechter Baum aber schlechte. ¹⁸ Ein guter Baum kann keine schlechten Früchte hervorbringen und ein schlechter Baum keine guten. ¹⁹ Jeder Baum, der keine guten Früchte hervorbringt, wird umgehauen und ins Feuer geworfen. ²⁰ An ihren Früchten also werdet ihr sie erkennen.

²¹ Nicht jeder, der zu mir sagt: Herr! Herr!, wird in das Himmelreich kommen, sondern, wer den Willen meines Vaters im Himmel tut. ²² Viele werden an jenem Tag zu mir sagen: Herr, Herr, sind wir nicht in deinem Namen als Propheten aufgetreten und haben wir nicht in deinem Namen Dämonen ausgetrieben und haben wir nicht in deinem Namen viele Machttaten gewirkt? ²³ Dann werde ich ihnen antworten: Ich kenne euch nicht. *Weg von mir, ihr Gesetzlosen!* (Ps 6,9)

Nicht auf Sand bauen (Mt 7,24–27)

²⁴ Jeder, der diese meine Worte hört und danach handelt, ist wie ein kluger Mann, der sein Haus auf Fels baute. ²⁵ Als ein Wolkenbruch kam und die Wassermassen heranfluteten, als die Stürme tobten und an dem Haus rüttelten, da stürzte es nicht ein; denn es war auf Fels gebaut. ²⁶ Und jeder, der diese meine Worte hört und nicht danach handelt, ist ein Tor, der sein Haus auf Sand baute. ²⁷ Als ein Wolkenbruch kam und die Wassermassen heranfluteten, als die Stürme tobten und an dem Haus rüttelten, da stürzte es ein und wurde völlig zerstört.

99 Was heißt das, ein Haus auf Fels bauen? Auf Fels bauen bedeutet vor allem, auf Christus und mit Christus bauen.

PAPST BENEDIKT XVI., 27.5.2006

Jesus macht Eindruck (Mt 7,28–29)

²⁸ Und es geschah, als Jesus diese Rede beendet hatte, war die Menge voll Staunen über seine Lehre; ²⁹ denn er lehrte sie wie einer, der Vollmacht hat, und nicht wie ihre Schriftgelehrten.

Auf die Bergpredigt folgt eine Serie von Wundern Jesu. Bei Matthäus heißen sie Machttaten, weil sie die Macht Jesu über Krankheit und Not, Schuld und Sünde belegen. Die Bergpredigt hat gezeigt, dass Jesus ein Meister des Wortes ist. Jetzt zeigt der Evangelist, dass Jesus den Worten Taten folgen lässt.

WUNDER ÜBER WUNDER (MT 8,1–9,34)

Ein Aussätziger wird rein (Mt 8,1–4)

8 ¹ Als Jesus von dem Berg herabstieg, folgten ihm viele Menschen nach. ² Und siehe, da kam ein Aussätziger, fiel vor ihm nieder und sagte: Herr, wenn du willst, kannst du mich rein machen. ³ Jesus streckte die Hand aus, berührte ihn und sagte: Ich will – werde rein! Im gleichen Augenblick wurde der Aussätzige rein. ⁴ Jesus aber sagte zu ihm: Nimm dich in Acht! Erzähl niemandem davon, sondern geh, zeig dich dem Priester und bring das Opfer dar, das Mose angeordnet hat – ihnen zum Zeugnis!

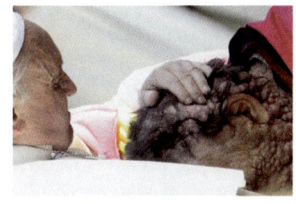

▶ „Aussatz" ist eine ansteckende Hautkrankheit, die nach dem alttestamentlichen Gesetz „unrein" macht. Wer „aussätzig" ist, darf am Leben des Gottesvolkes nicht teilnehmen (Lev 13–14).

Ein Heide kommt zum Glauben (Mt 8,5–13)

⁵ Als er nach Kafarnaum kam, trat ein Hauptmann an ihn heran und bat ihn: ⁶ Herr, mein Diener liegt gelähmt zu Hause und hat große Schmerzen. ⁷ Jesus sagte zu ihm: Ich will kommen und ihn heilen. ⁸ Und der Hauptmann antwortete: Herr, ich bin es nicht wert, dass du unter mein Dach einkehrst; aber sprich nur ein Wort, dann wird mein Diener gesund! ⁹ Denn auch ich muss Befehlen gehorchen und ich habe selbst Soldaten unter mir; sage ich nun zu einem: Geh!, so geht

▶ Vor der Kommunion machen sich alle dieses Wort zu eigen: „Herr, ich bin nicht würdig, dass du eingehst unter mein Dach. Aber sprich nur ein Wort, so wird meine Seele gesund."

er, und zu einem andern: Komm!, so kommt er, und zu meinem Diener: Tu das!, so tut er es. ¹⁰ Jesus war erstaunt, als er das hörte, und sagte zu denen, die ihm nachfolgten: Amen, ich sage euch: Einen solchen Glauben habe ich in Israel noch bei niemandem gefunden. ¹¹ Ich sage euch: Viele werden von Osten und Westen kommen und mit Abraham, Isaak und Jakob im Himmelreich zu Tisch sitzen; ¹² aber die Söhne des Reiches werden hinausgeworfen in die äußerste Finsternis; dort wird Heulen und Zähneknirschen sein. ¹³ Und zum Hauptmann sagte Jesus: Geh! Es soll dir geschehen, wie du geglaubt hast. Und in derselben Stunde wurde sein Diener gesund.

▶ Das Besondere dieser Heilung besteht darin, dass der Hauptmann kein Jude, sondern ein Heide ist. Jesus überschreitet eine Grenze. Er bringt den Glauben auch zu den Heiden.

Y → 240–242
Wie deutete man „Krankheit" im Alten Testament? Warum zeigte Jesus so viel Interesse an den Kranken? Warum muss sich die Kirche besonders um die Kranken kümmern?

Die Schwiegermutter des Petrus wird gesund (Mt 8,14–15)

¹⁴ Jesus ging in das Haus des Petrus und sah dessen Schwiegermutter mit Fieber danieder liegen. ¹⁵ Da berührte er ihre Hand und das Fieber wich von ihr, sie stand auf und diente ihm.

Wer kommt, wird geheilt (Mt 8,16–17)

¹⁶ Am Abend brachte man viele Besessene zu ihm. Er trieb mit seinem Wort die Geister aus und heilte alle Kranken, ¹⁷ damit sich erfüllen sollte, was durch den Propheten Jesaja gesagt worden ist: *Er hat unsere Leiden auf sich genommen und unsere Krankheiten getragen* (Jes 53,4).

„ Wer nicht an Wunder glaubt, ist kein Realist.

DAVID BEN-GURION
(1886–1973), israelischer Staatsmann und Staatsgründer

▶ Das Wort ist sehr hart (v22). Die Eltern zu beerdigen ist der letzte Dienst, den Kinder ihnen erweisen müssen. Jesus provoziert ganz bewusst. Dadurch will er deutlich machen, was an die erste Stelle gehört: das neue Leben. In der Nachfolge Jesu wird es wahr.

Wer Glauben hat, zittert nicht. Er überstürzt nichts, er ist nicht pessimistisch, er verliert nicht die Nerven.

PAPST JOHANNES XXIII.

▶ Besessenheit ist für die Menschen in der Zeit Jesu eine fürchterliche Erfahrung: eine unerklärliche Krankheit, gegen die niemand etwas machen kann – nur Gott. Jesus hat Macht über die bösen Geister.

Jesus fordert alles oder nichts (Mt 8,18–22)

[18] Als Jesus die Menge sah, die um ihn war, befahl er, ans andere Ufer zu fahren. [19] Da kam ein Schriftgelehrter zu ihm und sagte: Meister, ich will dir nachfolgen, wohin du auch gehst. [20] Jesus antwortete ihm: Die Füchse haben Höhlen und die Vögel des Himmels Nester; der Menschensohn aber hat keinen Ort, wo er sein Haupt hinlegen kann. [21] Ein anderer aber, einer seiner Jünger, sagte zu ihm: Herr, lass mich zuerst weggehen und meinen Vater begraben. [22] Jesus erwiderte: Folge mir nach; lass die Toten ihre Toten begraben!

Jesus rettet seine Jünger (Mt 8,23–27)

[23] Er stieg in das Boot und seine Jünger folgten ihm nach. [24] Und siehe, es erhob sich auf dem See ein gewaltiger Sturm, sodass das Boot von den Wellen überflutet wurde. Jesus aber schlief. [25] Da traten die Jünger zu ihm und weckten ihn; sie riefen: Herr, rette uns, wir gehen zugrunde! [26] Er sagte zu ihnen: Warum habt ihr solche Angst, ihr Kleingläubigen? Dann stand er auf, drohte den Winden und dem See und es trat völlige Stille ein. [27] Die Menschen aber staunten und sagten: Was für einer ist dieser, dass ihm sogar die Winde und der See gehorchen?

Jesus befreit von Dämonen (Mt 8,28–34)

[28] Als Jesus an das andere Ufer kam, in das Gebiet der Gadarener,

liefen ihm aus den Grabhöhlen zwei Besessene entgegen. Sie waren so gefährlich, dass niemand auf jenem Weg entlanggehen konnte. [29] Und siehe, sie schrien: Was haben wir mit dir zu tun, Sohn Gottes? Bist du hierhergekommen, um uns vor der Zeit zu quälen? [30] In einiger Entfernung weidete eine große Schweineherde. [31] Da baten ihn die Dämonen: Wenn du uns austreibst, dann schick uns in die Schweineherde! [32] Und er sagte zu ihnen: Weg mit euch! Die aber fuhren aus und in die Schweine hinein. Und siehe, die ganze Herde stürmte den Abhang hinab in den See und kam in den Fluten um. [33] Die Hirten aber flohen, liefen in die Stadt und erzählten alles, auch das, was mit den Besessenen geschehen war. [34] Und siehe, die ganze Stadt zog hinaus, um Jesus zu begegnen; als sie ihn sahen, baten sie ihn, ihr Gebiet zu verlassen.

Jesus vergibt Sünden (Mt 9,1–8)

9 [1] Und Jesus stieg ins Boot, fuhr über den See und kam in seine Stadt. [2] Und siehe, man brachte einen Gelähmten auf seinem Bett zu ihm. Als Jesus ihren Glauben sah, sagte er zu dem Gelähmten: Hab Vertrauen, mein Sohn, deine Sünden sind dir vergeben! [3] Und siehe, einige Schriftgelehrte dachten: Er lästert Gott. [4] Jesus wusste, was sie dachten, und sagte: Warum denkt ihr Böses in euren Herzen? [5] Was ist denn leichter, zu sagen: Deine Sünden sind dir vergeben! oder zu sagen: Steh auf und geh umher? [6] Damit ihr aber erkennt, dass der Menschensohn die Vollmacht hat, auf der Erde Sünden zu vergeben. Darauf sagte er zu dem Gelähmten: Steh auf, nimm dein Bett und geh in dein Haus! [7] Und der Mann stand

auf und ging in sein Haus. ⁸ Als die Leute das sahen, erschraken sie und priesen Gott, der solche Vollmacht den Menschen gegeben hat.

Jesus, der Arzt (Mt 9,9–13)

⁹ Als Jesus weiterging, sah er einen Mann namens Matthäus am Zoll sitzen und sagte zu ihm: Folge mir nach! Und Matthäus stand auf und folgte ihm nach. ¹⁰ Und als Jesus in seinem Haus bei Tisch war, siehe, viele Zöllner und Sünder kamen und aßen zusammen mit ihm und seinen Jüngern. ¹¹ Als die Pharisäer das sahen, sagten sie zu seinen Jüngern: Wie kann euer Meister zusammen mit Zöllnern und Sündern essen? ¹² Er hörte es und sagte: Nicht die Gesunden bedürfen des Arztes, sondern die Kranken. ¹³ Geht und lernt, was es heißt: *Barmherzigkeit will ich, nicht Opfer* (Hos 6,6)! Denn ich bin nicht gekommen, um Gerechte zu rufen, sondern Sünder.

Neuer Wein in neue Schläuche (Mt 9,14–17)

¹⁴ Da kamen die Jünger des Johannes zu ihm und sagten: Warum fasten deine Jünger nicht, während wir und die Pharisäer fasten? ¹⁵ Jesus antwortete ihnen: Können denn die Hochzeitsgäste trauern, solange der Bräutigam bei ihnen ist? Es werden aber Tage kommen, da wird ihnen der Bräutigam weggenommen sein; dann werden sie fasten. ¹⁶ Niemand setzt ein Stück neuen Stoff auf ein altes Gewand;

denn der neue Stoff reißt doch wieder ab und es entsteht ein noch größerer Riss. ¹⁷ Auch füllt man nicht jungen Wein in alte Schläuche. Sonst reißen die Schläuche, der Wein läuft aus und die Schläuche sind unbrauchbar. Jungen Wein füllt man in neue Schläuche, dann bleibt beides erhalten.

Ein Mädchen wird ins Leben zurückgerufen, und eine Frau wird gesund (Mt 9,18–26)

¹⁸ Während Jesus so mit ihnen redete, siehe, da kam ein Synagogenvorsteher, fiel vor ihm nieder und sagte: Meine Tochter ist eben gestorben; komm doch, leg ihr deine Hand auf und sie wird leben! ¹⁹ Jesus stand auf und folgte ihm mit seinen Jüngern. ²⁰ Und siehe, eine Frau, die schon zwölf Jahre an Blutfluss litt, trat von hinten heran und berührte den Saum seines Gewandes; ²¹ denn sie sagte sich: Wenn ich auch nur sein Gewand berühre, werde ich geheilt. ²² Jesus wandte sich um, und als er sie sah, sagte er: Hab keine Angst, meine Tochter, dein Glaube hat dich gerettet! Und von dieser Stunde an war die Frau geheilt. ²³ Als Jesus in das Haus des Synagogenvorstehers kam und die Flötenspieler und die Menge der klagenden Leute sah, ²⁴ sagte er: Geht hinaus! Das Mädchen ist nicht gestorben, es schläft nur. Da lachten sie ihn aus. ²⁵ Als man die Leute hinausgeworfen hatte, trat er ein und fasste das Mädchen an der Hand; da stand es auf. ²⁶ Und die Kunde davon verbreitete sich in der ganzen Gegend.

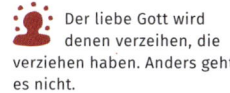 Der liebe Gott wird denen verzeihen, die verziehen haben. Anders geht es nicht.

JEAN-MARIE VIANNEY (Pfarrer von Ars)

▶ Dieser Matthäus gilt in der Tradition als Verfasser des Evangeliums.

▶ Die Pharisäer kritisieren Jesus, weil er sich nicht von Sündern fernhält. Sie fürchten, dass er zwischen Gut und Böse nicht unterscheidet. Sie meinen: Schlechter Umgang verdirbt die Sitten. Sie sehen nicht, dass Jesus mit seiner Heiligkeit ansteckt. Er macht die Kranken gesund und die Sünder gerecht.

▶ Der Bräutigam steht für Jesus. Seine Braut ist Israel, die Tochter Zion.

Was stellst du dich auf dich selbst und kannst so doch nicht stehen? Wirf dich auf ihn! Und fürchte dich nicht, er wird nicht weichen und dich fallen lassen! Nein, wirf dich ruhig auf ihn; er fängt dich auf und wird dich heilen.

AUGUSTINUS

▶ Jesus heilt nicht automatisch. Er will den Glauben der Menschen wecken, auch durch seine Heilungen. Wer glaubt, kann geheilt werden. Die Frau wird zu einem Vorbild im Glauben.

▶ „Sohn Davids" ist ein Titel für den Messias, den Christus. Der „Sohn Davids" hilft – das ist die Hoffnung der Blinden, denen sonst niemand helfen kann.

Jesus öffnet die Augen (Mt 9,27–31)

²⁷ Als Jesus weiterging, folgten ihm zwei Blinde und schrien: Hab Erbarmen mit uns, Sohn Davids! ²⁸ Nachdem er ins Haus gegangen war, kamen die Blinden zu ihm. Und Jesus sagte zu ihnen: Glaubt ihr, dass ich dies tun kann? Sie antworteten: Ja, Herr. ²⁹ Darauf berührte er ihre Augen und sagte: Wie ihr geglaubt habt, so soll euch geschehen. ³⁰ Da wurden ihre Augen geöffnet. Jesus aber wies sie streng an: Nehmt euch in Acht! Niemand darf es erfahren. ³¹ Doch sie gingen weg und erzählten von ihm in der ganzen Gegend.

99 Es ist nicht die Menschheit im Abstrakten, die das Heil empfangen soll, sondern du. Es sind deine Augen, die Ihn sehen sollen.

C. S. LEWIS

Stumme können wieder reden (Mt 9,32–34)

³² Als sie gegangen waren, siehe, da brachte man einen Stummen zu ihm, der von einem Dämon besessen war. ³³ Er trieb den Dämon aus und der Stumme konnte reden. Alle Leute staunten und sagten: So etwas ist in Israel noch nie gesehen worden. ³⁴ Die Pharisäer aber sagten: Mit Hilfe des Anführers der Dämonen treibt er die Dämonen aus.

Im Matthäusevangelium folgt die Aussendung der Jünger, die wie Jesus das Evangelium verkünden sollen (Mt 9,35–11,1). Nachdem an einigen Beispielen deutlich geworden ist, wie unterschiedlich die Menschen auf die Verkündigung reagieren (Mt 11,2–12,50), hält Jesus eine zweite große Rede. In Gleichnissen deutet er, was bei der Verbreitung der Frohen Botschaft passiert.

GLEICHNISSE VOM HIMMELREICH (MT 13,1–53)

▶ Ein Gleichnis ist eine Geschichte in Bildern. Jesus erzählt aus dem Leben der Menschen. In diesem Leben sollen sie Gott entdecken. Und über dieses Leben hinaus auf ihn hoffen.

Ende gut, alles gut (Mt 13,1–9)

13 ¹ An jenem Tag verließ Jesus das Haus und setzte sich an das Ufer des Sees. ² Da versammelte sich eine große Menschenmenge um ihn. Er stieg deshalb in ein Boot und setzte sich. Und alle Menschen standen am Ufer. ³ Und er sprach lange zu ihnen in Gleichnissen. Er sagte: Siehe, ein Sämann ging hinaus, um zu säen. ⁴ Als er säte, fiel ein Teil auf den Weg und die Vögel kamen und fraßen es. ⁵ Ein anderer Teil fiel auf felsigen Boden, wo es nur wenig Erde gab, und ging sofort auf, weil das Erdreich nicht tief war; ⁶ als aber die Sonne hochstieg, wurde die Saat versengt und verdorrte, weil sie keine Wurzeln hatte. ⁷ Wieder ein anderer Teil fiel in die Dornen und die Dornen wuchsen und erstickten die Saat. ⁸ Ein anderer Teil aber fiel auf guten Boden und brachte Frucht, teils hundertfach, teils sechzigfach, teils dreißigfach. ⁹ Wer Ohren hat, der höre!

99 Herr, ich will fruchtbar sein. Ich will, dass mein Leben Leben schenkt, dass mein Glaube fruchtbar ist und vorwärtsgeht und ich ihn den anderen weitergeben kann.

PAPST FRANZISKUS, 19.12.2013

 Bibellesen ist für mich wie etwas Köstliches essen. Ich lasse mir den Text im Mund zergehen – besser gesagt: im Herzen. Wie schön, dass Jesus in Bildern spricht, die mich berühren.

GERTRUD

Warum Gleichnisse? (Mt 13,10–17)

¹⁰ Da traten die Jünger zu ihm und sagten: Warum redest du zu ihnen in Gleichnissen? ¹¹ Er antwortete ihnen: Euch ist es gegeben, die Geheimnisse des Himmelreichs zu verstehen; ihnen aber ist es nicht gegeben. ¹² Denn wer hat, dem wird gegeben und er wird im Überfluss haben; wer aber nicht hat, dem wird auch noch weggenommen, was

er hat. ¹³ Deshalb rede ich zu ihnen in Gleichnissen, weil sie sehen und doch nicht sehen und hören und doch nicht hören und nicht verstehen. ¹⁴ An ihnen erfüllt sich das Prophetenwort Jesajas: *Hören sollt ihr, hören und doch nicht verstehen; sehen sollt ihr, sehen und doch nicht einsehen.* ¹⁵ *Denn das Herz dieses Volkes ist hart geworden. Mit ihren Ohren hören sie schwer und ihre Augen verschließen sie, damit sie mit ihren Augen nicht sehen und mit ihren Ohren nicht hören und mit ihrem Herzen nicht zur Einsicht kommen und sich bekehren und ich sie heile* (Jes 6,9f.). ¹⁶ Eure Augen aber sind selig, weil sie sehen, und eure Ohren, weil sie hören. ¹⁷ Denn Amen, ich sage euch: Viele Propheten und Gerechte haben sich danach gesehnt zu sehen, was ihr seht, und haben es nicht gesehen, und zu hören, was ihr hört, und haben es nicht gehört.

▶ Die Gleichnisse Jesu sind nicht kompliziert. Man kann schnell die Geschichte begreifen, die sie erzählen. Aber wer ein Gleichnis wirklich verstehen will, muss es auf das eigene Leben beziehen. Das ist schwer. Von dieser Schwierigkeit spricht Jesus mit Worten des Propheten Jesaja. Gott verstopft denen, die nicht hören wollen, die Ohren – damit sie später besser hören.

Es wird Probleme geben, aber … (Mt 13,18–23)

¹⁸ Ihr also, hört, was das Gleichnis vom Sämann bedeutet. ¹⁹ Zu jedem Menschen, der das Wort vom Reich hört und es nicht versteht, kommt der Böse und nimmt weg, was diesem Menschen ins Herz gesät wurde; bei diesem ist der Samen auf den Weg gefallen. ²⁰ Auf felsigen Boden ist der Samen bei dem gefallen, der das Wort hört und sofort freudig aufnimmt; ²¹ er hat aber keine Wurzeln, sondern

▶ Die Auslegung (v18ff.) verknüpft das Gleichnis vom Sämann mit den Erfahrungen, die Jesus und seine Jünger in der Mission machen. Sie müssen sich auf Misserfolge einstellen. Aber sie brauchen nicht zu verzagen: Am Ende wird die Ernte überreich sein.

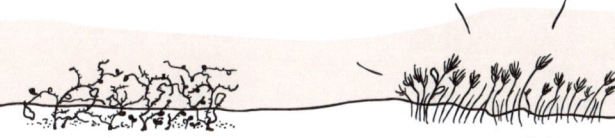

ist unbeständig; sobald er um des Wortes willen bedrängt oder verfolgt wird, kommt er sofort zu Fall. ²² In die Dornen ist der Samen bei dem gefallen, der das Wort hört, und die Sorgen dieser Welt und der trügerische Reichtum ersticken es und es bleibt ohne Frucht. ²³ Auf guten Boden ist der Samen bei dem gesät, der das Wort hört und es auch versteht; er bringt Frucht – hundertfach oder sechzigfach oder dreißigfach.

Nicht zu früh das Unkraut jäten (Mt 13,24–30)

²⁴ Jesus legte ihnen ein anderes Gleichnis vor: Mit dem Himmelreich ist es wie mit einem Mann, der guten Samen auf seinen Acker säte. ²⁵ Während nun die Menschen schliefen, kam sein Feind, säte Unkraut unter den Weizen und ging weg. ²⁶ Als die Saat aufging und sich die Ähren bildeten, kam auch das Unkraut zum Vorschein. ²⁷ Da gingen die Knechte zu dem Gutsherrn und sagten: Herr, hast du nicht guten Samen auf deinen Acker gesät? Woher kommt dann das Unkraut? ²⁸ Er antwortete: Das hat ein Feind getan. Da sagten die Knechte zu ihm: Sollen wir gehen und es ausreißen? ²⁹ Er entgegnete: Nein, damit ihr nicht zusammen mit dem Unkraut den Weizen ausreißt. ³⁰ Lasst beides wachsen bis zur Ernte und zur Zeit der Ernte werde ich den Schnittern sagen: Sammelt zuerst das Unkraut und bindet es in Bündel, um es zu verbrennen; den Weizen aber bringt in meine Scheune!

 Mein Glaube hat sich in den verschiedenen Phasen meines Lebens ganz unterschiedlich entwickelt. In dem Gleichnis von der Saat erkenne ich meinen Glaubensweg wieder. Einmal ist mein Glaube kräftig; ich fühle seine starken Wurzeln. Dann wieder liegt er wie blank auf felsigem Grund, ist ganz ungeschützt und bedroht. Das Gleichnis macht mir Mut, weiter an meiner Geschichte mit Gott zu arbeiten.

CHRISTA

▶ Gott ist der Richter, er allein. Kein Mensch, auch kein Jünger, kann an seine Stelle treten. Jesus redet das Böse nicht schön. Aber die wichtigste Aufgabe seiner Jünger ist es, Zeit und Raum zu geben, dass Menschen umkehren können.

> Heute sitzt jemand im Schatten, weil ein anderer vor langer Zeit einen Baum gepflanzt hat.

WARREN BUFFETT (geb. 1930), amerikanischer Value-Investor

Kleines Senfkorn Hoffnung (Mt 13,31–32)

³¹ Er legte ihnen ein weiteres Gleichnis vor und sagte: Mit dem Himmelreich ist es wie mit einem Senfkorn, das ein Mann auf seinen Acker säte. ³² Es ist das kleinste von allen Samenkörnern; sobald es aber hochgewachsen ist, ist es größer als die anderen Gewächse und wird zu einem Baum, sodass die Vögel des Himmels kommen und in seinen Zweigen nisten.

Ganz wenig kann alles verändern (Mt 13,33)

³³ Er sagte ihnen ein weiteres Gleichnis: Mit dem Himmelreich ist es wie mit dem Sauerteig, den eine Frau nahm und unter drei Sea Mehl verbarg, bis das Ganze durchsäuert war.

▶ Sea ist ein Hohlmaß und entspricht etwa 13 Litern.

▶ Sauerteig besteht aus der Verbindung von Milchsäurebakterien mit Hefepilzen. Mischt man eine nur geringe Menge Sauerteig unter normalen Mehlteig, verändert sich der ganze Teig innerhalb kurzer Zeit. Er wird locker, aromatisch, schmackhafter, besser verdaulich und länger haltbar.

Gleichnisse erzählen Geheimnisse (Mt 13,34–35)

³⁴ Dies alles sagte Jesus der Menschenmenge in Gleichnissen und ohne Gleichnisse redete er nicht zu ihnen, ³⁵ damit sich erfülle, was durch den Propheten gesagt worden ist: *Ich öffne meinen Mund in Gleichnissen, ich spreche aus, was seit der Schöpfung* der Welt *verborgen war (Ps 78,2).*

Am Ende muss das Unkraut raus (Mt 13,36–43)

³⁶ Dann verließ er die Menge und ging in das Haus. Und seine Jünger kamen zu ihm und sagten: Erkläre uns das Gleichnis vom Unkraut

> Am Tage des Jüngsten Gerichts wird man uns nicht fragen, was wir gelesen, sondern was wir getan haben; nicht fragen, wie schön wir gesprochen, sondern wie fromm wir gelebt haben.

THOMAS VON KEMPEN (1380–1471), Autor der „Nachfolge Jesu"

📖 Gesegnet ist der Mensch, der auf den HERRN vertraut und dessen Hoffnung der HERR ist.

Jer 17,7

Man bekommt von Gott so viel, wie man von ihm erhofft.

THÉRÈSE VON LISIEUX

auf dem Acker! ³⁷ Er antwortete: Der den guten Samen sät, ist der Menschensohn; ³⁸ der Acker ist die Welt; der gute Samen, das sind die Kinder des Reiches; das Unkraut sind die Kinder des Bösen; ³⁹ der Feind, der es gesät hat, ist der Teufel; die Ernte ist das Ende der Welt; die Schnitter sind die Engel. ⁴⁰ Wie nun das Unkraut aufgesammelt und im Feuer verbrannt wird, so wird es auch bei dem Ende der Welt sein: ⁴¹ Der Menschensohn wird seine Engel aussenden und sie werden aus seinem Reich alle zusammenholen, die andere verführt und Gesetzloses getan haben, ⁴² und *werden sie in den Feuerofen werfen (Dan 3,6).* Dort wird Heulen und Zähneknirschen sein. ⁴³ Dann werden die Gerechten im Reich ihres Vaters wie die Sonne leuchten. Wer Ohren hat, der höre!

Mein Schatz! Meine Perle! (Mt 13,44–46)

⁴⁴ Mit dem Himmelreich ist es wie mit einem Schatz, der in einem Acker vergraben war. Ein Mann entdeckte ihn und grub ihn wieder ein. Und in seiner Freude ging er hin, verkaufte alles, was er besaß, und kaufte den Acker. ⁴⁵ Auch ist es mit dem Himmelreich wie mit einem Kaufmann, der schöne Perlen suchte. ⁴⁶ Als er eine besonders wertvolle Perle fand, ging er hin, verkaufte alles, was er besaß, und kaufte sie.

Viele Fische gehen ins Netz (Mt 13,47–50)

⁴⁷ Wiederum ist es mit dem Himmelreich wie mit einem Netz, das ins Meer ausgeworfen wurde und in dem sich Fische aller Art fingen. ⁴⁸ Als es voll war, zogen es die Fischer ans Ufer; sie setzten sich, sammelten die guten Fische in Körbe, die schlechten aber warfen sie weg. ⁴⁹ So wird es auch bei dem Ende der Welt sein: Die Engel werden kommen und die Bösen aus der Mitte der Gerechten aussondern ⁵⁰ und *sie in den Feuerofen werfen (Dan 3,6).* Dort wird Heulen und Zähneknirschen sein.

▶ Das Gleichnis ist ein Bild für das Jüngste Gericht. Gott ist gerecht. Er unterscheidet genau zwischen Gut und Böse. Deshalb gibt es kein Heil ohne Gericht. Aber das Gericht gibt es um des Heiles willen.

Ɣ → 163
Was ist das Letzte oder Jüngste Gericht?

Die Jünger sollen verstehen (Mt 13,51–53)

⁵¹ Habt ihr das alles verstanden? Sie antworteten ihm: Ja. ⁵² Da sagte er zu ihnen: Deswegen gleicht jeder Schriftgelehrte, der ein Jünger des Himmelreichs geworden ist, einem Hausherrn, der aus seinem Schatz Neues und Altes hervorholt.

⁵³ Und es geschah, als Jesus diese Gleichnisse beendet hatte, zog er weiter.

▶ Glauben und Wissen sind kein Widerspruch. Der Glaube sucht das Verstehen. Das Denken gewinnt vom Glauben.

DIE JÜNGER GEHEN IN DIE SCHULE JESU (MT 16,13–17,9)

Matthäus erzählt weiter, wie Jesus durch Wort und Tat das Evangelium verbreitet (Mt 14,1–16,12). Seine Jünger sind mit ihm. Sie gehen weiter in die Schule des Glaubens.

Petrus bekennt sich zum Messias – und muss noch viel lernen (Mt 16,13–20)

16 ¹³ Als Jesus in das Gebiet von Cäsarea Philippi kam, fragte er seine Jünger und sprach: Für wen halten die Menschen den Menschensohn? ¹⁴ Sie sagten: Die einen für Johannes den Täufer, andere für Elija, wieder andere für Jeremia oder sonst einen Propheten. ¹⁵ Da sagte er zu ihnen: Ihr aber, für wen haltet ihr mich? ¹⁶ Simon Petrus antwortete und sprach: Du bist der Christus, der Sohn des lebendigen Gottes! ¹⁷ Jesus antwortete und sagte zu ihm: Selig bist du, Simon Barjona; denn nicht Fleisch und Blut haben dir das offenbart, sondern mein Vater im Himmel. ¹⁸ Ich aber sage dir: Du bist Petrus und auf diesen Felsen werde ich meine Kirche bauen und die Pforten der Unterwelt werden sie nicht überwältigen. ¹⁹ Ich werde dir die Schlüssel des Himmelreichs geben; was du auf Erden binden wirst, das wird im Himmel gebunden sein, und was du auf Erden lösen wirst, das wird im Himmel gelöst sein. ²⁰ Dann befahl er den Jüngern, niemandem zu sagen, dass er der Christus sei.

99 Tradition ist die Weitergabe des Feuers und nicht die Anbetung der Asche.

GUSTAV MAHLER (1860–1911), österr. Komponist

Jesus wird leiden und von den Toten auferstehen (Mt 16,21–23)

²¹ Von da an begann Jesus, seinen Jüngern zu erklären: Er müsse nach Jerusalem gehen und von den Ältesten und Hohenpriestern und Schriftgelehrten vieles erleiden, getötet und am dritten Tag auferweckt werden. ²² Da nahm ihn Petrus beiseite und begann, ihn zu-

▶ Die „Kirche" ist die Gemeinschaft der Gläubigen. Sie steht auf dem Fundament des Felsens Petrus. Petrus ist der erste Jünger Jesu. Er legt das Bekenntnis ab: Jesus ist der Christus. Das ist das Grundbekenntnis der Kirche bis heute. Er hat die Schlüsselgewalt: Er soll mit seiner Lehre anderen Menschen das Himmelreich nicht verschließen, sondern aufschließen. „Binden" und „Lösen" bezieht sich auf die Vergebung der Sünden. Nach Mt 18,18 ist die ganze Gemeinde einbezogen.

▶ Der Kontrast könnte schärfer nicht sein: Der Bekenner Petrus tritt Jesus in den Weg. Er denkt menschlich. Er will nicht, dass Jesus stirbt. Er muss lernen, dass Jesus den Weg des Leidens geht. Dieser Weg führt zur Auferstehung.

Ich liebe sie nicht, die Kreuze meines Lebens. Aber ich weiß, dass ich sie mit Jesus tragen darf. Und ich weiß: Sie machen mich stark. In schweren, bitteren Momenten wächst meine Kraft. Ich bin näher bei Jesus. Meine Ecken und Kanten werden abgeschliffen. Darum sage ich mir: Nicht abhauen, wenn Golgota kommt. Anpacken!

NICO

rechtzuweisen, und sagte: Das soll Gott verhüten, Herr! Das darf nicht mit dir geschehen! 23 Jesus aber wandte sich um und sagte zu Petrus: Tritt hinter mich, du Satan! Ein Ärgernis bist du mir, denn du hast nicht das im Sinn, was Gott will, sondern was die Menschen wollen.

Nachfolge: Auf Leben und Tod (Mt 16,24–28)

24 Darauf sagte Jesus zu seinen Jüngern: Wenn einer hinter mir hergehen will, verleugne er sich selbst, nehme sein Kreuz auf sich und folge mir nach. 25 Denn wer sein Leben retten will, wird es verlieren; wer aber sein Leben um meinetwillen verliert, wird es finden. 26 Was nützt es einem Menschen, wenn er die ganze Welt gewinnt, dabei aber sein Leben einbüßt? Um welchen Preis kann ein Mensch sein Leben zurückkaufen? 27 Der Menschensohn wird mit seinen Engeln in der Herrlichkeit seines Vaters kommen und dann *wird er jedem nach seinen Taten vergelten.* 28 Amen, ich sage euch: Von denen, die hier stehen, werden einige den Tod nicht schmecken, bis sie den Menschensohn in seinem Reich kommen sehen.

Er wurde vor ihren Augen verwandelt (Mt 17,1–9)

17 1 Sechs Tage danach nahm Jesus Petrus,

Jakobus und dessen Bruder Johannes beiseite und führte sie auf einen hohen Berg. 2 Und er wurde vor ihnen verwandelt; sein Gesicht leuchtete wie die Sonne, und seine Kleider wurden weiß wie das Licht. 3 Und siehe, es erschienen ihnen Mose und Elija und redeten mit Jesus.

▶ Mose und Elija stehen stellvertretend für das Alte Testament und das Gottesvolk Israel.

„ Wenn man die Gnade geschenkt bekommt, eine intensive Erfahrung Gottes zu machen, ist es, als erlebe man etwas Ähnliches wie das, was den Jüngern während der Verklärung widerfahren ist: Für einen Augenblick erhält man einen Vorgeschmack dessen, was die Seligkeit des Paradieses ausmachen wird.

PAPST BENEDIKT XVI.,
13.3.2006

4 Und Petrus antwortete und sagte zu Jesus: Herr, es ist gut, dass wir hier sind. Wenn du willst, werde ich hier drei Hütten bauen, eine für dich, eine für Mose und eine für Elija. 5 Noch während er redete, siehe, eine leuchtende Wolke überschattete sie und siehe, eine Stimme erscholl aus der Wolke: Dieser ist mein geliebter Sohn, an dem ich Wohlgefallen gefunden habe; auf ihn sollt ihr hören. 6 Als die Jünger das hörten, warfen sie sich mit dem Gesicht zu Boden und fürchteten sich sehr. 7 Da trat Jesus zu ihnen, fasste sie an und sagte: Steht auf und fürchtet euch nicht! 8 Und als sie aufblickten, sahen sie niemanden außer Jesus allein. 9 Während sie den Berg hinabstiegen, gebot ihnen Jesus: Erzählt niemandem von dem, was ihr gesehen habt, bis der Menschensohn von den Toten auferstanden ist!

JESUS KOMMT NACH JERUSALEM (MT 21,1–22,14)

Matthäus setzt seine Erzählung mit zwei weiteren Ankündigungen des Leidens Jesu und seiner Auferstehung fort (Mt 17,22–23; 20,17–19). Er berichtet von den Schwierigkeiten seiner Jünger, diesen Weg zu verstehen. Aber Jesus bleibt bei ihnen und nimmt sie mit nach Jerusalem.

Jesus zieht in die Stadt ein (Mt 21,1–11)

21 [1] Als sie sich Jerusalem näherten und nach Betfage am Ölberg kamen, schickte Jesus zwei Jünger aus [2] und sagte zu ihnen: Geht in das Dorf, das vor euch liegt; dort werdet ihr eine Eselin angebunden finden und ein Fohlen bei ihr. Bindet sie los und bringt sie zu mir! [3] Und wenn euch jemand zur Rede stellt, dann sagt: Der Herr braucht sie, er lässt sie aber bald zurückbringen.

[4] Das ist geschehen, damit sich erfüllte, was durch den Propheten gesagt worden ist:

[5] *Sagt der Tochter Zion: Siehe, dein König kommt zu dir. Er ist sanftmütig und er reitet auf einer Eselin und auf einem Fohlen, dem Jungen eines Lasttiers (Sach 9,9).*

[6] Die Jünger gingen und taten, wie Jesus ihnen aufgetragen hatte. [7] Sie brachten die Eselin und das Fohlen, legten ihre Kleider auf sie und er setzte sich darauf. [8] Viele Menschen breiteten ihre Kleider auf dem Weg aus, andere schnitten Zweige von den Bäumen und streuten sie auf den Weg. [9] Die Leute aber, die vor ihm hergingen und die ihm nachfolgten, riefen:

Hosanna dem Sohn Davids! Gesegnet sei er, der kommt im Namen des Herrn (Ps 118,25f.). Hosanna in der Höhe!

▶ Jesus zieht als königlicher Messias in die Stadt Gottes ein. Seine Macht beruht aber nicht auf Gewalt. Jesus ist ein Friedensstifter. Er geht den Weg der Demut und Hingabe. Deshalb hat der Tod keine Macht über ihn.

▶ „Hosanna" ist hebräisch und heißt: „Gott, hilf!" Aber zur Zeit Jesu ist es auch ein Jubelruf.

[10] Als er in Jerusalem einzog, erbebte die ganze Stadt und man fragte: Wer ist dieser? [11] Die Leute sagten: Das ist der Prophet Jesus von Nazaret in Galiläa.

Der Tempel – Haus des Gebetes (Mt 21,12–17)

[12] Jesus ging in den Tempel und trieb alle Händler und Käufer aus dem Tempel hinaus; er stieß die Tische der Geldwechsler und die Stände der Taubenhändler um [13] und sagte zu ihnen: Es steht geschrieben: *Mein Haus soll ein Haus des Gebetes genannt werden (Jes 56,7).* Ihr aber macht daraus eine *Räuberhöhle (Jer 7,11).* [14] Im Tempel kamen Lahme und Blinde zu ihm und er heilte sie. [15] Als nun die Hohenpriester und die Schriftgelehrten die Wunder sahen, die er tat, und die Kinder im Tempel rufen hörten: Hosanna dem Sohn Davids!, da wurden sie ärgerlich [16] und sagten zu ihm: Hörst du, was sie rufen? Jesus antwortete ihnen: Ja. Habt ihr nie gelesen: *Aus dem Mund der Kinder und Säuglinge schaffst du dir Lob (Ps 8,3)?* [17] Und er ließ sie stehen und ging aus der Stadt hinaus nach Betanien; dort übernachtete er.

▶ Die Händler und Wechsler werden gebraucht, damit die Opfer korrekt dargebracht werden können. Sie haben im „Vorhof" gearbeitet.

Glaube kann Berge versetzen (Mt 21,18–22)

[18] Als er am Morgen in die Stadt zurückkehrte, hatte er Hunger. [19] Da sah er am Weg einen Feigenbaum und ging auf ihn zu und fand an ihm nichts als nur Blätter. Da sagte er zu ihm: In Ewigkeit soll keine

▶ Die Geschichte ist ein erzähltes Gleichnis. Der verdorrte Feigenbaum weist auf die Zerstörung Jerusalems voraus, die 70 n. Chr. geschehen ist.

ϒ → 21, 22
Glaube – was ist das?
Glauben – wie geht das?

▶ Gläubige Gebete werden erhört – auf wunderbare Weise. Und wenn nicht? Dann hat Gott etwas anderes, Größeres, Besseres im Sinn – auch wenn ich es nicht verstehe.

Eines Tages sagte ein Mann zu mir: „Mein einziges Kind liegt im Sterben. Die Medizin, die es braucht, gibt es in Indien nicht …" Genau in diesem Augenblick kam ein Mann mit einem Korb voller Medikamente. Obenauf lag das gesuchte Medikament. … Genau zu dieser Zeit hat sich Gott in seiner zärtlichen Liebe um Millionen und Abermillionen von Kindern so sehr um dieses kleine Kind … gekümmert, dass er im richtigen Moment die Medizin schickte, um es zu retten.

MUTTER TERESA

Frucht mehr an dir wachsen. Und der Feigenbaum verdorrte auf der Stelle. ²⁰ Als die Jünger das sahen, fragten sie erstaunt: Wie konnte der Feigenbaum so plötzlich verdorren? ²¹ Jesus antwortete ihnen: Amen, ich sage euch: Wenn ihr Glauben habt und nicht zweifelt, dann werdet ihr nicht nur das vollbringen, was ich mit dem Feigenbaum getan habe; selbst wenn ihr zu diesem Berg sagt: Heb dich empor und stürz dich ins Meer!, wird es geschehen. ²² Und alles, was ihr im Gebet erbittet, werdet ihr erhalten, wenn ihr glaubt.

Jesus nimmt sich sein Recht (Mt 21,23–27)

²³ Als er in den Tempel ging und dort lehrte, kamen die Hohenpriester und die Ältesten des Volkes zu ihm und fragten: In welcher Vollmacht tust du das und wer hat dir diese Vollmacht gegeben? ²⁴ Jesus antwortete und sprach zu ihnen: Auch ich will euch eine Frage stellen. Wenn ihr mir darauf antwortet, dann werde ich euch sagen, in welcher Vollmacht ich das tue. ²⁵ Woher stammte die Taufe des Johannes? Vom Himmel oder von den Menschen? Da überlegten sie und sagten zueinander: Wenn wir antworten: Vom Himmel!, so wird er zu uns sagen: Warum habt ihr ihm dann nicht geglaubt? ²⁶ Wenn wir aber antworten: Von den Menschen!, dann müssen wir uns vor den Leuten fürchten; denn alle halten Johannes für einen Propheten. ²⁷ Darum antworteten sie Jesus: Wir wissen es nicht. Da erwiderte er: Dann sage auch ich euch nicht, in welcher Vollmacht ich das tue.

„ Agnostiker, die von der Frage nach Gott umgetrieben werden; Menschen, die unter ihrer Sünde leiden und Sehnsucht nach dem reinen Herzen haben, sind näher am Reich Gottes als kirchliche Routiniers, die in ihr nur noch den Apparat sehen, ohne dass ihr Herz davon berührt wäre, vom Glauben.

PAPST BENEDIKT XVI.,
25.9.2011

Auf das Handeln kommt es an (Mt 21,28–32)

²⁸ Was meint ihr? Ein Mann hatte zwei Söhne. Er ging zum ersten und sagte: Mein Kind, geh und arbeite heute im Weinberg! ²⁹ Er antwortete: Ich will nicht. Später aber reute es ihn und er ging hinaus. ³⁰ Da wandte er sich an den zweiten und sagte zu ihm dasselbe. Dieser antwortete: Ja, Herr – und ging nicht hin. ³¹ Wer von den beiden hat den Willen seines Vaters erfüllt? Sie antworteten: Der zweite. Da sagte Jesus zu ihnen: Amen, ich sage euch: Die Zöllner und die Dirnen gelangen eher in das Reich Gottes als ihr. ³² Denn Johannes ist zu euch gekommen auf dem Weg der Gerechtigkeit und ihr habt ihm nicht geglaubt; aber die Zöllner und die Dirnen haben ihm geglaubt. Ihr habt es gesehen und doch habt ihr nicht bereut und ihm nicht geglaubt.

Mord im Weinberg (Mt 21,33–46)

▶ Das Gleichnis Jesu bezieht sich auf das Weinberglied in Jes 5. Der Weinberg steht für Israel, das Volk Gottes. Jesus ist in dem geliebten Sohn zu erkennen, der als letzter Bote gesandt wird. Er wird von den Winzern getötet. Der Weinberg bleibt bestehen. Er braucht jedoch gute Arbeiter. Die will Jesus gewinnen.

³³ Hört noch ein anderes Gleichnis: Es war ein Gutsbesitzer, der legte einen Weinberg an, zog ringsherum einen Zaun, hob eine Kelter aus und baute einen Turm. Dann verpachtete er den Weinberg an Winzer und reiste in ein anderes Land. ³⁴ Als nun die Erntezeit kam, schickte er seine Knechte zu den Winzern, um seine Früchte holen zu lassen. ³⁵ Die Winzer aber packten seine Knechte; den einen prügelten sie, den andern brachten sie um, wieder einen anderen steinigten sie. ³⁶ Darauf schickte er andere Knechte, mehr als das erste Mal; mit ihnen machten sie es genauso. ³⁷ Zuletzt sandte er seinen Sohn zu ih-

nen; denn er dachte: Vor meinem Sohn werden sie Achtung haben. ³⁸ Als die Winzer den Sohn sahen, sagten sie zueinander: Das ist der Erbe. Auf, wir wollen ihn umbringen, damit wir sein Erbe in Besitz nehmen. ³⁹ Und sie packten ihn, warfen ihn aus dem Weinberg hinaus und brachten ihn um. ⁴⁰ Wenn nun der Herr des Weinbergs kommt: Was wird er mit jenen Winzern tun? ⁴¹ Sie sagten zu ihm: Er wird diese bösen Menschen vernichten und den Weinberg an andere Winzer verpachten, die ihm die Früchte abliefern, wenn es Zeit dafür ist. ⁴² Und Jesus sagte zu ihnen: Habt ihr nie in der Schrift gelesen:

Der Stein, den die Bauleute verworfen haben, er ist zum Eckstein geworden; vom Herrn ist das geschehen und es ist wunderbar in unseren Augen (Ps 118,22f.)?

⁴³ Darum sage ich euch: Das Reich Gottes wird euch weggenommen und einem Volk gegeben werden, das die Früchte des Reiches Gottes bringt. ⁴⁴ Und wer auf diesen Stein fällt, wird zerschellen; auf wen der Stein aber fällt, den wird er zermalmen.

⁴⁵ Als die Hohenpriester und die Pharisäer seine Gleichnisse hörten, merkten sie, dass er von ihnen sprach. ⁴⁶ Sie suchten ihn zu ergreifen; aber sie fürchteten die Menge, weil sie ihn für einen Propheten hielt.

Eine Hochzeit mitfeiern (Mt 22,1–14)

22 ¹ Jesus antwortete und erzählte ihnen ein anderes Gleichnis: ² Mit dem Himmelreich ist es wie mit einem König, der seinem

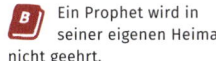 Ein Prophet wird in seiner eigenen Heimat nicht geehrt.
Joh 4,44

▶ Der „Eckstein" ist der wichtigste Stein für die Statik eines Hauses. Er gibt die gesamte Baukonstruktion vor.

 Man wählt eine Berufung nicht selbst, man empfängt sie, und man muss sich anstrengen, sie zu erkennen. Man muss der Stimme Gottes sein Ohr leihen, um die Zeichen seines Willens zu erspähen. Und ist einmal sein Wille erkannt, so muss man ihn tun, wie immer er sei, koste es, was es wolle.

CHARLES DE FOUCAULD

Sohn die Hochzeit ausrichtete. ³ Er schickte seine Diener, um die eingeladenen Gäste zur Hochzeit rufen zu lassen. Sie aber wollten nicht kommen. ⁴ Da schickte er noch einmal Diener und trug ihnen auf: Sagt den Eingeladenen: Siehe, mein Mahl ist fertig, meine Ochsen und das Mastvieh sind geschlachtet, alles ist bereit. Kommt zur Hochzeit! ⁵ Sie aber kümmerten sich nicht darum, sondern der eine ging auf seinen Acker, der andere in seinen Laden, ⁶ wieder andere fielen über seine Diener her, misshandelten sie und brachten sie um. ⁷ Da wurde der König zornig; er schickte sein Heer, ließ die Mörder töten und ihre Stadt in Schutt und Asche legen. ⁸ Dann sagte er zu seinen Dienern: Das Hochzeitsmahl ist vorbereitet, aber die Gäste waren nicht würdig. ⁹ Geht also an die Kreuzungen der Straßen und ladet alle, die ihr trefft, zur Hochzeit ein! ¹⁰ Die Diener gingen auf die Straßen hinaus und holten alle zusammen, die sie trafen, Böse und Gute, und der Festsaal füllte sich mit Gästen.

¹¹ Als der König eintrat, um sich die Gäste anzusehen, bemerkte er unter ihnen einen Menschen, der kein Hochzeitsgewand anhatte. ¹² Er sagte zu ihm: Freund, wie bist du hier ohne Hochzeitsgewand hereingekommen? Der aber blieb stumm. ¹³ Da befahl der König seinen Dienern: Bindet ihm Hände und Füße und werft ihn hinaus in die äußerste Finsternis! Dort wird Heulen und Zähneknirschen sein. ¹⁴ Denn viele sind gerufen, wenige aber auserwählt.

▶ Die beiden Gleichnisse gehören zusammen. Das erste spricht vom unverhofften Glück, die Hochzeit des Königs mitfeiern zu können, obwohl man eigentlich nicht eingeladen war. Das zweite warnt aber: Niemand darf sich zu sicher fühlen. Es kommt darauf an, sich der Feier würdig zu erweisen. Alle haben das trotz der überraschenden Einladung beachtet – nur einer nicht.

▶ Der Gastgeber ist nicht ungerecht. Alle anderen Gäste sind gut gekleidet, nur der eine nicht. Zur Not hätte der Hausherr ihnen mit guter Kleidung geholfen. Offenbar war ihm das Fest nicht wichtig genug.

Matthäus lässt eine Reihe von Streitgesprächen folgen, die wichtige Fragen des Glaubenslebens berühren: das Steuerzählen (Mt 22,15–22), die Auferstehung der Toten (Mt 22,23–33), das größte Gebot (22,34–40) und den Messias (Mt 22,41–46). Danach hält Jesus eine weitere große Rede. Sie beginnt mit einem vielfachen Wehe gegen die Schriftgelehrten und Pharisäer, die das Gesetz zu eng auslegen (Mt 23); sie setzt sich fort mit einer Prophezeiung der Endzeit (Mt 23); und sie endet mit drei Gleichnissen: von den zehn Jungfrauen (Mt 25,1–13), vom anvertrauten Geld (Mt 25,14–30) und vom Weltgericht (Mt 25,31–46).

Taten sprechen lassen (Mt 25,31–46)

▶ Die rechte Seite gilt als die gute, die linke als die schlechte.

💡 Dieses Gleichnis stellt die „Werke der Barmherzigkeit" vor Augen: Hungrige speisen, Durstige tränken, Fremde beherbergen, Nackte kleiden, Kranke pflegen, Gefangene besuchen, Tote bestatten.

25 ³¹ Wenn der Menschensohn in seiner Herrlichkeit kommt und alle Engel mit ihm, dann wird er sich auf den Thron seiner Herrlichkeit setzen. ³² Und alle Völker werden vor ihm versammelt werden und er wird sie voneinander scheiden, wie der Hirt die Schafe von den Böcken scheidet. ³³ Er wird die Schafe zu seiner Rechten stellen, die Böcke aber zur Linken. ³⁴ Dann wird der König denen zu seiner Rechten sagen: Kommt her, die ihr von meinem Vater gesegnet seid, empfangt das Reich als Erbe, das seit der Erschaffung der Welt für euch bestimmt ist! ³⁵ Denn ich war hungrig und ihr habt mir zu essen gegeben; ich war durstig und ihr habt mir zu trinken gegeben; ich war fremd und ihr habt mich aufgenommen; ³⁶ ich war nackt und ihr habt mir Kleidung gegeben; ich war krank und ihr habt mich be-

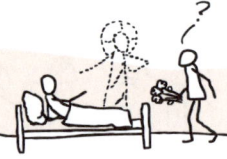

💡 Eines Tages las Mutter Teresa eine Frau von der Straße auf. Ihr Körper war voll Schmutz mit offenen Wunden und Maden. Mutter Teresa badete sie geduldig und wusch ihre Wunden. Die Frau hörte nicht auf, sie anzuschreien mit Beleidigungen und Schimpfworten. Mutter Teresa lächelte nur. Endlich murmelte die Frau: „Warum tut sie das? … Wer lehrte sie das?" Sie antwortete einfach: „Mein Gott lehrte mich." Als die Frau fragte, wer dieser Gott sei, küsste Mutter Teresa sie auf die Stirn und sagte: „Du kennst meinen Gott. Mein Gott wird Liebe genannt."

sucht; ich war im Gefängnis und ihr seid zu mir gekommen. ³⁷ Dann werden ihm die Gerechten antworten und sagen: Herr, wann haben wir dich hungrig gesehen und dir zu essen gegeben oder durstig und dir zu trinken gegeben? ³⁸ Und wann haben wir dich fremd gesehen und aufgenommen oder nackt und dir Kleidung gegeben? ³⁹ Und wann haben wir dich krank oder im Gefängnis gesehen und sind zu dir gekommen? ⁴⁰ Darauf wird der König ihnen antworten: Amen, ich sage euch: Was ihr für einen meiner geringsten Brüder getan habt, das habt ihr mir getan.

⁴¹ Dann wird er zu denen auf der Linken sagen: Geht weg von mir, ihr Verfluchten, in das ewige Feuer, das für den Teufel und seine Engel bestimmt ist! ⁴² Denn ich war hungrig und ihr habt mir nichts zu essen gegeben; ich war durstig und ihr habt mir nichts zu trinken gegeben; ⁴³ ich war fremd und ihr habt mich nicht aufgenommen; ich war nackt und ihr habt mir keine Kleidung gegeben; ich war krank und im Gefängnis und ihr habt mich nicht besucht. ⁴⁴ Dann werden auch sie antworten: Herr, wann haben wir dich hungrig oder durstig oder fremd oder nackt oder krank oder im Gefängnis gesehen und haben dir nicht geholfen? ⁴⁵ Darauf wird er ihnen antworten: Amen, ich sage euch: Was ihr für einen dieser Geringsten nicht getan habt, das habt ihr auch mir nicht getan. ⁴⁶ Und diese werden weggehen zur ewigen Strafe, die Gerechten aber zum ewigen Leben.

DAS LEIDEN UND DIE AUFERSTEHUNG JESU (26,1–28,20)

Jesus muss sterben (Mt 26,1–5)

26 ¹ Und es geschah, als Jesus seine Reden beendet hatte, sagte er zu seinen Jüngern: ² Ihr wisst, dass in zwei Tagen das Paschafest ist; da wird der Menschensohn ausgeliefert, um gekreuzigt zu werden.

³ Da versammelten sich die Hohenpriester und die Ältesten des Volkes im Palast des Hohenpriesters, der Kajaphas hieß, ⁴ und beschlossen, Jesus mit List in ihre Gewalt zu bringen und ihn zu töten. ⁵ Sie sagten aber: Ja nicht am Fest, damit kein Aufruhr im Volk entsteht.

Eine Frau salbt Jesus (Mt 26,6–13)

⁶ Als Jesus in Betanien im Haus Simons des Aussätzigen war, ⁷ kam eine Frau mit einem Alabastergefäß voll kostbarem Salböl zu ihm, als er bei Tisch war, und goss es über sein Haupt. ⁸ Die Jünger wurden unwillig, als sie das sahen, und sagten: Wozu diese Verschwendung? ⁹ Man hätte das Öl teuer verkaufen und das Geld den Armen geben

Es gibt im ganzen Evangelium kein Wort, das auf mich einen größeren Einfluss gehabt hat, das mein Leben auf tiefere Weise verändert hat als dieses: „All das, was ihr für den Geringsten meiner Brüder tut, habt ihr für mich getan." Wenn ich daran denke, dass diese Worte aus dem Mund Jesu stammen und dass es derselbe Mund ist, der da sagt: „Dies ist mein Leib, dies ist mein Blut.", wie sehr sehe ich mich dann dazu berufen, Jesus vor allem in diesen Kleinen, den Geringsten zu suchen und zu lieben.

CHARLES DE FOUCAULD

können. ¹⁰ Jesus bemerkte ihren Unwillen und sagte zu ihnen: Warum lasst ihr die Frau nicht in Ruhe? Sie hat ein gutes Werk an mir getan. ¹¹ Denn die Armen habt ihr immer bei euch, mich aber habt ihr nicht immer. ¹² Als sie das Öl über mich goss, hat sie meinen Leib für das Begräbnis gesalbt. ¹³ Amen, ich sage euch: Auf der ganzen Welt, wo dieses Evangelium verkündet wird, wird man auch erzählen, was sie getan hat, zu ihrem Gedächtnis.

▶ Die Frau hat ein Zeichen gesetzt. Jesus ist der Gesalbte. Der Gesalbte ist der Messias, auf Griechisch: der Christus. Er wird sterben. Aber sein Tod wird das ewige Leben bringen. Deshalb wird der Frau in der Verkündigung des Evangeliums gedacht.

Judas verrät Jesus (Mt 26,14–16)

¹⁴ Darauf ging einer der Zwölf namens Judas Iskariot zu den Hohenpriestern ¹⁵ und sagte: Was wollt ihr mir geben, wenn ich euch Jesus ausliefere? Und sie boten ihm dreißig Silberstücke. ¹⁶ Von da an suchte er nach einer Gelegenheit, ihn auszuliefern.

99 Bin ich wie Judas, der Liebe heuchelt und den Meister küsst, um ihn auszuliefern, ihn zu verraten?

PAPST FRANZISKUS, 14.4.2014

Das Paschamahl wird vorbereitet (Mt 26,17–19)

¹⁷ Am ersten Tag des Festes der Ungesäuerten Brote gingen die Jünger zu Jesus und fragten: Wo sollen wir das Paschamahl für dich vorbereiten? ¹⁸ Er antwortete: Geht in die Stadt zu dem und dem und sagt zu ihm: Der Meister lässt dir sagen: Meine Zeit ist da; bei dir will ich mit meinen Jüngern das Paschamahl feiern. ¹⁹ Die Jünger taten, wie Jesus ihnen aufgetragen hatte, und bereiteten das Paschamahl vor.

▶ Das Fest der ungesäuerten Brote ist das Paschafest, an dem Israels Auszug aus Ägypten gefeiert wird (Ex 12). Das Paschamahl soll man in der Stadt Jerusalem essen.

JERUSALEM
ZUR ZEIT
JESU

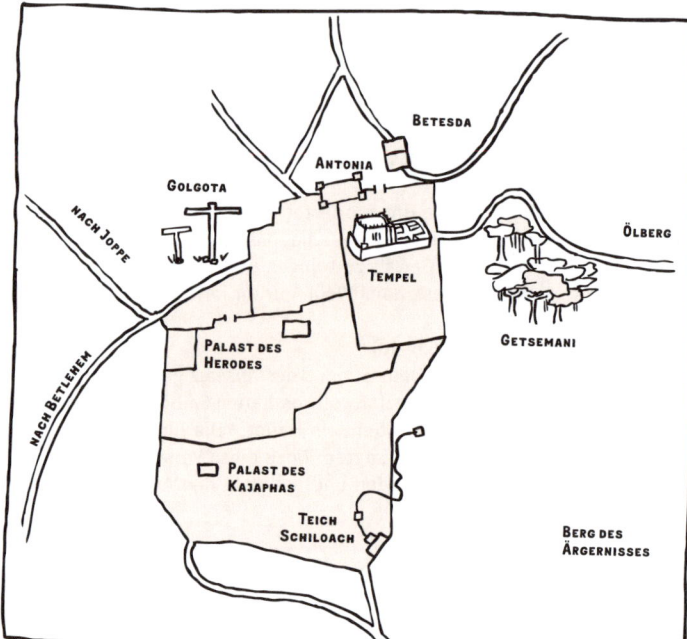

Y → 99, 216

Was geschah beim letzten Abendmahl?
Auf welche Weise ist Christus da, wenn Eucharistie gefeiert wird?

B Denn ich habe vom Herrn empfangen, was ich euch dann überliefert habe: Jesus, der Herr, nahm in der Nacht, in der er ausgeliefert wurde, Brot, sprach das Dankgebet, brach das Brot und sagte: Das ist mein Leib für euch. Tut dies zu meinem Gedächtnis! Ebenso nahm er nach dem Mahl den Kelch und sagte: Dieser Kelch ist der Neue Bund in meinem Blut. Tut dies, sooft ihr daraus trinkt, zu meinem Gedächtnis!

1 Kor 11,23-25

Freunde hinterlassen ein Zeichen, vielleicht einen Ring, aber Christus hinterlässt uns Seinen Leib und Sein Blut, Seine Seele und Seine Gottheit, sich selbst, ohne etwas zurückzuhalten.

BERNARDIN VON SIENA (1380–1444), italienischer Heiliger

Das letzte Abendmahl (Mt 26,20–29)

20 Als es Abend wurde, begab er sich mit den zwölf Jüngern zu Tisch. 21 Und während sie aßen, sprach er: Amen, ich sage euch: Einer von euch wird mich ausliefern. 22 Da wurden sie sehr traurig und einer nach dem andern fragte ihn: Bin ich es etwa, Herr? 23 Er antwortete: Der die Hand mit mir in die Schüssel eintunkt, wird mich ausliefern. 24 Der Menschensohn muss zwar seinen Weg gehen, wie die Schrift über ihn sagt. Doch weh dem Menschen, durch den der Menschensohn ausgeliefert wird! Für ihn wäre es besser, wenn er nie geboren wäre. 25 Da fragte Judas, der ihn auslieferte: Bin ich es etwa, Rabbi? Jesus antwortete: Du sagst es.

26 Während des Mahls nahm Jesus das Brot und sprach den Lobpreis; dann brach er das Brot, reichte es den Jüngern und sagte: Nehmt und esst; das ist mein Leib. 27 Dann nahm er den Kelch, sprach das Dankgebet, gab ihn den Jüngern und sagte: Trinkt alle daraus; 28 das ist mein Blut des Bundes, das für viele vergossen wird zur Vergebung der Sünden. 29 Ich sage euch: Von jetzt an werde ich nicht mehr von dieser Frucht des Weinstocks trinken, bis zu dem Tag, an dem ich mit euch von Neuem davon trinke im Reich meines Vaters.

Die Jünger werden Jesus im Stich lassen (Mt 26,30–35)

30 Nach dem Lobgesang gingen sie zum Ölberg hinaus. 31 Da sagte Jesus zu ihnen: Ihr alle werdet in dieser Nacht an mir Anstoß neh-

men; denn in der Schrift steht: *Ich werde den Hirten erschlagen, dann werden sich die Schafe der Herde zerstreuen (Sach 13,7).* ³² Aber nach meiner Auferstehung werde ich euch nach Galiläa vorausgehen. ³³ Petrus erwiderte ihm: Und wenn alle an dir Anstoß nehmen – ich werde niemals an dir Anstoß nehmen! ³⁴ Jesus sagte zu ihm: Amen, ich sage dir: In dieser Nacht, ehe der Hahn kräht, wirst du mich dreimal verleugnen. ³⁵ Da sagte Petrus zu ihm: Und wenn ich mit dir sterben müsste – ich werde dich nie verleugnen. Das Gleiche sagten auch alle Jünger.

▶ Judas hat Jesus ausgeliefert. Mit demselben Wort sagt das Neue Testament auch, dass Gott der Vater seinen Sohn Jesus „hingegeben" hat (z.B. Gal 1,4). In dieser Wortgleichheit zeigt sich das Geheimnis der Erlösung: Judas hat Schuld auf sich geladen. Aber Gott macht aus dem Bösen das Beste. Die Menschen wollen Jesu habhaft werden. Aber Jesus macht sich ganz zur Gabe Gottes an die Menschen.

Jesus betet um sein Leben (Mt 26,36–46)

³⁶ Darauf kam Jesus mit ihnen zu einem Grundstück, das man Getsemani nennt, und sagte zu den Jüngern: Setzt euch hier, während ich dorthin gehe und bete! ³⁷ Und er nahm Petrus und die beiden Söhne des Zebedäus mit sich. Da ergriff ihn Traurigkeit und Angst ³⁸ und er sagte zu ihnen: *Meine Seele ist* zu Tode *betrübt (Ps 42,6.12).* Bleibt hier und wacht mit mir! ³⁹ Und er ging ein Stück weiter, warf sich auf sein Gesicht und betete: Mein Vater, wenn es möglich ist, gehe dieser Kelch an mir vorüber. Aber nicht wie ich will, sondern wie du willst. ⁴⁰ Und er ging zu den Jüngern zurück und fand sie schlafend. Da sagte er zu Petrus: Konntet ihr nicht einmal eine Stunde mit mir wachen?

▶ Getsemani heißt auf Deutsch: Ölpresse. Der Name passt zu den Ölbäumen am Ölberg.

▶ Der Kelch ist ein Bild für das Leiden.

⁴¹ Wacht und betet, damit ihr nicht in Versuchung geratet! Der Geist ist willig, aber das Fleisch ist schwach. ⁴² Wieder ging er weg, zum zweiten Mal, und betete: Mein Vater, wenn dieser Kelch an mir nicht vorübergehen kann, ohne dass ich ihn trinke, geschehe dein Wille. ⁴³ Als er zurückkam, fand er sie wieder schlafend, denn die Augen waren ihnen zugefallen. ⁴⁴ Und er ließ sie, ging wieder weg und betete zum dritten Mal mit den gleichen Worten. ⁴⁵ Danach kehrte er zu den Jüngern zurück und sagte zu ihnen: Schlaft ihr immer noch und ruht euch aus? Siehe, die Stunde ist gekommen und der Menschensohn wird in die Hände von Sündern ausgeliefert. ⁴⁶ Steht auf, wir wollen gehen! Siehe, der mich ausliefert, ist da.

▶ Jesus lehrt im Vaterunser zu beten: „Dein Wille geschehe" (Mt 6,10). Diese Bitte macht er sich in seiner schwersten Stunde zu eigen. Er sucht nicht den Tod. Aber er ist bereit, den Weg des Leidens zu gehen.

Jesus wird gefangen genommen (Mt 26,47–56)

⁴⁷ Noch während er redete, siehe, da kam Judas, einer der Zwölf, mit einer großen Schar von Männern, die mit Schwertern und Knüppeln bewaffnet waren; sie waren von den Hohenpriestern und den Ältesten des Volkes geschickt worden. ⁴⁸ Der ihn auslieferte, hatte mit ihnen ein Zeichen vereinbart und gesagt: Der, den ich küssen werde, der ist es; nehmt ihn fest! ⁴⁹ Sogleich ging er auf Jesus zu und sagte: Sei gegrüßt, Rabbi! Und er küsste ihn. ⁵⁰ Jesus erwiderte ihm: Freund, dazu bist du gekommen? Da gingen sie auf Jesus zu, ergriffen ihn und nahmen ihn fest. ⁵¹ Und siehe, einer von den Begleitern Jesu streckte die Hand aus, zog sein Schwert, schlug auf den Diener des

Der „sozialistische Bruderkuss", den sich die Diktatoren Breschnew und Honecker auf den Mund gaben, war ein Judaskuss des 20. Jahrhunderts: Gewaltherrscher, die mit einem Kuss ihr Volk verrieten.

Manchmal werde ich schlecht behandelt und ich frage mich dann immer, wie ich reagieren soll. Ich habe schon oft erfahren, dass es nach hinten losgehen kann, wenn ich gleich ärgerlich reagiere, dass es aber gut wird, wenn ich versuche, vorher auf Jesus zu hören.

JOHANN

▶ Kajaphas war von 18–36 n. Chr. Hoherpriester. Als solcher war er auch Vorsitzender des Hohen Rates, des Parlamentes und Gerichtshofes von Jerusalem.

▶ Jesus wird als Gotteslästerer schuldig gesprochen. Aber er nimmt das Recht Gottes wahr. Er ist der Menschensohn, der Gottes Herrschaft verwirklicht.

Hohenpriesters ein und hieb ihm ein Ohr ab. ⁵² Da sagte Jesus zu ihm: Steck dein Schwert in die Scheide; denn alle, die zum Schwert greifen, werden durch das Schwert umkommen. ⁵³ Oder glaubst du nicht, mein Vater würde mir sogleich mehr als zwölf Legionen Engel schicken, wenn ich ihn darum bitte? ⁵⁴ Wie würden dann aber die Schriften erfüllt, dass es so geschehen muss? ⁵⁵ In jener Stunde sagte Jesus zu den Männern: Wie gegen einen Räuber seid ihr mit Schwertern und Knüppeln ausgezogen, um mich festzunehmen. Tag für Tag saß ich im Tempel und lehrte und ihr habt mich nicht verhaftet. ⁵⁶ Das alles aber ist geschehen, damit die Schriften der Propheten in Erfüllung gehen. Da verließen ihn alle Jünger und flohen.

Jesus wird vom Hohen Rat verhört (Mt 26,57–68)

⁵⁷ Nach der Verhaftung führte man Jesus zum Hohenpriester Kajaphas, bei dem sich die Schriftgelehrten und die Ältesten versammelt hatten. ⁵⁸ Petrus folgte Jesus von Weitem bis zum Hof des Hohenpriesters; er ging in den Hof hinein und setzte sich zu den Dienern, um zu sehen, wie alles ausgehen würde.

⁵⁹ Die Hohenpriester und der ganze Hohe Rat bemühten sich um falsche Zeugenaussagen gegen Jesus, um ihn zum Tod verurteilen zu können. ⁶⁰ Sie fanden aber nichts, obwohl viele falsche Zeugen auf-

▶ Jesus wird vorgeworfen, ein Gotteslästerer zu sein: Er maße sich eine göttliche Rolle an. Tatsächlich aber ist es Jesus, der Gott die Ehre gibt, indem er sich zu seiner Sendung bekennt. Er ist Gottes Sohn, gekommen, um die Herrschaft Gottes zu verkünden und zu verwirklichen.

❞ Wir sind keine „Religion" der Ideen, der reinen Theologie, der schönen Dinge, der Gebote. Nein, wir sind ein Volk, das Jesus Christus nachfolgt und Zeugnis gibt, das von Jesus Christus Zeugnis geben will, und dieses Zeugnis führt einige Male dazu, das Leben zu geben.

PAPST FRANZISKUS, 6.5.2014

💡 Petrus ist der Fels, der wackelt, aber nicht fällt, weil Jesus ihn hält.

traten. Zuletzt kamen zwei Männer ⁶¹ und behaupteten: Er hat gesagt: Ich kann den Tempel Gottes niederreißen und in drei Tagen wieder aufbauen. ⁶² Da stand der Hohepriester auf und fragte Jesus: Willst du nichts sagen zu dem, was diese Leute gegen dich vorbringen? ⁶³ Jesus aber schwieg. Darauf sagte der Hohepriester zu ihm: Ich beschwöre dich bei dem lebendigen Gott, sag uns: Bist du der Christus, der Sohn Gottes? ⁶⁴ Jesus antwortete: Du hast es gesagt. Doch ich erkläre euch: Von nun an werdet ihr *den Menschensohn zur Rechten der Macht sitzen* und *auf den Wolken des Himmels kommen (Dan 7,13)* sehen. ⁶⁵ Da zerriss der Hohepriester sein Gewand und rief: Er hat Gott gelästert! Wozu brauchen wir noch Zeugen? Jetzt habt ihr die Gotteslästerung gehört. ⁶⁶ Was ist eure Meinung? Sie antworteten: Er ist des Todes schuldig.

⁶⁷ Dann spuckten sie ihm ins Gesicht und schlugen ihn. Andere ohrfeigten ihn ⁶⁸ und riefen: Messias, du bist doch ein Prophet, sag uns: Wer hat dich geschlagen?

Petrus verleugnet Jesus (Mt 26,69–75)

⁶⁹ Petrus aber saß draußen im Hof. Da trat eine Magd zu ihm und sagte: Auch du warst mit diesem Jesus aus Galiläa zusammen. ⁷⁰ Doch er leugnete es vor allen und sagte: Ich weiß nicht, wovon du redest. ⁷¹ Und als er zum Tor hinausgehen wollte, sah ihn eine andere Magd und sagte zu denen, die dort standen: Der war mit Jesus dem Nazorä-

er zusammen. [72] Wieder leugnete er und schwor: Ich kenne den Menschen nicht. [73] Wenig später kamen die Leute, die dort standen, und sagten zu Petrus: Wirklich, auch du gehörst zu ihnen, deine Mundart verrät dich. [74] Da fing er an, zu fluchen und zu schwören: Ich kenne den Menschen nicht. Gleich darauf krähte ein Hahn [75] und Petrus erinnerte sich an das Wort, das Jesus gesagt hatte: Ehe der Hahn kräht, wirst du mich dreimal verleugnen. Und er ging hinaus und weinte bitterlich.

▶ Die Verleugnung Jesu durch Petrus – ist sie eine geringere Schuld als der Verrat durch Judas? Aber Petrus verzweifelt nicht. Jesus wird ihn nach seiner Auferstehung neu zu seinem Jünger machen.

Jesus wird an Pilatus ausgeliefert (Mt 27,1–2)

27 [1] Als es Morgen wurde, fassten die Hohenpriester und die Ältesten des Volkes gemeinsam den Beschluss, Jesus hinrichten zu lassen. [2] Sie ließen ihn fesseln und abführen und lieferten ihn dem Statthalter Pilatus aus.

▶ Pontius Pilatus war von 26–36 n. Chr. römischer Statthalter in Judäa. Nur der Statthalter des Kaisers konnte über ein Schwerverbrechen urteilen und ein Todesurteil fällen.

Judas macht seinem Leben ein Ende (Mt 27,3–10)

[3] Als nun Judas, der ihn ausgeliefert hatte, sah, dass Jesus verurteilt war, reute ihn seine Tat. Er brachte den Hohenpriestern und den Ältesten die dreißig Silberstücke zurück [4] und sagte: Ich habe gesündigt, ich habe unschuldiges Blut ausgeliefert. Sie antworteten: Was geht das uns an? Das ist deine Sache. [5] Da warf er die Silberstücke in

den Tempel; dann ging er weg und erhängte sich. [6] Die Hohenpriester nahmen die Silberstücke und sagten: Man darf das Geld nicht in den Tempelschatz tun; denn es klebt Blut daran. [7] Und sie beschlossen, von dem Geld den Töpferacker zu kaufen als Begräbnisplatz für die Fremden. [8] Deshalb heißt dieser Acker bis heute Blutacker. [9] So erfüllte sich, was durch den Propheten Jeremia gesagt worden ist: *Sie nahmen die dreißig Silberstücke – das ist der Preis, den er* den Israeliten *wert war –* [10] *und kauften für das Geld den Töpferacker, wie mir der Herr befohlen hatte* (Jer 32,8f.; Sach 11,12f.).

💡 Was waren die 30 Silberlinge wert? Schwer zu sagen. Zur Zeit Jesu konnte man für das Geld einen Sklaven kaufen.

Pilatus verurteilt Jesus zum Tode (Mt 27,11–26)

[11] Als Jesus vor dem Statthalter stand, fragte ihn dieser: Bist du der König der Juden? Jesus antwortete: Du sagst es. [12] Als aber die Hohenpriester und die Ältesten ihn anklagten, gab er keine Antwort. [13] Da sagte Pilatus zu ihm: Hörst du nicht, was sie dir alles vorwerfen? [14] Er aber antwortete ihm auf keine einzige Frage, sodass der Statthalter sehr verwundert war.

[15] Jeweils zum Fest pflegte der Statthalter einen Gefangenen freizulassen, den das Volk verlangte. [16] Damals war gerade ein berüchtigter Mann namens Jesus Barabbas im Gefängnis. [17] Pilatus fragte nun die Menge, die zusammengekommen war: Was wollt ihr? Wen soll ich freilassen, Jesus Barabbas oder Jesus, den man den Christus nennt?

🙶 Käme er, man würde ihn zum zweiten Mal kreuzigen.

JOHANN WOLFGANG VON GOETHE

▶ Jesus bekommt keinen fairen Prozess. Pilatus erkennt seine Unschuld, aber liefert ihn dennoch zur Kreuzigung aus. Jesus ist als „König der Juden" verurteilt worden. Angeblich hat er zum Aufstand gegen die Römer aufgerufen. In Wahrheit hat er das Reich Gottes auf die Erde gebracht.

99 Auch wir können vor den anderen wie Pilatus sein, der nicht den Mut hat, gegen den Strom zu schwimmen, um das Leben Jesu zu retten, und der sich die Hände in Unschuld wäscht.

PAPST FRANZISKUS, 27.7.2013

▶ Das Volk übernimmt die Verantwortung, die Pilatus loswerden will. Es scheint fest überzeugt, dass Jesus schuldig ist. Aber das Blut, das „über" sie kommen soll, ist das Blut, das Jesus „zur Vergebung der Sünden vergossen" hat (Mt 26,26).

▶ Eine „Kohorte" ist ein Trupp römischer Soldaten. Im Regelfall bestand sie aus 500 bis 1000 Mann.

[18] Er wusste nämlich, dass man Jesus nur aus Neid an ihn ausgeliefert hatte.
[19] Während Pilatus auf dem Richterstuhl saß, sandte seine Frau zu ihm und ließ ihm sagen: Habe du nichts zu schaffen mit jenem Gerechten! Ich habe heute seinetwegen im Traum viel gelitten.
[20] Inzwischen überredeten die Hohenpriester und die Ältesten die Menge, die Freilassung des Barabbas zu fordern, Jesus aber hinrichten zu lassen. [21] Der Statthalter fragte sie: Wen von beiden soll ich freilassen? Sie riefen: Barabbas! [22] Pilatus sagte zu ihnen: Was soll ich dann mit Jesus tun, den man den Christus nennt? Da antworteten sie alle: Ans Kreuz mit ihm! [23] Er erwiderte: Was für ein Verbrechen hat er denn begangen? Sie aber schrien noch lauter: Ans Kreuz mit ihm! [24] Als Pilatus sah, dass er nichts erreichte, sondern dass der Tumult immer größer wurde, ließ er Wasser bringen, wusch sich vor allen Leuten die Hände und sagte: Ich bin unschuldig am Blut dieses Menschen. Das ist eure Sache! [25] Da rief das ganze Volk: Sein Blut – über uns und unsere Kinder! [26] Darauf ließ er Barabbas frei, Jesus aber ließ er geißeln und lieferte ihn aus zur Kreuzigung.

Welch ein König! (Mt 27,27–31a)

[27] Da nahmen die Soldaten des Statthalters Jesus, führten ihn in das Prätorium und versammelten die ganze Kohorte um ihn. [28] Sie zogen

? Wie wichtig ist Jesus für mich? Ist er wirklich mein König und mein Herr?

ihn aus und legten ihm einen purpurroten Mantel um. [29] Dann flochten sie einen Kranz aus Dornen; den setzten sie ihm auf das Haupt und gaben ihm einen Stock in die rechte Hand. Sie fielen vor ihm auf die Knie und verhöhnten ihn, indem sie riefen: Sei gegrüßt, König der Juden! [30] Und sie spuckten ihn an, nahmen ihm den Stock wieder weg und schlugen damit auf seinen Kopf. [31a] Nachdem sie so ihren Spott mit ihm getrieben hatten, nahmen sie ihm den Mantel ab und zogen ihm seine eigenen Kleider wieder an.

▶ Die Hinrichtungsstätte lag gemäß dem jüdischen Gesetz vor den Toren der Stadt. Heute ist die Grabes- und Auferstehungskirche mitten in der Altstadt von Jerusalem.

Jeder, der liebt, möchte dem Geliebten ähnlich werden; das ist das Geheimnis meines Lebens. Ich habe mein Herz an diesen Jesus von Nazaret verloren, der vor 1900 Jahren gekreuzigt worden ist; mein ganzes Leben lang versuche ich, ihm ähnlich zu werden.

CHARLES DE FOUCAULD

Jesus wird gekreuzigt (Mt 27,31b–44)

[31b] Dann führten sie Jesus hinaus, um ihn zu kreuzigen. [32] Auf dem Weg trafen sie einen Mann aus Kyrene namens Simon; ihn zwangen sie, sein Kreuz zu tragen. [33] So kamen sie an den Ort, der Golgota genannt wird, das heißt Schädelhöhe. [34] Und sie gaben ihm Wein zu trinken, der mit Galle vermischt war; als er aber davon gekostet hatte, wollte er ihn nicht trinken. [35] Nachdem sie ihn gekreuzigt hatten, *verteilten sie seine Kleider, indem sie das Los über sie warfen (Ps 22,19).* [36] Dann setzten sie sich nieder und bewachten ihn dort. [37] Über seinem Kopf hatten sie eine Aufschrift angebracht, die seine Schuld angab: Das ist Jesus, der König der Juden. [38] Zusammen mit ihm wurden zwei Räuber gekreuzigt, der eine rechts von ihm, der andere links. [39] Die Leute, die vorbeikamen, verhöhnten ihn, schüttelten den Kopf [40] und riefen: Du willst den Tempel niederreißen und in drei Tagen

wieder aufbauen? Wenn du Gottes Sohn bist, rette dich selbst und steig herab vom Kreuz! ⁴¹ Ebenso verhöhnten ihn auch die Hohenpriester, die Schriftgelehrten und die Ältesten und sagten: ⁴² Andere hat er gerettet, sich selbst kann er nicht retten. Er ist doch der König von Israel! Er soll jetzt vom Kreuz herabsteigen, dann werden wir an ihn glauben. ⁴³ *Er hat auf Gott vertraut, der soll ihn jetzt retten, wenn er an ihm Gefallen hat (Ps 22,9)*; er hat doch gesagt: Ich bin Gottes Sohn. ⁴⁴ Ebenso beschimpften ihn die beiden Räuber, die mit ihm zusammen gekreuzigt wurden.

Jesus stirbt am Kreuz (Mt 27,45–56)

⁴⁵ Von der sechsten Stunde an war Finsternis über dem ganzen Land bis zur neunten Stunde.

> **„** Drücke deines Sohnes Wunden, wie du selber sie empfunden, heil'ge Mutter, in mein Herz. Dass ich weiß, was ich verschuldet, was dein Sohn für mich erduldet, gib mir Teil an deinem Schmerz.
>
> Aus dem **STABAT MATER** des Franziskaners Jacopone von Todi (†1306)

▶ Die sechste Stunde ist 12 Uhr mittags, die neunte Stunde ist 15 Uhr.

DIE 7 WORTE JESU AM KREUZ

Mein Gott, mein Gott, warum hast du mich verlassen?
Mk 15,34; Mt 27,46

Vater, vergib ihnen, denn sie wissen nicht, was sie tun!
Lk 23,34

Amen, ich sage dir: Heute noch wirst du mit mir im Paradies sein.
Lk 23,43

Vater, in deine Hände lege ich meinen Geist.
Lk 23,46

Frau, siehe, dein Sohn! Siehe, deine Mutter!
Joh 19,26

Mich dürstet.   Es ist vollbracht!
Joh 19,28   Joh 19,30

⁴⁶ Um die neunte Stunde schrie Jesus mit lauter Stimme: *Eli, Eli, lema sabachtani?*, das heißt: *Mein Gott, mein Gott, warum hast du mich verlassen (Ps 22,2)?* ⁴⁷ Einige von denen, die dabeistanden und es hörten, sagten: Er ruft nach Elija. ⁴⁸ Sogleich lief einer von ihnen hin, tauchte einen Schwamm in Essig, steckte ihn auf ein Rohr und gab Jesus zu trinken. ⁴⁹ Die anderen aber sagten: Lass, wir wollen sehen, ob Eli-

▶ Jesu letztes Wort am Kreuz ist nach Mt ein Gebet mit den Worten von Ps 22,2. Dieses Gebet ist die Klage eines leidenden Gerechten. Er schreit seine Not vor Gott heraus, weil nur er helfen kann.

> Am Abend, da es kühle war, Ward Adams Fallen offenbar; Am Abend drücket ihn der Heiland nieder. Am Abend kam die Taube wieder Und trug ein Ölblatt in dem Munde. O schöne Zeit! O Abendstunde! Der Friedensschluss ist nun mit Gott gemacht, Denn Jesus hat sein Kreuz vollbracht. Sein Leichnam kömmt zur Ruh, Ach! liebe Seele, bitte du, Geh, lasse dir den toten Jesum schenken, O heilsames, o köstlich's Angedenken!

PICANDER (Christian Friedrich Henrici, 1700–1764) in Bachs Matthäuspassion

▶ Üblicherweise wurden Gekreuzigte verscharrt, Jesus erhält ein ehrenvolles Grab.

ja kommt und ihm hilft. [50] Jesus aber schrie noch einmal mit lauter Stimme. Dann hauchte er den Geist aus.

[51] Und siehe, der Vorhang riss im Tempel von oben bis unten entzwei. Die Erde bebte und die Felsen spalteten sich. [52] Die Gräber öffneten sich und die Leiber vieler Heiliger, die entschlafen waren, wurden auferweckt. [53] Nach der Auferstehung Jesu verließen sie ihre Gräber, kamen in die Heilige Stadt und erschienen vielen.

[54] Als der Hauptmann und die Männer, die mit ihm zusammen Jesus bewachten, das Erdbeben bemerkten und sahen, was geschah, erschraken sie sehr und sagten: Wahrhaftig, Gottes Sohn war dieser! [55] Auch viele Frauen waren dort und sahen von Weitem zu; sie waren Jesus von Galiläa aus nachgefolgt und hatten ihm gedient. [56] Zu ihnen gehörten Maria aus Magdala, Maria, die Mutter des Jakobus und des Josef, und die Mutter der Söhne des Zebedäus.

Jesus wird begraben (Mt 27,57–61)

[57] Gegen Abend kam ein reicher Mann aus Arimathäa namens Josef; auch er war ein Jünger Jesu. [58] Er ging zu Pilatus und bat um den Leichnam Jesu. Da befahl Pilatus, ihm den Leichnam zu überlassen. [59] Josef nahm den Leichnam und hüllte ihn in ein reines Leinentuch. [60] Dann legte er ihn in ein neues Grab, das er für sich selbst in einen Felsen hatte hauen lassen. Er wälzte einen großen

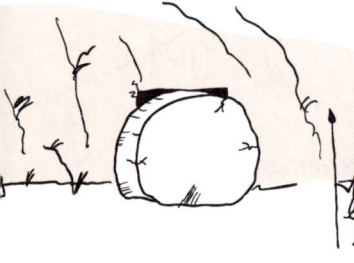

Stein vor den Eingang des Grabes und ging weg. [61] Auch Maria aus Magdala und die andere Maria waren dort; sie saßen dem Grab gegenüber.

▶ Während alle Jünger Jesus verlassen haben, halten die Frauen aus Galiläa Jesus die Treue. Sie stehen in der Nachfolge Jesu.

Das Grab wird schwer bewacht (Mt 27,62–66)

[62] Am nächsten Tag gingen die Hohenpriester und die Pharisäer gemeinsam zu Pilatus; es war der Tag nach dem Rüsttag. [63] Sie sagten: Herr, es fiel uns ein, dass dieser Betrüger, als er noch lebte, behauptet hat: Ich werde nach drei Tagen auferstehen. [64] Gib also den Befehl, dass das Grab bis zum dritten Tag bewacht wird! Sonst könnten seine Jünger kommen, ihn stehlen und dem Volk sagen: Er ist von den Toten auferstanden. Und dieser letzte Betrug wäre noch schlimmer als alles zuvor. [65] Pilatus antwortete ihnen: Ihr sollt eine Wache haben. Geht und sichert das Grab, so gut ihr könnt! [66] Darauf gingen sie, um das Grab zu sichern. Sie versiegelten den Eingang und ließen die Wache dort.

> Die Annahme, die Apostel seien Betrüger gewesen, ist ganz absurd. Man denke sie doch gründlich zu Ende und stelle sich diese zwölf Männer vor, wie sie nach dem Tode Jesu Christi versammelt wären und sich verschworen hätten zu behaupten, er sei auferstanden. ... Man denke dies zu Ende!

BLAISE PASCAL (1623–1662), französischer Philosoph

Das Grab ist leer (Mt 28,1–8)

28 [1] Nach dem Sabbat, beim Anbruch des ersten Tages der Woche, kamen Maria aus Magdala und die andere Maria, um nach dem Grab zu sehen. [2] Und siehe, es geschah ein gewaltiges Erdbeben; denn ein Engel des Herrn kam vom Himmel herab, trat an das Grab, wälzte den Stein weg und setzte sich darauf. [3] Sein Aussehen war wie ein Blitz und sein Gewand weiß wie Schnee. [4] Aus Furcht vor ihm erbebten die Wächter und waren wie tot. ⁵ Der Engel aber sagte zu den Frauen: Fürchtet euch nicht! Ich weiß, ihr sucht Jesus, den Gekreuzigten. ⁶ Er ist nicht hier; denn er ist auferstanden, wie er gesagt hat. Kommt her und seht euch den Ort an, wo er lag! ⁷ Dann geht schnell zu seinen Jüngern und sagt ihnen: Er ist von den Toten auferstanden und siehe, er geht euch voraus nach Galiläa, dort werdet ihr ihn sehen. Siehe, ich habe es euch gesagt. ⁸ Sogleich verließen sie das Grab voll Furcht und großer Freude und sie eilten zu seinen Jüngern, um ihnen die Botschaft zu verkünden.

Y → 104
Kann man Christ sein, ohne an die Auferstehung Christi zu glauben?

Jesus erscheint den Frauen (Mt 28,9–10)

⁹ Und siehe, Jesus kam ihnen entgegen und sagte: Seid gegrüßt! Sie gingen auf ihn zu, warfen sich vor ihm nieder und umfassten seine Füße. ¹⁰ Da sagte Jesus zu ihnen: Fürchtet euch nicht! Geht und sagt meinen Brüdern, sie sollen nach Galiläa gehen und dort werden sie mich sehen.

▶ Die Frauen aus Galiläa, die Jesus bis unters Kreuz nachgefolgt sind und wissen, wo er begraben ist, sind, nachdem sie das Grab leer gefunden haben, die Ersten, die den Auferstandenen sehen. Jesus macht sie zu Botinnen für diejenigen, die er als Apostel in alle Welt senden wird.

Die Hohenpriester wollen die Geschichte vertuschen (Mt 28,11–15)

¹¹ Noch während die Frauen unterwegs waren, siehe, da kamen einige von den Wächtern in die Stadt und berichteten den Hohenpriestern alles, was geschehen war. ¹² Diese fassten gemeinsam mit den Ältesten den Beschluss, die Soldaten zu bestechen. Sie gaben ihnen viel Geld ¹³ und sagten: Erzählt den Leuten: Seine Jünger sind bei Nacht gekommen und haben ihn gestohlen, während wir schliefen. ¹⁴ Falls der Statthalter davon hört, werden wir ihn beschwichtigen und dafür sorgen, dass ihr nichts zu befürchten habt. ¹⁵ Die Soldaten nahmen das Geld und machten alles so, wie man es ihnen gesagt hatte. Und dieses Gerücht verbreitete sich bei den Juden bis heute.

▶ Die Behauptung, die Jünger hätten den Leichnam verschwinden lassen, ist uralt. Matthäus erzählt die wahre Geschichte: Jesus ist von den Toten auferstanden.

Alle Menschen können Jünger werden (Mt 28,16–20)

¹⁶ Die elf Jünger gingen nach Galiläa auf den Berg, den Jesus ihnen genannt hatte. ¹⁷ Und als sie Jesus sahen, fielen sie vor ihm nieder, einige aber hatten Zweifel. ¹⁸ Da trat Jesus auf sie zu und sagte zu ihnen: Mir ist alle Vollmacht gegeben im Himmel und auf der Erde. ¹⁹ Darum geht und macht alle Völker zu meinen Jüngern; tauft sie auf den Namen des Vaters und des Sohnes und des Heiligen Geistes ²⁰ und lehrt sie, alles zu befolgen, was ich euch geboten habe. Und siehe, ich bin mit euch alle Tage bis zum Ende der Welt.

▶ In Galiläa hat Jesus mit der Verkündigung des Evangeliums von Gottes Himmelsherrschaft begonnen. In Galiläa beginnt deshalb auch die Verkündigung seiner Auferstehung. In dieser Verkündigung wird alles aktuell, was Jesus gelehrt hat.

Markus

Das Markusevangelium ist das kürzeste aller Evangelien. Es setzt zwei Schwerpunkte: das öffentliche Wirken und das öffentliche Leiden Jesu. Das Evangelium zeigt im Licht des Osterglaubens: Beides gehört zusammen. Jesus hat sein Leben für seine Botschaft eingesetzt – und seine Botschaft wird durch ihn selbst, sein Leben und sein Sterben, verkörpert.

Wer verstehen will, woher die Vollmacht Jesu kommt, muss auf die Ohnmacht des Gekreuzigten sehen; und wer erkennen will, was das Kreuz bedeutet, muss mit dem Evangelium der Gottesherrschaft in Galiläa beginnen (Mk 1,14f.).

In der Überlieferung wird das Evangelium Johannes Markus zugeschrieben, einem Petrusschüler. Heute wird es oft als ältestes Evangelium betrachtet.

An einer Stelle redet der Evangelist diejenigen, für die er schreibt, direkt an: „Der Leser begreife" (Mk 13,14). Das ist ein Motto für die ganze Bibel.

Markus beginnt seine Jesusgeschichte mit dem Täufer Johannes und der Taufe Jesu am Jordan. Er beschreibt, dass Jesus in Worten und Taten das Evangelium verkündet: „Die Zeit ist erfüllt, das Reich Gottes ist nahe." (Mk 1,15) Die Jünger werden von Jesus gesandt, dasselbe Evangelium wie er zu verkünden. Auch sie stehen zwischen menschlichem Widerspruch und göttlichem Beistand.

JESUS IN GALILÄA (MK 6,1–56)

Unglaube in Nazaret (Mk 6,1–6a)

6 ¹ Von dort brach Jesus auf und kam in seine Heimatstadt; seine Jünger folgten ihm nach. ² Am Sabbat lehrte er in der Synagoge. Und die vielen Menschen, die ihm zuhörten, gerieten außer sich vor Staunen und sagten: Woher hat er das alles? Was ist das für eine Weisheit, die ihm gegeben ist! Und was sind das für Machttaten, die durch ihn geschehen! ³ Ist das nicht der Zimmermann, der Sohn der Maria und der Bruder von Jakobus, Joses, Judas und Simon? Leben nicht seine Schwestern hier unter uns?

Und sie nahmen Anstoß an ihm.

⁴ Da sagte Jesus zu ihnen: Nirgends ist ein Prophet ohne Ansehen außer in seiner Heimat, bei seinen Verwandten und in seiner Familie.

⁵ Und er konnte dort keine Machttat tun; nur einigen Kranken legte

> Was ist Unglaube? Sich nicht vorstellen können, wie nahe uns Gott auf die Pelle rücken kann.

> ▶ Die „Brüder" und „Schwestern" Jesu sind seine Verwandten; sie gehören zur Großfamilie.

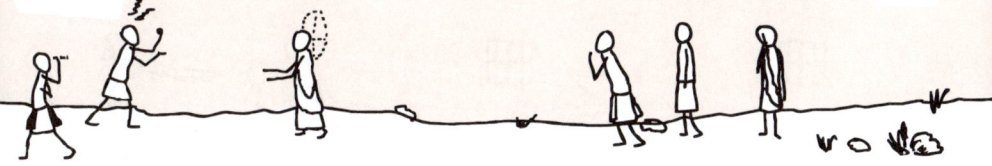

er die Hände auf und heilte sie. ⁶ Und er wunderte sich über ihren Unglauben.

Die Jünger auf Reisen (Mk 6,6b–13)

Jesus zog durch die benachbarten Dörfer und lehrte. ⁷ Er rief die Zwölf zu sich und sandte sie aus, jeweils zwei zusammen. Er gab ihnen Vollmacht über die unreinen Geister ⁸ und er gebot ihnen, außer einem Wanderstab nichts auf den Weg mitzunehmen, kein Brot, keine Vorratstasche, kein Geld im Gürtel, ⁹ kein zweites Hemd und an den Füßen nur Sandalen.

¹⁰ Und er sagte zu ihnen: Bleibt in dem Haus, in dem ihr einkehrt, bis ihr den Ort wieder verlasst! ¹¹ Wenn man euch aber in einem Ort nicht aufnimmt und euch nicht hören will, dann geht weiter und schüttelt den Staub von euren Füßen, ihnen zum Zeugnis.

¹² Und sie zogen aus und verkündeten die Umkehr. ¹³ Sie trieben viele Dämonen aus und salbten viele Kranke mit Öl und heilten sie.

> ▶ Jesus wird in Nazaret abgewiesen. Aber er zieht sich nicht beleidigt zurück, sondern weitet sein Wirken aus. Er sendet seine Jünger aus. Denn alle Menschen sollen die Frohe Botschaft in erstklassiger Qualität hören. Die Jünger sollen genau das sagen und tun, was er sagt und tut – damit diejenigen, die nicht ihm selbst, sondern nur seinen Jüngern begegnen, keinerlei Nachteile haben. Die Jünger sollen auf der Missionsreise die Armut Jesu selbst teilen – und geben dadurch den Menschen, zu denen sie gesandt sind, Gelegenheit, Gutes zu tun: Gastfreundschaft.

Ein falscher Anhänger (Mk 6,14–16)

¹⁴ Der König Herodes hörte von Jesus; denn sein Name war bekannt geworden und man sagte: Johannes der Täufer ist von den Toten auferstanden; deshalb wirken solche Kräfte in ihm. ¹⁵ Andere sagten: Er ist Elija. Wieder andere: Er ist ein Prophet, wie einer von den alten Propheten. ¹⁶ Als aber Herodes von ihm hörte, sagte er: Johannes, den ich enthaupten ließ, ist auferstanden.

> ▶ Dieser Herodes ist ein Sohn des Kindermörders (Mt 2,16–18). Es ist Herodes Antipas, der Herrscher von Galiläa – eine der übelsten Figuren der Zeitgeschichte.

▶ Herodias hatte sich scheiden lassen, um Herodes zu heiraten. Der Skandal wird nicht nur im Neuen Testament, sondern auch in der jüdischen Geschichtsschreibung des Altertums erwähnt. Zum „Schleiertanz" gibt es keine jüdische Parallele.

" Als echter Prophet gab Johannes ohne Kompromisse Zeugnis von der Wahrheit. Er klagte die Überschreitungen der Gebote Gottes auch dann an, wenn die Betroffenen die Mächtigen waren. So bezahlte er mit dem Leben, als er Herodes und Herodias des Ehebruchs anklagte, und mit dem Martyrium besiegelte er seinen Dienst an Christus, der die Wahrheit in Person ist.

PAPST BENEDIKT XVI.,
24.06.2007

Die Ermordung Johannes' des Täufers (Mk 6,17–29)

[17] Herodes hatte nämlich Johannes festnehmen und ins Gefängnis werfen lassen. Schuld daran war Herodias, die Frau seines Bruders Philippus, die er geheiratet hatte. [18] Denn Johannes hatte zu Herodes gesagt: Es ist dir nicht erlaubt, die Frau deines Bruders zur Frau zu haben.

[19] Herodias verzieh ihm das nicht und wollte ihn töten lassen. Sie konnte es aber nicht durchsetzen, [20] denn Herodes fürchtete sich vor Johannes, weil er wusste, dass dieser ein gerechter und heiliger Mann war. Darum schützte er ihn. Wenn er ihm zuhörte, geriet er in große Verlegenheit und doch hörte er ihm gern zu.

[21] Eines Tages ergab sich für Herodias eine günstige Gelegenheit. An seinem Geburtstag lud Herodes seine Hofbeamten und Offiziere zusammen mit den vornehmsten Bürgern von Galiläa zu einem Festmahl ein. [22] Da kam die Tochter der Herodias und tanzte und sie gefiel dem Herodes und seinen Gästen so sehr, dass der König zu dem Mädchen sagte: Verlange von mir, was du willst; ich werde es dir geben.

[23] Er schwor ihr sogar: Was du auch von mir verlangst, ich will es dir geben, und wenn es die Hälfte meines Reiches wäre. [24] Sie ging hinaus und fragte ihre Mutter: Was soll ich verlangen? Herodias antwortete: Den Kopf Johannes' des Täufers. [25] Da lief das Mädchen zum König

💡 Sex & Crime und Stoff für ein großes Drama – nur weil jemand genauer hinsieht und den Mund aufmacht.

👥 Der Tod Johannes' des Täufers, des Vorläufers des Erlösers, bezeugt, dass das irdische Leben nicht das absolute Gut ist: wichtiger ist die Treue zum Wort des Herrn, auch wenn sie das Leben aufs Spiel setzen kann.

PAPST JOHANNES PAUL II.,
Evangelium Vitae, 47

▶ Jesus hat Pausen gemacht: Zeit für Gott, Zeit für sich selbst, Zeit für seine Jünger. Diese Ruhezeiten sind wichtig. Sie lassen nicht nur Kraft für die nächste Arbeit schöpfen, sondern sind Höhepunkte des Lebens – wie der Sonntag: eine Zeit zum Beten, eine Zeit zum Denken, eine Zeit zum Feiern.

hinein und verlangte: Ich will, dass du mir sofort auf einer Schale den Kopf Johannes' des Täufers bringen lässt. [26] Da wurde der König sehr traurig, aber wegen der Eide und der Gäste wollte er ihren Wunsch nicht ablehnen. [27] Deshalb befahl er einem Scharfrichter, sofort ins Gefängnis zu gehen und den Kopf des Täufers herzubringen. Der Scharfrichter ging und enthauptete Johannes. [28] Dann brachte er den Kopf auf einer Schale, gab ihn dem Mädchen und das Mädchen gab ihn seiner Mutter.

[29] Als die Jünger des Johannes das hörten, kamen sie, holten seinen Leichnam und legten ihn in ein Grab.

Eine Rast auf dem Weg (Mk 6,30–32)

[30] Die Apostel versammelten sich wieder bei Jesus und berichteten ihm alles, was sie getan und gelehrt hatten. [31] Da sagte er zu ihnen: Kommt mit an einen einsamen Ort, wo wir allein sind, und ruht ein wenig aus! Denn sie fanden nicht einmal Zeit zum Essen, so zahlreich waren die Leute, die kamen und gingen.

[32] Sie fuhren also mit dem Boot in eine einsame Gegend, um allein zu sein.

Fünf Brote und zwei Fische – und Jesus (Mk 6,33–44)

[33] Aber man sah sie abfahren und viele erfuhren davon; sie liefen zu Fuß aus allen Städten dorthin und kamen noch vor ihnen an. [34] Als

er ausstieg, sah er die vielen Menschen und hatte Mitleid mit ihnen; denn sie waren *wie Schafe, die keinen Hirten haben (Num 27,17)*. Und er lehrte sie lange.

³⁵ Gegen Abend kamen seine Jünger zu ihm und sagten: Der Ort ist abgelegen und es ist schon spät. ³⁶ Schick sie weg, damit sie in die umliegenden Gehöfte und Dörfer gehen und sich etwas zu essen kaufen können! ³⁷ Er erwiderte: Gebt ihr ihnen zu essen! Sie sagten zu ihm: Sollen wir weggehen, für zweihundert Denare Brot kaufen und es ihnen zu essen geben? ³⁸ Er sagte zu ihnen: Wie viele Brote habt ihr? Geht und seht nach! Sie sahen nach und berichteten: Fünf Brote und außerdem zwei Fische.
³⁹ Dann befahl er ihnen, sie sollten sich in Mahlgemeinschaften im grünen Gras lagern. ⁴⁰ Und sie ließen sich in Gruppen zu hundert und zu fünfzig nieder.
⁴¹ Darauf nahm er die fünf Brote und die zwei Fische, blickte zum Himmel auf, sprach den Lobpreis, brach die Brote und gab sie den Jüngern, damit sie diese an die Leute austeilten. Auch die zwei Fische ließ er unter allen verteilen.
⁴² Und alle aßen und wurden satt. ⁴³ Und sie hoben Brocken auf, zwölf Körbe voll, und Reste von den Fischen. ⁴⁴ Es waren fünftausend Männer, die von den Broten gegessen hatten.

Im „Brechen des Brotes" ist die Eucharistie angedeutet. Nach zweitausend Jahren verwirklichen wir noch immer dieses ursprüngliche Bild für die Kirche. Und während wir dies in der Eucharistiefeier tun, richten sich die Augen unserer Seele auf das, was sich während des →

Eine Erscheinung (Mk 6,45–52)

⁴⁵ Gleich darauf drängte er seine Jünger, ins Boot zu steigen und ans andere Ufer nach Betsaida vorauszufahren. Er selbst wollte inzwischen die Leute nach Hause schicken. ⁴⁶ Nachdem er sich von ihnen verabschiedet hatte, ging er auf einen Berg, um zu beten.
⁴⁷ Als es Abend wurde, war das Boot mitten auf dem See, er aber war allein an Land. ⁴⁸ Und er sah, wie sie sich beim Rudern abmühten, denn sie hatten Gegenwind. In der vierten Nachtwache kam er zu ihnen; er ging auf dem See, wollte aber an ihnen vorübergehen. ⁴⁹ Als sie ihn über den See gehen sahen, meinten sie, es sei ein Gespenst, und schrien auf. ⁵⁰ Alle sahen ihn und erschraken. Doch er begann mit ihnen zu reden und sagte: Habt Vertrauen, ich bin es; fürchtet euch nicht!
⁵¹ Dann stieg er zu ihnen ins Boot und der Wind legte sich. Sie aber waren bestürzt und fassungslos. ⁵² Denn sie waren nicht zur Einsicht gekommen, als das mit den Broten geschah; ihr Herz war verstockt.

Die Arbeit geht weiter (Mk 6,53–56)

⁵³ Sie fuhren auf das Ufer zu, kamen nach Gennesaret und legten dort an. ⁵⁴ Als sie aus dem Boot stiegen, erkannte man ihn sogleich. ⁵⁵ Die Menschen eilten durch die ganze Gegend und brachten die

→ letzten Abendmahls am Gründonnerstag ereignete, und was danach folgte.
PAPST JOHANNES PAUL II., Enzyklika Ecclesia de Eucharistia

▶ Die vierte Nachwache ist die Zeit von 3 bis 6 Uhr in der Frühe - vor dem ersten Hahnenschrei.

▶ Im vollen Sinn des Wortes kann nur Gott „Ich" sagen, weil nur er in keiner Weise fremdbestimmt ist. Dieses „Ich" Gottes zeigt sich in der Person Jesu.

📖 Der HERR ging vor seinem Angesicht vorüber und rief: Der HERR ist der HERR, ein barmherziger und gnädiger Gott, langmütig und reich an Huld und Treue.
Ex 34,6

> **"** Ich lade jeden Christen ein, gleich an welchem Ort und in welcher Lage er sich befindet, noch heute seine persönliche Begegnung mit Jesus Christus zu erneuern oder zumindest den Entschluss zu fassen, sich von ihm finden zu lassen, ihn jeden Tag ohne Unterlass zu suchen.
>
> **PAPST FRANZISKUS,** Evangelii Gaudium, 3

▶ Tyrus liegt außerhalb Galiläas im heutigen Libanon.

▶ Jesus macht das Vorrecht Israels geltend; den Juden darf nichts genommen werden, wenn er sich den Heiden zuwendet.

Kranken auf Liegen zu ihm, sobald sie hörten, wo er war. ⁵⁶ Und immer, wenn er in ein Dorf oder eine Stadt oder zu einem Gehöft kam, trug man die Kranken auf die Straße hinaus und bat ihn, er möge sie wenigstens den Saum seines Gewandes berühren lassen. Und alle, die ihn berührten, wurden geheilt.

Eine unmögliche Heilung (Mk 7,24–30)

7 ²⁴ Jesus brach auf und zog von dort in das Gebiet von Tyrus. Er ging in ein Haus, wollte aber, dass niemand davon erfuhr; doch es konnte nicht verborgen bleiben. ²⁵ Eine Frau, deren Tochter von einem unreinen Geist besessen war, hörte von ihm; sie kam sogleich herbei und fiel ihm zu Füßen. ²⁶ Die Frau, von Geburt Syrophönizierin, war eine Heidin. Sie bat ihn, aus ihrer Tochter den Dämon auszutreiben.

²⁷ Da sagte er zu ihr: Lasst zuerst die Kinder satt werden; denn es ist nicht recht, das Brot den Kindern wegzunehmen und den kleinen Hunden vorzuwerfen. ²⁸ Sie erwiderte ihm: Herr! Aber auch die kleinen Hunde unter dem Tisch essen von den Brotkrumen der Kinder.

💡 Jesus lässt mit sich verhandeln! Die Argumente der Frau sind überzeugend.

²⁹ Er antwortete ihr: Weil du das gesagt hast, sage ich dir: Geh nach Hause, der Dämon hat deine Tochter verlassen! ³⁰ Und als sie nach Hause kam, fand sie das Kind auf dem Bett liegen und sah, dass der Dämon es verlassen hatte.

Ein Wunder am Wegesrand (Mk 7,31–37)

▶ Die Dekapolis („Zehn Städte") ist heidnisches Gebiet jenseits des Jordans, im heutigen Jordanien.

▶ „Effata" ist Aramäisch, die Muttersprache Jesu.

▶ Jesus will nicht, dass die Menschen ihm zu früh zujubeln: Er hat noch einen weiten Weg vor sich. Aber die Begeisterung lässt sich nicht bremsen.

³¹ Jesus verließ das Gebiet von Tyrus wieder und kam über Sidon an den See von Galiläa, mitten in das Gebiet der Dekapolis. ³² Da brachten sie zu ihm einen, der taub war und stammelte, und baten ihn, er möge ihm die Hand auflegen. ³³ Er nahm ihn beiseite, von der Menge weg, legte ihm die Finger in die Ohren und berührte dann die Zunge des Mannes mit Speichel; ³⁴ danach blickte er zum Himmel auf, seufzte und sagte zu ihm: Effata!, das heißt: Öffne dich! ³⁵ Sogleich öffneten sich seine Ohren, seine Zunge wurde von ihrer Fessel befreit und er konnte richtig reden. ³⁶ Jesus verbot ihnen, jemandem davon zu erzählen. Doch je mehr er es ihnen verbot, desto mehr verkündeten sie es. ³⁷ Sie staunten über alle Maßen und sagten: Er hat alles gut gemacht; er macht, dass die Tauben hören und die Stummen sprechen (Jes 35,5f.).

DER WEG DES DIENENS (MK 10,32–45)

Ein Wort gegen die Angst (Mk 10,32–34)

10 ³² Während sie auf dem Weg hinauf nach Jerusalem waren, ging Jesus voraus. Die Leute wunderten sich über ihn, die ihm nachfolgten aber hatten Angst. Da versammelte er die Zwölf wieder um sich und kündigte ihnen an, was ihm bevorstand. ³³ Er sagte: Siehe, wir gehen nach Jerusalem hinauf; und der Menschensohn wird den Hohenpriestern und den Schriftgelehrten ausgeliefert; sie werden ihn zum Tod verurteilen und den Heiden ausliefern; ³⁴ sie werden ihn verspotten, anspucken, geißeln und töten. Und nach drei Tagen wird er auferstehen.

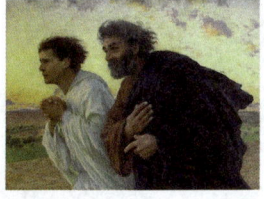

▶ Jesus weiß, was auf ihn zukommt. Er sucht das Leiden nicht. Aber er nimmt es an, weil er es mit Gott verbindet.

Die Gier nach Ehre (Mk 10,35–40)

³⁵ Da traten Jakobus und Johannes, die Söhne des Zebedäus, zu ihm und sagten: Meister, wir möchten, dass du uns eine Bitte erfüllst. ³⁶ Er antwortete: Was soll ich für euch tun? ³⁷ Sie sagten zu ihm: Lass in deiner Herrlichkeit einen von uns rechts und den andern links neben dir sitzen! ³⁸ Jesus erwiderte: Ihr wisst nicht,

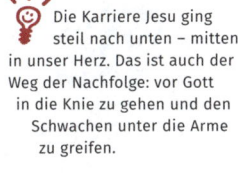

💡 Die Karriere Jesu ging steil nach unten – mitten in unser Herz. Das ist auch der Weg der Nachfolge: vor Gott in die Knie zu gehen und den Schwachen unter die Arme zu greifen.

um was ihr bittet. Könnt ihr den Kelch trinken, den ich trinke, oder die Taufe auf euch nehmen, mit der ich getauft werde? ³⁹ Sie antworteten: Wir können es. Da sagte Jesus zu ihnen: Ihr werdet den Kelch trinken, den ich trinke, und die Taufe empfangen, mit der ich getauft werde. ⁴⁰ Doch den Platz zu meiner Rechten und zu meiner Linken habe nicht ich zu vergeben; dort werden die sitzen, für die es bestimmt ist.

▶ Der Kelch ist der Becher des Leidens, den Gott Jesus reicht (↗ Mk 14,36). Die Taufe ist hier ein Bild für den Tod, der zum Leben führt (↗ Röm 6,3-4).

Unten ist oben (Mk 10,41–45)

⁴¹ Als die zehn anderen Jünger das hörten, wurden sie sehr ärgerlich über Jakobus und Johannes. ⁴² Da rief Jesus sie zu sich und sagte: Ihr wisst, dass die, die als Herrscher gelten, ihre Völker unterdrücken und ihre Großen ihre Macht gegen sie gebrauchen. ⁴³ Bei euch aber soll es nicht so sein, sondern wer bei euch groß sein will, der soll euer Diener sein, ⁴⁴ und wer bei euch der Erste sein will, soll der Sklave aller sein. ⁴⁵ Denn auch der Menschensohn ist nicht gekommen, um sich dienen zu lassen, sondern um zu dienen und sein Leben hinzugeben als Lösegeld für viele.

▶ Die Frucht der Liebe ist das Dienen. Die Frucht des Dienens ist der Friede.

MUTTER TERESA

▶ Ein Lösepreis musste damals bezahlt werden, um Sklaven freizukaufen. Jesus befreit die Sünder, indem er sein Leben für sie hingibt.

Markus erzählt, wie Jesus in den Tod hineingeht, um diesen Dienst bis zum Ende zu leisten. Das Evangelium endet mit der Osterbotschaft: „Er geht euch voraus nach Galiläa; dort werdet ihr ihn sehen, wie es euch gesagt hat" (Mk 16,7).

Lukas

Das Lukasevangelium ist der erste Teil eines zweibändigen Werkes. Der zweite Teil ist die Apostelgeschichte (Apg 1,1f.). Beide Teile gehören eng zusammen: Im Evangelium beschreibt Lukas, wie Jesus Jüngerinnen und Jünger beruft, die das Evangelium weiterverbreiten. In der Apostelgeschichte wird er dann erzählen, wie in der frühen Kirche die Botschaft Jesu durch die Auferstehung neu angekommen und verstanden worden ist, so dass sie auf der ganzen Welt verbreitet werden konnte.

Lukas beschreibt im Vorwort des Evangeliums genau seinen Standpunkt, seine Methode und sein Ziel (Lk 1,1–4). Er ist selbst kein Jünger Jesu; aber er greift das Zeugnis derer auf, die „Augenzeugen und Diener des Wortes" waren, in erster Linie die zwölf Apostel. Er hat alle Überlieferungen sorgfältig auf ihre Qualität hin geprüft und nur das Beste ausgewählt. Er will „Theophilos" – zu Deutsch: Freund Gottes – davon überzeugen, dass er in seiner Katechese den richtigen Zugang zum Glauben gefunden hat und wie er dann auf dem Weg der Nachfolge noch weitergehen kann.

Lukas beginnt mit dem Evangelium der Kindheit Jesu, zu dem die Weihnachtsgeschichte gehört. Er hat viele der berühmtesten Gleichnisse überliefert. Er hat auch das Osterevangelium besonders farbig gestaltet.

Aus diesen Teilen bringt diese Bibel ein kleine Auswahl. Viel mehr lässt sich finden, wenn man das ganze Evangelium in einer Vollbibel liest.

Lukas, „der Arzt" (Kol 4,14), wird in der kirchlichen Überlieferung eng mit Paulus verbunden. In seinem Evangelium zeigt Lukas vor allem, wie Jesus sich auf die Suche nach den Menschen macht, die in die Irre gegangen sind. „Der Menschensohn ist gekommen, um zu suchen und zu retten, was verloren ist" (Lk 19,10).

Ein Engel verheißt die Geburt des Täufers Johannes (Lk 1,5–25)

1 ⁵ Es gab in den Tagen des Herodes, des Königs von Judäa, einen Priester namens Zacharias, der zur Abteilung des Abija gehörte. Seine Frau stammte aus dem Geschlecht Aarons; ihr Name war Elisabet. ⁶ Beide lebten gerecht vor Gott und wandelten untadelig nach allen Geboten und Vorschriften des Herrn. ⁷ Sie hatten keine Kinder, denn Elisabet war unfruchtbar und beide waren schon in vorgerücktem Alter.

⁸ Es geschah aber, als seine Abteilung wieder an der Reihe war und er den priesterlichen Dienst vor Gott verrichtete, ⁹ da traf ihn, wie nach der Priesterordnung üblich, das Los, in den Tempel des Herrn hineinzugehen und das Rauchopfer darzubringen. ¹⁰ Während er nun zur festgelegten Zeit das Rauchopfer darbrachte, stand das ganze Volk draußen und betete. ¹¹ Da erschien dem Zacharias ein Engel des Herrn; er stand auf der rechten Seite des Rauchopferaltars. ¹² Als Zacharias ihn sah, erschrak er und es befiel ihn Furcht. ¹³ Der Engel aber sagte zu ihm: Fürchte dich nicht, Zacharias! Dein Gebet ist erhört worden. Deine Frau Elisabet wird dir einen Sohn gebären; dem sollst du den Namen Johannes geben. ¹⁴ Du wirst dich freuen und jubeln und viele werden sich über seine Geburt freuen. ¹⁵ Denn er wird groß sein vor dem Herrn. *Wein und berauschende Getränke wird er nicht*

▶ Unfruchtbarkeit galt als Strafe Gottes. Im Zweifel hielt man die Frauen für schuldig. Wie falsch dieses Vorurteil ist, macht die Geschichte deutlich. Sie erinnert an die Verheißung der Geburt Isaaks (Gen 18) und an die Bitte Hannas, der Gott doch noch einen Sohn schenkt (1 Sam 1).

„ Alle stehen wir in der Versuchung, weil das Gesetz des geistlichen Lebens, unseres christlichen Lebens, ein Kampf ist. Ein Kampf! Denn der Fürst dieser Welt – der Teufel – will unsere Heiligkeit nicht, er will nicht, dass wir Jesus nachfolgen.

PAPST FRANZISKUS, 24.4.2014

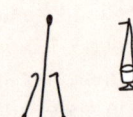

trinken (Num 6,3) und schon vom Mutterleib an wird er vom Heiligen Geist erfüllt sein. ¹⁶ Viele Kinder Israels wird er zum Herrn, ihrem Gott, hinwenden. ¹⁷ Er wird ihm mit dem Geist und mit der Kraft des Elija vorangehen, um die Herzen der Väter den Kindern zuzuwenden und die Ungehorsamen zu gerechter Gesinnung zu führen und so das Volk für den Herrn bereit zu machen. ¹⁸ Zacharias sagte zu dem Engel: Woran soll ich das erkennen? Denn ich bin ein alter Mann und auch meine Frau ist in vorgerücktem Alter. ¹⁹ Der Engel erwiderte ihm: Ich bin Gabriel, der vor Gott steht, und ich bin gesandt worden, um mit dir zu reden und dir diese frohe Botschaft zu bringen. ²⁰ Und siehe, du sollst stumm sein und nicht mehr reden können bis zu dem Tag, dem dies geschieht, weil du meinen Worten nicht geglaubt hast, die in Erfüllung gehen, wenn die Zeit dafür da ist.

²¹ Inzwischen wartete das Volk auf Zacharias und wunderte sich, dass er so lange im Tempel blieb. ²² Als er dann herauskam, konnte er nicht mit ihnen sprechen. Da merkten sie, dass er im Tempel eine Erscheinung gehabt hatte. Er gab ihnen nur Zeichen und blieb stumm. ²³ Als die Tage seines Dienstes zu Ende waren, kehrte er nach Hause zurück.

²⁴ Bald darauf wurde seine Frau Elisabet schwanger und lebte fünf Monate lang zurückgezogen. Sie sagte: ²⁵ Der Herr hat mir geholfen; er hat in diesen Tagen gnädig auf mich geschaut und mich von der Schmach befreit, mit der ich unter den Menschen beladen war.

▶ Nach dem Alten Testament ist dies (v16f.) die Aufgabe des Propheten Elija, wenn er wiederkommt, um dem Messias den Weg zu bereiten (vgl. Mal 3,23–24 – mit diesen Worten endet das Alte Testament).

Zacharias zweifelt – Maria glaubt. Zacharias verstummt – Maria blüht auf.

„ Gott gab dir den Verstand, ihn zu erkennen, das Gedächtnis, dich seiner zu erinnern, den Willen, ihn zu lieben, die Fantasie, seine Wohltaten dir vorzustellen, die Augen, seine wunderbaren Werke zu sehen, die Zunge, ihn zu preisen. Deshalb gab er dir auch all die anderen Fähigkeiten.

FRANZ VON SALES

Ein Engel verheißt die Geburt Jesu (Lk 1,26–38)

²⁶ Im sechsten Monat wurde der Engel Gabriel von Gott in eine Stadt in Galiläa namens Nazaret ²⁷ zu einer Jungfrau gesandt. Sie war mit einem Mann namens Josef verlobt, der aus dem Haus David stammte. Der Name der Jungfrau war Maria.

²⁸ Der Engel trat bei ihr ein und sagte: Sei gegrüßt, du Begnadete, der Herr ist mit dir. ²⁹ Sie erschrak über die Anrede und überlegte, was dieser Gruß zu bedeuten habe. ³⁰ Da sagte der Engel zu ihr: Fürchte dich nicht, Maria; denn du hast bei Gott Gnade gefunden. ³¹ Siehe, du wirst schwanger werden und einen Sohn wirst du gebären; und sollst du den Namen Jesus geben. ³² Er wird groß sein und Sohn des Höchsten genannt werden. Gott, der Herr, wird ihm den Thron seines Vaters David geben. ³³ Er wird über das Haus Jakob in Ewigkeit herrschen und seine Herrschaft wird kein Ende haben.

³⁴ Maria sagte zu dem Engel: Wie soll das geschehen, da ich keinen Mann erkenne? ³⁵ Der Engel antwortete ihr: Der Heilige Geist wird über dich kommen und Kraft des Höchsten wird dich überschatten. Deshalb wird auch das Kind heilig und Sohn Gottes genannt werden. ³⁶ Siehe, auch Elisabet, deine Verwandte, hat noch in ihrem Alter einen Sohn empfangen; obwohl sie als unfrucht-

💡 Wissenschaftler schätzen, dass bis jetzt etwa 108 Milliarden Menschen auf der Erde lebten. Und einer von allen macht die große Tür auf für Gott. Maria war da, als der Herr des Himmels und der Erde Mensch werden wollte. Sie sagte das große Ja. Aus purer Liebe, aus sonst gar nichts.

▶ Die Evolution bringt keinen Messias hervor. Jesus ist Gottes Sohn von Ewigkeit her. Deshalb wird er aus der Jungfrau Maria geboren (vgl. Mt 1,23). Sie ist seine Mutter – und die Mutter aller, die glauben.

❞ Maria, dies eine Mal sei nicht demütig, sondern hochgemut! Gib uns dein Ja!
BERNHARD VON CLAIRVAUX

bar gilt, ist sie schon im sechsten Monat. ³⁷ Denn für Gott ist nichts unmöglich. ³⁸ Da sagte Maria: Siehe, ich bin die Magd des Herrn; mir geschehe, wie du es gesagt hast. Danach verließ sie der Engel.

Maria besucht Elisabet (Lk 1,39–45)

³⁹ In diesen Tagen machte sich Maria auf den Weg und eilte in eine Stadt im Bergland von Judäa. ⁴⁰ Sie ging in das Haus des Zacharias und begrüßte Elisabet. ⁴¹ Und es geschah, als Elisabet den Gruß Marias hörte, hüpfte das Kind in ihrem Leib. Da wurde Elisabet vom Heiligen Geist erfüllt ⁴² und rief mit lauter Stimme: Gesegnet bist du unter den Frauen und gesegnet ist die Frucht deines Leibes. ⁴³ Wer bin ich, dass die Mutter meines Herrn zu mir kommt? ⁴⁴ Denn siehe, in dem Augenblick, als ich deinen Gruß hörte, hüpfte das Kind vor Freude in meinem Leib. ⁴⁵ Und selig, die geglaubt hat, dass sich erfüllt, was der Herr ihr sagen ließ.

Und dann haut der Engel einfach ab! Maria ist allein mit diesem ganzen Wust an Info. Die musste das total allein verarbeiten. Ich stelle mir das mal in Echtzeit vor: Sie konnte ja mit niemand reden. Mit Josef doch zuletzt …
SANDRA

Ich lobe Gott: Das Magnifikat (Lk 1,46–55)

⁴⁶ Da sagte Maria: Meine Seele preist die Größe des Herrn,
⁴⁷ und mein Geist jubelt über Gott, meinen Retter.
⁴⁸ Denn auf die Niedrigkeit seiner Magd hat er geschaut.
Siehe, von nun an preisen mich selig alle Geschlechter.
⁴⁹ Denn der Mächtige hat Großes an mir getan
und sein Name ist heilig.

▶ Das Magnifikat ist ein Psalm im Neuen Testament. Die ganze Geschichte des Gottesvolkes wird im Bezug auf Maria neu erschlossen. Eine Revolution beginnt: Die Armen kommen zu ihrem Recht. Es ist die Revolution Gottes. Ihr Anführer ist Jesus.

,, Als Maria den Sohn Gottes empfangen hat, singt sie das Magnifikat. Worüber freut sich Maria? Darüber, dass die Geschichte Abrahams ihre Vollendung gefunden hat, dass die Geschichte nun kein Torso mehr ist, dass Gott wahrhaftig ist und alle vorherigen Geschlechter nicht belogen hat. ... Niemand kann das Magnifikat verstehen, der es nicht als Lobgesang der Kirche versteht, denn nie hört die Freude auf, mit der Maria den Herrn lobt.

HANS ASMUSSEN (1889–1968), evangelischer Theologe

⁵⁰ Er erbarmt sich von Geschlecht zu Geschlecht
über alle, die ihn fürchten.
⁵¹ Er vollbringt mit seinem Arm machtvolle Taten:
Er zerstreut, die im Herzen voll Hochmut sind;
⁵² er stürzt die Mächtigen vom Thron
und erhöht die Niedrigen.
⁵³ Die Hungernden beschenkt er mit seinen Gaben
und lässt die Reichen leer ausgehen.
⁵⁴ Er nimmt sich seines Knechtes Israel an
und denkt an sein Erbarmen,
⁵⁵ das er unsern Vätern verheißen hat,
Abraham und seinen Nachkommen auf ewig.

Johannes der Täufer wird geboren (Lk 1,57–79)

1 ⁵⁷ Für Elisabet aber erfüllte sich die Zeit, dass sie gebären sollte, und sie brachte einen Sohn zur Welt. ⁵⁸ Ihre Nachbarn und Verwandten hörten, welch großes Erbarmen der Herr ihr erwiesen hatte, und freuten sich mit ihr. ⁵⁹ Und es geschah: Am achten Tag kamen sie zur Beschneidung des Kindes und sie wollten ihm den Namen seines Vaters Zacharias geben. ⁶⁰ Seine Mutter aber widersprach und sagte:

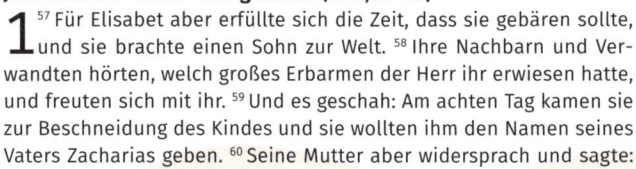

Nein, sondern er soll Johannes heißen. ⁶¹ Sie antworteten ihr: Es gibt doch niemanden in deiner Verwandtschaft, der so heißt. ⁶² Da fragten sie seinen Vater durch Zeichen, welchen Namen das Kind haben solle. ⁶³ Er verlangte ein Schreibtäfelchen und schrieb darauf: Johannes ist sein Name. Und alle staunten. ⁶⁴ Im gleichen Augenblick konnte er Mund und Zunge wieder gebrauchen und er redete und pries Gott. ⁶⁵ Und alle ihre Nachbarn gerieten in Furcht und man sprach von all diesen Dingen im ganzen Bergland von Judäa. ⁶⁶ Alle, die davon hörten, nahmen es sich zu Herzen und sagten: Was wird wohl aus diesem Kind werden? Denn die Hand des Herrn war mit ihm. ⁶⁷ Sein Vater Zacharias wurde vom Heiligen Geist erfüllt und begann prophetisch zu reden:

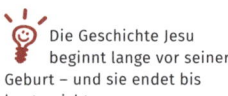

Die Geschichte Jesu beginnt lange vor seiner Geburt – und sie endet bis heute nicht.

⁶⁸ Gepriesen sei der Herr, der Gott Israels!
Denn er hat sein Volk besucht und ihm Erlösung geschaffen;
er hat uns einen starken Retter erweckt
im Hause seines Knechtes David.
⁷⁰ So hat er verheißen von alters her
durch den Mund seiner heiligen Propheten.
⁷¹ Er hat uns errettet vor unseren Feinden
und aus der Hand aller, die uns hassen;
⁷² er hat das Erbarmen mit den Vätern an uns vollendet
und an seinen heiligen Bund gedacht,

B Ich bin El-Schaddai. Geh vor mir und sei untadelig! Ich will meinen Bund stiften zwischen mir und dir und ich werde dich über alle Maßen mehren.

Gen 17,1–2

73 an den Eid, den er unserm Vater Abraham geschworen hat;
74 er hat uns geschenkt, dass wir, aus Feindeshand befreit,
ihm furchtlos dienen 75 in Heiligkeit und Gerechtigkeit
vor seinem Angesicht all unsre Tage.
76 Und du, Kind, wirst Prophet des Höchsten heißen;
denn du wirst dem Herrn vorangehen und ihm den Weg bereiten.
77 Du wirst sein Volk mit der Erfahrung des Heils beschenken
in der Vergebung der Sünden.
78 Durch die barmherzige Liebe unseres Gottes
wird uns besuchen das aufstrahlende Licht aus der Höhe,
79 um allen zu leuchten, die in Finsternis sitzen und im Schatten des
Todes, und unsre Schritte zu lenken auf den Weg des Friedens.

> Es darf auf der ganzen
> Welt niemanden geben,
> und mag er selbst gesündigt
> haben, soviel er nur sündigen
> konnte, der von dir fortgehen
> müsste, ohne Erbarmen bei dir
> gefunden zu haben, wenn er
> Erbarmen wollte.
>
> **FRANZISKUS VON ASSISI**

WEIHNACHTEN – UND DANACH (LK 2,1–52)

Die ganze Welt ist in Bewegung (Lk 2,1–3)

2 1 Es geschah aber in jenen Tagen, dass Kaiser Augustus den Befehl erließ, den ganzen Erdkreis in Steuerlisten einzutragen. 2 Diese Aufzeichnung war die erste; damals war Quirinius Statthalter von Syrien. 3 Da ging jeder in seine Stadt, um sich eintragen zu lassen.

Jesus wird in Betlehem geboren (Lk 2,4–7)

4 So zog auch Josef von der Stadt Nazaret in Galiläa hinauf nach Judäa in die Stadt Davids, die Betlehem heißt; denn er war aus dem Haus und Geschlecht Davids. 5 Er wollte sich eintragen lassen mit Maria, seiner Verlobten, die ein Kind erwartete.
6 Es geschah, als sie dort waren, da erfüllten sich die Tage, dass sie gebären sollte, 7 und sie gebar ihren Sohn, den Erstgeborenen. Sie wickelte ihn in Windeln und legte ihn in eine Krippe, weil in der Herberge kein Platz für sie war.

▶ Die Steuer war ein Machtinstrument. Augustus setzt die ganze Welt in Bewegung. Doch nur ein Weg ist weltbewegend: Josef und Maria ziehen nach Betlehem.

Die Hirten auf dem Feld hören die Gute Nachricht (Lk 2,8–14)

8 In jener Gegend lagerten Hirten auf freiem Feld und hielten Nachtwache bei ihrer Herde.
9 Da trat der Engel des Herrn zu ihnen und der Glanz des Herrn umstrahlte sie. Sie fürchteten sich sehr, 10 der Engel aber sagte zu ihnen: Fürchtet euch nicht, denn siehe, ich verkünde euch eine große Freude, die dem ganzen Volk zuteilwerden soll: 11 Heute ist euch in der Stadt Davids der Retter geboren; er ist der Christus, der Herr. 12 Und das soll euch als Zeichen dienen: Ihr werdet ein Kind finden, das, in Windeln gewickelt, in einer Krippe liegt.
13 Und plötzlich war bei dem Engel ein großes himmlisches Heer, das Gott lobte und sprach:

▶ Hirten sind einfache Leute, die in der Stadt Davids den Beruf Davids ausüben.

" Das Licht dieses Tages möge in unsere Herzen eintreten, unsere Häuser erhellen und erwärmen, Ruhe und Hoffnung in unsere Städte bringen, der Welt den Frieden geben.

PAPST BENEDIKT XVI., Weihnachten 2008

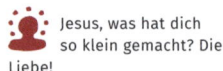
Jesus, was hat dich so klein gemacht? Die Liebe!

BERNHARD VON CLAIRVAUX

Gute Mutter Gottes, ich finde, dass ich glücklicher bin als du. Denn ich habe dich zur Mutter ... Zwar bist du die Muttergottes, aber diesen Jesus hast du uns ganz und gar gegeben ... So sind wir reicher als du, denn wir besitzen Jesus und auch du gehörst uns.

THÉRÈSE VON LISIEUX

¹⁴ Ehre sei Gott in der Höhe
und Friede auf Erden
den Menschen seines Wohlgefallens.

Die Hirten gehen zur Krippe (Lk 2,15–20)

¹⁵ Und es geschah, als die Engel von ihnen in den Himmel zurückgekehrt waren, sagten die Hirten zueinander: Lasst uns nach Betlehem gehen, um das Ereignis zu sehen, das uns der Herr kundgetan hat! ¹⁶ So eilten sie hin und fanden Maria und Josef und das Kind, das in der Krippe lag. ¹⁷ Als sie es sahen, erzählten sie von dem Wort, das ihnen über dieses Kind gesagt worden war. ¹⁸ Und alle, die es hörten, staunten über das, was ihnen von den Hirten erzählt wurde.
¹⁹ Maria aber bewahrte alle diese Worte und erwog sie in ihrem Herzen.
²⁰ Die Hirten kehrten zurück, rühmten Gott und priesen ihn für alles, was sie gehört und gesehen hatten, so wie es ihnen gesagt worden war.

> Jesus wird nach jüdischem Brauch beschnitten und in den Tempel gebracht. Dort wird er von Simeon und Hanna erwartet – zwei alten Menschen, die in ihrem Herzen jung geblieben sind, weil sie die Hoffnung auf Gottes Rettung nicht aufgegeben haben. Simeon stimmt einen dritten Lobgesang an: das „Nunc dimittis".

Ich danke dir (Lk 2,29–32)

²⁹ Nun lässt du, Herr, deinen Knecht,
wie du gesagt hast, in Frieden scheiden.
³⁰ Denn meine Augen haben das Heil gesehen,
³¹ das du vor allen Völkern bereitet hast,
³² ein Licht, das die Heiden erleuchtet,
und Herrlichkeit für dein Volk Israel.

> Lukas beendet die sog. Kindheitsgeschichte mit einer Episode, die den zwölfjährigen Jesus charakterisiert; nach dem jüdischen Verständnis der damaligen Zeit ist er ein Jugendlicher an der Schwelle zum Erwachsenwerden.

▶ Mit 12 Jahren ist Jesus kein kleines Kind mehr. Er weiß, wohin er gehört. Er geht seinen Weg. Seine Eltern müssen das noch lernen.

💡 Hätte es damals schon einen Polizeinotruf gegeben, Josef hätte sicher zum Handy gegriffen ...

Der Schüler als Lehrer (Lk 2,41–52)

⁴¹ Die Eltern Jesu gingen jedes Jahr zum Paschafest nach Jerusalem. ⁴² Als er zwölf Jahre alt geworden war, zogen sie wieder hinauf, wie es dem Festbrauch entsprach.
⁴³ Nachdem die Festtage zu Ende waren, machten sie sich auf den Heimweg. Der Knabe Jesus aber blieb in Jerusalem, ohne dass seine Eltern es merkten.
⁴⁴ Sie meinten, er sei in der Pilgergruppe, und reisten eine Tagesstrecke weit; dann suchten sie ihn bei den Verwandten und Bekannten. ⁴⁵ Als sie ihn nicht fanden, kehrten sie nach Jerusalem zurück und suchten nach ihm.

⁴⁶ Da geschah es, nach drei Tagen fanden sie ihn im Tempel; er saß mitten unter den Lehrern, hörte ihnen zu und stellte Fragen. ⁴⁷ Alle, die ihn hörten, waren erstaunt über sein Verständnis und über seine Antworten.

⁴⁸ Als seine Eltern ihn sahen, waren sie voll Staunen und seine Mutter sagte zu ihm: Kind, warum hast du uns das angetan? Siehe, dein Vater und ich haben dich mit Schmerzen gesucht.

⁴⁹ Da sagte er zu ihnen: Warum habt ihr mich gesucht? Wusstet ihr nicht, dass ich in dem sein muss, was meinem Vater gehört?

⁵⁰ Doch sie verstanden das Wort nicht, das er zu ihnen gesagt hatte.

⁵¹ Dann kehrte er mit ihnen nach Nazaret zurück und war ihnen gehorsam. Seine Mutter bewahrte all die Worte in ihrem Herzen.

⁵² Jesus aber wuchs heran und seine Weisheit nahm zu und er fand Gefallen bei Gott und den Menschen.

„Kinder und Narren sagen die Wahrheit!" Mich beeindruckt immer wieder das Gottvertrauen von Kindern. Meine Schwester machte sich einmal Sorgen wegen eines Freundes und betete gemeinsam mit ihren Kindern für ihn. Doch die Sorge um den Freund ließ sie nicht los. Die Kinder meinten nur: „Aber wir haben ihn doch Gott anvertraut!"

MARIA

Lukas erzählt – ähnlich wie Matthäus – von der Verkündigung des Täufers Johannes und der Taufe Jesu im Jordan, aber auch von der Versuchung Jesu in der Wüste. Dann stellt der Evangelist dar, wie Jesus in seiner Heimatstadt mit der öffentlichen Verkündigung seines Evangeliums angefangen hat.

ES GEHT LOS (LK 4,16–30)

Jesus liest die Bibel (Lk 4,16–21)

4 ¹⁶ So kam er auch nach Nazaret, wo er aufgewachsen war, und ging, wie gewohnt, am Sabbat in die Synagoge. Als er aufstand, um aus der Schrift vorzulesen, ¹⁷ reichte man ihm die Buchrolle des Propheten Jesaja. Er öffnete sie und fand die Stelle, wo geschrieben steht:

¹⁸ *Der Geist des Herrn ruht auf mir;*
denn der Herr hat mich gesalbt. Er hat mich gesandt,
damit ich den Armen eine gute Nachricht bringe;
damit ich den Gefangenen die Entlassung verkünde
und den Blinden das Augenlicht; damit ich die Zerschlagenen in Freiheit setze ¹⁹ *und ein Gnadenjahr des Herrn ausrufe (Jes 61,1f).*

²⁰ Dann schloss er die Buchrolle, gab sie dem Synagogendiener und setzte sich. Die Augen aller in der Synagoge waren auf ihn gerichtet. ²¹ Da begann er, ihnen darzulegen: Heute hat sich das Schriftwort, das ihr eben gehört habt, erfüllt.

▶ Jesus fängt seine öffentliche Verkündigung mit dem Lesen der Bibel im Gotteshaus an. Das ist kein Zufall. Er zeigt, wo seine Wurzeln sind und welchen Weg er gehen will.

„ Ach, wie sehr möchte ich eine arme Kirche und eine Kirche der Armen!
PAPST FRANZISKUS, 16.3.2013

Kritisch sein – aber wirklich (Lk 4,22–27)

²² Alle stimmten ihm zu; sie staunten über die Worte der Gnade, die aus seinem Mund hervorgingen, und sagten: Ist das nicht Josefs Sohn?

Jesus hält die kürzeste Predigt der Welt: „Heute!" Jetzt ist die Zeit, jetzt ist die Stunde – denn Jesus ist da, der Messias. Auf ihn muss man hören – auch heute.

Manchmal habe ich ein Nähe-Problem. Ich kann Nachbarn schlecht einschätzen. Die Menschen in Jesu Heimat sind ihm wahrscheinlich sehr nahegestanden. Ich glaube, für sie war er immer der Junge, den sie von klein auf kannten. Deshalb war es schwer für sie, ihn als Sohn Gottes anzuerkennen, auch wenn er Wunder wirkte.

RUTH

▶ Jesus lässt sich vom Protest gegen ihn nicht beirren und geht seinen Weg. Die Szene am Berg von Nazaret weist schon auf den Felsen von Golgota voraus: Jesus wird sterben, aber er bleibt nicht im Grab.

²³ Da entgegnete er ihnen: Sicher werdet ihr mir das Sprichwort vorhalten: Arzt, heile dich selbst! Wenn du in Kafarnaum so große Dinge getan hast, wie wir gehört haben, dann tu sie auch hier in deiner Heimat! ²⁴ Und er setzte hinzu: Amen, ich sage euch: Kein Prophet wird in seiner Heimat anerkannt. ²⁵ Wahrhaftig, das sage ich euch: In Israel gab es viele Witwen in den Tagen des Elija, als der Himmel für drei Jahre und sechs Monate verschlossen war und eine große Hungersnot über das ganze Land kam. ²⁶ Aber zu keiner von ihnen wurde Elija gesandt, nur zu einer Witwe in Sarepta bei Sidon. ²⁷ Und viele Aussätzige gab es in Israel zur Zeit des Propheten Elischa. Aber keiner von ihnen wurde geheilt, nur der Syrer Naaman.

Bedrohung und Rettung (Lk 4,28–30)

²⁸ Als die Leute in der Synagoge das hörten, gerieten sie alle in Wut. ²⁹ Sie sprangen auf und trieben Jesus zur Stadt hinaus; sie brachten ihn an den Abhang des Berges, auf dem ihre Stadt erbaut war, und wollten ihn hinabstürzen. ³⁰ Er aber schritt mitten durch sie hindurch und ging weg.

Lukas lässt viele Erzählungen folgen, in denen Jesus als Retter, als Heiland, als Arzt und Lehrer wirkt, der die Menschen befreit.

Υ → 90, 91
Hat Jesus Wunder gewirkt, oder sind das nur fromme Märchen? Wieso wirkte Jesus Wunder?

▶ Ohne ihren Sohn wäre die Mutter, eine Witwe, schutzlos gewesen. Jesus weckt den jungen Mann nicht von den Toten auf, um seine göttliche Macht zu beweisen, sondern um der Frau zu helfen.

B Sie staunten über alle Maßen und sagten: Er hat alles gut gemacht; er macht, dass die Tauben hören und die Stummen sprechen.
Mk 7,37

Eine Auferstehung mitten am Tag (Lk 7,11–17)

7 ¹¹ Und es geschah danach, dass er in eine Stadt namens Naïn kam; seine Jünger und eine große Volksmenge folgten ihm. ¹² Als er die Nähe des Stadttors kam, siehe, da trug man einen Toten heraus. Es war der einzige Sohn seiner Mutter, einer Witwe. Und viele Leute aus der Stadt begleiteten sie.

¹³ Als der Herr die Frau sah, hatte er Mitleid mit ihr und sagte zu ihr: Weine nicht! ¹⁴ Und er trat heran und berührte die Bahre. Die Träger blieben stehen und er sagte: Jüngling, ich sage dir: Steh auf! ¹⁵ Da setzte sich der Tote auf und begann zu sprechen und Jesus gab ihn seiner Mutter zurück.

¹⁶ Alle wurden von Furcht ergriffen; sie priesen Gott und sagten: Ein großer Prophet ist unter uns erweckt worden: Gott hat sein Volk heimgesucht. ¹⁷ Und diese Kunde über ihn verbreitete sich überall in Judäa und im ganzen Gebiet ringsum.

Eine Frage an Jesus – und eine Antwort, die es in sich hat (Lk 7,18–23)

¹⁸ Johannes erfuhr das alles von seinen Jüngern. Da rief Johannes zwei seiner Jünger zu sich, ¹⁹ schickte sie zum Herrn und ließ ihn fragen: Bist du der, der kommen soll, oder sollen wir auf einen andern warten?

²⁰ Als die Männer zu Jesus kamen, sagten sie: Johannes der Täufer hat uns zu dir geschickt und lässt dich fragen: Bist du der, der kommen soll, oder müssen wir auf einen andern warten?

²¹ Zu jener Stunde heilte Jesus viele Menschen von Krankheiten und Leiden und bösen Geistern und schenkte vielen Blinden das Augenlicht.

²² Er antwortete ihnen: Geht und berichtet Johannes, was ihr gesehen und gehört habt: Blinde sehen wieder, Lahme gehen und Aussätzige werden rein; Taube hören, Tote stehen auf und Armen wird das Evangelium verkündet.

²³ Selig ist, wer an mir keinen Anstoß nimmt.

Jenseits der Sensationsgier beginnt der Glaube (Lk 7,24–27)

²⁴ Als die Boten des Johannes weggegangen waren, begann Jesus zu der Menge über Johannes zu reden: Was habt ihr denn sehen wollen, als ihr in die Wüste hinausgegangen seid? Ein Schilfrohr, das im Wind schwankt? ²⁵ Oder was habt ihr sehen wollen, als ihr hinausgegangen seid? Einen Mann in feiner Kleidung? Siehe, Leute, die sich prächtig kleiden und üppig leben, findet man in den Palästen der Könige. ²⁶ Oder wozu seid ihr hinausgegangen? Um einen Propheten zu sehen?

Ja, ich sage euch: Sogar mehr als einen Propheten. ²⁷ Dieser ist es, von dem geschrieben steht: *Siehe, ich sende meinen Boten vor dir her, der deinen Weg vor dir bahnen wird (Ex 23,20; Mal 3,1).*

▶ Müsste Johannes nicht die Antwort wissen? Er ist doch Prophet! Aber auch er muss fragen. Denn Jesus ist größer als jeder menschliche Gedanke. Das Neue Testament verschweigt die Fragen nicht. Wer es liest, muss auch heute Antwort geben.

▶ Jesus lässt Taten sprechen. Er antwortet mit genau dem, was die Jünger des Johannes sehen und hören können. Aber mit seiner Antwort stellt er es ins Licht der Prophetie Jesajas. Dadurch wird deutlich: In Jesus verwirklicht sich, was Gott mit den Menschen vorhat.

Johannes ist der Größte – und ganz klein (Lk 7,28–30)

²⁸ Ich sage euch: Unter den von einer Frau Geborenen gibt es keinen größeren als Johannes; doch der Kleinste im Reich Gottes ist größer als er.

²⁹ Das ganze Volk, das Johannes hörte, und selbst die Zöllner gaben Gott recht und ließen sich mit der Taufe des Johannes taufen.

³⁰ Doch die Pharisäer und die Gesetzeslehrer haben den Willen Gottes für sich selbst abgelehnt und sich von Johannes nicht taufen lassen.

Religiös unmusikalisch? Abhilfe naht (Lk 7,31–32)

³¹ Mit wem soll ich also die Menschen dieser Generation vergleichen? Wem gleichen sie?

³² Sie gleichen Kindern, die auf dem Marktplatz sitzen und einander zurufen: Wir haben für euch auf der Flöte gespielt und ihr habt nicht getanzt; wir haben die Totenklage angestimmt und ihr habt nicht geweint.

Wegen einer Hofintrige wurde er geköpft, sein Haupt auf einem Silbertablett präsentiert: Johannes der Täufer, der große Wegbereiter Jesu.

Schlechte Laune? Jesus kann feiern (Lk 7,33–35)

³³ Denn Johannes der Täufer ist gekommen, er isst kein Brot und trinkt keinen Wein und ihr sagt: Er hat einen Dämon. ³⁴ Der Menschen-

sohn ist gekommen, er isst und trinkt und ihr sagt: Siehe, ein Fresser und Säufer, ein Freund der Zöllner und Sünder!

[35] Und doch hat die Weisheit durch alle ihre Kinder recht bekommen.

Sünden? Es gibt Vergebung (Lk 7,36–50)

[36] Einer der Pharisäer hatte ihn zum Essen eingeladen. Und er ging in das Haus des Pharisäers und begab sich zu Tisch.

[37] Und siehe, eine Frau, die in der Stadt lebte, eine Sünderin, erfuhr, dass er im Haus des Pharisäers zu Tisch war; da kam sie mit einem Alabastergefäß voll wohlriechendem Öl [38] und trat von hinten an ihn heran zu seinen Füßen. Dabei weinte sie und begann mit ihren Tränen seine Füße zu benetzen. Sie trocknete seine Füße mit den Haaren ihres Hauptes, küsste sie und salbte sie mit dem Öl.

[39] Als der Pharisäer, der ihn eingeladen hatte, das sah, sagte er zu sich selbst: Wenn dieser wirklich ein Prophet wäre, müsste er wissen, was das für eine Frau ist, die ihn berührt: dass sie eine Sünderin ist.

[40] Da antwortete ihm Jesus und sagte: Simon, ich möchte dir etwas sagen.

Er erwiderte: Sprich, Meister!

[41] Ein Geldverleiher hatte zwei Schuldner; der eine war ihm fünfhundert Denare schuldig, der andere fünfzig. [42] Als sie ihre Schulden

▶ Jesus soll diffamiert werden, weil er bei Sündern nicht auf Abstand gegangen ist. Aber das ist seine Mission: Er bringt Gottes Licht in die Dunkelheit.

▶ Die Frau weiß, wie wichtig Vergebung ist, weil sie Sünden begangen hat, aber nicht verzweifelt ist.

▶ Die Frau ist unglaublich mutig. Sie setzt alles auf eine Karte. Sie liebt Jesus – und erwartet nur Kritik.

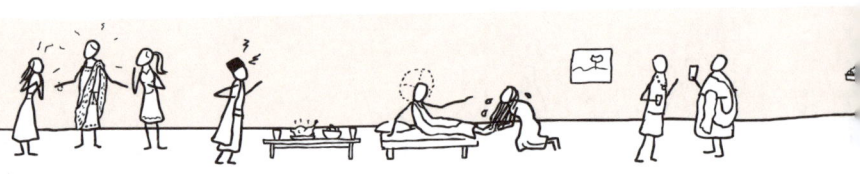

▶ Ein Gleichnis klärt die Situation. Jesus ist ein Lehrer. Er will überzeugen. Simon braucht nur eins und eins zusammenzuzählen.

Mein Herr und mein Gott, nimm alles von mir, was mich hindert zu dir. Mein Herr und mein Gott, gib alles mir, was mich fördert zu dir. Mein Herr und mein Gott, nimm mich mir und gib mich ganz zu eigen dir.

Gebet des hl. KLAUS VON DER FLÜE (1417–1487)

▶ Der Vorwurf ist gefährlich, Sündenvergebung ist ein Vorrecht Gottes (↗ Mk 2,1–12).

nicht bezahlen konnten, schenkte er sie beiden. Wer von ihnen wird ihn nun mehr lieben?

[43] Simon antwortete: Ich nehme an, der, dem er mehr geschenkt hat. Jesus sagte zu ihm: Du hast recht geurteilt.

[44] Dann wandte er sich der Frau zu und sagte zu Simon: Siehst du diese Frau? Als ich in dein Haus kam, hast du mir kein Wasser für die Füße gegeben; sie aber hat meine Füße mit ihren Tränen benetzt und sie mit ihren Haaren abgetrocknet.

[45] Du hast mir keinen Kuss gegeben; sie aber hat, seit ich hier bin, unaufhörlich meine Füße geküsst. [46] Du hast mir nicht das Haupt mit Öl gesalbt; sie aber hat mit Balsam meine Füße gesalbt.

[47] Deshalb sage ich dir: Ihr sind ihre vielen Sünden vergeben, weil sie viel geliebt hat. Wem aber nur wenig vergeben wird, der liebt wenig.

[48] Dann sagte er zu ihr: Deine Sünden sind dir vergeben.

[49] Da begannen die anderen Gäste bei sich selbst zu sagen: Wer ist das, dass er sogar Sünden vergibt?

[50] Er aber sagte zu der Frau: Dein Glaube hat dich gerettet. Geh in Frieden!

Die Gesellschaft Jesu (Lk 8,1–3)

8 [1] Und es geschah in der folgenden Zeit: Er wanderte von Stadt zu Stadt und von Dorf zu Dorf und verkündete das Evangelium vom Reich Gottes. Die Zwölf begleiteten ihn [2] und auch einige Frauen, die von bösen Geistern und von Krankheiten geheilt worden waren: Maria, genannt Magdalena, aus der sieben Dämonen ausgefahren waren, ³ Johanna, die Frau des Chuzas, eines Beamten des Herodes, Susanna und viele andere. Sie unterstützten Jesus und die Jünger mit ihrem Vermögen.

 Die Gattin des Ministerpräsidenten von Galiläa zieht mit Jesus durchs Land! Skandal!

DER BARMHERZIGE SAMARITER (LK 10,25–37)

Herr, gib mir die Kraft, alles zu tun, was du von mir verlangst. Dann verlange von mir, was du willst.

AUGUSTINUS

Gott und den Nächsten lieben (Lk 10,25–28)

10 ²⁵ Und siehe, ein Gesetzeslehrer stand auf, um Jesus auf die Probe zu stellen, und fragte ihn: Meister, was muss ich tun, um das ewige Leben zu erben?
²⁶ Jesus sagte zu ihm: Was steht im Gesetz geschrieben? Was liest du? ²⁷ Er antwortete: *Du sollst den Herrn, deinen Gott, lieben mit deinem ganzen Herzen und deiner ganzen Seele, mit deiner ganzen Kraft und deinem ganzen Denken, und deinen Nächsten wie dich selbst.* (Dtn 6,5)
²⁸ Jesus sagte zu ihm: Du hast richtig geantwortet. Handle danach und du wirst leben!

Ich habe bis heute kaum einen Plan, wie das gehen soll: Mit ganzem Herzen, ganzer Kraft und all meinen Gedanken Gott zu lieben. Dennoch habe ich verstanden, dass es – ganz wie im natürlichen Leben – damit zu tun hat, die Person erst einmal kennenzulernen! Dies wiederum heißt, so viel Zeit wie möglich mit ihr zu verbringen. Alles mit ihr zu machen. →

Anderen nahekommen (Lk 10,29–37)

²⁹ Der Gesetzeslehrer wollte sich rechtfertigen und sagte zu Jesus: Und wer ist mein Nächster?
³⁰ Darauf antwortete ihm Jesus: Ein Mann ging von Jerusalem nach Jericho hinab und wurde von Räubern überfallen. Sie plünderten ihn aus und schlugen ihn nieder; dann gingen sie weg und ließen ihn halbtot liegen. ³¹ Zufällig kam ein Priester denselben Weg herab; er sah ihn und ging vorüber. ³² Ebenso kam auch ein Levit zu der Stelle; er sah ihn und ging vorüber.
³³ Ein Samariter aber, der auf der Reise war, kam zu ihm; er sah ihn und hatte Mitleid, ³⁴ ging zu ihm hin, goss Öl und Wein auf seine Wunden und verband sie. Dann hob er ihn auf sein eigenes Reittier, brachte ihn zu einer Herberge und sorgte für ihn. ³⁵ Und am nächsten Tag holte er zwei Denare hervor, gab sie dem Wirt und sagte: Sorge für ihn, und wenn du mehr für ihn brauchst, werde ich es dir bezahlen, wenn ich wiederkomme.
³⁶ Wer von diesen dreien, meinst du, ist dem der Nächste geworden, der von den Räubern überfallen wurde?
³⁷ Der Gesetzeslehrer antwortete: Der barmherzig an ihm gehandelt hat. Da sagte Jesus zu ihm: Dann geh und handle du genauso!

→ Sie ernst zu nehmen und ganz praktisch durch mein Verhalten zu ehren. Wenn meine Gefühle dabei sind und auch wenn es manchmal mühsamer ist!

JÜRGEN

▶ Der Priester und der Levit hätten helfen müssen. Es gibt für sie keine Entschuldigung. Der Samariter ist der, von dem der Gesetzeslehrer am wenigsten eine positive Reaktion erwartet hätte, weil Juden und Samariter verfeindet waren.

Jesus fragt wie Sokrates: Der Schriftgelehrte kennt die richtige Antwort selbst am besten. Sie steht im Gesetz und in seinem Herzen.

Weil Jesus selbst wie der barmherzige Samariter handelt, findet er nicht nur viel Zustimmung, sondern erntet auch Ablehnung bei denen, die glauben, dass er nicht heilig genug sei, wenn er sich mit Sündern abgebe. Jesus antwortet, indem er Gleichnisse erzählt.

VERLOREN! ABER: GEWONNEN! (LK 15,1–32)

Jesus in schlechter Gesellschaft? (Lk 15,1–2)

15 ¹ Alle Zöllner und Sünder kamen zu ihm, um ihn zu hören. ² Die Pharisäer und die Schriftgelehrten empörten sich darüber und sagten: Dieser nimmt Sünder auf und isst mit ihnen.

Seit der frühen Kirche wird Jesus als der „Gute Hirte" dargestellt.

„ Es gibt nichts Schöneres, als vom Evangelium, von Christus gefunden zu werden. Es gibt nichts Schöneres, als ihn zu kennen und anderen die Freundschaft mit ihm zu schenken.

PAPST BENEDIKT XVI., zu Beginn des Pontifikates, 24.4.2005

Der gute Hirte (Lk 15,3–7)

³ Da erzählte er ihnen ein Gleichnis und sagte: ⁴ Wenn einer von euch hundert Schafe hat und eins davon verliert, lässt er dann nicht die neunundneunzig in der Wüste zurück und geht dem verlorenen nach, bis er es findet? ⁵ Und wenn er es gefunden hat, nimmt er es voll Freude auf die Schultern, ⁶ und wenn er nach Hause kommt, ruft er die Freunde und Nachbarn zusammen und sagt zu ihnen: Freut euch mit mir, denn ich habe mein Schaf wiedergefunden, das verloren war! ⁷ Ich sage euch: Ebenso wird im Himmel mehr Freude herrschen über einen einzigen Sünder, der umkehrt, als über neunundneunzig Gerechte, die keine Umkehr nötig haben.

Die Frau, die sich freut (Lk 15,8–10)

⁸ Oder wenn eine Frau zehn Drachmen hat und eine davon verliert, zündet sie dann nicht eine Lampe an, fegt das Haus und sucht sorgfältig, bis sie die Drachme findet? ⁹ Und wenn sie diese gefunden hat, ruft sie die Freundinnen und Nachbarinnen zusammen und sagt: Freut euch mit mir, denn ich habe die Drachme wiedergefunden, die ich verloren hatte! ¹⁰ Ebenso, sage ich euch, herrscht bei den Engeln Gottes Freude über einen einzigen Sünder, der umkehrt.

Es gibt keinen Augenblick in unserem Leben, in dem wir nicht einen neuen Weg einschlagen könnten.

CHARLES DE FOUCAULD

Der Sohn, der verloren geht (Lk 15,11–16)

¹¹ Weiter sagte Jesus: Ein Mann hatte zwei Söhne. ¹² Der jüngere von ihnen sagte zu seinem Vater: Vater, gib mir das Erbteil, das mir zusteht! Da teilte der Vater das Vermögen unter sie auf.

▶ Die Erbteilung zu fordern, war das gute Recht des jüngeren Sohnes. Das Elend beginnt, als er das Geld verprasst hat.

¹³ Nach wenigen Tagen packte der jüngere Sohn alles zusammen und zog in ein fernes Land. Dort führte er ein zügelloses Leben und verschleuderte sein Vermögen. ¹⁴ Als er alles durchgebracht hatte, kam eine große Hungersnot über jenes Land und er begann Not zu leiden. ¹⁵ Da ging er zu einem Bürger des Landes und drängte sich ihm auf; der schickte ihn aufs Feld zum Schweinehüten. ¹⁶ Er hätte gern seinen Hunger mit den Futterschoten gestillt, die die Schweine fraßen; aber niemand gab ihm davon.

▶ Wer Schweine hütete, war ganz unten angekommen. Der Verzehr von Schweinefleisch galt im Alten Testament als Zeichen der Abtrünnigkeit von Gott. Juden und Muslime essen bis heute kein Schweinefleisch.

Reue, die von Herzen kommt (Lk 15,17–20)

¹⁷ Da ging er in sich und sagte: Wie viele Tagelöhner meines Vaters haben Brot im Überfluss, ich aber komme hier vor Hunger um. ¹⁸ Ich will aufbrechen und zu meinem Vater gehen und zu ihm sagen: Vater, ich habe mich gegen den Himmel und gegen dich versündigt. ¹⁹ Ich bin nicht mehr wert, dein Sohn zu sein; mach mich zu einem deiner Tagelöhner! ²⁰ Dann brach er auf und ging zu seinem Vater.

Sündigen ist wie mit 160 Sachen in die falsche Richtung fahren. Wenn du den Crash vermeiden willst, hast du nur eine Chance: Reiß die Karre herum und fahr in die andere Richtung!

YOUCAT UPDATE! BEICHTEN!

Liebe, die lebendig macht (LK 15,21–24)

Der Vater sah ihn schon von Weitem kommen und er hatte Mitleid mit ihm. Er lief dem Sohn entgegen, fiel ihm um den Hals und küsste ihn.

▶ Ohne Reue gibt es keine Vergebung. Aber die Liebe des Vaters ist größer als die Zerknirschung des Sohnes.

²¹ Da sagte der Sohn zu ihm: Vater, ich habe mich gegen den Himmel und gegen dich versündigt; ich bin nicht mehr wert, dein Sohn zu sein.

Y → 338
Was ist Gnade?

²² Der Vater aber sagte zu seinen Knechten: Holt schnell das beste Gewand und zieht es ihm an, steckt einen Ring an seine Hand und gebt ihm Sandalen an die Füße! ²³ Bringt das Mastkalb her und schlachtet es; wir wollen essen und fröhlich sein. ²⁴ Denn dieser, mein Sohn, war tot und lebt wieder; er war verloren und ist wiedergefunden worden. Und sie begannen, ein Fest zu feiern.

„Manchmal feiern wir mitten am Tag ein Fest der Auferstehung" – das passiert hier. Die Liebe des Vaters macht alles neu.

Und der ältere Bruder? (Lk 15,25–32)

²⁵ Sein älterer Sohn aber war auf dem Feld. Als er heimging und in die Nähe des Hauses kam, hörte er Musik und Tanz. ²⁶ Da rief er einen der Knechte und fragte, was das bedeuten solle. ²⁷ Der Knecht antwortete ihm: Dein Bruder ist gekommen und dein Vater hat das Mastkalb schlachten lassen, weil er ihn gesund wiederbekommen hat. ²⁸ Da wurde er zornig und wollte nicht hineingehen.

Sein Vater aber kam heraus und redete ihm gut zu. ²⁹ Doch er erwiderte seinem Vater: Siehe, so viele Jahre schon diene ich dir und nie habe ich dein Gebot übertreten; mir aber hast du nie einen Ziegenbock geschenkt, damit ich mit meinen Freunden ein Fest feiern konnte. ³⁰ Kaum aber ist der hier gekommen, dein Sohn, der dein Vermögen mit Dirnen durchgebracht hat, da hast du für ihn das Mastkalb geschlachtet.

³¹ Der Vater antwortete ihm: Mein Kind, du bist immer bei mir und alles, was mein ist, ist auch dein. ³² Aber man muss doch ein Fest feiern und sich freuen; denn dieser, dein Bruder, war tot und lebt wieder; er war verloren und ist wiedergefunden worden.

▶ „Ein Mann hatte zwei Söhne" – so hat das Gleichnis begonnen. Der zweite Teil ist so wichtig wie der erste. Die Versöhnung im Haus des Vaters ist nicht selbstverständlich. Wird der ältere Bruder mitfeiern? Das Gleichnis endet offen. Alle, die sich mit ihm identifizieren können, weil sie gehorsam zu Hause geblieben sind, sind gefragt.

Gott vergibt einem reuigen Sünder die Sünden schneller, als eine Mutter ihr Kind aus dem Feuer ziehen kann.

JEAN-MARIE VIANNEY

> Tod und Auferstehung prägen auch die Geschichte Jesu selbst. Lukas bereichert das Osterevangelium um eine Erzählung, in der die Not und das Glück des Glaubens zum Ausdruck kommen, die Erinnerung an Jesus und die Offenheit für die Zukunft der Kirche.

ZWEIMAL EMMAUS UND ZURÜCK (LK 24,13–35)

Ein Weg voll Traurigkeit (Lk 24,13–16)

▶ Das sind ca. 10 km – zwei Stunden Fußmarsch.

💡 „Jesus in der Mitte" – das ist die zentrale geistliche Erfahrung der Fokolar-Bewegung.

▶ Manchmal wird Kleopas mit Klopas gleichgesetzt, dem Mann einer der Frauen unter dem Kreuz (nach Joh 19,25).

24 ¹³ Und siehe, am gleichen Tag waren zwei von den Jüngern auf dem Weg in ein Dorf namens Emmaus, das sechzig Stadien von Jerusalem entfernt ist. ¹⁴ Sie sprachen miteinander über all das, was sich ereignet hatte. ¹⁵ Und es geschah, während sie redeten und ihre Gedanken austauschten, kam Jesus selbst hinzu und ging mit ihnen. ¹⁶ Doch ihre Augen waren gehalten, sodass sie ihn nicht erkannten.

Ein Gespräch über Enttäuschungen (Lk 24,17–24)

¹⁷Er fragte sie: Was sind das für Dinge, über die ihr auf eurem Weg miteinander redet? Da blieben sie traurig stehen ¹⁸ und der eine von ihnen – er hieß Kleopas – antwortete ihm: Bist du so fremd in Jerusalem, dass du als Einziger nicht weißt, was in diesen Tagen dort geschehen ist?
¹⁹ Er fragte sie: Was denn?

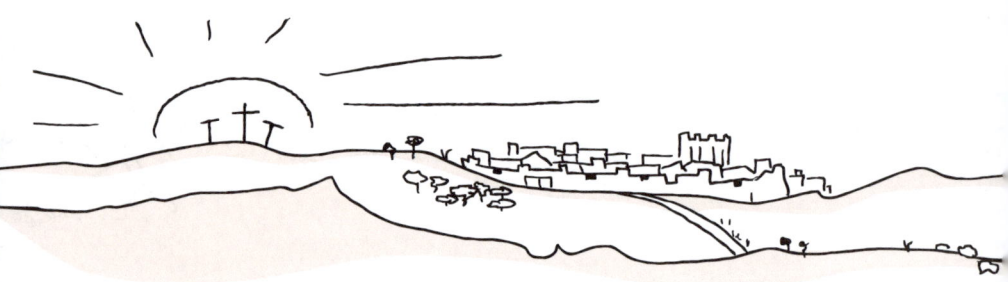

▶ Der auferstandene Jesus ist wie ein guter Pastor: Er geht den Weg mit; er fragt nach dem Grund der Trauer; er hört zu; er deutet, was passiert ist, im Licht der Bibel; er bleibt bei den beiden Jüngern – und er bricht mit ihnen das Brot.

Sie antworteten ihm: Das mit Jesus aus Nazaret. Er war ein Prophet, mächtig in Tat und Wort vor Gott und dem ganzen Volk. ²⁰ Doch unsere Hohenpriester und Führer haben ihn zum Tod verurteilen und ans Kreuz schlagen lassen. ²¹ Wir aber hatten gehofft, dass er der sei, der Israel erlösen werde. Und dazu ist heute schon der dritte Tag, seitdem das alles geschehen ist. ²² Doch auch einige Frauen aus unserem Kreis haben uns in große Aufregung versetzt. Sie waren in der Frühe beim Grab, ²³ fanden aber seinen Leichnam nicht. Als sie zurückkamen, erzählten sie, es seien ihnen Engel erschienen und hätten gesagt, er lebe. ²⁴ Einige von uns gingen dann zum Grab und fanden alles so, wie die Frauen gesagt hatten; ihn selbst aber sahen sie nicht.

Ein Schriftgespräch voller Hoffnung (Lk 24,25–27)

²⁵ Da sagte er zu ihnen: Ihr Unverständigen, deren Herz zu träge ist, um alles zu glauben, was die Propheten gesagt haben. ²⁶ Musste nicht der Christus das erleiden und so in seine Herrlichkeit gelangen? ²⁷ Und er legte ihnen dar, ausgehend von Mose und allen Propheten, was in der gesamten Schrift über ihn geschrieben steht.

Rembrandt: Christus mit den Jüngern auf dem Weg nach Emmaus

Ein gemeinsames Mahl (Lk 24,28–31)

28 So erreichten sie das Dorf, zu dem sie unterwegs waren. Jesus tat, als wolle er weitergehen, 29 aber sie drängten ihn und sagten: Bleibe bei uns; denn es wird Abend, der Tag hat sich schon geneigt! Da ging er mit hinein, um bei ihnen zu bleiben.
30 Und es geschah, als er mit ihnen bei Tisch war, nahm er das Brot, sprach den Lobpreis, brach es und gab es ihnen.
31 Da wurden ihre Augen aufgetan und sie erkannten ihn; und er entschwand ihren Blicken.

Ein Weg voller Freude (Lk 24,32–35)

32 Und sie sagten zueinander: Brannte nicht unser Herz in uns, als er unterwegs mit uns redete und uns den Sinn der Schriften eröffnete?
33 Noch in derselben Stunde brachen sie auf und kehrten nach Jerusalem zurück und sie fanden die Elf und die mit ihnen versammelt waren.
34 Diese sagten: Der Herr ist wirklich auferstanden und ist dem Simon erschienen. 35 Da erzählten auch sie, was sie unterwegs erlebt und wie sie ihn erkannt hatten, als er das Brot brach.

▶ Warum „musste" Jesus leiden? Nicht weil Gott so grausam wäre, dass er Blut sehen wollte, bevor er gnädig gestimmt würde. Sondern weil sich die Erlösung mitten im Unheil vollzieht, dort, wo das Böse sich austobt, und weil Jesus auf Gewalt nicht mit Gewalt reagiert, sondern mit Liebe.

„ Wir preisen dich, heiliger Vater. Du bist immer mit uns auf dem Weg, besonders wenn Jesus, dein Sohn, uns versammelt zum Mahl der Liebe: Wie den Jüngern (von Emmaus) deutet er uns die Schrift und bricht uns das Brot.

Aus dem Schweizer Hochgebet

Das Lukasevangelium endet mit der Verheißung des Heiligen Geistes an die Jünger und die Himmelfahrt Jesu. Genau hier setzt die Apostelgeschichte ein. Im Neuen Testament folgt aber zuerst noch das Evangelium nach Johannes.

B Christus ist für unsere Sünden gestorben gemäß der Schrift und ist begraben worden.
Er ist am dritten Tag auferweckt worden, gemäß der Schrift, und erschien dem Kephas, dann den Zwölf.

1 Kor 15,3-5

DAS EVANGELIUM NACH

Johannes

Das Evangelium nach Johannes gilt seit alter Zeit als geistliches Evangelium. Es will die Freundschaft mit Jesus fördern (Joh 15,12–17). Es spricht eine einfache Sprache, geht aber in die Tiefe. Es beginnt mit einem Gebet: Gottes ewiges Wort ist Fleisch geworden in Jesus Christus (Joh 1,1–18). Es sagt den Leserinnen und Lesern klar, dass es den Glauben fördern will: „Noch viele andere Zeichen hat Jesus vor den Augen seiner Jünger getan, die in diesem Buch nicht aufgeschrieben sind. Diese aber sind aufgeschrieben, damit ihr glaubt, dass Jesus der Christus ist, der Sohn Gottes, und damit ihr durch den Glauben Leben habt in seinem Namen." (Joh 20,30–31)

Der Evangelist macht in seinem Buch deutlich, dass Jesus eins mit Gott ist (Joh 10,30). Sein Wort ist das „Wort Gottes" (Joh 14,10); sein Werk ist das „Werk Gottes" (Joh 5,36); sein Bild ist das Bild Gottes. Ihm kann man ansehen, wer Gott (Joh 14,25) und wer der Mensch ist (↗ Joh 19,5).

Johannes erzählt von sieben Zeichen, die Jesus setzt: sichtbare Spuren der Gnade. Er erzählt von der Fußwaschung und von langen Gesprächen Jesu mit seinen Jüngern. Er will ihnen die Angst vor seinem Tod nehmen und ihnen Hoffnung auf das neue Leben aus der Auferstehung machen. Auf diese Zeichen und die Abschiedsreden, die im hohepriesterlichen Gebet enden, konzentrieren sich die folgenden Auszüge aus dem Johannesevangelium.

▶ Im Griechischen steht: der Logos. Gottes Wort ist „logisch"; es macht Sinn.

 Je dunkler es hier um uns wird, desto mehr müssen wir das Herz öffnen für das Licht von oben.

EDITH STEIN

▶ Das Glaubenslied geht bis zur Schöpfungsgeschichte (Gen 1) und davor zurück. Jesus ist nicht irgendwann Gottes Sohn geworden; er ist es im Gegenteil von Anfang an; er ist Mensch geworden, um Gott zu den Menschen zu bringen. Deshalb kann im Glauben gesagt werden: An Jesus kann der Sinn der ganzen Schöpfung und der ganzen Geschichte abgelesen werden.

Das Lied vom Anfang: Gott wird Mensch (Joh 1,1–18)

1 ¹ Im Anfang war das Wort,
und das Wort war bei Gott,
und das Wort war Gott.
² Dieses war im Anfang bei Gott.
³ Alles ist durch das Wort geworden
und ohne es wurde nichts, was geworden ist.
⁴ In ihm war Leben und das Leben war das Licht der Menschen.
⁵ Und das Licht leuchtet in der Finsternis und die Finsternis hat es nicht erfasst.
⁶ Ein Mensch trat auf, von Gott gesandt; sein Name war Johannes.
⁷ Er kam als Zeuge, um Zeugnis abzulegen für das Licht, damit alle durch ihn zum Glauben kommen.
⁸ Er war nicht selbst das Licht, er sollte nur Zeugnis ablegen für das Licht.
⁹ Das wahre Licht, das jeden Menschen erleuchtet, kam in die Welt.
¹⁰ Er war in der Welt
und die Welt ist durch ihn geworden,
aber die Welt erkannte ihn nicht.
¹¹ Er kam in sein Eigentum,

▶ „Fleisch" heißt hier: ganz und gar Mensch, von der Geburt bis zum Tod.

„ Unser Warten auf den Himmel gleicht Zwillingen, die sich noch im Bauch ihrer Mutter befinden. „Gleich werden wir unsere Mutter sehen", sagt der eine Zwilling. „Wie kommst du denn auf diese Idee? Wo gibt es denn so etwas wie eine Mutter? Wir sind doch hier gut aufgehoben", sagt der andere. Mit dem Glauben ist es ähnlich: Wir können Gott nicht sehen und sind doch von ihm umgeben.

ROBERT SPAEMANN nach einer Geschichte von Henri J. M. Nouwen

aber die Seinen nahmen ihn nicht auf.
¹² Allen aber, die ihn aufnahmen,
gab er Macht, Kinder Gottes zu werden,
allen, die an seinen Namen glauben,
¹³ die nicht aus dem Blut,
nicht aus dem Willen des Fleisches,
nicht aus dem Willen des Mannes,
sondern aus Gott geboren sind.
¹⁴ Und das Wort ist Fleisch geworden
und hat unter uns gewohnt
und wir haben seine Herrlichkeit geschaut,
die Herrlichkeit des einzigen Sohnes vom Vater,
voll Gnade und Wahrheit.
¹⁵ Johannes legt Zeugnis für ihn ab und ruft: Dieser war es, über den ich gesagt habe: Er, der nach mir kommt, ist mir voraus, weil er vor mir war.
¹⁶ Aus seiner Fülle haben wir alle empfangen, Gnade über Gnade.
¹⁷ Denn das Gesetz wurde durch Mose gegeben,
die Gnade und die Wahrheit kamen durch Jesus Christus.
¹⁸ Niemand hat Gott je gesehen.
Der Einzige, der Gott ist und am Herzen des Vaters ruht, er hat Kunde gebracht.

Auf den Prolog folgt die Geschichte, wie Johannes der Täufer die Menschen auf den Messias vorbereitet und Jesus seine ersten Jünger findet (Joh 1,19–51).

Die Hochzeit zu Kana (Joh 2,1–12)

2 ¹ Am dritten Tag fand in Kana in Galiläa eine Hochzeit statt und die Mutter Jesu war dabei. ² Auch Jesus und seine Jünger waren zur Hochzeit eingeladen. ³ Als der Wein ausging, sagte die Mutter Jesu zu ihm: Sie haben keinen Wein mehr. ⁴ Jesus erwiderte ihr: Was willst du von mir, Frau? Meine Stunde ist noch nicht gekommen. ⁵ Seine Mutter sagte zu den Dienern: Was er euch sagt, das tut!

⁶ Es standen dort sechs steinerne Wasserkrüge, wie es der Reinigungssitte der Juden entsprach; jeder fasste ungefähr hundert Liter. ⁷ Jesus sagte zu den Dienern: Füllt die Krüge mit Wasser! Und sie füllten sie bis zum Rand. ⁸ Er sagte zu ihnen: Schöpft jetzt und bringt es dem, der für das Festmahl verantwortlich ist! Sie brachten es ihm. ⁹ Dieser kostete das Wasser, das zu Wein geworden war. Er wusste nicht, woher der Wein kam; die Diener aber, die das Wasser geschöpft hatten, wussten es. Da ließ er den Bräutigam rufen ¹⁰ und sagte zu ihm: Jeder setzt zuerst den guten Wein vor und erst, wenn die Gäste zu viel getrunken haben, den weniger

▶ Maria vermittelt zwischen Jesus und den Menschen: Sie macht sich die Sorge des Brautpaares zu eigen und weist die Diener an, auf Jesus zu hören. Darin hat die Theologie immer eine symbolische Beschreibung der Rolle gesehen, die Maria im Heilsplan Gottes spielt. Jesus erfüllt ihre Bitte.

💡 Stellt euch nur vor, dass die Gäste für den Rest des Festes Tee trinken müssen! Nein, das geht gar nicht!

PAPST FRANZISKUS, 14.2.2014 zu jungen Paaren, die sich auf die Hochzeit vorbereiten

guten. Du jedoch hast den guten Wein bis jetzt aufbewahrt. ¹¹ So tat Jesus sein erstes Zeichen, in Kana in Galiläa, und offenbarte seine Herrlichkeit und seine Jünger glaubten an ihn.

¹² Danach zog er mit seiner Mutter, seinen Brüdern und seinen Jüngern nach Kafarnaum hinab. Dort blieben sie einige Zeit.

▶ Jesus setzt nach dem Johannesevangelium sieben „Zeichen". Alle machen sichtbar, dass Gott den Menschen das ewige Leben schenkt und sie schon jetzt auf den Geschmack kommen lässt.

Johannes erzählt weiter von der Reinigung des Tempels (Joh 2,13–22), von einem nächtlichen Gespräch in Jerusalem mit Nikodemus, einem jüdischen Ratsherrn, über die Geburt zum ewigen Leben (Joh 3,1–21) und von einem mittäglichen Gespräch mit einer Samariterin am Jakobsbrunnen über die wahre Verehrung Gottes (Joh 4,1–42).

Die Heilung eines Kindes (Joh 4,43–54)

4 ⁴³ Nach diesen beiden Tagen ging er von dort nach Galiläa. ⁴⁴ Jesus selbst hatte nämlich bestätigt: Ein Prophet wird in seiner eigenen Heimat nicht geehrt.

⁴⁵ Als er nun nach Galiläa kam, nahmen ihn die Galiläer auf, weil sie alles gesehen hatten, was er in Jerusalem auf dem Fest getan hatte; denn auch sie waren zum Fest gekommen.

⁴⁶ Jesus kam wieder nach Kana in Galiläa, wo er das Wasser in Wein verwandelt hatte. In Kafarnaum lebte ein königlicher Beamter; dessen Sohn war krank.

⁴⁷ Als er hörte, dass Jesus von Judäa nach Galiläa gekommen war, suchte er ihn auf und bat ihn, herabzukommen und seinen Sohn zu

▶ Der Mann hat beim kleinen König von Galiläa, Herodes Antipas (Lk 3,1), gearbeitet.

> Was zunächst auffällt, wenn man das Evangelium betrachtet, ist die Bedeutung, die der Tatsache beigemessen wird, dass der Mensch krank ist, physisch krank.
>
> **ERIK PETERSON** (1890–1960), Theologe und Archäologe

▶ Der Vater tut alles für sein krankes Kind – wie gut. Jesus kommt dem Tod zuvor – umso besser. Der Sohn liebt, und der Vater glaubt – das ist das ganze Evangelium im Kleinen.

heilen; denn er lag im Sterben. ⁴⁸ Da sagte Jesus zu ihm: Wenn ihr nicht Zeichen und Wunder seht, glaubt ihr nicht.

⁴⁹ Der Beamte bat ihn: Herr, komm herab, ehe mein Kind stirbt! ⁵⁰ Jesus erwiderte ihm: Geh, dein Sohn lebt! Der Mann glaubte dem Wort, das Jesus zu ihm gesagt hatte, und machte sich auf den Weg. ⁵¹ Noch während er hinabging, kamen ihm seine Diener entgegen und sagten: Dein Junge lebt. ⁵² Da fragte er sie genau nach der Stunde, in der die Besserung eingetreten war. Sie antworteten: Gestern in der siebten Stunde ist das Fieber von ihm gewichen. ⁵³ Da erkannte der Vater, dass es genau zu der Stunde war, als Jesus zu ihm gesagt hatte: Dein Sohn lebt. Und er wurde gläubig mit seinem ganzen Haus.

⁵⁴ So tat Jesus sein zweites Zeichen, nachdem er von Judäa nach Galiläa gekommen war.

Jesus heilt einen Gelähmten (Joh 5,1–17)

5 ¹ Danach war ein Fest der Juden und Jesus ging hinauf nach Jerusalem. ² In Jerusalem gibt es beim Schaftor einen Teich, zu dem fünf Säulenhallen gehören; dieser Teich heißt auf Hebräisch Betesda. ³ In diesen Hallen lagen viele Kranke, darunter Blinde, Lahme und Verkrüppelte. [4]

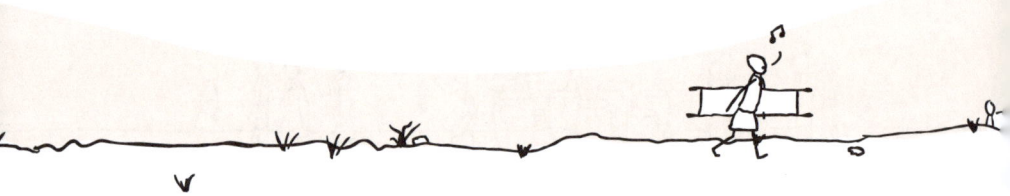

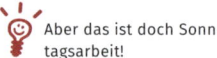

▶ Jesus heilt den Menschen von sich aus, in der Kraft Gottes selbst. Er ist nicht auf das Heilwasser angewiesen. Er nimmt auch niemandem den Platz weg. Es braucht nur sein Wort, und der Mann ist gesund.

💡 Aber das ist doch Sonntagsarbeit!

▶ Am Sabbat darf man nicht arbeiten (↗ Ex 20,8–10; Dtn 5,12–15). Gott selbst ruht (Gen 2,1–4). Aber er hält die Welt am Leben. Das macht Jesus mit seiner Heilung am Sabbat auch.

⁵ Dort lag auch ein Mann, der schon achtunddreißig Jahre krank war. ⁶ Als Jesus ihn dort liegen sah und erkannte, dass er schon lange krank war, fragte er ihn: Willst du gesund werden? ⁷ Der Kranke antwortete ihm: Herr, ich habe keinen Menschen, der mich, sobald das Wasser aufwallt, in den Teich trägt. Während ich mich hinschleppe, steigt schon ein anderer vor mir hinein. ⁸ Da sagte Jesus zu ihm: Steh auf, nimm deine Liege und geh! ⁹ Sofort wurde der Mann gesund, nahm seine Liege und ging.

Dieser Tag war aber ein Sabbat. ¹⁰ Da sagten die Juden zu dem Geheilten: Es ist Sabbat, du darfst deine Liege nicht tragen. ¹¹ Er erwiderte ihnen: Der mich gesund gemacht hat, sagte zu mir: Nimm deine Liege und geh! ¹² Sie fragten ihn: Wer ist denn der Mensch, der zu dir gesagt hat: Nimm deine Liege und geh? ¹³ Der Geheilte wusste aber nicht, wer es war. Jesus war nämlich weggegangen, weil dort eine große Menschenmenge zugegen war. ¹⁴ Danach traf ihn Jesus im Tempel und sagte zu ihm: Sieh, du bist gesund geworden; sündige nicht mehr, damit dir nicht noch Schlimmeres zustößt! ¹⁵ Der Mann ging fort und teilte den Juden mit, dass es Jesus war, der ihn gesund gemacht hatte. ¹⁶ Daraufhin verfolgten die Juden Jesus, weil er das an einem Sabbat getan hatte. ¹⁷ Jesus aber entgegnete ihnen: Mein Vater wirkt bis jetzt und auch ich wirke.

Heftiger Streit über die Sabbatheilung: Jesus wird vorgeworfen, sich das Recht Gottes angemaßt zu haben (Joh 5,18). Deshalb erklärt er in einer langen Rede, dass er in der Vollmacht Gottes handelt und dass er das Zeichen der Heilung gerade deshalb gesetzt hat, damit die Menschen erkennen, dass ihnen in Jesus Gott selbst begegnet (Joh 5,19–47).

Jesus gibt dem Volk zu essen (Joh 6,1–15)

6 ¹ Danach ging Jesus an das andere Ufer des Sees von Galiläa, der auch See von Tiberias heißt.
² Eine große Menschenmenge folgte ihm, weil sie die Zeichen sahen, die er an den Kranken tat. ³ Jesus stieg auf den Berg und setzte sich dort mit seinen Jüngern nieder. ⁴ Das Pascha, das Fest der Juden, war nahe.
⁵ Als Jesus aufblickte und sah, dass so viele Menschen zu ihm kamen, fragte er Philippus: Wo sollen wir Brot kaufen, damit diese Leute zu essen haben? ⁶ Das sagte er aber nur, um ihn auf die Probe zu stellen; denn er selbst wusste, was er tun wollte. ⁷ Philippus antwortete ihm: Brot für zweihundert Denare reicht nicht aus, wenn jeder von ihnen auch nur ein kleines Stück bekommen soll.

Auslöser dieses Brotwunders war ein einfacher kleiner Junge, der großzügig sein Essen zur Verfügung stellte. Auch ich habe Anteil an der Wirkkraft Gottes, ich kann Auslöser eines Wunders sein. Dazu muss ich mich Gott aber zur Verfügung stellen und einen konkreten Schritt tun. So macht sich die Kraft Gottes unter den Menschen sichtbar. Ich muss nur anfangen.

ANGELIKA

⁸ Einer seiner Jünger, Andreas, der Bruder des Simon Petrus, sagte zu ihm: ⁹ Hier ist ein kleiner Junge, der hat fünf Gerstenbrote und zwei Fische; doch was ist das für so viele?
¹⁰ Jesus sagte: Lasst die Leute sich setzen! Es gab dort nämlich viel Gras. Da setzten sie sich; es waren etwa fünftausend Männer. ¹¹ Dann nahm Jesus die Brote, sprach das Dankgebet und teilte an die Leute aus, so viel sie wollten; ebenso machte er es mit den Fischen.
¹² Als die Menge satt geworden war, sagte er zu seinen Jüngern: Sammelt die übrig gebliebenen Brocken, damit nichts verdirbt! ¹³ Sie sammelten und füllten zwölf Körbe mit den Brocken, die von den fünf Gerstenbroten nach dem Essen übrig waren.
¹⁴ Als die Menschen das Zeichen sahen, das er getan hatte, sagten sie: Das ist wirklich der Prophet, der in die Welt kommen soll.
¹⁵ Da erkannte Jesus, dass sie kommen würden, um ihn in ihre Gewalt zu bringen und zum König zu machen. Daher zog er sich wieder auf den Berg zurück, er allein.

99 Das Geheimnis aller Brotvermehrung heißt: teilen.

KYRILLA SPIEKER (1916–2008), Benediktinerin, Ärztin und Autorin

▶ Jesus wendet keinen Zaubertrick an. Er betet. Das ist seine Verbindung mit Gott, dem Vater. Aus dieser Verbindung kommt alles Leben.

Der wahre König hängt am Kreuz.

Jesus geht über das Wasser (Joh 6,16–21)

¹⁶ Als es aber Abend geworden war, gingen seine Jünger zum See hinab, ¹⁷ bestiegen ein Boot und fuhren über den See, auf Kafarnaum zu. Es war schon dunkel geworden und Jesus war noch nicht zu ihnen gekommen. ¹⁸ Da wurde der See durch einen heftigen Sturm aufgewühlt.
¹⁹ Als sie etwa fünfundzwanzig oder dreißig Stadien gefahren waren,

▶ Ein „Stadion" sind ca. 200 m. Die Jünger sind also 5 oder 6 km vom Ufer entfernt.

"Fürchte dich nicht!" –
365 Mal steht das in der
Bibel. Für jeden Tag des Jahres
einmal.

sahen sie, wie Jesus über den See kam und sich dem Boot näherte; und sie fürchteten sich. ²⁰ Er aber rief ihnen zu: Ich bin es; fürchtet euch nicht!

²¹ Sie wollten ihn zu sich in das Boot nehmen, aber schon war das Boot am Ufer, das sie erreichen wollten.

Es folgt eine lange Diskussion in der Synagoge von Kafarnaum (Joh 6,22–59): Jesus will den Menschen, die ihren irdischen Hunger stillen wollen, zeigen, dass sie Hunger nach Gott haben und dass er es ist, der diesen Hunger stillen kann: Ich bin das Brot des Lebens (Joh 6,35). Selbst im Jüngerkreis kommt es zur Spaltung (Joh 6,60–71), aber Petrus sagt: Herr, du hast Worte des ewigen Lebens (Joh 6,68).
Der Evangelist Johannes erzählt nach dieser Krise, wie Jesus wieder in Jerusalem das Wort Gottes verkündet und dort harte Debatten über seine Verkündigung und seine Person auslöst. Er offenbart sich als Licht der Welt (Joh 8,12).

Jesus heilt einen Menschen, der von Geburt an blind war (Joh 9,1–7)

Die Jünger sind in der volkstümlichen Vorstellung befangen, dass ein Kranker für seine eigene Schuld oder die seiner Eltern bestraft wird. Jesus aber stellt selbst klar: Das ist ein Trugschluss; Gott will, dass der blinde Mensch lebt; und er will, dass er geheilt wird.

9 ¹ Unterwegs sah Jesus einen Mann, der seit seiner Geburt blind war. ² Da fragten ihn seine Jünger: Rabbi, wer hat gesündigt? Er selbst oder seine Eltern, sodass er blind geboren wurde? ³ Jesus antwortete: Weder er noch seine Eltern haben gesündigt, sondern die Werke Gottes sollen an ihm offenbar werden. ⁴ Wir müssen, solange es Tag ist, die Werke dessen vollbringen, der mich gesandt hat; es kommt die Nacht, in der niemand mehr wirken kann. ⁵ Solange ich in der Welt bin, bin ich das Licht der Welt.

„Niemand ist so blind
wie die, die nicht sehen
wollen.

JONATHAN SWIFT (1667–1745),
irischer Schriftsteller

⁶ Als er dies gesagt hatte, spuckte er auf die Erde; dann machte er mit dem Speichel einen Teig, strich ihn dem Blinden auf die Augen ⁷ und sagte zu ihm: Geh und wasch dich in dem Teich Schiloach! Das heißt übersetzt: der Gesandte. Der Mann ging fort und wusch sich. Und als er zurückkam, konnte er sehen.

Es folgt ein erbitterter Streit, in den der Geheilte und seine Eltern hineingezogen werden (Joh 9,6–34). Der Streit dreht sich um Jesu Verhältnis zu Gott (Joh 9,35–41). Er selbst offenbart sich als der gute Hirte, der eins ist mit dem Vater (Joh 10).

Jesus erweckt Lazarus von den Toten (Joh 11,1–44)

Die Auferweckung des Lazarus ist das siebte und größte „Zeichen" Jesu. Es offenbart, dass Jesus nicht nur am Ende aller Tage die Toten auferwecken wird, sondern dass er das ewige Leben schon hier und jetzt wirkt: in der unzerstörbaren Liebe Gottes, die im Glauben angenommen wird.

11 ¹ Ein Mann war krank, Lazarus aus Betanien, dem Dorf der Maria und ihrer Schwester Marta. ² Maria war jene, die den Herrn mit Öl gesalbt und seine Füße mit ihren Haaren abgetrocknet hatte; deren Bruder Lazarus war krank. ³ Daher sandten die Schwestern Jesus die Nachricht: Herr, sieh: Der, den du liebst, er ist krank. ⁴ Als Jesus das hörte, sagte er: Diese Krankheit führt nicht zum Tod, sondern dient der Verherrlichung Gottes. Durch sie soll der Sohn Gottes verherrlicht werden. ⁵ Jesus liebte aber Marta, ihre Schwester und Lazarus. ⁶ Als er hörte, dass Lazarus krank war, blieb er noch zwei Tage an dem Ort, wo er sich aufhielt; ⁷ Danach sagte er zu den Jüngern: Lasst uns wieder nach Judäa gehen.

⁸ Die Jünger sagten zu ihm: Rabbi, eben noch suchten dich die Juden zu steinigen und du gehst wieder dorthin? ⁹ Jesus antwortete: Hat der Tag nicht zwölf Stunden? Wenn jemand am Tag umhergeht, stößt er nicht an, weil er das Licht dieser Welt sieht; ¹⁰ wenn aber jemand in der Nacht umhergeht, stößt er an, weil das Licht nicht in ihm ist. ¹¹ So sprach er.

Dann sagte er zu ihnen: Lazarus, unser Freund, schläft; aber ich gehe hin, um ihn aufzuwecken. ¹² Da sagten die Jünger zu ihm: Herr, wenn er schläft, dann wird er gesund werden. ¹³ Jesus hatte aber von seinem Tod gesprochen, während sie meinten, er spreche von dem gewöhnlichen Schlaf. ¹⁴ Darauf sagte ihnen Jesus unverhüllt: Lazarus ist gestorben. ¹⁵ Und ich freue mich für euch, dass ich nicht dort war; denn ich will, dass ihr glaubt. Doch wir wollen zu ihm gehen. ¹⁶ Da sagte Thomas, genannt Didymus, zu den anderen Jüngern: Lasst uns mit ihm gehen, um mit ihm zu sterben!

¹⁷ Als Jesus ankam, fand er Lazarus schon vier Tage im Grab liegen. ¹⁸ Betanien war nahe bei Jerusalem, etwa fünfzehn Stadien entfernt. ¹⁹ Viele Juden waren zu Marta und Maria gekommen, um sie wegen

▶ Judäa ist die Landschaft rund um Jerusalem. Betanien liegt etwa 3 km von Jerusalem entfernt.

💡 Lazarus war kein Scheintoter. Er war wirklich gestorben. Deshalb ist auch der auferweckte Lazarus kein Zombie, sondern ein echter Mensch.

▶ Didymus heißt: Zwilling.

ihres Bruders zu trösten. ²⁰ Als Marta hörte, dass Jesus komme, ging sie ihm entgegen, Maria aber blieb im Haus sitzen. ²¹ Marta sagte zu Jesus: Herr, wärst du hier gewesen, dann wäre mein Bruder nicht gestorben. ²² Aber auch jetzt weiß ich: Alles, worum du Gott bittest, wird Gott dir geben. ²³ Jesus sagte zu ihr: Dein Bruder wird auferstehen.

²⁴ Marta sagte zu ihm: Ich weiß, dass er auferstehen wird bei der Auferstehung am Jüngsten Tag. ²⁵ Jesus sagte zu ihr: Ich bin die Auferstehung und das Leben. Wer an mich glaubt, wird leben, auch wenn er stirbt, ²⁶ und jeder, der lebt und an mich glaubt, wird auf ewig nicht sterben. Glaubst du das? ²⁷ Marta sagte zu ihm: Ja, Herr, ich glaube, dass du der Christus bist, der Sohn Gottes, der in die Welt kommen soll. ²⁸ Nach diesen Worten ging sie weg, rief heimlich ihre Schwester Maria und sagte zu ihr: Der Meister ist da und lässt dich rufen.

²⁹ Als Maria das hörte, stand sie sofort auf und ging zu ihm. ³⁰ Denn Jesus war noch nicht in das Dorf gekommen; er war noch dort, wo ihn Marta getroffen hatte. ³¹ Die Juden, die bei Maria im Haus waren und sie trösteten, sahen, dass sie plötzlich aufstand und hinausging. Da folgten sie ihr, weil sie meinten, sie gehe zum Grab, um dort zu weinen. ³² Als Maria dorthin kam, wo Jesus war, und ihn sah, fiel sie ihm zu Füßen und sagte zu ihm: Herr, wärst du hier gewesen, dann wäre mein Bruder nicht gestorben. ³³ Als Jesus sah, wie sie weinte und wie auch die Juden weinten, die mit ihr gekommen waren, war er im Innersten erregt und erschüttert.

▶ Zur Zeit Jesu war man davon überzeugt, dass ein Mensch nach drei Tagen sicher tot ist.

▶ Marta geht voller Sorge Jesus entgegen. Sie wird von Jesus in ein Glaubensgespräch gezogen. Marta wird in mehreren Schritten zu einem tiefen Glaubensbekenntnis geführt. Sie ist eine entscheidende Zeugin des Wortes Gottes – aus der Liebe zu ihrem Bruder und der Freundschaft zu Jesus heraus.

❓ Freundschaftstränen sind die stärksten und wichtigsten Tränen. Sie zeigen, wer mich innerlich erschüttert, wer mich wahrhaft menschlich werden lässt. Wer hat für mich geweint, für wessen Glück weine ich?

DOMINIK MARKL

▶ Jesus zeigt Emotionen. Ihn lässt der Tod nicht kalt. Er will und wird zeigen, dass der Tod nicht das letzte Wort hat. Deshalb wird er Lazarus aus dem Grab rufen.

99 Heute lade ich euch ein, in Stille hier ein wenig nachzudenken: Wo sind meine toten Stellen im Herzen? Wo ist mein Grab? Welches ist die Stelle meines Herzens, die verderben kann, weil ich an Sünden hänge? Und dann den Stein wegrollen, den Stein der Scham, und zulassen, dass der Herr uns dasselbe sagt wie Lazarus: Komm heraus!

PAPST FRANZISKUS, 6.4.2014

³⁴ Er sagte: Wo habt ihr ihn bestattet? Sie sagten zu ihm: Herr, komm und sieh! ³⁵ Da weinte Jesus. ³⁶ Die Juden sagten: Seht, wie lieb er ihn hatte! ³⁷ Einige aber sagten: Wenn er dem Blinden die Augen geöffnet hat, hätte er dann nicht auch verhindern können, dass dieser hier starb? ³⁸ Da wurde Jesus wiederum innerlich erregt und er ging zum Grab. Es war eine Höhle, die mit einem Stein verschlossen war. ³⁹ Jesus sagte: Nehmt den Stein weg! Marta, die Schwester des Verstorbenen, sagte zu ihm: Herr, er riecht aber schon, denn es ist bereits der vierte Tag. ⁴⁰ Jesus sagte zu ihr: Habe ich dir nicht gesagt: Wenn du glaubst, wirst du die Herrlichkeit Gottes sehen? ⁴¹ Da nahmen sie den Stein weg.

Jesus aber erhob seine Augen und sprach: Vater, ich danke dir, dass du mich erhört hast. ⁴² Ich wusste, dass du mich immer erhörst; aber wegen der Menge, die um mich herumsteht, habe ich es gesagt, damit sie glauben, dass du mich gesandt hast.

⁴³ Nachdem er dies gesagt hatte, rief er mit lauter Stimme: Lazarus, komm heraus! ⁴⁴ Da kam der Verstorbene heraus; seine Füße und Hände waren mit Binden umwickelt und sein Gesicht war mit einem Schweißtuch verhüllt. Jesus sagte zu ihnen: Löst ihm die Binden und lasst ihn weggehen!

Johannes erzählt weiter, wie gerade diese Totenerweckung den Todesbeschluss des Hohen Rates auslöst (Joh 11,45–53), Jesus aber in Jerusalem und Umgebung auftritt, um seine öffentliche Verkündigung abzuschließen.

DER WEG DER PASSION INS EWIGE LEBEN (JOH 13,1 – 21,25)

▶ Dem jüdischen Paschafest entspricht das christliche Osterfest.

💡 Einem anderen die Füße zu waschen ist ein Dienst der Ehrerbietung, den oft Sklaven geleistet haben. Als Papst Franziskus am Gründonnerstag 2013 zwölf Jugendlichen im römischen Jugendgefängnis Casal del Marmo die Füße wusch, regten sich viele darüber auf. Dabei ist es einer der Ehrennamen des Papstes, „Diener der Diener Gottes" zu sein.

Jesus wäscht seinen Jüngern die Füße (Joh 13,1–20)

13 ¹ Es war vor dem Paschafest. Jesus wusste, dass seine Stunde gekommen war, um aus dieser Welt zum Vater hinüberzugehen. Da er die Seinen liebte, die in der Welt waren, liebte er sie bis zur Vollendung.

² Es fand ein Mahl statt und der Teufel hatte Judas, dem Sohn des Simon Iskariot, schon ins Herz gegeben, ihn auszuliefern. ³ Jesus, der wusste, dass ihm der Vater alles in die Hand gegeben hatte und dass er von Gott gekommen war und zu Gott zurückkehrte, ⁴ stand vom Mahl auf, legte sein Gewand ab und umgürtete sich mit einem Leinentuch. ⁵ Dann goss er Wasser in eine Schüssel und begann, den Jüngern die Füße zu waschen und mit dem Leinentuch abzutrocknen, mit dem er umgürtet war.

⁶ Als er zu Simon Petrus kam, sagte dieser zu ihm: Du, Herr, willst mir die Füße waschen? ⁷ Jesus sagte zu ihm: Was ich tue, verstehst du jetzt noch nicht; doch später wirst du es begreifen. ⁸ Petrus entgegnete ihm: Niemals sollst du mir die Füße waschen! Jesus erwiderte ihm:

Wenn ich dich nicht wasche, hast du keinen Anteil an mir. ⁹ Da sagte Simon Petrus zu ihm: Herr, dann nicht nur meine Füße, sondern auch die Hände und das Haupt. ¹⁰ Jesus sagte zu ihm: Wer vom Bad kommt, ist ganz rein und braucht sich nur noch die Füße zu waschen. Auch ihr seid rein, aber nicht alle.

¹¹ Er wusste nämlich, wer ihn ausliefern würde; darum sagte er: Ihr seid nicht alle rein.

¹² Als er ihnen die Füße gewaschen, sein Gewand wieder angelegt und Platz genommen hatte, sagte er zu ihnen: Begreift ihr, was ich an euch getan habe? ¹³ Ihr sagt zu mir Meister und Herr und ihr nennt mich mit Recht so; denn ich bin es. ¹⁴ Wenn nun ich, der Herr und Meister, euch die Füße gewaschen habe, dann müsst auch ihr einander die Füße waschen. ¹⁵ Ich habe euch ein Beispiel gegeben, damit auch ihr so handelt, wie ich an euch gehandelt habe. ¹⁶ Amen, amen, ich sage euch: Der Sklave ist nicht größer als sein Herr und der Abgesandte ist nicht größer als der, der ihn gesandt hat. ¹⁷ Wenn ihr das wisst – selig seid ihr, wenn ihr danach handelt.

¹⁸ Ich sage das nicht von euch allen. Ich weiß wohl, welche ich erwählt habe, aber das Schriftwort muss sich erfüllen: *Der mein Brot isst, hat seine Ferse gegen mich erhoben (Ps 41,10)*. ¹⁹ Ich sage es

▶ Im Gespräch mit Petrus hat Jesus die Fußwaschung als Zeichen der Heilsvermittlung gedeutet. Er ist der „Diakon", der durch die Hingabe seines Lebens die Jünger vom „Schmutz" der Sünde befreit und ihnen die „Reinheit" des ewigen Lebens schenkt. Im Gespräch mit seinen Jüngern stellt Jesus sich danach als Vorbild dar: In der Nachfolge Jesu sollen sie einander dienen: Sie sollen einander helfen, von der Sünde loszukommen und tiefer in die Gemeinschaft mit Gott und untereinander hineinzukommen.

▶ Eine Anspielung auf den Verräter Judas Iskariot.

euch schon jetzt, ehe es geschieht, damit ihr, wenn es geschehen ist, glaubt: Ich bin es. ²⁰ Amen, amen, ich sage euch: Wer einen aufnimmt, den ich senden werde, nimmt mich auf; wer aber mich aufnimmt, nimmt den auf, der mich gesandt hat.

Jesus identifiziert den Verräter (Joh 13,21–30)

²¹ Nach diesen Worten wurde Jesus im Geiste erschüttert und bezeugte: Amen, amen, ich sage euch: Einer von euch wird mich ausliefern. ²² Die Jünger blickten sich ratlos an, weil sie nicht wussten, wen er meinte. ²³ Einer von den Jüngern lag an der Seite Jesu; es war der, den Jesus liebte.

²⁴ Simon Petrus nickte ihm zu, er solle fragen, von wem Jesus spreche. ²⁵ Da lehnte sich dieser zurück an die Brust Jesu und fragte ihn: Herr, wer ist es? ²⁶ Jesus antwortete: Der ist es, dem ich den Bissen Brot, den ich eintauche, geben werde. Dann tauchte er das Brot ein, nahm es und gab es Judas, dem Sohn des Simon Iskariot. ²⁷ Als Judas den Bissen Brot genommen hatte, fuhr der Satan in ihn. Jesus sagte zu ihm: Was du tun willst, das tue bald! ²⁸ Aber keiner der Anwesenden verstand, warum er ihm das sagte. ²⁹ Weil Judas die Kasse hatte, meinten einige, Jesus wolle ihm sagen: Kaufe, was wir zum Fest brauchen! oder Jesus trage ihm auf, den Armen etwas zu geben. ³⁰ Als Judas den Bissen Brot genommen hatte, ging er sofort hinaus. Es war aber Nacht.

„ Keine Sünde ist zu groß, um nicht vergeben zu werden! Die Tatsache, dass wir eine bewegte Vergangenheit haben, darf uns nicht abschrecken. Sie wird zu einem Schmuckstück, wenn wir sie Gott geben, um den Trost der Vergebung zu empfangen.

ALBINO LUCIANI (Papst Johannes Paul I.) (1912–1978)

▶ Der Verrat des Judas wird nicht erklärt. Seine Motive bleiben im Dunkeln. Gott hat aus der menschlichen Schuld das Beste gemacht: die Erlösung vom Bösen.

Das Liebesgebot (Joh 13,31–35)

▶ Jesus ist der Menschensohn. Seine Verherrlichung ist die Ehre, die ihm durch die Auferstehung zuteilwird – zum Heil aller Menschen.

³¹ Als Judas hinausgegangen war, sagte Jesus: Jetzt ist der Menschensohn verherrlicht und Gott ist in ihm verherrlicht. ³² Wenn Gott in ihm verherrlicht ist, wird auch Gott ihn in sich verherrlichen und er wird ihn bald verherrlichen. ³³ Meine Kinder, ich bin nur noch kurze Zeit bei euch. Ihr werdet mich suchen, und was ich den Juden gesagt habe, sage ich jetzt auch euch: Wohin ich gehe, dorthin könnt ihr nicht gelangen. ³⁴ Ein neues Gebot gebe ich euch: Liebt einander! Wie ich euch geliebt habe, so sollt auch ihr einander lieben.

▶ Das Liebesgebot steht bereits im Alten Testament. Neu ist sein Bezug auf die Jüngergemeinde (↗ 1 Joh 2,7–11; 4,7–21).

³⁵ Daran werden alle erkennen, dass ihr meine Jünger seid: wenn ihr einander liebt.

Petrus wird Jesus verleugnen (Joh 13,36–38)

▶ Hier spielt Jesus auf das Martyrium des Petrus an (↗ Joh 21,19f.).

³⁶ Simon Petrus fragte ihn: Herr, wohin gehst du? Jesus antwortete ihm: Wohin ich gehe, dorthin kannst du mir jetzt nicht folgen. Du wirst mir aber später folgen. ³⁷ Petrus sagte zu ihm: Herr, warum kann ich dir jetzt nicht folgen? Mein Leben will ich für dich hingeben. ³⁸ Jesus entgegnete: Du willst für mich dein Leben hingeben? Amen, amen, ich sage dir: Noch ehe der Hahn kräht, wirst du mich dreimal verleugnen.

DER ABSCHIED JESU VON SEINEN JÜNGERN (JOH 14)

Jesus geht zum Vater (Joh 14,1–7)

▶ Das Haus Gottes mit vielen Wohnungen – das ist ein altes Bild für die Fülle des ewigen Lebens.

14 ¹ Euer Herz lasse sich nicht verwirren. Glaubt an Gott und glaubt an mich! ² Im Haus meines Vaters gibt es viele Wohnungen. Wenn es nicht so wäre, hätte ich euch dann gesagt: Ich gehe, um einen Platz für euch vorzubereiten? ³ Wenn ich gegangen bin und einen Platz für euch vorbereitet habe, komme ich wieder und werde euch zu mir holen, damit auch ihr dort seid, wo ich bin. ⁴ Und wohin ich gehe – den Weg dorthin kennt ihr.

▶ Jesus sagt nicht nur die Wahrheit; er tritt für sie mit seiner ganzen Person ein. Er verspricht nicht nur das Leben, sondern schenkt es. Deshalb ist er nicht ein, sondern der Weg. Dass Gottes Liebe unbedingt gilt – dafür tritt Jesus mit seinem Leben ein; dafür gibt er sein Wort. Sein Weg schließt niemanden aus, sondern führt alle zu Gott.

⁵ Thomas sagte zu ihm: Herr, wir wissen nicht, wohin du gehst. Wie können wir dann den Weg kennen? ⁶ Jesus sagte zu ihm: Ich bin der Weg und die Wahrheit und das Leben; niemand kommt zum Vater außer durch mich. ⁷ Wenn ihr mich erkannt habt, werdet ihr auch meinen Vater erkennen. Schon jetzt kennt ihr ihn und habt ihn gesehen.

Jesus verbindet seine Jünger mit Gott (Joh 14,8–14)

⁸ Philippus sagte zu ihm: Herr, zeig uns den Vater; das genügt uns. ⁹ Jesus sagte zu ihm: Schon so lange bin ich bei euch und du hast mich nicht erkannt, Philippus? Wer mich gesehen hat, hat den Vater gesehen. Wie kannst du sagen: Zeig uns den Vater? ¹⁰ Glaubst du nicht, dass ich im Vater bin und dass der Vater in mir ist? Die Worte, die

DIE SIEBEN ICH-BIN-WORTE JESU

Ich bin das Brot des Lebens. Joh 6,35

Ich bin das Licht der Welt. Joh 8,12

Ich bin die Tür. Joh 10,7.9

Ich bin der gute Hirt. Joh 10,11.14

Ich bin die Auferstehung und das Leben. Joh 11,25

Ich bin der Weg und die Wahrheit und das Leben. Joh 14,6

Ich bin der wahre Weinstock. Joh 15,1

ich zu euch sage, habe ich nicht aus mir selbst. Der Vater, der in mir bleibt, vollbringt seine Werke. ¹¹ Glaubt mir doch, dass ich im Vater bin und dass der Vater in mir ist; wenn nicht, dann glaubt aufgrund eben dieser Werke! ¹² Amen, amen, ich sage euch: Wer an mich glaubt, wird die Werke, die ich vollbringe, auch vollbringen und er wird noch größere als diese vollbringen, denn ich gehe zum Vater.

¹³ Alles, um was ihr in meinem Namen bitten werdet, werde ich tun, damit der Vater im Sohn verherrlicht wird. ¹⁴ Wenn ihr mich um etwas in meinem Namen bitten werdet, werde ich es tun.

▶ Die „größeren" Werke sind die der Mission, die sich nach Ostern – bis heute – in aller Welt abspielen, um Menschen in der Kraft des Geistes für Jesus und durch ihn für Gott zu gewinnen.

Jesus verheißt seinen Jüngern den Heiligen Geist (Joh 14,15–20)

¹⁵ Wenn ihr mich liebt, werdet ihr meine Gebote halten. ¹⁶ Und ich werde den Vater bitten und er wird euch einen anderen Beistand geben, der für immer bei euch bleiben soll, ¹⁷ den Geist der Wahrheit, den die Welt nicht empfangen kann, weil sie ihn nicht sieht und nicht kennt.

Ihr aber kennt ihn, weil er bei euch bleibt und in euch sein wird. ¹⁸ Ich werde euch nicht als Waisen zurücklassen, ich komme zu euch. ¹⁹ Nur noch kurze Zeit und die Welt sieht mich nicht mehr; ihr aber seht mich, weil ich lebe und auch ihr leben werdet. ²⁰ An jenem Tag werdet ihr erkennen: Ich bin in meinem Vater, ihr seid in mir und ich bin in euch.

▶ Der „Beistand" – auch „Tröster" oder „Anwalt" – ist die große Hilfe für die Jünger in der Welt. Er schärft die Erinnerung an Jesus (Joh 14,26), befähigt zum Zeugnis (Joh 15,26f.) und führt „in die ganze Wahrheit" ein (Joh 16,13).

Leg mich wie ein Siegel auf dein Herz, wie ein Siegel an deinen Arm, denn stark wie der Tod ist die Liebe, die Leidenschaft ist hart wie die Unterwelt! Ihre Gluten sind Feuergluten, gewaltige Flammen. Mächtige Wasser können die Liebe nicht löschen, auch Ströme schwemmen sie nicht hinweg. Böte einer für die Liebe den ganzen Reichtum seines Hauses, nur verachten würde man ihn.

Hld 8,6–7

 Ich hatte einmal die Freude mit einem Ordensmann durch die Berge zu fahren. Als wir die Landschaft bestaunen durften, meinte er dann, wie es wohl im Himmel sein würde, wenn schon die Erde solche Schönheit biete. Das hat mich wirklich zum Nachdenken gebracht. Wenn uns Gott schon hier so beschenkt, wie wird dann erst der Himmel aussehen?

MAGNUS

Auf die Liebe kommt es an (Joh 14,21–26)

²¹ Wer meine Gebote hat und sie hält, der ist es, der mich liebt; wer mich aber liebt, wird von meinem Vater geliebt werden und auch ich werde ihn lieben und mich ihm offenbaren. ²² Judas – nicht der Iskariot – fragte ihn: Herr, wie kommt es, dass du dich nur uns offenbaren willst und nicht der Welt? ²³ Jesus antwortete ihm: Wenn jemand mich liebt, wird er mein Wort halten; mein Vater wird ihn lieben und wir werden zu ihm kommen und bei ihm Wohnung nehmen. ²⁴ Wer mich nicht liebt, hält meine Worte nicht. Und das Wort, das ihr hört, stammt nicht von mir, sondern vom Vater, der mich gesandt hat. ²⁵ Das habe ich zu euch gesagt, während ich noch bei euch bin. ²⁶ Der Beistand aber, der Heilige Geist, den der Vater in meinem Namen senden wird, der wird euch alles lehren und euch an alles erinnern, was ich euch gesagt habe.

Frieden hinterlasse ich euch! (Joh 14,27–31)

²⁷ Frieden hinterlasse ich euch, meinen Frieden gebe ich euch; nicht, wie die Welt ihn gibt, gebe ich ihn euch. Euer Herz beunruhige sich nicht und verzage nicht.

²⁸ Ihr habt gehört, dass ich zu euch sagte: Ich gehe fort und komme wieder zu euch.

▶ Der „Herrscher der Welt" ist der Teufel, den Jesus aus der Welt vertreibt (Joh 12,31f.)

Gott hört niemals auf, der Vater seiner Kinder zu sein.

ANTONIUS VON PADUA

Wenn ihr mich liebtet, würdet ihr euch freuen, dass ich zum Vater gehe; denn der Vater ist größer als ich. ²⁹ Jetzt schon habe ich es euch gesagt, bevor es geschieht, damit ihr, wenn es geschieht, zum Glauben kommt. ³⁰ Ich werde nicht mehr viel zu euch sagen; denn es kommt der Herrscher der Welt.

Über mich hat er keine Macht, ³¹ aber die Welt soll erkennen, dass ich den Vater liebe und so handle, wie es mir der Vater aufgetragen hat. Steht auf, wir wollen von hier weggehen!

Es folgt eine weitere Abschiedsrede, die das Thema der ersten vertieft (Joh 15–16).

▶ Die „Welt" ist zwar Gottes Schöpfung, aber auch ein Ort des Widerstandes gegen Gott und das Gute. Jesus kommt nicht aus der Welt, sondern von Gott; er bleibt nicht in der Welt, sondern geht zum Vater. Die Jünger leben in der Welt.

▶ Jesus ist Priester. Er versöhnt die Menschen mit Gott. Deshalb betet er für das Heil der Welt.

DAS HOHEPRIESTERLICHE GEBET (JOH 17,1–26)

Die Eröffnung des Gebetes (Joh 17,1–4)

17 ¹ Dies sprach Jesus. Und er erhob seine Augen zum Himmel und sagte: Vater, die Stunde ist gekommen. Verherrliche deinen Sohn, damit der Sohn dich verherrlicht! ² Denn du hast ihm Macht über alle Menschen gegeben, damit er allen, die du ihm gegeben hast, ewiges Leben schenkt. ³ Das aber ist das ewige Leben: dass sie dich, den einzigen wahren Gott, erkennen und den du gesandt hast, Jesus Christus. ⁴ Ich habe dich auf der Erde verherrlicht und das Werk zu Ende geführt, das du mir aufgetragen hast.

Jesus bittet für sich selbst: (Joh 17,5–8)

⁵ Jetzt verherrliche du mich, Vater, bei dir mit der Herrlichkeit, die ich bei dir hatte, bevor die Welt war! ⁶ Ich habe deinen Namen den Menschen offenbart, die du mir aus der Welt gegeben hast. Sie gehörten dir und du hast sie mir gegeben und sie haben dein Wort bewahrt. ⁷ Sie haben jetzt erkannt, dass alles, was du mir gegeben hast, von dir ist. ⁸ Denn die Worte, die du mir gabst, habe ich ihnen gegeben und sie haben sie angenommen. Sie haben wahrhaftig erkannt, dass ich von dir ausgegangen bin, und sie sind zu dem Glauben gekommen, dass du mich gesandt hast.

Jesus bittet für seine Jünger: (Joh 17,9–19)

⁹ Für sie bitte ich; nicht für die Welt bitte ich, sondern für alle, die du mir gegeben hast; denn sie gehören dir. ¹⁰ Alles, was mein ist, ist dein, und was dein ist, ist mein; in ihnen ich verherrlicht. ¹¹ Ich bin nicht mehr in der Welt, aber sie sind in der Welt und ich komme zu dir.

Heiliger Vater, bewahre sie in deinem Namen, den du mir gegeben hast, damit sie eins sind wie wir! ¹² Solange ich bei ihnen war, bewahrte ich sie in deinem Namen, den du mir gegeben hast. Und ich habe sie behütet und keiner von ihnen ging verloren, außer dem Sohn des Verderbens, damit sich die Schrift erfüllte.

> 99 Um ihrem eigentlichen Auftrag zu genügen, muss die Kirche immer wieder die Anstrengung unternehmen, sich von der Weltlichkeit der Welt zu lösen. Sie folgt damit den Worten Jesu nach: „Sie sind nicht von der Welt, wie auch ich nicht von der Welt bin" (Joh 17,16). ... Das missionarische Zeugnis der entweltlichten Kirche tritt klarer zutage. Die von ihrer materiellen und politischen Last befreite Kirche kann sich besser und auf wahrhaft christliche Weise der ganzen Welt zuwenden, wirklich weltoffen sein.
> **PAPST BENEDIKT XVI.**, Freiburger Rede, 24.9.2011

> ▶ Mit dem „Sohn des Verderbens" ist Judas Iskariot gemeint (Joh 13,18.27.29).

¹³ Aber jetzt komme ich zu dir und rede dies noch in der Welt, damit sie meine Freude in Fülle in sich haben. ¹⁴ Ich habe ihnen dein Wort gegeben und die Welt hat sie gehasst, weil sie nicht von der Welt sind, wie auch ich nicht von der Welt bin. ¹⁵ Ich bitte nicht, dass du sie aus der Welt nimmst, sondern dass du sie vor dem Bösen bewahrst. ¹⁶ Sie sind nicht von der Welt, wie auch ich nicht von der Welt bin. ¹⁷ Heilige sie in der Wahrheit; dein Wort ist Wahrheit. ¹⁸ Wie du mich in die Welt gesandt hast, so habe auch ich sie in die Welt gesandt. ¹⁹ Und ich heilige mich für sie, damit auch sie in der Wahrheit geheiligt sind.

> 💡 Heiligen = heil machen. Jesus bittet den Vater um eine Art Update an unserer inneren Software.

Jesus bittet für alle Glaubenden: (Joh 17,20–26)

²⁰ Ich bitte nicht nur für diese hier, sondern auch für alle, die durch ihr Wort an mich glauben. ²¹ Alle sollen eins sein: Wie du, Vater, in mir bist und ich in dir bin, sollen auch sie in uns sein, damit die Welt glaubt, dass du mich gesandt hast. ²² Und ich habe ihnen die Herrlichkeit gegeben, die du mir gegeben hast, damit sie eins sind, wie wir eins sind, ²³ ich in ihnen und du in mir. So sollen sie vollendet sein in der Einheit, damit die Welt erkennt, dass du mich gesandt hast und sie ebenso geliebt hast, wie du mich geliebt hast.

²⁴ Vater, ich will, dass alle, die du mir gegeben hast, dort bei mir sind, wo ich bin. Sie sollen meine Herrlichkeit sehen, die du mir gegeben hast, weil du mich schon geliebt hast vor Grundlegung der Welt. ²⁵ Ge-

> 99 Als wir zur Zeit des Zweiten Weltkriegs in Trient den Bombenhagel erlebten, öffneten wir das kleine Evangelium, das wir in den Luftschutzbunker mitgenommen hatten, nach dem Zufallsprinzip und trafen auf die Stelle des Testamentes Jesu: „Alle sollen eins sein: Wie du, Vater, in mir bist und ich in dir bin." Diese Worte waren uns bisher so gut wie unbekannt gewesen. Nun leuchteten sie vor uns auf wie Sterne. Wir spürten, dass wir dafür geboren waren! ... Wir waren uns sicher, dass Gott aus unserem Leben ein göttliches Abenteuer machen wollte.
> **CHIARA LUBICH** (1920–2008), Gründerin der Fokolarbewegung

„Ich liebe dich": das sagt Gott zu mir – und zu dir – und zu uns und zu allen Menschen. Ich brauche nur zu antworten: Ja, ich liebe dich auch. Dann ist alles gut.

„Dies ist das größte Ereignis in der Geschichte der Welt seit den Tagen der Schöpfung", soll Nixon gesagt haben, als die Astronauten von der ersten Mondlandung zurückkehrten. Entweder war Nixon kein Christ – oder er hat die Auferstehung vergessen.

▶ Der erste Tag der Woche ist der Sonntag, der Tag nach dem Sabbat.

▶ Der „andere Jünger" ist der „Jünger, den Jesus liebte" (↗ Joh 13,23).

rechter Vater, die Welt hat dich nicht erkannt, ich aber habe dich erkannt und sie haben erkannt, dass du mich gesandt hast. ²⁶ Ich habe ihnen deinen Namen kundgetan und werde ihn kundtun, damit die Liebe, mit der du mich geliebt hast, in ihnen ist und ich in ihnen bin.

Bei Johannes folgt die Passionsgeschichte, die zahlreiche Gemeinsamkeiten mit den Passionsgeschichten der Synoptiker Matthäus, Markus und Lukas, aber auch zahlreiche Unterschiede aufweist (Joh 18,1–19,42).

DAS OSTEREVANGELIUM (JOH 20,1–21,25)

Der Wettlauf zum leeren Grab (Joh 20,1–10)

20 ¹ Am ersten Tag der Woche kam Maria von Magdala frühmorgens, als es noch dunkel war, zum Grab und sah, dass der Stein vom Grab weggenommen war.

² Da lief sie schnell zu Simon Petrus und dem anderen Jünger, den Jesus liebte, und sagte zu ihnen: Sie haben den Herrn aus dem Grab weggenommen und wir wissen nicht, wohin sie ihn gelegt haben.

³ Da gingen Petrus und der andere Jünger hinaus und kamen zum Grab; ⁴ sie liefen beide zusammen, aber weil der andere Jünger schneller war als Petrus, kam er als Erster ans Grab. ⁵ Er beugte sich vor und sah die Leinenbinden liegen, ging jedoch nicht hinein.

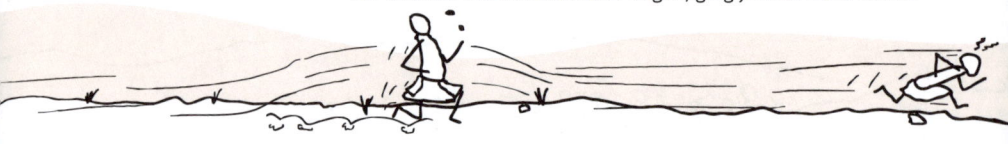

▶ Der Glaube ist ein Weg. Der Lieblingsjünger kommt, anders als Petrus, schon im leeren Grab zum Glauben. Aber er braucht noch den Blick auf die Reliquien. Tiefer ist der Glaube, der auf der Heiligen Schrift gründet.

99 Wer Ostern kennt, kann nicht verzweifeln.
DIETRICH BONHOEFFER

▶ Die naheliegende Erklärung für das leere Grab ist, dass der Leichnam beiseitegeschafft wurde. Maria Magdalena gibt sich mit ihr aber nicht zufrieden, sondern fragt nach.

⁶ Da kam auch Simon Petrus, der ihm gefolgt war, und ging in das Grab hinein. Er sah die Leinenbinden liegen ⁷ und das Schweißtuch, das auf dem Haupt Jesu gelegen hatte; es lag aber nicht bei den Leinenbinden, sondern zusammengebunden daneben an einer besonderen Stelle.

⁸ Da ging auch der andere Jünger, der als Erster an das Grab gekommen war, hinein; er sah und glaubte. ⁹ Denn sie hatten noch nicht die Schrift verstanden, dass er von den Toten auferstehen müsse. ¹⁰ Dann kehrten die Jünger wieder nach Hause zurück.

Jesus erscheint Maria aus Magdala: (Joh 20,11–18)

¹¹ Maria aber stand draußen vor dem Grab und weinte. Während sie weinte, beugte sie sich in die Grabkammer hinein. ¹² Da sah sie zwei Engel in weißen Gewändern sitzen, den einen dort, wo der Kopf, den anderen dort, wo die Füße des Leichnams Jesu gelegen hatten. ¹³ Diese sagten zu ihr: Frau, warum weinst du? Sie antwortete ihnen: Sie haben meinen Herrn weggenommen und ich weiß nicht, wohin sie ihn gelegt haben.

¹⁴ Als sie das gesagt hatte, wandte sie sich um und sah Jesus dastehen, wusste aber nicht, dass es Jesus war. ¹⁵ Jesus sagte zu ihr: Frau, warum weinst du? Wen suchst du? Sie meinte, es sei der Gärtner, und sagte zu ihm: Herr, wenn du ihn weggebracht hast, sag mir, wohin du ihn gelegt hast! Dann will ich ihn holen.

¹⁶ Jesus sagte zu ihr: Maria! Da wandte sie sich um und sagte auf Hebräisch zu ihm: Rabbuni!, das heißt: Meister. ¹⁷ Jesus sagte zu ihr: Halte mich nicht fest; denn ich bin noch nicht zum Vater hinaufgegangen. Geh aber zu meinen Brüdern und sag ihnen: Ich gehe hinauf zu meinem Vater und eurem Vater, zu meinem Gott und eurem Gott. ¹⁸ Maria von Magdala kam zu den Jüngern und verkündete ihnen: Ich habe den Herrn gesehen. Und sie berichtete, was er ihr gesagt hatte.

▶ Die Szene des Erkennens ist ganz vorsichtig und intensiv geschildert. Es gibt kein Spektakel. Jesus ruft Maria bei ihrem Namen, so kann sie ihn erkennen und zur Apostolin der Apostel werden.

Jesus sendet seine Jünger (Joh 20,19–23)

¹⁹ Am Abend dieses ersten Tages der Woche, als die Jünger aus Furcht vor den Juden bei verschlossenen Türen beisammen waren, kam Jesus, trat in ihre Mitte und sagte zu ihnen: Friede sei mit euch! ²⁰ Nach diesen Worten zeigte er ihnen seine Hände und seine Seite. Da freuten sich die Jünger, als sie den Herrn sahen. ²¹ Jesus sagte noch einmal zu ihnen: Friede sei mit euch! Wie mich der Vater gesandt hat, so sende ich euch. ²² Nachdem er das gesagt hatte, hauchte er sie an und sagte zu ihnen: Empfangt den Heiligen Geist! ²³ Denen ihr die Sünden erlasst, denen sind sie erlassen; denen ihr sie behaltet, sind sie behalten.

▶ Die Sendung der Jünger durch Jesus, die vor Ostern begründet worden ist, wird nach Ostern fortgesetzt. Jesus selbst gibt seinen Jüngern seinen Geist. Sie sollen die Menschen von ihren Sünden befreien, aber auch das Unrecht klar beim Namen nennen.

Jesus führt Thomas zum Glauben (Joh 20,24–29)

²⁴ Thomas, der Didymus genannt wurde, einer der Zwölf, war nicht bei ihnen, als Jesus kam. ²⁵ Die anderen Jünger sagten zu ihm: Wir haben den Herrn gesehen. Er entgegnete ihnen: Wenn ich nicht das Mal der Nägel an seinen Händen sehe und wenn ich meinen Finger nicht in das Mal der Nägel und meine Hand nicht in seine Seite lege, glaube ich nicht. ²⁶ Acht Tage darauf waren seine Jünger wieder drinnen versammelt und Thomas war dabei. Da kam Jesus bei verschlossenen Türen, trat in ihre Mitte und sagte: Friede sei mit euch! ²⁷ Dann sagte er zu Thomas: Streck deinen Finger hierher aus und sieh meine Hände! Streck deine Hand aus und leg sie in meine Seite und sei nicht ungläubig, sondern gläubig! ²⁸ Thomas antwortete und sagte zu ihm: Mein Herr und mein Gott! ²⁹ Jesus sagte zu ihm: Weil du mich gesehen hast, glaubst du. Selig sind, die nicht sehen und doch glauben.

▶ Ob Thomas Jesus wirklich berührt hat, wird nicht gesagt. Es zählt die Bereitschaft Jesu. Als Auferstandener trägt er noch immer die Wundmale. Das Kreuz ist nicht Vergangenheit; es bleibt Gegenwart. Es ist der auferstandene Gekreuzigte, der Thomas zum Glauben führt.

Eine Regieanmerkung des Evangelisten (Joh 20,30–31)

³⁰ Noch viele andere Zeichen hat Jesus vor den Augen seiner Jünger getan, die in diesem Buch nicht aufgeschrieben sind. ³¹ Diese aber sind aufgeschrieben, damit ihr glaubt, dass Jesus der Christus ist, der Sohn Gottes, und damit ihr durch den Glauben Leben habt in seinem Namen.

Y → 21, 22
Glaube – was ist das?
Glauben – wie geht das?

▶ Wenn auch niemand mehr den Auferstandenen leibhaftig sehen kann: das Buch des Evangeliums kann man lesen und so zum Glauben kommen.

Wenn du betest, sprichst du zu Gott. Wenn du die Bibel liest, spricht Gott zu dir.

AUGUSTINUS

Der reiche Fischfang (Joh 21,1–14)

21 ¹ Danach offenbarte sich Jesus den Jüngern noch einmal, am See von Tiberias, und er offenbarte sich in folgender Weise. ² Simon Petrus, Thomas, genannt Didymus, Natanaël aus Kana in Galiläa, die Söhne des Zebedäus und zwei andere von seinen Jüngern waren zusammen. ³ Simon Petrus sagte zu ihnen: Ich gehe fischen. Sie sagten zu ihm: Wir kommen auch mit. Sie gingen hinaus und stiegen in das Boot. Aber in dieser Nacht fingen sie nichts.

⁴ Als es schon Morgen wurde, stand Jesus am Ufer. Doch die Jünger wussten nicht, dass es Jesus war. ⁵ Jesus sagte zu ihnen: Meine Kinder, habt ihr keinen Fisch zu essen? Sie antworteten ihm: Nein. ⁶ Er aber sagte zu ihnen: Werft das Netz auf der rechten Seite des Bootes aus und ihr werdet etwas finden. Sie warfen das Netz aus und konnten es nicht wieder einholen, so voller Fische war es.

⁷ Da sagte der Jünger, den Jesus liebte, zu Petrus: Es ist der Herr! Als Simon Petrus hörte, dass es der Herr sei, gürtete er sich das Obergewand um, weil er nackt war, und sprang in den See. ⁸ Dann kamen

die anderen Jünger mit dem Boot – sie waren nämlich nicht weit vom Land entfernt, nur etwa zweihundert Ellen – und zogen das Netz mit den Fischen hinter sich her.

⁹ Als sie an Land gingen, sahen sie am Boden ein Kohlenfeuer und darauf Fisch und Brot liegen. ¹⁰ Jesus sagte zu ihnen: Bringt von den Fischen, die ihr gerade gefangen habt! ¹¹ Da stieg Simon Petrus ans Ufer und zog das Netz an Land. Es war mit hundertdreiundfünfzig großen Fischen gefüllt, und obwohl es so viele waren, zerriss das Netz nicht.

¹² Jesus sagte zu ihnen: Kommt her und esst! Keiner von den Jüngern wagte ihn zu befragen: Wer bist du? Denn sie wussten, dass es der Herr war. ¹³ Jesus trat heran, nahm das Brot und gab es ihnen, ebenso den Fisch.

¹⁴ Dies war schon das dritte Mal, dass Jesus sich den Jüngern offenbarte, seit er von den Toten auferstanden war.

Liebst du mich? (Joh 21,15–19)

¹⁵ Als sie gegessen hatten, sagte Jesus zu Simon Petrus: Simon, Sohn des Johannes, liebst du mich mehr als diese? Er antwortete ihm: Ja, Herr, du weißt, dass ich dich liebe. Jesus sagte zu ihm: Weide meine Lämmer! ¹⁶ Zum zweiten Mal fragte er ihn: Simon, Sohn des Johannes, liebst du mich? Er antwortete ihm: Ja, Herr, du weißt, dass ich dich lie-

„ Gestern habe ich das 60. Jubiläum des Tages begangen, an dem ich die Stimme Jesu in meinem Herzen vernommen habe. Das sage ich nicht, damit ihr mir eine Torte backt, nein … Warum sage ich das? Weil ich mich wie Tarzan fühle und die Kraft habe voranzugehen? Nein, ich habe es nicht bereut, weil ich immer, auch in den dunkelsten Augenblicken, in den Augenblicken der Sünde, in den Augenblicken der Schwäche, in den Augenblicken des Scheiterns, auf Jesus geschaut und ihm vertraut habe, und er hat mich nicht allein gelassen.

PAPST FRANZISKUS an die Jugendlichen von Sardinien, 22.9.2013

be. Jesus sagte zu ihm: Weide meine Schafe! [17] Zum dritten Mal fragte er ihn: Simon, Sohn des Johannes, liebst du mich? Da wurde Petrus traurig, weil Jesus ihn zum dritten Mal gefragt hatte: Liebst du mich? Er gab ihm zur Antwort: Herr, du weißt alles; du weißt, dass ich dich liebe. Jesus sagte zu ihm: Weide meine Schafe! [18] Amen, amen, ich sage dir: Als du jünger warst, hast du dich selbst gegürtet und gingst, wohin du wolltest. Wenn du aber alt geworden bist, wirst du deine Hände ausstrecken und ein anderer wird dich gürten und dich führen, wohin du nicht willst. [19] Das sagte Jesus, um anzudeuten, durch welchen Tod er Gott verherrlichen werde. Nach diesen Worten sagte er zu ihm: Folge mir nach!

Was wird aus dem Lieblingsjünger? (Joh 21,20–23)

[20] Petrus wandte sich um und sah den Jünger folgen, den Jesus liebte und der beim Abendmahl an seiner Brust gelegen und ihm gesagt hatte: Herr, wer ist es, der dich ausliefert? [21] Als Petrus diesen sah, sagte er zu Jesus: Herr, was wird denn mit ihm? [22] Jesus sagte zu ihm:

▶ Petrus wird dreimal nach seiner Liebe zu Jesus gefragt, weil er ihn dreimal verleugnet hat (Joh 18,12–27).

Es gibt nur eins zu tun auf dieser Erde: Jesus zu lieben mit allen Kräften unseres Herzens und für ihn Seelen zu retten, damit er geliebt wird.

THÉRÈSE VON LISIEUX

▶ Jesus ist der gute Hirte (Joh 10). Er setzt Petrus ein, seine Herde zu weiden. Petrus soll dafür sorgen, dass sie die Herde Jesu Christi bleibt.

Wenn ich will, dass er bleibt, bis ich komme, was geht das dich an? Du folge mir nach! [23] Da verbreitete sich unter den Brüdern die Meinung: Jener Jünger stirbt nicht. Doch Jesus hatte ihm nicht gesagt: Er stirbt nicht, sondern: Wenn ich will, dass er bleibt, bis ich komme, was geht das dich an?

Der Schluss des Evangeliums (Joh 21,24–25)

[24] Dies ist der Jünger, der all das bezeugt und der es aufgeschrieben hat; und wir wissen, dass sein Zeugnis wahr ist. [25] Es gibt aber noch vieles andere, was Jesus getan hat. Wenn man alles einzeln aufschreiben wollte, so könnte, wie ich glaube, die ganze Welt die dann geschriebenen Bücher nicht fassen.

Für mich ist Jesus mein Gott, Jesus mein Leben, Jesus meine einzige Liebe, Jesus in allem mein Alles, Jesus mein Ein und Alles. Jesus, ich liebe dich aus ganzem Herzen, mit meinem ganzen Sein.

MUTTER TERESA

💡 Man braucht kein Märtyrer zu werden, um ein Glaubenszeuge zu sein.

DIE

Apostel-
geschichte

Die Apostelgeschichte ist nach dem Evangelium das zweite
Buch des Lukas (Apg 1,1). Lukas erzählt, wie die Urkirche Schritt
für Schritt den Auftrag Jesu erfüllt (Apg 1,8). Es beginnt mit der
Mission in Jerusalem. Sie beginnt am Pfingstfest. Doch stößt sie
schnell auf Widerstand. Aber sie lässt sich nicht stoppen. Dann
geht Philippus den Weg zu den Samaritern, den Erbfeinden, die
zu Glaubensfreunden werden sollen.

Die weitesten Wege eröffnen sich danach zu den Heiden.
Petrus tauft als Erster einen Menschen, der nicht jüdisch war:
den Hauptmann Cornelius in Caesarea. Barnabas und Paulus
beginnen dann mit einer systematischen Mission unter den
Völkern außerhalb Israels. Sie ernten in der Kirche Widerspruch.
Aber auf dem Apostelkonzil (Apg 15) wird ihnen der Weg frei
gemacht. Paulus zieht entschieden die Konsequenzen. Früher
selbst ein Verfolger der Kirche, wird er jetzt ein Verkünder des
Evangeliums bis nach Rom.

Die Apostelgeschichte zeigt im kleinen Ausschnitt, wie stür-
misch die Kirche gewachsen ist. Zuerst waren es nur wenige, die
zum Glauben an Jesus Christus gekommen sind. Aber es wurden
immer mehr – bis heute.

Das Vorwort (Apg 1,1–3)

1 [1] Im ersten Buch, lieber Theophilus, habe ich über alles berichtet, was Jesus von Anfang an getan und gelehrt hat, [2] bis zu dem Tag, an dem er in den Himmel aufgenommen wurde. Vorher hat er den Aposteln, die er sich durch den Heiligen Geist erwählt hatte, Weisung gegeben. [3] Ihnen hat er nach seinem Leiden durch viele Beweise gezeigt, dass er lebt; vierzig Tage hindurch ist er ihnen erschienen und hat vom Reich Gottes gesprochen.

40 – eine starke Zahl! 40 Tage sind seit dem Ostermorgen vergangen. 40 Tage fastet Jesus in der Wüste. 40 Tage dauert die Fastenzeit vor Ostern, 40 Jahre zieht das Volk Israel nach dem Auszug aus Ägypten durch die Wüste. Die Zahl 40 markiert Zeiten der Erprobung und Prüfung – Zeiten, in denen sich Großes vorbereitet.

DIE VORBEREITUNG AUF DIE MISSION (APG 1,4–8)

Der Auftrag zur Mission (Apg 1,4–8)

[4] Beim gemeinsamen Mahl gebot er ihnen: Geht nicht weg von Jerusalem, sondern wartet auf die Verheißung des Vaters, die ihr von mir vernommen habt! [5] Denn Johannes hat mit Wasser getauft, ihr aber werdet schon in wenigen Tagen mit dem Heiligen Geist getauft werden.

[6] Als sie nun beisammen waren, fragten sie ihn: Herr, stellst du in dieser Zeit das Reich für Israel wieder her? [7] Er sagte zu ihnen: Euch steht es nicht zu, Zeiten und Fristen zu erfahren, die der Vater in seiner Macht festgesetzt hat. [8] Aber ihr werdet Kraft empfangen, wenn der Heilige Geist auf euch herabkom-

men wird; und ihr werdet meine Zeugen sein in Jerusalem und in ganz Judäa und Samarien und bis an die Grenzen der Erde.

Die Himmelfahrt Jesu (Apg 1,9–11)

[9] Als er das gesagt hatte, wurde er vor ihren Augen emporgehoben und eine Wolke nahm ihn auf und entzog ihn ihren Blicken. [10] Während sie unverwandt ihm nach zum Himmel emporschauten, siehe, da standen zwei Männer in weißen Gewändern bei ihnen [11] und sagten: Ihr Männer von Galiläa, was steht ihr da und schaut zum Himmel empor? Dieser Jesus, der von euch fort in den Himmel aufgenommen wurde, wird ebenso wiederkommen, wie ihr ihn habt zum Himmel hingehen sehen.

Die erwartungsvolle Urgemeinde (Apg 1,12–14)

[12] Dann kehrten sie von dem Berg, der Ölberg genannt wird und nur einen Sabbatweg von Jerusalem entfernt ist, nach Jerusalem zurück. [13] Als sie in die Stadt kamen, gingen sie in das Obergemach hinauf, wo sie nun ständig blieben: Petrus und Johannes, Jakobus und Andreas, Philippus und Thomas, Bartholomäus und Matthäus, Jakobus, der Sohn des Alphäus, und Simon, der Zelot, sowie Judas, der Sohn des Jakobus. [14] Sie alle verharrten dort einmütig im Gebet, zusammen mit den Frauen und Maria, der Mutter Jesu, und seinen Brüdern.

Matthias wird der 12. Apostel (Apg 1,15–26)

¹⁵ In diesen Tagen erhob sich Petrus im Kreis der Brüder – etwa hundertzwanzig waren zusammengekommen – und sagte: ¹⁶ Brüder! Es musste sich das Schriftwort erfüllen, das der Heilige Geist durch den Mund Davids im Voraus über Judas gesprochen hat. Judas wurde zum Anführer derer, die Jesus gefangen nahmen. ¹⁷ Er wurde zu uns gezählt und hatte Anteil am gleichen Dienst. ¹⁸ Mit dem Lohn für seine Untat kaufte er sich ein Grundstück. Dann aber stürzte er vornüber zu Boden, sein Leib barst auseinander und alle seine Eingeweide quollen hervor. ¹⁹ Das wurde allen Einwohnern von Jerusalem bekannt; deshalb nannten sie jenes Grundstück in ihrer Sprache Hakeldamach, das heißt Blutacker. ²⁰ Denn es steht im Buch der Psalmen: *Sein Gehöft soll veröden, niemand soll darin wohnen! (Ps 69,26)* und: *Sein Amt soll ein anderer erhalten! (Ps 109,8)*

²¹ Es ist also nötig, dass einer von den Männern, die mit uns die ganze Zeit zusammen waren, als Jesus, der Herr, bei uns ein und aus ging, ²² angefangen von der Taufe durch Johannes bis zu dem Tag, an dem er von uns ging und in den Himmel aufgenommen wurde – einer von diesen muss nun zusammen mit uns Zeuge seiner Auferstehung sein. ²³ Und sie stellten zwei Männer auf: Josef, genannt Barsabbas, mit dem Beinamen Justus, und Matthias. ²⁴ Dann beteten sie: Du, Herr, kennst die Her-

12 – die andere starke Zahl. 12 Monate hat das Jahr, 12 Sternzeichen der Himmel. 12 Stämme hat das Volk Israel. 12 Apostel hat die Kirche. Das Dutzend wird voll – die Geschichte kann losgehen.

> Sind wir noch eine Kirche, die … fähig ist, nach Jerusalem zurückzuführen? Wieder nach Hause zu begleiten? In Jerusalem wohnen unsere Quellen: Schrift, Katechese, Sakramente, Gemeinschaft, Freundschaft des Herrn, Maria und die Apostel … →

zen aller; zeige, wen von diesen beiden du erwählt hast, ²⁵ diesen Dienst und dieses Apostelamt zu übernehmen! Denn Judas hat es verlassen und ist an den Ort gegangen, der ihm bestimmt war. ²⁶ Sie warfen das Los über sie; das Los fiel auf Matthias und er wurde den elf Aposteln zugezählt.

→ Sind wir noch fähig, von diesen Quellen so zu erzählen, dass wir die Begeisterung für ihre Schönheit wiedererwecken?

PAPST FRANZISKUS, 27.7.2013, zu den brasilianischen Bischöfen

▶ Das Los zeigt: Gott selbst soll die letzte Entscheidung treffen. Die Zwölf vergegenwärtigen das ganze Volk Gottes.

PFINGSTEN (APG 2,1–47)

Die Herabkunft des Geistes (Apg 2,1–13)

2 ¹ Als der Tag des Pfingstfestes gekommen war, waren alle zusammen am selben Ort. ² Da kam plötzlich vom Himmel her ein Brausen, wie wenn ein heftiger Sturm daherfährt, und erfüllte das ganze Haus, in dem sie saßen. ³ Und es erschienen ihnen Zungen wie von Feuer, die sich verteilten; auf jeden von ihnen ließ sich eine nieder. ⁴ Und alle wurden vom Heiligen Geist erfüllt und begannen, in anderen Sprachen zu reden, wie es der Geist ihnen eingab.

⁵ In Jerusalem aber wohnten Juden, fromme Männer aus allen Völkern unter dem Himmel. ⁶ Als sich das Getöse erhob, strömte die Menge zusammen und war ganz bestürzt; denn jeder hörte sie in seiner Sprache reden. ⁷ Sie waren fassungslos vor Staunen und sagten: Seht! Sind das nicht alles Galiläer, die hier reden? ⁸ Wieso kann sie jeder von uns in seiner Muttersprache hören: ⁹ Parther, Meder und Elamiter,

▶ Pfingsten (deutsch: fünfzig) ist das jüdische „Wochenfest" (Schawuot), fünfzig Tage nach dem Paschafest (Ex 34,22; Dtn 16,10). Es erinnert an den zweiten Empfang der Zehn Gebote vom Sinai.

▶ Das Evangelium kann in allen Sprachen dieser Welt gleich gut verkündet und verstanden werden. Das Pfingstwunder besteht darin, dass der Heilige Geist diese Verständigung bewirkt. Die Jünger können sich so ausdrücken, dass die Juden aus aller Herren Länder sie in ihrer Muttersprache verstehen.

Bewohner von Mesopotamien, Judäa und Kappadokien, von Pontus und der Provinz Asien, ¹⁰ von Phrygien und Pamphylien, von Ägypten und dem Gebiet Libyens nach Kyrene hin, auch die Römer, die sich hier aufhalten, ¹¹ Juden und Proselyten, Kreter und Araber – wir hören sie in unseren Sprachen Gottes große Taten verkünden.
¹² Alle gerieten außer sich und waren ratlos. Die einen sagten zueinander: Was hat das zu bedeuten? ¹³ Andere aber spotteten: Sie sind vom süßen Wein betrunken.

Die Pfingstpredigt des Petrus (Apg 2,14–36)

¹⁴ Da trat Petrus auf, zusammen mit den Elf; er erhob seine Stimme und begann zu reden:
Ihr Juden und alle Bewohner von Jerusalem! Dies sollt ihr wissen, achtet auf meine Worte!

▶ Petrus klärt in seiner Predigt die Situation. Er bezieht sich auf die Verheißung des Propheten Joël, dass alle Kinder Israels prophetisch reden können, und erklärt, diese Verheißung sei nun erfüllt, weil Jesus von den Toten auferstanden ist.

¹⁵ Diese Männer sind nicht betrunken, wie ihr meint; es ist ja erst die dritte Stunde am Tag; ¹⁶ sondern jetzt geschieht, was durch den Propheten Joël gesagt worden ist:
¹⁷ *In den letzten Tagen wird es geschehen, so spricht Gott:*
Ich werde von meinem Geist ausgießen über alles Fleisch.
Eure Söhne und eure Töchter werden prophetisch reden,
eure jungen Männer werden Visionen haben

Я задаволены!*
私も**

* Ich bin erfüllt!
** Ich auch!

Seitdem ich entdecken durfte, dass an Pfingsten die Nation Israel geboren wurde und die 10 Gebote erhielt und an Pfingsten die Gemeinde geboren und der Geist Gottes ausgegossen wurde, habe ich angefangen zu begreifen, was es bedeutet, unseren Vater im Geist und in der Wahrheit anzubeten. Eine wunderbare Entdeckungsreise zurück zum Volk Israel und zu den Ursprüngen unseres Glaubens! Es ist nicht immer leicht, wenn es Gewohntes sprengt, aber lohnenswert, weil es so unvorstellbar tief und weitreichend ist – bis in die Ewigkeit.

MICHAEL

▶ Als Gesetzlose werden Pilatus und seine Soldaten bezeichnet, weil sie sich nicht an das Gesetz Gottes halten.

und eure Alten werden Träume haben.
¹⁸ *Auch über meine Knechte und Mägde*
werde ich von meinem Geist ausgießen in jenen Tagen
und sie werden prophetisch reden.
¹⁹ *Ich werde Wunder erscheinen lassen droben am Himmel*
und Zeichen unten auf der Erde:
Blut und Feuer und qualmenden Rauch.
²⁰ *Die Sonne wird sich in Finsternis verwandeln*
und der Mond in Blut,
ehe der Tag des Herrn kommt, der große und herrliche Tag.
²¹ *Und es wird geschehen:*
Jeder, der den Namen des Herrn anruft,
wird gerettet werden (Joël 3,1–5).
²² Israeliten, hört diese Worte: Jesus, den Nazoräer, einen Mann, den Gott vor euch beglaubigt hat durch Machttaten, Wunder und Zeichen, die er durch ihn in eurer Mitte getan hat, wie ihr selbst wisst – ²³ ihn, der nach Gottes beschlossenem Willen und Vorauswissen hingegeben wurde, habt ihr durch die Hand von Gesetzlosen ans Kreuz geschlagen und umgebracht.
²⁴ Gott aber hat ihn von den Wehen des Todes befreit und auferweckt; denn es war unmöglich, dass er vom Tod festgehalten wurde.
²⁵ David nämlich sagt über ihn:
Ich hatte den Herrn beständig vor Augen.

Denn er steht mir zur Rechten, dass ich nicht wanke.
²⁶ *Darum freute sich mein Herz*
und frohlockte meine Zunge
und auch mein Leib wird in Hoffnung wohnen;
²⁷ *denn du gibst meine Seele nicht der Unterwelt preis,*
noch lässt du deinen Frommen die Verwesung schauen.
²⁸ *Du hast mir die Wege zum Leben gezeigt,*
du wirst mich erfüllen mit Freude vor deinem Angesicht (Ps 16,8–11).

²⁹ Brüder, ich darf freimütig zu euch über den Patriarchen David reden: Er starb und wurde begraben und sein Grabmal ist bei uns erhalten bis auf den heutigen Tag. ³⁰ Da er ein Prophet war und wusste, dass Gott ihm einen Eid geschworen hatte, einer von seinen Nachkommen werde auf seinem Thron sitzen, ³¹ sagte er vorausschauend über die Auferstehung des Christus: Er gab ihn nicht der Unterwelt preis und sein Leib schaute die Verwesung nicht.

³² Diesen Jesus hat Gott auferweckt, dafür sind wir alle Zeugen. ³³ Zur Rechten Gottes erhöht, hat er vom Vater den verheißenen Heiligen Geist empfangen und ihn ausgegossen, wie ihr seht und hört. ³⁴ Denn nicht David ist zum Himmel aufgestiegen; vielmehr sagt er selbst:

Es sprach der Herr zu meinem Herrn:
Setze dich mir zur Rechten

Komm herab,
o Heil'ger Geist,
der die finstre Nacht zerreißt,
strahle Licht in diese Welt.

Komm, der alle Armen liebt,
komm, der gute Gaben gibt,
komm, der jedes Herz erhellt.

Höchster Tröster in der Zeit,
Gast, der Herz und Sinn erfreut,
köstlich Labsal in der Not,

in der Unrast schenkst du Ruh,
hauchst in Hitze Kühlung zu,
spendest Trost in Leid und Tod.

Komm, o du glückselig Licht,
fülle Herz und Angesicht,
dring bis auf der Seele Grund.

Ohne dein lebendig Wehn
kann im Menschen nichts bestehn,
kann nichts heil sein noch gesund.

Was befleckt ist, wasche rein,
Dürrem gieße Leben ein,
heile du, wo Krankheit quält.

³⁵ *und ich lege dir deine Feinde als Schemel unter die Füße (Ps 110,1).*
³⁶ Mit Gewissheit erkenne also das ganze Haus Israel: Gott hat ihn zum Herrn und Christus gemacht, diesen Jesus, den ihr gekreuzigt habt.

→ Wärme du, was kalt und hart,
löse, was in sich erstarrt,
lenke, was den Weg verfehlt.

Gib dem Volk, das dir vertraut,
das auf deine Hilfe baut,
deine Gaben zum Geleit.

Die ersten Taufen (Apg 2,37–41)

³⁷ Als sie das hörten, traf es sie mitten ins Herz und sie sagten zu Petrus und den übrigen Aposteln: Was sollen wir tun, Brüder? ³⁸ Petrus antwortete ihnen: Kehrt um und jeder von euch lasse sich auf den Namen Jesu Christi taufen zur Vergebung eurer Sünden; dann werdet ihr die Gabe des Heiligen Geistes empfangen. ³⁹ Denn euch und euren Kindern gilt die Verheißung und all denen in der Ferne, die der Herr, unser Gott, herbeirufen wird. ⁴⁰ Mit noch vielen anderen Worten beschwor und ermahnte er sie: Lasst euch retten aus diesem verdorbenen Geschlecht! ⁴¹ Die nun, die sein Wort annahmen, ließen sich taufen. An diesem Tag wurden ihrer Gemeinschaft etwa dreitausend Menschen hinzugefügt.

Lass es in der Zeit bestehn,
deines Heils Vollendung sehn
und der Freuden Ewigkeit. AMEN

Aus der Pfingstsequenz des engl.
Kardinals **STEPHEN LANGTON**
(um 1150–1228)

Das Leben der Urgemeinde (Apg 2,42–47)

⁴² Sie hielten an der Lehre der Apostel fest und an der Gemeinschaft, am Brechen des Brotes und an den Gebeten.

▶ Diese vier Elemente (v24) machen das Leben der Kirche aus, bis heute: Die Lehre der Apostel vergegenwärtigt das Evangelium Jesu; die Gemeinschaft verbindet die Liebe zu Gott und zum Nächsten; „Brotbrechen" ist ein kurzer Ausdruck für die Eucharistiefeier; das Beten ist die Sprache des Glaubens.

Man sagt: Die Polizei – dein Freund und Helfer. Stimmt schon in gewisser Hinsicht, aber der wahre Freund und Helfer in jeder Lebenssituation ist der Heilige Geist. Ich möchte nicht mehr ohne Ihn leben. Er ist der perfekte Beistand, voller Kraft und Leben. Ich liebe Ihn sehr.

WOLFGANG

⁴³ Alle wurden von Furcht ergriffen; und durch die Apostel geschahen viele Wunder und Zeichen. ⁴⁴ Und alle, die glaubten, waren an demselben Ort und hatten alles gemeinsam. ⁴⁵ Sie verkauften Hab und Gut und teilten davon allen zu, jedem so viel, wie er nötig hatte. ⁴⁶ Tag für Tag verharrten sie einmütig im Tempel, brachen in ihren Häusern das Brot und hielten miteinander Mahl in Freude und Lauterkeit des Herzens. ⁴⁷ Sie lobten Gott und fanden Gunst beim ganzen Volk. Und der Herr fügte täglich ihrer Gemeinschaft die hinzu, die gerettet werden sollten.

Lukas schildert im Anschluss, wie Petrus, aber auch andere Apostel das Evangelium in Jerusalem verkünden (Apg 4,1–5,42). Es gibt viel Erfolg, aber auch starken Widerstand. Zum ersten Märtyrer wird Stephanus (Apg 6,8–8,1a). Er wird falsch beschuldigt, vergibt aber seinen Mördern (Apg 7,60). Es kommt zu einer Verfolgung der Urgemeinde, an der sich auch Saulus/Paulus aktiv beteiligt (Apg 8,1–3). Lukas berichtet im Anschluss von den missionarischen Aktivitäten des Diakons Philippus: Er führt die Samariter (Apg 8,4–25) und den äthiopischen Kämmerer (Apg 8,26–40) zum Glauben.

DIE BEKEHRUNG DES PAULUS (APG 9,1–31)

▶ Saulus ist der jüdische, Paulus der römische Name.

9 ¹ Saulus wütete noch immer mit Drohung und Mord gegen die Jünger des Herrn. Er ging zum Hohenpriester ² und erbat sich von ihm Briefe an die Synagogen in Damaskus, um die Anhänger des Weges Jesu, Männer und Frauen, die er dort finde, zu fesseln und nach Jerusalem zu bringen.

Die Vision des Auferstandenen (Apg 9,3–9)

Mit 17 Jahren war Johannes Kneifel ein brutaler Skinhead und der Mörder von Peter Deutschmann. Zusammen mit einem Freund hatte er den 44-jährigen Kritiker der rechten Szene so brutal zusammengeschlagen, dass er einen Tag später im Krankenhaus starb. Johannes Kneifel musste für fünf Jahre ins Gefängnis. Hochintelligent, aber auch hochgefährlich, musste er mehrfach in Isolationshaft. Dort fand er den Glauben. Johannes Kneifel studierte Theologie. Sein Beruf: Pfarrer.

³ Unterwegs aber, als er sich bereits Damaskus näherte, geschah es, dass ihn plötzlich ein Licht vom Himmel umstrahlte. ⁴ Er stürzte zu Boden und hörte, wie eine Stimme zu ihm sagte: Saul, Saul, warum verfolgst du mich?
⁵ Er antwortete: Wer bist du, Herr?
Dieser sagte: Ich bin Jesus, den du verfolgst. ⁶ Steh auf und geh in die Stadt; dort wird dir gesagt werden, was du tun sollst!
⁷ Die Männer aber, die mit ihm unterwegs waren, standen sprachlos da; sie hörten zwar die Stimme, sahen aber niemanden. ⁸ Saulus erhob sich vom Boden. Obwohl seine Augen offen waren, sah er nichts. Sie nahmen ihn bei der Hand und führten ihn nach Damaskus hinein. ⁹ Und er war drei Tage blind und er aß nicht und trank nicht.

Die Vorbereitung des Hananias (Apg 9,10–16)

¹⁰ In Damaskus lebte ein Jünger namens Hananias. Zu ihm sagte der Herr in einer Vision: Hananias!
Er antwortete: Siehe, hier bin ich, Herr.
¹¹ Der Herr sagte zu ihm: Steh auf und geh zu der Straße, die man Die Gerade nennt, und frag im Haus des Judas nach einem Mann namens Saulus aus Tarsus! Denn siehe, er betet ¹² und hat in einer Vision gesehen, wie ein Mann namens Hananias hereinkommt und ihm die Hände auflegt, damit er wieder sieht.

▶ Tarsus ist die Heimatstadt des Paulus (Apg 21,39; 22,3).

[13] Hananias antwortete: Herr, ich habe von vielen gehört, wie viel Böses dieser Mann deinen Heiligen in Jerusalem angetan hat. [14] Auch hier hat er Vollmacht von den Hohenpriestern, alle zu fesseln, die deinen Namen anrufen. [15] Der Herr aber sprach zu ihm: Geh nur! Denn dieser Mann ist mir ein auserwähltes Werkzeug: Er soll meinen Namen vor Völker und Könige und die Söhne Israels tragen. [16] Denn ich werde ihm zeigen, wie viel er für meinen Namen leiden muss.

Die Taufe des Paulus (Apg 9,17–20)

[17] Da ging Hananias hin und trat in das Haus ein; er legte ihm die Hände auf und sagte: Bruder Saul, der Herr hat mich gesandt, Jesus, der dir auf dem Weg, den du gekommen bist, erschienen ist; du sollst wieder sehen und mit dem Heiligen Geist erfüllt werden. [18] Sofort fiel es wie Schuppen von seinen Augen und er sah wieder; er stand auf und ließ sich taufen.

[19] Und nachdem er etwas gegessen hatte, kam er wieder zu Kräften. Einige Tage blieb er bei den Jüngern in Damaskus; [20] und sogleich verkündete er Jesus in den Synagogen: Dieser ist der Sohn Gottes.

Rettung in letzter Sekunde (Apg 9,21–25)

[21] Alle, die es hörten, waren fassungslos und sagten: Ist das nicht der Mann, der

in Jerusalem alle vernichten wollte, die diesen Namen anrufen? Und ist er nicht auch hierhergekommen, um sie gefesselt vor die Hohenpriester zu führen? [22] Saulus aber trat umso kraftvoller auf und brachte die Juden in Damaskus in Verwirrung, weil er ihnen darlegte, dass Jesus der Christus ist.

[23] So verging einige Zeit; da beschlossen die Juden, ihn zu töten. [24] Doch ihr Plan wurde dem Saulus bekannt. Sie bewachten sogar Tag und Nacht die Stadttore, um ihn zu beseitigen. [25] Aber seine Jünger nahmen ihn und ließen ihn bei Nacht in einem Korb die Stadtmauer hinab.

Der frühere Verfolger wird verfolgt (Apg 9,26–31)

[26] Als er nach Jerusalem kam, versuchte er, sich den Jüngern anzuschließen. Aber alle fürchteten sich vor ihm, weil sie nicht glaubten, dass er ein Jünger war. [27] Barnabas jedoch nahm sich seiner an und brachte ihn zu den Aposteln. Er berichtete ihnen, wie Saulus auf dem Weg den Herrn gesehen habe und dass dieser zu ihm gesprochen habe und wie er in Damaskus freimütig im Namen Jesu aufgetreten sei.

[28] So ging er bei ihnen in Jerusalem ein und aus, trat freimütig im Namen des Herrn auf [29] und führte auch Streitgespräche mit den Hellenisten. Diese aber planten, ihn zu töten.

" Herr, mach mich zu einem Werkzeug deines Friedens,

dass ich Liebe übe, wo man hasst;

dass ich verzeihe, wo man beleidigt;

dass ich verbinde, wo Streit ist;

dass ich die Wahrheit sage, wo der Irrtum herrscht;

dass ich den Glauben bringe, wo der Zweifel drückt;

dass ich die Hoffnung wecke, wo Verzweiflung quält;

dass ich Licht entzünde, wo die Finsternis regiert;

dass ich Freude bringe, wo der Kummer wohnt.

Herr, lass mich trachten, nicht dass ich getröstet werde, sondern dass ich tröste;

nicht dass ich verstanden werde, sondern dass ich verstehe;

nicht dass ich geliebt werde, sondern dass ich liebe.

Frankreich um 1913

 Was kann man bei mir vom Glauben sehen?

Unterscheidet sich mein Leben vom Mainstream?

Habe ich mit meinen Freunden schon einmal über Gott gesprochen?

Was müsste sich in meinem Leben ändern, wenn Gott darin die Hauptrolle spielen würde?

" Jesus will keine Bewunderer; auf sie kann er verzichten, auf Nachfolger nicht.

SØREN KIERKEGAARD führte bis zu seinem Tod eine Art Verteidigungskampf des Christentums gegen die verbürgerlichte dänische Staatskirche.

❮ → 122–123
Wozu will Gott die Kirche?
Was ist die Aufgabe der Kirche?

³⁰ Als die Brüder das erkannten, brachten sie ihn nach Cäsarea hinab und schickten ihn von dort nach Tarsus. ³¹ Die Kirche in ganz Judäa, Galiläa und Samarien hatte nun Frieden; sie wurde gefestigt und lebte in der Furcht des Herrn. Und sie wuchs durch die Hilfe des Heiligen Geistes.

Lukas erzählt, wie Petrus vom Heiligen Geist dahin geführt wird, mit dem Hauptmann Cornelius den ersten Heiden zu taufen (Apg 10–11). Danach berichtet er, wie sich die Lage in Jerusalem zuspitzt (Apg 12).

DIE ERSTE MISSIONSREISE (APG 13,1–14,28)

Barnabas und Saulus werden ausgesendet (Apg 13,1–3)

▶ Das syrische Antiochia ist eine der wichtigsten Gemeinden in der Geschichte des Urchristentums.

13 ¹ In der Gemeinde von Antiochia gab es Propheten und Lehrer: Barnabas und Simeon, genannt Niger, Lucius von Kyrene, Manaën, ein Jugendgefährte des Tetrarchen Herodes, und Saulus. ² Als sie zu Ehren des Herrn Gottesdienst feierten und fasteten, sprach der Heilige Geist: Wählt mir Barnabas und Saulus zu dem Werk aus, zu dem ich sie berufen habe! ³ Da fasteten und beteten sie, legten ihnen die Hände auf und ließen sie ziehen.

Die ersten Reisestationen (Apg 13,4–13)

▶ Seleukia ist die Hafenstadt von Antiochia. Zypern ist eine große griechische Insel. Salamis und Paphos sind Städte auf Zypern.

⁴ Vom Heiligen Geist ausgesandt, zogen sie nach Seleukia hinab und segelten von da nach Zypern. ⁵ Als sie in Salamis angekommen waren, verkündeten sie das Wort Gottes in den Synagogen der Juden. Johannes hatten sie als Helfer bei sich. ⁶ Sie durchzogen die ganze Insel bis Paphos. Dort trafen sie einen Mann namens Barjesus, einen Zauberer und falschen Propheten, der Jude war ⁷ und zum Gefolge des Prokonsuls Sergius Paulus, eines verständigen Mannes, gehörte.

▶ Prokonsul ist der Verwaltungschef, der Vertreter des Kaisers in der Provinz.

Dieser ließ Barnabas und Saulus rufen und wünschte, von ihnen das Wort Gottes zu hören. ⁸ Aber Elymas, der Zauberer – so wird nämlich sein Name übersetzt –, trat gegen sie auf und suchte den Prokonsul vom Glauben abzuhalten. ⁹ Aber Saulus, der auch Paulus heißt, blickte ihn, vom Heiligen Geist erfüllt, an ¹⁰ und sagte: Du elender und gerissener Betrüger, du Sohn des Teufels, du Feind aller Gerechtigkeit, willst du nicht endlich aufhören, die geraden Wege des Herrn zu verdrehen? ¹¹ Und siehe, jetzt kommt die Hand des Herrn über dich. Du wirst blind sein und eine Zeit lang die Sonne nicht mehr sehen. Im selben Augenblick fiel Finsternis und Dunkel auf ihn, er tappte umher und suchte jemanden, der ihn an der Hand führte. ¹² Als der Prokonsul sah, was geschehen war, wurde er gläubig, denn er war voll Staunen über die Lehre des Herrn.

99 Sehr blind ist man, wenn man sich selbst nicht als voll von Dünkel, Ehrgeiz, Begierden, Schwäche, Elend und Ungerechtigkeit erkennt. Und wenn man, nachdem man dies erkannte, nicht wünscht, davon befreit zu werden.

BLAISE PASCAL

¹³ Von Paphos fuhr Paulus mit seinen Begleitern ab und kam nach Perge in Pamphylien.
Johannes aber trennte sich von ihnen und kehrte nach Jerusalem zurück.

▶ Perge gehört zur Provinz Pamphylien und liegt auf dem kleinasiatischen Festland in der heutigen Türkei.

Die Predigt im pisidischen Antiochia (Apg 13,14–42)

¹⁴ Sie selbst wanderten von Perge weiter und kamen nach Antiochia in Pisidien.
Dort gingen sie am Sabbat in die Synagoge und setzten sich. ¹⁵ Nach der Lesung aus dem Gesetz und den Propheten schickten die Synagogenvorsteher zu ihnen und ließen ihnen sagen: Brüder, wenn ihr ein Wort des Zuspruchs für das Volk habt, so redet!
¹⁶ Da stand Paulus auf, gab mit der Hand ein Zeichen und sagte: Ihr Israeliten und ihr Gottesfürchtigen, hört!
¹⁷ Der Gott dieses Volkes Israel hat unsere Väter erwählt und das Volk in der Fremde erhöht, im Land Ägypten; er hat sie mit hoch erhobenem Arm von dort herausgeführt ¹⁸ und etwa vierzig Jahre durch die Wüste getragen. ¹⁹ Sieben Völker hat er im Land Kanaan vernichtet und ihr Land ihnen zum Besitz gegeben, ²⁰ für etwa vierhundertfünfzig Jahre. Danach hat er ihnen Richter gegeben bis zum Propheten Samuel. ²¹ Dann verlangten sie einen König, und Gott gab ihnen Saul, den Sohn des Kisch, einen Mann aus dem Stamm Benjamin, für vierzig Jahre. ²² Nachdem er ihn verworfen hatte, erhob er David zu ihrem

▶ Antiochia in Pisidien (v14) ist nicht das syrische Antiochien, sondern die Hauptstadt einer anderen römischen Provinz, Pamphylien im Norden benachbart.

▶ Paulus zeichnet die Heilsgeschichte Israels nach, bringt die Geschichte Jesu ein und leitet die Forderung der Umkehr ab. Die Wirkung bleibt allerdings offen.

B Wenn der HERR bei ihnen Richter einsetzte, dann war der HERR mit dem Richter und rettete die Israeliten aus der Hand ihrer Feinde.
Ri 2,18

König, von dem er bezeugte: Ich habe David, den Sohn des Isai, als einen Mann nach meinem Herzen gefunden, der alles, was ich will, vollbringen wird. ²³ Aus seinem Geschlecht hat Gott dem Volk Israel, der Verheißung gemäß, Jesus als Retter geschickt.
²⁴ Vor dessen Auftreten hat Johannes dem ganzen Volk Israel eine Taufe der Umkehr verkündet. ²⁵ Als Johannes aber seinen Lauf vollendet hatte, sagte er: Ich bin nicht der, für den ihr mich haltet; aber siehe, nach mir kommt einer, dem die Sandalen von den Füßen zu lösen ich nicht wert bin.
²⁶ Brüder, ihr Söhne aus Abrahams Geschlecht und ihr Gottesfürchtigen! Uns wurde das Wort dieses Heils gesandt. ²⁷ Denn die Einwohner von Jerusalem und ihre Führer haben Jesus nicht erkannt, aber sie haben die Worte der Propheten, die an jedem Sabbat vorgelesen werden, erfüllt und haben ihn verurteilt. ²⁸ Obwohl sie nichts fanden, wofür er den Tod verdient hätte, forderten sie von Pilatus seine Hinrichtung. ²⁹ Als sie alles vollbracht hatten, was in der Schrift über ihn gesagt ist, nahmen sie ihn vom Kreuzesholz und legten ihn ins Grab.
³⁰ Gott aber hat ihn von den Toten auferweckt ³¹ und er ist viele Tage hindurch denen erschienen, die mit ihm zusammen von Galiläa nach Jerusalem hinaufgezogen waren und die jetzt vor dem Volk seine Zeugen sind.
³² So verkünden wir euch das Evangelium: Gott hat die Verheißung, die an die Väter ergangen ist, ³³ an uns, ihren Kindern, erfüllt, indem

B Schon ist die Axt an die Wurzel der Bäume gelegt; jeder Baum, der keine gute Frucht hervorbringt, wird umgehauen und ins Feuer geworfen.
Lk 3,9

▶ Gottesfürchtige sind Heiden, die an den einen Gott, den Gott Israels, glauben, aber nicht voll zum Judentum übertreten.

γ → 17
Welche Bedeutung hat das Alte Testament für Christen?

AQUILEIA

DALMATIEN

ITALIEN

SARDINIEN

ROM

PUTEOLI

KORSIKA

MAZEDONIEN

PH

AMPHIPOLI

APPOLONIA

THESSALONICH

BERÖA

KORINTH

ACHAI

MESSINA   RHEGION

SIZILIEN

SYRAKUS

KARTHAGO

MALTA

MITTE

ZYRENE

AFRIKA

DIE REISEN DES PAULUS

——————— Erste Reise

– – – – – Zweite Reise

··············· Dritte Reise

ᴍᴍᴍᴍᴍᴍ Als Gefangener nach Rom

RAKIEN

OLIS

PONTUS

BITHYNIEN

Apg 16,9

ANKYRA

TROAS

PISIDIEN

GALATIEN

KAPPADOZIEN

ANTIOCHIA

IKONION

EPHESUS

LYSTRA

DERBE

SELEUZIEN

PERGE

TARSUS

MILET

ATTALIA

ANTIOCHIA

PATARA

RHODOS

SYRIEN

ETA

ZYPERN

SALAMIS

LASÄA

PAPHOS

SIDON

DAMASKUS

E E R

TYRUS

PTOLEMAIS

CÄSAREA

GALILÄA

JERUSALEM

ALEXANDRIA

JUDÄA

ÄGYPTEN

💬 Gott ist die Liebe, die nie trügt, nie versagt, keine wechselnden Launen kennt, die vielmehr treu ist all unsere Tage und Nächte hindurch.

ULRICH WILCKENS (*1928), evangelischer Theologe und Bischof

▶ Paulus liest die Bibel Israels, das Alte Testament, mit den Augen des christlichen Glaubens. Der Schlüssel zum Verstehen ist für ihn, dass Jesus der verheißene Messias ist. Wer an ihn glaubt, empfängt die Vergebung der Sünden. Das heißt: Er wird gerecht gemacht.

▶ Proselyten sind Heiden, die zum Judentum übergetreten sind.

er Jesus auferweckt hat, wie es im zweiten Psalm heißt: *Mein Sohn bist du, heute habe ich dich gezeugt (Ps 2,7).* ³⁴ Dass er ihn aber von den Toten auferweckt hat, um ihn nicht mehr zur Verwesung zurückkehren zu lassen, hat er so ausgedrückt: Ich will *euch die Heilsgaben* gewähren, *die ich David fest zugesagt habe (Jes 55,3).* ³⁵ Darum sagt er auch an einer anderen Stelle: *Du lässt deinen Heiligen nicht die Verwesung schauen (Ps 16,10).* ³⁶ David aber ist, nachdem er seinen Zeitgenossen gedient hatte, nach Gottes Willen entschlafen und mit seinen Vätern vereint worden. Er hat die Verwesung gesehen; ³⁷ der aber, den Gott auferweckte, hat die Verwesung nicht gesehen.

³⁸ Ihr sollt also wissen, meine Brüder: Durch diesen wird euch die Vergebung der Sünden verkündet und in allem, worin euch das Gesetz des Mose nicht gerecht machen konnte, ³⁹ wird jeder, der glaubt, durch ihn gerecht gemacht. ⁴⁰ Gebt also Acht, dass nicht eintrifft, was bei den Propheten gesagt ist: ⁴¹ *Schaut hin, ihr Verächter, staunt und vergeht! Denn ich vollbringe in euren Tagen eine Tat – würde man euch von dieser Tat erzählen, ihr glaubtet es nicht (Hab 1,5).*

⁴² Als sie hinausgingen, bat man sie, am nächsten Sabbat über diese Worte zu ihnen zu sprechen.

Die Bildung einer kleinen christlichen Gemeinschaft (Apg 13,43–52)

⁴³ Und als die Versammlung sich aufgelöst hatte, schlossen sich viele Juden und fromme Proselyten Paulus und Barnabas an. Diese re-

💬 Manchmal fliehe ich, verschließe die Tore meines Herzens vor dem Guten und der Wahrheit. Die Wahrheit könnte ich in meinem Inneren spüren; der Herr ruft mich, um in seiner Freude zu sein. Er sagt, dass wir leben sollen und dass wir echte Freude haben sollen. Es ist so einfach: Er ruft mich, um voll Freude zu sein und andere glücklich zu machen.

IVAN

▶ Das ist eine Geste der Abkehr, die signalisiert, dass man von denen, die einen vertreiben, nichts mitgehen lassen will (↗ Lk 9,5; 10,11).

deten ihnen zu und ermahnten sie, der Gnade Gottes treu zu bleiben. ⁴⁴ Am folgenden Sabbat versammelte sich fast die ganze Stadt, um das Wort des Herrn zu hören. ⁴⁵ Als die Juden die Scharen sahen, wurden sie eifersüchtig, widersprachen den Worten des Paulus und stießen Lästerungen aus.

⁴⁶ Paulus und Barnabas aber erklärten freimütig: Euch musste das Wort Gottes zuerst verkündet werden. Da ihr es aber zurückstoßt und euch selbst des ewigen Lebens für unwürdig erachtet, siehe, so wenden wir uns jetzt an die Heiden. ⁴⁷ Denn so hat uns der Herr aufgetragen: *Ich habe dich zum Licht für die Völker gemacht, bis an das Ende der Erde sollst du das Heil sein (Jes 42,6; 49,6).*

⁴⁸ Als die Heiden das hörten, freuten sie sich und priesen das Wort des Herrn; und alle wurden gläubig, die für das ewige Leben bestimmt waren.

⁴⁹ Das Wort des Herrn aber verbreitete sich in der ganzen Gegend. ⁵⁰ Die Juden jedoch hetzten die vornehmen gottesfürchtigen Frauen und die Ersten der Stadt auf, veranlassten eine Verfolgung gegen Paulus und Barnabas und vertrieben sie aus ihrem Gebiet. ⁵¹ Diese aber schüttelten gegen sie den Staub von ihren Füßen und zogen nach Ikonion.

⁵² Und die Jünger wurden mit Freude und Heiligem Geist erfüllt.

Streit um Paulus und Barnabas (Apg 14,1–7)

14 ¹ Es geschah: In Ikonion gingen sie ebenfalls in die Synagoge der Juden und redeten in dieser Weise und eine große Zahl von Juden und Griechen wurde gläubig. ² Die Juden aber, die sich widersetzten, erregten und erbitterten die Gemüter der Heiden gegen die Brüder. ³ Längere Zeit nun blieben sie dort und predigten freimütig im Vertrauen auf den Herrn; er legte Zeugnis ab für das Wort seiner Gnade, indem er durch die Hände der Apostel Zeichen und Wunder geschehen ließ.

⁴ Doch das Volk in der Stadt spaltete sich; die einen hielten zu den Juden, die andern zu den Aposteln. ⁵ Als die Apostel merkten, dass die Heiden und die Juden zusammen mit ihren Führern entschlossen waren, sie zu misshandeln und zu steinigen, ⁶ flohen sie in die Städte von Lykaonien, Lystra und Derbe und in deren Umgebung. ⁷ Auch dort verkündeten sie das Evangelium.

Ein Missverständnis wird aufgeklärt (Apg 14,8–18)

⁸ In Lystra saß ein Mann, der keine Kraft in den Füßen hatte, von Geburt an lahm, der noch nie hatte gehen können. ⁹ Er hörte, wie Paulus redete. Dieser blickte ihm fest ins Auge; und da er sah, dass der Mann

> ▶ Die nächsten Stationen Ikonion, Lystra und Derbe führen Schritt für Schritt aus dem griechischen Sprachraum heraus.

> Paulus kommt mit den Kulturen und religiösen Werten verschiedener Völker ins Gespräch. Den Bewohnern von Lykaonien, die eine kosmische Religion praktizierten, bringt er religiöse Erfahrungen in Erinnerung, die sich auf den Kosmos beziehen; mit den Griechen spricht er über Philosophie und zitiert ihre Dichter. Der Gott, den er ihnen offenbaren will, ist in ihrem Leben schon anwesend: →

den Glauben hatte, geheilt zu werden, ¹⁰ sprach er mit lauter Stimme: Steh auf! Stell dich aufrecht auf deine Füße! Da sprang der Mann auf und ging umher.

¹¹ Als die Menge sah, was Paulus getan hatte, fing sie an zu schreien und rief auf Lykaonisch: Die Götter sind in Menschengestalt zu uns herabgestiegen. ¹² Und sie nannten den Barnabas Zeus, den Paulus aber Hermes, weil er der Wortführer war. ¹³ Der Priester des vor der Stadt gelegenen Tempels des Zeus brachte Stiere und Kränze an die Tore und wollte zusammen mit der Volksmenge ein Opfer darbringen.

¹⁴ Als die Apostel Barnabas und Paulus dies hörten, zerrissen sie ihre Kleider, eilten hinaus unter das Volk und riefen:

¹⁵ Männer, was tut ihr? Auch wir sind nur schwache Menschen wie ihr! Wir bringen euch das Evangelium, damit ihr euch von diesen Nichtsen zu dem lebendigen Gott bekehrt, *der den Himmel, die Erde und das Meer geschaffen hat und alles, was dazugehört (Jak 5,17).* ¹⁶ Er ließ in den vergangenen Zeiten alle Heidenvölker ihre Wege gehen. ¹⁷ Und doch hat er sich nicht unbezeugt gelassen: Er tat Gutes, gab euch vom Himmel her Regen und fruchtbare Zeiten; mit Nahrung und mit Freude erfüllte er euer Herz.

¹⁸ Mit diesen Worten konnten sie die Volksmenge mit Mühe davon abbringen, ihnen zu opfern.

> → er hat sie nämlich geschaffen und leitet geheimnisvoll die Völker und die Geschichte.
> **PAPST JOHANNES PAUL II.**, Enzyklika Redemptoris Missio, 25

> Eine Geschichte mit Witz: ein Riesenkult nur wegen eines kleinen Wunders! Paulus rückt die Maßstäbe zurecht.

> **B** Du lässt Gras wachsen für das Vieh und Pflanzen für den Ackerbau des Menschen, die er anbaut, damit er Brot gewinnt von der Erde und Wein, der das Herz des Menschen erfreut, damit er das Angesicht erglänzen lässt mit Öl und Brot das Herz des Menschen stärkt.
> Ps 104,14-15

> Man entdeckt keine neuen Erdteile, ohne den Mut zu haben, alte Küsten aus den Augen zu verlieren.
> **ANDRÉ GIDE** (1869–1951), französischer Schriftsteller, Literaturnobelpreis 1947

▶ Die Apostel ordnen die Verhältnisse in den neu gegründeten Gemeinden. Sie brauchen Ämter. So werden „Älteste" (Presbyter, daher: „Priester") eingesetzt.

🅱 Denn Jude ist nicht, wer es nach außen hin ist, und Beschneidung ist nicht, was sichtbar am Fleisch geschieht, sondern Jude ist, wer es im Verborgenen ist, und Beschneidung ist, was am Herzen durch den Geist, nicht durch den Buchstaben geschieht

Röm 2,28–29

Rettung aus Todesgefahr (Apg 14,19–20)

[19] Von Antiochia und Ikonion aber kamen Juden und überredeten die Volksmenge. Und sie steinigten den Paulus und schleiften ihn zur Stadt hinaus, in der Meinung, er sei tot. [20] Als aber die Jünger ihn umringten, stand er auf und ging in die Stadt. Am anderen Tag zog er mit Barnabas nach Derbe weiter.

Die Rückkehr nach Antiochia (Apg 14,21–28)

[21] Als sie dieser Stadt das Evangelium verkündet und viele Jünger gewonnen hatten, kehrten sie nach Lystra, Ikonion und Antiochia zurück. [22] Sie stärkten die Seelen der Jünger und ermahnten sie, treu am Glauben festzuhalten; sie sagten: Durch viele Drangsale müssen wir in das Reich Gottes gelangen.

[23] Sie setzten für sie in jeder Gemeinde Älteste ein und empfahlen sie unter Gebet und Fasten dem Herrn, an den sie nun glaubten.

[24] Nachdem sie durch Pisidien gezogen waren, kamen sie nach Pamphylien, [25] verkündeten in Perge das Wort und gingen dann nach Attalia hinab. [26] Von dort segelten sie nach Antiochia, wo man sie für das Werk, das sie nun vollbracht hatten, der Gnade Gottes übereignet hatte. [27] Als sie dort angekommen waren, riefen sie die Gemeinde zusammen und berichteten alles, was Gott mit ihnen zusammen getan

und dass er den Heiden die Tür zum Glauben geöffnet hatte. [28] Und sie blieben noch längere Zeit bei den Jüngern.

▶ Das Apostelkonzil ist das wichtigste Ereignis im Urchristentum. Auch Paulus berichtet vom ihm (Gal 2,1–11). Im Kern ging es um die Frage, ob alle Heiden zuerst Juden werden müssen, um Christen werden zu können. Damit aber ging es auch um die Frage, ob die Taufe ausreicht, den Weg zum ewigen Leben beginnen zu lassen, oder ob bei Männern die Beschneidung hinzukommen muss. Am Ende setzen sich Petrus und Paulus durch, die auf die Kraft des Geistes und die Freiheit des Glaubens setzen.

🅱 Kommt alle zu mir, die ihr mühselig und beladen seid! Ich will euch erquicken. … Denn mein Joch ist sanft und meine Last ist leicht.

Mt 11,28.30

DAS APOSTELKONZIL IN JERUSALEM (APG 15,1–35)

Es gibt Streit (Apg 15,1–5)

15 [1] Es kamen einige Leute von Judäa herab und lehrten die Brüder: Wenn ihr euch nicht nach dem Brauch des Mose beschneiden lasst, könnt ihr nicht gerettet werden. [2] Da nun nicht geringer Zwist und Streit zwischen ihnen und Paulus und Barnabas entstand, beschloss man, Paulus und Barnabas und einige andere von ihnen sollten wegen dieser Streitfrage zu den Aposteln und den Ältesten nach Jerusalem hinaufgehen. [3] Die Gemeinde gab ihnen das Weggeleit. Dann zogen sie durch Phönizien und Samarien; dabei berichteten sie den Brüdern von der Bekehrung der Heiden und bereiteten damit allen Brüdern große Freude.

[4] Bei ihrer Ankunft in Jerusalem wurden sie von der Gemeinde und von den Aposteln und den Ältesten empfangen. Sie erzählten alles, was Gott mit ihnen zusammen getan hatte.

[5] Da erhoben sich einige aus der Partei der Pharisäer, die gläubig geworden waren, und sagten: Man muss sie beschneiden und von ihnen fordern, am Gesetz des Mose festzuhalten.

Petrus berichtet von seiner Erfahrung (Apg 15,6–11)

⁶ Die Apostel und die Ältesten traten zusammen, um die Frage zu prüfen. ⁷ Als ein heftiger Streit entstand, erhob sich Petrus und sagte zu ihnen: Brüder, wie ihr wisst, hat Gott schon längst hier bei euch die Entscheidung getroffen, dass die Heiden durch meinen Mund das Wort des Evangeliums hören und zum Glauben gelangen sollen. ⁸ Und Gott, der die Herzen kennt, hat dies bestätigt, indem er ihnen ebenso wie uns den Heiligen Geist gab. ⁹ Er machte keinerlei Unterschied zwischen uns und ihnen; denn er hat ihre Herzen durch den Glauben gereinigt. ¹⁰ Warum stellt ihr also jetzt Gott auf die Probe und legt den Jüngern ein Joch auf den Nacken, das weder unsere Väter noch wir tragen konnten? ¹¹ Wir glauben im Gegenteil, durch die Gnade Jesu, des Herrn, gerettet zu werden, auf die gleiche Weise wie jene.

Barnabas und Paulus erzählen ihre Geschichte (Apg 15,12)

¹² Da schwieg die ganze Versammlung. Und sie hörten Barnabas und Paulus zu, wie sie erzählten, welch große Zeichen und Wunder Gott durch sie unter den Heiden getan hatte.

Jakobus deutet die Erfahrung im Licht der Bibel (Apg 15,13–18)

¹³ Als sie geendet hatten, nahm Jakobus das Wort und sagte: Brüder, hört mich an! ¹⁴ Simon hat berichtet, dass Gott selbst zuerst darauf

> „ Dies ist die bleibende Sendung des Petrus: dass Kirche nie nur mit einer Nation, mit einer Kultur oder einem Staat identisch sei. Dass sie immer die Kirche aller ist. Dass sie über alle Grenzen hin die Menschheit zusammenführt, inmitten der Trennungen dieser Welt den Frieden Gottes, die versöhnende Kraft seiner Liebe gegenwärtig werden lässt.
>
> **PAPST BENEDIKT XVI.**, 29.6.2008

▶ In der Kirche gab es Streit, ob Heiden erst Juden werden müssen, um dann Christen sein zu können. Barnabas und Paulus sind für die „diretissima". Petrus ist auf ihrer Seite. Deshalb können die beiden die Geschichte ihrer Missionsreise erzählen (Apg 13–14). Das überzeugt: Die Heiden sind in der Kirche willkommen. Nur der Glaube zählt.

geschaut hat, aus den Heiden ein Volk für seinen Namen zu gewinnen. ¹⁵ Damit stimmen die Worte der Propheten überein, die geschrieben haben: ¹⁶ *Danach werde ich mich umwenden und die zerfallene Hütte Davids wieder aufrichten; ich werde sie aus ihren Trümmern wieder aufrichten und werde sie wiederherstellen, ¹⁷ damit die übrigen Menschen den Herrn suchen, auch alle Völker, über denen mein Name ausgerufen ist – spricht der Herr, der das ausführt (Am 9,11–12), ¹⁸ was ihm seit Ewigkeit bekannt ist.*

B Es gibt nicht mehr Juden und Griechen, nicht Sklaven und Freie, nicht männlich und weiblich; denn ihr alle seid einer in Christus Jesus.

Gal 3,28

Jakobus macht einen Lösungsvorschlag (Apg 15,19–21)

¹⁹ Darum halte ich es für richtig, den Heiden, die sich zu Gott bekehren, keine Lasten aufzubürden; ²⁰ man weise sie nur an, Verunreinigung durch Götzenopferfleisch und Unzucht zu meiden und weder Ersticktes noch Blut zu essen.

²¹ Denn Mose hat seit alten Zeiten in jeder Stadt seine Verkünder, da er in den Synagogen an jedem Sabbat verlesen wird.

Ein Beschluss wird gefasst (Apg 15,22–29)

²² Da beschlossen die Apostel und die Ältesten zusammen mit der ganzen Gemeinde, Männer aus ihrer Mitte auszuwählen und sie zusammen mit Paulus und Barnabas nach Antiochia zu senden, nämlich Judas, genannt Barsabbas, und Silas, führende Männer unter den Brüdern. ²³ Sie gaben ihnen folgendes Schreiben mit: Die Apostel und

▶ Dieser Jakobus ist nicht einer der Zwölf, den Jesus selbst in den Kreis der zwölf Apostel berufen hat, sondern einer der „Brüder" Jesu, der aus seiner Familie stammt.

▶ Es geht um elementare Reinheitsgebote, die das Bekenntnis zum einen Gott in einer heidnischen Umwelt klären sollen. Vor allem sollen sie das Zusammenleben von Judenchristen und Heidenchristen in einer Gemeinde regeln.

▶ Die Jerusalemer Urgemeinde stiftet durch eine wegweisende Entscheidung Frieden in der jungen Kirche. Niemand braucht erst Jude zu werden, um dann Christ werden zu können. Aber die Heidenchristen sollen auf die Juden Rücksicht nehmen. Das ist ein Modell der Konfliktlösung auch heute.

" Es gibt zwei Arten von Logik des Denkens und des Glaubens: die Angst, die Geretteten zu verlieren, und den Wunsch, die Verlorenen zu retten.

PAPST FRANZISKUS, 15.2.2015, bei der Eucharistiefeier mit den neuen Kardinälen

die Ältesten, eure Brüder, grüßen die Brüder aus dem Heidentum in Antiochia, in Syrien und Kilikien. [24] Wir haben gehört, dass einige von uns, denen wir keinen Auftrag erteilt haben, euch mit ihren Reden beunruhigt und eure Gemüter erregt haben. [25] Deshalb haben wir einmütig beschlossen, Männer auszuwählen und zusammen mit unseren geliebten Brüdern Barnabas und Paulus zu euch zu schicken, [26] die beide für den Namen Jesu Christi, unseres Herrn, ihr Leben eingesetzt haben. [27] Wir haben Judas und Silas abgesandt, die euch das Gleiche auch mündlich mitteilen sollen. [28] Denn der Heilige Geist und wir haben beschlossen, euch keine weitere Last aufzuerlegen als diese notwendigen Dinge: [29] Götzenopferfleisch, Blut, Ersticktes und Unzucht zu meiden. Wenn ihr euch davor hütet, handelt ihr richtig. Lebt wohl!

Der Beschluss des Konzils wird den Gemeinden mitgeteilt (Apg 15,30–35)

[30] Man verabschiedete die Abgesandten und sie zogen hinab nach Antiochia, riefen die Gemeinde zusammen und übergaben ihr den Brief. [31] Sie lasen ihn und freuten sich über den Zuspruch. [32] Judas und Silas, selbst Propheten, sprachen den Brüdern mit vielen Worten Mut zu und stärkten sie. [33] Nach einiger Zeit wurden sie von den Brüdern in Frieden wieder zu denen entlassen, die sie abgesandt hatten. [34]

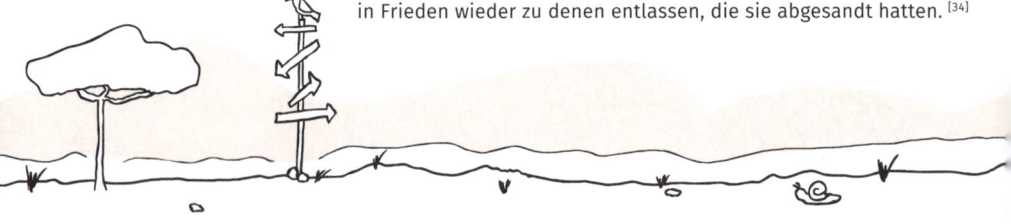

[35] Paulus aber und Barnabas blieben in Antiochia und lehrten und verkündeten mit vielen anderen das Wort des Herrn.

DIE ZWEITE MISSIONSREISE DES PAULUS (APG 15,36–18,22)

Paulus und Barnabas gehen eigene Wege (Apg 15,36–41)

[36] Nach einiger Zeit sagte Paulus zu Barnabas: Wir wollen wieder aufbrechen und sehen, wie es den Brüdern in all den Städten geht, in denen wir das Wort des Herrn verkündet haben. [37] Barnabas wollte auch den Johannes, genannt Markus, mitnehmen; [38] doch Paulus bestand darauf, ihn nicht mitzunehmen, weil er sie in Pamphylien im Stich gelassen hatte, nicht mit ihnen gezogen war und an ihrer Arbeit nicht mehr teilgenommen hatte. [39] Es kam zu einer heftigen Auseinandersetzung, sodass sie sich voneinander trennten; Barnabas nahm Markus mit und segelte nach Zypern. [40] Paulus aber wählte sich Silas und reiste ab, nachdem die Brüder ihn der Gnade des Herrn empfohlen hatten. [41] Er zog durch Syrien und Kilikien und stärkte die Gemeinden.

Feuer in der Hand: Barnabas

▶ Auch in der frühen Kirche gab es Streit. Aber man hat sich auch einigen können. Hier gilt: Getrennt marschieren, vereint schlagen. Das Evangelium wird auf vielen Wegen verkündet. Paulus treibt die Mission besonders weit voran.

Paulus gewinnt seinen Mitarbeiter Timotheus (Apg 16,1–5)

16 [1] Er kam auch nach Derbe und nach Lystra. Und siehe, dort lebte ein Jünger namens Timotheus, der Sohn einer gläubig geworden Jüdin und eines Griechen. ² Er war Paulus von den Brüdern in Lystra und Ikonion empfohlen worden. ³ Paulus wollte ihn als Begleiter mitnehmen und ließ ihn mit Rücksicht auf die Juden, die in jenen Gegenden wohnten, beschneiden; denn alle wussten, dass sein Vater ein Grieche war.

⁴ Als sie nun durch die Städte zogen, überbrachten sie ihnen die von den Aposteln und den Ältesten in Jerusalem gefassten Beschlüsse und trugen ihnen auf, sich daran zu halten. ⁵ So wurden die Gemeinden im Glauben gestärkt und wuchsen von Tag zu Tag.

▶ Timotheus wird der Meisterschüler des Paulus. Weil er eine jüdische Mutter hat, lässt Paulus ihn beschneiden. So kann er das Evangelium verkünden, ohne seine jüdischen Wurzeln zu verleugnen.

Das Evangelium kommt nach Europa (Apg 16,6–10)

⁶ Weil ihnen aber vom Heiligen Geist verwehrt wurde, das Wort in der Provinz Asien zu verkünden, reisten sie durch Phrygien und das galatische Land.

⁷ Sie zogen an Mysien entlang und versuchten, Bithynien zu erreichen; doch auch das erlaubte ihnen der Geist Jesu nicht. ⁸ So durchwanderten sie Mysien und kamen nach Troas hinab.

⁹ Dort hatte Paulus in der Nacht eine Vision. Ein Mazedonier stand da und bat ihn: Komm herüber nach Mazedonien und hilf uns!

¹⁰ Auf diese Vision hin wollten wir sofort nach Mazedonien abfahren; denn wir kamen zu dem Schluss, dass uns Gott dazu berufen hatte, dort das Evangelium zu verkünden.

〞 Die Wagemutigen von heute bereiten die normalen Handlungen von morgen vor.

DOM HELDER CAMARA (1909–1999), Erzbischof von Olinda und Recife

〞 Europa wird christlich sein, oder es wird nicht sein!

OTTO VON HABSBURG (1912–2011), österreichisch-deutscher Politiker, ältester Sohn des letzten Kaisers von Österreich

▶ Mazedonien ist ein Teil von Griechenland. Die Hauptstadt ist Thessaloniki, heute Saloniki.

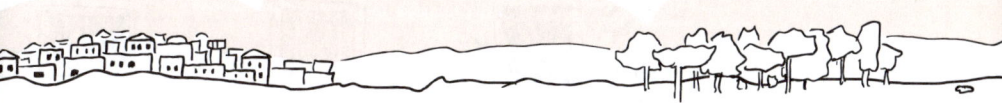

Paulus gründet eine Gemeinde in Philippi (Apg 16,11–15)

¹¹ So brachen wir von Troas auf und fuhren auf dem kürzesten Weg nach Samothrake und am folgenden Tag nach Neapolis.

¹² Von dort gingen wir nach Philippi, eine führende Stadt des Bezirks von Mazedonien, eine Kolonie. In dieser Stadt hielten wir uns einige Tage auf.

¹³ Am Sabbat gingen wir durch das Stadttor hinaus an den Fluss, wo wir eine Gebetsstätte vermuteten. Wir setzten uns und sprachen zu den Frauen, die sich eingefunden hatten. ¹⁴ Eine Frau namens Lydia, eine Purpurhändlerin aus der Stadt Thyatira, hörte zu; sie war eine Gottesfürchtige und der Herr öffnete ihr das Herz, sodass sie den Worten des Paulus aufmerksam lauschte. ¹⁵ Als sie und alle, die zu ihrem Haus gehörten, getauft waren, bat sie: Wenn ihr wirklich meint, dass ich zum Glauben an den Herrn gefunden habe, kommt in mein Haus und bleibt da. Und sie drängte uns.

▶ Philippi war eine Gründung der Römer. Die Philipper sehen sich deshalb als römische Bürger.

▶ Lydia ist die erste Christin Europas. Sie stammt aus Thyatira, einer Stadt in der heutigen Türkei (vgl. Offb 2,18–29). Sie war eine Gottesfürchtige, d.h., sie war eine Heidin, die mit dem Judentum sympathisierte. In ihrem Haus versammelte sich die erste christliche Gemeinde Europas.

Paulus befreit eine Sklavin von einem bösen Geist (Apg 16,16–21)

¹⁶ Als wir einmal auf dem Weg zur Gebetsstätte waren, begegnete uns eine Magd, die einen Wahrsagegeist hatte und mit der Wahrsagerei ihren Herren großen Gewinn einbrachte. ¹⁷ Sie lief Paulus und uns nach und schrie: Diese Menschen sind Knechte des höchsten Gottes; sie verkünden euch den Weg des Heils. ¹⁸ Das tat sie viele Tage lang.

Christ sein war noch nie so gefährlich wie heute. Nie zuvor sind so viele Christen diskriminiert, bedroht und verfolgt worden. Weltweit sind bis zu 100 Millionen Christen betroffen und die Tendenz ist steigend. Christen sind zwar nicht die Einzigen, die wegen ihres Glaubens benachteiligt werden; weltweit leiden sie aber am meisten unter religiöser Verfolgung. Obwohl das Recht auf Religionsfreiheit seit Jahrzehnten als grundlegendes Menschenrecht international anerkannt ist, werden Menschen in ihrer Religionsausübung behindert, und in einer ganzen Reihe von Ländern kommt es zu schweren Verletzungen der Religionsfreiheit.

▶ Der Gesang von Paulus und Silas im Gefängnis hat eine →

Da wurde Paulus ärgerlich, wandte sich um und sagte zu dem Geist: Ich befehle dir im Namen Jesu Christi: Fahre aus dieser Frau aus! Und im gleichen Augenblick fuhr er aus.

[19] Als aber ihre Herren sahen, dass sie keinen Gewinn mehr erhoffen konnten, ergriffen sie Paulus und Silas, schleppten sie auf den Markt vor die Stadtbehörden, [20] führten sie den obersten Beamten vor und sagten: Diese Männer bringen Unruhe in unsere Stadt. Es sind Juden; [21] sie verkünden Sitten und Bräuche, die wir als Römer weder annehmen können noch ausüben dürfen.

Paulus wird ohne Grund ins Gefängnis geworfen (Apg 16,22–24)

[22] Da erhob sich das Volk gegen sie und die obersten Beamten ließen ihnen die Kleider vom Leib reißen und befahlen, sie mit Ruten zu schlagen. [23] Sie ließen ihnen viele Schläge geben und sie ins Gefängnis werfen; dem Gefängniswärter gaben sie Befehl, sie in sicherem Gewahrsam zu halten. [24] Auf diesen Befehl hin warf er sie in das innere Gefängnis und schloss ihre Füße in den Block.

Paulus wird aus dem Gefängnis befreit (Apg 16,25–26)

[25] Um Mitternacht beteten Paulus und Silas und sangen Loblieder; und die Gefangenen hörten ihnen zu.

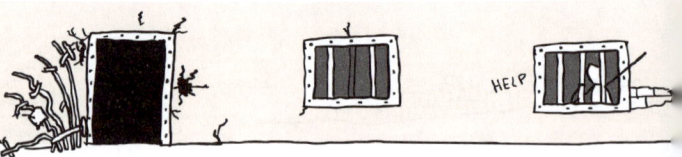

→ Parallele im Alten Testament: die Geschichte der drei jüdischen Männer Hananja, Asarja und Mischael, die in Dan 3 das goldene Bild Nebukadnezzars nicht anbeten wollten, deshalb in die Schmelzofen geworfen wurden und ihm unverletzt entstiegen. Der Lobgesang der drei wird im Stundengebet der Kirche gesungen.

[26] Plötzlich begann ein gewaltiges Erdbeben, sodass die Grundmauern des Gefängnisses wankten. Mit einem Schlag sprangen die Türen auf und allen fielen die Fesseln ab.

Der Gefängniswärter kommt zum Glauben (Apg 16,27–34)

[27] Als der Gefängniswärter aufwachte und die Türen des Gefängnisses offen sah, zog er sein Schwert, um sich zu töten; denn er meinte, die Gefangenen seien entflohen.

[28] Da rief Paulus laut: Tu dir nichts an! Wir sind alle noch da.

[29] Jener rief nach Licht, stürzte hinein und fiel Paulus und Silas zitternd zu Füßen. [30] Er führte sie hinaus und sagte: Ihr Herren, was muss ich tun, um gerettet zu werden?

[31] Sie antworteten: Glaube an Jesus, den Herrn, und du wirst gerettet werden, du und dein Haus. [32] Und sie verkündeten ihm und allen in seinem Haus das Wort des Herrn.

[33] Er nahm sie in jener Nachtstunde bei sich auf, wusch ihre Striemen und ließ sich sogleich mit allen seinen Angehörigen taufen. [34] Dann führte er sie in sein Haus hinauf, ließ ihnen den Tisch decken und war mit seinem ganzen Haus voll Freude, weil er zum Glauben an Gott gekommen war.

Paulus besteht auf seinem Recht (Apg 16,35–40)

[35] Als es Tag wurde, schickten die obersten Beamten die Amtsdiener und ließen sagen: Lass jene Männer frei!

[36] Der Gefängniswärter überbrachte Paulus die Nachricht: Die obersten Beamten haben hergeschickt und befohlen, euch freizulassen. Geht also, zieht in Frieden!

[37] Paulus aber sagte zu ihnen: Sie haben uns ohne Urteil öffentlich auspeitschen lassen, obgleich wir römische Bürger sind, und haben uns ins Gefängnis geworfen. Und jetzt möchten sie uns heimlich fortschicken? Nein! Sie sollen selbst kommen und uns hinausführen.

Frühchristliches Baptisterium aus Emmaus Nicopolis

[38] Die Amtsdiener meldeten es den obersten Beamten. Diese erschraken, als sie hörten, es seien römische Bürger.

[39] Und sie kamen, um sie zu beschwichtigen, führten sie hinaus und baten sie, die Stadt zu verlassen.

▶ Wer zur Kirche gehören wollte, musste sich taufen lassen. In der frühen Kirche wurden vor allem Erwachsene getauft. Sie bereiteten sich

[40] Vom Gefängnis aus gingen sie zu Lydia. Dort sahen sie die Brüder, sprachen ihnen Mut zu und zogen dann weiter.

lange auf den großen Moment der Taufe vor, indem sie in der Gemeinde mitlebten. So lernten sie immer mehr von Jesus und vom Glauben an den liebenden Gott. Manchmal ging es aber auch ganz schnell.

Paulus gründet die Kirche von Thessalonich (Apg 17,1–10)

17 [1] Auf dem Weg über Amphipolis und Apollonia kamen sie nach Thessalonich. Dort hatten die Juden eine Synagoge. [2] Nach seiner Gewohnheit ging Paulus zu ihnen und redete an drei Sabbaten

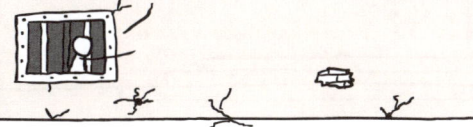

zu ihnen, wobei er von den Schriften ausging. [3] Er legte sie ihnen aus und erklärte, dass der Christus leiden und von den Toten auferstehen musste. Und er sagte: Jesus, den ich euch verkünde, ist dieser Christus.

Y → 194–202
Das Sakrament der Taufe

[4] Einige von ihnen ließen sich überzeugen und schlossen sich Paulus und Silas an, außerdem eine große Schar gottesfürchtiger Griechen, darunter nicht wenige Frauen aus vornehmen Kreisen.

[5] Die Juden wurden eifersüchtig, holten sich einige nichtsnutzige Männer, die sich auf dem Markt herumtrieben, wiegelten mit ihrer Hilfe das Volk auf und brachten die Stadt in Aufruhr. Sie zogen zum Haus des Jason und wollten die beiden vor das Volk führen. [6] Sie fanden sie aber nicht. Daher schleppten sie den Jason und einige Brüder vor die Stadtpräfekten und schrien: Diese Leute, die schon die ganze Welt in Aufruhr gebracht haben, sind jetzt auch hier [7] und Jason hat sie aufgenommen. Sie alle verstoßen gegen die Gesetze des Kaisers; denn sie behaupten, ein anderer sei König, nämlich Jesus.

▶ Die Christen galten bald als die Staatsfeinde Nr. 1, weil sie ihren Glauben öffentlich bekannt haben. Damit haben sie den römischen Staat entzaubert. Der Kaiser ist nur ein Mensch. Er muss Recht sprechen und die Armen unterstützen. In Wahrheit sind die Christen aber keine Aufrührer. Sie sind wie der Sauerteig, der den ganzen Teig durchsäuert.

[8] So brachten sie die Menge und die Stadtpräfekten, die das hörten, in Erregung. [9] Diese nahmen von Jason und den anderen eine Bürgschaft und ließen sie frei.

[10] Die Brüder schickten noch in der Nacht Paulus und Silas weiter nach Beröa.

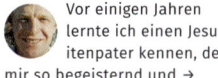

Vor einigen Jahren lernte ich einen Jesuitenpater kennen, der mir so begeisternd und →

→ lebendig ein Gottesbild vermittelte, dass es mir die Sprache verschlug. Er sagte, Gott sei lebendig, er sei voller Leidenschaft und Genialität, er sei interessiert an mir, er sei voller Liebe für die Menschen, und vieles andere. Ich habe mich auf dieses Abenteuer mit Jesus eingelassen. Der Pater hat nicht zu viel versprochen. Gott als Vater, Freund, Liebhaber, Tröster, Versorger zu kennen ist wunderbar. Ich möchte Ihn noch mehr kennen und Ihn bekannt machen. Er füllt das tiefe Loch in mir aus nach Liebe, Versöhnung, Annahme und Wertschätzung. Und er ist fähig, aus den schlimmsten Erfahrungen etwas Schönes, Wertvolles zu machen.

WOLFGANG

Paulus gründet eine Gemeinde in Beröa (Apg 17,10–15)

Nach ihrer Ankunft gingen sie in die Synagoge der Juden. ¹¹ Diese waren vornehmer gesinnt als die in Thessalonich; mit großer Bereitschaft nahmen sie das Wort auf und forschten Tag für Tag in den Schriften nach, ob sich dies wirklich so verhielte. ¹² Viele von ihnen wurden gläubig und ebenso nicht wenige der vornehmen griechischen Frauen und Männer. ¹³ Als aber die Juden von Thessalonich erfuhren, dass Paulus auch in Beröa das Wort Gottes verkündete, kamen sie dorthin, um das Volk aufzuwiegeln und aufzuhetzen.

¹⁴ Da schickten die Brüder Paulus sogleich weg zum Meer hinunter. Silas und Timotheus aber blieben zurück.

¹⁵ Die Begleiter des Paulus brachten ihn nach Athen. Mit dem Auftrag an Silas und Timotheus, Paulus möglichst rasch nachzukommen, kehrten sie zurück.

Paulus diskutiert in Athen über Religion (Apg 17,16–21)

¹⁶ Während Paulus in Athen auf sie wartete, wurde sein Geist von heftigem Zorn erfasst; denn er sah die Stadt voll von Götzenbildern.

¹⁷ Er redete in der Synagoge mit den Juden und Gottesfürchtigen und auf dem Markt sprach er täglich mit denen, die er gerade antraf.

▶ Epikuräer und Stoiker sind philosophische Schulen, die den populären Götterkult kritisieren.

¹⁸ Einige von den epikureischen und stoischen Philosophen diskutierten mit ihm und manche sagten: Was will denn dieser Schwätzer? Andere aber: Er scheint ein Verkünder fremder Gottheiten zu sein. Denn er verkündete das Evangelium von Jesus und von der Auferstehung. ¹⁹ Sie nahmen ihn mit, führten ihn zum Areopag und fragten: Können wir erfahren, was das für eine neue Lehre ist, die du vorträgst? ²⁰ Du bringst uns recht befremdliche Dinge zu Gehör. Wir wüssten gern, worum es sich handelt.

▶ Der Vorwurf ist nicht ungefährlich, weil der große Philosoph Sokrates wegen des Vorwurfs, er bringe fremde Gottheiten, zum Tode verurteilt worden war.

²¹ Alle Athener und die Fremden dort taten nichts lieber, als die letzten Neuigkeiten zu erzählen oder zu hören.

Paulus gibt eine Hinführung zum christlichen Glauben (Apg 17,22–31)

²² Da stellte sich Paulus in die Mitte des Areopags und sagte: Männer von Athen, nach allem, was ich sehe, seid ihr sehr fromm. ²³ Denn als ich umherging und mir eure Heiligtümer ansah, fand ich auch einen Altar mit der Aufschrift: EINEM UNBEKANNTEN GOTT. Was ihr verehrt, ohne es zu kennen, das verkünde ich euch.

▶ Paulus weist den Athenern einen Weg von der Verehrung vieler Götter zur Verehrung des einen Gottes. Schon jetzt verehren sie Gott, aber als unbekannten. Diesen Gott macht Paulus ihnen bekannt. Es ist der Schöpfer, der nicht mit Dingen dieser Welt in eins gesetzt werden darf und der Opfer nicht bedarf. So weit können die Philosophen, →

²⁴ Der Gott, der die Welt erschaffen hat und alles in ihr, er, der Herr über Himmel und Erde, wohnt nicht in Tempeln, die von Menschenhand gemacht sind. ²⁵ Er lässt sich auch nicht von Menschenhänden dienen, als ob er etwas brauche, er, der allen das Leben, den Atem und alles gibt. ²⁶ Er hat aus einem einzigen Menschen das ganze Men-

schengeschlecht erschaffen, damit es die ganze Erde bewohne. Er hat für sie bestimmte Zeiten und die Grenzen ihrer Wohnsitze festgesetzt. [27] Sie sollten Gott suchen, ob sie ihn ertasten und finden könnten; denn keinem von uns ist er fern. [28] Denn in ihm leben wir, bewegen wir uns und sind wir; wie auch einige von euren Dichtern gesagt haben: Wir sind von seinem Geschlecht.

[29] Da wir also von Gottes Geschlecht sind, dürfen wir nicht meinen, das Göttliche sei wie ein goldenes oder silbernes oder steinernes Gebilde menschlicher Kunst und Erfindung.

[30] Gott, der über die Zeiten der Unwissenheit hinweggesehen hat, gebietet jetzt den Menschen, dass überall alle umkehren sollen. [31] Denn er hat einen Tag festgesetzt, an dem er den Erdkreis in Gerechtigkeit richten wird, durch einen Mann, den er dazu bestimmt und vor allen Menschen dadurch ausgewiesen hat, dass er ihn von den Toten auferweckte.

Gemischte Reaktionen (Apg 17,32–34)

[32] Als sie von der Auferstehung der Toten hörten, spotteten die einen, andere aber sagten: Darüber wollen wir dich ein andermal hören. [33] So ging Paulus aus ihrer Mitte weg. [34] Einige Männer aber schlossen sich ihm an und wurden gläubig, unter ihnen auch Dionysius, der Areopagit, außerdem eine Frau namens Damaris und noch andere mit ihnen.

→ mit denen er diskutiert, mitgehen. Eine echte Glaubensfrage ist aber die Auferstehung Jesu von den Toten.

99 Angesichts der überwältigenden Allgemeinheit und Dauer des Gerüchts von Gott trägt derjenige die Begründungspflicht, der dieses Gerücht als irreführend abtut. Vor allem aber: Wenn wir Spuren eines Wesens suchen, dann ist immer derjenige wichtiger, der eine Spur gefunden hat, als der, der keine gefunden hat. Die Tatsache, dass jemand nie einen weißen Raben gesehen hat, beweist nichts gegenüber dem, der einen gefunden hat.
ROBERT SPAEMANN (* 1927), deutscher Philosoph, der einen neuen Gottesbeweis vorgelegt hat („Gottesbeweis aus der Grammatik")

Paulus kommt nach Korinth (Apg 18,1–4)

18 [1] Hierauf verließ Paulus Athen und ging nach Korinth. [2] Dort traf er einen aus Pontus stammenden Juden namens Aquila, der vor Kurzem aus Italien gekommen war, und dessen Frau Priscilla. Claudius hatte nämlich angeordnet, dass alle Juden Rom verlassen müssten.

Diesen beiden schloss er sich an, [3] und da sie das gleiche Handwerk betrieben, blieb er bei ihnen und arbeitete dort. Sie waren Zeltmacher von Beruf. [4] An jedem Sabbat redete er in der Synagoge und suchte Juden und Griechen zu überzeugen.

▶ Das war im Jahr 48 n. Chr. Ein wenig später trifft Paulus in Korinth ein.

In Korinth bildet sich eine christliche Gemeinde (Apg 18,5–11)

[5] Als aber Silas und Timotheus aus Mazedonien eingetroffen waren, widmete sich Paulus ganz dem Wort und bezeugte den Juden, dass Jesus der Christus sei. [6] Als sie sich dagegen auflehnten und Lästerungen ausstießen, schüttelte er seine Kleider aus und sagte zu ihnen: Euer Blut komme über euer Haupt! Ich bin daran unschuldig. Von jetzt an werde ich zu den Heiden gehen.

[7] Und er ging von da in das Haus eines gewissen Titius Justus hinüber, eines Gottesfürchtigen, dessen Haus an die Synagoge grenzte.

[8] Krispus aber, der Synagogenvorsteher, kam mit seinem ganzen Haus zum Glauben an den Herrn; und viele Korinther, die davon hörten, wurden gläubig und ließen sich taufen.

99 Nicht Menschenlob, nicht Menschenfurcht soll uns bewegen.

Wahlspruch des sel. Bischofs **CLEMENS AUGUST VON GALEN** (1878–1946). Hitler hasste den „Löwen von Münster" und wollte ihn, der öffentlich gegen die Euthanasiemaßnahmen der Nazis predigte und Anzeige wegen Mordes erstattet hatte, bei nächster Gelegenheit umbringen lassen. Dazu kam es nicht mehr …

Verkünde das Wort, tritt auf, ob gelegen oder ungelegen, überführe, weise zurecht, ermahne, in aller Geduld und Belehrung!

2 Tim 4,2

▶ Durch eine Inschrift im griechischen Heiligtum von Delphi weiß man, dass Gallio im Jahr 51/52 oder 52/53 n. Chr. Prokonsul in Korinth, der Hauptstadt von Achaia, war.

99 Die Kirche ist ihrem Wesen nach missionarisch. Es gibt sie, damit jeder Mensch Jesus begegnen kann.

PAPST FRANZISKUS, 17.7.2014

⁹ Der Herr aber sagte nachts in einer Vision zu Paulus: Fürchte dich nicht! Rede nur, schweige nicht! ¹⁰ Denn ich bin mit dir, niemand wird dir etwas antun. Viel Volk nämlich gehört mir in dieser Stadt. ¹¹ So blieb Paulus ein Jahr und sechs Monate und lehrte bei ihnen das Wort Gottes.

Paulus wird angeklagt, kommt aber frei (Apg 18,12–17)

¹² Als aber Gallio Prokonsul von Achaia war, traten die Juden einmütig gegen Paulus auf, brachten ihn vor den Richterstuhl ¹³ und sagten: Dieser verführt die Menschen zu einer Gottesverehrung, die gegen das Gesetz verstößt. ¹⁴ Als Paulus etwas erwidern wollte, sagte Gallio zu den Juden: Läge hier ein Vergehen oder Verbrechen vor, ihr Juden, so würde ich eure Klage ordnungsgemäß behandeln. ¹⁵ Streitet ihr jedoch über Lehre und Namen und euer Gesetz, dann seht selber zu! Darüber will ich nicht Richter sein. ¹⁶ Und er wies sie vom Richterstuhl weg.

¹⁷ Da ergriffen alle den Synagogenvorsteher Sosthenes und verprügelten ihn vor dem Richterstuhl. Gallio aber kümmerte sich darum.

Paulus kehrt von seiner Missionsreise zurück (Apg 18,18–22)

¹⁸ Paulus blieb noch längere Zeit. Dann verabschiedete er sich von den Brüdern und segelte zusammen mit Priscilla und Aquila nach Sy-

▶ Kenchreä ist eine Hafenstadt von Korinth. Das Gelübde ist das Nasiräatsgelübde (↗ Num 6). Es unterstreicht den religiösen Ernst.

Y → 49
Lenkt Gott die Welt und mein Leben?

rien ab. In Kenchreä hatte er sich aufgrund eines Gelübdes den Kopf kahl scheren lassen.

¹⁹ Sie gelangten nach Ephesus. Dort trennte er sich von den beiden; er selbst ging in die Synagoge und redete zu den Juden. ²⁰ Sie baten ihn, noch länger zu bleiben; aber er wollte nicht, ²¹ sondern verabschiedete sich und sagte: Ich werde wieder zu euch kommen, wenn Gott es will. So fuhr er von Ephesus ab, ²² landete in Cäsarea, zog nach Jerusalem hinauf, begrüßte dort die Gemeinde und ging dann nach Antiochia hinab.

Lukas erzählt im Anschluss von einer weiteren Reise des Paulus in die von ihm gegründeten Gemeinden (Apg 18,23–21,17). Als er wieder nach Jerusalem kommt, wird er verhaftet (Apg 21,18–22,29). Vor dem Hohen Rat (Apg 22,30–23,11) und vor verschiedenen römischen Statthaltern muss er sich verteidigen (Apg 23,12–26,32). Aber man verweigert ihm sein Recht. Deshalb appelliert er an den Kaiser. So kommt er nach Rom, wenn auch als Gefangener. Aus einem schweren Seesturm gerettet (Apg 27,14–26), erreicht er Rom. Dort ist er nicht frei, kann aber das Evangelium verkünden (Apg 28,11–31).

💡 17 000 km soll Paulus auf seinen Missionsreisen zurückgelegt haben. Allerdings stand ihm im Römischen Reich auch ein ausgebautes Wegenetz von 200 000 km zur Verfügung.

Paulus in Rom (Apg 28,16–31)

28 ¹⁶ Nach unserer Ankunft in Rom erhielt Paulus die Erlaubnis, für sich allein zu wohnen, zusammen mit dem Soldaten, der ihn bewachte.

¹⁷ Drei Tage später rief er die führenden Männer der Juden zusammen. Als sie versammelt waren, sagte er zu ihnen: Brüder, obwohl ich

Petrus, der Fischer vom See Gennesaret, und Paulus, der gelehrte Pharisäer aus Kilikien (heute Türkei), wirkten am Ende ihres Lebens in der Welthauptstadt Rom. Die Apostelgeschichte berichtet nichts über das Ende des Paulus von Tarsus, dafür aber der (nicht in die Bibel aufgenommene) Erste Clemensbrief (um 90–100 n. Chr.): „Wegen Eifersucht und Neid sind die größten und gerechtesten Säulen verfolgt worden und haben bis zum Tode gekämpft."

mich nicht gegen das Volk oder die Sitten der Väter vergangen habe, bin ich von Jerusalem aus als Gefangener den Römern ausgeliefert worden. [18] Diese haben mich verhört und wollten mich freilassen, da nichts Todeswürdiges gegen mich vorlag. [19] Weil aber die Juden Einspruch erhoben, war ich gezwungen, Berufung beim Kaiser einzulegen, jedoch nicht, um mein Volk anzuklagen. [20] Aus diesem Grund habe ich darum gebeten, euch sehen und sprechen zu dürfen. Denn um der Hoffnung Israels willen trage ich diese Fessel.

[21] Sie antworteten ihm: Wir haben über dich weder Briefe aus Judäa erhalten noch ist einer von den Brüdern gekommen, der uns etwas Belastendes über dich berichtet oder erzählt hätte. [22] Wir wünschen aber von dir zu hören, was du denkst; denn von dieser Sekte ist uns bekannt, dass sie überall auf Widerspruch stößt.

▶ Paulus ist ein Jude. Sein Bekenntnis zu Jesus bringt ihn nicht davon ab. Deshalb sucht er das Gespräch. Es wird Streit geben. Aber es gibt auch lohnende Gespräche über den Glauben.

„ Die Sorge für die Hilflosen, die wir üben, unsere Liebestätigkeit, ist bei unseren Gegnern zu einem Merkmal für uns geworden: „Siehe nur", sagen sie, „wie sie sich →

[23] Sie vereinbarten mit ihm einen bestimmten Tag, an dem sie in noch größerer Zahl zu ihm in die Wohnung kamen. Vom Morgen bis in den Abend hinein erklärte und bezeugte er ihnen das Reich Gottes und versuchte, sie vom Gesetz des Mose und von den Propheten aus für Jesus zu gewinnen. [24] Die einen ließen sich durch seine Worte überzeugen, die andern blieben ungläubig. [25] Sie waren uneins untereinander und gingen weg. Paulus aber sagte noch das eine Wort: Treffend hat der Heilige Geist durch den Propheten Jesaja zu euren Vätern gesprochen:

[26] *Geh zu diesem Volk und sag: Hören sollt ihr, hören, aber nicht verstehen; sehen sollt ihr, sehen, aber nicht erkennen.* [27] *Denn das Herz dieses Volkes ist hart geworden und mit ihren Ohren hören sie nur schwer und ihre Augen halten sie geschlossen, damit sie mit ihren Augen nicht sehen und mit ihren Ohren nicht hören, damit sie mit ihrem Herzen nicht zur Einsicht kommen, sich bekehren und ich sie heile (Jes 6,9–10).*

[28] Darum sollt ihr nun wissen: Den Heiden ist dieses Heil Gottes gesandt worden. Und sie werden hören! [29]

[30] Er blieb zwei volle Jahre in seiner Mietwohnung und empfing alle, die zu ihm kamen. [31] Er verkündete das Reich Gottes und lehrte über Jesus Christus, den Herrn – mit allem Freimut, ungehindert.

→ untereinander lieben und wie einer für den anderen zu sterben bereit ist.

TERTULLIAN (um 160–220), lateinischer Kirchenlehrer

▶ Die sog. „Verstockung" Israels meint nicht die Verwerfung der Juden. Vielmehr führt Paulus mit Berufung auf den Propheten Jesaja das Nein der meisten Juden zu Jesus auf Gott selbst zurück – der auch seinen ganz eigenen Weg finden wird, Israel zu retten (↗ Röm 11,26).

▶ „Reich Gottes" ist das Hauptwort der Verkündigung Jesu. Paulus hält es für alle Zeiten fest und verbindet es mit der Verkündigung Jesu als Messias.

Die Briefe

Das Neue Testament fügt an die Apostelge-schichte eine ganze Reihe von Briefen der Apostel an. Am Anfang stehen die Paulusbriefe. Dann folgen die „Katholischen Briefe" des Jako-bus, Petrus, Johannes und Judas.

Die Apostel gehören zu den wichtigsten Ge-stalten der Anfangszeit. Sie alle waren als Missi-onare tätig; sie alle haben aber auch am Aufbau der Kirche gearbeitet. Ihre Briefe sind Bausteine für das Fundament der Kirche aller Zeiten.

Die Briefe richten sich entweder an bestimm-te Gemeinden in den Missionsgebieten oder an ganze Missionsregionen, bisweilen auch an Ein-zelpersönlichkeiten.

Die Briefe verkünden das Evangelium, indem sie die ersten Gemeindemitglieder direkt auf ihren Glauben ansprechen: Sie stellen sich ih-ren Fragen; sie wollen ihnen helfen, ihren Weg des Glaubens zu finden; sie kritisieren und ermutigen.

Die neutestamentlichen Briefe sind wie ein Fenster, durch das man das Leben der frühesten Gemeinden beobachten kann. Sie sind wie eine Schatztruhe, in der die ältesten Bekenntnisse des Glaubens aufbewahrt sind. Sie sind aber auch wie ein Spiegel, in dem alle Christen bis heute ihre eigenen Glaubensfragen und ihren eigenen Glaubensmut finden können.

In dieser Bibel können nur einige wenige Brie-fe vorgestellt werden. Sie sollen Geschmack auf mehr machen. Es sind Briefe, die tiefe Glau-benserfahrungen wiedergeben und anstoßen.

Apostels Paulus

Von Paulus sind viele Briefe in das Neue Testament aufgenommen worden. Er hat sie im Zuge seiner Missionsarbeit geschrieben, damit die Gemeinden sich im Glauben weiterentwickeln.

Die Briefe des Apostels Paulus haben eine dreifache Schlüsselbedeutung.

Erstens sind sie die ältesten Zeugnisse des Urchristentums. Sie sind ganz nah an der Lebenssituation der frühesten christlichen Gemeinden geschrieben worden. Sie erlauben Blicke auf den Gottesdienst und den Alltag, die Glaubensbekenntnisse und die Caritas, die sozialen Herausforderungen und die religiösen Orientierungen der ersten Christinnen und Christen.

Zweitens sind die Briefe des Apostels Paulus literarische Meisterwerke. Sie sind Briefe voll tiefer religiöser Inbrunst und großer gedanklicher Klarheit. Paulus bringt sich voll als Person ein – und er fordert die Leserinnen und Leser. Er will sie mit der Freude des Glaubens anstecken.

Drittens sind die Briefe herausragende Zeugnisse urchristlicher Theologie. Sie sind ein Sammelbecken voller Glaubenszeugnisse und eine intellektuelle Schaltzentrale. Sie zeigen, dass der Glaube zu denken gibt und dass durch vernünftige Überlegungen der Glaube gewinnt.

Die Briefe haben es in sich (vgl. 2 Petr 3,16: „... in ihnen ist einiges schwer zu verstehen"). Aber die Lektüre lohnt sich.

DER BRIEF AN DIE RÖMER

Seinen umfangreichsten und wichtigsten Brief schreibt Paulus an die Christen in Rom, der Hauptstadt des Römischen Reiches. Damals war Rom die größte Stadt der Welt. Paulus will die Römer gewinnen, ihn auf der Missionsreise nach Spanien zu unterstützen. Er weiß aber, dass es manche Kritik an seiner Person und an seinem Einsatz für die Heidenmission gibt. Er will die Römer überzeugen. Deshalb holt er theologisch weit aus und stellt das Evangelium, die Frohe Botschaft Gottes, die alle rettet, die glauben (Röm 1,16–17), in vielen Facetten vor. Ein Höhepunkt ist das, was er über das Wirken des Heiligen Geistes in den Gläubigen sagt.

Im Römerbrief begründet Paulus zuerst, dass kein Mensch durch „Werke des Gesetzes" gerechtfertigt werden kann, sondern durch den „Glauben an Jesus Christus" (Röm 3,28). Das große Beispiel ist Abraham (Röm 4). Im Anschluss daran zeigt der Apostel, wie ein Leben im Glauben aussieht: welche Bedeutung die Versöhnung hat, die Gott schenkt (Röm 5), welche die Taufe, die alle Gläubigen empfangen haben (Röm 6) und welche ihre Begabung mit dem Geist, der sie zu neuen Menschen macht (Röm 8).

Der Glaube schafft Gewissheit. Das Beste kommt noch – weil Gott selbst kommt.

Y → 337
Wie werden wir erlöst?

Y → 68
Erbsünde? Was haben wir mit dem Sündenfall von Adam und Eva zu tun?

▶ Paulus erinnert an die Geschichte Adams (Gen 1–3). Er sagt: Die Sünde Adams, sein zu wollen wie Gott, ist die Sünde eines jeden Menschen.

Die große Versöhnung (Röm 5,9–10)
⁹ Nachdem wir jetzt durch sein Blut gerecht gemacht sind, werden wir durch ihn erst recht vor dem Zorn gerettet werden. ¹⁰ Da wir mit Gott versöhnt wurden durch den Tod seines Sohnes, als wir noch Gottes Feinde waren, werden wir erst recht, nachdem wir versöhnt sind, gerettet werden durch sein Leben.

Die Schuld des Menschen (Röm 5,12–14)
¹² Deshalb: Wie durch einen einzigen Menschen die Sünde in die Welt kam und durch die Sünde der Tod und auf diese Weise der Tod zu allen Menschen gelangte, weil alle sündigten – ¹³ Sünde war nämlich schon vor dem Gesetz in der Welt, aber Sünde wird nicht angerechnet, wo es kein Gesetz gibt; ¹⁴ dennoch herrschte der Tod von Adam bis Mose auch über die, welche nicht durch Übertreten eines Gebots gesündigt hatten wie Adam, der ein Urbild des Kommenden ist.

Die Gnade – viel stärker als die Sünde (Röm 5,15)

¹⁵ Doch anders als mit der Übertretung verhält es sich mit der Gnade; sind durch die Übertretung des einen die vielen dem Tod anheimgefallen, so ist erst recht die Gnade Gottes und die Gabe, die durch die Gnadentat des einen Menschen Jesus Christus bewirkt worden ist, den vielen reichlich zuteilgeworden.

▶ Für die Sünden sind Menschen verantwortlich. Die Gnade aber kommt von Gott. Deshalb ist die Gnade viel stärker als die Schuld. Sie schafft neues Leben.

Adam ist schwach – Christus ist stark (Röm 5,16–19)

¹⁶ Und anders als mit dem, was durch den einen Sünder verursacht wurde, verhält es sich mit dieser Gabe: Denn das Gericht führt wegen eines Einzigen zur Verurteilung, die Gnade führt aus vielen Übertretungen zur Gerechtsprechung. ¹⁷ Denn ist durch die Übertretung des einen der Tod zur Herrschaft gekommen, durch diesen einen, so werden erst recht diejenigen, denen die Gnade und die Gabe der Gerechtigkeit reichlich zuteilwurde, im Leben herrschen durch den einen, Jesus Christus. ¹⁸ Wie es also durch die Übertretung eines Einzigen für alle Menschen zur Verurteilung kam, so kommt es auch durch die gerechte Tat eines Einzigen für alle Menschen zur Gerechtsprechung, die Leben schenkt. ¹⁹ Denn wie durch den Ungehorsam des einen Menschen die vielen zu Sündern gemacht worden sind, so werden auch durch den Gehorsam des einen die vielen zu Gerechten gemacht werden.

Er wurde, was wir sind, damit er aus uns machen könne, was er ist.

ATHANASIUS DER GROSSE

▶ Mehrfach wiederholt Paulus den Unterschied. Der eine Adam macht viele zu Sündern, weil sie ihrerseits sündigen. Aber der eine Christus, der zweite Adam, macht alle, die glauben, gerecht, damit sie Gerechtigkeit üben. Was ist wohl besser?

Das Gesetz kann nicht retten – die Gnade schon (Röm 5,20–21)

²⁰ Das Gesetz aber ist dazwischen hineingekommen, damit die Übertretung mächtiger werde; wo jedoch die Sünde mächtig wurde, da ist die Gnade übergroß geworden, ²¹ damit, wie die Sünde durch den Tod herrschte, so auch die Gnade herrsche durch Gerechtigkeit zum ewigen Leben, durch Jesus Christus, unseren Herrn.

Paulus setzt in seinem Brief alles auf Gottes Gnade und Barmherzigkeit. Nur so können die Menschen Hoffnung auf das ewige Leben haben. Aber was ist mit ihnen selbst? Es gibt den Einwand, ob es etwa egal sei, wie man lebe und ob man sich nach Gottes Geboten richte. Dieses Missverständnis stellt Paulus richtig.

Ein Missverständnis wird aufgeklärt (Röm 6,1–2)

6 ¹ Was sollen wir nun sagen? Sollen wir an der Sünde festhalten, damit die Gnade umso mächtiger werde? ² Keineswegs! Wie können wir, die wir für die Sünde tot sind, noch in ihr leben?

Durch die Taufe entsteht neues Leben (Röm 6,3–5)

³ Wisst ihr denn nicht, dass wir, die wir auf Christus Jesus getauft wurden, auf seinen Tod getauft worden sind? ⁴ Wir wurden ja mit ihm begraben durch die Taufe auf den Tod, damit auch wir, so wie Christus durch die Herrlichkeit

▶ Die Taufe ist das Sakrament des neuen Anfangs: Mit Christus sterben, mit ihm auferstehen. Das sichtbare Zeichen ist das Wasser, mit dem der Täufling übergossen oder in das er untergetaucht wird. Die unsichtbare Wirkung ist die Zugehörigkeit zur Familie Jesu, die sich in einem neuen Verhalten darstellen muss.

Die Worte „man muss sterben" sind bitter. Dieser Bitterkeit folgt aber eine große Süße auf den Fuß. Denn das Sterben vereinigt uns mit Gott.

FRANZ VON SALES

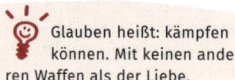

„Ein für alle Mal" – es gibt nur eine Taufe, weil Jesus nur einmal gelebt hat und gestorben ist und von den Toten auferweckt wurde. Die Taufe gilt. Sie steht nicht unter Vorbehalt. Aber ihr Sinn will entdeckt werden.

Glauben heißt: kämpfen können. Mit keinen anderen Waffen als der Liebe.

des Vaters von den Toten auferweckt wurde, in der Wirklichkeit des neuen Lebens wandeln. [5] Wenn wir nämlich mit der Gestalt seines Todes verbunden wurden, dann werden wir es auch mit der seiner Auferstehung sein.

Sterben und Leben mit Christus (Röm 6,6–11)

[6] Wir wissen doch: Unser alter Mensch wurde mitgekreuzigt, damit der von der Sünde beherrschte Leib vernichtet werde, sodass wir nicht mehr Sklaven der Sünde sind. [7] Denn wer gestorben ist, der ist frei geworden von der Sünde.

[8] Sind wir nun mit Christus gestorben, so glauben wir, dass wir auch mit ihm leben werden. [9] Wir wissen, dass Christus, von den Toten auferweckt, nicht mehr stirbt; der Tod hat keine Macht mehr über ihn. [10] Denn durch sein Sterben ist er ein für alle Mal gestorben für die Sünde, sein Leben aber lebt er für Gott. [11] So begreift auch ihr euch als Menschen, die für die Sünde tot sind, aber für Gott leben in Christus Jesus.

Für Gerechtigkeit kämpfen (Röm 6,12–14)

[12] Daher soll die Sünde nicht mehr in eurem sterblichen Leib herrschen, sodass ihr seinen Begierden gehorcht. [13] Stellt eure Glieder nicht der Sünde zur Verfügung als Waffen der Ungerechtigkeit, son-

ER liebt als die Liebe, ER weiß als die Wahrheit, ER richtet als die Gerechtigkeit, ER herrscht als die Majestät, ER regiert als das Reich, ER schützt als das Heil, ER wirkt als die Macht, ER offenbart als das Licht, ER hilft als die Gnade. Was ist also Gott? Für alle das Endziel, für die Erwählten das Heil.

BERNHARD VON CLAIRVAUX

„Sklaven der Sünde" – das ist Unfreiheit pur, weil man sich zum Ojekt der eigenen Begierde macht. „Sklaven der Gerechtigkeit" – das ist Freiheit pur, weil hier das ganze Leben seinen Sinn erhält.

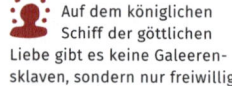

Auf dem königlichen Schiff der göttlichen Liebe gibt es keine Galeerensklaven, sondern nur freiwillige Ruderer.

FRANZ VON SALES

dern stellt euch Gott zur Verfügung als Menschen, die aus Toten zu Lebenden geworden sind, und stellt eure Glieder als Waffen der Gerechtigkeit in den Dienst Gottes! [14] Denn die Sünde wird nicht mehr über euch herrschen; denn ihr steht nicht unter dem Gesetz, sondern unter der Gnade.

Frei von der Sünde (Röm 6,15–18)

[15] Was heißt das nun? Sollen wir sündigen, weil wir nicht unter dem Gesetz stehen, sondern unter der Gnade? Keinesfalls! [16] Wisst ihr nicht: Wenn ihr euch als Sklaven zum Gehorsam verpflichtet, dann seid ihr Sklaven dessen, dem ihr gehorchen müsst; ihr seid entweder Sklaven der Sünde, die zum Tod führt, oder des Gehorsams, der zur Gerechtigkeit führt.

[17] Gott aber sei Dank; denn ihr wart Sklaven der Sünde, seid jedoch von Herzen der Gestalt der Lehre gehorsam geworden, an die ihr übergeben wurdet. [18] Ihr wurdet aus der Macht der Sünde befreit und seid zu Sklaven der Gerechtigkeit geworden.

Frei für den Dienst an Gott und dem Nächsten (Röm 6,19–23)

[19] Wegen eures schwachen Fleisches rede ich nach Menschenweise: Wie ihr eure Glieder in den Dienst der Unreinheit und der Gesetzlosigkeit gestellt habt, sodass ihr gesetzlos wurdet, so stellt jetzt eure Glieder in den Dienst der Gerechtigkeit, sodass ihr heilig werdet!

²⁰ Denn als ihr Sklaven der Sünde wart, da wart ihr der Gerechtigkeit gegenüber frei. ²¹ Welche Frucht hattet ihr damals? Es waren Dinge, deren ihr euch jetzt schämt; denn sie bringen den Tod.

²² Jetzt aber, da ihr aus der Macht der Sünde befreit und zu Sklaven Gottes geworden seid, habt ihr eine Frucht, die zu eurer Heiligung führt und das ewige Leben bringt.

²³ Denn der Lohn der Sünde ist der Tod, die Gabe Gottes aber ist das ewige Leben in Christus Jesus, unserem Herrn.

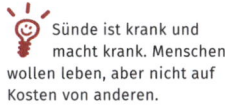
Sünde ist krank und macht krank. Menschen wollen leben, aber nicht auf Kosten von anderen.

In Röm 7 denkt Paulus darüber nach, weshalb das „Gesetz" den sündigen Menschen nicht retten kann. Er zeigt zu Beginn von Kapitel 8, dass die Rettung durch Jesus Christus kommt. Dann schreibt er wieder vom Wirken des Heiligen Geistes.

Der Geist, der lebendig macht (Röm 8,11–13)

8 ¹¹ Wenn aber der Geist dessen in euch wohnt, der Jesus von den Toten auferweckt hat, dann wird er, der Christus von den Toten auferweckt hat, auch eure sterblichen Leiber lebendig machen, durch seinen Geist, der in euch wohnt. ¹² Wir sind also nicht dem Fleisch verpflichtet, Brüder und Schwestern, sodass wir nach dem Fleisch leben müssten. ¹³ Denn wenn ihr nach dem Fleisch lebt, müsst ihr sterben; wenn ihr aber durch den Geist die sündigen Taten des Leibes tötet, werdet ihr leben.

Der Geist, der zu beten lehrt (Röm 8,14–17)

¹⁴ Denn die sich vom Geist Gottes leiten lassen, sind Kinder Gottes. ¹⁵ Denn ihr habt nicht einen Geist der Knechtschaft empfangen, sodass ihr immer noch Furcht haben müsstet, sondern ihr habt den Geist der Sohnschaft empfangen, in dem wir rufen: Abba, Vater!

¹⁶ Der Geist selber bezeugt unserem Geist, dass wir Kinder Gottes sind. ¹⁷ Sind wir aber Kinder, dann auch Erben; Erben Gottes und Miterben Christi, wenn wir mit ihm leiden, um mit ihm auch verherrlicht zu werden.

Der Geist, der Hoffnung macht (Röm 8,18–25)

¹⁸ Ich bin nämlich überzeugt, dass die Leiden der gegenwärtigen Zeit nichts bedeuten im Vergleich zu der Herrlichkeit, die an uns offenbar werden soll. ¹⁹ Denn die Schöpfung wartet sehnsüchtig auf das Offenbarwerden der Söhne Gottes. ²⁰ Gewiss, die Schöpfung ist der Nichtigkeit unterworfen, nicht aus eigenem Willen, sondern durch den, der sie unterworfen hat, auf Hoffnung hin: ²¹ Denn auch sie, die Schöpfung, soll von der Knechtschaft der Vergänglichkeit befreit werden zur Freiheit und Herrlichkeit der Kinder Gottes. ²² Denn wir wissen, dass die gesamte Schöpfung bis zum heutigen Tag seufzt und in Geburtswehen liegt.

²³ Aber nicht nur das, sondern auch wir, obwohl wir als Erstlingsgabe den Geist haben, auch wir seufzen in unserem Herzen und warten darauf, dass wir mit der Erlösung unseres Leibes als Söhne offenbar

" Hier sind wir, Herr, Heiliger Geist. Hier sind wir, mit Sünden beladen, doch in deinem Namen eigens versammelt. Komm in unsere Mitte, sei unter uns, ergieße dich in unsere Herzen! Lehre uns, was wir tun sollen, weise uns, wohin wir gehen sollen, zeige uns, was wir bewirken müssen, damit wir durch deine Hilfe dir in allem gut gefallen. Unwissenheit möge uns nicht irreleiten, Beifall der Menschen uns nicht verführen, Bestechlichkeit und falsche Rücksichten uns nicht verderben. In nichts lass uns abweichen von dem, was wahr ist. Amen.

Dieses Gebet wurde von den Konzilsvätern auf dem Ersten Vatikanischen Konzil (1869–1871) gesprochen

B Ich hoffe auf den Herrn, es hofft meine Seele, ich warte auf sein Wort. Meine Seele wartet auf meinen Herrn mehr als Wächter auf den Morgen.

Ps 130,5–6

Meine Vergangenheit kümmert mich nicht mehr, sie gehört dem göttlichen Erbarmen. Meine Zukunft kümmert mich noch nicht, sie gehört der göttlichen Vorsehung. Was mich kümmert und fordert, ist das Heute. Das aber gehört der Gnade Gottes und der Hingabe meines guten Willens.

FRANZ VON SALES

werden. ²⁴ Denn auf Hoffnung hin sind wir gerettet. Hoffnung aber, die man schon erfüllt sieht, ist keine Hoffnung. Denn wie kann man auf etwas hoffen, das man sieht? ²⁵ Hoffen wir aber auf das, was wir nicht sehen, dann harren wir aus in Geduld.

Der Geist, der sich unserer Schwachheit annimmt (Röm 8,26–27)

²⁶ So nimmt sich auch der Geist unserer Schwachheit an. Denn wir wissen nicht, was wir in rechter Weise beten sollen; der Geist selber tritt jedoch für uns ein mit unaussprechlichen Seufzern. ²⁷ Der die Herzen erforscht, weiß, was die Absicht des Geistes ist. Denn er tritt so, wie Gott es will, für die Heiligen ein.

Gott, der die Menschen zu Jesus führt (Röm 8,28–30)

²⁸ Wir wissen aber, dass denen, die Gott lieben, alles zum Guten gereicht, denen, die gemäß seinem Ratschluss berufen sind; ²⁹ denn diejenigen, die er im Voraus erkannt hat, hat er auch im Voraus dazu bestimmt, an Wesen und Gestalt seines Sohnes teilzuhaben, damit dieser der Erstgeborene unter vielen Brüdern sei.

³⁰ Die er aber vorausbestimmt hat, die hat er auch berufen, und die er berufen hat, die hat er auch gerecht gemacht; die er aber gerecht gemacht hat, die hat er auch verherrlicht.

Ich bin total froh, dass Jesus Christus mein Richter sein wird und niemand sonst. Ich habe keine Angst; nichts kann uns trennen, selbst meine Fehler nicht. Das macht den Kampf mit mir selbst, meinen schlechten Angewohnheiten und großen Schwächen leichter. Solange ich bei ihm bleibe, habe ich den Kampf schon gewonnen. Was auch passiert, ich bin auf der Winner-Seite. So bleibe ich in einer tiefen inneren Balance, was auch immer passiert.

FLÁVIO

▶ Paulus war auch ein Dichter. Der Glaube hat ihm die besten Gedanken und Rhythmen eingegeben. Hier schreibt er ein Liebeslied an Gott. Es kann nur ein Thema haben: die Liebe Gottes selbst.

Gott, der für uns ist (Röm 8,31–39)

³¹ Was sollen wir nun dazu sagen? Ist Gott für uns, wer ist dann gegen uns?

³² Er hat seinen eigenen Sohn nicht verschont, sondern ihn für uns alle hingegeben – wie sollte er uns mit ihm nicht alles schenken?

³³ Wer kann die Auserwählten Gottes anklagen? Gott ist es, der gerecht macht.

³⁴ Wer kann sie verurteilen? Christus Jesus, der gestorben ist, mehr noch: der auferweckt worden ist, er sitzt zur Rechten Gottes und tritt für uns ein.

³⁵ Was kann uns scheiden von der Liebe Christi? Bedrängnis oder Not oder Verfolgung, Hunger oder Kälte, Gefahr oder Schwert?

³⁶ Wie geschrieben steht: *Um deinetwillen sind wir den ganzen Tag dem Tod ausgesetzt; wir werden behandelt wie Schafe, die man zum Schlachten bestimmt hat (Ps 44,23).*

³⁷ Doch in alldem tragen wir einen glänzenden Sieg davon durch den, der uns geliebt hat.

³⁸ Denn ich bin gewiss: Weder Tod noch Leben, weder Engel noch Mächte, weder Gegenwärtiges noch Zukünftiges noch Gewalten, ³⁹ weder Höhe oder Tiefe noch irgendeine andere Kreatur können uns scheiden von der Liebe Gottes, die in Christus Jesus ist, unserem Herrn.

DER ERSTE BRIEF AN DIE KORINTHER

Auf den Römerbrief folgen zwei Briefe an die Korinther. In dieser Gemeinde ging es besonders turbulent zu. Es gibt viel Streit in der Kirche, aber auch mit dem Apostel. Letztlich setzt sich das Evangelium des Friedens durch. Der Erste Korintherbrief antwortet auf Fragen aus der Kirche. Paulus setzt sich intensiv mit dem Leben der Gemeinde auseinander. Er ist kritisch, aber er will den Christinnen und Christen helfen, ihre Begabungen zu entdecken und in das Leben der Kirche einzubringen.

Die Gaben des Heiligen Geistes (1 Kor 12,1–11)

12 ¹ Auch über die Gaben des Geistes möchte ich euch nicht in Unkenntnis lassen, meine Brüder und Schwestern. ² Als ihr noch Heiden wart, zog es euch, wie ihr wisst, mit unwider-

stehlicher Gewalt zu den stummen Götzen. ³ Darum erkläre ich euch: Keiner, der aus dem Geist Gottes redet, sagt: Jesus sei verflucht! Und keiner kann sagen: Jesus ist der Herr!, wenn er nicht aus dem Heiligen Geist redet.

⁴ Es gibt verschiedene Gnadengaben, aber nur den einen Geist.

⁵ Es gibt verschiedene Dienste, aber nur den einen Herrn.

⁶ Es gibt verschiedene Kräfte, die wirken, aber nur den einen Gott: Er bewirkt alles in allen.

⁷ Jedem aber wird die Offenbarung des Geistes geschenkt, damit sie anderen nützt. ⁸ Dem einen wird vom Geist die Gabe geschenkt, Weisheit mitzuteilen, dem anderen durch denselben Geist die Gabe, Erkenntnis zu vermitteln, ⁹ einem anderen in demselben Geist Glaubenskraft, einem anderen – immer in dem einen Geist – die Gabe, Krankheiten zu heilen, ¹⁰ einem anderen Kräfte, Machttaten zu wirken, einem anderen prophetisches Reden, einem anderen die Fähigkeit, die Geister zu unterscheiden, wieder einem anderen verschiedene Arten von Zungenrede, einem anderen schließlich die Gabe, sie zu übersetzen.

¹¹ Das alles bewirkt ein und derselbe Geist; einem jeden teilt er seine besondere Gabe zu, wie er will.

▶ „Jesus ist der Herr" – das ist ein ganz kurzes Glaubensbekenntnis. „Herr" heißt auf Griechisch „Kyrios". So wurde von Juden, die Griechisch sprachen, Gott genannt. Das Bekenntnis sagt deshalb: Jesus ist Gott.

▶ Das griechische Wort für „Gnadengabe" heißt: „Charisma".

▶ Paulus erstellt keinen vollständigen Katalog; sondern nennt gute Beispiele. Der eine Geist schenkt viele Gaben, weil es viele Aufgaben gibt und viele Menschen, die sich einbringen. „Zungenreden" ist ein verzücktes Beten in einer Sprache, die andere nicht verstehen. Deshalb bedarf sie einer Deutung.

▶ Mit dem Bild der Kirche als Leib Christi macht Paulus zweierlei deutlich. Erstens: Die vielen Glieder gehören alle zu dem einen Leib; sie können nur dann gebraucht werden, wenn sie sich nicht vom Leib abtrennen. Zweitens: Der Leib besteht aus vielen Gliedern; er ist nur dann gesund, wenn er alle Glieder hat. Für des Leben der Gemeinden heißt das: Auch die scheinbar Schwachen sind wichtig; die scheinbar Starken müssen sich in den Dienst der Schwachen und des Ganzen stellen.

99 Jeder Getaufte ist, unabhängig von seiner Funktion in der Kirche und dem Bildungsniveau seines Glaubens, aktiver Träger der Evangelisierung, und es wäre unangemessen, an einen Evangelisierungsplan zu denken, der von qualifizierten Mitarbeitern umgesetzt würde, wobei der Rest des gläubigen Volkes nur Empfänger ihres Handelns wäre.

PAPST FRANZISKUS, Evangelii Gaudium, 120

Die Kirche ist der Leib Christi (1 Kor 12,12–27)

¹² Denn wie der Leib einer ist, doch viele Glieder hat, alle Glieder des Leibes aber, obgleich es viele sind, einen einzigen Leib bilden: So ist es auch mit Christus. ¹³ Durch den einen Geist wurden wir in der Taufe alle in einen einzigen Leib aufgenommen, Juden und Griechen, Sklaven und Freie; und alle wurden wir mit dem einen Geist getränkt. ¹⁴ Auch der Leib besteht nicht nur aus einem Glied, sondern aus vielen Gliedern. ¹⁵ Wenn der Fuß sagt: Ich bin keine Hand, ich gehöre nicht zum Leib!, so gehört er doch zum Leib. ¹⁶ Und wenn das Ohr sagt: Ich bin kein Auge, ich gehöre nicht zum Leib!, so gehört es doch zum Leib. ¹⁷ Wenn der ganze Leib nur Auge wäre, wo bliebe dann das Gehör? Wenn er nur Gehör wäre, wo bliebe dann der Geruchssinn? ¹⁸ Nun aber hat Gott jedes einzelne Glied so in den Leib eingefügt, wie es seiner Absicht entsprach. ¹⁹ Wären alle zusammen nur ein Glied, wo bliebe dann der Leib?

²⁰ So aber gibt es viele Glieder und doch nur einen Leib. ²¹ Das Auge kann nicht zur Hand sagen: Ich brauche dich nicht. Der Kopf wiederum kann nicht zu den Füßen sagen: Ich brauche euch nicht. ²² Im Gegenteil, gerade die schwächer scheinenden Glieder des Leibes sind unentbehrlich. ²³ Denen, die wir für weniger edel ansehen, erweisen wir umso mehr Ehre und unseren weniger anständigen Gliedern begegnen wir mit umso mehr Anstand, ²⁴ während die anständigen das nicht nötig haben. Gott aber hat den Leib so zusammengefügt, dass er dem benachteiligten Glied umso mehr Ehre zukommen ließ, ²⁵ damit im Leib kein Zwiespalt entstehe, sondern alle Glieder einträchtig füreinander sorgen. ²⁶ Wenn darum ein Glied leidet, leiden alle Glie-

99 Was wir am nötigsten brauchen, ist ein Mensch, der uns dahin bringt, das zu tun, was wir können.

RALPH W. EMERSON (1803–1882)

der mit; wenn ein Glied geehrt wird, freuen sich alle Glieder mit. ²⁷ Ihr aber seid der Leib Christi und jeder Einzelne ist ein Glied an ihm.

Die Aufgaben in der Kirche (1 Kor 12,28–31b)

²⁸ So hat Gott in der Kirche die einen erstens als Apostel eingesetzt, zweitens als Propheten, drittens als Lehrer; ferner verlieh er die Kraft, Machttaten zu wirken, sodann die Gaben, Krankheiten zu heilen, zu helfen, zu leiten, endlich die verschiedenen Arten von Zungenrede. ²⁹ Sind etwa alle Apostel, alle Propheten, alle Lehrer? Haben alle die Kraft, Machttaten zu wirken? ³⁰ Besitzen alle die Gabe, Krankheiten zu heilen? Reden alle in Zungen? Können alle übersetzen? ³¹ Strebt aber nach den höheren Gnadengaben! Dazu zeige ich euch einen überragenden Weg:

 Liebe … Miteinander glauben im gemeinsamen Gebet, Fürbitten teilen. Zusammen auf Gott hoffen und mutig in die Welt gehen. Die Liebe durch das Tun der Liebe wachsen lassen. Einander dienen und sich den Alltag verschönern. Bewusst Zeit zu zweit verbringen. Sich Schuld eingestehen und einander verzeihen – jeden Abend und wenn es nur eine Kleinigkeit war. Beste Freunde sein. Sich für den anderen schön machen. Den anderen als Geschenk annehmen, als Meisterwerk Gottes ehren.

MARIE UND CORNELIUS

Am größten ist die Liebe (1 Kor 13,1–13)

13 ¹ Wenn ich in den Sprachen der Menschen und Engel redete, hätte aber die Liebe nicht, wäre ich dröhnendes Erz oder eine lärmende Pauke. ² Und wenn ich prophetisch reden könnte und alle Geheimnisse wüsste und alle Erkenntnis hätte; wenn ich alle Glaubenskraft besäße und Berge damit versetzen könnte, hätte aber die Liebe nicht, wäre ich nichts.

³ Und wenn ich meine ganze Habe verschenkte und wenn ich meinen Leib opferte, um mich zu rühmen, hätte aber die Liebe nicht, nützte es mir nichts.

⁴ Die Liebe ist langmütig, die Liebe ist gütig. Sie ereifert sich nicht, sie prahlt nicht, sie bläht sich nicht auf. ⁵ Sie handelt nicht ungehörig, sucht nicht ihren Vorteil, lässt sich nicht zum Zorn reizen, trägt das Böse nicht nach.

⁶ Sie freut sich nicht über das Unrecht, sondern freut sich an der Wahrheit.

⁷ Sie erträgt alles, glaubt alles, hofft alles, hält allem stand.

⁸ Die Liebe hört niemals auf. Prophetisches Reden hat ein Ende, Zungenrede verstummt, Erkenntnis vergeht. ⁹ Denn Stückwerk ist unser Erkennen, Stückwerk unser prophetisches Reden; ¹⁰ wenn aber das Vollendete kommt, vergeht alles Stückwerk.

¹¹ Als ich ein Kind war, redete ich wie ein Kind, dachte wie ein Kind und urteilte wie ein Kind. Als ich ein Mann wurde, legte ich ab, was Kind an mir war.

¹² Jetzt schauen wir in einen Spiegel und sehen nur rätselhafte Umrisse, dann aber schauen wir von Angesicht zu Angesicht. Jetzt ist mein Erkennen Stückwerk, dann aber werde ich durch und durch erkennen, so wie ich auch durch und durch erkannt worden bin.

¹³ Für jetzt bleiben Glaube, Hoffnung, Liebe, diese drei; doch am größten unter ihnen ist die Liebe.

> ▶ Es geht um die Liebe Gottes in den Herzen der Menschen. Das „Hohelied der Liebe" ist der Lieblingstext vieler Hochzeitspaare, weil sie in ihrer Liebe einen Vorschein der göttlichen Liebe erkennen. Paulus aber hat das Lied geschrieben, damit das Leben in der Kirche nicht von Konkurrenz, sondern von wechselseitiger Anteilnahme und Unterstützung bestimmt ist. Die Ehe ist dafür ein besonders schöner Ort.

> 99 Es bedeutet mir sehr viel zu spüren, dass Gott mich liebt und mir immer wieder der Kraft gibt. Die Beziehung zu Gott und seine unfassbare Liebe sind das Wichtigste in meinem Leben.
>
>
> **DAVID ALABA,**
> Fußballer, Bayern München

Zum Schluss erinnert Paulus die Korinther an das Evangelium, mit dem ihr Glauben begonnen hat.

Das Evangelium des Lebens (1 Kor 15,3–11)

15 ³ Denn vor allem habe ich euch überliefert, was auch ich empfangen habe:

Christus ist für unsere Sünden gestorben, gemäß der Schrift, ⁴ und ist begraben worden. Er ist am dritten Tag auferweckt worden, gemäß der Schrift, ⁵ und erschien dem Kephas, dann den Zwölf.

⁶ Danach erschien er mehr als fünfhundert Brüdern zugleich; die meisten von ihnen sind noch am Leben, einige sind entschlafen. ⁷ Danach erschien er dem Jakobus, dann allen Aposteln. ⁸ Zuletzt erschien er auch mir, gleichsam der Missgeburt.

⁹ Denn ich bin der Geringste von den Aposteln; ich bin nicht wert, Apostel genannt zu werden, weil ich die Kirche Gottes verfolgt habe. ¹⁰ Doch durch Gottes Gnade bin ich, was ich bin, und sein gnädiges Handeln an mir ist nicht ohne Wirkung geblieben. Mehr als sie alle habe ich mich abgemüht – nicht ich, sondern die Gnade Gottes zusammen mit mir. ¹¹ Ob nun ich verkünde oder die anderen: Das ist unsere Botschaft und das ist der Glaube, den ihr angenommen habt.

> **B** Wenn aber Christus nicht auferweckt worden ist, dann ist euer Glaube nutzlos und ihr seid immer noch in euren Sünden.
>
> 1 Kor 15,17

DER ZWEITE BRIEF AN DIE KORINTHER

Der Zweite Korintherbrief blickt auf Verstimmungen zwischen dem Apostel und seiner Gemeinde zurück und freut sich über die Versöhnung, die es wieder gegeben hat.

Gott will, dass wir frei sind (2 Kor 3,17–4,2)

3 [17] Der Herr aber ist der Geist; wo aber der Geist des Herrn ist, da ist Freiheit. [18] Wir alle aber schauen mit enthülltem Angesicht die Herrlichkeit des Herrn wie in einem Spiegel und werden so in sein eigenes Bild verwandelt, von Herrlichkeit zu Herrlichkeit, durch den Geist des Herrn.

4 [1] Daher erlahmt unser Eifer nicht in dem Dienst, der uns durch Gottes Erbarmen übertragen wurde. [2] Wir haben uns von aller schimpflichen Arglist losgesagt; wir verhalten uns nicht hinterhältig und verfälschen das Wort Gottes nicht, sondern machen die Wahrheit offenbar. So empfehlen wir uns vor dem Angesicht Gottes jedem menschlichen Gewissen.

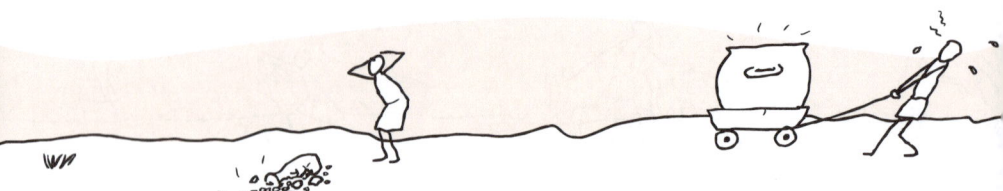

Das Bild Gottes – vor unseren Augen (2 Kor 4,3–6)

[3] Wenn unser Evangelium dennoch verhüllt ist, ist es nur denen verhüllt, die verloren gehen; [4] denn der Gott dieser Weltzeit hat das Denken der Ungläubigen verblendet. So strahlt ihnen der Glanz des Evangeliums von der Herrlichkeit Christi, der Gottes Bild ist, nicht auf. [5] Wir verkünden nämlich nicht uns selbst, sondern Jesus Christus als den Herrn, uns aber als eure Knechte um Jesu willen. [6] Denn Gott, der sprach: Aus Finsternis soll Licht aufleuchten!, er ist in unseren Herzen aufgeleuchtet, damit aufstrahlt die Erkenntnis des göttlichen Glanzes auf dem Antlitz Christi.

Unser Schatz – in zerbrechlichen Gefäßen (2 Kor 4,7–10)

[7] Diesen Schatz tragen wir in zerbrechlichen Gefäßen; so wird deutlich, dass das Übermaß der Kraft von Gott und nicht von uns kommt. [8] Von allen Seiten werden wir in die Enge getrieben und finden doch noch Raum; wir wissen weder aus noch ein und verzweifeln dennoch nicht; [9] wir werden gehetzt und sind doch nicht verlassen; wir werden niedergestreckt und doch nicht vernichtet. [10] Immer tragen wir das Todesleiden Jesu an unserem Leib, damit auch das Leben Jesu an unserem Leib sichtbar wird.

Unser neues Leben – aus dem Tod (2 Kor 4,11–15)

[11] Denn immer werden wir, obgleich wir leben, um Jesu willen dem Tod ausgeliefert, damit auch das Leben Jesu an unserem sterblichen Fleisch offenbar wird. [12] So erweist an uns der Tod, an euch aber das Leben seine Macht.

[13] Doch haben wir den gleichen Geist des Glaubens, von dem es in der Schrift heißt: *Ich habe geglaubt, darum habe ich geredet (Ps 116,10).* Auch wir glauben und darum reden wir.

[14] Denn wir wissen, dass der, welcher Jesus, den Herrn, auferweckt hat, auch uns mit Jesus auferwecken und uns zusammen mit euch vor sich stellen wird. [15] Alles tun wir euretwegen, damit immer mehr Menschen aufgrund der überreich gewordenen Gnade den Dank vervielfachen zur Verherrlichung Gottes.

Das Unsichtbare – in unserem Blick (2 Kor 4,16–18)

[16] Darum werden wir nicht müde; wenn auch unser äußerer Mensch aufgerieben wird, der innere wird Tag für Tag erneuert. [17] Denn die kleine Last unserer gegenwärtigen Not schafft uns in maßlosem Übermaß ein ewiges Gewicht an Herrlichkeit, [18] uns, die wir nicht auf das Sichtbare, sondern auf das Unsichtbare blicken; denn das Sichtbare ist vergänglich, das Unsichtbare ist ewig.

Fragen wir nie, woher die Prüfungen kommen: Sie kommen von Gott. Denn er ist es, der uns damit die Möglichkeit gibt, ihm unsere Liebe zu beweisen.

JEAN-MARIE VIANNEY (Pfarrer von Ars)

Gottes Zelt – unser Zuhause (2 Kor 5,1–4)

5 [1] Wir wissen: Wenn unser irdisches Zelt abgebrochen wird, dann haben wir eine Wohnung von Gott, ein nicht von Menschenhand errichtetes ewiges Haus im Himmel. [2] Im gegenwärtigen Zustand seufzen wir und sehnen uns danach, mit dem himmlischen Haus überkleidet zu werden.

[3] So bekleidet, werden wir nicht nackt erscheinen. [4] Solange wir nämlich in diesem Zelt leben, seufzen wir unter schwerem Druck, weil wir nicht entkleidet, sondern überkleidet werden möchten, damit so das Sterbliche vom Leben verschlungen werde.

Für Christinnen und Christen ist es ganz normal, wenn sie sich ein bisschen „heimatlos" fühlen: vor dem Fernseher, im Spielcasino, in Gesellschaft von schlechten Freunden. „Unsere Heimat ist im Himmel" (Phil 3,20).

Gottes Geist – wir sind unterwegs (2 Kor 5,5–9)

[5] Gott aber, der uns gerade dazu fähig gemacht hat, er hat uns auch als ersten Anteil den Geist gegeben. [6] Wir sind also immer zuversichtlich, auch wenn wir wissen, dass wir fern vom Herrn in der Fremde leben, solange wir in diesem Leib zu Hause sind; [7] denn als Glaubende gehen wir unseren Weg, nicht als Schauende. [8] Weil wir aber zuversichtlich sind, ziehen wir es vor, aus dem Leib auszuwandern und daheim beim Herrn zu sein. [9] Deswegen suchen wir unsere Ehre darin, ihm zu gefallen, ob wir daheim oder in der Fremde sind.

▶ In der Welt gibt es viel Unvollkommenes. Aber es gibt einen ganz großen Pluspunkt: den Heiligen Geist. Alle, die glauben, haben ihn empfangen. Aber er wirkt auch außerhalb der Kirche.

▶ Christsein heißt: Hoffen. Es braucht keine Angst vor dem Tod zu geben. Jenseits des irdischen Lebens wartet nicht das Nichts, sondern der Himmel.

DER BRIEF AN DIE GALATER

Der Galaterbrief ist an Christen gerichtet, die im Gebiet der heutigen Türkei lebten. Das Wort „Galater" leitet sich von „Kelten" ab. Es sind Migranten, die aber seit Langem sesshaft geworden sind.

Paulus setzt sich in einem harten Konflikt mit missionarischen Konkurrenten für die Freiheit der Christen ein. Er zeigt, dass es der Glaube an Jesus Christus ist, der einen Menschen „rechtfertigt", d. h. sein Verhältnis zu Gott in Ordnung bringt – dank Gottes Gnade. Dieser Glaube ist höchst aktiv. Er ist „wirksam in der Liebe" (Gal 5,6).

▶ Die Beschneidung ist ein Zeichen des Glaubens für jüdische Menschen (↗ Röm 4,11). Heidenchristen brauchen es nicht. Wer es verlangt, tut so, als ob die Taufe nicht reicht. Das war einer der ganz großen Konflikte im Urchristentum. Paulus hat sich durchgesetzt. Nur so konnte eine Weltkirche entstehen.

▶ Das ist ein Kernsatz des Christseins: Der Glaube ist aktiv. Die Liebe kommt nicht noch irgendwie dazu; sie gehört von vornherein mit dem Glauben zusammen.

▶ Paulus war vor seiner Bekehrung vielleicht ein jüdischer Missionar.
▶ Das Kreuz ist ein Ärgernis (1 Kor 1,23), weil es ein Folterinstrument ist.

Eine notwendige Warnung (Gal 5,1–4)

5 ¹ Zur Freiheit hat uns Christus befreit. Steht daher fest und lasst euch nicht wieder ein Joch der Knechtschaft auflegen! ² Siehe, ich, Paulus, sage euch: Wenn ihr euch beschneiden lasst, wird Christus euch nichts nützen. ³ Ich bezeuge wiederum jedem Menschen, der sich beschneiden lässt: Er ist verpflichtet, das ganze Gesetz zu halten. ⁴ Ihr, die ihr durch das Gesetz gerecht werden wollt, seid von Christus getrennt; ihr seid aus der Gnade herausgefallen.

Eine große Zuversicht (Gal 5,5–11)

⁵ Denn wir erwarten im Geist aus dem Glauben die Hoffnung der Gerechtigkeit. ⁶ Denn in Christus Jesus vermag weder die Beschneidung noch die Unbeschnittenheit etwas, sondern der Glaube, der durch die Liebe wirkt.

⁷ Ihr lieft gut. Wer hat euch gehindert, weiter der Wahrheit zu folgen? ⁸ Was man auch gesagt hat, um euch zu überreden: Es kommt nicht von dem, der euch beruft. ⁹ Ein wenig Sauerteig durchsäuert den ganzen Teig.

¹⁰ Ich vertraue auf euch im Herrn, dass ihr nicht anders denken werdet. Wer euch verwirrt, wird das Urteil zu tragen haben, wer es auch sei. ¹¹ Ich aber, Brüder und Schwestern, wenn ich noch die Beschneidung verkündete – warum werde ich dann verfolgt? Damit wäre ja das Ärgernis des Kreuzes beseitigt.

Freiheit – eine Chance für die Liebe (Gal 5,13–15)

[13] Denn ihr seid zur Freiheit berufen, Brüder und Schwestern. Nur nehmt die Freiheit nicht zum Vorwand für das Fleisch, sondern dient einander in Liebe! [14] Denn das ganze Gesetz ist in dem einen Wort erfüllt: Du sollst deinen Nächsten lieben wie dich selbst! [15] Wenn ihr aber einander beißt und fresst, dann gebt Acht, dass ihr nicht einer vom anderen verschlungen werdet!

Der Heilige Geist – aktiv gegen den Egoismus (Gal 5,16–21)

[16] Ich sage aber: Wandelt im Geist, dann werdet ihr das Begehren des Fleisches nicht erfüllen! [17] Denn das Fleisch begehrt gegen den Geist, der Geist gegen das Fleisch, denn diese sind einander entgegengesetzt, damit ihr nicht tut, was ihr wollt. [18] Wenn ihr euch aber vom Geist führen lasst, dann steht ihr nicht unter dem Gesetz.

[19] Die Werke des Fleisches sind deutlich erkennbar: Unzucht, Unreinheit, Ausschweifung, [20] Götzendienst, Zauberei, Feindschaften, Streit, Eifersucht, Jähzorn, Eigennutz, Spaltungen, Parteiungen, [21] Neid, maßloses Trinken und Essen und Ähnliches mehr. Ich sage euch voraus,

Der frz. Grafiker Honoré Daumier (1808–1879) hat mit spitzer Feder die geheime Bosheit seiner Zeitgenossen karikiert. Das Gegenmittel beschreibt der amerikanische Bürgerrechtler und Pastor Martin Luther King: „Ich werde nie jemandem erlauben, meine Seele dadurch kleinzumachen, dass er mich dazu bringt, ihn zu hassen."

wie ich es früher vorausgesagt habe: Wer so etwas tut, wird das Reich Gottes nicht erben.

Die Frucht des Geistes – Liebe (Gal 5,22–26)

[22] Die Frucht des Geistes aber ist Liebe, Freude, Friede, Langmut, Freundlichkeit, Güte, Treue, [23] Sanftmut und Enthaltsamkeit; gegen all das ist das Gesetz nicht.

[24] Die zu Christus Jesus gehören, haben das Fleisch und damit ihre Leidenschaften und Begierden gekreuzigt.

[25] Wenn wir im Geist leben, lasst uns auch im Geist wandeln! [26] Lasst uns nicht prahlen, nicht einander herausfordern und einander nicht beneiden!

Das Gesetz Christi – Vergebung (Gal 6,1–2)

6 [1] Brüder und Schwestern, wenn ein Mensch sich zu einer Verfehlung hinreißen lässt, so sollt ihr, die ihr vom Geist erfüllt seid, ihn im Geist der Sanftmut zurechtweisen. Doch gib Acht, dass du nicht selbst in Versuchung gerätst!

[2] Einer trage des anderen Last; so werdet ihr das Gesetz Christi erfüllen.

Y → 120, 311
Was tut der Heilige Geist in meinem Leben?

Was sind die Früchte des Heiligen Geistes?

▶ Das Kreuz Jesu ist ein Tod, der zum Leben führt. So ist auch nach Paulus die Selbstüberwindung der Weg zur Selbstverwirklichung. Wer lebt wie Jesus, wird ein neuer Mensch – im Heiligen Geist.

„Correctio fraterna" – brüderliche Zurechtweisung – nennt man die christliche Art mit Diskretion und Liebe einem anderen auf den rechten Weg zu helfen.

▶ Das Gesetz Christi ist das Gebot der Liebe.

DER BRIEF AN DIE EPHESER

Der Epheserbrief denkt über das Geheimnis der Kirche nach, in der Gottes Frieden erfahren werden kann. Er beginnt mit einem Lobpreis der Gnade Gottes, der die Christen zum Glauben in der Kirche geführt hat.

Gelobt sei Gott (Eph 1,3–14)

1 ³ Gepriesen sei der Gott und Vater unseres Herrn Jesus Christus:
Er hat uns mit allem Segen seines Geistes gesegnet
durch unsere Gemeinschaft mit Christus im Himmel.
⁴ Denn in ihm hat er uns erwählt vor der Grundlegung der Welt,
damit wir heilig und untadelig leben vor ihm.
⁵ Er hat uns aus Liebe im Voraus dazu bestimmt,
seine Söhne zu werden durch Jesus Christus
und zu ihm zu gelangen nach seinem gnädigen Willen,

⁶ zum Lob seiner herrlichen Gnade.
Er hat sie uns geschenkt in seinem geliebten Sohn.
⁷ In ihm haben wir die Erlösung durch sein Blut,
die Vergebung der Sünden nach dem Reichtum seiner Gnade.
⁸ Durch sie hat er uns reich beschenkt, in aller Weisheit und Einsicht,
⁹ er hat uns das Geheimnis seines Willens kundgetan,
wie er es gnädig im Voraus bestimmt hat in ihm.
¹⁰ Er hat beschlossen, die Fülle der Zeiten heraufzuführen,
das All in Christus als dem Haupt zusammenzufassen, was im Himmel und auf Erden ist, in ihm.
¹¹ In ihm sind wir auch als Erben vorherbestimmt
nach dem Plan dessen, der alles so bewirkt, wie er es in seinem Willen beschließt;
¹² wir sind zum Lob seiner Herrlichkeit bestimmt,
die wir schon früher in Christus gehofft haben.
¹³ In ihm habt auch ihr das Wort der Wahrheit gehört, das Evangelium von eurer Rettung;
in ihm habt ihr das Siegel des verheißenen Heiligen Geistes empfangen, als ihr zum Glauben kamt.
¹⁴ Der Geist ist der erste Anteil unseres Erbes,
hin zur Erlösung, durch die ihr Gottes Eigentum werdet,
zum Lob seiner Herrlichkeit.

" Gott will Menschen, die ihn preisen, anbeten, loben und ihm danken können.

SØREN AABYE KIERKEGAARD

" Gott ist kein Unbekannter, keine Hypothese – vielleicht über den ersten Anfang des Kosmos. Gott hat Fleisch und Blut. Er ist einer von uns. Wir kennen sein Angesicht, seinen Namen. Er ist Jesus Christus, der im Evangelium zu uns spricht. Er ist Mensch und Gott. Und weil er Gott ist, hat er den Menschen gewählt, damit wir Gott wählen können. Man muss also Jesus kennenlernen und dann mit ihm Freundschaft schließen, um mit ihm zu gehen.

PAPST BENEDIKT XVI., 7.2.2008

Komm, Heiliger Geist, in deine Kirche (Eph 1,15–23)

¹⁵⁻¹⁶ Darum höre ich nicht auf, für euch zu danken, wenn ich in meinen Gebeten an euch denke; denn ich habe von eurem Glauben an Jesus, den Herrn, und von eurer Liebe zu allen Heiligen gehört.

¹⁷ Der Gott Jesu Christi, unseres Herrn, der Vater der Herrlichkeit, gebe euch den Geist der Weisheit und Offenbarung, damit ihr ihn erkennt.

¹⁸ Er erleuchte die Augen eures Herzens, damit ihr versteht, zu welcher Hoffnung ihr durch ihn berufen seid, welchen Reichtum die Herrlichkeit seines Erbes den Heiligen schenkt ¹⁹ und wie überragend groß seine Macht sich an uns, den Gläubigen, erweist durch das Wirken seiner Kraft und Stärke.

²⁰ Er ließ sie wirksam werden in Christus, den er von den Toten auferweckt und im Himmel auf den Platz zu seiner Rechten erhoben hat, ²¹ hoch über jegliche Hoheit und Gewalt, Macht und Herrschaft und über jeden Namen, der nicht nur in dieser Weltzeit, sondern auch in der künftigen genannt wird.

²² *Alles hat er ihm zu Füßen gelegt (Ps 8,7)* und ihn, der als Haupt alles überragt, über die Kirche gesetzt. ²³ Sie ist sein Leib, die Fülle dessen, der das All in allem erfüllt.

> Lasst keinen je zu euch kommen, ohne dass er besser und glücklicher wieder geht. Seid lebendiger Ausdruck der Güte Gottes: Güte in eurem Gesicht, Güte in euren Augen, Güte in eurem Lächeln, Güte in eurem warmen Gruß. In den Slums sind wir das Licht der Güte Gottes für die Armen. Den Kindern, den Armen, allen, die leiden und einsam sind, gebt immer ein glückliches Lächeln.
>
> **MUTTER TERESA**

In der Mitte des Briefes werden die Epheser an das Evangelium erinnert, mit dem ihr Glaube begonnen hat.

Wir sind getauft (Eph 4,1–6)

4 ¹ Ich, der Gefangene im Herrn, ermahne euch, ein Leben zu führen, das des Rufes würdig ist, der an euch erging. ² Seid demütig, friedfertig und geduldig, ertragt einander in Liebe ³ und bemüht euch, die Einheit des Geistes zu wahren durch das Band des Friedens!

⁴ E i n Leib und e i n Geist, wie ihr auch berufen seid zu e i n e r Hoffnung in eurer Berufung: ⁵ e i n Herr, e i n Glaube, e i n e Taufe, ⁶ e i n Gott und Vater aller, der über allem und durch alles und in allem ist.

▶ Die Kirche ist e i n e – weil es nur einen Gott gibt. Die Taufe schafft die Verbindung. Die Einheit der Kirche ist nicht Uniformität, sondern eine Gemeinschaft von vielen ganz unterschiedlichen Menschen, die allesamt ihr ganzes Leben auf Gott setzen.

Jesus Christus ist unser Herr (Eph 4,7–10)

⁷ Aber jeder von uns empfing die Gnade in dem Maß, wie Christus sie ihm geschenkt hat. ⁸ Deshalb heißt es: *Er stieg hinauf zur Höhe und erbeutete Gefangene, er gab den Menschen Geschenke (Ps 68,19).* ⁹ Wenn es heißt: *Er stieg aber hinauf,* was bedeutet dies anderes, als dass er auch zur Erde herabstieg? ¹⁰ Derselbe, der herabstieg, ist auch hinaufgestiegen über alle Himmel, um das All zu erfüllen.

▶ Jesus, zur Rechten Gottes erhöht, ist derselbe, der auf Erden gelebt hat und gestorben ist. Deshalb nutzt er seine Stellung als Auferstandener, um weiterhin Gottes Segensgaben zu verteilen.

DER BRIEF AN DIE PHILIPPER

Den Philipperbrief hat Paulus aus dem Gefängnis heraus geschrieben. Er ist unschuldig inhaftiert worden: bloß, weil er das Evangelium verkündet hat. Er weiß nicht, ob er wieder freikommt oder zum Tode verurteilt wird. Er freut sich über die starke Unterstützung der Gemeinde von Philippi und will sich mit dem Brief für ihre Hilfe bedanken. Er will aber auch seinen eigenen Glauben mit den Philippern teilen und sie warnen, nicht auf einen falschen Weg zu geraten. Obwohl Paulus dem Tod ins Auge schaut, sieht er Grund zu tiefer Freude; denn er weiß: Jesus Christus ist an seiner Seite.

Anschrift und Gruß (Phil 1,1–2)

1 ¹ Paulus und Timotheus, Knechte Christi Jesu, an alle Heiligen in Christus Jesus, die in Philippi sind, mit ihren Vorstehern und Helfern. ² Gnade sei mit euch und Friede von Gott, unserem Vater, und dem Herrn Jesus Christus!

Dank und Fürbitte des Apostels (Phil 1,3–11)

³ Ich danke meinem Gott jedes Mal, sooft ich euer gedenke; ⁴ immer, wenn ich für euch alle bete, bete ich mit Freude. ⁵ Ich danke für eure Gemeinschaft im Dienst am Evangelium vom ersten Tag an bis jetzt. ⁶ Ich vertraue darauf, dass er, der bei euch das gute Werk begonnen hat, es auch vollenden wird bis zum Tag Christi Jesu. ⁷ Es ist nur recht, dass ich so über euch alle denke, weil ich euch ins Herz geschlossen habe. Denn ihr alle habt Anteil an der Gnade, die mir durch meine Gefangenschaft und die Verteidigung und Bekräftigung des Evangeliums gewährt ist. ⁸ Denn Gott ist mein Zeuge, wie ich mich nach euch allen sehne im Erbarmen Christi Jesu.

⁹ Und ich bete darum, dass eure Liebe immer noch reicher an Einsicht und Verständnis wird, ¹⁰ damit ihr beurteilen könnt, worauf es ankommt. Dann werdet ihr rein und ohne Tadel sein für den Tag Christi, ¹¹ erfüllt mit der Frucht der Gerechtigkeit, die durch Jesus Christus kommt, zur Ehre und zum Lob Gottes.

▶ In einem Brief nannte sich damals zuerst der Absender. Paulus hat die Gemeinde von Philippi gegründet (↗ Apg 16,11–40); Timotheus ist einer seiner wichtigsten Mitarbeiter. Die „Heiligen" sind für Paulus alle Gemeindemitglieder, weil alle durch die Taufe mit Gott verbunden sind.

▶ Der „Tag Christi" (v6) ist hier der letzte Tag der Wiederkunft Christi.

❞ 2000 Jahre nach Christi Geburt befinden wir uns wieder in einer höchst gefährlichen Wendezeit.

PATRICK ROTH, deutscher Schriftsteller

Paulus verkündet das Evangelium – und nicht allen gefällt es (Phil 1,12–19)

¹² Ich will aber, dass ihr wisst, Brüder und Schwestern, dass alles, was mir zugestoßen ist, die Verbreitung des Evangeliums gefördert hat. ¹³ Denn im ganzen Prätorium und bei allen Übrigen ist offenbar geworden, dass ich meine Fesseln um Christi willen trage, ¹⁴ und die meisten der Brüder sind durch meine Gefangenschaft zuversichtlich geworden im Glauben an den Herrn und wagen umso kühner, das Wort furchtlos zu sagen. ¹⁵ Einige verkünden Christus zwar aus Neid und Streitsucht, andere aber in guter Absicht.

▶ Das Prätorium ist das politische Zentrum der Stadt, in der Paulus inhaftiert war, entweder in Rom oder in Ephesus.

¹⁶ Die einen verkünden Christus aus Liebe, weil sie wissen, dass ich zur Verteidigung des Evangeliums bestimmt bin, ¹⁷ die andern aus Streitsucht, nicht in redlicher Gesinnung; womit sie meinen Fesseln weitere Bedrängnis hinzufügen möchten. ¹⁸ Aber was liegt daran? Auf jede Weise, ob vorgetäuscht oder in Wahrheit, wird Christus verkündet und darüber freue ich mich. Doch ich werde mich auch weiterhin freuen; ¹⁹ denn ich weiß: Das wird zu meiner Rettung führen durch euer Gebet und durch die Hilfe des Geistes Jesu Christi.

Wenn du bloß betest, so betest du für dich allein. Wenn du aber für alle betest, so beten alle für dich.

AMBROSIUS VON MAILAND (340–397), Kirchenlehrer

Die große Hoffnung des Apostels im Leben und Sterben: mit Christus sein (Phil 1,20–26)

²⁰ Denn ich erwarte und hoffe, dass ich in keiner Hinsicht beschämt werde, dass vielmehr Christus in aller Öffentlichkeit – wie immer, so auch jetzt – verherrlicht werden wird in meinem Leibe, ob ich lebe oder sterbe. ²¹ Denn für mich ist Christus das Leben und Sterben Gewinn. ²² Wenn ich aber weiterleben soll, bedeutet das für mich fruchtbares Wirken. Was soll ich wählen? Ich weiß es nicht. ²³ Bedrängt werde ich von beiden Seiten: Ich habe das Verlangen, aufzubrechen und bei Christus zu sein – um wie viel besser wäre das!

? Lasse ich mich einschüchtern, wenn der Glaube an Gott lächerlich gemacht wird? Oder bin ich ein „Kämpfer", wie Paulus einer war?

²⁴ Aber euretwegen ist es notwendiger, dass ich am Leben bleibe. ²⁵ Im Vertrauen darauf weiß ich, dass ich bleiben und bei euch allen verbleiben werde, um euch im Glauben zu fördern und zu erfreuen, ²⁶ damit ihr euch in Christus Jesus umso mehr meiner rühmen könnt, wenn ich wieder zu euch komme.

▶ Paulus muss damit rechnen, dass er um seines Glaubens willen getötet wird. Später wird es so tatsächlich kommen (vgl. Apg 20,24).

Die Mahnung des Apostels: Lasst euch nicht einschüchtern! (Phil 1,27–30)

²⁷ Vor allem: Lebt als Gemeinde so, wie es dem Evangelium Christi entspricht! Ob ich komme und euch sehe oder ob ich fern bin, ich möchte hören, dass ihr in dem einen Geist fest steht, einmütig für den Glauben an das Evangelium kämpft ²⁸ und euch in keinem Fall von

▶ „In Christus" – das ist für Paulus der Ort, an dem er leben und sterben will. „In Christus" heißt: in der Liebe, in der Gemeinschaft, in der Freundschaft, die er schenkt. Der auferstandene Jesus ist wie ein Haus, in dem man wohnen (2 Kor 5,14), wie ein Kleid, das man anziehen (Gal 3,26ff.), wie eine zweite Haut, in die man hineinschlüpfen kann (1 Kor 15,48f.).

euren Gegnern einschüchtern lasst. Das wird für sie ein Zeichen dafür sein, dass sie verloren sind und ihr gerettet werdet, ein Zeichen, das von Gott kommt. ²⁹ Denn euch wurde die Gnade zuteil, für Christus da zu sein, also nicht nur an ihn zu glauben, sondern auch seinetwegen zu leiden. ³⁰ Denn ihr habt den gleichen Kampf zu bestehen, den ihr früher an mir gesehen habt und von dem ihr auch jetzt hört.

Haltet zusammen! (Phil 2,1–4)

2 ¹ Wenn es also eine Ermahnung in Christus gibt, einen Zuspruch aus Liebe, eine Gemeinschaft des Geistes, ein Erbarmen und Mitgefühl, ² dann macht meine Freude vollkommen, dass ihr eines Sinnes seid, einander in Liebe verbunden, einmütig, einträchtig, ³ dass ihr nichts aus Streitsucht und nichts aus Prahlerei tut. Sondern in Demut schätze einer den andern höher ein als sich selbst.

⁴ Jeder achte nicht nur auf das eigene Wohl, sondern auch auf das der anderen.

Das Glaubenslied von Jesus Christus (Phil 2,5–11)

⁵ Seid untereinander so gesinnt, wie es dem Leben in Christus Jesus entspricht: ⁶ Er war Gott gleich, hielt aber nicht daran fest, Gott gleich zu sein, ⁷ sondern er entäußerte sich und wurde wie ein Sklave und den Menschen gleich. Sein Leben war das eines Menschen; ⁸ er erniedrigte sich und war gehorsam bis zum Tod, bis zum Tod am Kreuz.

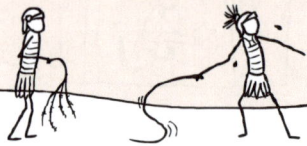

⁹ Darum hat ihn Gott über alle erhöht und ihm den Namen verliehen, der größer ist als alle Namen, ¹⁰ damit alle im Himmel, auf der Erde und unter der Erde ihr Knie beugen vor dem Namen Jesu

¹¹ und jeder Mund bekennt: Jesus Christus ist der Herr zur Ehre Gottes, des Vaters.

Auf Gott setzen! (Phil 2,12–18)

¹² Darum, meine Geliebten, – ihr wart ja immer gehorsam, nicht nur in meiner Gegenwart, sondern noch viel mehr jetzt in meiner Abwesenheit –: Wirkt mit Furcht und Zittern euer Heil!

¹³ Denn Gott ist es, der in euch das Wollen und das Vollbringen bewirkt zu seinem Wohlgefallen. ¹⁴ Tut alles ohne Murren und Bedenken, ¹⁵ damit ihr rein und ohne Tadel seid, Kinder Gottes ohne Makel mitten in einer verkehrten und verwirrten Generation, unter der ihr als Lichter in der Welt leuchtet! ¹⁶ Haltet fest am Wort des Lebens, mir zum Ruhm für den Tag Christi, damit ich nicht vergeblich gelaufen bin oder mich umsonst abgemüht habe!

¹⁷ Doch wenn auch mein Leben dargebracht wird zusammen mit dem Opfer und Gottesdienst eures Glaubens, freue ich mich und freue mich mit euch allen. ¹⁸ Ebenso freut auch ihr euch und freut euch mit mir!

Paulus kümmert sich um seine Leute: Timotheus (Phil 2,19–24)

[19] Ich hoffe aber in Jesus, dem Herrn, Timotheus bald zu euch schicken zu können, damit auch ich ermutigt werde, wenn ich erfahre, wie es um euch steht. [20] Denn ich habe keinen Gleichgesinnten, der so aufrichtig um eure Sache besorgt ist; [21] denn alle suchen ihren Vorteil, nicht, was Jesu Christi ist. [22] Ihr wisst ja, wie er sich bewährt hat: Wie ein Kind dem Vater – so hat er mit mir zusammen dem Evangelium gedient. [23] Diesen also hoffe ich schicken zu können, sobald ich meine Lage übersehe. [24] Doch ich habe die Zuversicht im Herrn, dass auch ich bald kommen kann.

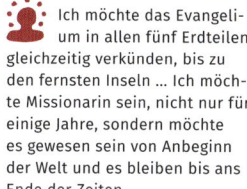

Ich möchte das Evangelium in allen fünf Erdteilen gleichzeitig verkünden, bis zu den fernsten Inseln ... Ich möchte Missionarin sein, nicht nur für einige Jahre, sondern möchte es gewesen sein von Anbeginn der Welt und es bleiben bis ans Ende der Zeiten.

THÉRÈSE VON LISIEUX verbrachte ihr ganzes Leben im Kloster. 1927 wurde sie zur „Patronin der Weltmission" ernannt.

Epaphroditus, der Bote aus Philippi (Phil 2,25–30)

[25] Ich hielt es aber für notwendig, Epaphroditus, meinen Bruder, Mitarbeiter und Mitstreiter, euren Abgesandten und Helfer in meiner Not, zu euch zu schicken. [26] Denn er sehnte sich nach euch allen und war beunruhigt, weil ihr hörtet, dass er krank geworden sei. [27] Und er war tatsächlich so krank, dass er dem Tod nahe war. Aber Gott hatte Erbarmen mit ihm, und nicht nur mit ihm, sondern auch mit mir, damit ich nicht vom Kummer überwältigt würde. [28] Umso mehr beeile ich mich, ihn zu schicken, damit ihr euch wieder freut, wenn ihr ihn seht, und auch ich weniger Kummer habe. [29] Nehmt ihn also im Herrn mit aller Freude auf und haltet Menschen wie ihn in Ehren,

Wo wären wir heute, wenn man zu Kolumbus gesagt hätte: Christoph, bleiben Sie hier. Warten Sie mit Ihrer Entdeckungsreise, bis unsere wichtigsten Probleme gelöst sind – Krieg und Hungersnot, Armut und Kriminalität; Umweltverschmutzung und Krankheiten, Analphabetismus und Rassenhass.

BILL GATES (*1955)

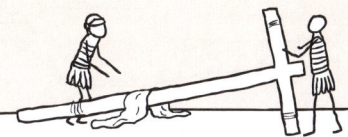

[30] denn wegen des Werkes Christi kam er dem Tod nahe! Er hat sein Leben aufs Spiel gesetzt, um zu vollenden, was an eurem Dienst für mich noch gefehlt hat.

Gebt mir zehn selbstlose Leute, das genügt mir, um mit ihnen die ganze Welt zu bekehren.

PHILIPP NERI (1515–1595), italienischer Volksheiliger, der besonders in Rom eine neue Bewegung des Glaubens auslöste

Freut euch! (Phil 3,1)

3 [1] Im Übrigen, meine Brüder und Schwestern, freut euch im Herrn! Euch dasselbe zu schreiben, wird mir nicht lästig, euch aber macht es sicher.

Paulus kritisiert seine Gegner (Phil 3,2–4)

[2] Gebt Acht auf die Hunde, gebt Acht auf die üblen Arbeiter, gebt Acht auf die Verschnittenen! [3] Denn die Beschnittenen sind wir, die wir im Geist Gottes dienen und uns in Christus Jesus rühmen und nicht auf irdische Vorzüge vertrauen, [4] obwohl ich mein Vertrauen auch auf irdische Vorzüge setzen könnte. Wenn ein anderer meint, er könne auf irdische Vorzüge vertrauen, so könnte ich es noch mehr.

Paulus kann auch polemisch sein. Zwar zeigt er in Röm 4,11, dass er durchaus Respekt vor der Beschneidung („Siegel der Glaubensgerechtigkeit") hat, hier aber geht er hart mit denen ins Gericht, die Äußerlichkeiten über die Umkehr des Herzens stellen.

Paulus beschreibt seinen Weg zum Glauben (Phil 3,5–11)

[5] Ich wurde am achten Tag beschnitten, bin aus Israels Geschlecht, vom Stamm Benjamin, ein Hebräer von Hebräern, nach dem Gesetz ein Pharisäer; [6] ich verfolgte voll Eifer die Kirche und war untadelig, gemessen an der Gerechtigkeit, die im Gesetz gefordert ist. [7] Doch was

Paulus ist als Jude aufgewachsen. Alles hat sich für ihn durch die Begegnung mit Jesus Christus geändert (↗ Gal 1,13–16). Er hat ihn erkannt.

Ich werde niemals vergessen, wie ich mein Leben Jesus übergeben habe. Ich las die Pfingsterzählung in der Bibel und mir wurde klar, dass derselbe Heilige Geist, der den Aposteln die Kraft gegeben hat, große Dinge zu tun, auch wollte, dass ich in meinem Leben große Dinge tue. Da wusste ich, dass es das größte Abenteuer sein würde, mein Leben einfach Jesus zu schenken.

KARA

Paulus ist sportlich. Er vergleicht sich mit einem Marathonläufer. Der Weg ist lang. Man braucht gutes Training. Aber das Ziel lohnt. Deshalb ist Paulus motiviert.

mir ein Gewinn war, das habe ich um Christi willen für Verlust gehalten. [8] Ja noch mehr: Ich halte dafür, dass alles Verlust ist, weil die Erkenntnis Christi Jesu, meines Herrn, alles überragt. Seinetwegen habe ich alles aufgegeben und halte es für Unrat, um Christus zu gewinnen [9] und in ihm erfunden zu werden.

Nicht meine Gerechtigkeit will ich haben, die aus dem Gesetz hervorgeht, sondern jene, die durch den Glauben an Christus kommt, die Gerechtigkeit, die Gott schenkt aufgrund des Glaubens. [10] Christus will ich erkennen und die Macht seiner Auferstehung und die Gemeinschaft mit seinen Leiden, indem ich seinem Tod gleich gestaltet werde. [11] So hoffe ich, auch zur Auferstehung von den Toten zu gelangen.

Paulus ist immer noch auf dem Weg (Phil 3,12–14)

[12] Nicht dass ich es schon erreicht hätte oder dass ich schon vollendet wäre. Aber ich strebe danach, es zu ergreifen, weil auch ich von Christus Jesus ergriffen worden bin. [13] Brüder und Schwestern, ich bilde mir nicht ein, dass ich es schon ergriffen hätte. Eines aber tue ich: Ich vergesse, was hinter mir liegt, und strecke mich nach dem aus, was vor mir ist. [14] Das Ziel vor Augen, jage ich nach dem Siegespreis: der himmlischen Berufung Gottes in Christus Jesus.

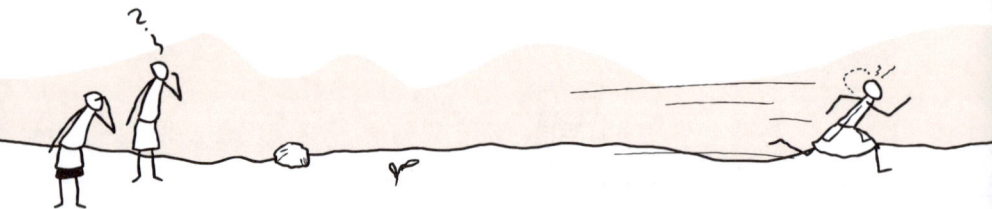

Die Philipper sollen mitgehen (Phil 3,15–21)

[15] Das also wollen wir bedenken, wir Vollkommenen. Und wenn ihr anders über etwas denkt, wird Gott euch auch das offenbaren. [16] Nur müssen wir festhalten, was wir erreicht haben. [17] Ahmt auch ihr mich nach, Brüder und Schwestern, und achtet auf jene, die nach dem Vorbild leben, das ihr an uns habt! [18] Denn viele – von denen ich oft zu euch gesprochen habe, doch jetzt unter Tränen spreche – leben als Feinde des Kreuzes Christi. [19] Ihr Ende ist Verderben, ihr Gott der Bauch und ihre Ehre besteht in ihrer Schande; Irdisches haben sie im Sinn. [20] Denn unsere Heimat ist im Himmel. Von dorther erwarten wir auch Jesus Christus, den Herrn, als Retter, [21] der unseren armseligen Leib verwandeln wird in die Gestalt seines verherrlichten Leibes, in der Kraft, mit der er sich auch alles unterwerfen kann.

Ein Graffito von einem Sportplatz im alten Rom zeigt einen Gekreuzigten mit Eselskopf. Die Karikatur trägt die Aufschrift: „Alexamenos betet seinen Gott an", und verspottet damit einen Christen, der einen am Kreuz hingerichteten Verbrecher als Gott verehrt.

Die Philipper müssen zusammenhalten (Phil 4,1–3)

4 [1] Darum, meine geliebten Brüder und Schwestern, nach denen ich mich sehne, meine Freude und mein Ehrenkranz, steht fest im Herrn, Geliebte! [2] Ich ermahne Evodia und ich ermahne Syntyche, einmütig zu sein im Herrn. [3] Ja, ich bitte auch dich, treuer Gefährte, nimm dich ihrer an! Sie haben mit mir für das Evangelium gekämpft, zusammen mit Klemens und meinen anderen Mitarbeitern. Ihre Namen stehen im Buch des Lebens.

Y → 342
Sollen wir alle „Heilige" werden?

Noch einmal: Es gibt Grund zur Freude (Phil 4,4–9)

⁴ Freut euch im Herrn zu jeder Zeit! Noch einmal sage ich: Freut euch!
⁵ Eure Güte werde allen Menschen bekannt. Der Herr ist nahe.

⁶ Sorgt euch um nichts, sondern bringt in jeder Lage betend und flehend eure Bitten mit Dank vor Gott! ⁷ Und der Friede Gottes, der alles Verstehen übersteigt, wird eure Herzen und eure Gedanken in Christus Jesus bewahren.

⁸ Im Übrigen, Brüder und Schwestern: Was immer wahrhaft, edel, recht, was lauter, liebenswert, ansprechend ist, was Tugend heißt und lobenswert ist, darauf seid bedacht! ⁹ Und was ihr gelernt und angenommen, gehört und an mir gesehen habt, das tut! Und der Gott des Friedens wird mit euch sein.

Paulus dankt den Philippern (Phil 4,10–20)

¹⁰ Ich habe mich im Herrn besonders gefreut, dass ihr eure Sorge für mich wieder einmal entfalten konntet. Ihr hattet schon daran gedacht, aber es fehlte euch die Gelegenheit dazu.

¹¹ Ich sage das nicht, weil ich Mangel leide; denn ich habe gelernt, mich in jeder Lage zurechtzufinden: ¹² Ich weiß Entbehrungen zu ertragen, ich kann im Überfluss leben. In jedes und alles bin ich ein-

> **99** Die Freude des Evangeliums erfüllt das Herz und das gesamte Leben derer, die Jesus begegnen. Diejenigen, die sich von ihm retten lassen, sind befreit von der Sünde, von der Traurigkeit, von der inneren Leere und von der Vereinsamung. Mit Jesus Christus kommt immer – und immer wieder – die Freude. … Es gibt Christen, deren Lebensart wie eine Fastenzeit ohne Ostern erscheint. Doch ich gebe zu, dass man die Freude nicht in allen Lebensabschnitten und -umständen, die manchmal sehr hart sind, in gleicher Weise erlebt.
> **PAPST FRANZISKUS,** Evangelii Gaudium, 1.6

▶ Die Philipper haben eine Solidaritätsaktion für ihren inhaftierten Apostel organisiert.

geweiht: in Sattsein und Hungern, Überfluss und Entbehrung. ¹³ Alles vermag ich durch den, der mich stärkt.

¹⁴ Doch ihr habt recht daran getan, an meiner Bedrängnis Anteil zu nehmen. ¹⁵ Ihr wisst selbst, ihr Philipper, dass ich beim Beginn der Verkündigung des Evangeliums, als ich aus Mazedonien aufbrach, mit keiner Gemeinde durch Geben und Nehmen verbunden war außer mit euch ¹⁶ und dass ihr mir auch in Thessalonich und auch sonst das eine und andere Mal etwas geschickt habt, um mir zu helfen.

¹⁷ Es geht mir nicht um die Gabe, es geht mir um den Gewinn, der euch mit Zinsen gutgeschrieben wird. ¹⁸ Ich habe alles empfangen und habe Überfluss; ich lebe in Fülle. Mir fehlt nichts mehr, seit ich von Epaphroditus eure Gaben erhielt, einen Wohlgeruch, eine angenehme Opfergabe, die Gott gefällt. ¹⁹ Mein Gott aber wird euch durch Christus Jesus alles, was ihr nötig habt, aus dem Reichtum seiner Herrlichkeit schenken. ²⁰ Unserem Gott und Vater aber sei die Ehre in alle Ewigkeit! Amen.

> Ich glaube, es gibt niemanden, der Gott so nötig hat wie ich. Ich fühle mich so nutzlos und schwach. Weil ich mich nicht auf mich selbst verlassen kann, verlasse ich mich auf ihn, 24 Stunden am Tag. Mein Geheimnis ist einfach: Ich bete. Ich liebe das Beten. Der Drang zu beten ist immer in mir. Das Gebet erweitert das Herz, bis es bereit ist, Gottes Geschenk seiner selbst zu empfangen. Wir wollen so gerne richtig beten, aber dann scheitern wir. Wenn du besser beten willst, bete mehr. Wenn wir fähig sein wollen zu lieben, müssen wir beten.
> **MUTTER TERESA**

Die Grüße und der Segen des Apostels (Phil 4,21–23)

²¹ Grüßt jeden Heiligen in Christus Jesus! Es grüßen euch die Brüder, die bei mir sind. ²² Es grüßen euch alle Heiligen, besonders aber die aus dem Haus des Kaisers.

²³ Die Gnade Jesu Christi, des Herrn, sei mit eurem Geist!

▶ Das Haus des Kaisers ist der Palast oder ein Regierungsgebäude. Einige der Angestellten sind Christen geworden.

DER BRIEF AN DIE KOLOSSER

Der Kolosserbrief kritisiert eine esoterische „Philosophie", die den Anschein erweckt, durch besondere Bußübungen und Engelkult müsse der Christusglauben ergänzt werden. Dagegen stellt der Brief die Überzeugung heraus, dass Gott durch Jesus Christus alles, mehr als genug, zum Heil der Menschen getan hat. Der Brief macht Mut, mitten in der Welt den Glauben an Gott zu leben. Die Welt ist kein Gefängnis. Sie ist ein Geschenk Gottes, das im Glauben angenommen und in der Liebe weitergegeben werden soll.

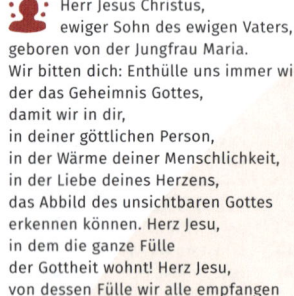

Herr Jesus Christus,
ewiger Sohn des ewigen Vaters,
geboren von der Jungfrau Maria.
Wir bitten dich: Enthülle uns immer wieder das Geheimnis Gottes,
damit wir in dir,
in deiner göttlichen Person,
in der Wärme deiner Menschlichkeit,
in der Liebe deines Herzens,
das Abbild des unsichtbaren Gottes
erkennen können. Herz Jesu,
in dem die ganze Fülle
der Gottheit wohnt! Herz Jesu,
von dessen Fülle wir alle empfangen
haben! Herz Jesu,
König und Mittelpunkt aller Herzen
in alle Ewigkeit!
Amen.

Gebet von **PAPST JOHANNES PAUL II.**

In ihm – durch ihn – auf ihn hin (Kol 1,15–20)

1 [15] Er ist Bild des unsichtbaren Gottes,
der Erstgeborene der ganzen Schöpfung.
[16] Denn in ihm wurde alles erschaffen
im Himmel und auf Erden,
das Sichtbare und das Unsichtbare,
Throne und Herrschaften, Mächte und Gewalten;
alles ist durch ihn und auf ihn hin erschaffen.
[17] Er ist vor aller Schöpfung
und in ihm hat alles Bestand.
[18] Er ist das Haupt,
der Leib aber ist die Kirche.
Er ist der Ursprung,
der Erstgeborene der Toten;
so hat er in allem den Vorrang.
[19] Denn Gott wollte mit seiner ganzen Fülle in ihm wohnen,
[20] um durch ihn alles auf ihn hin zu versöhnen. Alles im Himmel und auf Erden wollte er zu Christus führen,
der Frieden gestiftet hat am Kreuz durch sein Blut.

Ihr – früher und heute (Kol 1,21–23)

²¹ Auch ihr standet ihm einst fremd und feindlich gegenüber; denn euer Sinn trieb euch zu bösen Taten. ²² Jetzt aber hat er euch durch den Tod seines sterblichen Leibes versöhnt, um euch heilig, untadelig und schuldlos vor sich hintreten zu lassen. ²³ Doch müsst ihr im Glauben bleiben, fest und in ihm verwurzelt, und ihr dürft euch nicht von der Hoffnung des Evangeliums, das ihr gehört habt, abbringen lassen. In der ganzen Schöpfung unter dem Himmel wurde es verkündet und ich, Paulus, bin sein Diener geworden.

 Hoffnung ist nichts anderes als das Vertrauen auf die Endlosigkeit der göttlichen Liebe.
CHARLES DE FOUCAULD

Paulus – für Christus in der Kirche (Kol 1,24–29)

²⁴ Jetzt freue ich mich in den Leiden, die ich für euch ertrage. Ich ergänze in meinem irdischen Leben, was an den Bedrängnissen Christi noch fehlt an seinem Leib, der die Kirche ist. ²⁵ Ihr Diener bin ich geworden gemäß dem Heilsplan Gottes, um an euch das Wort Gottes zu erfüllen. ²⁶ Er ist jenes Geheimnis, das seit ewigen Zeiten und Generationen verborgen war – jetzt aber seinen Heiligen offenbart wurde. ²⁷ Ihnen wollte Gott kundtun, was der Reichtum der Herrlichkeit dieses Geheimnisses unter den Völkern ist: Christus ist unter euch, die Hoffnung auf Herrlichkeit. ²⁸ Ihn verkünden wir; wir ermahnen

Man bekommt von Gott so viel, als man von ihm erhofft.
THÉRÈSE VON LISIEUX

▶ Nicht, dass Christus nicht durch sein Leben und Sterben mehr als genug für das Heil der Menschen getan hätte. Aber was er für uns getan hat, muss immer wieder aktuell werden. Das geschieht durch den Dienst des Apostels. Sein Leiden im Gefängnis bestätigt den Sinn seiner Sendung.

jeden Menschen und belehren jeden Menschen in aller Weisheit, damit wir jeden Menschen vollkommen darstellen in Christus. ²⁹ Dafür mühe ich mich und kämpfe ich mit Hilfe seiner Kraft, die machtvoll in mir wirkt.

Die Schwachheit der menschlichen Möglichkeiten ist die Quelle der Kraft. Jesus ist der Meister des Unmöglichen!
CHARLES DE FOUCAULD

Die Kirche – verwurzelt in Christus (Kol 2,1–7)

2 ¹ Ich will euch nämlich wissen lassen, was für einen schweren Kampf ich für euch und die Gläubigen in Laodizea zu bestehen habe, auch für alle anderen, die mich von Angesicht nie gesehen haben. ² Dadurch sollen sie getröstet werden, verbunden in der Liebe, um die tiefe und reiche Einsicht zu erlangen und das Geheimnis Gottes zu erkennen, das Christus ist. ³ In ihm sind alle Schätze der Weisheit und Erkenntnis verborgen.

⁴ Das sage ich, damit euch niemand durch Überredungskünste täuscht. ⁵ Denn wenn ich auch leiblich fern von euch bin, im Geist bin ich doch bei euch.

Mit Freude sehe ich, wie fest und geordnet euer Glaube an Christus ist. ⁶ Ihr habt also Christus Jesus als Herrn angenommen. Darum führt auch, wie es ihm entspricht, euren Lebenswandel!

⁷ Bleibt in ihm verwurzelt und auf ihn gegründet, gefestigt durch den Glauben, in dem ihr unterrichtet wurdet! Seid voller Dankbarkeit!

▶ Laodizea ist eine Nachbarstadt von Kolossä.

▶ Verwurzelt in Christus: Jesus wie der Mutterboden, aus dem eine Pflanze Wasser und Nahrung zieht. So kann und soll es mit den Gläubigen in der Kirche sein.

DER ERSTE BRIEF AN DIE THESSALONICHER

Es folgen zwei Briefe an die Thessalonicher. Beide Briefe setzen sich intensiv mit Zukunftsfragen auseinander: Wie viel Zeit haben die Menschen? Wie kann die Zeit am besten genutzt werden?

Der Erste Thessalonicherbrief, den viele für die älteste Schrift des Neuen Testaments halten, ist ein Ausdruck der Freude, dass die Gemeinde, die stark verfolgt wird, dem Druck widersteht und sich gut entwickelt hat. In diesem Brief prägt Paulus den großen Dreiklang des christlichen Lebens: Glaube – Liebe – Hoffnung (1 Thess 1,3; 5,8). Der Glaube steht am Anfang, denn zuerst muss Gottes Wort verkündet und angenommen werden. Dann steht die Liebe, weil sich das Christsein mitten im Leben abspielt. Zum Schluss steht die Hoffnung: Wenn Gott kommt, kommt immer noch alles besser.

> **»** Das große Unglück dieser Welt, das große Elend dieser Zeit ist nicht, dass es Gottlose gibt, sondern dass wir so mittelmäßige Christen sind.
>
> **GEORGES BERNANOS**

Christsein ist ein Leuchtturmprojekt. „Licht der Welt" (Mt 5,14) sollen die Leute Jesu sein. Keine Geheimstrategien in Hinterzimmern! Nichts, womit man das Licht der Welt zu scheuen braucht! Transparency, please!

Drei Dinge braucht der Mensch zum Heil: zu wissen, was er glauben, zu wissen, wonach er verlangen, und zu wissen, was er tun soll.

THOMAS VON AQUIN

Glaube ist Aufklärung (1 Thess 5,1–10)

5 ¹ Über Zeiten und Stunden, Brüder und Schwestern, brauche ich euch nicht zu schreiben. ² Ihr selbst wisst genau, dass der Tag des Herrn kommt wie ein Dieb in der Nacht. ³ Während die Menschen sagen: Friede und Sicherheit!, kommt plötzlich Verderben über sie wie die Wehen über eine schwangere Frau und es gibt kein Entrinnen.

⁴ Ihr aber, Brüder und Schwestern, lebt nicht im Finstern, sodass euch der Tag nicht wie ein Dieb überraschen kann. ⁵ Ihr alle seid Söhne des Lichts und Söhne des Tages. Wir gehören nicht der Nacht und nicht der Finsternis. ⁶ Darum wollen wir nicht schlafen wie die anderen, sondern wach und nüchtern sein.

⁷ Denn wer schläft, schläft bei Nacht, und wer sich betrinkt, betrinkt sich bei Nacht.

⁸ Wir aber, die dem Tag gehören, wollen nüchtern sein und uns rüsten mit dem Panzer des Glaubens und der Liebe und mit dem Helm der Hoffnung auf Rettung.

⁹ Denn Gott hat uns nicht für das Gericht seines Zorns bestimmt, sondern dafür, dass wir durch Jesus Christus, unseren Herrn, die Rettung erlangen. ¹⁰ Er ist für uns gestorben, damit wir vereint mit ihm leben, ob wir nun wachen oder schlafen.

DER ZWEITE BRIEF AN DIE THESSALONICHER

Der Zweite Thessalonicherbrief handelt davon, dass die Wiederkunft Jesu Christi, die viele Gläubige für die allernächste Zeit erwartet hatten, noch nicht eingetreten ist.

Das Standing der Christen (2 Thess 2,13–15)

2 ¹³ Wir müssen Gott zu jeder Zeit euretwegen danken, vom Herrn geliebte Brüder und Schwestern, weil Gott euch als Erstlingsgabe dazu auserwählt hat, aufgrund der Heiligung durch den Geist und aufgrund eures Glaubens an die Wahrheit gerettet zu werden. ¹⁴ Dazu hat er euch durch unser Evangelium berufen; ihr sollt nämlich die Herrlichkeit Jesu Christi, unseres Herrn, erlangen. ¹⁵ Seid also standhaft, Brüder und Schwestern, und haltet an den Überlieferungen fest, in denen wir euch unterwiesen haben, sei es mündlich, sei es durch einen Brief!

Der Apostel betet für die Gemeinde (2 Thess 2,16–17)

¹⁶ Jesus Christus selbst aber, unser Herr, und Gott, unser Vater, der uns liebt und uns in seiner Gnade ewigen Trost und sichere Hoffnung schenkt, ¹⁷ ermutige eure Herzen und gebe euch Kraft zu jedem guten Werk und Wort.

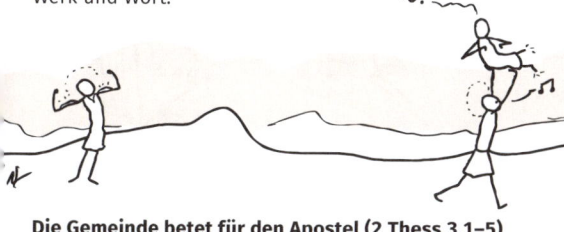

Die Gemeinde betet für den Apostel (2 Thess 3,1–5)

3 ¹ Im Übrigen, Brüder und Schwestern, betet für uns, damit das Wort des Herrn sich ausbreitet und verherrlicht wird, ebenso wie bei euch! ² Betet auch darum, dass wir vor den bösen und schlechten Menschen gerettet werden; denn nicht alle nehmen den Glauben an. ³ Aber der Herr ist treu; er wird euch Kraft geben und euch vor dem Bösen bewahren. ⁴ Wir vertrauen im Herrn auf euch, dass ihr jetzt und auch in Zukunft tut, was wir anordnen. ⁵ Der Herr richte eure Herzen auf die Liebe Gottes aus und auf die Geduld Christi.

▶ Man darf für sich selbst beten – zumal wenn man um des Glaubens willen verfolgt wird. Nach der Bergpredigt soll man allerdings auch für die Verfolger beten (Mt 5,43–48).

 Liebst du mich?

Joh 21,16
Dreimal richtet Jesus diese Frage an Petrus. Petrus, den Mann, der Jesus dreimal verleugnet hatte. Er stellt die Frage auch mir.

Arbeiten – und einen gerechten Lohn erhalten (2 Thess 3,9–12)

⁹ Nicht als hätten wir keinen Anspruch auf Unterhalt; wir wollten euch aber ein Beispiel geben, damit ihr uns nachahmen könnt. ¹⁰ Denn als wir bei euch waren, haben wir euch geboten: Wer nicht arbeiten will, soll auch nicht essen.

¹¹ Wir hören aber, dass einige von euch ein unordentliches Leben führen und alles Mögliche treiben, nur nicht arbeiten. ¹² Diesen gebieten wir und wir ermahnen sie in Jesus Christus, dem Herrn, in Ruhe ihrer Arbeit nachzugehen und ihr eigenes Brot zu essen. ¹³ Ihr aber, Brüder und Schwestern, werdet nicht müde, Gutes zu tun!

▶ Paulus war ein Arbeiter. Nicht alle Menschen haben Arbeit. Aber diejenigen, die arbeiten, sollen sich ihrer Arbeit nicht schämen, sondern Anerkennung finden.

DER ERSTE BRIEF AN TIMOTHEUS

Im Neuen Testament folgen drei „Pastoralbriefe" an Timotheus und Titus. Sie fassen die große Aufgabe ins Auge, die Kirche mit dem Amt des Bischofs, der Ältesten (Presbyter) und Diakone für die Zeit nach dem Tod des Apostels zu rüsten.

Der Erste Timotheusbrief ist an den Meisterschüler des Apostels Paulus gerichtet. Timotheus ist noch jung. Aber er hat bereits eine ganz wichtige Aufgabe für die Kirche. Er soll Vorsorge treffen, dass die „gesunde" Lehre nicht krank macht. Paulus will ihm den Rücken stärken. Timotheus soll sich ihn zum Vorbild nehmen. Er muss glaubwürdig sein. Deshalb muss er wissen, was er glaubt, und leben, was er lehrt.

Der Glaube ist sportlich (1 Tim 4,6–11)

▶ Gemeint sind esoterische Mythen (v7), die den Kern des Evangeliums verfälschen.

Y → 356
Ist Esoterik mit dem christlichen Glauben zu vereinbaren?

▶ Die Gläubigen sind diejenigen, die schon wissen, was Gott mit allen Menschen im Sinn hat.

99 Ihr selbst seid der Leib Christi, die Kirche! Bringt das unverbrauchte Feuer Eurer Liebe in die Kirche ein, sooft Menschen ihr Antlitz auch entstellt haben! „Lasst nicht nach in eurem Eifer, lasst euch vom Geist entflammen und dient dem Herrn!" (Röm 12,11)

Appell von **PAPST BENEDIKT XVI.** an die Jugend in seinem Vorwort zum YOUCAT

⁶ Dies trage den Brüdern vor, dann wirst du ein guter Diener Christi Jesu sein, erzogen in den Worten des Glaubens und der guten Lehre, der du gefolgt bist. ⁷ Gottlose Altweiberfabeln weise zurück!

Übe dich in der Frömmigkeit! ⁸ Denn körperliche Übung nützt nur wenig, die Frömmigkeit aber ist nützlich zu allem: Ihr ist das gegenwärtige und das zukünftige Leben verheißen.

⁹ Dieses Wort ist glaubwürdig und wert, dass man es beherzigt. ¹⁰ Dafür arbeiten und kämpfen wir, denn wir haben unsere Hoffnung auf den lebendigen Gott gesetzt, den Retter aller Menschen, besonders der Gläubigen.

¹¹ Das sollst du anordnen und lehren.

Die Kirche ist jung (1 Tim 4,12–14)

¹² Niemand soll dich wegen deiner Jugend gering schätzen. Sei vielmehr den Gläubigen ein Vorbild in deinen Worten, in deinem Lebenswandel, in der Liebe, im Glauben, in der Lauterkeit! ¹³ Lies ihnen eifrig aus der Schrift vor, ermahne und belehre sie, bis ich komme! ¹⁴ Vernachlässige die Gnade nicht, die in dir ist und die dir verliehen wurde, als dir die Ältesten aufgrund prophetischer Worte gemeinsam die Hände auflegten!

DER ZWEITE BRIEF AN TIMOTHEUS

Der Zweite Timotheusbrief ist auf Abschied gestimmt. Paulus ahnt, dass er sterben wird. Er weist Timotheus an, dafür zu arbeiten, dass es mit der Kirche weitergehen kann. Paulus wird sterben – aber Jesus Christus lebt, und die Lehre des Apostels bleibt aktuell.

Einen klaren Kurs verfolgen (2 Tim 3,10–13)

3 ¹⁰ Du aber bist mir gefolgt in der Lehre, im Leben und Streben, im Glauben, in der Langmut, der Liebe und der Ausdauer, ¹¹ in den Verfolgungen und Leiden, denen ich in Antiochia, Ikonion und Lystra ausgesetzt war. Welche Verfolgungen habe ich erduldet! Und aus allen hat der Herr mich errettet.

¹² Aber auch alle, die in der Gemeinschaft mit Christus Jesus ein frommes Leben führen wollen, werden verfolgt werden. ¹³ Böse Menschen und Schwindler dagegen werden immer mehr in das Böse hineingeraten; sie sind betrogene Betrüger.

▶ Apostolische Nachfolge – das ist ein Charaktermerkmal der Kirche. Hier ist der Kern: Die Lehre wird nicht neu erfunden, sondern wächst aus der Überlieferung; und diejenigen, die lehren, stehen untereinander und mit ihren Vorgängern in einer engen Verbindung, die der Heilige Geist stiftet.

Wissen, woher man kommt (2 Tim 3,14–17)

¹⁴ Du aber bleibe bei dem, was du gelernt und wovon du dich überzeugt hast. Du weißt, von wem du es gelernt hast; ¹⁵ denn du kennst von Kindheit an die heiligen Schriften, die dich weise machen können zum Heil durch den Glauben an Christus Jesus.

¹⁶ Jede Schrift ist, als von Gott eingegeben, auch nützlich zur Belehrung, zur Widerlegung, zur Besserung, zur Erziehung in der Gerechtigkeit, ¹⁷ damit der Mensch Gottes gerüstet ist, ausgerüstet zu jedem guten Werk.

▶ Das ist eine wichtige Aussage über die Bibel als Heilige Schrift. Sie ist nicht toter Buchstabe, sondern lebendiger Geist; sie muss ausgelegt werden in der Gemeinschaft der Gläubigen. Die Verkündigung muss verbindlich und verständlich sein. Das ist das A und O für die Kirche.

Mutig vorangehen (2 Tim 4,1–4)

¹ Ich beschwöre dich bei Gott und bei Christus Jesus, dem kommenden Richter der Lebenden und der Toten, bei seinem Erscheinen und bei seinem Reich: ² Verkünde das Wort, tritt auf, ob gelegen oder ungelegen, überführe, weise zurecht, ermahne, in aller Geduld und Belehrung!

³ Denn es wird eine Zeit kommen, in der man die gesunde Lehre nicht erträgt, sondern sich nach eigenen Begierden Lehrer sucht, um sich die Ohren zu kitzeln; ⁴ und man wird von der Wahrheit das Ohr abwenden, sich dagegen Fabeleien zuwenden.

" Die Welt von heute ... möge die Frohbotschaft nicht aus dem Munde trauriger und mutlos gemachter Verkünder hören, die keine Geduld haben und ängstlich sind, sondern von Dienern des Evangeliums, deren Leben voller Glut erstrahlt.

PAPST FRANZISKUS, Evangelii Gaudium, 10

DER BRIEF AN TITUS

Der Titusbrief, an einen anderen Meisterschüler des Apostels Paulus gerichtet,
ermutigt, einen Glauben zu verkünden,
der nicht krank, sondern gesund ist: weil
er auf Gott setzt.

Wie verwandelt (Tit 2,11–13)

▶ Die Gnade „erzieht". Denn sie ist den Gläubigen nicht fremd, sondern macht sie zu neuen Menschen, die lernen, was Gott mit ihnen vorhat.

2 ¹¹ Denn die Gnade Gottes ist erschienen, um alle Menschen zu retten. ¹² Sie erzieht uns dazu, uns von der Gottlosigkeit und den irdischen Begierden loszusagen und besonnen, gerecht und fromm in dieser Welt zu leben, ¹³ während wir auf die selige Erfüllung unserer Hoffnung warten: auf das Erscheinen der Herrlichkeit unseres großen Gottes und Retters Christus Jesus.

Der dich gemacht hat, weiß auch, was er mit dir machen will.

AUGUSTINUS

Wie erhofft (Tit 2,14–15)

¹⁴ Er hat sich für uns hingegeben, damit er uns von aller Ungerechtigkeit erlöse und für sich ein auserlesenes Volk schaffe, das voll Eifer

Als aber die Zeit erfüllt war, sandte Gott seinen Sohn, geboren von einer Frau und dem Gesetz unterstellt, damit er die freikaufe, die unter dem Gesetz stehen, und damit wir die Sohnschaft erlangen.

Gal 4,4–5

danach strebt, das Gute zu tun. ¹⁵ So sollst du mit allem Nachdruck lehren, ermahnen und zurechtweisen. Niemand soll dich gering achten.

Nach einer kurzen Überleitung verkündet der Brief mit seinen eigenen Worten das Weihnachtsevangelium.

Mit dem Heiligen Geist sehen wir alles groß: Wir erkennen die Größe der geringsten für Gott getanen Werke und die Größe der klei-nen Fehler. Wie ein Uhrmacher mit seiner Lupe das kleinste Räderwerk einer Uhr sieht, so erkennen wir durch das Licht des Heiligen Geistes jeden Teil unseres armen Lebens.

JEAN-MARIE VIANNEY (Pfarrer von Ars)

Wie neugeboren (Tit 3,4–7)

3 ⁴ Als aber die Güte und Menschenfreundlichkeit Gottes, unseres Retters, erschien, ⁵ hat er uns gerettet – nicht aufgrund von Wer-ken der Gerechtigkeit, die wir vollbracht haben, sondern nach seinem Erbarmen – durch das Bad der Wiedergeburt und die Erneuerung im Heiligen Geist. ⁶ Ihn hat er in reichem Maß über uns ausgegossen durch Jesus Christus, unseren Retter, ⁷ damit wir durch seine Gnade gerecht gemacht werden und das ewige Leben erben, das wir erhof-fen.

Die Schrift nicht kennen heißt Christus nicht kennen.

HIERONYMUS (347–419)

Wie bestellt (Tit 3,8)

⁸ Dieses Wort ist glaubwürdig und ich will, dass du nachdrücklich dafür eintrittst, damit alle, die zum Glauben an Gott gekommen sind, darauf bedacht sind, sich in guten Werken hervorzutun. Das ist gut und für die Menschen nützlich.

DER BRIEF AN PHILEMON

Am Ende der Paulusbriefe steht das kurze Schreiben an Philemon, in dem Paulus um die Freilassung eines Sklaven wirbt, der sich an ihn gewandt hat. Wahrscheinlich schrieb Paulus diesen Brief während eines Gefängnisaufenthaltes: Um des Glaubens willen war er verhaftet worden.

Ein herzlicher Dank (Phlm 4–7)

⁴ Ich danke meinem Gott jedes Mal, wenn ich bei meinen Gebeten deiner gedenke. ⁵ Denn ich höre von deinem Glauben an Jesus, den Herrn, und von deiner Liebe zu ihm und zu allen Heiligen. ⁶ Ich bete, dass unser gemeinsamer Glaube in dir wirkt und du all das Gute in uns erkennst, das auf Christus gerichtet ist. ⁷ Denn viel Freude und Trost hatte ich an deiner Liebe, weil durch dich, Bruder, das Innerste der Heiligen erquickt worden ist.

▶ Philemon ist ein vorbildlicher Christ, caritativ eingestellt. Jetzt soll er seine Großzügigkeit beweisen, wenn es um sein eigenes Leben geht.

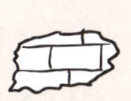

Ein gutes Wort (Phlm 9–12)

Ich, Paulus, ein alter Mann, jetzt auch Gefangener Christi Jesu, ¹⁰ ich bitte dich für mein Kind Onesimus, dem ich im Gefängnis zum Vater geworden bin. ¹¹ Einst war er dir unnütz, jetzt aber ist er dir und mir recht nützlich. ¹² Ich schicke ihn zu dir zurück, ihn, das bedeutet mein Innerstes.

▶ Paulus hat den Sklaven im Gefängnis getauft.

▶ Onesimus heißt auf deutsch: nützlich. Paulus will, dass er nicht mehr als Sklave, sondern als freier Mitarbeiter Nutzen bringt – für die Kirche.

Eine gute Idee (Phlm 14–16)

¹⁴ Aber ohne deine Zustimmung wollte ich nichts tun. Deine gute Tat soll nicht erzwungen, sondern freiwillig sein. ¹⁵ Denn vielleicht wurde er deshalb eine Weile von dir getrennt, damit du ihn für ewig zurückerhältst, ¹⁶ nicht mehr als Sklaven, sondern als weit mehr: als geliebten Bruder. Das ist er jedenfalls für mich, um wie viel mehr dann für dich, als Mensch und auch vor dem Herrn.

▶ Das ist revolutionär: Der Sklave als Bruder. Genau so ist die Taufe gedacht (Gal 3,28).

Ein guter Vorschlag (Phlm 17–18)

¹⁷ Wenn du also mit mir Gemeinschaft hast, nimm ihn auf wie mich! ¹⁸ Wenn er dich aber geschädigt hat oder dir etwas schuldet, setz das auf meine Rechnung!

▶ Der Brief wird hier zu so etwas wie einer Bürgschaft: Paulus kommt für alles auf, was Philemon verlangen kann. Aber Philemon wird darauf verzichten, weil er weiß, was er Paulus verdankt.

Ein guter Name (Phlm 19)

¹⁹ Ich, Paulus, schreibe mit eigener Hand: Ich werde es erstatten – ohne jetzt davon zu reden, dass auch du dich selbst mir schuldest.

DER BRIEF AN DIE HEBRÄER

Eine eigene Rolle spielt der Hebräerbrief. Er steht am Ende der Paulusbriefe, weil er mit ihnen stilistisch und theologisch verwandt ist. Aber er trägt keine Absenderangabe; er ist nicht von Paulus selbst verfasst, sondern von einem unbekannten Autor, der gleichfalls ein großer Theologe gewesen ist. Der Brief ist eine geschriebene Predigt über Jesus, der als Hoherpriester ein für alle Mal die Menschen mit Gott versöhnt, indem er sein eigenes Leben als Opfer dargebracht hat. Priester sein heißt Mittler sein zwischen Gott und den Menschen. Jesus ist Gottes Wort mitten unter den Menschen; und er ist der „Urheber und Vollender des Glaubens" (Hebr 12,2), der alle, die ihm folgen, aus dieser Welt heraus zu Gott bringt, ins himmlische Heiligtum.

▶ Der Hohepriester von Jerusalem war der Chef des Tempels. Er musste die Opfer leiten. Jesus ist nicht einer von diesen Hohenpriestern. Er ist „erhaben": Er kommt von Gott selbst. Er schlachtet kein Tier als Opfergabe, sondern gibt sein eigenes Leben für die Menschen hin.

❞ Die Diener des Evangeliums müssen in der Lage sein, die Herzen der Menschen zu erwärmen, in der Nacht mit ihnen zu gehen. Sie müssen ein Gespräch führen und in die Nacht hinabsteigen können, in ihr Dunkel, ohne sich zu verlieren. Das Volk Gottes will Hirten und nicht Funktionäre oder Staatskleriker.
PAPST FRANZISKUS, 21.9.2013

▶ Ein Mittler muss beide Seiten kennen: die Gottes und die der Menschen. In Jesus kommt beides zuammen.

Mitfühlen können (Hebr 4,14–16)

4 ¹⁴ Da wir nun einen erhabenen Hohenpriester haben, der die Himmel durchschritten hat, Jesus, den Sohn Gottes, lasst uns an dem Bekenntnis festhalten. ¹⁵ Wir haben ja nicht einen Hohenpriester, der nicht mitfühlen könnte mit unseren Schwächen, sondern einen, der in allem wie wir versucht worden ist, aber nicht gesündigt hat. ¹⁶ Lasst uns also voll Zuversicht hinzutreten zum Thron der Gnade, damit wir Erbarmen und Gnade finden und so Hilfe erlangen zur rechten Zeit!

Verständnis aufbringen (Hebr 5,1–3)

5 ¹ Denn jeder Hohepriester wird aus den Menschen genommen und für die Menschen eingesetzt zum Dienst vor Gott, um Gaben und Opfer für die Sünden darzubringen. ² Er ist fähig, mit den Unwissenden und Irrenden mitzufühlen, da er auch selbst behaftet ist mit Schwachheit, ³ und dieser Schwachheit wegen muss er wie für das Volk so auch für sich selbst Sündopfer darbringen.

Berufen werden (Hebr 5,4–6)

⁴ Und keiner nimmt sich selbst diese Würde, sondern er wird von Gott berufen, so wie Aaron.
⁵ So hat auch Christus sich nicht selbst die Würde verliehen, Hoherpriester zu werden, sondern der zu ihm gesprochen hat:
Mein Sohn bist du.

Ich habe dich heute gezeugt (Ps 2,7),
⁶ wie er auch an anderer Stelle sagt:
Du bist Priester auf ewig
nach der Ordnung Melchisedeks. (Ps 110,4)

B Du bist mein geliebter Sohn, an dir habe ich Wohlgefallen gefunden.

Mk 1,11

▶ Nach den Evangelien wird dieser Vers bei der Taufe Jesu am Jordan gesprochen (Mt 3,17; Mk 1,11; Lk 3,22).

Gehorsam sein (Hebr 5,7–10)

⁷ Er hat in den Tagen seines irdischen Lebens mit lautem Schreien und unter Tränen Gebete und Bitten vor den gebracht, der ihn aus dem Tod retten konnte, und er ist erhört worden aufgrund seiner Gottesfurcht.
⁸ Obwohl er der Sohn war, hat er durch das, was er gelitten hat, den Gehorsam gelernt; ⁹ zur Vollendung gelangt, ist er für alle, die ihm gehorchen, der Urheber des ewigen Heils geworden ¹⁰ und wurde von Gott angeredet als Hoherpriester nach der Ordnung Melchisedeks.

▶ In Getsemani hat Jesus um sein Leben gebetet – aber sich ganz und gar Gott anvertraut (Mt 26,36–46).

Nachdem der Briefschreiber eingehend dargelegt hat, wie Christus als Hoherpriester den blutigen Opferkult beendet, indem er sich selbst als Opfergabe darbringt, d.h. freiwillig mit seinem Leben für das aller Menschen eintritt, kommt er auf die Konsequenzen für den Glauben zu sprechen. Die Aussichten sind großartig. Aber der Anspruch ist groß. Zum Schluss des Briefes öffnet sich der Horizont: Die Menschen sind für den Himmel bestimmt.

Der Sinai-Effekt (Hebr 12,18–21)

12 ¹⁸ Denn ihr seid nicht zu einem sichtbaren, lodernden Feuer hinzugetreten, zu dunklen Wolken, zu Finsternis und Sturmwind, ¹⁹ zum Klang der Posaunen und zum Schall der Worte, bei denen die Hörer flehten, diese Stimme solle nicht weiter zu ihnen reden; ²⁰ denn sie ertrugen nicht den Befehl: Sogar ein Tier, das den Berg berührt, soll gesteinigt werden. ²¹ Ja, so furchtbar war die Erscheinung, dass Mose rief: *Ich bin voll Angst (Dtn 9,19)* und Schrecken.

Der Zugang zum Himmel auf Erden (Hebr 12,22–24)

²² Ihr seid vielmehr zum Berg Zion hinzugetreten, zur Stadt des lebendigen Gottes, dem himmlischen Jerusalem, zu Tausenden von Engeln, zu einer festlichen Versammlung ²³ und zur Gemeinschaft der Erstgeborenen, die im Himmel verzeichnet sind und zu Gott, dem Richter aller, und zu den Geistern der schon vollendeten Gerechten, ²⁴ zum Mittler eines neuen Bundes, Jesus, und zum Blut der Besprengung, das mächtiger ruft als das Blut Abels.

☺ Das Gipfelerlebnis auf dem Sinai war umwerfend. Wie viel stärker ist dann der Blick in den offenen Himmel!

❞ Der Fremde, das ist der Mensch, hinter dem sich ein Engel verbergen könnte – falls man ihn bei sich aufnimmt.
MARTIN BUBER

Zusammenhalten (Hebr 13,1–2)

13 ¹ Die Bruderliebe soll bleiben. ² Vergesst die Gastfreundschaft nicht; denn durch sie haben einige, ohne es zu ahnen, Engel beherbergt!

Katholischen Briefe

Die „Katholischen" Briefe sind in der Regel nicht an eine einzelne Gemeinde gerichtet, sondern an größere Regionen. „Katholisch" heißt: allgemein, das Ganze betreffend. Die Briefe, die nach den Paulusbriefen stehen, sind „katholisch", weil sie die ganze Kirche ansprechen wollen. Sie halten die Gläubigen ganz verschiedener Sprachen und Nationen zusammen. Sie zeigen, wie tief sie mit Christus verbunden sind und wie sehr sie deshalb untereinander eins sind.

Die Namen der Autoren – Jakobus, Petrus, Johannes und Judas – sind aus der Geschichte Jesu und der Urgemeinde gut bekannt. Die ersten drei sind jene Apostel, die nach dem Galaterbrief auf dem Apostelkonzil Paulus als gleichberechtigten Kollegen im Kreis der Apostel anerkannt haben; Paulus nennt sie die „Säulen" der Kirche (Gal 2,9). Hinzu kommt Judas, ein Bruder des Jakobus.

Die „Katholischen Briefe" sind bis heute hoch aktuell. Sie sagen: Es gibt nur eine Kirche, weil es nur einen Gott gibt. Alle Christinnen und Christen auf der ganzen Welt sind getauft; sie alle tragen den Namen des einen „Christus", Jesus von Nazaret. Sie sind berufen, diesen Glauben zu leben. Die Katholischen Briefe geben ihnen wie die Paulusbriefe einen Kompass in die Hand: Gehen müssen sie selbst; aber Orientierung finden sie, wenn sie den Schwung des Anfangs mitnehmen.

DER BRIEF DES JAKOBUS

Der Jakobusbrief ist eine kritische Mahnung an die ersten Christen. Der Brief ist im Stil der alttestamentlichen Propheten geschrieben. Er erneuert ihre Kritik an sozialer Ungerechtigkeit. Die Reichen müssen für die Armen eintreten, sonst ist ihr Glaube ein Lippenbekenntnis.

Nicht auf Äußerlichkeiten achten! (Jak 2,1–5)

2 ¹ Meine Brüder und Schwestern, haltet den Glauben an unseren Herrn Jesus Christus, den Herrn der Herrlichkeit, frei von jedem Ansehen der Person! ² Wenn in eure Versammlung ein Mann mit goldenen Ringen und prächtiger Kleidung kommt und zugleich kommt ein Armer in schmutziger Kleidung ³ und ihr blickt auf den Mann in der prächtigen Kleidung und sagt: Setz du dich hier auf den guten Platz! und zu dem Armen sagt ihr: Du stell dich oder setz dich dort zu meinen Füßen! – ⁴ macht ihr dann nicht untereinander Unterschiede und seid Richter mit bösen Gedanken?

⁵ Hört, meine geliebten Brüder und Schwestern! Hat nicht Gott die Armen in der Welt zu Reichen im Glauben und Erben des Reiches erwählt, das er denen verheißen hat, die ihn lieben?

Die Nr. 1 sind die Armen (Jak 2,6–9)

⁶ Ihr aber habt den Armen entehrt. Sind es nicht die Reichen, die euch unterdrücken und euch vor die Gerichte schleppen? ⁷ Sind nicht sie es, die den guten Namen lästern, der über euch ausgerufen worden ist?

⁸ Wenn ihr jedoch das königliche Gesetz gemäß der Schrift erfüllt: *Du sollst deinen Nächsten lieben wie dich selbst! (Lev 19,18)*, dann handelt ihr recht. ⁹ Wenn ihr aber nach dem Ansehen der Person handelt, begeht ihr eine Sünde und werdet vom Gesetz überführt, dass ihr es übertreten habt.

Lippenbekenntnisse braucht niemand (Jak 2,14–17)

¹⁴ Was nützt es, meine Brüder und Schwestern, wenn einer sagt, er habe Glauben, aber es fehlen die Werke? Kann etwa der Glaube ihn retten?

¹⁵ Wenn ein Bruder oder eine Schwester ohne Kleidung sind und ohne das tägliche Brot ¹⁶ und einer von euch zu ihnen sagt: Geht in Frieden, wärmt und sättigt euch!, ihr gebt ihnen aber nicht, was sie zum Leben brauchen – was nützt das? ¹⁷ So ist auch der Glaube für sich allein tot, wenn er nicht Werke vorzuweisen hat.

▶ Der „gute Name" (v7), das ist der Christus-Name. Wer getauft ist, trägt diesen Namen.

99 Was tun die Scheinheiligen? Sie schminken sich als Gute, machen ein Heiligengesicht, beten zum Himmel und lassen sich dabei sehen. Sie fühlen sich gerechter als die anderen, verachten die anderen. Sie halten sich für etwas Besseres. Das ist Heuchelei. Der Herr sagt: „Nein, so nicht." Niemand ist gerecht aus sich selbst heraus. Alle müssen gerechtfertigt werden. Der Einzige, der aus sich selbst gerecht ist, ist Jesus Christus.

PAPST FRANZISKUS, 18.03.14

Was ist Spezialsünde der Frommen? Die Heuchelei.

DER ERSTE PETRUSBRIEF

Der Erste Petrusbrief ist an Christen gerichtet, die als „Fremde" in der „Zerstreuung", der „Diaspora", leben: Sie sind eine kleine Minderheit, die um ihres Glaubens willen vielfältig benachteiligt wird. Die Gläubigen sollen aber den Mut nicht verlieren und auch in ihrem Leiden eine Chance sehen, den Glauben zu entdecken und zu bezeugen. Sie sind aufgerufen, öffentlich „Rechenschaft" darüber abzulegen, weshalb sie hoffen (1 Petr 3,15). Die größte Überzeugungskraft hat eine christliche Lebensführung: keine Spinnereien, kein Rückzug aus der Welt, keine billige Anpassung an das, was andere sagen, sondern Konzentration auf die eigenen Stärken. Und das heißt: auf Jesus Christus.

Die Adresse (1 Petr 1,1–2)

1 ¹ Petrus, Apostel Jesu Christi, den erwählten Fremden in der Diaspora in Pontus, Galatien, Kappadokien, der Provinz Asia und Bithynien, ² von Gott, dem Vater, von jeher ausersehen und durch den Geist geheiligt, um gehorsam zu sein und besprengt zu werden mit dem Blut Jesu Christi. Gnade sei mit euch und Friede in Fülle!

▶ Die Regionen liegen in der heutigen Türkei. In ihnen hat sich das Christentum sehr schnell ausgebreitet. Die Apostelgeschichte erzählt, wie alles begonnen hat (Apg 13–20). Der Petrusbrief sagt, wie es weitergehen kann.

Zuerst: Gott für alles danken (1 Petr 1,3–12)

³ Gepriesen sei der Gott und Vater unseres Herrn Jesus Christus: Er hat uns in seinem großen Erbarmen neu gezeugt zu einer lebendigen Hoffnung durch die Auferstehung Jesu Christi von den Toten, ⁴ zu einem unzerstörbaren, makellosen und unvergänglichen Erbe, das im Himmel für euch aufbewahrt ist. ⁵ Gottes Kraft behütet euch durch den Glauben, damit ihr die Rettung erlangt, die am Ende der Zeit offenbart werden soll.
⁶ Deshalb seid ihr voll Freude, wenn es für kurze Zeit jetzt sein muss, dass ihr durch mancherlei Prüfungen betrübt werdet. ⁷ Dadurch soll sich eure Standfestigkeit im Glauben, die kostbarer ist als Gold, das im Feuer geprüft wurde und doch vergänglich ist, herausstellen – zu Lob, Herrlichkeit und Ehre bei der Offenbarung Jesu Christi. ⁸ Ihn habt ihr nicht gesehen und dennoch liebt ihr ihn; ihr seht ihn auch jetzt nicht; aber ihr glaubt an ihn und jubelt in unaussprechlicher und von

▶ „Neu gezeugt" heißt: neu geschaffen. Das ist ein Bild für die Taufe.

▶ Eine Prüfung ist ein Test. Gott gibt den Christen die Chance, sich zu bewähren. Und wenn es nicht klappt? Dann ist Gott immer noch da und fängt alle auf, die fallen.

Selig, die nicht sehen und doch glauben.

Joh 20,29

▶ Gemeint sind die Propheten des Alten Testaments.

💡 Wie schön ist es, glauben zu können. Wer glaubt, hat die größte Übersicht über die Welt und die beste Aussicht auf der Welt.

▶ Der Verfasser blickt zurück auf die Zeit vor der Bekehrung. Der Brief arbeitet mit Schwarz-Weiß-Kontrasten, um hervorzuheben, wie groß die Gnade Gottes ist.

Herrlichkeit erfüllter Freude, ⁹ da ihr das Ziel eures Glaubens empfangen werdet: eure Rettung.

¹⁰ Nach dieser Rettung haben die Propheten gesucht und geforscht und sie haben über die Gnade geweissagt, die für euch bestimmt ist. ¹¹ Sie haben nachgeforscht, auf welche Zeit und welche Umstände der in ihnen wirkende Geist Christi hindeute, der die Leiden Christi und die darauf folgende Herrlichkeit im Voraus bezeugte. ¹² Ihnen wurde offenbart, dass sie damit nicht sich selbst, sondern euch dienten; und jetzt ist euch dies alles von denen verkündet worden, die euch in der Kraft des vom Himmel gesandten Heiligen Geistes das Evangelium gebracht haben.

Das alles zu sehen ist sogar das Verlangen der Engel.

Dann: Die eigene Berufung erkennen (1 Petr 1,13–17)

¹³ Deshalb umgürtet euch und macht euch bereit! Seid nüchtern und setzt eure Hoffnung ganz auf die Gnade, die euch bei der Offenbarung Jesu Christi geschenkt wird! ¹⁴ Als Kinder des Gehorsams gebt euch nicht den Begierden hin, wie früher in eurer Unwissenheit! ¹⁵ Wie er, der euch berufen hat, heilig ist, so soll auch eure ganze Lebensführung heilig sein. ¹⁶ Denn es steht geschrieben: *Seid heilig, weil ich heilig bin! (Lev 11,44f.; 19,2)* ¹⁷ Und wenn ihr den als Vater anruft,

💬 Wir fürchten uns, zu heilig zu sein. Andere dringen tiefer in das Himmelreich ein als wir … und wir tun nichts als einwenden, wegerklären, kritisieren, entschuldigen oder uns verwundern.

 JOHN HENRY NEWMAN

▶ Jesus wird mit einem Opferlamm verglichen: Er ist unschuldig. Aber er vergießt sein Blut nicht, um sich an den Tätern zu rächen, sondern um alle Menschen zu erlösen.

🙶 Das Wunderbarste an den Wundern ist, dass sie manchmal wirklich geschehen.

GILBERT KEITH CHESTERTON

der jeden ohne Ansehen der Person nach seinem Tun beurteilt, dann führt auch, solange ihr in der Fremde seid, ein Leben in Gottesfurcht!

Wie neu geboren (1 Petr 1,18–25)

¹⁸ Ihr wisst, dass ihr aus eurer nichtigen, von den Vätern ererbten Lebensweise nicht um einen vergänglichen Preis losgekauft wurdet, nicht um Silber oder Gold, ¹⁹ sondern mit dem kostbaren Blut Christi, des Lammes ohne Fehl und Makel. ²⁰ Er war schon vor Grundlegung der Welt dazu ausersehen und euretwegen ist er am Ende der Zeiten erschienen. ²¹ Durch ihn seid ihr zum Glauben an Gott gekommen, der ihn von den Toten auferweckt und ihm die Herrlichkeit gegeben hat, sodass ihr an Gott glauben und auf ihn hoffen könnt. ²² Der Wahrheit gehorsam, habt ihr euer Herz rein gemacht für eine aufrichtige geschwisterliche Liebe; darum hört nicht auf, einander von Herzen zu lieben. ²³ Ihr seid neu gezeugt worden, nicht aus vergänglichem, sondern aus unvergänglichem Samen: aus Gottes Wort, das lebt und das bleibt.

²⁴ Denn: *Alles Sterbliche ist wie Gras*
und all seine Schönheit ist wie die Blume im Gras.
Das Gras verdorrt und die Blume verwelkt;
²⁵ *doch das Wort des Herrn bleibt in Ewigkeit (Jes 40,6–8).*
Dies aber ist das Wort, das euch als frohe Botschaft verkündet worden ist.

Zu Jesus kommen (1 Petr 2,1–8)

2 ¹ Legt also alle Bosheit ab, alle Falschheit und Heuchelei, allen Neid und alle Verleumdung! ² Verlangt wie neugeborene Kinder nach der unverfälschten, geistigen Milch, damit ihr durch sie heranwachst und Rettung erlangt! ³ Denn *ihr habt gekostet, wie gütig der Herr ist (Ps 34,9).* ⁴ Kommt zu ihm, dem lebendigen Stein, der von den Menschen verworfen, aber von Gott *auserwählt und geehrt* worden ist (Jes 28,16)! ⁵ Lasst euch als lebendige Steine zu einem geistigen Haus aufbauen, zu einer heiligen Priesterschaft, um durch Jesus Christus geistige Opfer darzubringen, die Gott gefallen! ⁶ Denn es heißt in der Schrift: *Siehe, ich lege in Zion einen auserwählten Stein, einen Eckstein, den ich in Ehren halte; wer an ihn glaubt, der geht nicht zugrunde (Jes 28,16).* ⁷ Euch, die ihr glaubt, gilt diese Ehre. Für jene aber, die nicht glauben, ist dieser *Stein, den die Bauleute verworfen haben, zum Eckstein geworden,* ⁸ *zum Stein, an den man anstößt,* und *zum Felsen, an dem man zu Fall kommt (Ps 118,22).* Sie stoßen sich an ihm, weil sie dem Wort nicht gehorchen; doch dazu sind sie bestimmt.

Zum Volk Gottes gehören (1 Petr 2,9–10)

⁹ Ihr aber seid *ein auserwähltes Geschlecht, eine königliche Priesterschaft, ein heiliger Stamm, ein Volk, das sein besonderes Ei-*

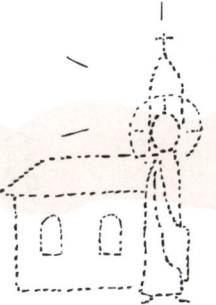

gentum wurde, damit ihr die großen Taten dessen *verkündet,* der euch aus der Finsternis in sein wunderbares Licht gerufen hat (Ex 19,6). ¹⁰ Einst wart ihr *kein Volk,* jetzt aber seid ihr *Gottes Volk;* einst gab es für euch *kein Erbarmen,* jetzt aber habt ihr *Erbarmen gefunden (Hos 1,6.9; 2,3.25).*

Politisch werden (1 Petr 2,11–17)

¹¹ Geliebte, da ihr Fremde und Gäste seid in dieser Welt, ermahne ich euch: Gebt den irdischen Begierden nicht nach, die gegen die Seele kämpfen! ¹² Führt unter den Heiden ein rechtschaffenes Leben, damit sie, die euch jetzt als Übeltäter verleumden, durch eure guten Taten, die sie sehen, Gott verherrlichen *am Tag der Heimsuchung!* (Jes 10,3) ¹³ Unterwerft euch um des Herrn willen jeder menschlichen Ordnung: dem Kaiser, weil er über allen steht, ¹⁴ den Statthaltern, weil sie von ihm entsandt sind, um die zu bestrafen, die Böses tun, und die auszuzeichnen, die Gutes tun! ¹⁵ Denn es ist der Wille Gottes, dass ihr durch eure guten Taten die Unwissenheit unverständiger Menschen zum Schweigen bringt. ¹⁶ Handelt als Freie, ohne die Freiheit als Deckmantel der Bosheit zu benutzen, sondern als Knechte Gottes! ¹⁷ Erweist allen Menschen Ehre, liebt die Brüder und Schwestern, fürchtet Gott und ehrt den Kaiser!

Gott hat mir das Leben geschenkt. Er verzeiht mir meine Fehler. Er ist immer gütig zu mir. Er gibt mir Kraft und neuen Lebensmut. Gott tröstet mich, wenn ich einmal traurig bin. Er kennt mich. Er sieht mich voll Liebe an.

STEPHANIE

▶ Gemeint ist der Tempel, das Gotteshaus, das nicht aus Steinen, sondern aus gläubigen Menschen errichtet ist. Die „geistigen Opfer" sind die Gebete und Gottesdienste.

▶ Der Eckstein, der dem Fundament Halt bietet, ist Jesus Christus.

▶ Alle im Volk Gottes haben eine dreifache Würde: Sie sind auserwählt, weil Gott sie beruft; sie sind Könige und Priester, weil Gott sie an seiner Macht und seiner Gnade teilhaben lässt; sie sind heilig, weil sie zu Gott gehören.

▶ Der „Tag der Heimsuchung" ist der Jüngste Tag des Letzten Gerichtes.

▶ Die Christinnen und Christen sind zwar eine kleine Minderheit, die unter Verfolgungen leiden. Aber sie wissen, dass es eine politische Ordnung geben muss, die der Gerechtigkeit dient. Allerdings: Kein König und kein Kaiser ist Gott.

Auch die Sklaven gehören zur Kirche (1 Petr 2,18–25)

B Da gibt es dann nicht mehr Griechen und Juden, Beschnittene und Unbeschnittene, Barbaren, Skythen, Sklaven, Freie, sondern Christus ist alles und in allen.

Kol 3,11

▶ Die Sklavinnen und Sklaven hatten es besonders schwer. Sie hatten kaum Rechte. Sie sollen aber in ihrem Leiden nicht verzweifeln. Denn auch Jesus hat gelitten. Er ist den Tod eines Sklaven gestorben. Der Brief zeichnet ein Porträt Jesu in den Farben des leidenden Gottesknechtes (Jes 53), dessen Geschichte in der Lesung am Karfreitag verkündet wird.

¹⁸ Ihr Sklaven, ordnet euch in aller Ehrfurcht euren Herren unter, nicht nur den guten und freundlichen, sondern auch den launenhaften! ¹⁹ Denn es ist eine Gnade, wenn jemand deswegen Kränkungen erträgt und zu Unrecht leidet, weil er sich in seinem Gewissen nach Gott richtet. ²⁰ Ist es vielleicht etwas Besonderes, wenn ihr wegen einer Verfehlung Schläge erduldet? Wenn ihr aber recht handelt und trotzdem Leiden erduldet, das ist eine Gnade in den Augen Gottes.
²¹ Dazu seid ihr berufen worden; denn auch Christus hat für euch gelitten und euch ein Beispiel gegeben, damit ihr seinen Spuren folgt.
²² *Er hat keine Sünde begangen*
und in seinem Mund war keine Falschheit (Jes 53,9).
²³ *Als er geschmäht wurde, schmähte er nicht;*
als er litt, drohte er nicht,
sondern überließ seine Sache dem gerechten Richter.
²⁴ Er hat unsere Sünden mit seinem eigenen Leib auf das Holz des Kreuzes *getragen*, damit wir tot sind für die Sünden und leben für die Gerechtigkeit.
Durch seine Wunden seid ihr geheilt (Jes 53,5).

❞ Gerade durch deine Wunden hindurch öffnet Christus die Tür zur Fülle, zum Lobpreis seiner Liebe. Überlasse dich, gib dich. Das heilt die Wunden, nicht nur die deinen.

FRÈRE ROGER SCHUTZ

▶ Der Brief zeichnet ein traditionelles Frauenbild, das in die Zeit des Neuen Testaments passt. Auffällig für die damaligen Verhältnisse, dass auch die Männer ermahnt werden, die Würde der Frauen zu achten.

❞ Eine Kirche ohne die Frauen ist wie das Apostelkollegium ohne Maria. Die Rolle der Frau in der Kirche ist nicht nur die Mutterschaft, die Mutter der Familie, sondern sie ist stärker: Sie ist wirklich →

²⁵ Denn ihr hattet euch verirrt wie Schafe, jetzt aber habt ihr euch hingewandt zum Hirten und Hüter eurer Seelen.

Als Frau und Mann leben (1 Petr 3,1–7)

3 ¹ Ebenso sollt ihr Frauen euch euren Männern unterordnen, damit auch sie, falls sie dem Wort nicht gehorchen, durch das Leben ihrer Frauen ohne ein Wort gewonnen werden, ² wenn sie sehen, wie ihr in Gottesfurcht ein reines Leben führt. ³ Nicht auf äußeren Schmuck sollt ihr Wert legen, auf Haartracht, Goldschmuck und prächtige Kleider, ⁴ sondern was im Herzen verborgen ist, das sei euer unvergänglicher Schmuck: ein sanftes und ruhiges Wesen. Das ist wertvoll in Gottes Augen. ⁵ So haben sich einst auch die heiligen Frauen geschmückt, die ihre Hoffnung auf Gott setzten: Sie ordneten sich ihren Männern unter. ⁶ Sara gehorchte Abraham und nannte ihn Herrn. Ihre Kinder seid ihr geworden, wenn ihr recht handelt und euch vor keiner Einschüchterung fürchtet.
⁷ Ebenso sollt ihr Männer im Umgang mit den Frauen rücksichtsvoll sein, denn sie sind der schwächere Teil; ehrt sie, denn auch sie sind Erben der Gnade des Lebens. So wird euren Gebeten nichts mehr im Weg stehen.

Einig sein (1 Petr 3,8–12)

⁸ Endlich aber: Seid alle eines Sinnes, voll Mitgefühl und Liebe zueinander, seid barmherzig und demütig! ⁹ Vergeltet Böses nicht mit Bösem oder Schmähung mit Schmähung! Im Gegenteil: Segnet, denn dazu seid ihr berufen worden, dass ihr Segen erbt. ¹⁰ Es heißt nämlich: *Wer das Leben liebt und gute Tage zu sehen wünscht, der bewahre seine Zunge vor Bösem und seine Lippen vor falscher Rede.* ¹¹ *Er meide das Böse und tue das Gute; er suche Frieden und jage ihm nach.* ¹² *Denn die Augen des Herrn blicken auf die Gerechten und seine Ohren hören ihr Flehen; das Antlitz des Herrn aber richtet sich gegen die Bösen* (Ps 34,13–17).

Zeugnis ablegen (1 Petr 3,13–16)

¹³ Und wer wird euch Böses zufügen, wenn ihr euch voll Eifer um das Gute bemüht? ¹⁴ Aber auch wenn ihr um der Gerechtigkeit willen leidet, seid ihr seligzupreisen. *Fürchtet euch nicht vor ihnen und lasst euch nicht erschrecken (Jes 8,12),* ¹⁵ *heiligt* vielmehr in eurem Herzen Christus, den Herrn *(Jes 8,13)!* Seid stets bereit, jedem Rede und Antwort zu stehen, der von euch Rechenschaft fordert

über die Hoffnung, die euch erfüllt; ¹⁶ antwortet aber bescheiden und ehrfürchtig, denn ihr habt ein reines Gewissen, damit jene, die euren rechtschaffenen Lebenswandel in Christus in schlechten Ruf bringen, wegen ihrer Verleumdungen beschämt werden.

Sich an Jesus halten (1 Petr 3,17–22)

¹⁷ Denn es ist besser, für gute Taten zu leiden, wenn es Gottes Wille ist, als für böse. ¹⁸ Denn auch Christus ist der Sünden wegen ein einziges Mal gestorben, ein Gerechter für Ungerechte, damit er euch zu Gott hinführe, nachdem er dem Fleisch nach zwar getötet, aber dem Geist nach lebendig gemacht wurde. ¹⁹ In ihm ist er auch zu den Geistern gegangen, die im Gefängnis waren, und hat ihnen gepredigt. ²⁰ Diese waren einst ungehorsam, als Gott in den Tagen Noachs geduldig wartete, während die Arche gebaut wurde; in ihr wurden nur wenige, nämlich acht Menschen, durch das Wasser gerettet. ²¹ Dem entspricht die Taufe, die jetzt euch rettet. Sie dient nicht dazu, den Körper von Schmutz zu reinigen, sondern sie ist eine Bitte an Gott um ein reines Gewissen aufgrund der Auferstehung Jesu Christi, ²² der in den Himmel gegangen ist; dort ist er zur Rechten Gottes und Engel, Gewalten und Mächte sind ihm unterworfen.

→ die Ikone der Jungfrau Maria, der Gottesmutter; diejenige, die der Kirche hilft zu wachsen!
PAPST FRANZISKUS, auf dem Rückflug von Rio, 28.7.2013

B Der Herr segne dich und behüte dich. Der Herr lasse sein Angesicht über dich leuchten und sei dir gnädig. Der Herr wende sein Angesicht dir zu und schenke dir Frieden.
Num 6,24–26
(Der aaronitische Segen)

In der ganzen Heiligen Schrift gibt es keinen stärkeren Link zur Vernunft als 1 Petr 3,15. Glauben heißt: Gehirn einschalten!

,, Ihr müsst Euren Glauben so präzise kennen wie ein IT-Spezialist das Betriebssystem eines Computers. Ihr müsst ihn verstehen wie ein guter Musiker sein Stück. Ja, Ihr müsst im Glauben noch viel tiefer verwurzelt sein als die Generation Eurer Eltern, um den Herausforderungen und Versuchungen dieser Zeit mit Kraft und Entschiedenheit entgegentreten zu können.
PAPST BENEDIKT XVI., im Vorwort zum YOUCAT

▶ Jesus ist „hinabgestiegen in das Reich des Todes". Denn er hat den Tod in jeder Gestalt besiegt. Deshalb bringt er auch denen das Leben, die längst vor Christus gestorben sind.

Ein neues Leben beginnen (1 Petr 4,1–6)

4 ¹ Da Christus im Fleisch gelitten hat, wappnet auch ihr euch mit diesem Gedanken, denn wer im Fleisch gelitten hat, für den hat die Sünde ein Ende. ² Darum richtet euch, solange ihr noch auf Erden lebt, nicht mehr nach den menschlichen Begierden, sondern nach dem Willen Gottes! ³ Denn lange genug habt ihr in der vergangenen Zeit getan, was die Heiden wollen, und habt ein ausschweifendes Leben voller Begierden geführt, habt getrunken, geprasst, gezecht und frevelhaften Götzenkult getrieben. ⁴ Darüber sind sie empört und sie lästern, weil ihr euch nicht mehr mittreiben lasst im Strom der Leidenschaften. ⁵ Aber sie werden vor dem Rechenschaft ablegen müssen, der schon bereitsteht, um die Lebenden und die Toten zu richten. ⁶ Denn auch Toten ist das Evangelium dazu verkündet worden, dass sie zwar wie Menschen gerichtet werden im Fleisch, aber wie Gott das Leben haben im Geist.

Die Zeit nutzen (1 Petr 4,7–11)

⁷ Das Ende aller Dinge ist nahe. Seid also besonnen und nüchtern und betet! ⁸ Vor allem haltet beharrlich fest an der Liebe zueinander; denn *die Liebe deckt* viele *Sünden zu (Spr 10,12).* ⁹ Seid untereinander gastfreundlich, ohne zu murren!

¹⁰ Dient einander als gute Verwalter der vielfältigen Gnade Gottes, jeder mit der Gabe, die er empfangen hat! ¹¹ Wer redet, der rede mit den Worten, die Gott ihm gibt; wer dient, der diene aus der Kraft, die Gott verleiht. So wird in allem Gott verherrlicht durch Jesus Christus. Sein ist die Herrlichkeit und die Macht in alle Ewigkeit. Amen.

Die Prüfung bestehen (1 Petr 4,12–19)

¹² Geliebte, lasst euch durch die Feuerglut, die zu eurer Prüfung über euch gekommen ist, nicht verwirren, als ob euch etwas Ungewöhnliches zustoße! ¹³ Stattdessen freut euch, dass ihr Anteil an den Leiden Christi habt; denn so könnt ihr auch bei der Offenbarung seiner Herrlichkeit voll Freude jubeln.

¹⁴ Wenn ihr wegen des Namens Christi beschimpft werdet, seid ihr seligzupreisen; denn der Geist der Herrlichkeit, *der Geist Gottes, ruht auf euch (Jes 11,2).* ¹⁵ Wenn einer von euch leiden muss, soll es nicht deswegen sein, weil er ein Mörder oder ein Dieb ist, weil er Böses tut oder sich in fremde Angelegenheiten einmischt. ¹⁶ Wenn er aber leidet, weil er Christ ist, dann soll er sich nicht schämen, sondern Gott darin verherrlichen.

¹⁷ Denn jetzt ist die Zeit, in der das Gericht beim Haus Gottes beginnt; wenn es aber bei uns anfängt, wie wird dann das Ende derer sein, die dem Evangelium Gottes nicht gehorchen? ¹⁸ Und *wenn der Gerechte kaum gerettet wird, wo wird man dann die Frevler und Sünder finden (Spr 11,31)?* ¹⁹ Darum sollen alle, die nach dem Willen Gottes leiden müssen, Gutes tun und dadurch ihr Leben dem treuen Schöpfer anbefehlen.

Lasst uns, solange es noch Zeit ist, Christus besuchen, Christus heilen, Christus nähren, Christus bekleiden, Christus beherbergen, Christus ehren.

GREGOR VON NAZIANZ (330–390), Kirchenlehrer

In der Kirche leben (1 Petr 5,1–5)

5 ¹ Eure Ältesten ermahne ich, als Mitältester und Zeuge der Leiden Christi, der auch an der Herrlichkeit teilhaben soll, die sich offenbaren wird:

² Weidet die euch anvertraute Herde Gottes, nicht gezwungen, sondern freiwillig, wie Gott es will; auch nicht aus Gewinnsucht, sondern mit Hingabe; ³ seid nicht Beherrscher der Gemeinden, sondern Vorbilder für die Herde! ⁴ Wenn dann der oberste Hirt erscheint, werdet ihr den nie verwelkenden Kranz der Herrlichkeit empfangen!

⁵ Sodann, ihr Jüngeren: Ordnet euch den Ältesten unter!

Alle aber begegnet einander in Demut! Denn *Gott tritt Stolzen entgegen, Demütigen aber schenkt er seine Gnade (Spr 3,34).*

▶ Die Ältesten (Presbyter) sind die Vorsteher der Gemeinde.

🙶 Seid Hirten mit dem „Geruch der Schafe", dass man ihn riecht – Hirten inmitten ihrer Herde und Menschenfischer.

PAPST FRANZISKUS, 28.3.2013

▶ Mit „der oberste Hirt" (v4) ist Jesus Christus gemeint. (↗ 1Petr 2,25).

Auf Gott vertrauen (1 Petr 5,6–11)

⁶ Beugt euch also in Demut unter die mächtige Hand Gottes, damit er euch erhöht, wenn die Zeit gekommen ist! ⁷ Werft alle eure Sorge auf ihn, denn er kümmert sich um euch!

⁸ Seid nüchtern, seid wachsam! Euer Widersacher, der Teufel, geht wie ein brüllender Löwe umher und sucht, wen er verschlingen kann.

⁹ Leistet ihm Widerstand in der Kraft des Glaubens! Wisst, dass eure Brüder und Schwestern in der Welt die gleichen Leiden ertragen. ¹⁰ Der Gott aller Gnade aber, der euch in Christus zu seiner ewigen Herrlichkeit berufen hat, wird euch, die ihr kurze Zeit leiden müsst, wieder aufrichten, stärken, kräftigen und auf festen Grund stellen. ¹¹ Sein ist die Macht in Ewigkeit. Amen.

Zum Schluss: Alles Gute (1 Petr 5,12–14)

¹² Durch Silvanus, den ich für einen treuen Bruder halte, habe ich euch kurz geschrieben: Ich habe euch ermahnt und habe bezeugt, dass dies die wahre Gnade Gottes ist, in der ihr stehen sollt. ¹³ Es grüßt euch die mitauserwählte Gemeinde in Babylon und Markus, mein Sohn. ¹⁴ Grüßt einander mit dem Kuss der Liebe! Friede sei mit euch allen, die ihr in Christus seid!

🙶 Sorgen-Übergabe-Vertrag zwischen Jesus Christus und dir, gemäß 1. Petr 5,7, „Werft alle eure Sorge auf ihn; denn er kümmert sich um euch":
1. Ich schreibe meine Sorgen auf und übergebe sie Jesus Christus.
2. Er übernimmt sie und kommt für allerbeste Erledigung auf.
3. Die Anzahl der zu übertragenden Sorgen ist unbegrenzt.
4. Bei dem Versuch, diesen Vertrag zu brechen und die Sorgen wieder an sich zu reißen, ist folgendes Gebet zu sprechen: Ich danke dir, dass Du meine Sorgen übernommen hast. Ich vertraue Dir, dass Du Dich ganz für mich einsetzt. Amen.

Aus dem Internet

DER ZWEITE PETRUSBRIEF

Der Zweite Petrusbrief arbeitet das Problem auf, dass sich die Zeit viel mehr in die Länge zieht, als viele das dachten; er antwortet mit dem Hinweis auf das Zeitmaß Gottes, das alle irdischen Vorstellungen sprengt.

Eine theologische Kernschmelze (2 Petr 1,3–4)

1 ³ Alles, was für unser Leben und unsere Frömmigkeit gut ist, hat seine göttliche Macht uns geschenkt; sie hat uns den erkennen lassen, der uns durch seine Herrlichkeit und Kraft berufen hat. ⁴ Durch sie sind uns die kostbaren und überaus großen Verheißungen geschenkt, damit ihr durch diese Anteil an der göttlichen Natur erhaltet und dem Verderben entflieht, das durch die Begierde in der Welt herrscht.

Eine starke Kettenreaktion (2 Petr 1,5–7)

⁵ Darum setzt allen Eifer daran, mit eurem Glauben die Tugend zu verbinden, mit der Tugend die Erkenntnis, ⁶ mit der Erkenntnis die Selbstbeherrschung, mit der Selbstbeherr-

schung die Ausdauer, mit der Ausdauer die Frömmigkeit, ⁷ mit der Frömmigkeit die Brüderlichkeit und mit der Brüderlichkeit die Liebe!

Eine Geschichte zwischen Himmel und Erde (2 Petr 1,16–18)

B Sechs Tage danach nahm Jesus Petrus, Jakobus und Johannes beiseite und führte sie auf einen hohen Berg, aber nur sie allein. Und er wurde vor ihnen verwandelt; seine Kleider wurden strahlend weiß, so weiß, wie sie auf Erden kein Bleicher machen kann.

Mk 9,2–3

¹⁶ Denn wir sind nicht klug ausgedachten Geschichten gefolgt, als wir euch die machtvolle Ankunft unseres Herrn Jesus Christus kundtaten, sondern wir waren Augenzeugen seiner Macht und Größe. ¹⁷ Denn er hat von Gott, dem Vater, Ehre und Herrlichkeit empfangen, als eine Stimme von erhabener Herrlichkeit an ihn erging: Das ist mein geliebter Sohn, an dem ich Wohlgefallen gefunden habe. ¹⁸ Diese Stimme, die vom Himmel kam, haben wir gehört, als wir mit ihm auf dem heiligen Berg waren.

Ein Buch des Lebens (2 Petr 1,19–21)

B Jede Rede Gottes ist im Feuer geläutert; ein Schild ist er für alle, die bei ihm sich bergen. Füg seinen Worten nichts hinzu, sonst überführt er dich und du stehst als Lügner da.

Spr 30,5–6

¹⁹ Dadurch ist das Wort der Propheten für uns noch sicherer geworden und ihr tut gut daran, es zu beachten, wie ein Licht, das an einem finsteren Ort scheint, bis der Tag anbricht und der Morgenstern aufgeht in eurem Herzen. ²⁰ Bedenkt dabei vor allem dies: Keine Prophetie der Schrift wird durch eigenmächtige Auslegung wirksam; ²¹ denn niemals wurde eine Prophetie durch den Willen eines Menschen hervorgebracht, sondern vom Heiligen Geist getrieben haben Menschen im Auftrag Gottes geredet.

DIE JOHANNESBRIEFE

Die drei Johannesbriefe sind eng mit dem Johannesevangelium verwandt. Eine besondere Nähe besteht
zu den Abschiedsreden, die Jesus im Abendmahlssaal
nach der Fußwaschung (Joh 13) vor seinen Jüngern
hält (Joh 14–16), und zum hohepriesterlichen Gebet
(Joh 17). Gemeinsam ist das Nachdenken über die
Liebe Gottes, die ihr menschliches Gesicht in Jesus Christus gezeigt hat. Jesus ist ein Mensch aus
Fleisch und Blut; als solcher ist er der Sohn Gottes:
das Wort Gottes, das Fleisch geworden ist (Joh 1,14).
Schnell hat man beide Pole auseinandergerissen. Die
Johannesbriefe halten sie zusammen. Sie sehen eine
drohende Spaltung der Gemeinde wegen Differenzen
im Glauben. Deshalb halten sie die Liebe hoch: Sie
ist aus Gott, und sie muss das Leben der Gläubigen
zutiefst bestimmen.

DER ERSTE JOHANNESBRIEF

Die Sünde besiegen (1 Joh 3,5–8)

3 ⁵ Ihr wisst, dass er erschienen ist, um die Sünden wegzunehmen,
und in ihm ist keine Sünde. ⁶ Jeder, der in ihm bleibt, sündigt
nicht. Jeder, der sündigt, hat ihn nicht gesehen und ihn nicht erkannt.
⁷ Meine Kinder, lasst euch von niemandem in die Irre führen! Wer die
Gerechtigkeit tut, ist gerecht, wie er gerecht ist. ⁸ Wer die Sünde tut,
stammt vom Teufel; denn der Teufel sündigt von Anfang an. Der Sohn
Gottes aber ist erschienen, um die Werke des Teufels zu zerstören.

 Wer das Gebet übt, bleibt nicht lange in der Sünde. Denn entweder wird er das Ge-bet oder die Sünde lassen, weil Gebet und Sünde nicht neben-einander bestehen können.

TERESA VON ÁVILA

Ein klares Kriterium: Gerechtigkeit (1 Joh 3,9–10)

⁹ Jeder, der von Gott stammt, tut keine Sünde, weil Gottes Same in
ihm bleibt, und er kann nicht sündigen, weil er von Gott stammt.
¹⁰ Daran kann man die Kinder Gottes und die Kinder des Teufels er-
kennen: Jeder, der die Gerechtigkeit nicht tut und seinen Bruder nicht
liebt, ist nicht aus Gott.

▶ Gottes Same – Gottes Wort, das Wurzeln schlägt und Früch-te trägt, wie im Gleichnis vom Sämann (Mt 13,1–9).

Die Brüder und Schwestern lieben (1 Joh 3,11–15)

¹¹ Denn das ist die Botschaft, die ihr von Anfang an gehört habt: Wir
sollen einander lieben ¹² und nicht wie Kain handeln, der von dem
Bösen stammte und seinen Bruder erschlug. Warum hat er ihn er-

▶ Der Brudermord (Gen 4,1–16) ist ein dunkles Vorzeichen, wie es in der Welt nicht sein soll, aber immer wieder ist.

▶ Die Liebe schließt keinen aus. Aber sie muss immer mit dem Nächsten anfangen: Der Mensch, den ich gerade sehe, der ist es, den ich lieben soll. In der Kirche fängt es an.

💡 Liebe ist kostbar. Sie kostet; aber wer in die Liebe investiert, kann mit dem besten Return on Investment zwischen Himmel und Erde rechnen: mit der Nähe und Freundschaft Gottes, mit tiefem inneren Frieden und mit der eigenen Befriedigung, auf der richtigen Spur zu sein.

▶ Gott ist die Wahrheit unseres Lebens. Wer glaubt, weiß es.

schlagen? Weil seine Taten böse waren, die Taten seines Bruders aber gerecht. [13] Wundert euch nicht, Brüder und Schwestern, wenn die Welt euch hasst! [14] Wir wissen, dass wir aus dem Tod in das Leben hinübergegangen sind, weil wir die Brüder lieben. Wer nicht liebt, bleibt im Tod. [15] Jeder, der seinen Bruder hasst, ist ein Menschenmörder und ihr wisst: Kein Menschenmörder hat ewiges Leben, das in ihm bleibt.

... wie Jesus es gemacht hat (1 Joh 3,16–18)

[16] Daran haben wir die Liebe erkannt, dass er sein Leben für uns hingegeben hat. So müssen auch wir für die Brüder das Leben hingeben. [17] Wenn jemand die Güter dieser Welt hat und sein Herz vor dem Bruder verschließt, den er in Not sieht, wie kann die Liebe Gottes in ihm bleiben? [18] Meine Kinder, wir wollen nicht mit Wort und Zunge lieben, sondern in Tat und Wahrheit.

Keine Angst vor der Zukunft (1 Joh 3,19–22)

[19] Und daran werden wir erkennen, dass wir aus der Wahrheit sind. Und wir werden vor ihm unser Herz überzeugen, [20] dass, wenn unser Herz uns verurteilt, Gott größer ist als unser Herz und alles weiß.

99 Es ist schwer, sich selbst zu verachten, ohne Gott in uns zu beleidigen.
GEORGES BERNANOS

99 Es ist nicht meine Angelegenheit, an mich zu denken. Meine Angelegenheit ist es, an ihn zu denken. Und es ist seine Sache, an mich zu denken.

SIMONE WEIL (1909–1943), frz. Philosophin

▶ Es scheint so einfach, Jesus und Gott zu trennen. Aber dann beginnen erst die Probleme. Die ganze Hoffnung hängt daran, dass Jesus von Nazaret der Sohn Gottes ist.

[21] Geliebte, wenn das Herz uns aber nicht verurteilt, haben wir gegenüber Gott Zuversicht; [22] und alles, was wir erbitten, empfangen wir von ihm, weil wir seine Gebote halten und tun, was ihm gefällt.

Das Grundgebot: Glaube und Liebe (1 Joh 3,23–24)

[23] Und das ist sein Gebot: Wir sollen an den Namen seines Sohnes Jesus Christus glauben und einander lieben gemäß dem Gebot, das er uns gegeben hat. [24] Wer seine Gebote hält, bleibt in Gott und Gott in ihm. Und daran erkennen wir, dass er in uns bleibt: an dem Geist, den er uns gegeben hat.

Kritisch sein (1 Joh 4,1–3)

4 [1] Geliebte, traut nicht jedem Geist, sondern prüft die Geister, ob sie aus Gott sind; denn viele falsche Propheten sind in die Welt hinausgezogen.

[2] Daran erkennt ihr den Geist Gottes: Jeder Geist, der Jesus Christus bekennt als im Fleisch gekommen, ist aus Gott

[3] und jeder Geist, der Jesus nicht bekennt, ist nicht aus Gott. Das ist der Geist des Antichrists, über den ihr gehört habt, dass er kommt. Jetzt ist er schon in der Welt.

Wir sagen, was wir glauben (1 Joh 4,4–6)

⁴ Ihr aber, meine Kinder, seid aus Gott und habt die falschen Propheten besiegt; denn Er, der in euch ist, ist größer als jener, der in der Welt ist.
⁵ Sie sind aus der Welt; deshalb sprechen sie, wie die Welt spricht, und die Welt hört auf sie.
⁶ Wir aber sind aus Gott. Wer Gott erkennt, hört auf uns; wer nicht aus Gott ist, hört nicht auf uns. Daran erkennen wir den Geist der Wahrheit und den Geist des Irrtums.

Wir lieben, weil wir geliebt werden (1 Joh 4,7–10)

⁷ Geliebte, wir wollen einander lieben; denn die Liebe ist aus Gott und jeder, der liebt, stammt von Gott und erkennt Gott. ⁸ Wer nicht liebt, hat Gott nicht erkannt; denn Gott ist Liebe. ⁹ Darin offenbarte sich die Liebe Gottes unter uns, dass Gott seinen einzigen Sohn in die Welt gesandt hat, damit wir durch ihn leben.
¹⁰ Darin besteht die Liebe: Nicht dass wir Gott geliebt haben, sondern dass er uns geliebt und seinen Sohn als Sühne für unsere Sünden gesandt hat.

▶ Die „Welt" ist hier ein Raum, der schalldicht vor dem Wort Gottes abgeschlossen ist.

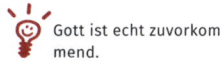 Wenn die Kirche ein immer klareres Bewusstsein von sich selbst gewinnt und wenn sie danach strebt, sich selbst nach dem Modell, das Christus ihr vor Augen stellt, zu bilden, dann wird sie sich tief von der menschlichen Umgebung unterscheiden, in der sie dennoch lebt und der sie sich nähert.
PAPST PAUL VI., Enzyklika Ecclesiam suam (1964), 56

Gott ist echt zuvorkommend.

Der Erste Johannesbrief ist eine große theologische Meditation über die Liebe Gottes, die in Jesus Christus Mensch geworden ist. Der Brief ist das Seitenstück zum Johannesevangelium. „Gott ist Liebe" – so kurz und klar kann der Brief die biblische Theologie auf den Punkt bringen (1 Joh 4,8–16).

Geheimnis des Glaubens (1 Joh 4,11–14)

¹¹ Geliebte, wenn Gott uns so geliebt hat, müssen auch wir einander lieben. ¹² Niemand hat Gott je geschaut; wenn wir einander lieben, bleibt Gott in uns und seine Liebe ist in uns vollendet. ¹³ Daran erkennen wir, dass wir in ihm bleiben und er in uns bleibt: Er hat uns von seinem Geist gegeben. ¹⁴ Wir haben geschaut und bezeugen, dass der Vater den Sohn gesandt hat als Retter der Welt.

In Gottes Liebe bleiben (1 Joh 4,15–16b)

¹⁵ Wer bekennt, dass Jesus der Sohn Gottes ist, in dem bleibt Gott und er bleibt in Gott.
¹⁶ᵃ Wir haben die Liebe, die Gott zu uns hat, erkannt und gläubig angenommen. ¹⁶ᵇ Gott ist Liebe, und wer in der Liebe bleibt, bleibt in Gott und Gott bleibt in ihm.

▶ Die Liebe Gottes ist ein Geschenk, das wir mit anderen teilen sollen.

 Wenn ich glaube, dass Gott die Liebe ist (und das tue ich), liegt darin ein wunderbarer Auftrag: Ich darf Zeuge dieser Liebe sein – in der Familie, unter Freunden, am Arbeitsplatz, ja sogar beim Müll rausbringen. Alles, was ich anpacke, mit größtmöglicher Sorgfalt und Freude zu tun, ist eine Mission auf Lebenszeit. Und eine großartige noch dazu!
CHRISTOPH

Hätte ich früher erkannt, dass der winzige Palast meiner Seele einen so großen König beherbergt, dann hätte ich ihn nicht so häufig allein gelassen.

TERESA VON ÁVILA

Keine Angst haben (1 Joh 4,17–18)

[17] Darin ist unter uns die Liebe vollendet, dass wir am Tag des Gerichts Zuversicht haben. Denn wie er, so sind auch wir in dieser Welt. [18] Furcht gibt es in der Liebe nicht, sondern die vollkommene Liebe vertreibt die Furcht. Denn die Furcht rechnet mit Strafe, wer sich aber fürchtet, ist nicht vollendet in der Liebe.

Liebe empfangen – Liebe schenken (1 Joh 4,19–21)

[19] Wir wollen lieben, weil er uns zuerst geliebt hat. [20] Wenn jemand sagt: Ich liebe Gott!, aber seinen Bruder hasst, ist er ein Lügner. Denn wer seinen Bruder nicht liebt, den er sieht, kann Gott nicht lieben, den er nicht sieht. [21] Und dieses Gebot haben wir von ihm: Wer Gott liebt, soll auch seinen Bruder lieben.

Zeichen der Liebe (1 Joh 5,1–5)

5 [1] Jeder, der glaubt, dass Jesus der Christus ist, ist aus Gott gezeugt und jeder, der den Vater liebt, liebt auch den, der aus ihm gezeugt ist. [2] Daran erkennen wir, dass wir die Kinder Gottes lieben: wenn wir Gott lieben und seine Gebote erfüllen. [3] Denn darin besteht die Liebe zu Gott, dass wir seine Gebote halten; und seine Gebote sind nicht schwer. [4] Denn alles, was aus Gott gezeugt ist, besiegt die Welt. Und das ist der Sieg, der die Welt besiegt hat: unser Glaube. [5] Wer sonst besiegt die Welt, außer dem, der glaubt, dass Jesus der Sohn Gottes ist?

DER ZWEITE JOHANNESBRIEF

Der Zweite Johannesbrief ist ein kurzes Schreiben mit einer Warnung vor Irrlehrern, die das Evangelium der Liebe Gottes nicht ernst nehmen.

Es ist dir gesagt worden, Mensch, was gut ist und was der HERR von dir erwartet: Nichts anderes als dies: Recht tun, Güte lieben, und achtsam mitgehen mit deinem Gott.

Mi 6,8

Nur die Liebe zählt (2 Joh 6)

[6] Denn darin besteht die Liebe, dass wir nach seinen Geboten wandeln. Und darin besteht das Gebot, das ihr von Anfang an gehört habt: dass ihr in der Wahrheit wandelt.

DER DRITTE JOHANNESBRIEF

Der Dritte Johannesbrief ergreift in innerkirchlichen Konflikten Partei für die Theologie des Johannesevangeliums.

Lass dich nicht vom Bösen besiegen, sondern besiege das Böse durch das Gute!

Röm 12,21

Gutes tun (3 Joh 11)

[11] Geliebter, ahme nicht das Böse nach, sondern das Gute! Wer das Gute tut, ist aus Gott; wer aber das Böse tut, hat Gott nicht gesehen.

DER JUDASBRIEF

Der Judasbrief ist eine scharfe Abrechnung mit Irrlehrern. Was die Gegner genau vertreten haben, setzt der Brief bei den Leserinnen und Lesern als bekannt voraus; es ist deshalb heute nicht mehr gut zu erkennen. Wahrscheinlich ging es um grundsätzliche Fragen, wie der Glaube in der Welt gelebt werden kann.

Der Brief ist nicht etwa von Judas Iskariot geschrieben worden, dem Verräter Jesu. Der Judas dieses Briefes ist vielmehr „der Bruder des Jakobus", also auch ein Verwandter Jesu (↗ Mk 6,3; Mt 13,55).

Passt auf! (Jud 17–19)

¹⁷ Ihr aber, Geliebte, gedenkt der Worte, die von den Aposteln Jesu Christi, unseres Herrn, im Voraus verkündet worden sind, ¹⁸ als sie euch sagten: Am Ende der Zeit wird es Spötter geben, die sich von ihren gottlosen Begierden leiten lassen. ¹⁹ Diese sind es, die Spaltungen verursachen, irdisch gesinnte Menschen, die den Geist nicht besitzen.

 Selig der Mann, der nicht nach dem Rat der Frevler geht, nicht auf dem Weg der Sünder steht, nicht im Kreis der Spötter sitzt.
Ps 1,1

Betet! (Jud 20–21)

²⁰ Ihr aber, Geliebte, baut weiter auf eurem hochheiligen Glauben auf, betet im Heiligen Geist, ²¹ bewahrt euch in der Liebe Gottes und wartet auf das Erbarmen Jesu Christi, unseres Herrn, zum ewigen Leben!

 Das beste Gebet ist jenes, das am meisten Liebe enthält.
CHARLES DE FOUCAULD

Seid barmherzig! (Jud 22–23)

²² Erbarmt euch derer, die zweifeln; ²³ andere rettet, entreißt sie dem Feuer! Wieder anderer erbarmt euch in Furcht; hasst sogar das vom Fleisch befleckte Gewand!

Gott allein die Ehre (Jud 24–25)

²⁴ Dem einen Gott aber, der die Macht hat, euch vor jedem Fehltritt zu bewahren und euch untadelig und voll Jubel vor seine Herrlichkeit treten zu lassen, ²⁵ ihm, der uns durch Jesus Christus, unseren Herrn, rettet, gebührt die Herrlichkeit, Hoheit, Macht und Gewalt vor aller Zeit und jetzt und für alle Zeiten. Amen.

 Ahmt Gott nach als seine geliebten Kinder und führt euer Leben in Liebe, wie auch Christus uns geliebt und sich für uns hingegeben hat als Gabe und Opfer, das Gott gefällt! Von Unzucht aber und Unreinheit jeder Art oder von Habgier soll bei euch, wie es sich für Heilige gehört, nicht einmal die Rede sein.
Eph 5,1–3

Johannes

Das letzte Buch der Bibel ist von einem christlichen Propheten geschrieben worden. Johannes empfängt auf Patmos eine Vision, die er niederschreibt. Er ist um seines Glaubens willen verfolgt worden, wahrscheinlich unter dem römischen Kaiser Domitian (81–96 n. Chr.).

Das Buch ist ebenso faszinierend wie umstritten. Oft ist es benutzt worden, um den Termin des Weltendes auszurechnen. Das ist ein Missbrauch. Tatsächlich blickt Johannes in den Abgrund menschlichen Leidens; aber er blickt auch in die Höhe himmlischen Glanzes. Beides ist durch Jesus Christus verbunden. Er ist vom Himmel gekommen, um das Reich Gottes zu verwirklichen. Durch ihn endet die Welt nicht in einem Meer von Gewalt, sondern wird in die Welt Gottes verwandelt.

Der Auftakt (Offb 1,1–3)

1 [1] Offenbarung Jesu Christi, die Gott ihm gegeben hat, damit er seinen Knechten zeigt, was bald geschehen muss; und er hat es durch seinen Engel, den er sandte, seinem Knecht Johannes gezeigt. [2] Dieser hat das Wort Gottes und das Zeugnis Jesu Christi bezeugt: alles, was er geschaut hat. [3] Selig, wer die Worte der Prophetie vorliest und jene, die sie hören und das halten, was in ihr geschrieben ist; denn die Zeit ist nahe.

▶ Gott der Vater offenbart Jesus, dem Sohn Gottes, den großen Plan, wie er die Welt retten wird. Johannes wird in diesen Plan eingeweiht. Er soll aufschreiben, was er von Gott gezeigt bekommen hat, damit es alle wissen können.

Der Anfang eines Briefes (Offb 1,4–8)

[4] Johannes an die sieben Gemeinden in der Provinz Asien:
Gnade sei mit euch und Friede von Ihm, der ist und der war und der kommt, und von den sieben Geistern vor seinem Thron [5] und von Jesus Christus; er ist der treue Zeuge, der Erstgeborene der Toten, der Herrscher über die Könige der Erde. Ihm, der uns liebt und uns von unseren Sünden erlöst hat durch sein Blut, [6] der uns zu einem Königreich gemacht hat und zu Priestern vor Gott, seinem Vater: Ihm sei die Herrlichkeit und die Macht in alle Ewigkeit. Amen.
[7] *Siehe, er kommt mit den Wolken* und jedes Auge wird ihn *sehen, auch alle, die ihn durchbohrt haben; und alle Völker der Erde werden seinetwegen jammern und klagen (Dan 7,13).* Ja, Amen.
[8] Ich bin das Alpha und das Omega, spricht Gott, der Herr, der ist und der war und der kommt, der Herrscher über die ganze Schöpfung.

▶ Asien ist die Region in der heutigen West-Türkei mit Ephesus als Zentrum (↗ Offb 2–3).

B Dieser Kelch ist der Neue Bund in meinem Blut, das für euch vergossen wird.
Lk 22,20

▶ Alpha und Omega sind der erste und der letzte Buchstabe des griechischen Alphabetes.

Die Beauftragung des Johannes (Offb 1,9–20)

Der „Seher" von Patmos

▶ Alle sieben Gemeinden liegen im Umkreis von Ephesus in der heutigen Türkei.

⁹ Ich, Johannes, euer Bruder und Gefährte in der Bedrängnis, in der Königsherrschaft und im standhaften Ausharren in Jesus, war auf der Insel, die Patmos heißt, um des Wortes Gottes willen und des Zeugnisses für Jesus. ¹⁰ Am Tag des Herrn wurde ich vom Geist ergriffen und hörte hinter mir eine Stimme, laut wie eine Posaune. ¹¹ Sie sprach: Schreib das, was du siehst, in ein Buch und schick es an die sieben Gemeinden: nach Ephesus, nach Smyrna, nach Pergamon, nach Thyatira, nach Sardes, nach Philadelphia und nach Laodizea!

¹² Da wandte ich mich um, weil ich die Stimme erblicken wollte, die zu mir sprach. Als ich mich umwandte, sah ich sieben goldene Leuchter ¹³ und mitten unter den Leuchtern einen gleich einem Menschensohn; er war bekleidet mit einem Gewand bis auf die Füße und um die Brust trug er einen Gürtel aus Gold.

¹⁴ Sein Haupt und seine Haare waren weiß wie weiße Wolle, wie Schnee, und seine Augen wie Feuerflammen; ¹⁵ seine Beine glänzten wie Golderz, das im Schmelzofen glüht, und seine Stimme war wie das Rauschen von Wassermassen. ¹⁶ In seiner Rechten hielt er sieben Sterne und aus seinem Mund kam ein scharfes, zweischneidiges Schwert und sein Gesicht leuchtete wie die machtvoll strahlende Sonne.

▶ Die Bilder zeigen den Menschensohn als königlichen Hohepriester. Er hat Gottes ganze Macht; er versöhnt die Menschen mit Gott.

▶ Jede Gemeinde hat im Himmel einen Schutzengel.

¹⁷ Als ich ihn sah, fiel ich wie tot vor seinen Füßen nieder. Er aber legte seine rechte Hand auf mich und sagte: Fürchte dich nicht! Ich bin der Erste und der Letzte ¹⁸ und der Lebendige. Ich war tot, doch siehe, ich lebe in alle Ewigkeit und ich habe die Schlüssel zum Tod und zur Unterwelt.

¹⁹ Schreib auf, was du gesehen hast: was ist und was danach geschehen wird.

²⁰ Das Geheimnis der sieben Sterne, die du auf meiner rechten Hand gesehen hast, und der sieben goldenen Leuchter ist: Die sieben Sterne sind die Engel der sieben Gemeinden und die sieben Leuchter sind die sieben Gemeinden.

> Es folgen die sieben Sendschreiben an die sieben Gemeinden (Offb 2,1–3,22), die zeigen, wie groß die Herausforderung war, in einer Krise der Gesellschaft den Glauben zu bewahren.

DIE VISION DES ANFANGS (OFFB 4,1–5,14)

▶ Johannes darf in den offenen Himmel schauen. Das Zentrum ist der Thron Gottes. Von ihm geht alles aus; zu ihm führt alles hin. Es sind menschliche Bilder, die der Prophet schaut; aber sie vermitteln einen Eindruck vom himmlischen Glanz.

Die offene Tür (Offb 4,1)

4 ¹ Danach sah ich und siehe, eine Tür war geöffnet am Himmel; und die erste Stimme, die ich gleich einer Posaune mit mir reden gehört hatte, sagte: Komm herauf und ich werde dir zeigen, was dann geschehen muss.

Ein Blick in den Himmel (Offb 4,2–7)

² Sogleich wurde ich vom Geist ergriffen.

Und siehe, ein Thron stand im Himmel; auf dem Thron saß einer, ³ der wie ein Jaspis und ein Karneol aussah.

Und über dem Thron wölbte sich ein Regenbogen, der wie ein Smaragd aussah.

⁴ Und rings um den Thron standen vierundzwanzig Throne und auf den Thronen saßen vierundzwanzig Älteste, in weiße Gewänder gekleidet und mit goldenen Kränzen auf dem Haupt.

⁵ Von dem Thron gingen Blitze, Stimmen und Donner aus. Und sieben lodernde Fackeln brannten vor dem Thron; das sind die sieben Geister Gottes.

⁶ Und vor dem Thron war etwas wie ein gläsernes Meer, gleich Kristall. Und in der Mitte des Thrones und rings um den Thron waren vier Lebewesen voller Augen, vorn und hinten.

⁷ Das erste Lebewesen glich einem Löwen, das zweite einem Stier, das dritte sah aus wie ein Mensch, das vierte glich einem fliegenden Adler.

Dreimal heilig (Offb 4,8–11)

⁸ Und jedes der vier Lebewesen hatte sechs Flügel, außen und innen voller Augen. Sie ruhen nicht, bei Tag und Nacht, und rufen:

Heilig, heilig, heilig

> Ein Mensch kann die Herrlichkeit Gottes ebenso wenig dadurch mindern, dass er sich weigert, Ihn anzubeten, wie ein Wahnsinniger die Sonne auslöschen kann, indem er das Wort „Dunkelheit" auf die Mauern seiner Zelle kritzelt.
>
> **C. S. LEWIS**

▶ Die vierundzwanzig Ältesten, die sieben Fackeln und die vier Lebewesen – es sind alttestamentliche Bilder aus den Propheten Jesaja, Ezechiel und Daniel, die in der Johannesoffenbarung neu zusammengesetzt sind. Später sind daraus die Evangelistensymbole geworden: Markus, der Löwe, Lukas, der Stier, Matthäus, der Mensch, und Johannes, der Adler.

ist der Herr, der Gott, der Herrscher über die ganze Schöpfung; er war und er ist und er kommt (Jes 6,3; Ez 1,18; Jes 6,3; Ex 3,14).

⁹ Und wenn die Lebewesen dem, der auf dem Thron sitzt und in alle Ewigkeit lebt, Herrlichkeit und Ehre und Dank erweisen, ¹⁰ dann werfen sich die vierundzwanzig Ältesten vor dem, der auf dem Thron sitzt, nieder und beten ihn an, der in alle Ewigkeit lebt. Und sie legen ihre goldenen Kränze vor seinem Thron nieder und sprechen:

¹¹ Würdig bist du, Herr, unser Gott,
Herrlichkeit zu empfangen und Ehre und Macht.
Denn du bist es, der die Welt erschaffen hat,
durch deinen Willen war sie und wurde sie erschaffen.

▶ Hier schlägt das Herz der Johannesoffenbarung (↗ Jes 6,3). Der Heilige Gott ist der Schöpfer und Erlöser; ihm gehören Vergangenheit, Gegenwart und Zukunft.

▶ Im Himmel ist das Reich Gottes schon vollendet; auf Erden muss es sich noch durchsetzen. Die Zukunft ist klar: Gott setzt sich durch. Dem Propheten ist es offenbart worden.

Das Buch mit sieben Siegeln (Offb 5,1–4)

5 ¹ Und ich sah auf der rechten Hand dessen, der auf dem Thron saß, eine Buchrolle; sie war innen und auf der Rückseite beschrieben und mit sieben Siegeln versiegelt.

² Und ich sah: Ein gewaltiger Engel rief mit lauter Stimme: Wer ist würdig, die Buchrolle zu öffnen und ihre Siegel zu lösen?

³ Aber niemand im Himmel, auf der Erde und unter der Erde konnte das Buch öffnen und hineinsehen.

⁴ Da weinte ich sehr, weil niemand für würdig befunden wurde, das Buch zu öffnen und hineinzusehen.

💡 Das Buch mit den sieben Siegeln ist das Drehbuch der Heilsgeschichte.

▶ Wer das Buch öffnen kann, bestimmt den Lauf der Geschichte. Niemand kann es: kein Mensch und kein Engel. Nur Jesus, dargestellt im Bild des geschlachteten Lammes.

▶ Der Löwe ist ein starkes Bild der Hoffnung auf den Messias.

Der Löwe … (Offb 5,5)

⁵ Da sagte einer von den Ältesten zu mir: Weine nicht! Siehe, gesiegt hat der Löwe aus dem Stamm Juda, der Spross aus der Wurzel Davids; er kann das Buch und seine sieben Siegel öffnen.

▶ Der starke Löwe – ist ein schwaches Lamm. Denn der Sieg über das Böse wird gerade im Tod Jesu errungen, der von den Toten auferstanden ist. Deshalb „steht" das Lamm, das die Todeswunde noch trägt – wie der Auferstandene nach dem Johannesevangelium noch die Wundmale (Joh 20,20.24–29).

… als Lamm (Offb 5,6–7)

⁶ Und ich sah: Zwischen dem Thron und den vier Lebewesen und mitten unter den Ältesten stand ein Lamm; es sah aus wie geschlachtet und hatte sieben Hörner und sieben Augen; die Augen sind die sieben Geister Gottes, die über die ganze Erde ausgesandt sind.

⁷ Das Lamm trat heran und empfing das Buch aus der rechten Hand dessen, der auf dem Thron saß.

Das neue Lied (Offb 5,8–10)

⁸ Als es das Buch empfangen hatte, fielen die vier Lebewesen und die vierundzwanzig Ältesten vor dem Lamm nieder; alle trugen Harfen und goldene Schalen voll von Räucherwerk; das sind die Gebete der Heiligen. ⁹ Und sie sangen ein neues Lied und sprachen:

Würdig bist du,
das Buch zu nehmen
und seine Siegel zu öffnen;
denn du wurdest geschlachtet
und hast mit deinem Blut Menschen für Gott erworben
aus allen Stämmen und Sprachen,

Selbst angenommen, ein unheiliger Mensch dürfte in den Himmel eingehen, so wäre er darin nicht glücklich. … Nur ein Heiliger kann auf den Heiligen schauen. Ohne Heiligkeit kann kein Mensch den Anblick Gottes ertragen.

JOHN HENRY NEWMAN

▶ Die Gläubigen sind das Volk Gottes. Jesus ist ihr König, ihr Priester und ihr Prophet. An seiner Macht, seinem Heilsdienst und seiner Weisheit gewinnen sie Anteil.

aus allen Nationen und Völkern
¹⁰ und du hast sie für unsern Gott
zu einem Königreich und zu Priestern gemacht;
und sie werden auf der Erde herrschen.

Himmlischer Lobpreis (Offb 5,11–14)

¹¹ Ich sah und ich hörte die Stimme von vielen Engeln rings um den Thron und um die Lebewesen und die Ältesten; die Zahl der Engel war zehntausend mal zehntausend und tausend mal tausend. ¹² Sie riefen mit lauter Stimme:

Würdig ist das Lamm, das geschlachtet ist, Macht zu empfangen, Reichtum und Weisheit, Kraft und Ehre, Lob und Herrlichkeit.

¹³ Und alle Geschöpfe im Himmel und auf der Erde, unter der Erde und auf dem Meer, alles, was darin ist, hörte ich sprechen:

Ihm, der auf dem Thron sitzt, und dem Lamm
gebühren Lob und Ehre und Herrlichkeit und Kraft in alle Ewigkeit.

¹⁴ Und die vier Lebewesen sprachen: Amen. Und die vierundzwanzig Ältesten fielen nieder und beteten an.

Den zu lieben, den wir loben, fördert uns; wenn wir den Guten loben, werden wir selber besser. Und da er weiß, dass es uns fördert, wenn wir ihn lieben, macht er sich durch sein eigenes Lob liebenswert, das uns erklärt, warum er liebenswert ist. So ermuntert er unser Herz zu seinem Lob, mit seinem Geist erfüllt er seine Knechte, auf dass sie ihn loben.

AUGUSTINUS

Mit dem Öffnen der Siegel beginnt eine dreifache Kaskade von Visionen. Sie zeigen den Untergang des Bösen auf der Welt. Die Menschen müssen viel leiden, auch die Gerechten. Aber Gottes Herrschaft setzt sich durch – zum Heil aller Menschen.

Der neue Himmel und die neue Erde (Offb 21,1–8)

21 ¹ Dann sah ich einen neuen Himmel und eine neue Erde; denn der erste Himmel und die erste Erde sind vergangen, auch das Meer ist nicht mehr.

² Ich sah die heilige Stadt, das neue Jerusalem, von Gott her aus dem Himmel herabkommen; sie war bereit wie eine Braut, die sich für ihren Mann geschmückt hat.

³ Da hörte ich eine laute Stimme vom Thron her rufen: Seht, die Wohnung Gottes unter den Menschen! Er wird in ihrer Mitte wohnen und sie werden sein Volk sein; und er, Gott, wird bei ihnen sein. ⁴ *Er wird alle Tränen von ihren Augen abwischen (Jes 25,8):* Der Tod wird nicht mehr sein, keine Trauer, keine Klage, keine Mühsal. Denn was früher war, ist vergangen.

⁵ Er, der auf dem Thron saß, sprach: Seht, ich mache alles neu. Und er sagte: Schreib es auf, denn diese Worte sind zuverlässig und wahr!

⁶ Er sagte zu mir: Sie sind geschehen. Ich bin das Alpha und das Omega, der Anfang und das Ende. Wer durstig ist, den werde ich unentgeltlich aus der Quelle trinken lassen, aus der das Wasser des Lebens strömt. ⁷ Wer siegt, wird dies als Anteil erhalten: *Ich werde sein Gott sein und er wird mein Sohn sein.* ⁸ Aber die Feiglinge und

▶ Das Wort von den Tränen, die weggewischt werden, und vom Tod, der nicht mehr sein wird, findet man häufig auf Todesanzeigen oder Sterbebildchen. Wenn ein Mensch stirbt, geht es wirklich um alles oder nichts. Wer glaubt, kann hoffen: Alles wird am Ende gut, auch wenn wir hier manch bitteren Abschied nehmen müssen und manche Täler der Tränen durchschreiten.

B Wer von diesem Wasser trinkt, wird wieder Durst bekommen; wer aber von dem Wasser trinkt, das ich ihm geben werde, wird niemals mehr Durst haben.
Jesus in JOH 4,13–14

Treulosen, die Befleckten, die Mörder und Unzüchtigen, die Zauberer, Götzendiener und alle Lügner – ihr Los wird der See von brennendem Schwefel sein. Dies ist der zweite Tod.

Die Stadt Gottes (Offb 21,9–11)

⁹ Und es kam einer von den sieben Engeln, welche die sieben Schalen voll mit den sieben letzten Plagen getragen hatten. Er sagte zu mir: Komm, ich will dir die Braut zeigen, die Frau des Lammes.

¹⁰ Da entrückte er mich im Geist auf einen großen, hohen Berg und zeigte mir die heilige Stadt Jerusalem, wie sie von Gott her aus dem Himmel herabkam, ¹¹ erfüllt von der Herrlichkeit Gottes. Sie glänzte wie ein kostbarer Edelstein, wie ein kristallklarer Jaspis.

Die Mauern und Tore (Offb 21,12–21)

¹² Die Stadt hat eine große und hohe Mauer mit zwölf Toren und zwölf Engeln darauf. Auf die Tore sind Namen geschrieben: die Namen der zwölf Stämme der Söhne Israels. ¹³ Im Osten hat die Stadt drei Tore und im Norden drei Tore und im Süden drei Tore und im Westen drei Tore. ¹⁴ Die Mauer der Stadt hat zwölf Grundsteine; auf ihnen stehen die zwölf Namen der zwölf Apostel des Lammes.

¹⁵ Und der Engel, der zu mir sprach, hatte einen goldenen Messstab, um die Stadt, ihre Tore und ihre Mauer zu messen.

▶ Die Stadt wird als Frau symbolisiert. Sie ist die Personifikation des Gottesvolkes: Die Tochter Zion wird die Braut des Messias. Die Stadt ist das himmlische Jerusalem.

Schwer täuschen sich jene, die meinen, die Vereinigung mit Gott bestehe in Ekstasen, Verzückungen und geistlichen Tröstungen. Sie besteht allein in der Übergabe unseres Willens an Gott, vorausgesetzt, dass diese Übergabe vollkommen ist.
TERESA VON ÁVILA

▶ Die Maße sind die Idealmaße der himmlischen Stadt nach der Vision des Propheten Ezechiel (Ez 40).

> Du hast tausend Wunden, daraus strömt dein Erbarmen, du segnest alle deine Feinde. Du segnest noch, die es nicht mehr wissen. Die Barmherzigkeit der Welt ist deine entlaufene Tochter, und alles Recht der Menschen hat von dir empfangen. Alle Weisheit der Menschen hat von dir gelernt. Du bist die verborgene Schrift unter all ihren Zeichen. Du bist der verborgene Strom in der Tiefe ihrer Wasser.

GERTRUD VON LE FORT (1876–1971), „Hymnen an die Kirche"

▶ Die Kostbarkeit und Schönheit der Stadt spiegelt ihren himmlischen Glanz. Die Edelsteine haben in der Antike einen hohen Symbolwert. Sie entsprechen der Harmonie des Kosmos.

 Die Kirche ist die Mutter der Lebendigen.

AMBROSIUS VON MAILAND

> Die Kirche ist eine alte Frau mit vielen Runzeln und Falten. Sie ist meine Mutter. Und eine Mutter schlägt man nicht.

KARL RAHNER SJ (1904–1984), deutscher Theologe

Der kann Gott nicht zum Vater haben, der die Kirche nicht zur Mutter hat.

CYPRIAN VON KARTHAGO (†258), Bischof und Märtyrer

¹⁶ Die Stadt war viereckig angelegt und ebenso lang wie breit. Er maß die Stadt mit dem Messstab; ihre Länge, Breite und Höhe sind gleich: zwölftausend Stadien. ¹⁷ Und er maß ihre Mauer; sie ist hundertvierundvierzig Ellen hoch nach Menschenmaß, das der Engel benutzt hatte.

¹⁸ Ihre Mauer ist aus Jaspis gebaut und die Stadt ist aus reinem Gold, wie aus reinem Glas.

¹⁹ Die Grundsteine der Stadtmauer sind mit edlen Steinen aller Art geschmückt; der erste Grundstein ist ein Jaspis, der zweite ein Saphir, der dritte ein Chalzedon, der vierte ein Smaragd, ²⁰ der fünfte ein Sardonyx, der sechste ein Sardion, der siebte ein Chrysolith, der achte ein Beryll, der neunte ein Topas, der zehnte ein Chrysopras, der elfte ein Hyazinth, der zwölfte ein Amethyst.

²¹ Die zwölf Tore sind zwölf Perlen; jedes der Tore besteht aus einer einzigen Perle. Die Straße der Stadt ist aus reinem Gold, wie aus klarem Glas.

Stadt ohne Tempel – aber mit Gott (Offb 21,22–23)

²² Einen Tempel sah ich nicht in der Stadt. Denn der Herr, ihr Gott, der Herrscher über die ganze Schöpfung, ist ihr Tempel, er und das Lamm.

²³ Die Stadt braucht weder Sonne noch Mond, die ihr leuchten. Denn die Herrlichkeit Gottes erleuchtet sie und ihre Leuchte ist das Lamm.

Offene Tore – für alle Völker (Offb 21,24–27)

²⁴ Die Völker werden in diesem Licht einhergehen und die Könige der Erde werden ihre Pracht in die Stadt bringen.

²⁵ Ihre Tore werden den ganzen Tag nicht geschlossen – Nacht wird es dort nicht mehr geben. ²⁶ Und man wird die Pracht und die Kostbarkeiten der Völker in die Stadt bringen. ²⁷ Aber nichts Unreines wird hineinkommen, keiner, der Gräuel verübt und lügt. Nur die im Lebensbuch des Lammes eingetragen sind, werden eingelassen.

Ein Paradies in der Stadt (Offb 22,1–5)

22 ¹ Und er zeigte mir einen Strom, das Wasser des Lebens, klar wie Kristall; er geht vom Thron Gottes und des Lammes aus. ² Zwischen der Straße der Stadt und dem Strom, hüben und drüben, steht ein Baum des Lebens. Zwölfmal trägt er Früchte, jeden Monat gibt er seine Frucht; und die Blätter des Baumes dienen zur Heilung der Völker. ³ Es wird nichts mehr geben, was der Fluch Gottes trifft.

Der Thron Gottes und des Lammes wird in der Stadt stehen und seine Knechte werden ihm dienen. ⁴ Sie werden sein Angesicht schauen und sein Name ist auf ihre Stirn geschrieben. ⁵ Es wird keine Nacht mehr geben und sie brauchen weder das Licht einer Lampe noch das

Licht der Sonne. Denn der Herr, ihr Gott, wird über ihnen leuchten und sie werden herrschen in alle Ewigkeit.

Der Schluss des Buches – und der ganzen Bibel (Offb 22,6–21)

⁶ Und der Engel sagte zu mir: Diese Worte sind zuverlässig und wahr. Gott, der Herr über den Geist der Propheten, hat seinen Engel gesandt, um seinen Knechten zu zeigen, was bald geschehen muss. ⁷ Siehe, ich komme bald. Selig, wer an den prophetischen Worten dieses Buches festhält!

⁸ Ich, Johannes, habe dies gehört und gesehen. Und als ich es hörte und sah, fiel ich dem Engel, der mir dies gezeigt hatte, zu Füßen, um ihn anzubeten. ⁹ Da sagte er zu mir: Tu das nicht! Ich bin nur ein Mitknecht wie du und deine Brüder, die Propheten, und wie alle, die sich an die Worte dieses Buches halten. Gott bete an!

¹⁰ Und er sagte zu mir: Versiegle dieses Buch mit seinen prophetischen Worten nicht! Denn die Zeit ist nahe. ¹¹ Wer Unrecht tut, tue weiter Unrecht, der Unreine bleibe unrein, der Gerechte handle weiter gerecht und der Heilige strebe weiter nach Heiligkeit. ¹² Siehe, ich

> ▶ Der Schluss ist wie ein Dialog gestaltet. Gott spricht – durch einen Engel. Der Prophet hört und antwortet – für die ganze Gemeinde.

> 99 Jemand muss zu Hause sein, Herr, wenn du kommst. Jemand muss dich erwarten, unten am Fluss vor der Stadt. Jemand muss nach dir Ausschau halten, Tag und Nacht … Und jemand muss singen, Herr, wenn du kommst! Amen.
>
> **SILJA WALTER OSB** (1919–2011), „Gebet des Klosters am Rand der Stadt"

komme bald und mit mir bringe ich den Lohn und ich werde jedem geben, was seinem Werk entspricht. ¹³ Ich bin das Alpha und das Omega, der Erste und der Letzte, der Anfang und das Ende.

¹⁴ Selig, die ihre Gewänder waschen:
Sie haben Anteil am Baum des Lebens und sie werden durch die Tore in die Stadt eintreten können. ¹⁵ Draußen bleiben die Hunde und die Zauberer, die Unzüchtigen und die Mörder, die Götzendiener und jeder, der die Lüge liebt und tut.

¹⁶ Ich, Jesus, habe meinen Engel gesandt als Zeugen für das, was die Gemeinden betrifft. Ich bin die Wurzel und der Stamm Davids, der strahlende Morgenstern.

¹⁷ Der Geist und die Braut aber sagen: Komm! Wer hört, der rufe: Komm! Wer durstig ist, der komme! Wer will, empfange unentgeltlich das Wasser des Lebens!

¹⁸ Ich bezeuge jedem, der die prophetischen Worte dieses Buches hört: Wer etwas hinzufügt, dem wird Gott die Plagen zufügen, von denen in diesem Buch geschrieben steht. ¹⁹ Und wer etwas wegnimmt von den prophetischen Worten dieses Buches, dem wird Gott seinen Anteil am Baum des Lebens und an der heiligen Stadt wegnehmen, von denen in diesem Buch geschrieben steht.

²⁰ Er, der dies bezeugt, spricht: Ja, ich komme bald. –
Amen. Komm, Herr Jesus!

²¹ Die Gnade des Herrn Jesus sei mit allen!

> 99 Es gibt einen inneren Durst, der größer ist als der leibliche Durst, die Sehnsucht, dass unser Leben doch nicht ein Wrack bleibt, ein Torso, sondern ein Ganzes wird, vollkommen, perfekt, ganz. Ein Leben, das nicht einfach endet mit dem Grab, sondern das Sehnsucht danach ist, mehr zu haben. Von dieser großen Sehnsucht des Menschen ist am Ende der Heiligen Schrift die Rede, von der Sehnsucht, die ruft: Komm! – und die Antwort von Gott erhält: „Wer durstig ist, komme. Wer will, empfange umsonst das Wasser des Lebens."
>
> **FELIX GENN** (* 1950), Bischof von Münster

> B Ich bin der Weg und die Wahrheit und das Leben; niemand kommt zum Vater außer durch mich.
>
> Joh 14,6

Hinweise zum Gebrauch

 Hier wird eine Bibelstelle aus einem anderen Buch zitiert, die dir ein tieferes Verständnis der Stelle ermöglicht, die du gerade liest.

 Die Bibel ist voller Überraschungen, manchmal auch voller Humor. Wenn du dieses Zeichen siehst, wird dir ein Licht aufgehen oder du wirst Spaß haben.

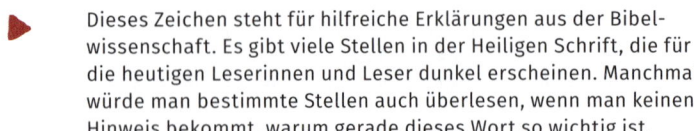 Dieses Zeichen steht für hilfreiche Erklärungen aus der Bibelwissenschaft. Es gibt viele Stellen in der Heiligen Schrift, die für die heutigen Leserinnen und Leser dunkel erscheinen. Manchmal würde man bestimmte Stellen auch überlesen, wenn man keinen Hinweis bekommt, warum gerade dieses Wort so wichtig ist.

 Heilige haben die Bibel mit ihrem Leben ausgelegt. Viele von ihnen haben sogar für die Wahrheit des Glaubens ihr Leben gegeben. Was sie zu sagen haben, kommt häufig aus Gebet und Meditation.

 Zeugnisse von Jugendlichen zeigen, wie das Wort Gottes sie berührt und ihr Leben verändert hat.

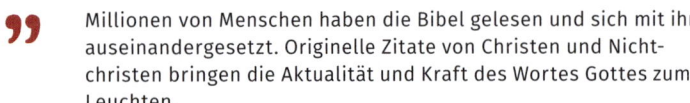 Millionen von Menschen haben die Bibel gelesen und sich mit ihr auseinandergesetzt. Originelle Zitate von Christen und Nichtchristen bringen die Aktualität und Kraft des Wortes Gottes zum Leuchten.

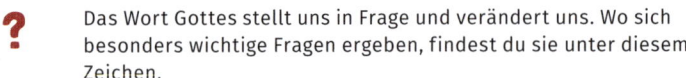 Das Wort Gottes stellt uns in Frage und verändert uns. Wo sich besonders wichtige Fragen ergeben, findest du sie unter diesem Zeichen.

 Wo du dieses Zeichen findest, kannst du im YOUCAT, dem Jugendkatechismus der Katholischen Kirche, nachschlagen. Dort findest du in Frage und Antwort die Basics, die ein katholischer Christ kennen muss. Das Glaubenswissen der Kirche schöpft aus dem Urdokument des Glaubens, der Heiligen Schrift. Wer es ganz genau wissen will, schlägt im KKK, dem großen Standardwerk der kirchlichen Lehre, nach.

Personenregister

Sachregister

—

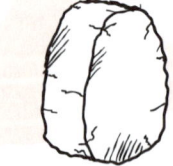

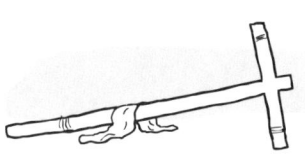

Я задаволены!*

Besondere Bibelstellen

In dieser Bibel gibt es wichtige Bibelstellen, die nicht an ihrem biblisch richtigen Platz stehen; sie stehen auf folgenden Seiten:

Verzeichnis der Karten und Schaubilder

Textnachweis

Bertolt Brecht, Buch der Wendungen, in: ders., Werke. Große kommentierte Berliner und Frankfurter Ausgabe, Band 18: Prosa 3. © Bertolt-Brecht-Erben / Suhrkamp Verlag 1995 260; Martin Buber, Die Erzählungen der Chassidim © 1949/2014 by Manesse Verlag, Zürich, in der Verlagsgruppe Random House GmbH, München 166; Jörg Sieger (www.joerg-sieger.de) 38; Silja Walter, Gesamtausgabe. Band 2, © Paulusverlag Freiburg/Schweiz 2000 407

Bildnachweis

Innere Umschlagseiten nach einer Grafik von Robert Saam, aus: „Was in Religion Sache ist", Ix/Kaldewey, Düsseldorf 1988, Basical Augsburg 250/251; Bernadette Baumgartner 199; Christa Berger 269; Fouda Bienvenu 247; Martine Boutros 10/11; Cécile Brûlon 164; Bundesarchiv, Bild 183-H28795, CC BY-SA 3.0 DE 31; Laura Carlos 217; Jürgen Erhard 303; Francisco Eugenio 226; www.fahrbuch.de 130; Wolfgang Fässler 332, 345; Michaela Gassner 264; Maddy Giesbrecht 359; Dominique Haas 12/13, 16/17, 34, 54, 74, 78/79, 80, 90, 118, 128, 142, 286, 362, 382, 387; Julia Hiemetzberger 215; Gerhard Hirsch (www.gerhard-hirsch.de) 137; Annelies Kammerer 137; Katharina Kiechle 132; Christoph Kraus 397; Stephanie Kriz 389; Michael Langer 61, 368, 374; Jeronimo Lauricio 182; Emilie Leclerc 259; Ruth Leitner 300; Alexander von Lengerke 140/141, 161, 178, 252, 273, 354; Christian Lesch 259; Nicola Majnaric 30; Zoran Marincic 83; Angelika Mayer 313; Tobias Mayer 94; Wolfgang Moroder 186; Gertrud Nemeth 268; Sandra Pantenburg 295; pfarre-mittergrabern.at 289; Claudio Peri © dpa 265; © Rheinisches Bildarchiv Köln, rba_c024166 329; Michaela Ruhnke 43; Nadia Savitri Meinar 200, 384; Raphael Schadt 162; Michael Scharf 218, 234; Joachim Schäfer, Ökumenisches Heiligenlexikon 177; Max Schmid 18, 326, 350/351, 380, 381; Marie und Cornelius von Schönau 360; Georg und Christina Schreyer 72, 262; Nils Schubert 395; Luc Serafin 50, 62, 89, 104, 122, 136, 152, 155, 163, 168, 172, 175, 176, 180, 184, 188/189, 190, 195, 198, 199, 202, 204, 206, 220, 228, 237, 242, 302, 308, 319, 323, 352, 364, 366, 367, 375, 376, 377, 378, 379, 383, 386, 389, 392, 394, 399, 400; Clara Steber 173, 210, 223, 280, 299, 330, 338, 358, 372; Raphael Steber 150, 320; Martin Stiglmayr 49; Nico Sucker 261, 272; Roswitha Völker 65; Peter Paul van Voorst 69; Dimitry Vrubel 279; Thorsten Wulff, mit freundlicher Unterstützung von Johannes Kneifel und dem Verlag Wunderlich 332

Freie Quellen:
Korea.net, CC BY-SA 2.0, https://commons.wikimedia.org/wiki/File%3APope_Francis_Korea_Haemi_Castle_19_(cropped).jpg 6; Novica Nakov, CC BY-SA 2.0, http://commons.wikimedia.org/wiki/Category:Icons_of_Michael?uselang=de#mediaviewer/File:Icon_14.jpg 233; Alex Proimos, CC BY 2.0, https://commons.wikimedia.org/wiki/File%3ALending_an_Ear_(7085965167).jpg 47; Bracha L. Ettinger, CC BY-SA 2.5, https://commons.wikimedia.org/wiki/File%3AEmmanuel_Levinas.jpg 134; Falk2, Wikimedia Commons, lizensiert unter: CC BY-SA 3.0, http://commons.wikimedia.org/wiki/File%3AX1.27 Kloster_Rus%C3%A1nu.jpg 264; Zvi Harduf via the PikiWiki - Israel free image collection project, CC BY 2.5, http://commons.wikimedia.org/wiki/File%3APikiWiki_Israel_14320_Wildlife_and_Plants_of_Israel.JPG 227; Daniel Ortmann, CC BY-SA 2.5, https://commons.wikimedia.org/wiki/File%3ACistern_getting_water.jpg 132; Joop van Bilsen / Anefo, CC-BY-SA 3.0, https://commons.wikimedia.org/wiki/File%3AMartin_Buber_1963c.jpg 166; Bundesarchiv, Bild 146-1987-074-16, CC-BY-SA 3.0, https://commons.wikimedia.org/wiki/File%3ABundesarchiv_Bild_146-1987-074-16%2C_Dietrich_Bonhoeffer.jpg 159; Jakob Lazarus, CC BY-SA 3.0, http://commons.wikimedia.org/wiki/File:Holy_Paraclete_Dove.jpg 358; Bundesarchiv, B 145 Bild-F059404-0019 / Schaack, Lothar / CC-BY-SA 3.0, https://commons.wikimedia.org/wiki/File%3ABundesarchiv_B_145_Bild-F059404-0019%2C_Bundespr%C3%A4sident_empf%C3%A4ngt_Papst_Johannes_Paul_II..jpg 225; Dirk D., CC BY-SA 3.0, https://commons.wikimedia.org/wiki/File%3ABethlehem_-_Stern_von_Bethlehem_in_der_Geburtsgrotte.jpg 292; Lilly M, CC BY-SA 3.0, https://commons.wikimedia.org/wiki/File%3AEquus_asinus_Kadzid%C5%82owo_002.jpg 273; Museo de Almeria, CC BY-SA 3.0, https://commons.wikimedia.org/wiki/File%3ABuen_PastorMuseo.jpg 304; Andreas Praefcke, CC BY 3.0; https://commons.wikimedia.org/wiki/File%3AMerazhofen_Pfarrkirche_Hochaltar_Relief_Kanaan-Kundschafter.jpg 59; Presidência da Republica/ Roberto Stuckert Filho (Agência Brasil), CC BY 3.0, http://commons.wikimedia.org/wiki/File%3AFrancisco_(20-03-2013).jpg 101; Sailko, CC BY-SA 3.0, https://commons.wikimedia.org/wiki/File%3AJacopo_filippo_argenta_e_martino_da_modena%2C_graduale_XIII%2C_1480-1500_ca%2C_13%2C2_geremia.jpg 209; Abraham Sobkowski OFM, CC-BY-SA-3.0, http://commons.wikimedia.org/wiki/Jerusalem?uselang=de#mediaviewer/File:Zion_Gate.JPG 117; Volodymyr D-k, CC BY-SA 3.0, http://commons.wikimedia.org/wiki/File%3AFalling_of_Lenin_in_Khmelnytskyi_park.jpg 65; Manfred Werner – Tsui, CC BY-SA 3.0, https://commons.wikimedia.org/wiki/ File%3AEM-Qualifikationsspiel_%C3%96sterreich-Russland_2014-11-15_003_David_Alaba.jpg 361; http://images.google.de/imgres?imgurl=http%3A%2F%2Fuploads0.wikiart.org%2Fimages%2Fgustave-dore%2Fthe-new-jerusalem.jpg&imgrefurl=http%3A%2F%2Fwww.wikiart.org%2Fen%2Fgustave-dore%2Fthe-new-jerusalem&h=722&w=533&tbnid=A7kJQ7zvAKq3vM%3A&docid=PK8kVuSo0UgsGM&ei=mWlhVtmnHceBU5WjieAG&tbm=isch&client=safari&iact=rc&uact=3&dur=865&page=1&start=0&ndsp=65&ved=0ahUKEwiZ2Mis_sHJAhXHwBQKHZVRAmwQrQMIOz-AK, PD 246; Côme Duhey, PD, https://commons.wikimedia.org/wiki/File%3AComeduhey_bapteme_du_christ.jpg 257; Hochschul- und Landesbibliothek Fulda, PD, https://commons.wikimedia.org/wiki/File%3AWeltchronik_Fulda_Aa88_087r_detail.jpg 66; https://upload.wikimedia.org/wikipedia/commons/7/7a/Léon_Bloy_1887.jpg, PD 157; Museum of Fine Arts, Boston, PD, https://commons.wikimedia.org/wiki/File%3ASchmerzensmann.jpg 181; Ökumenisches Heiligenlexikon, PD, https://commons.wikimedia.org/wiki/File%3ASaint_Edith_Stein.jpg 160; Frederick Richard Pickersgill, PD, http://commons.wikimedia.org/wiki/File%3AFoster_Bible_Pictures_0084-1_Rahab_Helping_the_Two_Israelite_Spies.jpg 78; Andreas Praefcke, PD, http://commons.wikimedia.org/wiki/Category:Naaman?uselang=de#mediaviewer/File:Enamel_plaque_Naaman_BM.jpg 113; http://www.zeno.org/nid/20004244982, PD 109; J.L. Raab, PD, https://upload.wikimedia.org/wikipedia/commons/c/cc/Immanuel_Kant_%28portrait%29.jpg 154; Zénaïde Alexeïevna Ragozin, PD, https://commons.wikimedia.org/wiki/File%3ABabylons_h%C3%A6ngende_haver.png 173; Remiel at en.wikipedia, PD, http://commons.wikimedia.org/wiki/File%3AStPaul_ElGrecojpg 335; Samuelson, PD, https://commons.wikimedia.org/wiki/File%3AEbensee_concentration_camp_prisoners_1945.jpg, 146/147; Avishai Teicher, PD, http://commons.wikimedia.org/wiki/File%3ABaptistry_in_Emmaus_Nicopolis%2C_Israel.jpg 345; Vassil, PD, https://commons.wikimedia.org/wiki/File%3AAnge_au_sourire.jpg 243; https://commons.wikimedia.org/wiki/File:Petrus_et_Paulus_4th_century_etchin.JPG, PD 349; http://commons. wikimedia.org/wiki/File%3AThe_child_Samuel_tells_Eli_about_God's_displeasure_with_him._Wellcome_V0034309.jpg, PD 92; http://commons.wikimedia.org/wiki/File%3ATeresa_of_%C3%81vila.jpg, PD 395; http://commons.wikimedia.org/wiki/File%3ASimone_Weil_1921.jpg, PD 396; http://commons.wikimedia.org/wiki/Category:New_Jerusalem?uselang=de#mediaviewer/File:BambergApocalypseFolio055rNew_Jerusalem.JPG, PD 406;

https://commons.wikimedia.org/wiki/File%3ACreation_of_Light.png, PD 20; https://commons.wikimedia.org/wiki/File%3AExodusSh2.jpg, PD 41; https://commons.wikimedia. org/wiki/ File%3AFeuerbach_Mirjam_2.jpg, PD 42; https://commons.wikimedia.org/wiki/ File%3AMoses_dore.jpg, PD 45; https://commons.wikimedia.org/wiki/File%3AMoisei_St. Catherin_Sinai.jpg, PD 73; http://commons.wikimedia.org/wiki/File%3ASchnorr_von_Carolsfeld_-_Ruth_und_Boas.jpg, PD 86; http://commons.wikimedia.org/wiki/ File%3ADavide-Golias.jpg, PD 96; http://commons.wikimedia.org/wiki/File%3A073A. David_and_Jonathan.jpg, PD 98; https://commons.wikimedia.org/wiki/File%3AThomas_ von_Aquin.jpeg, PD 106; https://commons.wikimedia.org/wiki/File%3A087.King_Solomon_in_Old_Age.jpg, PD 108; https://commons.wikimedia.org/wiki/File%3AFerdinand_ Bol_-_Elijah_Fed_by_an_Angel_-_WGA2360.jpg, PD 111; http://commons.wikimedia.org/ wiki/File%3AFolio_29r_-_The_Ark_of_God_Carried_into_the_Temple.jpg, PD 119; http:// commons.wikimedia.org/wiki/File%3ALeopold_Pilichowski_Sukkot.jpg 127; http:// wellcomeimages.org/indexplus/obfi mages/46/e/23ee27ae3670758646b ae40528bf.jpg, PD 129; https://commons.wikimedia.org /wiki/File%3A117.Esther_Accuses_Haman.jpg, PD 135; http://commons.wikimedia.org/wiki/File%3AStattler-Machabeusze.jpg, PD 139; http://commons.wikimedia.org/wiki/File%3AGonzalo_Carrasco_-_Job_on_the_ Dunghill_-_Google_Art_Project.jpg, PD 144; http://commons.wikimedia.org/wiki/Categor y:Job?uselang=de#mediaviewer/File:119.Job_Speaks_with_His_Friends.jpg, PD 148; https://commons.wikimedia.org/wiki/File%3ABeethoven.jpg, PD 152; https://commons. wikimedia.org/wiki/File%3ABenozzo_Gozzoli_001.jpg, PD 161; https://commons. wikimedia.org/wiki/File%3AHans_Holbein%2C_the_Younger_-_Sir_Thomas_More_-_ Google_Art_Project.jpg, PD 163; http://commons.wikimedia.org/wiki/ File%3AMohandas_K._Gandhi%2C_portrait.jpg, PD 173; https://commons.wikimedia.org/ wiki/File%3AShulammite_maiden_Moreau.jpg, PD 177; https://commons.wikimedia.org/ wiki/File%3ABernadette_oubirous_en_1863_photo_Billard-Perrin_2.jpg, PD 179; https:// commons.wikimedia.org/wiki/File%3AChesterton_Sitting_with_a_Dog.jpg, PD 180; https://commons.wikimedia.org/wiki/File%3AHolman_Miriam_and_the_Israelites_Rejoicing.jpg, PD 215; http://commons.wikimedia.org/wiki/Category:First_Vision_of_ Ezekiel?uselang=de#/media/File:Peter_Paul_Rubens_-_Vision_of_Ezekiel_-_WGA20455. jpg, PD 222; http://commons.wikimedia.org/wiki/ Category:Book_of_ Daniel?uselang=de#mediaviewer/File:Merian%27s_Daniel_7_engraving.jpg, PD 232; https://commons.wikimedia.org/wiki/File%3AJohnSteinbeck_crop.jpg, PD 238; https:// commons.wikimedia.org/wiki/File%3AJan_Brueghel_the_Elder-Jonas_entsteigt_dem_Rachen_des_Walfisches.jpg, PD 239; https://commons.wikimedia.org/wiki/ File%3AFriedrich_Nietzsche_drawn_by_Hans_Olde.jpg, PD 243; https://commons.wikimedia.org/wiki/File%3AGiotto_-_Legend_of_St_Francis_-_-06-_-_Dream_of_Innocent_III. jpg, PD 245; https://commons.wikimedia.org/wiki/File%3ABurnandJeanPierre.jpg, PD 291; https://commons.wikimedia.org/wiki/File%3AEllenrieder_Maria_1833.jpg, PD 296; http://de.wikipedia.org/wiki/Simeon_%28Prophet%29#mediaviewer/File:Simeon_with_ the_Infant_Jesus_Brandl_after_1725_National_Gallery_Prague.jpg, PD 298; https:// commons.wikimedia.org/wiki/File%3AGiovanni_bellini%2C_testa_di_san_giovanni_battista.jpg, PD 301; https://commons.wikimedia.org/wiki/File%3ARembrandt_Christ_with_ two_disciples.jpg, PD 306; https://commons.wikimedia.org/wiki/File%3ACodexEgbertiFol036v-HealingAtBethesda.jpg, PD 312; http://commons.wikimedia.org/wiki/ File%3AKierkegaard.jpg, PD 333; http://commons.wikimedia.org/wiki/File%3ASan_Barnaba.jpg, PD 342; http://commons.wikimedia.org/wiki/File%3APetrus_et_Paulus_4th_ century_etching.jpg, PD 349; https://commons.wikimedia.org/wiki/File%3ADiogo_de_ Contreiras_-_Ressurrei%C3%A7%C3%A3o.jpg, PD 361; https://commons.wikimedia.org/ wiki/File%3AParadiso_Canto_31.jpg, PD 363; https://upload.wikimedia.org/wikipedia/ commons/1/18/Advokater_avbildade_av_den_franske_konstn.ren_Honor._Daumier_%281808-1879%29.jpg, PD 365; http://upload.wikimedia.org/wikipedia/ commons/c/c2/Jesus_graffito.jpg, PD 372; https://commons.wikimedia.org/wiki/ File%3AJohannesPaul2-portrait.jpg, PD 374; http://commons.wikimedia.org/wiki/ File%3ATeresa_of_%C3%81vila.jpg, PD 395; http://commons.wikimedia.org/wiki/ File%3ASimone_Weil_1921.jpg, PD 396; http://commons.wikimedia.org/wiki/ Category:New_Jerusalem?uselang=de#mediaviewer/File:BambergApocalypseFolio055rN ew_Jerusalem.jpg, PD 406

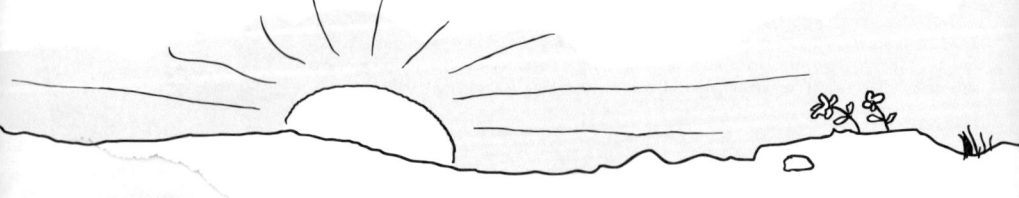

Danksagung

Die YOUCAT Foundation dankt allen, die uneigennützig mitgeholfen haben, dass die Jugendbibel zustande kam.

Danke allen Jugendlichen, die Glaubenszeugnisse beigetragen oder Fotos für die Bibel eingesandt haben.

Danke den Teilnehmern von YOUDEPRO 2015: Kara Logan, Sharon Murphy, Nadia Nicole, Vallentine Onundo, Ivan Vrlic.

Danke den Teilnehmern von YOUDEPRO 2014: Martine Boutros, Jerônimo Lauricio, Nicolas Lázaro, Jomar Luciano, Cyriac Panackal, Johann Rhee.

Danke den Studierenden des Instituts Religion der Kirchlichen Pädagogischen Hochschule Wien/Krems: Christa Berger, David Hadl, Stefanie Kriz, Ruth Leitner, Christian Lesch, Nicola Majnaric, Zoran Marincic, Angelika Mayer, Martin Mayerhofer, Clemens Moser, Gertrud Nemeth, Martin Stiglmayr, Birgit Szokoll, Roswitha Völker.

Danke den Teilnehmern der Bibelwoche: Michaela Kofler, Ruth Leitner, Clemens Moser, Alexander Saller, Benjamin Scheidler, Nico Sucker.

Danke den Mitarbeitern vom Gebetshaus Augsburg: Jürgen Erhard, Wolfgang Fässler, Michael Franz, Michaela Gassner, Raphael Schadt.

Danke an Flávio Amaral, Bernadette Baumgartner, Magnus Eble, Isabel Meuser, Christoph Kraus, Tobias E. Mayer, Sandra Pantenburg, Michaela Ruhnke, Maria Scheckenbach, Christina und Georg Schreyer, Marie und Cornelius von Schönau.

Danke an die Gemeinschaft Emmanuel und die Teilnehmer der Wüstenexerzitien, insbesondere Dominique Haas.

Danke an das Team vom BASICAL der Diözese Augsburg mit Florian Markter und Ulrike Zengerle.

Danke an Cécile Brûlon, Laura Carlos, Francisco Eugenio, Katharina Kiechle, Emilie Leclerc, Luzia Mayer, Nadia Nicole, Michael Scharf, Max Schmid, Nils Schubert, Luc Serafin, Raphael Steber, Peter Paul van Voorst.

Danke an Anneliese Hecht und Franz Josef Backhaus vom Katholischen Bibelwerk Stuttgart, die eine frühere Fassung des Neuen Testaments durchgesehen und wichtige Anregungen gegeben haben.

Danke allen, die irrtümlicherweise nicht genannt wurden. Bitte schreibt uns, dann werdet Ihr in der nächsten Auflage genannt.

YOUCAT

PLEASE DONATE!

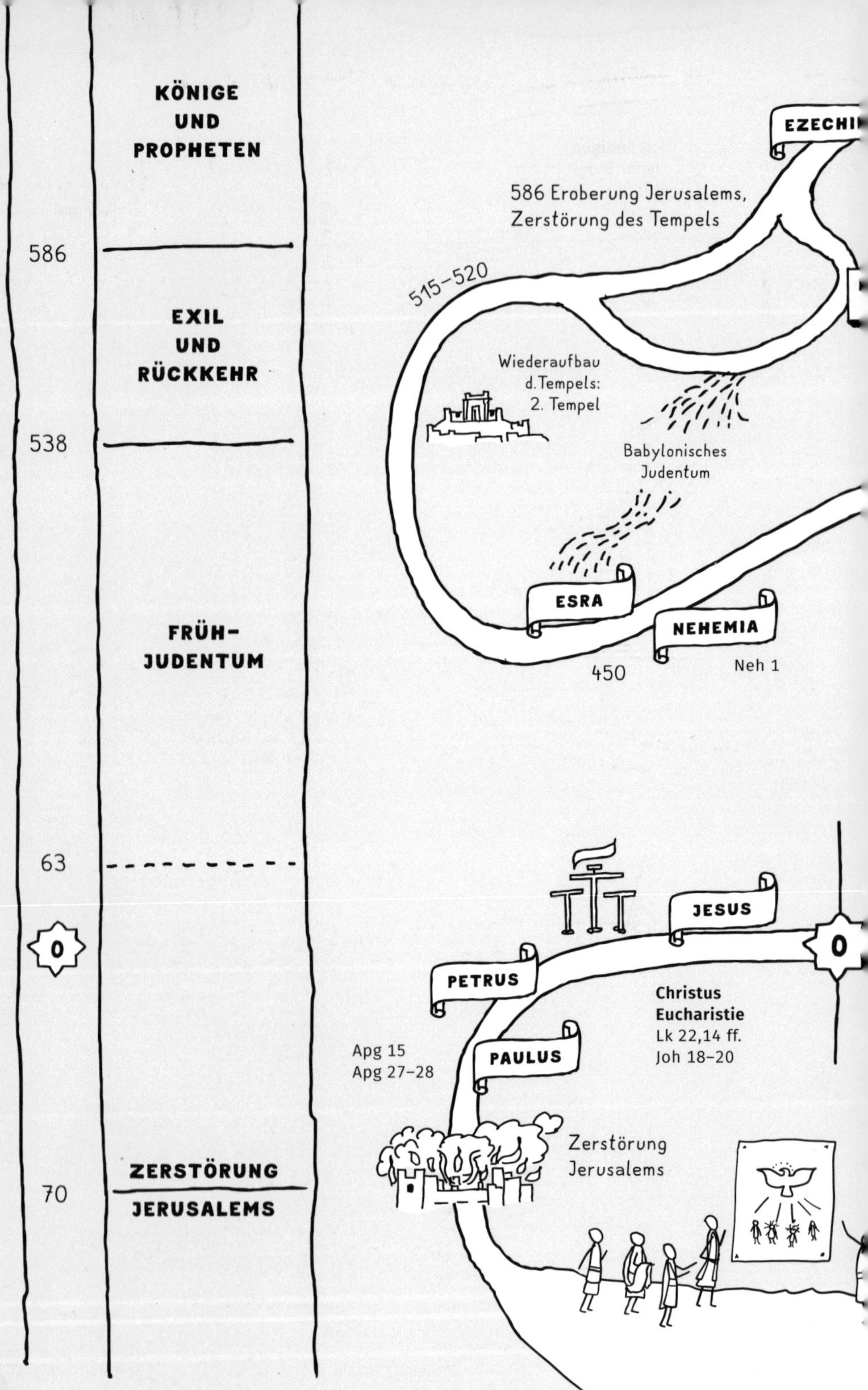
KÖNIGE UND PROPHETEN
586
EXIL UND RÜCKKEHR
538
FRÜH-JUDENTUM
63
0
70
ZERSTÖRUNG JERUSALEMS
EZECHI
586 Eroberung Jerusalems,
Zerstörung des Tempels
515–520
Wiederaufbau d. Tempels: 2. Tempel
Babylonisches Judentum
ESRA
NEHEMIA
450
Neh 1
JESUS
0
PETRUS
PAULUS
Christus
Eucharistie
Lk 22,14 ff.
Joh 18–20
Apg 15
Apg 27–28
Zerstörung Jerusalems

nach einer Grafik von Robert Saam